GASTRONOMIE
FACHSTUFE 1

von
F. Jürgen Herrmann
Dr. Wolfgang Hecker

2., durchgesehene Auflage

Handwerk und Technik Hamburg
Fachbuchverlag Leipzig

Herausgeber
Studiendirektor Dipl.-Gwl. F. Jürgen Herrmann
Dipl.-Gwl. Dr. Wolfgang Hecker

Autoren
Serviermeisterin Ingrid Friebel, Radeburg
Dipl.-Gwl. Dr. Wolfgang Hecker, Dresden
Studiendirektor Dipl.-Gwl. F. Jürgen Herrmann, Dresden und Lörrach/Baden
Staatlich geprüfter Hotelbetriebswirt Marian Kerger, Dresden
Dipl.-oec. troph. Dieter Klein, Maxen
Serviermeister Frank Lein, Dresden
Dipl.-Ökonom Bernd Leon, Leipzig

Gutachter
Dipl.-Ing. Päd. Margit Hahn, Hohenstein-Ernstthal
Dipl.-Ing. Päd. Pia Reinhardt, Dresden
Dipl.-Ökonom Helmut Klein, Dresden

Übersetzer
Carole Balmer, Marckolsheim/Elsass (Frankreich)
Dipl.-Berufspädagogin Manuela Blaschke, Dresden
Marianne und Jean-Pierre Duboux, Thun (Schweiz)

ISBN 3.582.**40060**.3

Alle Rechte vorbehalten.
Jegliche Verwertung dieses Druckwerkes bedarf – soweit das Urheberrechtsgesetz nicht ausdrücklich Ausnahmen zulässt – der vorherigen schriftlichen Einwilligung des Verlages.

Verlag Handwerk und Technik G.m.b.H.,
Lademannbogen 135, 22339 Hamburg;
Postfach 63 05 00, 22331 Hamburg - 2001

E-Mail: info@handwerk-technik.de
Internet: www.handwerk-technik.de

Umschlaggestaltung: alias GmbH, Berlin
Lithos, Satz und Layout: alias GmbH, 10587 Berlin
Druck: Druckerei Wilhelm Röck, 74189 Weinsberg

Vorwort

„Gastronomie Fachstufe 1" baut auf dem Lehrbuch „Grundstufe Gastronomie" auf und umfasst die gesamte Fachbildung des 2. Ausbildungsjahres aller gastgewerblichen Ausbildungsberufe:

> Fachkraft im Gastgewerbe
> Hotelfachmann/-frau
> Restaurantfachmann/-frau
> Fachmann/Fachfrau für Systemgastronomie
> Hotelkaufmann/-frau

Zusammen mit dem Lehrbuch „Gastronomie Grundstufe" enthält dieses Buch alle Lernfelder des Ausbildungsberufs **Fachkraft im Gastgewerbe**.

Das Unterrichtsmittel ist nach **Lernfeldern lehrplangerecht** gegliedert. Dabei wurde dem gastorientierten Handeln ein besonderer Stellenwert eingeräumt. Das **praxisbezogene Fachwissen** wird, soweit es sinnvoll und möglich ist, mit theoretischen Begründungen dargestellt. Deshalb wurde ausdrücklich auf **begründete Arbeitsabläufe** Wert gelegt.

Das Lehrbuch „Gastronomie Fachstufe 1" ist in der übersichtlichen Form eines **Wissensspeichers** gestaltet. Es stellt die Ausbildungsinhalte leicht verständlich und anschaulich dar und eignet sich als Nachschlagewerk für eine ständige berufliche Qualifizierung.
Handlungsorientierte Ansätze zur Förderung der Methodenkompetenz sind insbesondere durch zahlreiche projektorientierte Aufgaben gegeben.

Das Lernfeld **Beratung und Verkauf im Restaurant** baut auf den Aussagen zu Speisen und Getränken im „Lehrbuch für Köche" (Herrmann, Nothnagel) auf. Das „Lehrbuch für Köche" eignet sich deshalb gut für den Ergänzungsunterricht und für Unterrichtsvorbereitungen.

Französisch und **Englisch** als Fachsprachen sind mit Blick auf die Internationalität der Gastronomie besondere Beachtung geschenkt worden.
Berechnungen und **betriebswirtschaftliche Aspekte** sind als Lehrbuchprinzip durchgängig einbezogen. **Grundlagen der Kalkulation** wurden darüber hinaus in einem gesonderten Kapitel zusammengefasst.
Den speziellen **ästhetischen Ansprüchen** in der Gastronomie soll durch die aufwendige grafische Gestaltung Rechnung getragen werden.

Für die Unterstützung bei der Anfertigung des **Bildmanuskriptes** sind wir Herrn Hans-Georg Bartscht, Hotel und Restaurant Churfürstliche Waldschänke Moritzburg, zu Dank verpflichtet.
Erfahrungen zum Lehrbucheinsatz und Verbesserungsvorschläge werden weiterhin gern entgegengenommen.

Sommer 2001
Herausgeber und Autorenkollegium

Lehrbuchsymbole

- *Französische Übersetzung*
- *Englische Übersetzung*
- *Bezüge zum Service, besondere Angebotsformen*
- *Rechtsvorschriften*
- *Vertiefungen, Ergänzungen*
- *Aufgaben*
- *Berechnungen – betriebswirtschaftliche Aspekte*
- → *Querverweise mit Seitenzahlen*
- → *Querverweise zur Grundstufe Gastronomie*

Inhaltsverzeichnis

LERNFELD BERATUNG UND VERKAUF

1	Speisen	8
1.1	Einteilung	8
1.2	Gemüsespeisen, Pilzspeisen	9
1.2.1	Nährwert	9
1.2.2	Gemüsespeisen	9
1.2.3	Pilzspeisen	12
1.2.4	Service	13
1.3	Kartoffelspeisen	14
1.3.1	Nährwert	14
1.3.2	Zubereitung	14
1.3.3	Service	17
1.4	Klöße, Nocken, Teigwaren, Reis, Hülsenfrüchte	18
1.5	Eierspeisen	21
1.5.1	Zutaten, Nährwert	22
1.5.2	Zubereitung und Service	22
1.6	Fischspeisen	27
1.6.1	Nährwert	27
1.6.2	Zubereitung	28
1.6.3	Anrichteweise und Service	31

Projektorientierte Aufgabe
Anbieten und Verkauf von Menüs nach Saison und Jahreszeit ... 32

1.7	Saucen	33
1.7.1	Einteilung, Nährwert	33
1.7.2	Warme Grundsaucen und ihre Ableitungen	34
1.7.3	Bratensaucen	36
1.7.4	Selbstständige warme Saucen	36
1.7.5	Kalte Saucen	37
1.7.6	Buttermischungen	41
1.8	Brühen, Suppen, Eintöpfe	43
1.8.1	Einteilung, Nährwert	43
1.8.2	Brühen, klare Suppen	44
1.8.3	Gebundene Suppen	47
1.8.4	Gemüsesuppen	51
1.8.5	Regionalsuppen, Nationalsuppen	53
1.8.6	Exotische Suppen, Spezialsuppen	57
1.8.7	Kalte Suppen, Kaltschalen	57
1.8.8	Eintöpfe	59
1.8.9	Service	60
1.9	Schlachtfleischspeisen	61
1.9.1	Zutaten, Nährwert	61
1.9.2	Fleischteile und Verwendung	62
1.9.3	Zubereitung	65
1.9.4	Service	74
1.10	Geflügelspeisen, Wildgeflügelspeisen	77
1.10.1	Zutaten, Nährwert	78
1.10.2	Geflügelspeisen	78
1.10.3	Wildgeflügelspeisen	80
1.11	Wildspeisen	81
1.11.1	Zutaten, Nährwert	81
1.11.2	Zubereitung	82
1.12	Speisen aus Krustentieren, Weichtieren und anderer Feinkost	84
1.12.1	Zutaten, Nährwert	84
1.12.2	Krustentierspeisen	85
1.12.3	Weichtierspeisen	87
1.12.4	Kaviarspeisen	89
1.12.5	Service	90
1.13	Kalte Speisen	92
1.13.1	Besonderheiten und Einteilung	92
1.13.2	Salate	92
1.13.3	Cocktails	94
1.13.4	Käsespeisen	94
1.13.5	Service	95
1.14	Gebäck, Süßspeisen, Eisspeisen	97
1.14.1	Einteilung, Nährwert	97
1.14.2	Süßspeisen, Obst	98
1.14.3	Service	100
2	Getränke	101
2.1	Trinkwasser	101
2.2	Mineralische Wässer	102
2.3	Frucht- und Gemüsesäfte	104
2.4	Alkoholfreie Erfrischungsgetränke	106
2.5	Bier	108
2.6	Wein	115
2.6.1	Rebsorten	115
2.6.2	Deutsche Weine	117
2.6.3	Europäische Weine	126
2.6.4	Likörweine	131
2.6.5	Weinservice	133
2.7	Weinhaltige und weinähnliche Getränke	135
2.8	Schaumwein	136

Projektorientierte Aufgabe
Weinprobe ... 140

2.9	Spirituosen	141
3	Beratung und Verkauf	146
3.1	Verkaufsgespräch	146
3.2	Reservierungen	147
3.3	Reklamationen	150

Projektorientierte Aufgabe
Tagesablauf einer Restaurantfachfrau ... 155

4	Kalkulation	156
4.1	Zuschlagskalkulation	156
4.2	Divisionskalkulation	159
4.3	Deckungsbeitragskalkulation	162

Inhaltsverzeichnis

LERNFELD MARKETING

5	Bedürfnisse, Wünsche, Kaufmotive	164
5.1	Gästebedürfnisse, Gästewünsche	164
5.2	Kaufmotive der Gäste	165
6	Markt	166
6.1	Marktarten	166
6.2	Betriebsarten, Unternehmensleitbild	167
7	Marketing-Konzept	168
7.1	Marketing-Ziele	168
7.2	Marktanalysen, Marktuntersuchungen	170
7.2.1	Marktanalysen	170
7.2.2	Marktuntersuchungen	172
7.3	Marketing-Instrumente und Marketing-Mix	175
7.4	Marketing-Planungen	175
8	Erzeugnisse und Leistungen	176
8.1	Erzeugnisse und Leistungen in der Küche	177
8.2	Leistungen im Service	178
8.3	Leistungen im Übernachtungsbereich	178
8.4	Klassifizierung im Gastgewerbe	179
9	Preise	180
9.1	Preisbildung	180
9.2	Preisdifferenzierung	181
10	Verkaufswege	183
10.1	Arten von Verkaufswegen	183
10.2	Direkter Verkaufsweg	184
10.3	Indirekter Verkaufsweg	185
11	Werbung	186
11.1	Werbearten	186
11.2	Werbegrundsätze	187
11.3	Werbeziele	188
11.4	Werbemittel	189
11.5	Werbekonzept	191
11.6	Grenzen der Werbung	192
	Projektorientierte Aufgabe Werbung für ein neu eröffnetes Bistro	193
12	Verkaufsförderung	194
12.1	Verkaufsförderung im Haus	194
12.2	Verkaufsförderung außer Haus	197
13	Öffentlichkeitsarbeit	198
13.1	Ziele und Aufgaben	198
13.2	Medien	200
13.3	Sponsoring	200
13.4	Corporate Identity	201
	Projektorientierte Aufgabe Aktionswoche Wild und Fisch	202

LERNFELD WIRTSCHAFTSDIENST

14	Arbeitsbereiche und Personal	204
14.1	Arbeitsbereiche	204
14.2	Hausdamenabteilung	204
14.3	Beschäftigung von Fremdfirmen	205
15	Werkstoffe in der Gastronomie	206
15.1	Metallische Werkstoffe	206
15.2	Nichtmetallische Werkstoffe	208
16	Reinigungsmittel, Pflegemittel, Desinfektionsmittel	212
16.1	Schmutzwirkungen	212
16.2	Reinigungs- und Pflegemittel	213
16.3	Handelsformen	215
16.3.1	Reinigungsmittel	215
16.3.2	Pflegemittel	215
16.4	Desinfektionsmittel	216
16.5	Ökologischer und ökonomischer Einsatz	216
17	Serviceausrüstungen	218
17.1	Geschirr	218
17.2	Gläser	220
17.3	Besteck	221
17.4	Servicegeräte	224
18	Textilien im Gastgewerbe	225
18.1	Textilfaserstoffe, Textile Flächen	225
18.2	Wäschepflege	227
	Projektorientierte Aufgabe Einsatz in der Wäscherei	231
19	Bewirtungsbereich	232
19.1	Governmenträume	232

Inhaltsverzeichnis

19.1.1	Fußbodenbeläge	232
19.1.2	Ausstattung der Galsträume	234
19.1.3	Reinigen, Herrichten und Kontrollieren der Galsträume	236
19.2	Büfett und Office	238
20	Beherbergungsbereich	240
20.1	Arbeitsbereiche	240
20.2	Räume, Mobiliar	240
20.3	Gästebetten	241
20.3.1	Bettaufbau	242
20.3.2	Matratzen	242
20.3.3	Deckbetten und Kissen	243
20.3.4	Bettwäsche	244
20.4	Zimmerreinigung und -pflege	245

Projektorientierte Aufgabe Generalreinigung eines Hotelzimmers	248

21	Umgang mit Gästen	249
21.1	Gespräche, Informationen	249
21.2	Rechtsbestimmungen	249

LERNFELD WARENWIRTSCHAFT

22	Arbeitsbereich und Personal	252
22.1	Aufgaben und Ziele	252
22.2	Personal	253
23	Warenbedarf	254
23.1	Einkauf	254
23.2	Die ABC-Analyse	255
23.3	Lieferanten	257

Projektorientierte Aufgabe Planung einer Aktionswoche zum Thema: Weine aus dem Elsass	259

24.	Warenbeschaffung	260
24.1	Anfrage und Angebote	260
24.2	Beschaffungskosten und Angebotsvergleiche	264
24.3	Bestellung	266
25	Kaufvertrag	267
25.1	Vertragspartner	267
25.2	Kaufvertragsarten	268
25.3	Leistungsstörungen	268

Projektorientierte Aufgabe Kaufvertrag	270

26	Warenumschlag	271
26.1	Warenannahme	271
26.2.	Warenlagerung	272
26.3	Warenausgabe und Warenkontrolle	277
27	Inventuren	280
27.1	Inventurausführung	280
27.2	Inventurarten	281
27.3	Inventar	282
27.4	Bilanz	283

Projektorientierte Aufgabe Inventur	284

28	EDV in der Warenwirtschaft	285
28.1	Computereinsatz	285
28.2	Warenwirtschaftsprogramme	286
29	Logistik in der Gastronomie	288
29.1	Just-in-Time-Logistik	288
29.2	Warenwege zum Verbraucher	289

Projektorientierte Aufgabe Logistik	291

ANHANG

Nährwerttabelle	292
Sachwortverzeichnis	293
Literaturverzeichnis	297
Bildquellenverzeichnis	298

BERATUNG UND VERKAUF IM RESTAURANT

Wichtige Speisen und Getränke hinsichtlich Zubereitung, Angebotsformen und Nährwert kennen.
Anhand der Angebotskarten Verkaufsgespräche führen. Material und Preise berechnen. Reservierungen und Reklamationen gastorientiert bearbeiten. Französisch und Englisch fachbezogen anwenden.

(nach dem Bundesrahmenlehrplan)

1 Speisen

1.1 Einteilung

🇫🇷 classement
🇬🇧 classification

Küchenerzeugnisse lassen sich in Speisenteile, Speisen und Gerichte unterteilen. Hinzu kommen die Küchengetränke (➔ Grundstufe Gastronomie).

Speisenteile → Speisen → Gerichte → Speisenfolgen

In der Umgangssprache werden die Bezeichnungen Gericht und Speise gleichbedeutend verwendet.

Speisenteile sind die Küchenerzeugnisse, die in den verschiedenen Arbeitsbereichen der Küche hergestellt werden.
Beispiele
Mayonnaise, Dressing, Suppeneinlage

Speisen stellen dagegen selbstständige Speisenteile dar, die dem Gast separat, beispielsweise als Imbiss, serviert werden können.
Beispiele
Kraftbrühe, Suppe, Tafelobst

Gerichte sind Kombinationen von verschiedenen Speisenteilen zu möglichst sättigenden, bekömmlichen und vollwertigen Mahlzeiten.
Beispiel
Gebratene Kalbsleber mit Zwiebelringen, Apfelrotkohl und Kartoffelpüree

Speisenfolgen/Menüs sind gastronomisch aufeinander abgestimmte Zusammenstellungen von Speisen oder Speisenteilen, die dem Gast nacheinander serviert werden und insgesamt eine kulinarische Einheit bilden. Insgesamt sollen Speisenfolgen sättigende und vollwertige Mahlzeiten ergeben, wobei der kulinarische Genuss im Vordergrund steht.

Der namensgebende Speisenteil, also der Hauptbestandteil, wird zuerst angerichtet. Dann werden gegen den Uhrzeigersinn zunächst die Gemüsebeilagen, dann die Sättigungsbeilagen um den Hauptbestandteil geordnet.

① Kalbskoteletts vom Grill
② gedünsteter Blattspinat
③ Röstkartoffeln
④ Tomatenbutter

Was sind Convenience-Erzeugnisse?
Darunter sind vorgefertigte Erzeugnisse mit unterschiedlichem Bearbeitungsgrad zu verstehen, die in der Küche zu Zeiteinsparungen führen (➔ Grundstufe Gastronomie).

Erklären Sie den Unterschied zwischen Pilzspeise und Pilzgericht.

Beispiel

Melonencocktail	Cocktail de melon	Melon cocktail
☆	☆	☆
Kalbskoteletts vom Grill mit Tomatenbutter gedünsteter Blattspinat Röstkartoffeln	Côtelettes de veau grillées au beurre de tomate Feuilles d'épinards étuvées pommes de terre rissolées	Grilled veal rib chops with tomato butter Stewed leaf spinach roasted potatoes
☆	☆	☆
Vanille-Eisparfait mit Schokoladenspänen Löffelbiskuit	Parfait glacé à la vanille aux copeaux de chocolat Biscuit à la cuillère	Vanilla ice-parfait with chocolate shavings Finger biscuit

Gemüsespeisen, Pilzspeisen

1.2 Gemüsespeisen, Pilzspeisen

🇫🇷 *mets de légumes, mets de champignons*
🇬🇧 *vegetable dishes, mushroom dishes*

1.2.1 Nährwert

🇫🇷 *valeur nutritive,* 🇬🇧 *nutritive value*

Gemüse und Pilze gehören zu den **wirkstoffreichen Lebensmitteln**. Durch schonende Verarbeitung gilt es, diese Wirkstoffe – insbesondere Vitamine und Mineralstoffe – zu erhalten. Gemüse- und Pilzspeisen eignen sich als Garnierungen, Garnituren, Beilagen, Vorspeisen, als selbstständiger Gang innerhalb eines Menüs und für Gemüseplatten. Aus ernährungsphysiologischen Gründen setzt man zunehmend Gemüserohkost als Beilage ein.

Gemüsespeisen gelten wegen der vielseitigen Verwendbarkeit und des ganzjährigen Angebots als wesentliche Grundlage unserer Speisenherstellung. Aufgrund ihres geringen Energiewertes, des Wirkstoffgehaltes und der Ballaststoffe (Nahrungsfasern) sind sie für die gesundheitsfördernde Ernährung von Bedeutung. Ihre Geruchs- und Geschmacksstoffe (Fruchtsäuren, Fruchtester, etherische Öle) wirken appetitanregend.

Gemüsespeisen sind, mit Ausnahme von Kohl- und Zwiebelgemüse, allgemein gut bekömmlich. Sie können aber durch entsprechende Zutaten, wie Butter, Sahne, Ei und Weizenmehl, einen beachtlichen Energiewert erhalten.

Pilzspeisen haben ihre Bedeutung vor allem durch den ausgeprägten Genusswert. Wie beim Gemüse ist der Gehalt an Grundnährstoffen unwesentlich. Ballaststoffe, Mineralstoffe und zum Teil Vitamine kommen in nennenswerten Mengen vor. Durch schlecht abbaubare Eiweißhüllen sind verschiedene Pilzspeisen schwer verdaulich. Wegen des erhöhten Cadmiumgehaltes und möglicher Strahlenbelastung sollten Wildpilze nur gelegentlich verzehrt werden.

Nährwertvergleich von gegarten Pfifferlingen mit gegarten Möhren

	Pfifferlinge	Möhren
Kohlenhydrate	0,2 %	4,8 %
Ballaststoffe	5,6 %	3,63 %
Fette	0,5 %	0,2 %
Eiweißstoffe	1,57 %	0,98 %
Vitamine	A, B$_1$	A, B$_1$
Mineralstoffe	Na, K, P	Na, K, Ca, P

1 Vergleichen Sie den Energiegehalt von 120 g gegarten Pfifferlingen mit dem Energiegehalt der gleichen Menge gegarter Möhren.

2 Um wie viele % liegt der Ballaststoffgehalt bei den Pilzen höher?

1.2.2 Gemüsespeisen

🇫🇷 *mets de légumes*
🇬🇧 *vegetable dishes*

Die Zubereitung erfolgt durch Garen oder mechanisch für Rohkost.
Gemüsespeisen finden zumeist als Beilage Verwendung. Die Bedeutung eigenständiger Gemüsespeisen nimmt jedoch aufgrund veränderter Ernährungsgewohnheiten stetig zu (immer mehr Menschen ernähren sich vegetarisch) (→ Grundstufe Gastronomie, Kostformen).

Gemüse	Zubereitung	Variationen	
Blumenkohl 🇫🇷 *chou-fleur* 🇬🇧 *cauliflower*	kochen, dämpfen; zum Gratinieren geeignet	**englische Art** 🇫🇷 *anglaise* 🇬🇧 *English style* Zerlassene Butter darüber oder separat	**überkrustet** 🇫🇷 *gratiné* 🇬🇧 *gratinated* Mit holländischer Sauce oder Käsesauce gratinieren
Grüne Bohnen 🇫🇷 *haricots verts* 🇬🇧 *French beans, string beans*	kochen, dämpfen	**deutsche Art** 🇫🇷 *allemande* 🇬🇧 *German style* Bohnen blanchieren, in deutscher Sauce bissfest garen	**mit Speck und Zwiebeln** 🇫🇷 *au lard et aux oignons* 🇬🇧 *with bacon and onions* Mit gebräunten Speck- und Zwiebelwürfeln sautieren

Speisen

Garfertige Gemüsemischung

❗ *Schonend gegartes Gemüse mit Sättigungsbeilage bietet sich für ein vegetarisches Gericht an.*

Gemüse	Zubereitung	Variationen	
Brokkoli 🇫🇷 *brocoli* 🇬🇧 *broccoli*	kochen, dämpfen; Verarbeitung wie Blumenkohl	**mit Mandeln** 🇫🇷 *aux amandes* 🇬🇧 *with almonds* Mandelblätter in Nussbutter bräunen und darüber geben	**römische Art** 🇫🇷 *romaine* 🇬🇧 *Roman style* Durch Backteig ziehen, frittieren, mit Zitrone anrichten
Grüne Erbsen 🇫🇷 *petits pois* 🇬🇧 *green peas*	mit Butter dünsten	**Bauernart** 🇫🇷 *paysan* 🇬🇧 *farmer's style* Mit nudelig geschnittenem Kopfsalat und Zwiebelwürfeln dünsten	**holländische Art** 🇫🇷 *hollandaise* 🇬🇧 *Hollandish Style* Gedünstet und mit holländischer Sauce gebunden
Grünkohl 🇫🇷 *chou vert* 🇬🇧 *green cabbage*	blanchieren, dünsten *Norddeutsche Spezialität*	**Holsteiner Art** 🇫🇷 *Holstein* 🇬🇧 *Holstein* Hacken, mit gehacktem Lauch und Zwiebeln in Brühe garen, binden	**mit Gänseschmalz** 🇫🇷 *a la graisse d'oie* 🇬🇧 *with goose grease* Mit Gänseschmalz zubereiten und feiner Reibesemmel binden
Kohlrabi 🇫🇷 *choux-raves* 🇬🇧 *turnip cabbage*	kochen, dämpfen, dünsten, gratinieren	**mit Sahne** 🇫🇷 *à la crème* 🇬🇧 *with cream* Vorgegart, in Butter und Sahne fertig dünsten	**überkrustet** 🇫🇷 *gratinés* 🇬🇧 *gratinated* Gegart, mit Mornay-Sauce nappieren, mit Reibekäse gratinieren
Lauch/Porree 🇫🇷 *poireaux* 🇬🇧 *leek*	blanchieren, dünsten	**Béchamel** 🇫🇷 *Béchamel* 🇬🇧 *Béchamel* Blanchieren, mit Béchamel-Sauce binden	**deutsche Art** 🇫🇷 *allemande* 🇬🇧 *German style* In Stücken mit Rosinen dünsten, Mehlschwitze, süß-sauer abschmecken
Möhren (Karotten) 🇫🇷 *carottes* 🇬🇧 *carrots*	dünsten, glasieren	**glasierte Karotten** 🇫🇷 *carottes glacées* 🇬🇧 *glazed carrots* Mit reduzierter, gesüßter Garflüssigkeit überglänzte Möhren	**Bauernart** 🇫🇷 *paysan* 🇬🇧 *farmer's style* Gedünstet mit Butter und Speckwürfeln, mit glasierten Zwiebelchen
Rosenkohl 🇫🇷 *choux de Bruxelles* 🇬🇧 *Brussels sprouts*	kochen, dämpfen	**englische Art** 🇫🇷 *anglaise* 🇬🇧 *English style* Gegarten Rosenkohl mit Muskat würzen und frischer Butter vollenden	**mit Schinken** 🇫🇷 *au jambon* 🇬🇧 *with ham* Mit in Butter gedünsteten Kochschinkenwürfeln schwenken
Rotkraut/ Rotkohl 🇫🇷 *chou rouge* 🇬🇧 *red cabbage*	kochen, dünsten *Typisches Wintergemüse für Wild und Gans*	**Apfelrotkraut** 🇫🇷 *aux pommes* 🇬🇧 *with apples* Gewürzt mit Salz, Essig, Zucker, Lorbeer und Piment; vor dem Garende Apfelspalten zugeben	**westfälische Art** 🇫🇷 *westphalienne* 🇬🇧 *Westphalian style* Mit Schinkenstreifen und Zwiebelscheiben in Butter dünsten, mit Essig pikant würzen

Zucchini, Kohlrabi, Gemüsepaprika, Blattspinat, Blumenkohl, Möhren

Gemüsespeisen, Pilzspeisen

Gemüse	Zubereitung	Variationen	
Schwarzwurzeln 🇫🇷 salsifis 🇬🇧 salsify	kochen	**mit Butter** 🇫🇷 au beurre 🇬🇧 with butter Gekochte Stücke bündelförmig anrichten, mit Butter nappieren	**gebacken** 🇫🇷 frits 🇬🇧 deep-fried Gekochte Stücke durch Backteig ziehen, frittieren
Sauerkraut/ Sauerkohl 🇫🇷 choucroute 🇬🇧 sauerkraut	dünsten	**deutsche Art** 🇫🇷 allemande 🇬🇧 German style Mit Gänseschmalz, gebratenen Speckwürfeln und Fleischbrühe dünsten	**mit Ananas** 🇫🇷 à l'ananas 🇬🇧 with pineapple In Weißwein, Ananassaft und wenig Butter garen, Ananaswürfel untermengen
Spargel 🇫🇷 asperges 🇬🇧 asparagus	kochen	**deutsche Art** 🇫🇷 allemande 🇬🇧 German style Spargelstangen mit reichlich Semmelbutter überziehen	**Orly** 🇫🇷 Orly 🇬🇧 Orly Spargelköpfe im Backteig frittieren, Tomatensauce separat reichen
Weißkohl 🇫🇷 chou blanc 🇬🇧 white cabbage	kochen, dünsten	**bayerisches Kraut** 🇫🇷 bavaroise 🇬🇧 Bavarian style In Fleischbrühe gegartes nudelig geschnittenes Weißkraut mit Speckwürfeln, Zwiebelstreifen	**mit Champagner** 🇫🇷 au champagne 🇬🇧 with champagne Mit jungem Weißkohl zubereitet, mit Champagner vollendet
Zwiebeln 🇫🇷 oignons 🇬🇧 onions	dünsten, glasieren Große Gemüsezwiebeln, auch Perlzwiebeln werden verwendet	**Lyoner Art** 🇫🇷 lyonnaise 🇬🇧 Lyon Gedünstete Scheiben mit Lyoner Sauce vermischen und würzen	**Mus** 🇫🇷 purée Soubise 🇬🇧 onion puree Scheiben in Butter, Reis, Weißwein dünsten, passieren
Zucchini 🇫🇷 courgettes 🇬🇧 vegetable marrows	dünsten, schmoren, sautieren, grillen, glasieren	**gedünstet** 🇫🇷 étuvées 🇬🇧 stewed Halbieren, in Scheiben schneiden, mit Knoblauch und Butter dünsten	**mit Tomaten** 🇫🇷 aux tomates 🇬🇧 with tomatoes Scheiben mit Knoblauch, Thymian, Zwiebelwürfeln dünsten, Tomatenwürfel dazugeben

Mit Sauerkraut um die Welt

Kapitän James Cook, der englische Weltumsegler (1728–1779), soll 1772 mit 50 Fässern Sauerkraut an Bord auf große Fahrt um die Welt gegangen sein.
Denken Sie über den Sinn dieser Ladung nach und fertigen Sie schriftliche Notizen dazu an.

Gemüseauflauf

 1 Beurteilen Sie die Bedeutung der natürlichen Gemüsefarben für das Angebot von ernährungsphysiologisch hochwertigen Gerichten.
2 Wodurch wird die sättigende Wirkung von Gemüsespeisen begründet?
3 Nennen und beschreiben Sie drei Zubereitungsvarianten einer selbst gewählten Gemüseart.
4 Ergänzen Sie drei verschiedene Gemüse mit jeweils einer passenden namengebenden Speise.

Für überbackenen Blumenkohl werden für eine Portion 150 g Blumenkohl, 15 g Semmelbrösel (wie Weizenmehl), 20 g Butter und 80 g Salzkartoffeln benötigt.
1 Berechnen Sie den Energiegehalt der Speise!
2 Wie hoch ist der Anteil der einzelnen Nährstoffe in Gramm?
Verwenden Sie die Nährwerttabelle!

Rohe Gemüsespeisen sind in der modernen Küche als Beilage unverzichtbar. Hierbei handelt es sich vor allem um Rohkost als Garnierungsbestandteil sowie um Rohkostsalate als Beilage zu einem Hauptgericht zur Aufwertung. Eine herausragende Stellung nimmt die große Palette der Blattsalate ein. Auch anderes Gemüse wie Chicorée, Kohl, Sellerie, Rettich, Möhren, Gurke, Paprika und Tomate sowie Wildgemüse (Brennnessel, Brunnenkresse, Löwenzahn, Sauerampfer) werden roh oder blanchiert je nach Jahreszeit angeboten. Ergänzend kann auf eine große Auswahl von Salatsaucen (➔ 38) nicht verzichtet werden.

Speisen

Pilzfüllungen (Duxelles)
Dazu werden rohe oder gedünstete Pilze fein gehackt, mit Schalottenwürfeln und Butter gedünstet. Dem Verwendungszweck entsprechend können auch gehackte Kräuter, fein gehackte Schinkenwürfelchen und wenig braune Kraftsauce beigegeben werden.
Vielfältig als Füllung verwendet.

1 In Deutschland werden pro Kopf der Bevölkerung wöchentlich etwa 1,6 kg Gemüse verzehrt. Ermitteln Sie die je Einwohner jährlich verzehrte Gesamt-Gemüsemenge in Kilogramm!

2 Für 40 Portionen frittierte Kartoffelwürfel mit einem Portionsgewicht von 130 g werden Kartoffeln geschält und geschnitten. Der Schälverlust beträgt 24 %, der Schneideverlust 15 %.
Wie viele Kilogramm ungeschälter Kartoffeln sind erforderlich?

Eigenständige Gemüsespeisen

Gemüseauflauf 🇫🇷 soufflé aux légumes 🇬🇧 vegetable soufflé	Verschiedene vorgegarte Gemüse wie Möhren, Brokkoli, Blumenkohl, Lauchherzen, Auberginen zerkleinert in Auflaufform verteilen. Mit einer Masse aus Vollei, Eiklarschnee, geschlagener Sahne und Gewürzen übergießen und im Konvektomaten oder in der Röhre backen.
Stangenspargel 🇫🇷 asperges 🇬🇧 asparagus	Verbreitet ist frischer Stangenspargel nature mit zerlassener Butter, holländischer Sauce oder Malta-Sauce (→ 35); als Beilage eignen sich neue Kartoffeln. Kann auch als kalte Speise mit Vinaigrette-Sauce (→ 38) serviert werden.
Gefüllte Aubergine 🇫🇷 aubergine farcie 🇬🇧 stuffed aubergines	Zumeist als kalte oder warme Vorspeise serviert. Hälften mit Fleischhackmasse, Duxelles oder Reis, zuzüglich des zerkleinerten Fruchtfleisches füllen; dünsten oder backen. Die Hälften können auch mit Käse gratiniert werden.
Artischocken 🇫🇷 artichauts farcis 🇬🇧 stuffed artichokes	Mit Fleischhackmasse, Duxelles füllen. Mit Reibebrot und Butterflocken bestreut gratinieren. Madeira-Sauce separat servieren.

1.2.3 Pilzspeisen

🇫🇷 mets de champignons
🇬🇧 mushroom dishes

Gemüse	Variationen	
Austernseitlinge 🇫🇷 pleurotes 🇬🇧 oyster mushrooms	Streifen in Butter dünsten, mit Salz, weißem Pfeffer und Zitrone würzen	
Champignons 🇫🇷 champignons de Paris 🇬🇧 champignons de Paris	**Burgunder Art** 🇫🇷 bourguignonne 🇬🇧 Burgundy style Große offene Köpfe mit Kräuter-Knoblauch-Butter füllen, grillen	**mit Kräutern** 🇫🇷 aux fines herbes 🇬🇧 with herbs Ganz oder geviertelt in Butter sautieren, mit Salz, weißem Pfeffer, Zitrone, Petersilie, Kerbel und Schnittlauch würzen
Pfifferlinge 🇫🇷 chanterelles 🇬🇧 chanterelles	**Sautierte Pfifferlinge mit Speck** 🇫🇷 chanterelles sautées au lard et aux oignons 🇬🇧 sauted chanterelles with bacon and onions Pfifferlinge in ausgelassenem Speck mit Zwiebelwürfeln sautieren, mit gehackter Petersilie bestreuen	
Steinpilze 🇫🇷 bolets, cèpes 🇬🇧 boletus (mushrooms)	**mit Speck und Zwiebeln** Zubereitung wie Pfifferlinge	

Gemüsespeisen, Pilzspeisen

1.2.4 Service

Im **Vorspeisenservice** ist der große Teller (kalt oder vorgewärmt) Hauptanrichtegeschirr. Mittelgabel und Mittelmesser sind die zu verwendenden Besteckteile. Werden Gemüse- und Pilzspeisen als **Hauptgericht** serviert, kommen große, sehr große Teller und Platten zum Einsatz. Besonderheiten ergeben sich bei der Besteckwahl, da nicht alle Speisen geschnitten werden müssen. Zu Aufläufen werden die große Gabel und der große Löffel eingedeckt.

Grüner Spargel

Frischer Stangenspargel nature   🇫🇷 *asperges fraîches nature*
🇬🇧 *cooked fresh asparagus*

Die Spargelstangen werden nach dem Kochen auf Keramikplatten, großen flachen Tellern oder Silberplatten (→ englischer, französischer Service) angerichtet. Beim Anrichten auf Tellern ist darauf zu achten, dass die Spargelspitzen in einer Neigung von 45° nach rechts unten zeigen.
Zu Spargelstangen natur reicht man zerlassene Butter oder holländische Sauce bzw. deren Ableitungen Mousseline-Sauce oder Malta-Sauce (→ 35).
Zum Spargel reicht man Schwarzbrot oder Toast und Butter, aber auch gekochte neue Kartoffeln.

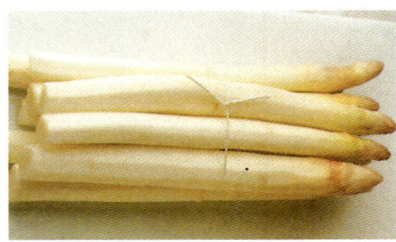
Weißer Spargel

Bestandteile des **Gedeckplatzes:**
- Spargelzange und große Gabel
- Brotteller und Buttermesser
- Fingerschale
- Weißweinglas
- Serviette
- Salz- und Pfeffermenage

Spargelgedeck

Verzehrhinweis: Das Spargelende mit der linken Hand oder mit der Spargelzange halten und mit der Gabel unterstützend zum Mund führen.

Artischocke nature   🇫🇷 *artichaut nature*
🇬🇧 *cooked fresh artichoke*

Nach dem Kochen werden sie im Ganzen und ohne Fond auf einer gefalteten Serviette (Artischockenform) auf Platten oder Tellern kalt oder warm serviert. Als Beigabe reicht man holländische Sauce, Mousseline-Sauce oder Vinaigrette-Sauce. Graubrot oder Toast ergänzen die Beilagen.

Bestandteile des **Gedeckplatzes:**
- großer flacher Teller (vorgewärmt oder kalt)
- große Gabel und Serviette
- Brot- und Ablageteller
- Fingerschale

Verzehrhinweis: Die einzelnen Blätter der Artischocke werden mit der Hand von der Frucht abgebrochen und deren fleischiges Ende in die dazugereichte Sauce getaucht. Das Blütenblatt wird zwischen den Zähnen ausgesaugt und als leere Hülle auf dem Beiteller abgelegt. Der verbleibende Artischockenboden wird mit der Gabel zerteilt und gegessen.

Speisen

🔵 mets de pommes de terre
🇬🇧 potato dishes

🔵 valeur nutritive
🇬🇧 nutritive value

1.3 Kartoffelspeisen

1.3.1 Nährwert

Kartoffeln bilden wegen des ernährungsphysiologischen Wertes, der vielseitigen Verwendbarkeit und des relativ niedrigen Preises eine wesentliche Grundlage für die Speisenzubereitung. Sie werden in vielfältiger Form als Sättigungsbeilagen, aber auch als selbstständige Gerichte hergestellt. Der Energiewert beruht im Wesentlichen auf dem Stärkegehalt. 200 g Kartoffeln decken 20 % des Tagesbedarfs an **Vitamin C**. Außerdem sind Vitamin B_1 und **Niacin** enthalten. Des Weiteren ergibt sich die Bedeutung der Kartoffeln auch aus ihrer Lagerfähigkeit, wodurch Kartoffeln ganzjährig verfügbar sind. Die vielseitige Verwendbarkeit der Kartoffeln ist im **neutralen Geschmack** und in den **guten Verarbeitungseigenschaften** begründet.

Ermitteln Sie mit Hilfe der Nährwerttabelle (→ 292) den Energiewert von 100 g Pellkartoffeln.

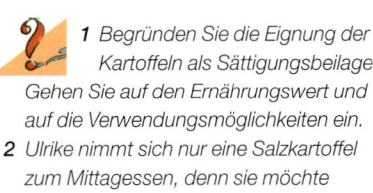

1 Begründen Sie die Eignung der Kartoffeln als Sättigungsbeilage. Gehen Sie auf den Ernährungswert und auf die Verwendungsmöglichkeiten ein.
2 Ulrike nimmt sich nur eine Salzkartoffel zum Mittagessen, denn sie möchte abnehmen. Was raten Sie Ulrike?

1.3.2 Zubereitung

🔵 préparation de mets de pommes de terre
🇬🇧 preparation of potato dishes

Gekochte Kartoffelspeisen

🔵 pommes de terre bouillies
🇬🇧 boiled potatoes

Pellkartoffeln

🔵 pommes de terre en robe de chambre, pommes de terre en robe des champs
🇬🇧 potatoes in their skin, potatoes in their jackets

Ungeschälte Kartoffeln werden gründlich gewaschen und in Salzwasser gar gekocht.

Salzkartoffeln

🔵 pommes de terre nature, pommes de terre anglaise
🇬🇧 boiled potatoes

Geschälte Kartoffeln werden in Salzwasser gar gekocht oder gedämpft. Eine besonders attraktive Form haben tournierte Salzkartoffeln

Petersilienkartoffeln	**Dillkartoffeln**
🔵 pommes de terre persillées	🔵 pommes de terre à l'aneth
🇬🇧 parsley potatoes	🇬🇧 dill potatoes
Salzkartoffeln in zerlassener Butter mit gehackter Petersilie schwenken	Salzkartoffeln in zerlassener Butter mit gehacktem Dill schwenken

Kartoffelbrei

🔵 pommes de terre purées
🇬🇧 mashed potatoes

Für Kartoffelbrei, regional Kartoffelpüree oder Kartoffelstock genannt, bilden Salzkartoffeln die Grundlage. Kartoffelbrei muss eine cremige Konsistenz haben. Durch seine Bekömmlichkeit ist Kartoffelbrei für Kinder- und leichte Vollkost geeignet.

Geschälte Pellkartoffeln mit Zwiebel-, Kräuter- und Tomatenquark

Kartoffelspeisen

Gebratene Kartoffelspeisen

🇫🇷 *pommes de terre rôties*
🇬🇧 *roasted potatoes*

Gebratene Kartoffelspeisen lassen sich aus Salz- oder Pellkartoffeln herstellen. Wichtig ist, zum Braten hitzebeständige Fette zu verwenden, also keine Emulsionsfette. Qualitätsmerkmale von gebratenen Kartoffelspeisen sind eine arteigene gleichmäßig braune Bratfarbe, gute Formerhaltung und ausgewogene Geschmacksgebung.

Bratkartoffeln

🇫🇷 *pommes de terre sautées*
🇬🇧 *sauted potatoes*

Rohe oder gekochte Kartoffelscheiben werden hellbraun gebraten und gewürzt.

Röstkartoffeln

Röstkartoffeln

🇫🇷 *pommes de terre rissolées*
🇬🇧 *roasted potatoes*

Die Zubereitung entspricht **nicht** dem genannten Garverfahren, denn es handelt sich dabei wiederum um Braten.
Kalte gekochte Kartoffelwürfel werden hellbraun gebraten und im Anschluss gewürzt. Regional wird hierzu gehackter Kümmel oder Majoran verwendet.

Tournierte Kartoffeln

🇫🇷 *pommes de terre tournées*
🇬🇧 *shaped potatoes*

Die rohen Kartoffeln tournieren und je nach Größe in Salzwasser blanchieren, Wasser abschütten, abkühlen, abtrocknen, danach in heißem Butterreinfett anbraten und würzen. Es ist auch möglich, mit Öl zu braten. In der Röhre fertig garen, dabei wiederholt schwenken. Erst nach Abschütten des Öles mit Butter nachbraten. Qualitätsmerkmal ist eine gleichmäßig goldgelbe Farbe.

Pariser Kartoffeln
🇫🇷 *pommes de terre parisenne*
🇬🇧 *potatoes Parisian style*
Ausgestochene Kartoffelkugeln (Nusskartoffeln: haselnussgroß mit Fleischglace)

Schlosskartoffeln
🇫🇷 *pommes de terre château*
🇬🇧 *chateau potatoes*
Halbmondförmig, 3–5 cm Länge, Enden tournieren

Würfelkartoffeln
🇫🇷 *pommes de terre carrées*
🇬🇧 *diced potatoes*
Würfel von 1 cm Kantenlänge

Olivenkartoffeln
🇫🇷 *pommes de terre olivettes*
🇬🇧 *olive potatoes*
Olivenförmig formen

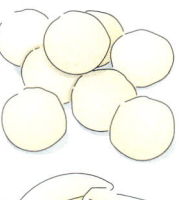
Pommes de terre parisenne

Pommes de terre château

pommes de terre carrées

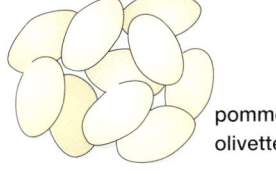
pommes de terre olivettes

Kartoffelpuffer

🇫🇷 *crêpes de pommes de terre crues râpées*
🇬🇧 *crepes of raw grated potatoes*

Kartoffelpuffer werden entweder aus rohen Kartoffeln oder aus Convenience-Erzeugnissen hergestellt.
Die aus geriebenen rohen Kartoffeln, Weizenmehl, Eiern, Salz und eventuell weiteren Gewürzen bestehende Kartoffelmasse wird portionsweise mit einer Kelle in eine dicke und runde Form gebracht und in heißem Speiseöl goldgelb gebraten.

Speisen

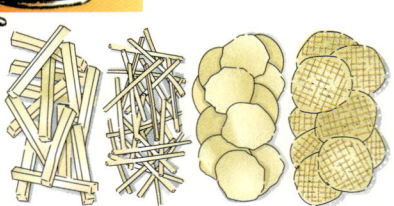
Feinere Schnittformen

Grobe Schnittformen

Frittierte Kartoffelspeisen

Kartoffelschnittformen vor dem Frittieren abspülen, abtropfen lassen und abtrocknen. Stärkereste verkleistern bei Hitze sofort und verkleben die Schnittformen. Wasser und Stärkereste begünstigen außerdem den Fettverderb durch Fettzersetzung oder Trübstoffe.

Qualitätsmerkmale frittierter Kartoffelschnittformen sind stets eine gold- bis mittelbraune Farbe sowie eine knusprige Konsistenz. Bei größeren Kartoffelschnittformen soll das Innere weich bleiben. Frittierte Kartoffeln niemals abdecken, damit nicht Kondenswasser die Kruste aufweicht.

Feinere Schnittformen

in einem Arbeitsgang bei 170 °C frittieren, gut abtropfen lassen, sofort salzen.

Streichholzkartoffeln	Strohkartoffeln	Kartoffelscheiben
🇫🇷 *pommes de terre allumettes*	🇫🇷 *pommes de terre paille*	🇫🇷 *pommes de terre chips*
🇬🇧 shoestring potatoes	🇬🇧 straw potatoes	🇬🇧 potato chips
2–3 mm dick, 4–5 cm lang	1 mm dick, 5 cm lang	2 mm dick

Grobe Schnittformen

zuerst bei etwa 130 °C vorfrittieren (dafür ist **blanchieren** ein irreführender Küchenausdruck). Dabei nehmen die Schnittformen noch keine Farbe an. Nach Bedarf portionsweise bei 170 °C fertig frittieren, abtropfen lassen, salzen.

Stäbchenkartoffeln	Frittierte Kartoffelstäbe	Mignon-Kartoffeln
🇫🇷 *pommes de terre frites*	🇫🇷 *pommes de terre pont-neuf*	🇫🇷 *pommes de terre mignonnettes*
🇬🇧 French fries	🇬🇧 deep-fried potato sticks	🇬🇧 mignon potatoes
1 cm dick, 5–7 cm lang	2 cm dick, 5–6 cm lang	Stäbchen 0,5 cm dick, 4 cm lang

Kartoffelnester

🇫🇷 *nids de pommes de terre*
🇬🇧 potato nests

Kartoffelnester können als attraktive Angebotsform mit feinem Gemüse oder mit Pilzen gefüllt werden. Sie werden aus Strohkartoffeln mit einem Nesterlöffel hergestellt. Strohkartoffeln nicht abspülen oder im Wasser lagern, da die anhaftende Stärke verkleistern und die Nester zusammenhalten soll.

Kartoffelkroketten

🇫🇷 *pommes croquettes*
🇬🇧 potato croquettes

Aus Krokettenmasse geformte und panierte ca. 4 cm lange Stangen, die frittiert werden.

Kartoffelbällchen

🇫🇷 *pommes de terre boulettes*
🇬🇧 small potato balls

Sie unterscheiden sich von den Kroketten durch ihre runde Form.
Als **Variationen** werden Mandelbällchen hergestellt, indem der Krokettenmasse und der Panierung gehackte oder geriebene Mandeln zugefügt werden. Analog werden Kokosbällchen hergestellt. Für Berny-Kartoffeln (*pommes de terre Berny/Berny potatoes*) werden der Krokettenmasse zusätzlich gehackte Trüffeln beigegeben.

Dauphine-Kartoffeln

🇫🇷 *pommes de terre dauphine*
🇬🇧 dauphine potatoes

Ursprünglich als Kronprinzessinkartoffeln bezeichnet; sie werden aus Kroketten- und Brandmasse hergestellt. In Klößchenform goldgelb frittiert.

?
1 Obwohl Kartoffeln mit unterschiedlichen Kocheigenschaften angeboten werden, bestellen viele Betriebe nur eine Sorte. Diskutieren Sie in Pro und Kontra dieses Einkaufsverhalten.
2 Nehmen Sie zu Trends Stellung, Pellkartoffeln in der Gastronomie anzubieten.

! **Krokettenmasse**
Die Masse besteht aus durchgepressten, zuvor leicht gedämpften Kartoffeln. Die Masse wird auf auf dem Herd abgebrannt (Wasserdampf entweicht) und anschließend mit Eigelb sowie Salz und etwas geriebener Muskatnuss durchgearbeitet.

Mandelkartoffelkroketten, Williams-Kartoffeln (Krokettenmasse), Kartoffel-Croissants (Kloßmasse → 18), Macaire-Kartoffeln

Kartoffelspeisen

Lorette-Kartoffeln
Aus Kroketten- und Brandmasse unter Zugabe von Reibekäse hergestellt. Als Hörnchen- oder in Ring-Form goldgelb frittiert.

🇫🇷 *pommes de terre Lorette*
🇬🇧 *Lorette potatoes*

Im Ofen gebackene Kartoffelspeisen

Diese Kartoffelspeisen in der Röhre zubereiten oder fertig stellen. Zum Backen eignen sich Pellkartoffeln, Kartoffelscheiben sowie Zubereitungen aus Kroketten- und aus Brandmasse.

🇫🇷 *pommes de terre au four*
🇬🇧 *oven-baked potatoes*

Folienkartoffeln
Gut gewaschene Kartoffeln werden in Folie gewickelt und im Ofen gebacken. Sie werden mit einem Dip serviert.

🇫🇷 *pommes de terre en papillote*
🇬🇧 *potatoes en papillote*

Anna-Kartoffeln
Runde geschälte Kartoffeln in gleichmäßige Scheiben schneiden und salzen. Regelmäßig in gebutterte Form legen, dazwischen Butterflocken geben. Gefüllte Form abdecken und in der Röhre backen.

🇫🇷 *pommes de terre Anna*
🇬🇧 *Anna potatoes*

Herzoginkartoffeln
Sie werden allgemein auch als Spritzkartoffeln bezeichnet. Hiezu wird Krokettenmasse zu runden Törtchen dressiert, mit Eigelb bestrichen und in der Röhre kurz gebacken.

🇫🇷 *pommes de terre duchesse*
🇬🇧 *duchess potatoes*

Kartoffelgratin
In einer Gratinform Kartoffelscheiben schichten. Geriebenen Käse unter Sahne ziehen und über Kartoffelscheiben gießen. In der Röhre backen und abschließend mit Käse gratinieren.

🇫🇷 *gratin dauphinois*
🇬🇧 *gratin dauphinois*

Macaire-Kartoffeln
In Kartoffelmasse Eigelb, Salz, weißen Pfeffer und Muskat zugeben, Rolle formen, in Scheiben schneiden, mit Eigelb bestreichen und in der Röhre backen oder ohne Eigelb in der Pfanne braten. Ausgelassene Speck- oder Schinkenwürfel, glasig gedünstete Zwiebeln, gehackte Petersilie oder feine Schnittlauchröllchen können als Variation in die Masse gegeben werden.

🇫🇷 *pommes de terre Macaire*
🇬🇧 *Macaire potatoes*

> **Brandmasse**
> *Masse aus Wasser, Mehl, Ei, Butter und etwas Salz, die über dem Herd abgebrannt wird. Dabei verkleistert die Stärke und das Klebereiweiß gerinnt. In Verbindung mit den Eiern geht die Masse stark auf.*

Herzoginkartoffeln

Kartoffelgratin

1.3.3 Service

Im **Tellerservice** werden die Kartoffelbeilagen zumeist zusammen mit den anderen Speisenteilen auf dem Teller angerichtet. Handelt es sich um ein saucenreiches Gericht ist es sinnvoll, entweder die Sauce oder die Beilagen (insbesondere gebackene Kartoffelzubereitungen) à part in Saucieren oder in Beilagenschüsseln anzurichten, um ein Aufweichen zu vermeiden.

An die **Beilagenschüsseln** ist Vorlegebesteck anzulegen. Zum Tragen werden je nach Größe der Beilagenschüssel Mittel- oder große Teller verwendet. Im gehobenen Service werden die Kartoffelbeilagen dem Gast vorgelegt (→ 74ff) oder gereicht. Setzt der Service die Kartoffelbeilage à part im Gedeck ein, so stehen sie links oberhalb des Gedeckplatzes.

Eine Besonderheit stellen Pellkartoffeln oder Folienkartoffeln dar. Der aufmerksame Service wird hierfür einen Ablageteller für die Folie bzw. die Kartoffelschale (Pelle) links vom Gedeckplatz einsetzen.

Speisen

🇫🇷 *boulettes, noques, garnitures de pâtes, légumineuses et céréales*
🇬🇧 *dumplings, pasta, rice, pulse and cereal garnishings*

1.4 Klöße, Nocken, Teigwaren, Reis, Hülsenfrüchte

Nährwert

Teigwaren und **Reisbeilagen** stellen nährstoffmäßig relativ einseitige Lebensmittel dar, die vorwiegend Stärke und Eiweißanteile enthalten, wodurch sie sättigend wirken. Durch Verwendung von Vollkornerzeugnissen kann dieser Einseitigkeit begegnet werden. **Vollkornerzeugnisse** enthalten darüber hinaus beachtliche Mengen an Wirkstoffen (Vitamine, Mineralstoffe).

Klöße, Teigwaren und Reis eignen sich insbesondere als Sättigungsbeilagen, können aber auch als Gerichte (Pflaumenklöße mit zerlassener Butter) zubereitet werden oder Vorspeisen (Reissockel, Teigwarenspezialitäten) komplettieren.

Klöße, Knödel   🇫🇷 *boulettes, quenelles*
                         🇬🇧 *dumplings*

Klöße und Knödel bezeichnen eigentlich gleiche Beilagen. In Süddeutschland verwendet man allgemein die Bezeichnung Knödel. Ansonsten werden runde Formen Klöße, andere Formen Knödel genannt.

Kloßarten (nach Zutaten geordnet)

aus Kartoffeln
- gekocht
- roh
- roh mit Grieß

aus Semmeln

aus Grieß

aus Mehl

Böhmische Knödel, Semmelklöße, Kartoffelklöße, Thüringer Klöße,

	Zubereitung
Klöße aus gekochten Kartoffeln 🇫🇷 *boulettes de pommes de terre cuites* 🇬🇧 *dumplings of boiled potatoes*	Zu runden Klößen gerollte Kloßmasse aus durchgepressten gekochten Kartoffeln, Weizenmehl, Eiern, Salz und Muskat. Mit in die Kloßmitte gedrückten gerösteten Semmelwürfeln in Salzwasser am Siedepunkt garen. Mit Semmelbutter (→ 42) servieren.
Vogtländische Klöße 🇫🇷 *boulettes du Vogtland* 🇬🇧 *dumplings of the Vogtland*	Zubereitung wie Klöße aus rohen Kartoffeln, aber zusätzlich Grieß. Bei zu weicher Masse wird etwas Grieß, bei zu fester Masse etwas Milch zugegeben.
Semmelklöße 🇫🇷 *boulettes de pain blanc* 🇬🇧 *white-bread dumplings*	Zu Klößen geformte Kloßmasse aus in Milch gequollenem Weißbrot, Eiern, gedünsteten Zwiebelwürfeln, gehackter Petersilie, zerlassener Butter und Gewürzen. In siedendem Wasser gegart.
Serviettenknödel 🇫🇷 *boulettes de paire en serviette* 🇬🇧 *dumplings in a napkin*	Hergestellt aus der Masse für Semmelklöße. Länglich geformte Laibe in bemehlten Tüchern in Salzwasser pochieren. Bei Garende auswickeln und in Scheiben schneiden.
Hefeklöße 🇫🇷 *boulettes de pâte levée* 🇬🇧 *yeast-dough dumplings*	Klöße aus leichtem Hefeteig mit etwas Mehl und Salz formen, kurz aufgehen lassen und dann dämpfen. Fertige Klöße aufreißen und mit schäumender Butter übergießen, mit Zucker bestreuen oder mit Heidelbeeren, auch Apfelmus, servieren.
Böhmische Knödel 🇫🇷 *quenelles bohémiennes* 🇬🇧 *dumplings Bohemian style*	Masse aus Weizenmehl, Backpulver oder Hefe, Eiern, gebräunten Semmelwürfeln, Salz und Muskat in längliche Laibe geformt und dann pochiert oder gedämpft. In Scheiben geschnitten zu Gulasch oder Schweinebraten serviert.

Klöße, Nocken, Teigwaren, Reis, Hülsenfrüchte

Nocken
🇫🇷 *noques*
🇬🇧 *gnocchi*

Nocken, in der italienischen Küche als Gnocchi bezeichnet, werden bei uns vorwiegend mit dem Löffel abgestochen. Italienische Nocken mit Reibekäse gratinieren. In der Wiener Küche ist es üblich, sie aus einem nicht abgebrannten Teig herzustellen, in Salzwasser zu garen und in Butter zu schwenken.

	Zubereitung
Grießnocken 🇫🇷 *noques à la semoule* 🇬🇧 *semolina gnocchi*	Eigelb unter die Masse aus Milch, Grieß und Butter rühren. Nocken mit Löffel in siedendes Wasser abstechen, abtropfen und in Butter schwenken.
Mehlnocken 🇫🇷 *noques à la farine* 🇬🇧 *flour gnocchi*	Masse aus Weizenmehl, Milch, Eiern und zerlassener Butter in siedendes Wasser abstechen, dann abschrecken. Werden als Einlage der ungarischen Gulaschsuppe (→ 49) verwendet.
Schupfnudeln (Bubenspitzle) 🇫🇷 *pommes de terre Lafitte* 🇬🇧 *potato noodles*	Badische Spezialität, bei der die Masse aus gepressten gekochten Kartoffeln und den übrigen Zutaten in kleine Stücke portioniert und in siedendem Wasser gegart wird. Anschließend in zerlassener Butter schwenken oder braten.

Schupfnudeln

Teigwaren
🇫🇷 *pâtes alimentaires*
🇬🇧 *pasta*

Teigwaren sind wichtige Sättigungsbeilagen, teilweise auch Hauptbestandteile von Gerichten. Als Spezialität bieten Küchen hausgemachte Teigwaren aus Weizenmehl, Vollkornmehl (Dinkel, Roggen, Buchweizen) an. Durch Zugabe von Eiern werden Teigwaren ernährungsphysiologisch aufgewertet. Teigwaren bilden weiter die Grundlage für Vorspeisen und Suppeneinlagen.

Teigwarengerichte werden zumeist als Hauptgang auf großen flachen oder in tiefen Tellern serviert. Gegessen wird mit der großen Gabel und dem großen Löffel. Wird im Rahmen des A-la-carte-Service für ein Spaghettigericht umgedeckt, kann der große Löffel ausnahmsweise auf der linken Seite und die große Gabel auf der rechten Seite eingedeckt werden.
Serviert man Spaghetti als Beilage, so wird im Gedeck das große Besteck durch einen großen Löffel ergänzt.

	Zubereitung
Nudeln 🇫🇷 *nouilles* 🇬🇧 *noodles*	Der Nudelteig wird je nach Verwendungszweck geschnitten und in siedendem Salzwasser gegart. Nudeln serviert man als Sättigungsbeilage oder eigenständiges Gericht. Durch Zugabe von Spinatsaft, Safran, Tomatenmark oder gehacktem Basilikum sind geschmackliche und farbliche Variationen möglich.
Maultaschen 🇫🇷 *ravioli allemande* 🇬🇧 *German ravioli*	Masse aus Mehl, Eiern, Salz und etwas Wasser dünn ausrollen, feine Farce darauf geben, mit Teigplatte abdecken, Quadrate schneiden. Die in Fleischbrühe pochierten Maultaschen mit Brühe anrichten.
Spätzle 🇫🇷 *spetzli, frisettes* 🇬🇧 *spätzle*	Teig aus Mehl, Eiern, Milch oder Wasser und Salz in kleinen Mengen auf ein angefeuchtetes Spätzlebrett geben und in feinen Streifen in kochendes Salzwasser abstreichen. Sie dienen als Sättigungsbeilage oder Suppeneinlage.

Teigwarenbeilagen
Tagliatelle, Taglierini, Ravioli mit Käse, Ravioli mit Sepiafärbung, Gnocchi, Tagliatelle mit Spinatfärbung

Speisen

🇫🇷 riz 🇬🇧 rice

Reistypen	Eigenschaften
Langkornreis	6–8 mm lang, glasig hart, eiweißreich
Mittelkornreis	5–7 mm lang, verklebt leicht, weniger eiweißreich
Rundkornreis	4–5 mm lang, quillt und verklebt leicht, geringer Eiweißgehalt
Wildreis	Samen eines Wassergrases, nur reisähnlich, Mischung mit anderem Reis

Reistypen	Bearbeitung
Paddy-Reis	Vollkornreis mit Spelze
Vollkornreis	ungeschliffen, ohne Spelze
Weißreis	geschliffen, poliert, ohne Silberhaut
Parboiled-Reis	Wirkstoffe werden ins Innere gepresst, Außenschicht geglättet
Schnellkochreis	vorgegart und getrocknet

Reisbeilagen

Zutaten

Für die Verarbeitung in der Gaststättenküche sind nach den Reistypen zu unterscheiden: Langkornreis, Mittelkornreis, Rundkornreis und Wildreis. Nach der Reisbearbeitung unterscheidet man Vollkornreis und Weißreis.
Wildreis, auch als Indianerreis bezeichnet, wird als kulinarische Besonderheit zunehmend angeboten. Dabei handelt es sich um schwarze tannennadelähnliche Samen eines Wassergrases. Wildreis schmeckt kräftig, ist aber auch relativ teuer. Oft wird er deshalb mit der gleichen Menge Langkornreis gemischt. Als wichtige Zubereitungen gelten Kochreis und Risotto.

Nährwert

Der geschmacksneutrale Reis lässt sich mit entsprechenden Geschmacksträgern vielseitig verwenden. Reis wird hauptsächlich als Beilage verwendet, eignet sich aber auch für Vorspeisen, Suppeneinlagen, Gerichte oder Süßspeisen (Reis Trautmannsdorf). Reisbeilagen passen zu den unterschiedlichsten Speisenteilen. Sie werden auch für eiweißarme Kost und Kinderkost verwendet, da Reis als kohlenhydratreiches Lebensmittel nur etwa 7% Eiweiß enthält. Vollkornreis enthält noch weitere Wirkstoffe.
Reis vergrößert sein Volumen beim Garen durch Quellung auf das Zwei- bis Dreifache.

Kochreis
🇫🇷 riz au blanc
🇬🇧 boiled rice

Reis in Salzwasser kochen, abgießen und mit kaltem Wasser abspülen. Zur weiteren Verwendung kalt stellen. Als Variante kann Butterreis (riz au beurre / rice with butter, buttered rice) durch Schwenken in Butter zubereitet werden.

Risotto
🇫🇷 risotto
🇬🇧 risotto

Reis mit feinen Zwiebelwürfeln in Öl dünsten, mit Brühe ablöschen, Lorbeerblatt und Salbei hinzugeben, mit Brühe aufgießen und langsam sieden lassen. Weißwein, Butter und Reibkäse sorgfältig darunter ziehen.

❓ 1 Ordnen Sie die Handelsformen des Reises typischen Zubereitungen zu.
2 Vergleichen Sie den ernährungsphysiologischen Wert von Speisen aus Vollkornreis mit denen aus poliertem Reis.
3 Erläutern Sie die Besonderheiten des Wildreises hinsichtlich biologischer Herkunft, Zubereitung und Verwendung.

Reis mit Bambus, Risi-Pisi, Safranreis, Tomatenrisotto, Wildreis, Curryreis

Klöße, Nocken, Teigwaren, Reis, Hülsenfrüchte

Variationen von Risotto und Butterreis

Risi-Pisi
🇫🇷 risi-pisi
🇬🇧 risi-pisi
grüne Erbsen

Tomatenreis
🇫🇷 riz aux tomates
🇬🇧 tomato rice
Tomatenfleischwürfel

Mit Einlagen
Gedünstete gehackte Tomaten, Gemüsepaprikawürfel, Pilze, Bratenwürfel, Schinkenwürfel, Geflügelwürfel, einzeln oder gemischt

Schinkenreis
🇫🇷 riz au jambon
🇬🇧 ham rice
Kochschinkenwürfel

Gemüsereis
🇫🇷 riz aux légumes
🇬🇧 vegetable rice
Schnittformen von Gemüse, auch Pilze

Mit besonderen Würzmitteln
Curry, Safran, Ingwer, Gewürzpaprika oder Aufwerten mit gehackten Kräutern

Curryreis
🇫🇷 riz au curry
🇬🇧 curry rice
Currypulver

Reis Mailänder Art
🇫🇷 riz milanaise
🇬🇧 rice Milanese style
Risotto mit Safran, vermischt mit Reibkäse

Hülsenfrüchtebeilagen
🇫🇷 accompagnements de légumes secs
🇬🇧 dishes made of legumes

Hülsenfrüchte sind die getrockneten Samen von Erbsen, Bohnen und Linsen, die im unreifen Zustand von einer Hülse umgeben sind. Die unreifen Bohnen und Erbsen zählen zum Frucht- und Samengemüse (→ Grundstufe Gastronomie).

Nährwert
Hülsenfrüchte sind stark sättigende Beilagen, die wegen des Cellulosereichtums (Nahrungsfasern) schwer verdaulich sind. Sie eignen sich zu rustikalen Gerichten und gelten als etwas Besonderes. Linsen dienen als Beilage zu Wildspeisen, Erbsenmus zu Schweinefleischspeisen, insbesondere zu Schlachtspezialitäten, zu Eisbein oder Wellfleisch (Kesselfleisch).

Linsenarten

 Werden Hülsenfrüchtebeilagen à part serviert, genügt ein großer Löffel als Vorlegebesteck.

1.5 Eierspeisen
🇫🇷 mets d'œufs
🇬🇧 egg dishes

Einteilung

Warme Eierspeisen			
gekocht	**pochiert**	**aus der Pfanne**	**frittiert**
hart gekocht	Eier im Näpfchen	Setz-/Spiegeleier	gebacken
weich gekocht	verlorene Eier	Rühreier	
wachsweich gekocht		Omelett	
Eier im Glas		Eierpfannkuchen	

Kalte Eierspeisen		
Eiersalat	Soleier	Gefüllte Eier

Essen Chinesen verfaulte Eier?
Sicherlich würde jeder von uns empört die Behauptung zurückweisen, in Europa werde verfaulte Milch – gemeint ist der Käse – verzehrt. Analog kennt die chinesische Küche die „tausendjährigen Eier", die allerdings nur bis etwa 10 Wochen alt werden. Diese Eier werden mit besonderem Lehm umhüllt und unter Luftabschluss enzymatisch gereift. Die Eier erhalten dadurch ein blaues bis grünes gelatiniertes Inneres.

Speisen

Anforderungen an Eier der Güteklasse A

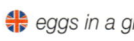

- **1** Schale — normal sauber, unverletzt
- **2** Eiklar — ohne artfremde Einschlüsse
- **3** Eidotter — Keim darf nicht sichtbar entwickelt sein, keine artfremden Einschlüsse
- **4** Hagelschnur — muss Dotter im Gleichgewicht halten
- **5** Luftkammer — muss unter 6 mm hoch sein

1.5.1 Zutaten, Nährwert

🇫🇷 *ingrédients, valeur nutritive*
🇬🇧 *ingredients, nutritive value*

Zutaten

Eierspeisen werden stets aus Hühnereiern hergestellt. Eierspeisen aus anderen Eiern müssen näher gekennzeichnet werden. Wachteleier – aus Farmen bezogen – werden in der Küche verarbeitet. Enteneier dürfen nicht verwendet werden.
Salmonellen in Eiern werden bei einer Kerntemperatur von 70 °C innerhalb von mindestens 5 min zuverlässig abgetötet.

Nährwert

Eierspeisen lassen sich wegen des **neutralen Geschmacks** vielfältig in unterschiedlichen Variationen und Geschmacksrichtungen herstellen. Damit ermöglichen sie eine abwechslungsreiche Kostgestaltung. Eierspeisen stellen ein ernährungsphysiologisch wertvolles Nahrungsmittel dar, da sie **biologisch hochwertiges Eiweiß** liefern. Bei entsprechender Zubereitung lässt sich eine leicht verdauliche Kost anbieten. Allerdings sollte wegen des Gehalts an Cholesterin der Eierverbrauch eingeschränkt werden. Die Gefahr der Salmonellenverbreitung beim Verwenden von Frischeiern ist groß, daher wird auch in der Gastronomie vorwiegend pasteurisiertes Ei verwendet.

Vorspeisen	Zwischengerichte	Gerichte	Nachspeisen
kalt	Imbissspeisen	Frühstück	Cremes
warm	Snacks	Mittagessen	Gebäck
		Abendessen	Eis

1.5.2 Zubereitung und Service

🇫🇷 *préparation et service*
🇬🇧 *preparation and service*

Verwendet werden allgemein Hühnereier der Güteklasse A (frisch) und der Gewichtsklasse M.

Frühstücksgedeck mit Eiern im Glas

1 Aus welchem Material bestehen die Eierlöffel in Ihrem Restaurant? (→ 206, 221)
2 Warum sind für Eierlöffel die Materialien Silber bzw. Silberauflage ungeeignet?

Eier im Glas

🇫🇷 *œufs dans un verre*   🇬🇧 *eggs in a glass*

Eier im Glas werden auch als Frühstückseier bezeichnet.
■ Eier je nach Größe etwa 4 min in siedendem Wasser kochen, kurz abschrecken, halbieren und Ei mit Löffel in ein Becherglas füllen.
■ Variante: unter Wasser vorsichtig schälen, ganz in gebuttertem Glas servieren.
■ Garzeit kann auch auf 3 min verkürzt werden; dann muss nur das dünnflüssige Eiklar gestockt sein. Je Portion 2 Eier in vorgewärmtem Becherglas servieren.

Das Würzen übernimmt der Gast selbst. Frühstückseier werden mit frischer Butter separat oder mit Buttermischung serviert. Geeignet sind auch kalte Würzsaucen.
● Glas auf einem Unterteller mit Papierdeckchen und Eierlöffel servieren.

Klöße, Nocken, Teigwaren, Reis, Hülsenfrüchte

Gekochte Eier

🇫🇷 œufs à la coque 🇬🇧 soft-boiled eggs

Herstellung von gekochten Eiern	
▪ Frische, unbeschädigte Eier aussuchen	Schadhafte Eier würden während des Kochens auslaufen
▪ Gekühlte Eier auf Zimmertemperatur oder im Wasser leicht erwärmen. Evtl. Spritzer Essig ins Wasser geben	Durch unterschiedliche Ausdehnung beim Kochen besteht die Gefahr, dass die Kalkschale platzt, deshalb das stumpfe Ei-Ende einstechen
▪ Eier in siedendes Wasser legen, für größere Mengen Drahtkorb verwenden. Eier müssen mit Wasser bedeckt sein	Gleichmäßiges Garen des gesamten Eies. Kochzeit ist abhängig von der Eigröße (4–10 min) zu berechnen
▪ Kochzeit vom Wiederaufwallen des Kochwassers an genau einhalten	Beim Übergaren bilden sich blaue Ränder („Matrosen"): Die Farbe entsteht besonders bei älteren Eiern als Schwefelwasserstoffverbindung
▪ Nach dem Kochen Eier mit kaltem Wasser abschrecken	Das Ei trennt sich von der Eihaut durch unterschiedliches Zusammenziehen; dadurch leichteres Schälen, außerdem wird Nachgaren verhindert
▪ Möglichst in der Schale oder geschält in kaltem Salzwasser lagern	Eier verformen sich nicht

Frühstücksgedeck mit gekochtem Ei

 Von welcher Seite des Gastes wird das gekochte Ei serviert?

Neben Salz sollten auch Pfeffer, Paprika, Senf, Tomatenketchup und Worcestershire-Sauce zum Würzen von Eierspeisen bereitgestellt werden.

Die Kochzeiten sind abhängig von der gewünschten Konsistenz.

Weiche Eier: Kochzeit 4–5 min   🇫🇷 œufs mollets   🇬🇧 soft-boiled eggs

Wachsweiche Eier: Kochzeit 5–8 min   🇫🇷 œufs cire   🇬🇧 medium-boiled eggs

Hart gekochte Eier: Kochzeit 8–10 min   🇫🇷 œufs durs   🇬🇧 hard-boiled eggs

Gekochte Eier in der Schale werden vorrangig zum Frühstück serviert, geschält können sie auf Toast oder Blätterteig angerichtet werden. Des Weiteren werden sie für Salate und zum Garnieren verwendet.

Gekochte Eier werden im Eierbecher (evtl. mit Warmhaltehäubchen) und mit einem Eierlöffel auf einem Tablett serviert.

1 Ein jugendlicher Gast hat einen täglichen Eiweißbedarf von 60 g. Wie viel % des Tagesbedarfs wird durch ein Frühstücksei gedeckt? (→ Grundstufe Gastronomie)

2 Ein Hühnerei der Klasse M wiegt 55g. Welches Gewicht haben die einzelnen Nährstoffe des Eies? (→ 292, Nährstofftabelle)

3 Wie lange muss man Rad fahren (1300 kJ/h Energieverbrauch), um den Energiegehalt der beiden Eier zu verbrauchen?

Pochierte Eierspeisen

🇫🇷 mets d'œufs pochés
🇬🇧 poached egg dishes

Pochierte Eier, auch als verlorene Eier bezeichnet, werden ohne Schale zubereitet. Sie sind aufgrund der kürzeren Garzeit besser verdaulich als hart gekochte Eierspeisen. Das Eigelb soll beim Servieren noch weich sein.
Pochierte Eier werden gern auf Toast, Törtchen (*tartelettes*) oder auf Gemüsesockel (Tomaten, Artischocken, Spinat) angerichtet, danach mit verschiedenen Saucen nappiert oder überbacken. Geeignet sind holländische Sauce und ihre Ableitungen, Geflügelrahmsauce oder Tomatensauce. Pochierte Eierspeisen werden auch zusammen mit Pilzen, Ragouts und Gemüse angeboten.

Mit Schaumkelle entnommenes pochiertes Ei

Speisen

Eier Saxonia

Pochierte Eier Bearner Art
🇫🇷 œufs pochés béarnaise
🇬🇧 poached eggs Bearnese style

- Toastscheiben mit Kopfsalatblättern belegen, darauf pochierte Eier.
- Mit Bearner Sauce nappieren. Mit Tomatenecke und Kressesträußchen garnieren.

Pochierte Eier Malakow
🇫🇷 œufs pochés Malakov
🇬🇧 poached eggs Malakov

- Toast mit Kaviar bestreichen, pochiertes Ei darauf setzen.
- Mit Béchamel-Sauce, vermischt mit Meerrettich, nappieren.

Pochierte Eier Saxonia
🇫🇷 œufs pochés Saxonia
🇬🇧 poached eggs Saxonia

- Krebsschwänze und abgetropfte Spargelstücke in Butter schwenken und würzen.
- Holländische Sauce mit gehackten Küchenkräutern verrühren.
- Krebs-Spargel-Mischung auf goldgelbe Toastscheiben verteilen.
- Pochierte Eier darauf legen, mit der Kräuter-Hollandaise überziehen, mit Dillzweig und Krebsnase garnieren.

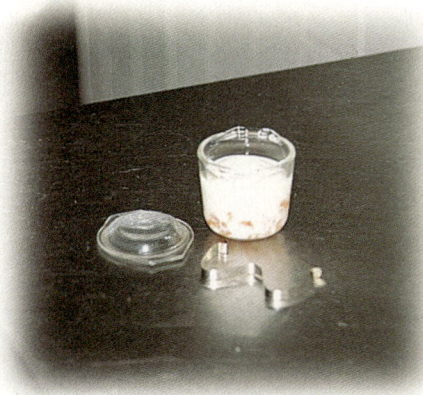

Fertige Eier im Näpfchen

Eier im Näpfchen
🇫🇷 œufs en cocotte
🇬🇧 eggs in cocotte

Eier werden in kleinen gebutterten Näpfchen (als Kokotten [cocottes] bezeichnet) im Wasserbad indirekt pochiert und in dieser Form serviert. Durch Abdecken kann die Garzeit verkürzt werden. Das Eigelb soll nach der Fertigstellung noch weich sein. Eier im Näpfchen eignen sich als warme Vorspeisen und können auch unter Verwendung von Ragouts, Salpikons, Gänseleber, Gemüse- oder Pilzmus, Kochschinken- oder Käsewürfelchen hergestellt werden.

Setzeier und Spiegeleier
🇫🇷 œufs sur le plat
🇬🇧 fried eggs

Frische Eier werden in der Pfanne gestockt. Das Eigelb soll noch nicht fest sein. Wird das Ei noch kurze Zeit der Oberhitze ausgesetzt, dann entsteht ein matt schimmernder Überzug, der den Namen **Spiegelei** rechtfertigt, heute aber kaum gewünscht ist. Setz- und Spiegeleier lassen sich mit Speck, Schinken, Meeresfrüchten (Krabben, Krebse, Hummer), Spargel, Pilzen, Käse, Kräutern, auch mit Sardellen komplettieren.

Unterschied zwischen Setz- und Spiegelei

Herstellung von Setzeiern	
Emulsionsfett in einer Eierpfanne erhitzen	Emulsionsfett (Butter, auch Margarine) verfeinert Geschmack; niedriger Siedepunkt des Emulsionsfettes gewährleistet Stocken der Eierspeise bei mäßigen Temperaturen in etwa 4 min
Eier einzeln einschlagen	Frische kann nochmals überprüft werden
Eiklarfläche salzen	Gleichmäßiger Salzgeschmack; Salz würde auf dem Eigelb weiße Punkte verursachen
Eierspeisen auf Porzellan anrichten **Chromstahlbesteck verwenden!**	Silber verfärbt sich durch den im Eiweiß enthaltenen Schwefel

Setzeier und Spiegeleier werden nach den gleichen Rezepturen hergestellt.

Klöße, Nocken, Teigwaren, Reis, Hülsenfrüchte

Setzeier amerikanische Art

🇫🇷 œufs sur le plat américaine
🇬🇧 fried eggs American style

- Schinkenspeck in der Butter beidseitig anbraten.
- Eier darauf geben und stocken lassen.
- Eier auf vorgewärmten Porzellantellern anrichten und mit Tomatensauce umkränzen bzw. mit Grilltomate garnieren.

Setzeier Jägerart

🇫🇷 œufs sur le plat chasseur
🇬🇧 fried eggs hunter's style

- Geflügelleber und Champignons getrennt in Butter sautieren.
- Setzeier wie beschrieben zubereiten und auf vorgewärmter Porzellanplatte anrichten.
- Mit sautierter Geflügelleber und Champignons garnieren und mit Madeira-Sauce umkränzen.

Setzeier Jägerart

Rühreier

🇫🇷 œufs brouillés
🇬🇧 scrambled eggs

Rühreier zählen zu den leicht verdaulichen Eierspeisen und werden deshalb auch für die leichte Vollkost verwendet. Eigelb und Eiklar sollen im Rührei vollkommen vermischt sein. Rühreier werden bei geringer Hitze hergestellt und sollen eine weiche, saftige, lockere Konsistenz aufweisen. Als ergänzende Zutaten eignen sich sautiertes oder gedünstetes Gemüse, Schinken, aber auch Kalbfleisch oder Meeresfrüchte. Angeboten werden Rühreier als Einzelportionen auf Tellern oder auf Vorrat warm gehalten auf Frühstücksbüfetts.

 Rührei auf Vorrat

Mitunter ist es erforderlich, Rührei auf Vorrat herzustellen. Dann kann durch Zugabe von Sahne oder Milch die cremige Konsistenz länger erhalten werden.

Portionsmenge 2–3 Eier	
Herstellung von Rühreiern	
■ **Eier** stets einzeln aufschlagen	Frische kann nochmals überprüft werden
■ **Salz** zugeben und gut mit einem Schneebesen rühren, evtl. **Sahne** zugeben	Eigelb und Eiklar müssen zusammen mit dem Salz vollkommen vermischt sein, gegebenenfalls passieren
■ **In ausgebutterte** heiße Pfanne geben und Eimasse stocken lassen	Langsames Gerinnen bei mäßiger Hitze ist ausschlaggebend für die richtige Konsistenz
■ **Gerinnendes Ei** ständig vom Pfannenboden wegrühren	Anhängende Eimasse wird trocken und könnte Farbe annehmen
■ **Fertige Rühreier** umgehend auf vorgewärmte Platte geben	Rührei ist nur mäßig heiß und darf nicht weiter abkühlen

Jeden Morgen werden über das Frühstücksbüfett durchschnittlich 60 Portionen Rührei mit Schinken ausgegeben. Je Portion werden zwei Eier (Einkauf 0,13 €/Stück) kalkuliert.

1. Wie hoch ist der tägliche und wöchentliche Einkaufspreis der Eier?
2. Aufgrund der Menge gewährt der Händler einen Preisnachlass von 0,02 €/Ei. Wie viel % beträgt der Nachlass?
3. Im Einkaufspreis von 0,13 € sind 7% Mehrwertsteuer enthalten. Wie viel € beträgt die enthaltene MwSt. und um wie viel € ist die MwSt. beim rabattierten Ei niedriger?

Rühreier Admiralsart

🇫🇷 œufs brouillés amiral
🇬🇧 scrambled eggs admiral's style

- Hummerfleischwürfel in Butter dünsten, salzen und mit weißem Pfeffer würzen, geschlagenes Ei dazugeben.
- Unter ständigem Rühren locker stocken lassen.
- Auf Porzellanplatten anrichten und mit Hummersauce umkränzen.

Speisen

Für Rührei und Omelett nature wird anstelle eines Messers ein Löffel eingedeckt

1 Benennen Sie die abgebildeten Besteck- und Geschirrteile exakt.
2 Beschreiben Sie die Position für ein Glas Orangensaft.

Rühreier mit Schinken
🇫🇷 œufs brouillés au jambon
🇬🇧 scrambled eggs with ham

- Kochschinken würfeln und in Butter kurz anbraten.
- Das geschlagene und gewürzte Ei dazugeben.
- Unter ständigem Rühren locker stocken lassen.

Omeletts
🇫🇷 omelettes 🇬🇧 omelet(te)s

Omeletts bestehen aus aufgeschlagenen Eiern. Die gesalzene Eimasse wird unter Rühren in der gebutterten Pfanne gestockt und dann wie abgebildet geformt.
Omeletts zeichnen sich durch eine länglich-ovale Form mit glatter Oberfläche aus. Das Innere soll eine saftig-weiche Konsistenz aufweisen. Außen darf keine Bräunung entstehen. Zur Komplettierung der Omeletts eignen sich Gemüse, Pilze, Schinkenspeck, Ragouts, Käse usw. Omeletts können auch als warme Süßspeisen (→ 98) hergestellt werden.

Omeletts herstellen

Arten der Omelettzugaben
- Beilagen neben dem Omelett anordnen.
- Beilagen in das fertige Omelett füllen.
- Zutaten vorher dünsten und in die rohe Eimasse geben.

Omelett Bauernart (Bauernfrühstück)
🇫🇷 omelette paysanne
🇬🇧 omelet farmer's style

- Speckwürfel sautieren, die in Würfel geschnittenen Zwiebeln hinzugeben, goldgelb fertig garen. In Butter angebratene Kartoffelscheiben zugeben. Die Eimasse angießen und stocken lassen.
- Omelett einschlagen und auf einer Porzellanplatte anrichten.

Qualitätsmerkmal ist, im Unterschied zu den anderen herkömmlichen Omeletts, eine kräftige Farbgebung.

Omelett Opernart
🇫🇷 omelette opéra
🇬🇧 omelet opera (style)

- Gebratene Geflügelleber und grüne Spargelspitzen in das Omelett füllen. Mit Madeira-Sauce umgießen.

Omelett mit Würzfleisch
🇫🇷 omelette au ragoût fin
🇬🇧 omelet with fine stew

- Omelett zubereiten und auf eine Platte stürzen.
- Mitte aufschneiden und beide Teile etwas nach außen drücken.
- Den entstandenen Hohlraum mit Würzfleisch füllen.
- Mit holländischer Sauce überziehen, Zitronenecke separat.

Omelett nature

Eierpfannkuchen
🇫🇷 pannequets 🇬🇧 pancakes

Eierpfannkuchen werden unter Zugabe von Mehl und Milch hergestellt. Sie sollen eine goldgelbe Farbe haben und von lockerer Konsistenz sein. Eierpfannkuchen sind nach der Fertigstellung umgehend zu servieren.
Crêpes sind kleine dünne Eierpfannkuchen, die keine Farbe nehmen dürfen. Als **Célestine** bezeichnet man eine Suppeneinlage, die aus Streifen von dünnen Eierpfannkuchen besteht. Eierpfannkuchen können auch unter Verwendung von Schinkenspeckwürfeln, Reibkäse, Spargelstücken, Kräutern oder gehackten Tomaten *(tomates concassées)* hergestellt werden. Zusammen mit Früchten lassen sich zudem süße Speisen (→ 98) herstellen.

Fischspeisen

Frittierte Eier 🇫🇷 œufs frits 🇬🇧 deep-fried eggs
Frittierte Eier eignen sich als Vorspeise. Sie werden auf Toast oder Reissockel mit Paprika- oder Tomatensauce (➔ 36) unverzüglich angerichtet.
Qualitätsmerkmal: Bei frittierten Eiern muss das Eigelb weich bleiben. Das Eiklar erhält eine goldbraune Farbe.

Frittierte Eier englische Art 🇫🇷 œufs frits anglaise 🇬🇧 deep-fried eggs English style
- Eier frittieren, auf Küchenkrepp abtropfen lassen.
- Schinken beidseitig anbraten und auf Röstbrotsockel verteilen.
- Eier auf Schinken legen, mit Pfeffer würzen, Ketchup separat.

Frittierte Eier mexikanische Art 🇫🇷 œufs frits mexicaine 🇬🇧 deep-fried eggs Mexican style
- Eier frittieren, auf Küchenkrepp abtropfen lassen.
- Reis, mit gehackten Tomaten (tomates concassées) vermischen und mit Knoblauch würzen. Eier auf dem Reis anrichten.

1. Beschreiben Sie den ernährungsphysiologischen Wert von Eierspeisen. Berücksichtigen Sie dabei die Garzeit.
2. Trotz des ernährungsphysiologischen Wertes soll der Verzehr von Eierspeisen begrenzt werden. Begründen Sie diese Forderung.
3. Weshalb ist es falsch, von gebratenen Eierspeisen zu sprechen.
4. Erläutern Sie den Unterschied zwischen Spiegeleiern und Setzeiern.
5. Beschreiben Sie die fachgerechte Herstellung eines Omeletts.
6. Wie kann der Salmonellengefahr beim Eierverzehr begegnet werden?

1. Der Materialpreis für Omeletts mit Würzfleisch beträgt 1,75 €, der Inklusivpreis wurde mit 6,30 € festgesetzt. Ermitteln Sie den Kalkulationsfaktor.

1.6 Fischspeisen
🇫🇷 mets de poisson 🇬🇧 fish dishes

1.6.1 Nährwert
🇫🇷 valeur nutritive 🇬🇧 nutritive valeur

Fisch lässt sich nach unterschiedlichen Gesichtspunkten einteilen:

Qualität	Fettgehalt	Körperform	Herkunft
Edelfisch	Magerfisch	Rundfisch	Süßwasserfisch
Konsumfisch	Fettfisch	Plattfisch	Salzwasserfisch

Fischaufbau

Der ernährungsphysiologische Wert der Fischspeisen ist im Gehalt an **hochwertigen, gut verwertbaren Eiweißstoffen, Vitamin D** und beachtlichen Mengen an Mineralstoffen – insbesondere Iod im Seefisch – begründet. Fischfleisch ist hell, da es wenig Myoglobin (Muskelfarbstoff) enthält. Damit bietet es gute Möglichkeiten für die farbliche Gestaltung der Fischspeisen. Nach dem Nährstoffgehalt sind **Fett- und Magerfische** zu unterscheiden. Magerfische gewinnen für die fettarme Kost zunehmend an Bedeutung. Fischfett enthält essentielle Fettsäuren. Hervorzuheben sind bestimmte in der Tiefsee lebende Fischarten (Sardine, Hering, Makrele, Lachs), deren Fett mehrfach ungesättigte Fettsäuren (Omega-3-, Omega-6-Fettsäuren) enthält, die der Arteriosklerose entgegenwirken.
Bei der Verarbeitung muss beachtet werden, dass Fisch im Unterschied zum Schlachtfleisch **wenig Bindegewebe** und dadurch eine lockere Zellstruktur hat. Deshalb kann Fisch bei entsprechender Zubereitung auch für leichte Vollkost und Diätspeisen verwendet werden.

Trockeneis: Darunter ist CO_2-Schnee zu verstehen, der eine Temperatur von –80 °C hat. Bei Wärmeentzug aus dem Kühlgut vergast (sublimiert) die feste Substanz in ein CO_2-Gas. Der flüssige Aggregatzustand wird – zum Vorteil für das Lagergut – übersprungen. CO_2-Gas ist als Stoffwechselprodukt bei der Atmung bekannt, also völlig unschädlich. Allerdings darf der CO_2-Schnee nicht längere Zeit mit bloßen Fingern berührt werden, sonst kommt es zu Unterkühlungen, die Verbrennungen ähneln. Außerdem besteht die Gefahr der Sauerstoffverdrängung, was eine einschläfernde Wirkung hat.

Speisen

1.6.2 Zubereitung

Pochierte Lachsschnitte mit Zitronenhollandaise, Spinat, tournierten Kartoffeln

 Für die Lagerung von Frischfisch sind Höchsttemperaturen von 2 °C vorgeschrieben (→ Grundstufe Gastronomie), während bei Frischfleisch bis 7 °C erlaubt sind. Beurteilen Sie diese Unterschiede.

 Fisch zart und empfindlich
Fisch ist eiweißreich, hat aber nur einen geringen Bindegewebeanteil (0,5% Kollagen). Dadurch und durch den relativ hohen Wassergehalt ist Fisch stets zart und empfindlich. Die Bezeichnung Kochfisch ist nicht zutreffend, da Fisch stets pochiert wird. Lediglich größere Fische werden vor dem Pochieren zunächst bis zum Sieden erhitzt. Pochieren nicht über 80 °C. Nachgaren vermeiden.
Gegarter Fisch zerfällt leicht oder wird trocken.

Zubereitungsverfahren für Fische

Thermische Zubereitung

Pochieren, dämpfen, dünsten, sautieren, braten, frittieren, grillen, in Folie garen, im Teig backen

Biochemische Zubereitung

Säuern, räuchern, salzen

Pochieren  pocher to poach

Durch Pochieren, auch als Garziehen bezeichnet, können alle Arten und Größen von Fischen sowie Fischklößchen zubereitet werden. Besonders geeignet sind Zander, Lachs, Hecht, Steinbutt, Heilbutt, Schellfisch, Rotbarsch (Goldbarsch) und Rochen.
Für das Pochieren ist ein Fischsud vorzubereiten. Für Blaugaren wird angesäuertes Salzwasser oder ebenfalls ein besonderer Fischsud verwendet.

Beilagen und Garnierungen: Es eignen sich gekochte oder gedämpfte Kartoffeln, Reisvariationen und Nudeln. Als Saucen werden aufgeschlagene Saucen, Senf-, Kräuter- oder Fischsaucen bevorzugt.
Typische Garnierung sind Zitronenstücke. Außerdem wird mit frischer, zerlassener oder schäumender Butter (einschließlich braune Butter *[beurre noisette / brown butter]* für Rochen) sowie unterschiedlichen Buttermischungen vollendet.

Variationen

flämische Art
🇫🇷 flamande
🇬🇧 Flemish style
In Fischfond mit Bier pochieren, mit Mehlbutter binden; Sauce mit gehackten Kräutern

indische Art
🇫🇷 indienne
🇬🇧 Indian style
Currysauce und körnig gekochter Reis

Dämpfen cuire à la vapeur to steam

Alle Fische, die sich zum Pochieren eignen, lassen sich auch dämpfen. Im Unterschied dazu ist die Garzeit nur wenig länger, Auslaugverluste sind allerdings umso geringer. Die Nährstoffe und das Eigenaroma bleiben besser erhalten. Mit dieser schonenden Zubereitung werden sowohl leichte Vollkost (Schonkost) als auch Diätspeisen hergestellt.

- Fische vorher marinieren und wenig salzen.
- In speziellen Gargefäßen mit Siebeinsatz und gut schließendem Deckel im Dampf des Fischsuds oder -fonds garen.

Beim Dämpfen kommen die Zubereitungs- und die Garniturformen sowie die Beilagen in Betracht, die schon beim Pochieren aufgeführt worden sind.

Dünsten étuver to stew

Eigentlich handelt es sich um Pochieren in wenig Fond. Dafür eignen sich zarte, kleine Fische, Portionsstücke und Filets.

- Dünstgefäß ausfetten und mit Zwiebel- oder Schalottenwürfelchen bestreuen.
- Marinierten, gesalzenen Fisch auflegen, heißen Fischfond darüber gießen, aber nicht bedecken, eventuell mit Geschmacksträgern (Champignonfond, Zitrone, Weißwein) vervollständigen, dünsten.

Gedünstete Fischspeisen werden gern gratiniert oder überbacken. Dazu werden die gedünsteten Fischspeisen mit Sauce (Käsesauce, holländische Sauce), bzw. mit Schlagsahne nappiert oder mit Reibkäse und Butterflocken bestreut und gratiniert.

Fischspeisen

Das **Garen in Folie** ist ein dem Dünsten (im eigenen Saft) ähnliches, schonendes Garverfahren. Dazu eignen sich Portionsfische oder Fischfilets (Forelle, Renke, Saibling, Seezunge, Scholle), die wenig gewürzt und mit Butter oder Öl bestrichen zusammen mit Gemüsestreifen oder Champignons gegart werden.

 Die verbreitete Bezeichnung Blaukochen ist nicht korrekt, da die Fische unterhalb des Siedepunktes garen, also pochieren.

Variationen für gedünstete Fischspeisen

Florentiner Art
🇫🇷 *florentine*
🇬🇧 *Florentine style*

Auf gedünsteten Spinatblättern anrichten, mit Käsesauce nappieren, gratinieren

mit Kräutern
🇫🇷 *aux fines herbes*
🇬🇧 *with herbs*

Mit Weißweinsauce vermischt mit gehackten Kräutern (Petersilie, Dill, Kerbel) nappieren

überbacken
🇫🇷 *gratiné*
🇬🇧 *gratinated*

Mit Champignonköpfen belegen, mit weißer Fischsauce nappieren, Reibesemmel darüber streuen, zerlassene Butter, gratinieren

Braten
🇫🇷 *rôtir, sauter*
🇬🇧 *to fry, to sauté*

Fischspeisen werden überwiegend kurzgebraten (sautieren, franz. *sauter*). Zum Kurzbraten eignen sich sowohl ganze kleine Fische als auch Fischschnitten und Portionsstücke von größeren Fischen. Fischpanierungen führen zu einem höheren Nähr- und Genusswert. Sie schützen vor Zerfall und führen zu geringeren Garverlusten. Geeignet sind: Forelle, Renke, Saibling, Seezunge, Lachs, Zander, Scholle, Flunder, Rotzunge, Meerbarbe, Kabeljau. Langgebraten werden beispielsweise große Stücke von Haifisch oder Schwertfisch, die erst nach dem Garen portioniert werden.

- Fisch marinieren, mehlieren, beidseitig unter ständigem Begießen in Öl braten.
- Bratfett abgießen, mit Butter nachbraten.

In der **modernen Küche** hat sich folgendes Zubereitungsverfahren für Fischfilets durchgesetzt:
- Fischfilets auf der Hautseite kurz anbraten.
- Oberfläche mit Butter bestreichen.
- Im Salamander mit Oberhitze auf den Punkt garen.

Gedünstete Hechtschnitten auf holländischer Sauce mit Safran und Sprossen

Variationen

Müllerinart
🇫🇷 *meunière*
🇬🇧 *meuniere*

In Weizenmehl wenden, in Butter sautieren, Zitronenscheiben, Worcestershire-Sauce, gehackte Petersilie, mit Bratbutter übergießen

englische Art
🇫🇷 *anglaise*
🇬🇧 *English style*

Fisch panieren, in Butter sautieren, Kräuterbutter separat

Saint-Germain
🇫🇷 *Saint-Germain*
🇬🇧 *Saint-Germain*

Panieren, in Butter sautieren, Nusskartoffeln, Bearner Sauce

spanische Art
🇫🇷 *espagnole*
🇬🇧 *Spanish style*

In Öl sautieren, gehackte Tomaten *(tomates concassées)*, frittierte Paprikastreifen und Zwiebelringe obenauf

Tiroler Art
🇫🇷 *tyrolienne*
🇬🇧 *Tyrolean style*

In Butter sautieren, auf gehackte Tomaten (tomates concasseés) dressieren, frittierte Zwiebelringe

türkische Art
🇫🇷 *turque*
🇬🇧 *Turkish style*

In Butter sautieren, auf Pilawreis mit Safran dressieren, gebratene Auberginenscheiben; schäumende Butter darüber geben

Speisen

Seeteufel im Reisblatt

Frittieren
◐ *frire*
✠ *to deep-fry*

Zum Frittieren eignen sich kleinere ganze Fische, Portionsstücke, Filets und Fischspießchen.

- Mit Zitrone benetzen und würzen, eventuell ziselieren oder panieren.
- Je nach Größe 3–10 min bei Temperaturen zwischen 150 und 175 °C frittieren. Garen Fisch mit Drahtlöffel entnehmen.
- Auf saugfähigem Küchenkrepp entfetten, nicht abdecken und sofort servieren.

Wie beim Braten wird Fisch vor dem Frittieren häufig paniert (➔ Grundstufe Gastronomie).

Fischpanierungen	
Mehlieren	◐ frire nature ✠ deep-fry nature
Backteig	◐ en fritot ✠ in frying batter
Wiener Panierung	◐ viennoise ✠ Viennese style
englische Panierung	◐ anglaise ✠ English style

Variationen

Orly
◐ *Orly*
✠ *Orly*

In Weizenmehl wenden, durch Backteig ziehen, goldgelb frittieren, Tomatensauce separat

Colbert
◐ *Colbert*
✠ *Colbert*

Mit Weizenmehl, aufgeschlagenem Ei und geriebenem Weißbrot panieren, frittieren und mit Colbert-Butter anrichten (➔ 41)

Grillen
◐ *griller* ✠ *to grill, to barbecue (USA)*

Gegrillt werden kleine Fische, Fischschnitten, Portionsstücke und Fischspießchen. Geeignet sind besonders kleine, festfleischige Fische. Größere Fische können als Scheiben mit Gräten und Haut gegrillt werden. Verwendet werden Sardine, Bonito, Hering, Steinbutt, Heilbutt, Lachs, Thunfisch, Karpfen, Forelle.

- Marinieren, salzen, dünn mit Öl bepinseln.
- Auf vorgeheiztem Grill garen, zum Wenden Grillzange verwenden.

Komplettieren mit ➔ Buttermischungen, kalten Saucen, gekochten, gedämpften Kartoffelbeilagen, auch Kartoffelsalat.

Lachsschnitte vorbereitet zum Grillen

Variationen

Mephisto
◐ *diable*
✠ *devilled*

Grillen, Teufelssauce (Tomatensauce mit Schalotten, Pfeffer und Chili) separat

Triester Art
◐ *triestine*
✠ *Trieste style*

Grillen, auf in Butter gedünstetem geschnittenem Kopfsalat anrichten, dazu Eiviertel, Pariser Kartoffeln und schäumende Butter

Colbert
◐ *Colbert*
✠ *Colbert*

Grillen, Colbert-Butter (➔ 41) separat

spanische Art
◐ *espagnole*
✠ *Spanish style*

Grillen, gehackte Tomaten *(tomates concassées)*, frittierte Paprika- und Zwiebelringe

Fischspeisen

1.6.3 Anrichteweise und Service

🇫🇷 présentation et service
🇬🇧 presentation and service

Fischspeise	Anrichtegeschirr	Besteck	Service	Beispiele
als Vorspeise	Großer Teller	Mittelgabel und Mittelmesser	Zumeist in der Küche portioniert angerichtet	Räucherfisch, Rollmops
	Glas oder Schale	Fischgabel und kleiner Löffel	Trageteller; Besteck kann eingedeckt oder angelegt werden	Cocktails
als Suppe	Suppentasse	Mittellöffel	Suppentasse mit Suppenuntertasse auf Mittelteller	Klare Fischsuppen
	Suppenteller	Großer Löffel	Auf Trageteller aufgesetzt servieren	Gebundene Fischsuppen
	Terrine	Großer Löffel, Suppenkelle, evtl. Fischbesteck	Service mit vorgewärmtem Suppenteller sowie Ablagetellern für Kelle und Gräten	Bouillabaisse
als Zwischengericht (Fischgang)	Großer Teller	Fischbesteck	Zumeist kleinere Portionen; Sauce evtl. à part servieren	Forellenfiletröllchen in Rieslingschaumsauce
als Hauptgericht	Großer Teller, Extra großer Teller, Platte	Fischbesteck	Zumeist in der Küche portioniert (filetiert) angerichtet	Rotbarschfilet Orly Forelle blau

Im **gehobenen Service** können Fischgerichte von Silber- oder Edelstahlplatten vorgelegt werden. Portionsfische werden hierbei auf Wunsch des Gastes filetiert.

Fischbesteck wird generell zu allen warmen (gegarten) Fischgerichten eingedeckt. Das Schneiden darf hierbei nicht erforderlich sein. Aufgrund ihrer festeren Beschaffenheit werden rohe, marinierte oder geräucherte Fischgerichte mit Messer und Gabel gegessen.

Verwenden Sie Surimi?
Unter Surimi sind Krebsfleisch-Imitate zu verstehen. Eiweißbestandteile werden aus zerkleinertem Fischfleisch herausgelöst. Die entsehnte Fischpaste wird in Blöcken tiefgefroren. Nach dem Auftauen werden Gewürze, Stärke und Geschmacksstoffe hinzugefügt. Maschinell werden muskelfaserähnliche Strukturen erzeugt und ausgeformt.
Handelsformen:
tiefgefroren,
pasteurisiert,
sterilisiert.

Gebratene Meerbarbe auf Rahmlinsen mit frittierten Kartoffelscheiben

Zanderschnitte mit grünem Spargel

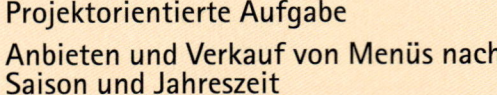

Projektorientierte Aufgabe
Anbieten und Verkauf von Menüs nach Saison und Jahreszeit

Das Hotel „Zum Weißen Schwan" steht nach zweijährigem Umbau vor der Wiedereröffnung. Für Feiern, Reisegesellschaften und Kongresse soll eine Mappe mit Menüangeboten erstellt werden. Besonderen Wert legen Küchenchef Dieter Wolf und Restaurantchefin Regina Bär auf saisonale Einteilungen und marktgerechtes Preisangebot.

Das Speisenangebot im Jahreskreis
1. Erstellen Sie für Küchenchef Dieter Wolf eine Gesamtübersicht einheimischer Zutaten. Unterteilen Sie diese nach Jahreszeiten bzw. dem saisonalen Angebot.
Nutzen Sie für die Beantwortung folgende Informationsquellen: Anruf beim Gemüsehändler oder bei der Verbraucherzentrale oder Besuch eines Gemüsemarktes.

Das Menüangebot (→ Grundstufe)
2. Tragen Sie die wichtigsten Kriterien für das Aufstellen von Menüs zusammen. Erarbeiten Sie eine Checkliste.
3. Erarbeiten Sie für jede Jahreszeit drei 4-Gang-Menüs unterschiedlicher Art.
4. Berücksichtigen Sie bei Ihrer Aufstellung auch traditionelle Speisen zu besonderen Feiertagen.

Service
5. Erläutern Sie Küchenchef Dieter Wolf für die aufgestellten Menüs Ihre Vorschläge zur Anrichteweise und Restaurantchefin Regina Bär die sich daraus ergebende Besteckwahl.

Dekoratives Gestalten
6. Je nach Anlass und Gästekreis sollen auch Tische, Tafeln und Gasträume dekorativ ausgestaltet werden. Wählen Sie aus jeder Jahreszeit ein Menü aus und erläutern Sie mögliche Tafeldekorationen und Raumgestaltungsvarianten.
7. Wählen Sie für eine Jagdgesellschaft von 14 Personen eine geeignete Tafelform aus und platzieren Sie Ihre Gäste in einem quadratischen Gastraum (8 m x 8 m). Erstellen Sie dafür einen maßstabsgerechten Grundriss.
8. Welche Regeln sind für das Stellen einer Tafel und das Platzieren der Gäste grundsätzlich einzuhalten?
9. Zeichnen Sie die Lage der Längsbrüche der Tafeltücher ein und markieren Sie mit einem Kreuz die Position der Stühle.

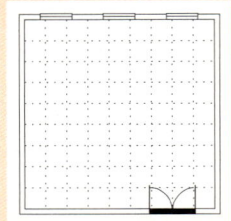

Berechnungen
10. Berechnen Sie, wie viele Tischtücher mit einer Länge von 210 cm Sie für Ihre Tafel benötigen.
11. Wie breit müssen die Tischtücher sein, wenn sie an den Seiten der Tafel jeweils 25 cm herunterhängen sollen?

Saucen

1.7 Saucen

 sauces
sauces

1.7.1 Einteilung, Nährwert

 classification, valeur nutritive
classification, nutritive value

Einteilung
Zu unterscheiden sind grundsätzlich:
- Warme Grundsaucen mit Ableitungen
- Warme selbstständige Saucen ohne Ableitung, Spezialsaucen
- Saucen aus arteigenen Grundstoffen ohne oder mit geringer Bindung
- Mit Mehlschwitze (roux), eingerührtem Mehl oder Mehlbutter gebundene Saucen
- Bratensaucen
- Kalte Grundsaucen mit Ableitungen, selbstständige kalte Saucen

Warme Grundsaucen	Selbstständige Saucen	Saucen aus arteigenen Grundstoffen	Mit Mehl gebundene Saucen	Bratensaucen	Kalte Saucen
Weiße Grundsauce	Tomatensauce	Coulis-Saucen	Mit eingerührtem Mehl/eingerührter Stärke	Rind, Kalb, Schwein, Lamm, Wild, Geflügel	Mayonnaise (kalte Grundsauce)
Béchamel-Sauce	Paprikasauce	Tomate, Paprika u. a. Gemüse			Essig-Öl-Kräuter-Saucen
Holländische Sauce	Warme Spezialsaucen	Früchte	Mit Mehlschwitze, Mehlbutter		Dip-Saucen
Braune Kraftsauce					Kalte Spezialsaucen

Nährwert
Als Zutaten werden Fonds (Grundbrühen → 44), Bratensaft, aromareiche und farbstarke Rohstoffe (Röstgemüse, Tomaten usw.) verwendet.
Saucen sollen Speisen, insbesondere Sättigungsbeilagen, gleitfähig machen, geschmacklich abrunden oder ihnen typische Geschmacksrichtungen geben und sie optisch aufwerten. Deshalb sollten sie hinsichtlich der Ernährung
- optisch ansprechend,
- appetitanregend,
- würzend, verdauungsfördernd,
- ernährungsphysiologisch aufwertend sein.

In gastronomischer Hinsicht umhüllen, überziehen oder binden Saucen andere Speisenteile, verbessern das Farbbild der Speisen und unterstreichen Geschmackskontraste.

 Fonds
(frz. fond = Grund, Grundlage) oder Grundbrühen fallen beim Garen von Lebensmitteln an oder werden speziell angesetzt.

> Als wichtige Qualitätskriterien gelten arteigener Geschmack, Konsistenz und Farbe.
> Saucen bestimmen in entscheidendem Maße die Qualität von Speisen.

Speisen

🇫🇷 *sauces de base et leurs dérivés*
🇬🇧 *basic sauces and their derivates*

1.7.2 Warme Grundsaucen und ihre Ableitungen

Die Zubereitung guter Saucen erfordert arteigene, gehaltvolle Fonds.

Fond → **Grundsauce** → **Saucenableitung**

Saucen werden in **warme (weiße, braune)** und **kalte Saucen** unterteilt. Innerhalb dieser Gruppen gibt es eine Vielzahl von speziellen Saucenvarianten, die größtenteils von einem Grundstock, einer so genannten Grundsauce, abgeleitet werden. Als Grundsaucen gelten **weiße Grundsauce, Béchamel-Sauce, holländische Sauce, braune Kraftsauce** und **Mayonnaise**.

```
Weiße Mehlschwitze   Kalbsbrühe
           ↓
   weiße Kalbsgrundsauce
           ↓
      Deutsche Sauce
```

Weiße Grundsauce
🇫🇷 *sauce blanche*
🇬🇧 *white sauce*

Weiße Grundsauce wird aus Grundbrühen von Kalb, Geflügel, Fisch und Gemüse hergestellt. Diese Rohstoffe sind namensgebend.
Die Bindung erfolgt durch eine weiße Mehlschwitze *(roux blanc)*. Bei der Zubereitung der Mehlschwitze und beim Auffüllen gelten die gleichen Regeln, wie bei den Suppen beschrieben. Die Sauce muss kochen, damit der Mehlgeschmack verschwindet. Die Konsistenz der weißen Grundsauce ist leicht deckfähig. Sie soll beim Aufbewahren im Wasserbad die gewünschte Konsistenz behalten.

```
Weiße Mehlschwitze   Geflügelbrühe
           ↓
  weiße Geflügelgrundsauce
           ↓
     Geflügelrahmsauce
```

Weiße Grundsauce für Kalbfleisch und ihre Ableitungen
🇫🇷 *velouté de veau et ses dérivés*
🇬🇧 *veal velouté and its derivates*

Deutsche Sauce
🇫🇷 *sauce allemande*
🇬🇧 *German sauce*

Sie stellt eine Verfeinerung der weißen Grundsauce dar. Weiße Kalbsgrundsauce wird mit Champignonfond, Zitronensaft, Eigelb, Sahne, weißem Pfeffer und Salz verfeinert. Sie bildet den Grundstock für weitere Ableitungen.

```
Weiße Mehlschwitze   Fischbrühe
           ↓
   weiße Fischgrundsauce
           ↓
   Weißweinsauce für Fisch
```

Ableitungen der deutschen Sauce

Kapernsauce
🇫🇷 *sauce aux câpres*
🇬🇧 *caper sauce*
Kapern

Meerrettichsauce
🇫🇷 *sauce raifort*
🇬🇧 *horseradish sauce*
Geriebener Meerrettich, Sahne

Senfsauce
🇫🇷 *sauce moutarde*
🇬🇧 *mustard sauce*
Senf

🇫🇷 *velouté de volaille et ses dérivés*
🇬🇧 *chicken velouté and its derivates*

Weiße Grundsauce für Geflügel und ihre Ableitungen

Die Geflügelrahmsauce ist eine Verfeinerung der weißen, mit Geflügelfond hergestellten Grundsauce. Dazu werden Champignonfond und Sahne zugegeben. Sie bildet die Grundlage für weitere Ableitungen.

Ableitungen der Geflügelrahmsauce

Estragonsauce/Bertram-Sauce
🇫🇷 *sauce Bertram*
🇬🇧 *Bertram sauce*
Gehackte Estragonblätter

Finnische Sauce
🇫🇷 *sauce finlandaise*
🇬🇧 *Finnish sauce*
Gemüsepaprika, Kräuter, Chili

Alexandra-Sauce
🇫🇷 *sauce Alexandra*
🇬🇧 *Alexandra sauce*
Trüffelessenz

Saucen

Weißweinsauce für Fisch und ihre Ableitungen

🇫🇷 *sauce de poisson au vin blanc et ses dérivés*
🇬🇧 *white-wine sauce for fish and its derivatives*

Weißweinsauce für Fisch ist aus der weißen Fischgrundsauce abgeleitet.
Weiße Fischgrundsauce ➔ Weißweinsauce für Fisch

Kapernsauce
🇫🇷 *sauce aux câpres*
🇬🇧 *caper sauce*
Kapern

Dillsauce
🇫🇷 *sauce à l'aneth*
🇬🇧 *dill sauce*
Gehackter Dill

Béchamel-Sauce

🇫🇷 *sauce Béchamel*
🇬🇧 *Bechamel sauce*

Die Béchamel-Sauce ist ebenfalls eine Grundsauce, da von ihr verschiedene Ableitungen hergestellt werden können. Des Weiteren wird sie zum Binden und beim Überbacken von Gemüse, Kartoffeln, Pilzen und Teigwaren verwendet. Deshalb soll sie deckfähiger als die weiße Grundsauce sein. Die Béchamel-Sauce kann auch **nur aus Milch oder Sahne** und ohne Zwiebeln hergestellt werden, weshalb sie auch Milch- oder Rahmsauce genannt wird.

Ableitungen der Béchamel-Sauce

Kardinalsauce
🇫🇷 *sauce cardinal*
🇬🇧 *cardinal's sauce*
Trüffelfond, Hummerbutter

Käsesauce
🇫🇷 *sauce Mornay*
🇬🇧 *Mornay sauce*
Liaison aus Eigelb und Sahne, Reibkäse

Holländische Sauce

🇫🇷 *sauce hollandaise*
🇬🇧 *hollandaise sauce*

Die holländische Sauce wird **warm aufgeschlagen**, die Herstellung erfolgt ohne Stärkezugabe aus den Hauptrohstoffen **Eigelb und Butter**. Durch diese wertvollen Rohstoffe ist diese Sauce kostenintensiv. Außerdem hat sie dadurch einen großen Energiewert. Die Verwendung reicht von der Vervollkommnung von Fleisch-, Fisch- und Eierspeisen sowie zum Gemüse bis zur Verfeinerung und zur Aufwertung von weißen Saucen und zum Überbacken.

Ableitungen der holländischen Sauce

Choron-Sauce
🇫🇷 *sauce Choron*
🇬🇧 *Choron sauce*
Tomatenmark, Reduktion aus Weißwein

Schaumsauce
🇫🇷 *sauce mousseline*
🇬🇧 *mousseline sauce*
Geschlagene Sahne

Bearner Sauce
🇫🇷 *sauce béarnaise*
🇬🇧 *bearnaise sauce*
Fleischextrakt, Estragon, Kerbel, Weißwein als Reduktion

Aufgeschlagene Senfsauce
🇫🇷 *sauce moutarde montée*
🇬🇧 *whipped mustard sauce*
Senf

Malta-Sauce
🇫🇷 *sauce maltaise*
🇬🇧 *Maltese sauce*
Blutorangensaft und -würfel, abgeriebene Orangenschale (ungespritzt)

Romanow-Sauce
🇫🇷 *sauce Romanov*
🇬🇧 *Romanov sauce*
Kaviar

Zunehmend verzichtet man bei hellen Saucen aus gesundheitlichen und hygienischen Erwägungen auf die Verwendung von Liaison. Helle Saucen werden kurz vor dem Anrichten mit einem **Püreestab aufgemixt**, *so dass Luft in die Sauce kommt und dadurch eine schaumige Konsistenz entsteht. Durch Aufschlagen der fertigen Sauce (Montieren) mit* **kalten Butterflocken** *kommt es ebenfalls durch Emulsionsbildung zu einer sämigen Konsistenz.*

Begründen Sie, weshalb holländische Sauce sich leicht entmischen kann!

Wer war denn eigentlich Béchamel?

Louis de Béchamel, Marquis de Nointel, hieß eigentlich Bechameil und war Haushofmeister Ludwigs XIV. Die angeblich von ihm erfundene Sauce war allerdings schon viel früher bekannt.

Speisen

Braune Kraftsauce

🇫🇷 *sauce demi-glace*
🇬🇧 *demi-glace sauce*

Zur Herstellung der braunen Kraftsauce benötigt man geröstete Kalbs- oder Schweineknochen sowie Röstgemüse. Nachdem der Ansatz mit Mehl bestäubt wurde und durchgeschwitzt ist, wird mit brauner Brühe aufgefüllt und ausgekocht.

Ableitungen der braunen Kraftsauce

> *Weitere bekannte Ableitungen sind die **Madeira-Sauce**, die durch Zugabe von Madeira und Butter, sowie die braune Rahmsauce (Sahnesauce), die mit Sahne hergestellt wird.*
> *Die **Robert-Sauce** wird durch eine Reduktion aus Zwiebelwürfeln und Weißwein sowie durch Abschmecken mit Senf zubereitet. Verwendung zu kurzgebratenem Schweinefleisch.*

Burgunder-Sauce
🇫🇷 *sauce bourguignonne*
🇬🇧 *Burgundy sauce*

Reduktion: Herber Burgunder, Schalottenwürfel
Einlage: Geschnittene Champignons, Butterflocken
Verwendung: Gekochte Rinderzunge, warmer Schinken, Omeletts

Jägersauce
🇫🇷 *sauce chasseur*
🇬🇧 *sauce hunter's style*

Reduktion: Weißwein, Schalottenwürfel
Einlage: Geschnittene Champignons, gehackter Schinken, Petersilie
Verwendung: Kurzgebratene Schlachtfleisch- und Wildspeisen

🇫🇷 *jus de rôti*
🇬🇧 *brown gravy*

1.7.3 Bratensaucen

Bratensaucen fallen bei geschmorten Fleischspeisen (z.B. vom Rind, Kalb, Hammel, Lamm, Wild, Schwein und Geflügel) an und werden nicht extra hergestellt. Bei Braten oder sautierten Fleischspeisen werden sie unkompliziert unter Verwendung des anfallenden Bratensatzes zubereitet.

🇫🇷 *sauces spéciales chaudes*
🇬🇧 *special warm sauces*

1.7.4 Selbstständige warme Saucen

> *Ermitteln Sie den Energiegehalt von 50 g holländischer Sauce (50 g Butter, 12 g Eigelb). Weißwein, Essig, Schalotten und Würzmittel bleiben unberücksichtigt.*

Fällt beim Zubereiten **keine geeignete Garflüssigkeit** an und soll zu solchen Speisen trotzdem eine Sauce gereicht werden, dann werden selbstständige Saucen verwendet. Sie lassen sich nicht von Grundsaucen ableiten. In verschiedenen Fällen sollen sie geschmacklich in einem gewünschten Kontrast zur übrigen Speise stehen. Das bekannteste Beispiel ist die Tomatensauce.

🇫🇷 *sauce tomate*
🇬🇧 *tomato sauce*

Tomatensauce
Tomatensauce findet Verwendung zu einer Vielzahl von Gerichten aus Fisch, Schlachtfleisch, Geflügel, Teigwaren, Reis, Eiern und Gemüse.
Zutaten: Tomaten, Tomatenmark, Kalbsbrühe, Schinken-, Speckwürfel, Mehl, Mirepoix, Gewürze

🇫🇷 *sauce au paprika*
🇬🇧 *paprika sauce*

Paprikasauce
Geeignet zu Fleisch, Geflügel, Fisch und Eierspeisen sowie zu Reis und Teigwarengerichten.
Zutaten: Speck, Zwiebel, Tomate, Paprika, Mehl, Brühe, Sahne, Gewürze

🇫🇷 *sauce aux airelles rouges*
🇬🇧 *mountain-cranberry sauce*

Preiselbeersauce
Preiselbeersauce eignet sich zu verschiedenen Wildspeisen, auch zu Geflügel und Schweinebraten.
Zutaten: Glukosesirup, Rotwein, Preiselbeeren

Saucen

1.7.5 Kalte Saucen

🇫🇷 sauces froides
🇬🇧 cold sauces

Kalte Saucen werden entweder auf der Basis der Mayonnaise hergestellt oder sind selbstständige Saucen.

Grundsauce Mayonnaise und ihre Ableitungen

🇫🇷 sauce mayonnaise de base et ses dérivés
🇬🇧 basic mayonnaise (sauce) and its derivates

Die Mayonnaise ist eine kalte gerührte Sauce, die ausschließlich in der kalten Küche verwendet wird. Sie ist eine Emulsionssauce, in der fettreiche Bestandteile (Öl, Eigelb) einigermaßen stabil verbunden sind.

Es lassen sich zahlreiche Ableitungen herstellen, die für kalte und warme Speisen verwendet werden.

Gemüse	Fisch	Eier	Braten	Aspikspeisen	Salate	Snacks
warm kalt	frittiert pochiert	kalt	kalt		Cocktails	kalt warm

Ableitungen der Mayonnaise

Ableitung	Besondere Bestandteile	Verwendung
Andalusische Sauce 🇫🇷 sauce andalouse 🇬🇧 Andalusian sauce	Tomatenfleisch, Tomatenmark, Streifen von blanchiertem roten Gemüsepaprika	Kalte Eier, Fleisch, Fisch, Geflügel
Cocktailsauce 🇫🇷 sauce cocktail 🇬🇧 cocktail sauce	Tomatenketchup, etwas Schlagsahne, mit Salz, Chili, Zucker, Zitrone und Weinbrand würzen	Cocktails (➔ 94), Salatsauce, kalte Eier, Krustentierspeisen, Fisch
Grüne Sauce (Frankfurter grüne Sauce) 🇫🇷 sauce verte 🇬🇧 green sauce	Pürierte (Mixer) blanchierte Blätter von Spinat und Sauerampfer sowie Petersilie, Kresse, Kerbel, wenig Estragon, auch fein gehackte blanchierte Schalotten, mit Salz, Pfeffer, Zitrone würzen $2/3$ Mayonnaise, $1/3$ saure Sahne	Kalte Eier, Krustentier-, Fischspeisen, Sülze, auch zu Pellkartoffeln
Knoblauchmayonnaise 🇫🇷 sauce aïoli 🇬🇧 ailloli sauce	Je nach Geschmack Schüssel mit Knoblauch ausreiben oder mit Salz zerstoßenen Knoblauch dazumischen, mit Chili und Zitrone würzen	Grillspeisen, kalter Braten Bouillabaisse (Marseiller Fischsuppe)
Kräutersauce 🇫🇷 sauce ravigote 🇬🇧 ravigote sauce	Fein gehackte Petersilie, Schnittlauch, Kerbel, Dill, Estragon, mit Zitrone, Worcestershire-Sauce, Salz und Pfeffer würzen	Fisch-, Krustentierspeisen, gekochte Fleischspeisen
Remouladensauce 🇫🇷 sauce rémoulade 🇬🇧 remoulade sauce	Senf, gehackte Gewürzgurken, Kapern, Sardellen, blanchierte Zwiebeln, Petersilie, Kerbel, Estragon, mit Salz, Pfeffer und Zitrone würzen	Fischspeisen, kalter Braten (Roastbeef), kalte Eier, Sülzspeisen

Salatmayonnaise
(sauce à salade à la mayonnaise, salad dressing with mayonnaise) Mayonnaise wird mit Weißweinreduktion, Bouillon und Zitrone verdünnt und mit Senf geschmacklich abgerundet.
Industriell hergestellIte Mayonnaise lässt sich mit Worcestershire-Sauce, Zitrone, Salz, Pfeffer, Senf, einer Prise Zucker und einer Prise Chili pikant abschmecken und mit etwas Fond oder Wasser zur gewünschten Konsistenz verändern.

Speisen

◐ sauces froides
◐ cold sauces

Selbstständige kalte Saucen

Kalte selbstständige Saucen werden **ohne** Verwendung von **Mayonnaise** hergestellt, wodurch sie energieärmer und relativ gut verdaulich sind. Verwendet werden sie als Salat- oder Cocktailsaucen und als Beigabe zu kalten Speisen. Zum Teil sollen sie geschmackliche Kontraste zu den Speisen herstellen.

◐ sauce à salade à l'huile et au vinaigre
◐ salad dressing with oil and vinegar

Essig-Öl-Sauce

Diese Saucen werden auch als **Dressings** bezeichnet. Sie dienen in erster Linie zum Fertigstellen von Salaten.
Essig-Öl-Saucen sind abgefüllt kühl lagerbar und müssen vor der Verwendung gut vermengt werden, da die Sauce nach dem Aufbewahren einer entmischten Emulsion gleicht.

Mengenverhältnis:
1 Teil Essig (2,5 % Säure) auf 3 Teile Öl

Emulsionen: stabil   entmischt

Ableitungen der Essig-Öl-Sauce

Salatsauce	Fett/Säure	Bindemittel/Würzmittel
Essig-Öl-Salatsauce ◐ sauce à salade simple ◐ simple dressing	Salatöl, Essig	Salz, Pfeffer
mit Kräutern ◐ vinaigrette ◐ vinaigrette	Salatöl, Essig	Wie oben; gehackte Kräuter: Petersilie, Kerbel, Estragon
französische Salatsauce ◐ sauce à salade française ◐ French dressing	Salatöl, Weinessig	Französischer Senf, Schalotten, Kräuter, Salz, Pfeffer, Zucker
amerikanische Salatsauce ◐ sauce à salade américaine ◐ emulsified French dressing	Salatöl, Zitrone, Weißweinessig	Eigelb (möglichst pasteurisiertes Eigelb), Schalotten, Pfeffer, Salz, Zucker, Chili
mit Ei ◐ aux œufs ◐ with eggs	Salatöl, Weinessig	Gehacktes Ei, Salz, Pfeffer
italienische Salatsauce ◐ sauce à salade italienne ◐ Italian dressing	Olivenöl, Rotwein- oder Balsamico-Essig	Schalotten, Knoblauch, Oregano, Salz, Pfeffer
mit Roquefort ◐ au roquefort ◐ with roquefort	Salatöl, Weißweinessig	Passierter Roquefort, Schalotten, Senf, Pfeffer, Salz
mit Sahne ◐ à la crème ◐ with cream	Sahne, Zitrone	Weißer Pfeffer, Salz, Zucker
mit Zitrone ◐ au citron ◐ with lemon	Salatöl, Zitrone (3:1)	Salz, weißer Pfeffer

Convenience-Salatsaucen

1 Erläutern Sie den Begriff Convenience-Erzeugnis (→ Grundstufe Gastronomie).
2 Welche Vorteile bieten Convenience-Saucen in der modernen Küche?

Saucen

Weitere selbstständige kalte Saucen

Apfel-Meerrettich-Sauce
🇫🇷 *sauce raifort aux pommes*
🇬🇧 *horseradish sauce with apples*

Eignet sich zu Schweinebraten, Schinken und gebratenem Geflügel.
- Apfelmus mit geriebenem Meerrettich vermischen.
- Mit Weißwein, einer Prise Zucker, Salz und Zitrone abschmecken.

Sahnemeerrettich
🇫🇷 *raifort à la crème*
🇬🇧 *horseradish cream*

Auch als Meerrettichcreme bezeichnet. Geeignet zu Fischspeisen, Grillspeisen, Schinken, Roastbeef und fetthaltigem Fleisch.
- Fein geriebenen Meerrettich mit halbsteif geschlagener Sahne vermischen.
- Mit Salz, Zitrone und einer Prise Zucker abschmecken.

Pesto-Sauce
🇫🇷 *sauce pesto*
🇬🇧 *pesto sauce*

Italienische Spezialsauce, auch als Basilikumsauce bezeichnet, wird zu Bandnudeln (*Trenette*), Spaghetti, Gnocchi und anderen Teigwaren gereicht.
- Fein gehackte Basilikumblätter und fein gehackten Knoblauch in Olivenöl geben und die pastenartige Masse verschlossen kühl lagern.
- Bei Bedarf nach Belieben mit Pecorino- oder Parmesankäse und zerriebenen Pinienkernen vermengen.

Joghurtsauce
🇫🇷 *sauce à salade au yogourt*
🇬🇧 *yogurt dressing*

Wird für Salate verwendet.
- Joghurt mit Salz, Knoblauch, weißem Pfeffer, Zitrone und einer Prise Zucker würzen, glatt rühren.
- Gehackte Kräuter, wie Petersilie, Kerbel, Dill und Borretsch, zugeben.

Würzsaucen, englische Saucen
🇫🇷 *sauces aromatiques, sauces anglaises*
🇬🇧 *relishes, English sauces*

Die moderne Gastronomie verwendet ein mannigfaltiges Sortiment an Würzsaucen, die ursprünglich aus der **englischen,** aber auch aus der **kolonialen asiatischen Küche** stammen. Viele unterschiedliche Würzmittel, wie Pilze, Gemüse oder ihre natürlichen Konzentrate, werden verwendet. Da Würzsaucen nur sparsam gebraucht werden, kommt die Herstellung in Restaurantküchen kaum in Betracht. Deshalb erhielten sie auch die Bezeichnung industriell hergestellte Würzsaucen.

Worcestershire-Sauce
🇫🇷 *sauce Worcestershire*
🇬🇧 *Worcestershire sauce*

Die Sauce, auch einfach Worcester-Sauce genannt, ist inzwischen zu einer universell eingesetzten Würzsauce geworden. Sie wurde nach der westenglischen Grafschaft Worcestershire benannt und wird in der Speisenherstellung beim Würzen von Ragouts aller Art, zum Marinieren von Fischfilets, für Cocktails sowie als Tafelsauce zum Nachwürzen durch den Gast verwendet.
Eine englische Originalrezeptur für 10 kg Sauce zeigt den kulinarischen Wert, der durch vielfältige Nachahmungen bei weitem nicht mehr erreicht wird.

3	kg	water
2,3	kg	malt vinegar (10 %) with tarragon)
0,95	kg	tomato pulp (30 % dry matter)
0,76	kg	portwine
0,57	kg	tamarinds
0,57	kg	champignon extract
0,34	kg	chili extract
0,23	kg	salt
0,23	kg	sugar
0,19	kg	soya extract
0,19	kg	anchovies
0,19	kg	lemon
0,19	kg	walnut extract
0,1	kg	curry powder
0,08	kg	garlic
0,08	kg	celery
0,08	kg	meat extract
0,07	kg	aspic
0,06	kg	black pepper
0,04	kg	horseradish
0,019	kg	caramel
0,004	kg	nutmeg
0,004	kg	allspice
0,001	kg	ginger
0,001	kg	bay
0,001	kg	chili pods

Zutaten zur Worcestershire-Sauce

Übersetzen Sie die englische Originalrezeptur ins Deutsche.

Speisen

Cumberland-Sauce
🇫🇷 *sauce Cumberland*
🇬🇧 *Cumberland sauce*

Diese englische Sauce erhielt ihren Namen nach **Ernst-August Cumberland, Herzog von Braunschweig und Lüneburg** (1845–1923). Die Rezeptur selbst ist nach der Chronik dem Hofmarschall des Herzogs, Freiherrn von Malortie, zuzuschreiben. Die Würzsauce eignet sich vorzugsweise zu kalten Wildspeisen, Pasteten und Galantinen.

Die Sauce wird hergestellt aus: Johannisbeergelee, Portwein (→ 132), englischem Senfmehl (*mustard powder*), Orangen, Chili, Schale von ungespritzten Zitronen sowie Zitronensaft.

Ketchup
🇫🇷 *ketchup*
🇬🇧 *ketchup*

Eine beliebte **englische Sauce**, die heute wegen ihrer vielfältigen Verwendung im Grunde nicht mehr als solche gilt, ist Tomaten-Ketchup oder einfach Ketchup. Original wird eine Vielzahl von hochwertigen, intensiven Würzmitteln zugesetzt, die eindeutig die Geschmacksrichtung festlegen. In billigen Ketchup-Sorten wird zudem ein Teil des Tomatengrundstoffes durch modifizierte Stärke ersetzt.

Verwendet wird Ketchup als kalte Tafelsauce für zahlreiche kalte, insbesondere Fleisch-, Eier-, Fisch- und Teigwarenspeisen. Aus Ketchup können unterschiedliche Geschmacksvarianten selbst hergestellt werden (Übersicht).

Ketchupvariationen
Tomaten-Mayonnaise
Curry-Ketchup
Paprika-Ketchup
Apfel-Ketchup

Chilisaucen
🇫🇷 *sauces au piment*
🇬🇧 *chili sauces*

Diese extra scharfen Saucen (Tabasco, Pfeffersauce u. a.) bestehen aus Chili, Essig und Salz. Geeignet sind sie zum Würzen von Saucen, Salaten, Cocktails und für die Herstellung von Fisch- und Krebsspeisen.

Sojasauce
🇫🇷 *sauce soja*
🇬🇧 *soya sauce*

Zur Herstellung asiatischer Würzsaucen werden eiweißreiche Sojabohnen enzymatisch abgebaut. Der Abbau kann bis zu fünf Jahre dauern. Dabei entsteht eine dunkelbraune aromatische Sauce (japanische Sojasauce ist dünnflüssig, die chinesische hat eine dickere Konsistenz). Sie dient zum Würzen von asiatischen Speisen, in der europäischen Küche zum Würzen und zum Marinieren von Fleisch, Wild, Geflügel, Fisch, Suppen, Gemüse, Salaten, Reis-, Teigwaren- sowie Eierspeisen.

Alle Gefäße für Würzsaucen, die im Service zum Einsatz kommen, müssen täglich gereinigt werden. Dazu gehört insbesondere das Säubern der Flaschenhälse und Ausgießer bzw. Portionierer. Fast leere Flaschen werden gegen volle ausgetauscht

Würzsaucen sollten keinen größeren Temperaturschwankungen ausgesetzt werden, da Geschmack und Qualität beeinträchtigt werden. Auf das Mindesthaltbarkeitsdatum ist zu achten.

Dips
🇫🇷 *dips*
🇬🇧 *dips*

Diese Bezeichnung stammt aus dem Englischen (engl. *to dip* = eintauchen). Dips werden vorzugsweise zum Eintauchen von in Verzehrgröße geschnittenen Lebensmitteln verwendet. Zubereitungen solcher Konsistenz sind beispielsweise bei den unterschiedlichen Fondue-Essen erforderlich.

Saucen

1.7.6 Buttermischungen

🇫🇷 *beurres composés*
🇬🇧 *butter mixtures*

Zutaten, Einteilung

🇫🇷 *ingrédients, classification*
🇬🇧 *ingredients, classification*

Dem Namen nach bildet die Butter die grundlegende Zutat. Buttermischungen werden nach der Konsistenz in drei Arten eingeteilt: fest, cremig, flüssig.

Nährwert

🇫🇷 *valeur nutritive*
🇬🇧 *nutritive value*

Buttermischungen bieten für kalte und warme Speisen vielseitige Verwendung. Sie **komplettieren Speisen,** würzen, runden sie geschmacklich ab und geben Glanz. Buttermischungen erhöhen den **Genusswert** der Speisen und wirken appetitanregend.

Feste Buttermischungen

🇫🇷 *beurres composés solides ou froides*
🇬🇧 *solid or cold butter mixtures*

	Herstellungsprinzip	Verwendung
Colbert-Butter 🇫🇷 *beurre Colbert* 🇬🇧 *Colbert butter*	Salz, Zitrone, Pfeffer, gehackte Petersilie, Fleisch- oder Fischextrakt	Gegrillte, kurzgebratene Fleischspeisen, Fischspeisen, Eierspeisen, Toast, Sandwiches
Hummerbutter 🇫🇷 *beurre de homard* 🇬🇧 *lobster butter*	Hummerkarkassen und -abschnitte in Butter braten, *Matignon* mitbraten, ebenso Tomatenmark, würzen, mit Cognac flambieren, mit Weißwein ablöschen und reduzieren, Fisch-Fumet zugeben, 30 min kochen, passieren, abkühlen lassen, Hummerbutter *degraissieren*, mit Pfeffer, Dill und Zitrone würzen	Montieren von Saucen und Suppen (Krebsbutter wird auf gleiche Weise aus Krebskarkassen zubereitet)
Knoblauchbutter 🇫🇷 *beurre d'ail* 🇬🇧 *garlic butter*	Salz, weißer Pfeffer, feine Zwiebelwürfel, zerriebener Knoblauch	Verschiedene Schneckenspeisen, z. B. Schnecken am Spieß
Rotweinbutter 🇫🇷 *beurre au vin rouge* 🇬🇧 *red-wine butter*	Fein gehackte Schalotten in Butter dünsten, mit Rotwein ablöschen, reduzieren lassen, abkühlen lassen, unter schaumig gerührte Butter geben, mit Salz und Pfeffer abschmecken	Gegrillte Rindfleischspeisen, kurzgebratene Wildspeisen
Sardellenbutter 🇫🇷 *beurre d'anchois* 🇬🇧 *anchovy butter*	Fein gehackte Sardellen oder Sardellenpaste, Zitrone	Fischspeisen, Eierspeisen, Brotaufstrich

Nur gute Butter

Wie der Name sagt, dürfen Buttermischungen ausschließlich unter Verwendung von Butter hergestellt werden. Wird die Bezeichnung Butter durch Sauce ersetzt, ist die Fettart nicht vorgeschrieben.
Beispiel: *Colbert-Sauce / Colbert-Butter*

Rollen von Kräuterbutter

Ausstechen von Butterkugeln

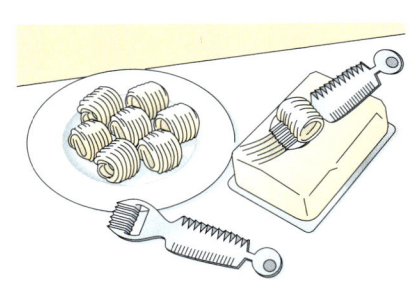

Herstellung von Butterrollen

Matignon
Mit Wein durch Einkochen eingedicktes Wurzelgemüse.

Degraissieren
Abfetten mittels Schöpfkelle, saugfähigem Papier oder durch Abheben der erkalteten Fettschicht.

Speisen

Buttermischungen:
mit Curry, Nüssen, Kräutern
Butterrose, Dillbutter, mit Paprika, Mohn

Cremige Buttermischungen
🇫🇷 *beurres composés crémeux*
🇬🇧 *creamy butter mixtures*

Für die Herstellung und Verwendung von cremigen Buttermischungen gelten die gleichen Grundsätze wie für kalte Buttermischungen (→ feste Buttermischungen).

Herstellungsprinzip: Cremig gerührte frische Butter + würzige Zutaten (etwa 15 % der Buttermasse) → geschmacklich arteigene Buttermischungen

Flüssige Buttermischungen
🇫🇷 *beurres composés fluides*
🇬🇧 *fluid butter mixtures*

Für die Herstellung von flüssigen Buttermischungen muss Butter erhitzt werden. Beim Erhitzen wird die Emulsion aus Butterfett und Wasser zerstört.
Heiße Butter bzw. flüssige Buttermischungen erfordern deshalb bei der Herstellung Temperaturen über 45 °C und unterhalb 150 °C, was eine sorgfältige Arbeitsweise bedingt. Mit der Wärmezufuhr entweicht die wässrige Flüssigkeit, die enthaltenen Eiweißstoffe bewirken eine Verfärbung von Gelb nach Gelbbraun bis Braun und eine entsprechende Geschmacksveränderung. Da die heiße Butter noch Eiweißteilchen enthält, wird sie stets passiert.

Eigenschaften der Butter

- Rezepturmengen: Auf jeweils 1 kg Butter rechnet man 0,015 kg Salz, 0,01 l Zitrone und Pfeffer aus der Mühle, außerdem namensgebende Rohstoffe.
- Butter beginnt bei 45 °C zu schmelzen, bräunt bei etwa 120 °C, der Rauchpunkt wird bei Temperaturen von 150 °C erreicht.
- Buttermischungen nehmen leicht Fremdgeruch und -geschmack an. Sie bieten Mikroorganismen gute Nährböden. Deshalb sind sie stets kühl zu lagern bzw. möglichst frisch herzustellen.
- Flüssige Buttermischungen sollten stets heiß serviert werden. Im gehobenen Service verwendet man zum Warmhalten Stövchen.
- Feste Buttermischungen werden entweder auf einem Eissockel oder auf einem Salatblatt angerichtet.

Untersuchen Sie die Verwendung von Buttermischungen in Ihrem Ausbildungsbetrieb.

Butterzubereitungen

	Herstellungsprinzip	Verwendung
Zerlassene, klare Butter 🇫🇷 *beurre fondu* 🇬🇧 *melted butter*	Geklärte, passierte Butter, goldgelbe Farbe, klares ungebräuntes Aussehen	Anrichten von Fleisch-, Geflügel- und Fischspeisen, Teigwaren, Gemüsebeilagen, Butterkartoffeln
Braune Butter 🇫🇷 *beurre noisette* 🇬🇧 *butter brown*	Butter zerlassen, hell bräunen, passieren	Fleisch-, Fischspeisen, Kartoffel-, Gemüsebeilagen, Süßspeisen
Müllerinbutter 🇫🇷 *beurre meunière* 🇬🇧 *meuniere butter*	Brauner Butter etwas Zitrone und gehackte Petersilie zugeben; Zugabe von etwas Worcestershire-Sauce bei Speisen mit kräftigem Geschmack, passieren	Fleisch-, Fischspeisen, Gemüsebeilagen
Krebsbutter 🇫🇷 *beurre d'écrevisses* 🇬🇧 *freshwater-crayfish butter*	Geklärter, ungebräunter Butter etwas Zitrone und fein zerstoßene Krebsscheren zugeben, passieren	Beträufeln von Krebsspeisen und Frikassee, Spargelsuppe
Semmelbutter 🇫🇷 *beurre polonaise* 🇬🇧 *butter Polish style*	In zerlassene Butter langsam Reibebrot geben und bräunen	Überziehen von Gemüse (polnische Art) und Klößen

1.8 Brühen, Suppen, Eintöpfe

bouillons, potages, potées
broths, soups, stews

1.8.1 Einteilung, Nährwert

valeur nutritive, classification
nutritive value, classification

Die Einteilung der unterschiedlichen Brühen und Suppen erfolgt nach der Verfahrensführung (Herstellungsprinzipien, Zutaten) oder der Herkunft. Als **Grundzutaten** werden Fonds (Grundbrühen) verwendet.

Grundbrühen, klare Suppen	Gebundene Suppen	Gemüsesuppen	Süße Suppen	Eintöpfe	Regionalsuppen	Nationalsuppen
bouillons beefstocks, clear soups	*potages liés bound soups, thick soups*	*potages aux légumes vegetable soups*	*soupes douces sweet soups*	*potées soup pots*	*potages régionaux regional soups*	*potages nationaux national soups*
Herstellung					**Herkunft**	
Fleischbrühen	Cremesuppen	Klare Gemüsesuppen	Warme süße Suppen	Gemüseeintöpfe	Deutschland	Europa
Fischbrühen	Legierte Suppen			Hülsenfruchteintöpfe	Fremde Länder	Übersee
Wildbrühen	Braune Suppen	Gebundene Gemüsesuppen	Kaltschalen			
Geflügelbrühen				Reiseintöpfe		
Kraftbrühen	Püreesuppen			Teigwareneintöpfe		
Doppelte Kraftbrühen mit Einlagen	Getreidesuppen			Kartoffeleintöpfe		
Exotische Suppen						

Nährwert

Der **Nährwert** der Suppen richtet sich nach den verwendeten Zutaten und der durch die Bindung bestimmten Konsistenz. **Klare Suppen** enthalten lösliche Eiweißstoffe, freie Aminosäuren, Fleischbasen und etherische Öle sowie Aromastoffe. Dadurch sind sie appetitanregend. Sie fördern die Magen-Darm-Sekretion. Warme Suppen wärmen den Magen für die folgenden Gänge an, während kalte Suppen besonders im Sommer erfrischend wirken.
Gebundene Suppen können maßgeblich sättigen. In der gesundheitsbewussten Ernährung werden klare Brühen und Suppen mit besonderen Einlagen bevorzugt. Suppen können auch als Eintopf gekocht werden. Dann ist besonders auf Vollwertigkeit zu achten. Für die leichte Vollkost (Schonkost) eignen sich Schleimsuppen und klare Suppen (Kraftbrühen).
Unter **Kaltschalen** sind kalte Zubereitungen vorwiegend aus Früchten, Gemüse, Milcherzeugnissen, Bier, gebunden oder nature, zu verstehen. Durch die appetitanregende und verdauungsfördernde Wirkung, den Gehalt an Vitaminen und Mineralstoffen gewinnen sie in der Gastronomie an Bedeutung.
Suppen leiten im Allgemeinen die Menüs ein. Insgesamt ist ein Trend zu beobachten, schmackhafte Suppen auch als Zwischenverpflegung einzunehmen.

🇫🇷 *bouillons, potages clairs*
🇬🇧 *broths, clear soups*

🇫🇷 *bouillons, potages clairs*
🇬🇧 *beefstocks, clear soups*

Speisen

1.8.2 Brühen, klare Suppen

Grundbrühen und klare Suppen

Bei der Bezeichnung Fleischbrühe, Kraftbrühe oder doppelte Kraftbrühe ist stets ein Erzeugnis auf der Grundlage von Rindfleisch zu verstehen.
Andere Erzeugnisse müssen nach gültigen Rechtsauffassungen stets näher bezeichnet werden, zum Beispiel Wildkraftbrühe, Wildbrühe, Hühnerbrühe, Fasanenbrühe usw.

Kraftbrühen, doppelte Kraftbrühen
🇫🇷 *consommés, consommés doubles*
🇬🇧 *(double/strong) clear soups*

Ausgegangen wird von den jeweiligen Grundbrühen. Weitere Rohstoffe, insbesondere arteigenes Fleisch, erhöhen die Extraktivstoffe und damit den kulinarischen Wert. Mit Einlagen komplettiert, bilden sie aromatische und appetitanregende klare Suppen. Kraftbrühen müssen klar und fettfrei sein.

Zutaten für Kraftbrühe

Mit 2,5 l Fleischbrühe können 10 Tassen zu 0,25 l gefüllt werden.

Herstellungsprinzip

Grundbrühen aus			
Schlachtfleisch	**Geflügel**	**Wildbret**	**Fisch**
Fleisch- und Knochenbrühe	Geflügelbrühe	Wildbrühe	Fischbrühe
bouillon ordinaire	*fond de volaille*	*fond de gibier*	*fond de poisson*
bouillon, broth	*chicken stock*	*game stock*	*fish stock*
Zugabe der genannten arteigenen Rohstoffe, von Eiklar, Brat- oder Wurzelgemüse			
Klärfleisch			
Geschrotete Rinderhesse	Geflügelklein Geschrotetes Geflügelfleisch	Geschrotetes Wildbret	Festes, fettarmes, eiweißreiches Fischfleisch (z. B. Hecht)
Rinderkraftbrühe	Geflügelkraftbrühe	Wildkraftbrühe	Fischkraftbrühe
consommé de bœuf	*consommé de volaille*	*consommé de gibier*	*consommé de poisson*
clear beef soup	*clear chicken soup*	*clear game soup*	*clear fish soup*
doppelte Menge Klärfleisch, größere Menge Wurzelgemüse			
doppelte Rinderkraftbrühe	doppelte Geflügelkraftbrühe	doppelte Wildkraftbrühe	doppelte Fischraftbrühe
consommé double de bœuf	*consommé double de volaille*	*consommé double de gibier*	*consommé double de poisson*
double clear beef soup	*double clear chicken soup*	*double clear game soup*	*double clear fish soup*

Verkaufsempfehlungen

Brühen und klare Suppen sind weit weniger sättigend (energiereich) als gebundene Suppen. Daher empfiehlt es sich, für Menüs Brühen oder klare Suppen auszuwählen. An wärmeren Tagen belasten klare Suppen den Kreislauf weniger.

Brühen, Suppen, Eintöpfe

Einlagen für Brühen und klare Suppen

🇫🇷 *garnitures à potages*
🇬🇧 *soup fillings*

Die Einlagen für einfache Brühen, Kraftbrühen und doppelte Kraftbrühen sind geschmacklich vielseitig. Sie können für ein abwechslungsreiches Angebot an Brühen und klaren Suppen sorgen. **Fein gehackte, geschnittene oder gezupfte frische Küchenkräuter,** besonders Petersilie, Schnittlauch, Kerbel und Estragon, werten Brühen geschmacklich und ernährungsphysiologisch auf.

> Suppeneinlagen sollen in geringen Mengen verwendet werden, in der Form klein und exakt sein und zum Charakter der Suppe passen.

Blumenkohlröschen

Wichtige Suppeneinlagen

Eier	Fleisch	Gemüse	Reis	Teigwaren	Weißbrot, Gebäck
Eierstich	Klößchen	Würfel	Risotto	Nudeln	Croûtons
Eigelb	Streifen	Streifen	Risi-Pisi	Nocken	Käse-Croûtons
Eierflocken	Würfel	Blättchen	Körniger Kochreis	Krapfen	Suppenwindbeutel
Wachteleier		Röschen		Spätzle	Backerbsen
		Stücke		Ravioli	Eierkuchenstreifen
		Trüffel			

Variationen von Kraftbrühen

Carmen
Feine Streifen von grünen Paprikafrüchten und Tomaten, körniger Kochreis, gehackter Kerbel, leicht tomatiert

Dubarry
Blumenkohlröschen, Eierstich, körniger Kochreis

Mikado
Gekochte Hühnerbrustwürfel, gehackte Tomaten

Sächsische Art
Streifen von Kochschinken und geräucherter Zunge, blanchierte Sauerkrautstreifen, geröstete Weißbrotwürfel

Célestine
Streifen von Kräutereierkuchen

Grimaldi
Eierstich, Selleriestreifen, leicht tomatiert

Royale
Eierstich in Rhombenform

tomates concassées
Tomatenfleischwürfel

Colbert
Pochiertes pariertes Ei, tourniertes Wurzelgemüse

Jacqueline
Eierstich, grüne Erbsen, tournierte Möhren, Spargelspitzen, körniger Kochreis, gehackte Küchenkräuter

Tomatenfleischwürfel (*tomates concassées*)

Speisen

Variationen von klaren Suppen

Altmärkische Hochzeitssuppe
🇫🇷 *consommé de noce*
🇬🇧 *wedding soup*

Hühnerbrühe mit Fleischklößchen, Spargelstücken und gewürfeltem Eierstich, mit gehackter Petersilie garniert.

Bayerische Fleckerlsuppe

Brühe mit kleinen Rechtecken aus Nudelteig als Einlage, darüber Schnittlauchröllchen.

Schwäbische Riebelesuppe
🇫🇷 *consommé suabe aux brisures de pâte*
🇬🇧 *Swabian consommé with tiny pasta shapes*

Fleischbrühe mit Teigklümpchen aus Nudelteig als Einlage, darüber Schnittlauchröllchen.

*Beim Service der klaren **Ochsenschwanzsuppe** wird zum Anrichten im Menü die Spezialsuppentasse bevorzugt. Im A-la-carte-Service hingegen kommt die Suppentasse zur Anwendung.*
Neben Wildkraftbrühen wird auch die klare Ochsenschwanzsuppe im Menü als dunkel angesehen.
***Bouillabaisse** wird in der Terrine angerichtet. Das Gedeck besteht aus einem vorgewärmten tiefen Teller, Fischbesteck und großem Löffel. Vorlegebesteck und Suppenkelle werden beigelegt. Links vom Gedeckplatz stehen der Brotteller und ein Ablageteller.*

Marseiller Fischsuppe
🇫🇷 *bouillabaisse*
🇬🇧 *bouillabaisse*

Die „Königin der Fischsuppen" - bei der mit Knoblauch eingeriebenes getoastetes Weißbrot in einen Suppenteller gegeben und mit Fischbrühe übergossen wird. Fischstücke, Muscheln und kleine Langusten werden separat angerichtet.

Ochsenschwanzsuppe
🇫🇷 *oxtail clair*
🇬🇧 *clear oxtail soup*

Klare Suppe, deren Basis eine Kraftbrühe vom Ochsenschwanz ist. Ihren kräftigen Geschmack erhält diese Suppe durch Ablöschen mit Rotwein und Abschmecken mit Sherry (➔ 132). Als Einlage dienen Würfel vom Ochsenschwanzfleisch sowie gekochte Möhren- und Selleriewürfel.

Gratinierte Zwiebelsuppe
🇫🇷 *soupe à l'oignon gratinée*
🇬🇧 *gratinated onion soup*

Glasig gedünstete Zwiebelstreifen werden mit Brühe und Weißwein aufgefüllt. Danach werden mit Knoblauch eingeriebene getoastete Weißbrotscheiben auf die Suppe gelegt und mit Käse gratiniert.

Ukrainische Soljanka
🇫🇷 *solianka*
🇬🇧 *solianka*

Eine Besonderheit bildet die ukrainische Soljanka, die man als eine tomatierte klare Fleischsuppe betrachten kann. Als Einlage dienen Streifen von Schinken, Kasseler, Wurst und Gurken. Die Soljanka wird mit Kapern, geschälter Zitronenscheibe und saurer Sahne mit Dill angerichtet. Original werden auch Nieren, Herz und Leber für diese Suppe verwendet.

Soljanka

Brühen, Suppen, Eintöpfe

1.8.3 Gebundene Suppen

🇫🇷 *potages liés*
🇬🇧 bound soups, thick soups

Cremesuppen (Rahmsuppen)	Legierte Suppen (Samtsuppen)	Krebssuppen	Braune Suppen	Püreesuppen	Getreidesuppen
🇫🇷 *(potages) crèmes* 🇬🇧 cream soups	🇫🇷 *(potages) veloutés* 🇬🇧 veloutés	🇫🇷 *bisques d'écrevisses* 🇬🇧 freswater-crayfish bisques	🇫🇷 *potages bruns* 🇬🇧 brown soups	🇫🇷 *potages purées* 🇬🇧 puree soups	🇫🇷 *potages aux céréales* 🇬🇧 cereal soups

Cremesuppen
🇫🇷 *(potages) crèmes*
🇬🇧 cream soups

Cremesuppen sind leicht gebundene, passierte und mit Sahne vollendete Suppen. Sie werden aus gedünstetem Bindemittel einer arteigenen Brühe hergestellt, der gegarte Rohstoffe als Einlage zugesetzt werden. Cremesuppen erhalten wegen des vollmundigen Geschmacks zunehmende Bedeutung.

Gebundene Suppen zeichnen sich durch vollmundigen Geschmack aus und sind durch ihre Bindung sättigend. Daher eignen sie sich als Zwischenmahlzeit. Gebundene Suppen sind preiswert herzustellen und daher betriebswirtschaftlich interessant.

> Cremesuppen werden ausschließlich mit Sahne vollendet.

Nach den verwendeten Rohstoffen lassen sich unterscheiden:

- Fleischcremesuppen
- Geflügelcremesuppen
- Fischcremesuppen
- Gemüse-/Pilzcremesuppen
- Getreidecremesuppen

Variationen der Fleischcremesuppe
🇫🇷 *crème de viande* 🇬🇧 meat cream soups

Kalbfleischcremesuppe
🇫🇷 *crème de veau*
🇬🇧 veal cream soup
Heller Kalbsfond,
als Einlage Kalbfleischwürfel

Metternich-Suppe
🇫🇷 *crème Metternich*
🇬🇧 cream soup Metternich
Fasanenbrühe,
als Einlage Fasanenbruststreifen und Artischockeneierstich

Variationen der Fischcremesuppe
🇫🇷 *crèmes de poisson* 🇬🇧 fish cream soups

Muschelcremesuppe
🇫🇷 *crème de moules*
🇬🇧 mussel cream soup
In Weißwein gedünstetes Muschelfleisch als Einlage, mit Dillzweigen garnieren

Seezungen-Curry-Cremesuppe
🇫🇷 *crème de sole au curry*
🇬🇧 sole cream soup with curry
Mit Weißwein, Seezungensud, Curry Suppengrundlage herstellen, pürieren, Einlage Seezungenstreifen, kleine gebratene Zucchini-Scheiben

1 Ermitteln Sie mit Hilfe der untenstehenden Rezeptur für 10 Portionen den Materialwert für 7 Tassen Tiroler Knödelsuppe

Vollmilch	0,70 €/l
Ei	0,15 €/Stück
Semmeln	1,80 €/kg
Bauchspeck	6,80 €/kg
Zwiebeln	1,20 €/kg
Petersilie	0,50 €/Bund
Butter	3,50 €/kg
Weizenmehl	0,40 €/kg
Kraftbrühe	2,20 €/l
Würzmittel	2,50 €/10 Portionen

2 Für 25 Personen soll Kraftbrühe mit Leberklößchen zubereitet werden.

2.1 Errechnen Sie den Materialpreis für eine Portion, indem Sie sich in Ihrem Ausbildungsbetrieb die aktuellen Materialpreise beschaffen.

2.2 Ermitteln Sie den Inklusivpreis bei einem Kalkulationsfaktor von 3,7, und rechnen Sie diesen, auf Wunsch eines Gastes, in DM (1 € = 1,95 DM) für eine Portion um.

Speisen

> **Meinung eines Poeten**
> Dieser eine Teller noch
> wird bestimmt nicht schaden:
> meine Suppe mundet doch
> besser als ein Braten.
> *Krytow*

Variationen der Geflügelcremesuppe
🇫🇷 *crèmes de volaille*
🇬🇧 *chicken cream soups*

Cremesuppe Agnes Sorel
🇫🇷 *crème Agnès Sorel*
🇬🇧 *cream soup Agnes Sorel*
Champignonmus, Einlage gekochte Geflügelbrust-, Kalbszungen- und Champignonstreifen

Cremesuppe Hortensia
🇫🇷 *crème reine Hortense*
🇬🇧 *cream soup Hortensia*
Einlage Spargelspitzen, Geflügelklößchen, Perlen von Möhren und junge Erbsen

Variationen der Gemüsecremesuppe
🇫🇷 *crèmes de légumes*
🇬🇧 *vegetable cream soups*

Gemüsecremesuppen enthalten blättrig geschnittenes Gemüse als Einlage.

Cremesuppe Argenteuil
🇫🇷 *crème Argenteuil*
🇬🇧 *cream soup Argenteuil*
Mit Spargelfond, Einlage Spargelspitzen und Kerbelblättchen

Brokkolicremesuppe
🇫🇷 *crème de brocoli*
🇬🇧 *broccoli cream soup*
Brokkoli mitdünsten, Einlage Brokkoliröschen

Variationen der Getreidecremesuppe
🇫🇷 *crèmes de céréales*
🇬🇧 *cereal cream soups*

Getreidecremesuppen enthalten als wertbestimmende Zutat Getreideerzeugnisse wie Mehl, Reis oder Grünkern.

Reiscremesuppe deutsche Art
🇫🇷 *crème allemande*
🇬🇧 *cream soup German style*
Reismehl, mit Kalbsbrühe auffüllen

Gerstencremesuppe
🇫🇷 *crème d'orge*
🇬🇧 *barley cream soup*
Feines Gerstenmehl, mit Kalbsbrühe auffüllen, als Einlage separat in Wasser gekochte Rollgerste, Kerbel

Gemüsecremesuppe halb und halb

Legierte Suppen
🇫🇷 *(potages) veloutés*
🇬🇧 *veloutés*

Grundlage für legierte Suppen sind Brühen, hauptsächlich von Schlachtfleisch und Geflügel, von Gemüse- und Pilzfonds sowie von Fisch. Diese haben einen typischen Eigengeschmack und sind für die Suppen namensgebend. Legierte Suppen werden durch eine Liaison (Mischung aus Eigelb und Sahne) vollendet, welche die Suppe ernährungsphysiologisch aufwertet und ihr einen samtartigen Glanz verleiht.

> **⚠ Energiearme Herstellung**
> Legierte Suppen können energiereduziert hergestellt werden, wenn fettfreier Fond und zum Binden anstatt einer Mehlschwitze eingerührtes Reismehl sowie geringere Mengen Liaison verwendet werden.

Variationen legierter Fleischsuppen
🇫🇷 *veloutés de viande liés*
🇬🇧 *bound meat veloutés*

Mailänder Suppe
🇫🇷 *velouté milanaise*
🇬🇧 *velouté Milanese style*
Tomatiert, als Einlage Makkaroni, Champignons und Schinken, Reibkäse separat

Zwiebelsuppe
🇫🇷 *velouté Soubise*
🇬🇧 *onion velouté*
Kalbssuppe mit Zwiebelmus, obenauf geröstete Weißbrotwürfel

Brühen, Suppen, Eintöpfe

Variationen legierter Gemüse- und Pilzsuppen

🇫🇷 *veloutés de légumes, veloutés de champignons*
🇬🇧 *vegetable veloutés, mushroom veloutés*

Champignonsuppe
🇫🇷 *velouté de champignons de Paris*
🇬🇧 *champignon velouté*
Mit heller Brühe und Champignonfond, als Einlage Champignonstücke

Tomatensuppe
🇫🇷 *velouté de tomates*
🇬🇧 *tomato velouté*
Helles Wurzelgemüse in Butter dünsten, frische Tomaten zugeben, würzen, am Garpunkt halten, passieren, mit Mehlbutter binden, als Einlage Teigwaren

Spargelsuppe
🇫🇷 *velouté d'asperges*
🇬🇧 *asparagus velouté*
Mit heller Brühe und Spargelfond, als Einlage Spargelstücke

Blumenkohlsuppe
🇫🇷 *velouté Dubarry*
🇬🇧 *velouté Dubarry*
Mit heller Brühe und Blumenkohlfond, als Einlage Blumenkohlröschen

⚠ Energievergleich
Bleibt die energiearme Brühe unberücksichtigt, dann benötigt man für 10 Portionen Suppe bei der Herstellung ohne Weizenmehl 0,15 kg Butter und 0,8 l Sahne zusätzlich. Eingespart werden dafür 0,1 kg Weizenmehl.

0,1 kg Weizenmehl	**1419 kJ**
0,15 kg Butter 0,8 l Sahne	**15 062 kJ**

Die Differenz zwischen beiden Herstellungsarten beträgt also 13 643 kJ, je Portion 1364 kJ. Das entspricht einem Energiegehalt von etwa 200 g Eiscreme.

Variationen legierter Geflügelsuppen

🇫🇷 *veloutés de volaille*
🇬🇧 *chicken veloutés*

Brahms-Suppe
🇫🇷 *velouté Brahms*
🇬🇧 *velouté Brahms*
Mit Kümmel, Geflügelbruststreifen, als Einlage Perlen von Kartoffeln, Möhren und weißen Rüben

Raffael-Suppe
🇫🇷 *velouté Raphaël*
🇬🇧 *velouté Raphaël*
Hühnerbrühe mit Selleriemus, als Einlage Selleriewürfel

Carmen-Suppe
🇫🇷 *velouté Carmen*
🇬🇧 *velouté Carmen*
Mit Geflügelbrühe, tomatiert, als Einlage Reis, Streifen von Gemüsepaprika, Tomatenwürfel

Samtsuppe indische Art
🇫🇷 *velouté indienne*
🇬🇧 *velouté Indian style*
Hühnerbrühe mit Curry, als Einlage körnig gekochter Reis

⚠ Gulaschsuppe Wiener Art
*Im Gegensatz zu der als Eintopf gekochten Gulaschsuppe wird die Gulaschsuppe Wiener Art als **gebundene** braune Suppe hergestellt.*

Herstellung ohne Mehl
Die neuzeitliche Küche verzichtet teilweise gänzlich auf eine Mehlbindung. Dafür werden wesentlich mehr Sahne und Butter eingesetzt. Nachdem der Brühe-Sahne-Fond durch Kochen reduziert worden ist, wird das pürierte Gemüse zusammen mit der Butter und dem Eigelb am Schluss in die heiße Suppe gegeben. Die Mischung wird mit dem Mixer montiert, so dass eine leichte Sämigkeit entsteht. Der ausgeprägte Sahne- und Buttergeschmack wird allgemein geschätzt, aber als gesundheitsfördernde Kost nach dem Motto „Mehl macht dick" kann diese Zubereitungsform nicht angeboten werden.

Braune Suppen
🇫🇷 *potages bruns liés*
🇬🇧 *brown soups*

Für braune Suppen bilden Knochen und Abschnitte von Schlachtfleisch, Wild und Wildgeflügel die Grundlage. Im Gegensatz zur Herstellung heller Suppen sind diese Rohstoffe in Verbindung mit Bratgemüse anzubraten. Die braunen Suppen werden mit arteigenen Brühen, oft auch mit Kalbsfond aufgefüllt.

Gulaschsuppe (Magyar gylyás leves)   🇫🇷 *potage goulache*   🇬🇧 *goulash soup*
Ungarische Nationalsuppe mit einer Einlage aus Kartoffel-, Kirschpaprika-, Gemüsepaprika-, Tomatenwürfeln und Mehlnocken (→ 19).

Gulaschsuppe

Speisen

Braune Suppen

Wildsuppen
- Hubertus-Suppe
- Jägersuppe
- Fasanensuppe mit Linsen

Schlachtfleischsuppe
- Falsche Schildkrötensuppe
- Windsor-Suppe
- Gulaschsuppe
- Ochsenschwanzsuppe

Getreidesuppen
- Basler Mehlsuppe

1 Anstatt der gewünschten Schildkrötensuppe wird einem Gast Mock-Turtle-Suppe empfohlen. Begründen Sie diese Empfehlung.

Kartoffelsuppe wird häufig mit Bockwurst oder Wiener Würstchen angeboten. Falls diese nicht geschnitten sind, müssen zusätzlich zum großen Löffel Gabel und Messer eingedeckt werden.

1 Ermitteln Sie den Energiegehalt einer Portion Gulaschsuppe nach folgender Rezeptur (10 Portionen):

1	kg	Rindfleisch, mager
0,3	kg	Speiseöl
0,5	kg	Zwiebeln
0,15	kg	edelsüßer Gewürzpaprika
3	l	Fleischbrühe oder Wasser
0,5	kg	Kartoffeln
0,5	kg	rote und grüne Gemüsepaprika
0,3	kg	Tomaten
0,05	kg	Kirschpaprika (Gemüsepaprika)
		Salz, Pfeffer, Kümmel, Knoblauch, Majoran

Kirschpaprika siehe Gemüsepaprika.
Edelsüßpaprika 150 kJ/100 g.
Gewürze bleiben unberücksichtigt.

2 Kartoffelsuppe mit Bockwurst wird auf einem Volksfest für 3,80 € verkauft. Ermitteln Sie den Materialpreis, wenn mit 20% Gemeinkosten, 10% Gewinn und 12% Bedienungsgeld sowie mit 16% Mehrwertsteuer gerechnet wird.

Jägersuppe
potage chasseur
soup hunter's style

Bei dieser Suppe wird der mit Wildbrühe und Rotwein abgelöschte Ansatz mit Linsenmus verkocht. Als Einlage dienen Wildfleisch- und Champignonwürfel.

Wildsuppe
potage de gibier
game soup

Suppe auf der Basis von Wildbrühe und Rotwein, die mit Sahne, Madeira (→ 132) und Butter vollendet wird.

Falsche Schildkrötensuppe
potage fausse tortue
mock turtle soup

Die Suppe entstand, als Napoleon 1806 mit der Kontinentalsperre die Schildkröteneinfuhr unterband.
Brauner Brühe werden der Fond vom Kalbskopf sowie Weißwein und Gewürze zugegeben. Mit Madeira (→ 132) und Cognac (→ 143) wird die Suppe geschmacklich abgerundet. Als Einlage dienen Kalbskopfwürfel und Champignonscheiben.

Püreesuppen
potages purées
puree soups

Unter Püreesuppen sind Suppen zu verstehen, deren Bindung hauptsächlich durch das Pürieren von wertbestimmenden Rohstoffen erfolgt. Die Bindung kann zusätzlich durch Mitgaren von Kartoffeln oder Reis, durch Zugabe von Velouté oder Mehlschwitze, des Weiteren durch Reis- oder Weizenmehl (0,02–0,05 kg je 2,5 l Suppe) oder Brot verstärkt werden.
Vollendet wird mit Sahne oder Butter. Anstatt einer Einlage können geröstete Weißbrotwürfel verwendet werden.

Kartoffelsuppe
potage purée Parmentier
puree soup Parmentier

- Zwiebel- und Lauchscheiben in Öl oder Butter mit Speckstücken farblos anschwitzen. Kartoffelscheiben zugeben.
- Mit Brühe auffüllen und etwa 45 min garen.
- Pürieren, passieren und erhitzen.
- Würzen, mit Butter und frischer Sahne vollenden.
- Mit gehackter Petersilie anrichten, Croûtons separat.

Variation: **Malakow-Suppe** durch Zugabe von Tomatenmark.

Linsensuppe
potage purée Conti
puree soup Conti

- Wurzelgemüse sowie Speck- und Schinkenschwarten in Speiseöl anschwitzen. Weizenmehl zugeben, mitschwitzen, hell bräunen.
- Linsen mit Einweichwasser und Fleischbrühe zugeben.
- 1,5 h kochen, dabei mehrfach abschäumen.
- Pürieren, passieren, erhitzen, würzen.
- Mit Butterflocken vollenden, Croûtons separat.

Brühen, Suppen, Eintöpfe

Püreesuppe von grünen Erbsen
🇫🇷 *potage purée Saint-Germain*
🇬🇧 *puree soup Saint-Germain*

- Grüne Erbsen, geschnittenes Wurzelgemüse und Kochschinken in Butter dünsten.
- Weizenmehl anstäuben und mitdünsten. Kalte Brühe zugeben und zusammen garen (1,5–2 h).
- Mit dem Mixstab fein pürieren, passieren und aufkochen.
- Nachwürzen, geröstete Weißbrotwürfel obenauf.

Spinatsuppe
🇫🇷 *potage purée florentine*
🇬🇧 *puree soup Florentine style*

- Wurzelgemüse in Butter dünsten. Kartoffeln zugeben.
- Mit Brühe auffüllen, aufkochen und abschäumen.
- Etwa 45 min kochen, dann erst Spinat zugeben, pürieren, passieren und nochmals aufkochen. Durch die spätere Spinatzugabe bleibt die grüne Farbe gut erhalten. Mit Sahne vollenden, würzen. Als Einlage gedünstete Champignonscheiben.

Aus ernährungsphysiologischen Gründen soll Spinatsuppe nicht warm gehalten oder wieder erwärmt werden. Sie verliert nicht nur an Farbe und Geschmack, sondern kann auch gesundheitsschädliche Nitrite freisetzen, die den Sauerstoff-Transport im Blut behindern.

Püreesuppe von grünen Erbsen

Getreidesuppen
🇫🇷 *potages de céréales*   🇬🇧 *cereal soups*

Zu den Getreidesuppen werden Getreideerzeugnisse in unterschiedlicher Verarbeitungsstufe als Hauptbestandteil verwendet:

| Schrot | Graupen | Flocken | Grieß | Mehl |

Geröstete Grießsuppe
🇫🇷 *potage à la semoule grillée*
🇬🇧 *brown semolina soup*

- Grieß in heißem Öl langsam bräunen. Gehackte Zwiebeln mitbräunen.
- Mit heißer Fleischbrühe auffüllen, würzen, Möhren zugeben.
- Grieß gar kochen, abschmecken. Möhrenscheibchen als Einlage.
- Mit Butterflocken verfeinern und mit gehackter Petersilie bestreuen.

Spinatsuppe

Getreidesuppen zeichnen sich durch ihren hohen Anteil an pflanzlichen Eiweißstoffen aus. In Verbindung mit Fleisch- oder Fischspeisen kann eine hohe biologische Wertigkeit der Kost erzielt werden. Da der Stärkeanteil ebenfalls hoch ist, sind Getreidesuppen leicht verdaulich und im Rahmen von leichter Vollkost und diätetischer Kost zu empfehlen.

Gerstensuppe
🇫🇷 *potage à l'orge*
🇬🇧 *barley soup*

- Gemüse-Brunoise in Butter dünsten. Graupen zugeben und mitdünsten.
- Mehl anstäuben und mit heißem Kalbsfond auffüllen, würzen.
- Kochen, bis die Graupen weich sind.
- Abschmecken und mit Butterflocken vollenden.
- Gehackte Petersilie obenauf.

1.8.4 Gemüsesuppen
🇫🇷 *potages aux légumes*
🇬🇧 *vegetable soups*

Gemüsesuppen kommen aus der **bäuerlichen Küche** Frankreichs. Sie bestehen aus einer oder mehreren Gemüsearten. Für Gemüsesuppen sind besonders folgende Gemüsearten geeignet: Möhren, Lauch, Zwiebeln, Sellerie, Wirsing, Weißkohl, weiße Rüben und Kartoffeln. Des Weiteren können grüne Bohnen, Spargel, Zucchini und Tomatenwürfel verwendet werden.

1 Geben Sie einen Überblick über die unterschiedliche Herstellung der gebundenen Suppen.
2 Beschreiben Sie den Unterschied zwischen Cremesuppen und legierten Suppen.
3 Warum dürfen legierte Suppen nicht mehr aufgekocht werden?

Speisen

1 25 Portionen Ochsenschwanzsuppe weisen nach Nährwerttabelle folgenden Nährstoffgehalt auf: 124 g Eiweiß, 114 g Fett und 450 g Kohlenhydrate.
Ermitteln Sie den Energiegehalt von 1 Portion Ochsenschwanzsuppe. Runden Sie auf ganze kJ auf.

Bauernsuppe 🇫🇷 *potage paysanne*
🇬🇧 *farmer´s soup*

- Gemüse und Kartoffeln feinblättrig schneiden.
- Rauchspeckwürfel auslassen, Zwiebelwürfel und Gemüse dazugeben.
- Mit Fleischbrühe auffüllen, Kartoffeln zugeben. Bissfest kochen, würzen.
- Mit gehackten Kräutern vollenden, Weißbrot-Croûtons separat.

Bauernsuppe kann mit Reibkäse vollendet werden.

Gemüsesuppe Pächterinart 🇫🇷 *potage aux légumes fermière*
🇬🇧 *vegetable soup tenant's style*

- Gemüse feinblättrig schneiden.
- Rauchspeck auslassen, Gemüse farblos anschwitzen.
- Wirsingkohlstreifen wegen der kürzeren Garzeit erst später zugeben.
- Mit Fleischbrühe auffüllen. Bissfest kochen, salzen, pfeffern.
- Mit gehackten Kräutern und Reibkäse vollenden. Weißbrot-Croûtons separat.

Italienische Gemüsesuppe, Minestrone 🇫🇷 *minestrone*
🇬🇧 *minestrone*

- Gemüse feinblättrig schneiden, dann in Öl dünsten.
- Mit Fleischbrühe auffüllen.
- Vor Gar-Ende gebrochene Teigwaren, Kartoffelwürfel und Tomatenfleischwürfel zugeben und gar kochen.
- Pesto-Zutaten (→ 39) im Kutter fein verarbeiten, mit etwas heißer Suppe in die Minestrone geben.
- Mit Salz, Pfeffer abschmecken, Parmesan separat.

Traditionell werden zur Schtschi Piroggen separat serviert. Darunter sind kleine mit Fleisch, Fisch, Pilzen u.a. gefüllte Hefeteigtaschen zu verstehen.

Elsässische Gemüsesuppe 🇫🇷 *potage aux légumes alsacienne*
🇬🇧 *vegetable soup Alsatian style*

- Gemüse feinblättrig schneiden.
- Rauchspeck auslassen, Gemüse farblos anschwitzen.
- Mit Fleischbrühe auffüllen. Bissfest kochen, salzen, pfeffern.
- Mit gehackten Kräutern und Reibkäse vollenden. Weißbrot-Toast separat.

Kohlsuppe, Schtschi 🇫🇷 *chtchy*
🇬🇧 *stchy*

- Rindfleisch und Kasseler kochen.
- Gemüse feinblättrig, Kartoffeln in Stifte von 5 mm Dicke schneiden.
- Gemüse und Kartoffeln zugeben, mit Fleischbrühe auffüllen, würzen.
- Tomatieren, gar kochen. Als Einlage gewürfeltes Fleisch.
- Mit gehackten Sellerieblättern und saurer Sahne vollenden.

Thüringer Schnippelsuppe 🇫🇷 *consommé aux légumes en julienne thuringienne*
🇬🇧 *clear soup with vegetable julienne Thuringian style*

- Fleischbrühe erhitzen, gehackten Majoran, klein geschnittene Möhren, Sellerie und Kohlrabi dazugeben.
- Nach 5 min garen Zwiebeln, Lauch und Kartoffeln, ebenfalls klein geschnitten, dazugeben, würzen. Mit gebräunten Magerspeckwürfeln vollenden.

Kohlsuppe

52

Brühen, Suppen, Eintöpfe

1.8.5 Regionalsuppen, Nationalsuppen

🇫🇷 *potages régionaux, potages nationaux*
🇬🇧 *regional soups, national soups*

Regionalsuppen 🇫🇷 *potages régionaux* 🇬🇧 *regional soups*

Suppen, die für ein bestimmtes Gebiet, eine bestimmte Region, typisch sind, werden als Regionalsuppen bezeichnet. Es sind volkstümliche Suppen, die meist der bäuerlichen Küche entstammen und aus regionalen Rohstoffen hergestellt werden. Vielfach haben diese Suppen den Charakter von Eintöpfen.

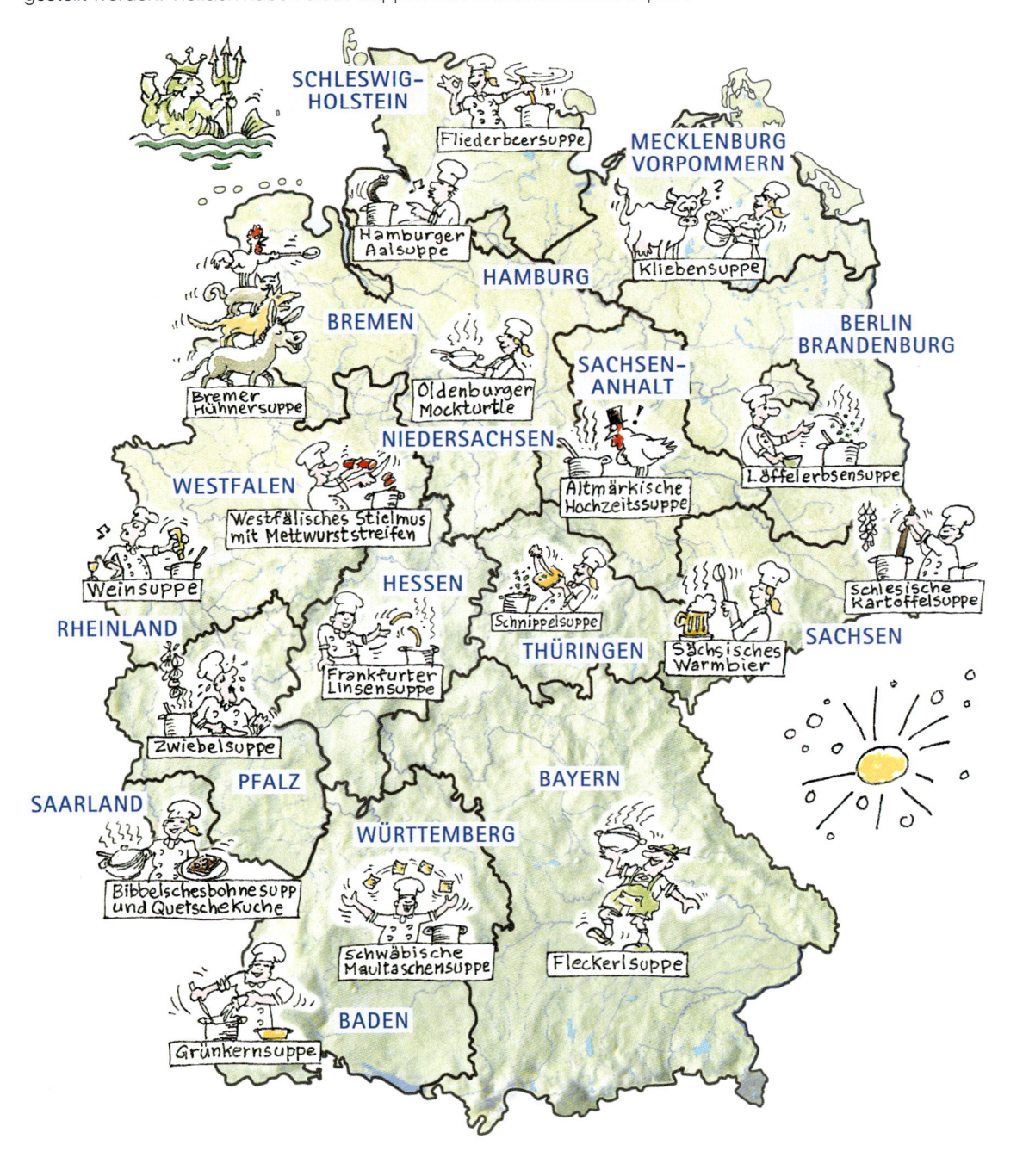

- SCHLESWIG-HOLSTEIN: Fliederbeersuppe
- HAMBURG: Hamburger Aalsuppe
- MECKLENBURG-VORPOMMERN: Kliebensuppe
- BREMEN: Bremer Hühnersuppe
- NIEDERSACHSEN: Oldenburger Mockturtle
- SACHSEN-ANHALT: Altmärkische Hochzeitssuppe
- BERLIN BRANDENBURG: Löffelerbsensuppe
- WESTFALEN: Westfälisches Stielmus mit Mettwurststreifen
- RHEINLAND: Weinsuppe
- HESSEN: Frankfurter Linsensuppe
- THÜRINGEN: Schnippelsuppe
- SACHSEN: Sächsisches Warmbier, Schlesische Kartoffelsuppe
- PFALZ: Zwiebelsuppe
- SAARLAND: Bibbelschesbohnesupp und Quetschekuche
- WÜRTTEMBERG: Schwäbische Maultaschensuppe
- BAYERN: Fleckerlsuppe
- BADEN: Grünkernsuppe

53

Speisen

Ist Kartoffelsuppe auch eine deutsche Nationalsuppe?

In verschiedenen deutschen Landesteilen wird die Kartoffelsuppe als typische Spezialität angeboten. Abwandlungen:

Berliner Kartoffelsuppe
Pürieren, mit Bockwurst oder gebratenen Wurstscheiben

Sächsische Kartoffelsuppe
Pürieren, mit Gemüsestreifen

Schlesische Kartoffelsuppe
Als Einlage Knoblauchwurst, mit gerösteten Weißbrotwürfeln

Mecklenburger Kartoffelsuppe
Nicht passieren, mit Speck und Zwiebeln

Westfälische Kartoffelsuppe
Mit Zitrone würzen, mit Sahne vollenden

Pfälzer Kartoffelsuppe
Mit saurer Sahne vollenden, auch mit trockenem Riesling, als grüne Kartoffelsuppe (grien Grumbeersupp) mit Lauch, Petersilie, Sellerie- und Spinatblättern

Kartoffelsuppe kann demzufolge – trotz verschiedener Varianten – auch als **deutsche Nationalsuppe** bezeichnet werden.

Schwäbische Maultaschensuppe

Bayrische Leberknödelsuppe

Ausgewählte Regionalsuppen aus Deutschland

Deutsche Region	Regionalsuppe / Merkmale
Berlin/Brandenburg	Löffelerbsensuppe ■ Löffelerbsen mit Schweinebauch oder Schweinsohr (→ 59)
Sachsen	Sächsisches Warmbier ■ Legierte Biersuppe mit Buttersemmel (→ 58)
Niederschlesien/Oberlausitz	Schlesische Kartoffelsuppe ■ Kartoffelpüreesuppe, obenauf in Fett goldgelb gebratene Zwiebelwürfel, Semmelwürfel sowie Knoblauchwurstscheiben (→ 50)
Sachsen-Anhalt	Altmärkische Hochzeitssuppe ■ Klare Hühnerbrühe mit Einlagen (→ 46)
Thüringen	Schnippelsuppe ■ Gemüsesuppe (→ 52)
Hessen	Frankfurter Linsensuppe ■ Linsensuppe mit Essig abschmecken, als Einlage Frankfurter Würstchen, dazu Apfelmus (→ 50)
Baden	Grünkernsuppe ■ Cremesuppe aus Fleischbrühe, Grünkern, Gemüsewürfeln, Sahne und Markklößchen
Württemberg	Schwäbische Riebelesuppe ■ Klare Rindfleischsuppe mit Teigklümpchen (→ 46) Schwäbische Maultaschensuppe ■ Klare Rindfleischsuppe mit Maultaschen
Pfalz	Zwiebelsuppe ■ Wie französische Zwiebelsuppe mit Sahne und Wein, mit Kümmel würzen, geröstete Brotscheiben ohne Käse obenauf
Bayern	Fleckerlsuppe ■ Klare Rindfleischsuppe mit Teigklümpchen (→ 46) Leberknödelsuppe ■ Klare Rindfleischsuppe mit Leberknödeln
Rheinland	Weinsuppe ■ In verschiedenen Varianten: Wein, Wasser, Sahne mit Zimt und ungespritzter Zitronenschale kochen, mit Stärke binden, dazu Grießklößchen
Saarland	Bibbelschesbohnesupp und Quetschekuche ■ Aus Brühe, Kartoffeln, grünen Bohnen, dazu Tomatenwürfel, Möhren, Petersilie, Bohnenkraut, etwas Muskat, mit Sahne vollenden, als Beigabe warmer Zwetschgenkuchen aus Hefeteig; bei Bergleuten galt: je Mann ein Kuchen!
Westfalen	Westfälisches Stielmus mit Mettwurststreifen ■ Aus blanchierten Rübenstielen, Fett, Zwiebeln, Mehl zur Bindung und Fleischbrühe Suppe bereiten, mit Sahne vollenden, als Einlage Mettwurststreifen (schnittfeste Rohwurst ähnlich der Salami)

Brühen, Suppen, Eintöpfe

Deutsche Region	Regionalsuppe / Merkmale
Schleswig-Holstein	Fliederbeersuppe ■ Gemeint sind die Holunderbeeren; Holundersaft mit Zimt, Vanille und Zucker aufkochen, mit Stärke binden, als Einlage Grießklößchen
Niedersachsen	Oldenburger Mockturtle (Falsche Schildkrötensuppe) ■ Aus Kalbskopf, Kalbshirn, Wurzelgemüse, Zwiebeln und wenig Madeira.
Hamburg	Hamburger Aalsuppe ■ Schinkenbrühe mit abgezogenen Aalstücken, Backpflaumen, getrockneten Apfelringen, anderem Backobst, Schwemmklößchen und Wurzelgemüse, mit frischen Kräutern vollenden
Bremen	Bremer Hühnersuppe ■ Geflügelsuppe aus Suppenhuhn, Wurzelgemüse, Blumenkohl oder Spargel, mit Liaison vollenden; Bestandteil des Schaffermahls (Abschiedsmahl der Kaufleute und der Kapitäne), das alljährlich seit 1545 im Bremer Rathaus stattfindet
Mecklenburg-Vorpommern	Kliebensuppe ■ Milch mit Salz und Zimt aufkochen, Klieben (Teig aus Eiern, Weizenmehl, Wasser, Salz, Zucker) über Schneebesen hineinlaufen lassen

1 Nennen Sie jeweils fünf deutsche und europäische Regionen (→ 54 bis 56), und ordnen Sie ihnen typische Suppen zu.
2 Erläutern Sie den Zusammenhang zwischen Regionalsuppen und Nationalsuppen am Beispiel der Rezeptur von Kartoffelsuppe.
3 Stellen Sie im Rahmen einer Gruppenarbeit asiatische, amerikanische oder andere Nationalsuppen mit Hilfe von Fachliteratur zusammen, die Sie Ihren Gästen als kulinarische Besonderheiten anbieten wollen.

Nationalsuppen   🇫🇷 potages nationaux   🇬🇧 national soups

Nationalsuppen stellen nationale Spezialitäten dar. Wie die Regionalsuppen sind sie aus der bäuerlichen oder der bürgerlichen Volksküche hervorgegangen. Sie bestehen aus den typischen Rohstoffen des Landes und entsprechen den nationalen Verzehrgewohnheiten. Vielfach haben diese Suppen den Charakter von Eintöpfen.

IRLAND — Schichteintopf
ENGLAND — Englische Hühnersuppe, Ochsenschwanzsuppe
DEUTSCHLAND — Kartoffelsuppe
POLEN — Rote-Bete-Suppe
RUSSLAND — Schtschi
UKRAINE — Soljanka
BÖHMEN — Böhmische Kuttelflecksuppe
UNGARN — Gulaschsuppe
ÖSTERREICH — Tiroler Knödelsuppe
SCHWEIZ — Basler Mehlsuppe
FRANKREICH — Zwiebelsuppe, Fischsuppe
SPANIEN — Gazpacho
ITALIEN — Gemüsesuppe
TÜRKEI — Saure Suppe

Speisen

Gazpacho (→ 58)

Ausgewählte europäische Nationalsuppen

Land	Nationalsuppe / Merkmale
Deutschland	Kartoffelsuppe ■ Kartoffelpüreesuppe mit Wurzelgemüse (→ 50)
Böhmen (Tschechien)	Böhmische Kuttelflecksuppe ■ Flecke in Salzwasser und Wurzelgemüse weich kochen, Speck-Zwiebel-Mehlschwitze mit Kochbrühe auffüllen, als Einlage Streifen der Flecke, säuerlich mit Essig abschmecken, mit saurer Sahne anrichten
England	Ochsenschwanzsuppe *oxtail clair / clear oxtail soup* ■ Geklärte Suppe aus angebratenen Ochsenschwanzstücken; mit Sherry abschmecken; als Einlage Fleischwürfel, Chesterstange separat
Frankreich	Fischsuppe *bouillabaisse* ■ Fischsuppe vom Mittelmeer (→ 46) Zwiebelsuppe *soupe à l'oignon gratinée* ■ Gratinierte Zwiebelsuppe (→ 46) ■ Elsässische Gemüsesuppe (→ 52)
Irland	Schichteintopf, Irish Stew *Irish stew* ■ Schichteintopf (→ 59)
Italien	Gemüsesuppe *minestrone* ■ Gemüsesuppe (→ 52)
Österreich	Tiroler Knödelsuppe ■ Rindfleischsuppe mit Speckknödeln
Polen	Rote-Bete-Suppe, *Borschtsch* (poln.- russ.) ■ Fleischbrühe mit Schinken und Kasseler, Wurzelgemüse und roter Bete, mit Majoran, Zitrone und Kwass (vergorenes Brot mit roter Bete, Knoblauch und Zucker) würzen, mit saurer Sahne vollenden
Russland	Schtschi ■ Weißkohlsuppe (→ 52)
Schweiz	Basler Mehlsuppe ■ Braune Mehlsuppe
Spanien	Gazpacho *gazpacho andaluz* ■ Kalte Gemüsesuppe (→ 58)
Ukraine	Soljanka ■ Tomatierte Fleischsuppe (→ 46)
Ungarn	Gulaschsuppe *Magyar gylyás leves* ■ Braune Rindfleischsuppe (→ 49)

⚠ Basler Mählsuppe, berühmt durch die Basler Fasnacht

Seit 1834 wird durch den „Basler Morgestraich", der stets sechs Wochen vor Ostern montags um 4 Uhr beginnt, die Basler Fastnacht eingeleitet. Im absolut dunklen Basel – Stadtbeleuchtung und Reklame werden vorher abgeschaltet – ertönt das Kommando „Morgenstraich – vorwärts marsch." Beeindruckend ernst, diszipliniert und wohlgeordnet begleiten „Fastnachts-Cliquen (Fastnachtsgesellschaften) diesen Auftakt drei Tage lang mit Trommelschlag, Piccolo-Melodien und unzählbaren kleinen und übergroßen Laternen(wagen). In den geöffneten Lokalen genießen die Fasnächtler dann traditionell „Mählsuppe" (Mehlsuppe) und „Ziibelewäie" (Zwiebelkuchen).

Brühen, Suppen, Eintöpfe

1.8.6 Exotische Suppen, Spezialsuppen

🇫🇷 *potages exotique, potages spéciaux*
🇬🇧 *exotic soups, special soups*

Exotische Suppen sind **würzige, gehaltvolle Spezialsuppen** aus erlesenen Rohstoffen. Ihre besonders ausgeprägten Geschmacks- und Extraktivstoffe regen die Verdauung an. Exotische Suppen sind **klar** und **wenig sättigend**. Grundlage ist je nach Art eine kräftige Fleisch- oder Fischbrühe. Exotische und Spezialsuppen werden vorzugsweise in festlichen Speisenfolgen angeboten. Aus Gründen des Arbeitsaufwandes und der Vielzahl ausgefallener Rohstoffe werden sie hauptsächlich in Feinkostbetrieben industriell hergestellt (Convenience-Erzeugnisse) und in der Gastronomie nur fachgerecht vollendet und angerichtet.

Tafelfertige Suppenkonserven werden nur erhitzt, nicht mehr aufgekocht. Die Einlage ist zuvor in die angewärmten Spezialtassen, beispielsweise Schildkrötentassen zu 100 ml, zu verteilen.

Cognac, Sahne und Liaison dienen dem geschmacklichen Vollenden.

Klassische exotische Suppen, wie Schildkrötensuppe oder Schwalbennestersuppe, werden aus Gründen des Artenschutzes in der Gastronomie nicht mehr angeboten.

Bihun-Suppe (Convenience-Erzeugnis)

Exotische Suppe	Merkmale / Vollendung / Einlage
Bihun-Suppe	Leicht gebundene, curryfarbene würzige Suppe mit Geflügelfleisch und exotischen Gewürzen ■ Weinbrand
Haifischflossensuppe	Klare, würzige, aromatische Fischsuppe, als Einlage Sehnen aus den Rücken- und den Schwanzflossen des australischen Tigerhais ■ Haifischsehnen
Känguruschwanzsuppe	Klare, würzige, gehaltvolle braune Suppe aus den Schwänzen der Kängurus, Zubereitung analog der Ochsenschwanzsuppe ■ Känguruschwanzfleisch
Trepang-Suppe	Klare, würzige, anregende Suppe auf der Grundlage von Kraftbrühe und Trepangs, auch als Röhrenseewalzen (in westindischen Gewässern beheimatet) bezeichnet ■ Trepang-Würfel

1 Beurteilen Sie den ernährungsphysiologischen Wert der exotischen Suppen.

2 Diskutieren Sie Pro und Kontra der Verarbeitung exotischer Rohstoffe, wie Schildkrötenfleisch, Schwalbennester oder Haifischflossen. Gehen Sie im Gespräch auch auf die Rechtslage in Deutschland ein.

Für ein Menü für 12 Personen soll Bihun-Suppe in Spezialtassen zu 125 ml serviert werden. Stellen Sie die Preisunterschiede bei den folgenden Angebotsformen fest:
400-ml-Dose   3,20 €
125-ml-Dose   1,06 €
800-ml-Dose   5,90 €

1.8.7 Kalte Suppen, Kaltschalen

🇫🇷 *potages froids, soupes froides douces*
🇬🇧 *cold soups, cold sweet soups*

Kalte Suppen stellen in der Sommerzeit appetitanregende, erfrischende Abwechslungen im Speisenangebot dar, die warme Suppen im Menü ersetzen können. Sie bilden geeignete Grundlagen für Zwischenmahlzeiten. Kalte Suppen können herzhaft oder süß zubereitet werden; die kalten süßen Suppen werden als Kaltschalen bezeichnet.

Kaltschalen sind in der klassischen Küche nicht vorgesehen. Sie gewinnen aber in der modernen Gastronomie zunehmend an Bedeutung. Auch innerhalb der Gemeinschaftsverpflegung wird mit den Kaltschalen der Wunsch nach erfrischenden, nicht stark sättigenden Speisen erfüllt. Darüber hinaus tragen Kaltschalen durch ihre wirkstoffreiche Zusammensetzung zur gesundheitsfördernden Ernährung bei. So weit wie möglich sollten die Zutaten ungegart verwendet werden.

Im Unterschied zu warmen Speisen müssen kalte Speisen kräftiger gewürzt werden, da die Geschmacksnerven kalte Speisen weniger intensiv wahrnehmen.

Speisen

Arten	Beispiele	Merkmale
Püreesuppen	Andalusische Suppe (Gazpacho andaluz)	(siehe unten)
Süße Suppen	Joghurtsuppe Kaltschalen	(siehe unten)
Spezialsuppen	Tarator	Mit Streifen von grünen Gurken, gehacktem Dill, Joghurt, Salz, saurer Sahne, Essig, Knoblauch und Paprika würzen.
Cremesuppen	Kalte Tomatencremesuppe	Cremesuppe, nur leicht gebunden, Tomatenfleischwürfel, Kräuter

Geeiste Kraftbrühe mit Gemüseperlen

🇫🇷 *potages froids, soupes froides douces*
🇬🇧 *cold soups, cold sweet soups*

Geeiste Kraftbrühe

🇫🇷 *consommé froid*
🇬🇧 *cold clear soup*

Die Kraftbrühe wird unter Verwendung von kollagenreichen Zutaten, wie Kalbsfüßen oder Geflügelknochen, hergestellt. Beim Erkalten geliert die Brühe. Sie muss völlig fettfrei sein und wird in vorgekühltem Geschirr serviert.

Kaltschalen

Kaltschalen aus Gemüse werden allgemein als kalte Suppen bezeichnet.

Kaltschalen, die vor allem in den Sommermonaten beliebt sind, werden als Suppe sowie als Dessert serviert. Abhängig von Größe und Konsistenz der Zutaten wird im tiefen Teller oder in der Suppentasse angerichtet. Das Anrichtegeschirr ist vorgekühlt.

	Grundzutaten	Bindung / Vollendung
Milchkaltschale 🇫🇷 *soupe froide au lait* 🇬🇧 *cold milk soup*	Milch, Zucker, Vanille, Zimt	Eigelb, Eiklar ■ Obststücke, Beeren
Fruchtkaltschale 🇫🇷 *soupe froide aux fruits* 🇬🇧 *cold fruit soup*	Früchte, Zucker, Wasser, Most, Wein, Zitrone	Stärke, Sago ■ Obststücke, Beeren, Mineralwasser
Gemüsekaltschale 🇫🇷 *soupe froide aux légumes* 🇬🇧 *cold vegetable soup*	Gemüse (Melone, Rhabarber), Wasser	Stärke ■ Gemüse in Stücken, Würfeln, Streifen oder als Püree, Mineralwasser
Bierkaltschale 🇫🇷 *soupe froide à la bière* 🇬🇧 *cold beer soup*	Bier, Zucker, Milch, Zitrone, Schale ungespritzter Zitrone, wenig Zimt	Liaison, geriebenes Schwarzbrot ■ Rosinen

Andalusische Suppe (gazpacho andaluz)

🇫🇷 *potage froid andalouse (gazpacho andaluz)*
🇬🇧 *cold Andalusian soup (gazpacho andaluz)*

■ Weißbrot einweichen und ausdrücken. Gemüse grob zerkleinern.
■ Brot, Gemüse, einschließlich Zwiebelscheiben, Knoblauch und Tomatensaft in Schüssel geben. Essig und Öl darauf gießen, fein pürieren.
■ Als Einlage fein gewürfelte Gurken, Tomaten und Paprikafrüchte.
■ Mit Salz, Pfeffer und Zucker abschmecken.
■ Gut kühlen, eventuell mit Tomatensaft verdünnen.

Erdbeerkaltschale

Brühen, Suppen, Eintöpfe

1.8.8 Eintöpfe

🇫🇷 *potées*
🇬🇧 pot-stews, hot-pots

Heute sind vielfältige **regionale Eintopfarten** bekannt. Sie vereinen zumeist Rohstoffe einer Region zu einer sättigenden Mahlzeit und bieten gemischte Kost, in einem Topf gekocht. Sie lassen sich für jede Jahreszeit typisch herstellen. Eintöpfe eignen sich für die Gemeinschaftsverpflegung oder für rustikales Essen im Freien, zu größeren Veranstaltungen usw.
Eine Aufwertung kann durch Zugabe von frischen Kräutern oder durch Komplettierung mit Quarkspeisen erfolgen. Portionsterrine: 0,75 l.

Verkaufsargumente
Eintöpfe stellen eine vollwertige Mahlzeit in einem Topf dar. Sie sollen schmackhaft, vollwertig, ballaststoffreich, aber nicht belastend sein.

Das Menü in einem Topf
Aus der französischen Küche stammt der berühmteste Eintopf: das „pot-au-feu" (Suppeneintopf). Nach einer alten französischen Rezeptur werden dafür Rippenknochen, Rinderhachse, verschiedenes anderes Rindfleisch, Ochsenschwanz, Kalbshachse, Hammelhals, Kochhuhn, Lauch, Sellerie, Kräutersträußchen (Lorbeer, Petersilie, Kerbel, Thymian), Trüffel, Zwiebeln, Rübchen, Fenchelknolle, Maiskolben, Tomaten, Markknochen, Salz, Pfefferkörner, Nelken, Knoblauch, verwendet.
In einem großen Suppentopf wird das Fleisch auf die Rippenknochen geschichtet. Die einzelnen Zutaten werden nach der Garzeit zugegeben oder ausgestochen. Den fertigen Suppentopf kann man in drei Gängen servieren:

1 *Brühe mit Röstbrot, Reibkäse, dazu Pfeffermühle, grobes Salz.*
2 *Zerlegtes Huhn, umgeben von Kalbshachse, Ochsenschwanz, dazu eine Weinessig-Walnuss-Vinaigrette mit frischen Kerbelblättchen.*
3 *Verschiedenes Gemüse mit Brühe und Rinderhachse, Rindfleisch; separat gegarter Kohl und Blumenkohl vervollständigen den Gang.*

Abgesehen vom übergroßen Fleischeinsatz, macht dieses Beispiel die Redewendung vom „Menü in einem Topf" leicht verständlich.

	Grundzutaten	Einlage / Garnierung
Möhreneintopf 🇫🇷 *potée de carottes* 🇬🇧 carrot pot-stew	Möhren, Kartoffeln, Zwiebeln, Fleischbrühe	Rindfleischwürfel, gehackte Petersilie
Hühnertopf Gärtnerinart 🇫🇷 *poule au pot jardinière* 🇬🇧 chicken pot gardener's style	Kartoffeln, Möhren, Bohnen, Blumenkohl, Wirsing, junge Erbsen, Kohlrabi, Rosenkohl, Weißkohl, Zwiebeln	Mundgerechte Stücke gekochten Suppenhuhns, gehackte Kräuter
Grüne-Bohnen-Eintopf 🇫🇷 *potée de haricots verts* 🇬🇧 French-bean pot-stew	grüne Bohnen, Kartoffeln, Zwiebeln	Lammfleischwürfel, gehackte Petersilie
Bunter Gemüseeintopf 🇫🇷 *potée de légumes* 🇬🇧 vegetable pot-stew	Fleischbrühe, grüne Bohnen, Möhren, Kohlrabi, Blumenkohl, Kartoffeln, Zwiebeln	Rindfleischwürfel, gehackte Petersilie
Weißkohleintopf 🇫🇷 *potée de chou blanc* 🇬🇧 white-cabbage pot-stew	Fleischbrühe, Kartoffeln, Weißkohlblättchen, Zwiebeln	Würfel von Rauchfleisch oder Rinderkochfleisch, gehackte Petersilie
Irish Stew 🇫🇷 *Irish Stew* 🇬🇧 Irish Stew	Fleischbrühe, Kartoffeln, Möhren, Hammel- oder Lammfleisch, Zwiebeln	Rohstoffe werden im Topf geschichtet und ebenso angerichtet
Linseneintopf 🇫🇷 *potée de lentilles* 🇬🇧 lentil pot-stew	Fleischbrühe, Linsen, Kartoffeln, Wurzelgemüse	Brat-, Schwarz-, Bier-, Jagdwurst oder Bauchspeck
Löffelerbsen 🇫🇷 *potée de pois jaunes* 🇬🇧 yellow-pea pot-stew	Fleischbrühe, gelbe Erbsen, geräucherter Bauchspeck, Möhren, Wurzelgemüse	Bauchspeckscheiben oder Schweinskopf, -ohren, Eisbein, auch Bockwurst
Weiße-Bohnen-Eintopf 🇫🇷 *potée de haricots blancs* 🇬🇧 white-bean pot-stew	Fleischbrühe, weiße Bohnen, Kartoffeln, Wurzelgemüse	Würfel von Kassler oder geräucherter Schweinebauch
Brühreiseintopf 🇫🇷 *potée de riz* 🇬🇧 rice pot-stew	Reis, Möhren, Sellerie, Lauch, Geflügelbrühe	Hühnerklein, gehackte Petersilie
Brühnudeleintopf 🇫🇷 *potée de nouilles* 🇬🇧 noodle pot-stew	Nudeln, Möhren, Sellerie, Lauch, Geflügelbrühe	Hühnerklein, gehackte Petersilie

Irish-Stew

🇫🇷 service
🇬🇧 service

Speisen

1.8.9 Service

Brühen, Suppen und Eintöpfe sollten heiß sein. Das Anrichtegeschirr muss demzufolge entsprechend vorgewärmt werden. Als Anrichtegeschirr werden tiefe Teller, Suppentassen, Suppensilbertassen, Spezialsuppentassen und Terrinen verwendet.

Service im tiefen Teller
🇫🇷 service en assiette creuse
🇬🇧 to serve in a deep plate

Tiefe Teller werden vorrangig als Anrichtegeschirr für gebundene Suppen verwendet. Auch klare Suppen können im tiefen Teller angerichtet werden. Allerdings werden diese aus tragetechnischen Gründen heutzutage überwiegend in Suppenschwenktassen angerichtet. Zum Tragen eines tiefen Tellers kann ein passender Trageteller zu Hilfe genommen werden. Zum Essen wird dem Gast ein großer Löffel eingedeckt.

Service in der Suppenschwenktasse
🇫🇷 service en tasse à consommé
🇬🇧 to serve in a soup cup

Die Suppenschwenktasse wird immer in Verbindung mit der passenden Suppenuntertasse und dem Mittelteller als Trageteller verwendet. Der zugehörige Mittel- oder Bouillonlöffel wird eingedeckt, kann aber im Service à la carte auch angelegt werden. Handelt es sich um eine einhenklige Suppenschwenktasse, ist darauf zu achten, dass der Henkel nach der linken Seite ausgerichtet wird. Zumeist werden klare Suppen in der Suppenschwenktasse angerichtet.

Service in der Suppensilbertasse
🇫🇷 service en tasse d'argent
🇬🇧 to serve in a silver soup cup

Der Suppenservice aus der Suppensilbertasse stellt die höchste und individuellste Form des Suppenservice dar. In Verbindung mit der Suppensilbertasse wird ein vorgewärmter tiefer Teller als Essgeschirr eingesetzt (zumeist auf Trageteller). Anschließend wird die Suppe von der rechten Seite des Gastes von ihm weg ausgegossen. Zu beachten ist, dass der Gast abschließend die Gelegenheit erhält zu überprüfen, ob die gesamte Einlage auch tatsächlich mit ausgegossen wurde.

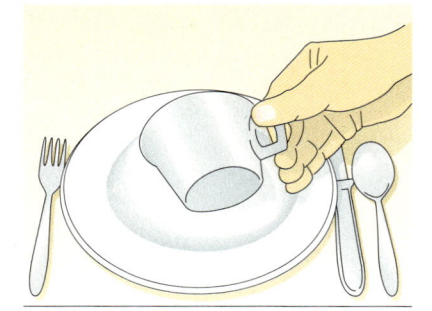

Service in der Spezialsuppentasse
🇫🇷 service en tasse à soupe spéciale
🇬🇧 to serve in a special soup cup

Spezialsuppentassen haben etwa die Größe und Form von Mokkatassen und können mit dem Dekor der exotischen Grundzutaten versehen sein. Wichtigster klassischer Vertreter war die Schildkrötensuppentasse (Schildkrötensuppe darf aus Artenschutz-Gründen in Deutschland nicht angeboten werden). Diese wurde auf einer Mokkauntertasse und einem Mittelteller als Trageteller serviert. Ein kleiner Löffel wurde angelegt.
Solche Spezialsuppentassen werden heute für kostbare Spezialsuppen verwendet, wie Essenzen oder die Klare Ochsenschwanzsuppe.

Service in der Terrine
🇫🇷 service en soupière
🇬🇧 to serve in a tureen

Die Suppenterrine wird häufig für Suppen und Eintöpfe mit sehr grober Einlage verwendet. Darüber hinaus eignet sie sich auch für das Ausgeben mehrerer Suppenportionen im geschlossenen Service. In Verbindung mit der Terrine werden zumeist vorgewärmte tiefe Teller verwendet (vergleiche Service aus der Suppensilbertasse!). Es ist für eine Ablagemöglichkeit der Suppenschöpfkelle zu sorgen.

Service aus der Suppentasse

> ⚠ Die Kaffeetasse bietet sich gelegentlich auch als Anrichtegeschirr für Suppen an, die in kleineren Portionen serviert werden, wie Suppen auf einer Kinderkarte oder auch Suppen in umfangreicheren Speisenfolgen. Der Service erfolgt mit Kaffeeuntertasse und Mittellöffel.

1.9 Schlachtfleischspeisen

🇫🇷 *plats de viande*
🇬🇧 *meat dishes*

1.9.1 Zutaten, Nährwert

🇫🇷 *ingrédients, valeur nutritive*
🇬🇧 *ingredients, nutritive value*

Kalb	Rind	Schwein	Schaf
6–8 Wochen alt, maximal 150 kg schwer, blass rosa Fleisch, fettarm Ausschließlich mit Milch aufgezogene Vollmilchmastkälber haben beste Fleischqualität	Meist Jungbullen, 16–22 Monate alt, wenig Fett, rotes Fleisch Färsen (weiblich) und Ochsen (männlich, kastriert), 20–30 Monate alt, mehr Fett, Fleisch ist aber zart, feinfaserig und aromatisch	6–8 Monate alt, 90–120 kg schwer, rosarotes Fleisch Spanferkel, 3–6 Wochen alt, 8–20 kg schwer, Fleisch weich, zart	Lamm, bis 1 Jahr alt, ziegelrotes Fleisch Hammel (kastriert), über 1 Jahr alt, dunkelrotes Fleisch

Nährwert

Schlachtfleisch gehört zu den wichtigsten Lebensmittelrohstoffen. Es enthält durchschnittlich **15–25% biologisch vollwertiges Eiweiß**. Vergleichsweise übertreffen lediglich Milch-, Vollei-, Fisch- und Geflügeleiweiß das Schlachtfleisch in der Eiweißwertigkeit. In Europa stellen Schlachtfleischspeisen die wichtigste Eiweißquelle in der menschlichen Ernährung dar.

Schlachtfleisch enthält die wasserlöslichen Vitamine B_1, B_2 und Niacin. An Mineralstoffen sind das gut verwertbare Eisen, aber auch Phosphor zu nennen. Kritisch ist der Gehalt an Cholesterin und Purinen zu betrachten.

> Zum Ausgleich für die säurebildende Wirkung von Schlachtfleisch sind reichhaltige, geschmacklich harmonierende **Gemüse- oder Obstbeilagen** am besten geeignet.

Rohes Fleisch hat ein **gering ausgeprägtes Eigenaroma** und erhält den vollen Nährwert erst durch Reifen und Garen, also durch Bindegewebslockerung und Geschmacksstoffbildung. Gegarte Schlachtfleischspeisen wirken durch die Fleischbasen und freien Aminosäuren appetitanregend und verdauungsfördernd. Unterschiedliche **Garverfahren** werden je nach Art des Fleisches, Anteil an Bindegewebe, Fettanteil usw. angewandt.

Ungegarte Schlachtfleischspeisen (Tatar, Carpaccio, Hackepeter) bilden Ausnahmen, da sie durch Würzmittel die eigene Geschmacksnote erhalten.

Veränderte Lebens- und Ernährungsgewohnheiten führten in der Vergangenheit zu einem ständig steigenden Verzehr von Schlachtfleisch und Schlachtfleischerzeugnissen. **Kurzgebratene Edelfleischteile** sowie andere fettarme Fleischteile haben dabei den größten Zuspruch.

Die **Produktion von Schlachtfleisch** ist in jüngster Zeit nicht mehr unumstritten. Massentierhaltung, Import von erkrankten Tieren, Missbrauch von Tierarzneimitteln und Verwendung unerlaubter Chemikalien in Futtermitteln lassen auch Gastronomen mehr auf die Herkunft und die Qualität der Schlachtfleischerzeugnisse achten.

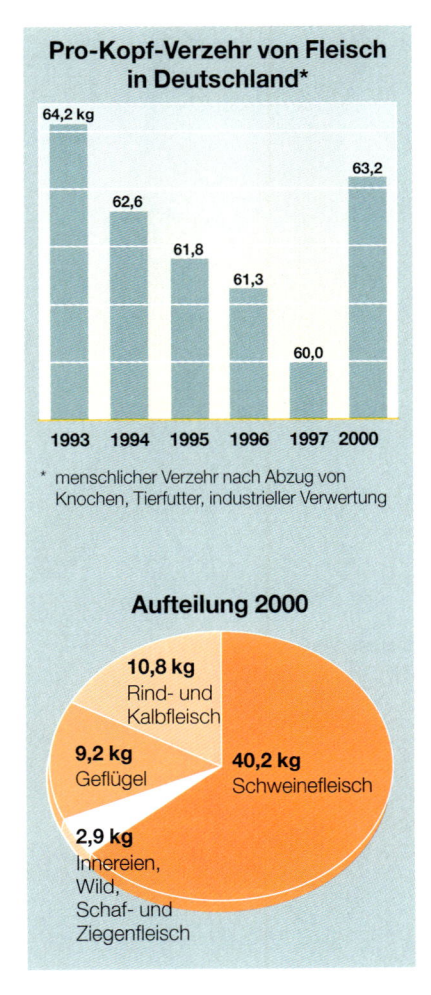

Pro-Kopf-Verzehr von Fleisch in Deutschland*

Jahr	kg
1993	64,2
1994	62,6
1995	61,8
1996	61,3
1997	60,0
2000	63,2

* menschlicher Verzehr nach Abzug von Knochen, Tierfutter, industrieller Verwertung

Aufteilung 2000

- 40,2 kg Schweinefleisch
- 10,8 kg Rind- und Kalbfleisch
- 9,2 kg Geflügel
- 2,9 kg Innereien, Wild, Schaf- und Ziegenfleisch

🇫🇷 *morceaux de viande et leur emploi*
🇬🇧 meat cuts and their use

1.9.2 Fleischteile und Verwendung

Der Küchenfleischerei (*boucherie*) obliegt das Bereitstellen des garfertigen Fleisches, teils in Stücken, gerollt oder portioniert. Immer öfter werden heutzutage aus wirtschaftlichen Gründen die bereits grobzerlegten oder auch bereits portionierten Fleischteile als Convenience-Erzeugnisse bezogen.

Verwendung wichtiger Kalbfleischteile

Fleischteilbezeichnung DLG		Zubereitung
Keule	🇫🇷 *cuisseau* 🇬🇧 leg	
Oberschale	🇫🇷 *noix* 🇬🇧 topside	Schnitzel: Wiener Schnitzel; Cordons bleus, Steaks, Rouladen, Geschnetzeltes
Kugel (Nuss)	🇫🇷 *noix pâtissière* 🇬🇧 top round	Braten am Stück, Steaks, Schnitzel, Rouladen, Geschnetzeltes
Frikandeau	🇫🇷 *longe* 🇬🇧 fricandeau	Braten am Stück, Steaks, Schnitzel, Spickbraten, Rouladen, Gulasch, Blankett, Frikassee, Geschnetzeltes
Hachse	🇫🇷 *jarret* 🇬🇧 shank	Glacieren, Gulasch, *Ossobuco* (Plural: *Ossibuchi*)
Rücken	🇫🇷 *selle* 🇬🇧 saddle	Braten, im Ganzen als Kalbsrücken
Kotelett	🇫🇷 *carré* 🇬🇧 ribs	Braten am Stück, poëlieren, Kronenbraten, Kalbsnierenbraten, Koteletts, Steaks
Filet	🇫🇷 *filet mignon* 🇬🇧 fillet	Braten, Medaillons, Grenadins, Mignons, Geschnetzeltes
Brust	🇫🇷 *poitrine* 🇬🇧 breast	Rollbraten, gefüllte Brust, Tendrons (geschmorte Brustschnitten)
Bug	🇫🇷 *épaule entière* 🇬🇧 shoulder	Im Ganzen braten, Gulasch, Blankett, Frikassee, Ragout, Farce
Kopf (nicht im Standardsortiment)	🇫🇷 *tête* 🇬🇧 calf's head	Maske: falsche Schildkrötensuppe (Mock-turtle soup), Ragout, Salat

Kalbshälfte
❶ Keule; Hinterhachse, Oberschale, Frikandeau, Huft (Blume), Nuss (Kugel)
❷ Bauch
❸ Kotelett (halbierter Rücken)
❹ Brust
❺ Bug mit Vorderhaxe
❻ Hals

Verwendung wichtiger Rindfleischteile

Fleischteilbezeichnung DLG		Zubereitung
Keule	🇫🇷 *cuisse* 🇬🇧 leg	
Hesse	🇫🇷 *jarret* 🇬🇧 knuckle	Klärfleisch, Gulasch
Oberschale	🇫🇷 *coin (entiere)* 🇬🇧 topside	Schmorstück ganz, Rouladen, Tatar

Schlachtfleischspeisen

Fleischteilbezeichnung DLG		Zubereitung
Schwanzstück	🇫🇷 tranche carrée 🇬🇧 silverside	Schmorstück ganz, Spickbraten, Tafelspitz, Gulasch, Rouladen, Tatar,
Kugel	🇫🇷 fausse tranche 🇬🇧 parts of leg without knuckle	Schmorstück ganz: Sauerbraten, Rouladen, Tatar
Roastbeef	🇫🇷 faux-filet 🇬🇧 sirloin	Englisch braten, Entrecôtes, Steaks, Rostbraten, Braten ganz
Filet	🇫🇷 filet 🇬🇧 fillet	Im Ganzen, Filet Wellington, Steaks, Tournedos, Mignons, Filetgulasch, Fonduefleisch,
Hochrippe	🇫🇷 côte couverte 🇬🇧 prime ribs	Als Ganzes braten, Kochfleisch, Schmorfleisch, Rinderkotelett, Gulasch, Ragout
Fehlrippe	🇫🇷 côte couverte 🇬🇧 foreribs	Kochfleisch, Schmorfleisch, Gulasch, Ragout
Knochen- und Fleischdünnung	🇫🇷 flanchet du prin 🇬🇧 thin flank	Kochfleisch, Suppenrolle, Fleischsalat
Brust (-bein, Mittel-, Nach-)	🇫🇷 poitrine 🇬🇧 breast, brisket	Rinderbrust (frisch oder gepökelt), Suppenrolle, Kochfleisch
Kamm	🇫🇷 cou 🇬🇧 neck	Kochfleisch, Gulasch, Suppen-, Hack-, Klärfleisch
Bug	🇫🇷 épaule 🇬🇧 shoulder	
Schaufeldeckel	🇫🇷 couvert d'épaule 🇬🇧 top of shoulder	Koch-, Schmorfleisch, Gulasch, Ragout, Klärfleisch, Hackfleisch (entsehnt)
Ochsenschwanz	🇫🇷 queue de bœuf 🇬🇧 ox tail	Schmoren, Ragout, pochieren, dünsten

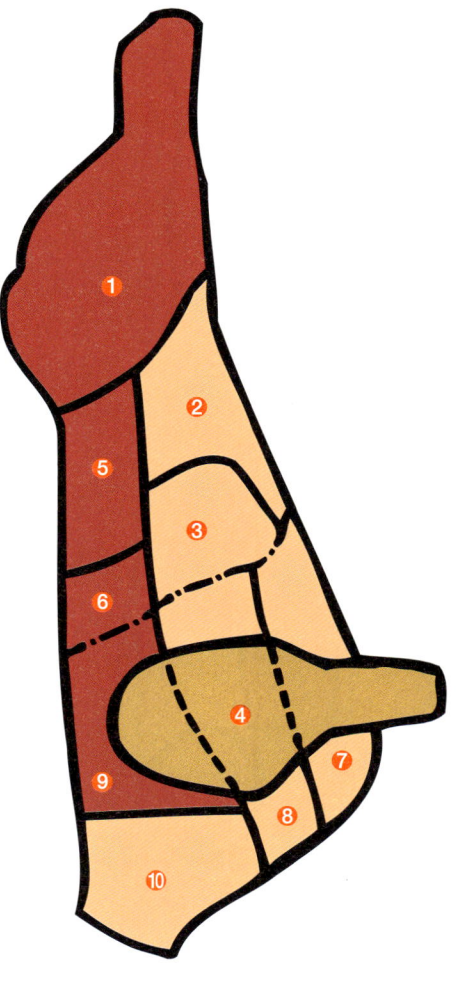

Rinderhälfte

1. **Keule**
   - Hinterhesse
   - Oberschale
   - Schwanzstück
   - Blume (Huft)
   - Kugel (Nuss)
2. **Fleischdünnung**
3. **Knochendünnung**
4. **Bug**
   - Vorderhesse
   - Dickes Bugstück
   - Schaufelstück
   - Falsches Filet
   - Restbug
   - Schaufeldeckel
5. **Roastbeef**
6. **Hochrippe**
7. **Brust**
8. **Spannrippe**
9. **Fehlrippe**
10. **Kamm**

Verwendung wichtiger Schweinefleischteile

Fleischteilbezeichnung DLG		Zubereitung
Schinken	🇫🇷 jambon 🇬🇧 ham	Ganz, ausbeinen, pökeln, räuchern, Beinschinken, Parmaschinken
Schinkenspeck (Huft)	🇫🇷 sous-noix 🇬🇧 round roast	Braten, Kochfleisch, Schnitzel, Grillspeck, Rohschinken, Kochschinken
Nuss	🇫🇷 noix 🇬🇧 pop's eye	Braten, Schnitzel, Steaks, Nussschinken
Oberschale	🇫🇷 coin 🇬🇧 topside	Steaks, Schnitzel, Schweineröllchen
Schinkenstück (Unterschale)	🇫🇷 fricandeau 🇬🇧 ham	Schinkenspeck, Schnitzel

Speisen

Schweinehälfte

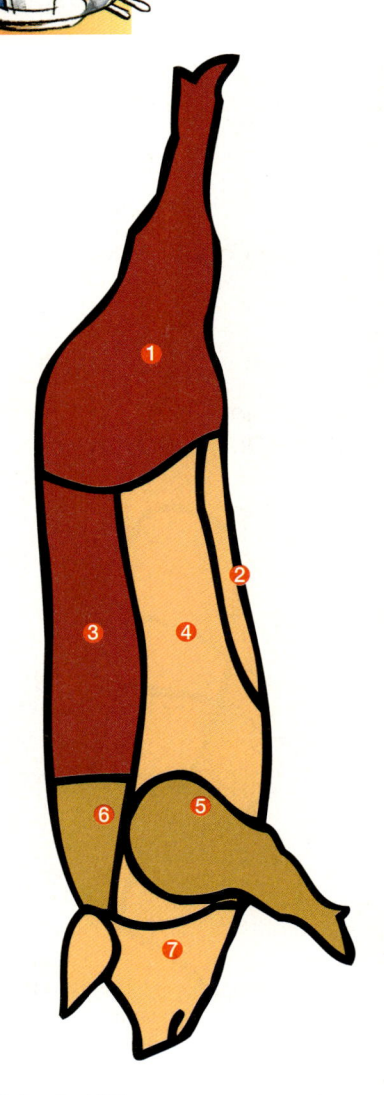

1. Schinken
   Spitzbein
   Eisbein
   Schinkenstück
   Oberschale
   Nuss
   Schinkenspeck
2. Wamme
3. Kotelett, Rückenspeck
4. Bauch
5. Bug mit Bein
6. Kamm
7. Kopf

Fleischteilbezeichnung DLG		Zubereitung
Eisbein	🇫🇷 jambonneau 🇬🇧 leg	Gekochtes Eisbein frisch oder gepökelt schmoren, auch grillen, Kochfleisch, Sülze
Spitzbein	🇫🇷 pied 🇬🇧 trotter	Kochfleisch, Sülze
Kotelettstück	🇫🇷 carré 🇬🇧 loin, rack	Koteletts, Kassler Rippenspeer, Lachsschinken, Steaks
Filet	🇫🇷 filet 🇬🇧 fillet	Braten im Ganzen, kurzbraten im Ganzen, Medaillons
Bug (Blatt)	🇫🇷 épaule 🇬🇧 shoulder	Bratfleisch, Schmorfleisch, Gulasch, Hackfleisch, (Hackepeter), Ragout
Kamm	🇫🇷 cou 🇬🇧 neck	Braten, Grillsteaks, Pökelfleisch, Rostbrätl, Kammsteak
Bauch	🇫🇷 ventre 🇬🇧 belly	Kochfleisch, zum Grillen, Bauchscheiben, ungereift als Well- oder Kesselfleisch, Rauchfleisch, gefüllter Bauch, Speck
Kopf	🇫🇷 tête 🇬🇧 head	Kochfleisch, Sülze

Verwendung wichtiger Lammfleischteile

Fleischteilbezeichnung DLG		Zubereitung
Keule	🇫🇷 gigot 🇬🇧 gigot, leg	Braten ganz, Schmorstück
Rücken ungespalten	🇫🇷 selle 🇬🇧 saddle	Braten ganz Baron: Rücken zusammenhängend mit den Keulen
Koteletts	🇫🇷 côtelettes 🇬🇧 rib chops	Lammkrone, Koteletts
Lende	🇫🇷 fillet 🇬🇧 fillet	Lendenkoteletts, Nüsschen, Mutton Chops
Filet	🇫🇷 filet mignon 🇬🇧 tenderloin, filet mignon	Ganz, grillen, kurzbraten, Geschnetzeltes
Bug	🇫🇷 épaule 🇬🇧 shoulder	Ragout, Eintopf

Warum muss Lamm- oder Hammelfleisch heiß serviert werden?

Lamm- und Hammelfett würde wegen seines hohen Schmelzpunktes talgig schmecken und sich am Tellerrand absetzen.

Schlachtfleischspeisen

1.9.3 Zubereitung
🇫🇷 *préparation*
🇬🇧 *preparation*

Gekochte Fleischspeisen
🇫🇷 *mets de viande cuite*
🇬🇧 *cooked-meat dishes*

Zum Kochen ist Fleisch (frisch, gepökelt) mit derber, auch grobfaseriger Struktur geeignet (Übersicht). Das Bindegewebe wird durch längeres Kochen abgebaut, das Kollagen quillt, angelagertes Wasser führt zu einer bestimmten Saftigkeit.

Rind	Schwein	Kalb	Lamm
Brust	Eisbein, Spitzbein	Bug	Bug
Tafelspitz	Bauch	Hals	Kamm
Hesse	Wamme	Brust	Hals
Bug, Dünnung	Füße	Bauch	Brust
Hochrippe	Kopf	Kopf	Dünnung
Fehlrippe		Füße	
Spannrippe			
Kamm, Maul			

Gekochte Rinderbrust, Senfsauce, gedünsteter Lauch, Kartoffelkloß

Eisbein
🇫🇷 *jambonneau salé*
🇬🇧 *pickled pork leg*

Qualitätsmerkmal ist eine nicht zu weiche, bissfeste Konsistenz. Als Beilagen eignen sich Kartoffeln, Klöße, Erbsenmus, Sauerkraut, oft auch Meerrettich. Dazu Meerrettichsauce oder nur Kochbrühe mit etwas Majoran, regional auch leicht gebunden.

Gekochte Rinderbrust
🇫🇷 *poitrine de bœuf*
🇬🇧 *breast of beef, brisket*

Variationen

Berliner Art
🇫🇷 *berlinoise*
🇬🇧 *Berlin style*
Mit Wurzelgemüse garnieren, mit Meerrettichsauce nappieren, dazu Brühkartoffeln, rote Bete, Sauergemüse

flämische Art
🇫🇷 *flamande*
🇬🇧 *Flemish style*
Mit tournierten Möhren, weißen Rüben, kleinen gefüllten Kohlrouladen, Rauchspeck- und Knoblauchwurstscheibe obenauf, Bouillonkartoffeln

Tafelspitz
🇫🇷 *culotte de bœuf bouillie*
🇬🇧 *boiled aitchbone*

Dieses gekochte Rindfleischgericht gilt als Wiener Spezialität. Als Beilagen reicht man Salzkartoffeln, Apfelmeerrettich und Schnittlauchsauce.

Gedünstete Fleischspeisen
🇫🇷 *viandes cuites à la vapeur*
🇬🇧 *stewed meat dishes*

Dünsten gilt als schonendes Garverfahren, vorzugsweise für helles Fleisch (Kalb, Schwein). Dadurch lassen sich auch Fleischteile mit dichterem Bindegewebe (Bug, Brust, Hals) garen. Gedünstete Fleischspeisen eignen sich für leichte Vollkost (Schonkost).

Sättigungsbeilagen
Kartoffeln, wie Salz-, Kümmel-, Petersilien-, Brüh-, Béchamel-Kartoffeln, Kartoffelpüree, Erbsenmus, Knödel, Klöße, regional Röstkartoffeln

Gemüsebeilagen
Ungegart: frische Salate, wie Rettich-, Gurken-, Sellerie-, Bohnensalat, Gewürz-, Senfgurken, Rote Bete.
Gegart: Sauerkraut, zu Zunge auch Spargel, Möhren, Blumenkohl

Saucen
Selbstständige Saucen, wie Meerrettichsauce, Kräutersauce, Senfsauce, Kapernsauce, Dill-, Petersilien-, Tomatensauce, kalte Schnittlauchsauce

Weitere
Preiselbeeren, Essiggemüse, Essigfrüchte, Meerrettich, Senf

Tafelspitz

Speisen

Garstufen beim Braten von Portionsstücken (Rind)

Garstufe	Beschreibung
Stark blutig bleu / rare	Außen Bratkruste, innen roh, dunkelroter Fleischsaft
Blutig saignant / underdone	Im Kern noch blutig, Fleischsaft rötlich
Rosa à point / medium rare	Innen voll rosa
Durchgegart bien cuit / well-done	Innen grau, aber saftig, Fleischsaft hell und klar

Eine besondere Zubereitungsform ist das **Poelieren**, *die Zwischenform von Dünsten und Braten.*

Die Servicekraft fragt gleich bei der Bestellung nach der gewünschten Garstufe.

Kalbsfrikassee
🇫🇷 *fricassée de veau*
🇬🇧 *veal fricassee*

Kalbsfrikassee wird aus dem Kalbsbug zubereitet, der hierzu in Würfel geschnitten wird, die dann in Butter gedünstet werden.

Gebratene Fleischspeisen
🇫🇷 *mets de viande rôtie*
🇬🇧 *roast-meat dishes*

Zum Braten nur zartes, gut gereiftes Fleisch verwenden. Derbe Bindegewebsschichten würden sich beim Braten nicht ausreichend lockern.

Typische Bratfleischteile

Rind	Schwein	Kalb	Lamm
Roastbeef	Keule	Keule	Keule
Filet	Kotelettstück	Rücken	Rücken
Blume (Huft)	Filet	Huft	Karree
Kugel (Nuss)	Kamm	Nierenstück	Baron

Werden Kurzbratfleischgerichte vom Rind oder Lamm angeboten, ist vom aufmerksamen Service der Bratgrad des Fleisches zu erfragen. Kurzgebratene Kalbs- oder Schweinsgerichte werden hingegen immer durchgebraten. (z.B. Kalbsnierenbraten, Jungschweinrücken, Kräuterbraten vom Schwein).

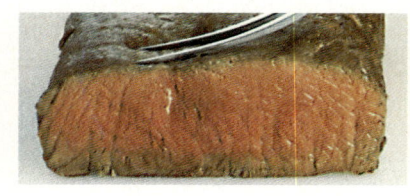

Herstellen kurzgebratener Fleischspeisen

Die Tendenz in den Verzehrgewohnheiten geht immer stärker zu kurzgebratenen Pfannengerichten, insbesondere zu Schnitzeln (*escalopes*), Steaks (*steaks*) und Koteletts (*côtes*). Dafür sind gut gereifte, zarte Edelfleischteile erforderlich.

Variationen von kurzgebratenen Kalbfleischspeisen

gefüllt (Cordon bleu)
🇫🇷 *cordon bleu*
🇬🇧 *cordon bleu*

Schmetterlingssteak oder zwei dünne Tranchen Kalbsschnitzel, gut plattieren, pfeffern salzen, darauf je eine mit Schnittkäse eingehüllte Scheibe Kochschinken legen, zusammenklappen, Wiener Panierung (→ Grundstufe Gastronomie), Ränder fest andrücken, langsam braten, mit Zitrone anrichten

Paprikaschnitzel
🇫🇷 *au paprika*
🇬🇧 *with paprika*

Nature braten, mit Paprikasauce überziehen; andere Variante: nach Anbraten des Fleisches in Paprikasauce pochieren (Schmorstück); Garnitur auf Schnitzel: geschälte Zitronenscheibe, zur Hälfte mit edelsüßem Gewürzpaprika und gehackter Petersilie bestreuen

Wiener Art
🇫🇷 *viennoise*
🇬🇧 *Viennese style*

Zwei sehr dünne geklopfte Tranchen, salzen, pfeffern, Wiener Panade, in der Pfanne in Butter braten (in Butterfett schwimmend frittieren); Röstkartoffeln, frischer Salat, Zitronenkeil; für **Tellergerichte** ist es üblich, nur 1 Schnitzel mit höherem Portionsgewicht (150 g) zu kalkulieren

66

Schlachtfleischspeisen

Holstein
🇫🇷 *Holstein* 🇬🇧 *Holstein*
Nature braten, Spiegelei obenauf, mit Kapern und Essiggemüse garnieren; Beilage: Fisch-Canapés, Röstkartoffeln

Mailänder Art
🇫🇷 *milanaise* 🇬🇧 *Milanese style*
Mailänder Panierung, Tomatensauce; Beilage: Teigwaren mit Kochschinken- und Champignonstücken, original mit schwarzer Trüffel, dazu Salate

Wiener Panade

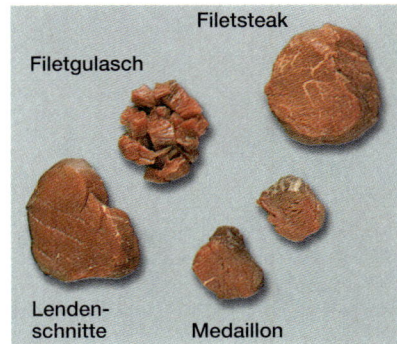

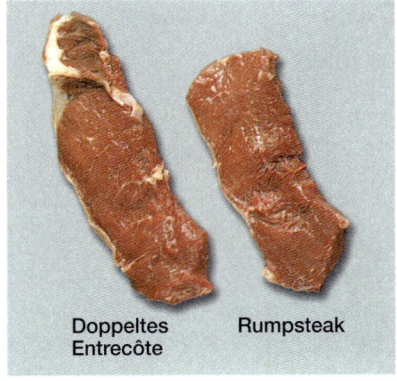

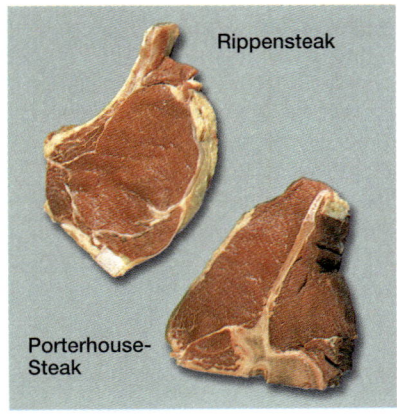

Portionierte Kurzbratstücke und Spezialfleischstücke aus Rindfleisch

Bezeichnung	Fleischteil
Chateaubriand 🇫🇷 *chateaubriand* 🇬🇧 *chateaubriand*	Aus dem Mittelstück 4–5 cm dick geschnittenes Filetsteak. Für 2 Personen (400 g)
Club-Steak 🇫🇷 *club steak* 🇬🇧 *club steak*	Roastbeef mit Knochen ohne Filet. Für 2–4 Personen (1000 g)
Entrecôte, Zwischenrippenstück 🇫🇷 *entrecôte* 🇬🇧 *entrecôte*	Roastbeefscheibe aus dem vorderen Teil (8.–9. Rippe) ohne Knochen, ca. 2 cm stark (180–200 g)
Doppeltes Entrecôte 🇫🇷 *entrecôte double* 🇬🇧 *double entrecôte*	Wie Entrecôte, Roastbeefscheibe jedoch dicker geschnitten. Für 2 Personen (400 g)
Filetsteak 🇫🇷 *filet, bifteck* 🇬🇧 *fillet steak*	2–2,5 cm dicke Rinderfiletscheibe; aus dem Mastochsenfilet als *Tenderloin-Steak* (engl. *tender* = zart, *loin* = Lende) bezeichnet. (160–180 g; 200 g)
Filetmedaillon 🇫🇷 *médaillon* 🇬🇧 *medaillon*	Kleine runde Scheibe aus dem Rinderfilet (2 Stück je Portion, ca. 75 g)
Grillsteak 🇫🇷 *steak à griller* 🇬🇧 *grill steak*	Steak aus der Hochrippe oder dem hinteren Teil der Fehlrippe (200 g)
Porterhouse-Steak 🇫🇷 *steak Porterhouse* 🇬🇧 *Porterhouse steak*	Großes Roastbeef-Steak mit Knochen und großem Filetanteil, aus dem mittleren Teil des Roastbeefs geschnitten, 5 cm dick. Für 2–4 Personen (800–1000 g)
Ribeye-Steak 🇫🇷 *steak ribeye* 🇬🇧 *ribeye steak*	Hochrippe, Entrecôte, kleiner Fettkern (300 g)
Rippensteak 🇫🇷 *côte de bœuf* 🇬🇧 *rib steak*	Wie Entrecôte, jedoch mit Knochen (1000 g)
Rumpsteak 🇫🇷 *romsteck* 🇬🇧 *rumsteak*	Fingerdicke Scheibe aus dem hinteren Teil des Roastbeefs oder der Hüfte (200g). *Sirloin-Steak* wie Rumpsteak (400g)
T-Bone-Steak 🇫🇷 *steak t-bone* 🇬🇧 *T-bone steak*	Dicke Roastbeefscheibe mit T-förmigem Knochen (engl. *bone* = Knochen), wie Porterhouse-Steak, jedoch kleiner, ca. 3,5 cm stark. Für 2 Personen (600–700 g)
Tournedos 🇫🇷 *tournedos* 🇬🇧 *tournedos*	Gebundene, auch bardierte, 3 cm dicke Filetscheibe. 2 Stück je Portion (50–75 g)

Filetsteak, Filetgulasch, Lendenschnitte, Medaillon

Doppeltes Entrecôte, Rumpsteak

Rippensteak, Porterhouse-Steak

Speisen

Variationen von kurzgebratenen Rindfleischspeisen

Colbert
🇫🇷 Colbert
🇬🇧 Colbert
Nature braten, frittiertes Ei obenauf, Colbert-Butter, Trüffelscheibe; Beilage: gebackene Kartoffeln

Rossini
🇫🇷 Rossini
🇬🇧 Rossini
Sautiertes Gänselebermedaillon, Trüffelscheibe obenauf, Madeira-Sauce, Röstbrotdreiecke

Meier
🇫🇷 Meier
🇬🇧 Meier
Nature braten, Spiegelei obenauf, auf Bratkartoffeln, Röstzwiebeln, etwas Madeira-Sauce

Strindberg
🇫🇷 Strindberg
🇬🇧 Strindberg
Beidseitig salzen, pfeffern, mit Senf bestreichen, in feinen Zwiebelwürfelchen und Mehl wenden, durch geschlagenes Ei ziehen, braten, dabei begießen

Mirabeau
🇫🇷 Mirabeau
🇬🇧 Mirabeau
Olivenscheiben, gitterförmig angeordnete Sardellen, Sardellenbutter, mit Estragonblättern garnieren

Tiroler Art
🇫🇷 tyrolienne
🇬🇧 Tyrolean style
Nature, rosa braten, in Butter angeschwenkte Tomatenwürfelchen *(tomates concassées)*, gebackene Zwiebelringe (auch mit Bierteig) und Petersilie, Tiroler Sauce

Variationen von kurzgebratenen Schweinefleischspeisen

Elsässer Art
🇫🇷 alsacienne
🇬🇧 Alsatian style
Koteletts nature braten, auf Sauerkraut anrichten, mit Bratensaft übergießen

Robert
🇫🇷 Robert
🇬🇧 Robert
Nature braten, mit Robert-Sauce (➔ 36) überziehen, Lyoner Kartoffeln

Pariser Art
🇫🇷 parisienne
🇬🇧 Parisian style
Würzen, mehlieren, durch geschlagenes Ei ziehen, Pariser Sauce

Westmoreland
🇫🇷 Westmoreland
🇬🇧 Westmoreland
Medaillons nature braten, mit pikanter Rotweinsauce (als Einlage fein geschnittene Mixed Pickles, Tomatenwürfelchen *[tomates concassées]* und Kapern) übergießen

Prager Art
🇫🇷 Prague
🇬🇧 Prague style
Nature braten, Rührei mit gekochten Schinkenwürfeln obenauf, Röstkartoffeln

Zigeunerart
🇫🇷 zingara
🇬🇧 zingara
Nature braten, feine Streifen von angeschwenkten Zwiebeln, Rauchspeck, Zunge, Paprika und Champignonscheibchen darüber geben, auf Paprikasauce anrichten

Variationen von kurzgebratenen Lammfleischspeisen

andalusische Art
🇫🇷 andalouse
🇬🇧 Andalusian style
Nature braten, darüber Tomatenwürfelchen *(tomates concassées)*, Streifen von gedünstetem grünem Gemüsepaprika, vermengt mit tomatierter Demi-glace, dazu frittierte Auberginenscheiben

mit Zwiebelmus
🇫🇷 soubise
🇬🇧 Soubise
Nature braten, Zwiebelmus auftragen, mit Parmesan bestreuen, Butterflocken, gratinieren

Nelson
🇫🇷 Nelson
🇬🇧 Nelson
Nature rosa braten, mit Zwiebelmus dick bestreichen, mit gehackter Pökelzunge und Parmesan bestreuen, mit Butterflocken belegen, gratinieren, Madeira-Sauce separat

Insbesondere die für Kalbfleisch angegebenen Variationen können auch für Schweinefleisch angewandt werden. Zur Kennzeichnung muss dann unbedingt die Rohstoffart angegeben werden.
Beispiele: Schweineschnitzel Wiener Art/Wiener Schnitzel (Schweinefleisch), Cordon bleu vom Schwein

Schlachtfleischspeisen

Sautierte Fleischspeisen

◐ mets de viande sautée
⊕ sautéd meat dishes

Sautieren oder **Schwingen** stellt eine besondere Form des Kurzbratens dar. Es dient dem Herstellen von Fünf-Minuten-Speisen, wozu sich ausschließlich gut abgehangene, zarte Edelfleischteile, ebenso Geflügel und Innereien eignen. Sautieren im Wok ist besonders für asiatische Speisen beliebt.

Typische Fleischteile zum Sautieren

Rind	Schwein	Kalb	Lamm
Filet	Filet	Filet	Filet
Roastbeef	Kotelett	Kotelett	Lende
Huft	Keule	Keule	(Rückenfilet)

Am häufigsten wird Geschnetzeltes vom Kalb oder Schwein angeboten. Hervorzuheben ist der Filetgulasch Stroganow, der auch am Tisch des Gastes zubereitet werden kann.

Lammkeule

Filetgulasch Stroganow

◐ bœuf Stroganov
⊕ beef Stroganov

Sautierte Rinderfiletspitzen in einer mit Sahne verfeinerten Rotweinsauce. Als Zutaten gibt man Streifen von Roter Bete, Gewürzgurken und Champignonstreifen hinzu. Abschließend wird der Filetgulasch mit Dill bestreut. Als Beilagen eignen sich Reisvariationen.

⚠ Wer war Stroganow?
Benannt nach einer russischen Adelsfamilie, die in grausamer Weise regierte und Sibirien erschlossen hat. Die Zutaten Rote Bete, Pilze, saure Sahne, Dill, Gewürzgurke (original Salzgurke) gelten als typisch für die russische Küche.

Geschmorte Fleischspeisen

◐ mets de viande braisée
⊕ braised meat dishes

Geschmort werden Fleischteile mit festerer Struktur vom Rind, Schwein, Kalb und Lamm – in großen Stücken, als Portionsstücke oder Kleinfleisch.

Variationen von großen geschmorten Fleischstücken

Geschmorte Lammkeule

◐ gigot d'agneau braisé
⊕ braised lamb gigot

Verwendet wird Lamm- auch Hammelkeule, die kräftig angebraten und dann in braunem Fond fertiggeschmort wird.

Sauerbraten

◐ bœuf braisé à l'aigre
⊕ braised sour beef, sauerbraten (USA)

Aus Rinderschmorfleisch zubereitet, das drei Tage in Essig-Marinade eingelegt war. Qualitätsmerkmal ist eine dunkelbraune, deckfähige Sauce mit süß-saurem Geschmack. Mit Apfelrotkohl und Kartoffelklößen komplettieren.

Sauerbratenmarinade: Gärungsessig 5%ig, Wasser im Verhältnis 2:3, Zwiebeln, Möhren, Lorbeer, Piment, Nelke u. a.

Speisen

Variationen von geschmorten Portionsfleischstücken und Kleinfleisch

Gulasch oder Ragout?

Gulasch
Ungarisches Gulasch, gedünstet, vorzugsweise aus Rindfleisch, auch Schweinefleisch oder Kalbfleisch. Meist mit Zwiebeln und Gewürzpaprika zubereitet.

Ragout
Zu unterscheiden sind helle und braune Ragouts:
Braune Ragouts sind meist Schmorspeisen, wobei das Fleisch stark angebraten wird, bis es allseitig eine braune Kruste hat, die auch Knochen enthalten können (Ochsenschwanzragout).
Helle Ragouts bestehen aus hellem Fleisch und werden mit Zwiebeln gedünstet (Kalbsfrikassee). Für **Ragoût fin** bestehen Leitsätze, nach denen ein Zusatz von Geflügelfleisch, Bries und Kalbszunge erlaubt ist.

Pörkölt
Eine ragoutartige Speise der ungarischen Küche, die mit Gemüse- und Gewürzpaprika aus Rind-, Kalb- oder Schweinefleisch zubereitet wird.

Gulasch
🇫🇷 *goulache*
🇬🇧 *goulash*

Gulasch gehört, **original** zubereitet, zu den gedünsteten Fleischspeisen. In der Küchenpraxis ist jedoch ein kurzes Anbraten üblich. Aus **Fleisch mit fester Struktur** (Bug, Hals, Hesse, Abschnitte) von Rind, Kalb oder Schwein grobe Würfel schneiden. **Gulaschgewürze** sind gehackter Kümmel, Zitronenschale und etwas Knoblauch.

Szegediner Gulasch (Székelgulyás, Székler Gulasch)
🇫🇷 *goulache szégédinoise*
🇬🇧 *Szegedine goulash*

Schweinegulasch mit angedünstetem Sauerkraut gemeinsam gegart und mit saurer Sahne vollendet.

Rouladen
🇫🇷 *roulades de bœuf*
🇬🇧 *beef roulades*

Rindfleisch aus der Oberschale (➔ 62) wird mit Senf bestrichen, angedünsteten Zwiebelscheiben, Gurken- und Speckstreifen gefüllt und gerollt, angebraten und dann geschmort. Als Beilagen eignen sich Rotkohl, Rosenkohl sowie Kartoffelklöße oder auch Salzkartoffeln.

Rostbraten
🇫🇷 *petite côte de bœuf*
🇬🇧 *small cutlet of beef*

Original wird Rostbraten als **Wiener Spezialität** vom flachen Roastbeef geschnitten, gebraten, Jus untergegossen, aber auch geschmort. Allgemein hat sich das Schmoren von Keulenfleisch durchgesetzt.

Frittierte Fleischspeisen
🇫🇷 *mets de viande frite*
🇬🇧 *deep-fried meat dishes*

Frittierte Fleischstücke werden umgangssprachlich auch als **gebackene Fleischstücke (Backen im Fettbad)** bezeichnet. Naturwissenschaftlich ist das nicht korrekt, gastronomisch kann die Bezeichnung durchaus akzeptiert werden.
Zum Frittieren werden, wie zum Kurzbraten, fast ausschließlich Portionsstücke von **Kurzbratfleisch** und **Innereien** verwendet. Des Weiteren können auch vorher gegarte Fleischteile im zweiten Arbeitsgang frittiert werden. Dazu eignen sich dann auch weniger zarte, zum Teil Fleischteile mit fester Muskulatur.
Frittierte Fleischspeisen müssen mit selbstständigen Saucen ergänzt werden. Passend zur aufwendigen Herstellung komplettiert man mit edlen Gemüse- und Sättigungsbeilagen.
Frittierte Fleischspeisen sind durch die beim Garen entstehenden Röstprodukte zwar **kulinarisch wertvoll**, jedoch **schwer verdaulich**.

1 Ein Gast wundert sich, dass Sauerbraten unter Schmorfleisch angeboten wird. Erklären Sie ihm die Unterschiede zwischen einem Braten und einem Schmorstück.
2 Nennen Sie Zubereitungsvarianten von kurzgebratenen Portionsstücken von Kalb, Rind, Schwein und Lamm.

Schlachtfleischspeisen

Typische Fleischteile zum Frittieren

Schwein	Kalb	Lamm
Steaks (Kamm)	Schnitzel, Piccata (kl. Fleischscheiben)	Kotelett
Filets		Nüsschen
Schinken	Kalbsbrust	

Innereien: Leber, Herz, Hirn, Zunge, Bries

> ! **Kennen Sie den Unterschied zwischen Fondue bourguignonne und Fondue chinoise?**
>
> *Fondue bourguignonne:*
> *Fonduefleisch (Blume, Filet) wird frittiert, im Öl gegart.*
>
> *Fondue chinoise:*
> *Fonduefleisch wird in Fleischbrühe gegart.*

Traditionell werden an frittierte Fleischspeisen eine Zitronenecke und frittierte Petersilie angelegt.

Variationen frittierter Fleischspeisen

Gebackenes Schweinelendchen
🇫🇷 filet mignon de porc frit
🇬🇧 deep-fried pork fillet
Pfeffern, salzen, Wiener oder Mailänder Panierung
Kartoffelsalat, Kartoffelpüree, Tomatensauce, Salat, Edelgemüse, Pilze, Risi-Pisi

Schweinesteak in Bierteig
🇫🇷 steak de porc en fritot à la bière
🇬🇧 pork steak in beer batter
Pfeffern, salzen, mehlieren, durch Bierteig ziehen
Reisbeilagen, Schwenkkartoffeln, Salate, Brokkoli

Scheibe Schweinekamm

Gegrillte Fleischspeisen

🇫🇷 *mets de viande grillée*
🇬🇧 *grilled meat dishes*

Wie beim Braten in der Stielpfanne wird auch beim Grillen gut **gereiftes Fleisch mit zarter Struktur** verwendet. Es eignen sich verschiedene **unpanierte Portionsstücke** von Schlachtfleisch, des Weiteren kleine Grillspieße, darunter Kalbsnieren sowie Grillwürstchen.
Verschiedene Portionsstücke unterschiedlicher Fleischarten vom Grill werden als **Mixed Grill** (Gemischtes vom Grill) angeboten.
Als Beilagen passen gebackene Kartoffeln, Edelgemüse, Pilze, Buttermischungen und aufgeschlagene Saucen. Ansonsten können Beilagen und Garnituren wie bei kurzgebratenen Portionsstücken verwendet werden.

Typische Fleischteile zum Grillen

Rind	Schwein	Kalb	Lamm
Rumpsteak	Kotelett	Kotelett	Kotelett
Doppeltes Rumpsteak	Steak	Steak	Nüsschen
Filetsteak	Filet	Filet	Filet

Grillspieße, Grillwürstchen, Mixed Grill

1 Gebackene Schweinelendchen werden mit einem Gemeinkostenzuschlag von 160%, einem Gewinn von 15% und einem Bedienungszuschlag von 13% sowie mit der gesetzlichen Mehrwertsteuer kalkuliert. Der Wareneinsatz beträgt 4 €/Portion.
1.1 Ermitteln Sie den Kalkulationsfaktor und den Kalkulationszuschlag.
1.2 Aus Konkurrenzgründen kann nur ein Inklusivpreis von 14 € erzielt werden. Ermitteln Sie den Gewinn (€, %), wenn die anderen Zuschläge unverändert bleiben.
2 Ermitteln Sie den Energiegehalt eines Schweinesteaks von 180 g (→ 292) Nährstofftabelle, Schweinefleisch, mager).

Speisen

Sind gegrillte Lebensmittel tatsächlich gesundheitsschädlich?

Beim Grillen können sich chemische Stoffe bilden, die als Krebs erregend gelten: **Nitrosamine** sowie ringförmige Kohlenwasserstoffe, die **PAK** (polyzyklische aromatische Kohlenwasserstoffe).

$$\text{Amine} + \text{Nitrit} \xrightarrow{200\,°C} \text{Nitrosamine}$$

Amine sind Abbaustoffe der Eiweiße und kommen natürlicherweise im gereiften Fleisch vor. Gefahr besteht nur beim Grillen gepökelter (Nitrit) Lebensmittel. **PAK** entstehen bei unvollständiger Verbrennung von organischem Material. Sie können bei stark gerösteten, gegrillten oder geräucherten Lebensmitteln verstärkt auftreten. Durch fachgerechtes Grillen lassen sich die Gesundheitsgefahren weitestgehend ausschließen.

Schabefleisch (Tatar)

Rinderhackfleisch

Schweinehackfleisch

gemischtes Hackfleisch

Thüringer Rostbrätl

🇫🇷 cou de porc grillé thuringienne
🇬🇧 grilled pork neck Thuringian style

Die Thüringer Spezialität aus dem Schweinekamm wird gern bei Volksfesten auf dem Holzkohlengrill zubereitet. Das Fleisch wird vor dem Grillen mit Senf, Bier und Öl mariniert und mit Kartoffelsalat angerichtet.

Schaschlik

🇫🇷 chachlik
🇬🇧 shashlik

Schaschlik entstammt der **tatarischen Küche**. Ursprünglich wurden auf Holzspieße aufgereihte Hammelfleischstücke, Innereien (Niere, Leber, Herz) und Speck sowie Zwiebeln gegrillt oder gebraten. Heute werden Fleischspieße mit Schweine-, Kalb- und Rindfleisch hergestellt. Der Fleischanteil muss mindestens 2/3 betragen. Eindeutige Kennzeichnung ist erforderlich, beispielsweise Rinderfiletspieß, Nierenspieß oder Schaschlik vom Lamm.

> Rohe Fleischspieße unterliegen der Hackfleischverordnung.

Hackfleischspeisen

🇫🇷 mets de viande hachée, mets de hachis
🇬🇧 minced meat dishes

Für Hackfleischspeisen werden vorzugsweise **Schweine- und Rindfleisch**, weniger Kalbfleisch verwendet. Kalb, Wild und Geflügel werden eher zu Pastetenfarcen weiterverarbeitet. Durch eingeweichtes Weißbrot oder Reibebrot wird die Fleischmasse gelockert und gestreckt. Deshalb kommen Bindemittel wie Ei hinzu. **Sojazusatz** erhöht außerdem den ernährungsphysiologischen Wert.
Die Herstellung beginnt stets mit dem Vorbereiten der Hackmasse, die dann unterschiedlich geformt und gegart wird. Sie wird auch zum Füllen verwendet. Für Hackmassen können geringwertigere Fleischteile und Abschnitte rationell verwertet werden. Der Fleischeinsatz ist durch Zugabe anderer Rohstoffe geringer.

Verwendung der Hackmassen

Pochiert	Gebraten	Geschmort	Frittiert
Klopse	Hackbraten	Gefülltes Gemüse	Hackfleischbällchen
Fleischklöße	Hackrouladen		Hackfleischröllchen
Fleischklößchen	Deutsche Beefsteaks	(Kohlrouladen Gemüsepaprika Kohlrabi Auberginen)	
	Buletten		
	Hacksteaks, Hamburger		
	Frikadellen, Bitoks		
	Cevapcici		

Schlachtfleischspeisen

Fleischspeisen aus Innereien   🇫🇷 mets d'abats
🇬🇧 offal dishes

Unter Innereien sind die **inneren Organe** (Eingeweide) von Schlachttieren, einschließlich Geflügel und Wild, zu verstehen. Dazu gehören unter anderem Hirn, Zunge, Mägen; bei Kälbern unter 100 kg Schlachtgewicht auch Schleimhaut, Lunge, Herz, Leber, Bries (Thymusdrüse), Nieren sowie Euter. Innereien dürfen grundsätzlich nur hitzebehandelt verzehrt werden.

Innereien sind wegen des Nährwertes, des günstigen **Preises** und der vielseitigen Verwendbarkeit beliebte Zutaten, insbesondere für regionale Spezialitäten. Sie enthalten Vitamine (A, B, C), Mineralstoffe (Eisen), sind eiweißreich und meist fettarm. Ihre Haltbarkeit ist sehr begrenzt, weshalb sie so frisch wie möglich verarbeitet werden sollten. Als Garverfahren werden Kochen, Dünsten, Schmoren und Braten angewandt.

Alles, was Fleisch ist

Hackfleisch:
Im Sinne der Hackfleischverordnung zerkleinertes sehnenarmes oder grob entsehntes Skelettmuskelfleisch ohne Zusätze; unbehandelt, außer Kälteanwendung

Farce, Hackmasse:
Füllung aus zerkleinertem Fleisch (Hackfleisch), jedoch mit Lockerungs- und Bindemitteln vermengt.

Bitoks sind flache Hackfleischklößchen aus der russischen Küche, während **Cevapcici** kleine Hackfleischröllchen aus der Balkanküche sind.

Frikadellen, Fleischklöße, Klopse und Fleischfüllungen sollen mindestens 70% Fleischanteil aufweisen. Bei **Hacksteaks** soll der Fleischanteil mindestens 80% betragen. Umgerötetes Fleisch darf nicht mit verwendet werden.

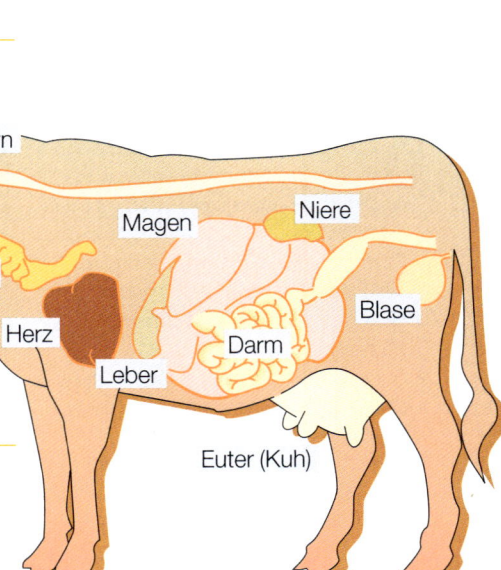

Innerei	Schlachttier	Zubereitung, Beilagen
Bries 🇫🇷 ris 🇬🇧 sweetbreads	Kalb	Pochierte Scheiben in Butter braten; spicken und glasieren; grillieren; panieren und frittieren; Bestandteil von Ragouts, Wiener Art, auch kalt
Herz 🇫🇷 cœur 🇬🇧 heart	Kalb, Rind, Schwein	Kalb: kurzbraten, dünsten, grillen Rind und Schwein: schmoren, Ragout
Hirn 🇫🇷 cervelle 🇬🇧 brains	Kalb	Pochieren, in Butter braten, mit Rührei und Kartoffelpüree; panieren, backen, mit Zitrone und Mayonnaisesalat anrichten
Leber 🇫🇷 foie 🇬🇧 liver	Kalb, Rind, Schwein	In dünnen Scheiben rosa braten, am Ende salzen; gebraten, mit Kartoffelpüree und Zwiebeln, gegrillt vom Rost; Spieße, Geschnetzeltes, saure Leber, paniert gebacken, Klößchen, Spätzle, Leberkäse
Niere 🇫🇷 rognon 🇬🇧 kidney	Kalb, Schwein, Lamm, Rind	Kalb: sautieren, grillen. In Scheiben oder Würfeln am Spieß kurzbraten, schmoren, süß-sauer; in offenem Gefäß garen!
Zunge 🇫🇷 langue 🇬🇧 tongue	Kalb, Rind	Mit Salz, Zwiebel, Möhre, Lorbeer und Pfefferkörnern bissfest kochen, abziehen, mit zerlassener Butter, pikanter Sauce oder paniert frittieren, Zunge in Madeira-Sauce; Edelgemüse, Schwenkkartoffeln, Ragouts, gebackene Kartoffelbeilagen

Speisen

1 Ordnen Sie jeder Serviceart einen konkreten Anlass zu.
2 Sind Mischformen der Servicearten möglich?
3 Beurteilen Sie den Büfettservice hinsichtlich seiner Vorteile für den Gast und den Gastwirt.
4 Welche Servicemethoden bieten sich im Rahmen des Bankettservice an? Begründen Sie.

1.9.4 Service

Da Gerichte aus Schlachtfleisch in den meisten Restaurants den Hauptteil des Speisenangebots ausmachen, soll an dieser Stelle näher auf die verschiedenen Regeln und Richtlinien für den Speisenservice eingegangen werden.

Servicearten 🇫🇷 *manieres de servir*
🇬🇧 *sorts of service*

Unter Serviceart versteht man die jeweilige Organisationsform des Service. Gästekreis, Anlass, Speisenangebot sowie technische Voraussetzungen des Restaurants sind für die Wahl der Serviceart ausschlaggebend.

À la carte-Service

Der Gast wählt die Speisen individuell aus der Angebotskarte aus. Häufigste Serviceart mit hohen Anforderungen an das Servicepersonal in Bezug auf Fachwissen und Kenntnis der Angebotskarte.

Bankettservice (geschlossener Service)

Der Service des vorher abgesprochenen Menüs erfolgt an festlich gedeckten Tischen oder Tafeln für alle Gäste zum gleichen Zeitpunkt. Da dieser Service meist in separaten Räumen durchgeführt wird, eignet er sich besonders für Feiern jeglicher Art.

Table d'hôte-Service

Wiederum abgesprochenes Menü und festgelegter Zeitpunkt des Service. Dieser erfolgt jedoch an einzelnen Tischen. Anwendung bei Veranstaltungen mit Kartenvorverkauf, z.B. Silvester.

À part-Service

Bei dieser Serviceart kann der Gast innerhalb einer festgelegten Zeitspanne den genauen Zeitpunkt selbst bestimmen. Alle Gäste erhalten jedoch das gleiche Menü und sitzen getrennt (z.B. Halb-, Vollpension in Hotels)

Etagenservice (Room-Service)

Der Service erfolgt im Hotelzimmer. Die Bestellung kann kurzfristig oder bereits am Vortag erfolgen. Aufgrund des höheren Aufwandes an Zeit und Personal meist mit Preisaufschlag (z.B. Frühstück, kleine Speisen).

Büfettservice

Neben dem à la carte-Service häufigste Serviceart. Für einen festgelegten Pauschalpreis können sich die Gäste die Speisen vom Büfett individuell entnehmen. Je nach Art des Büfetts können bestimmte Arbeiten vom Personal übernommen werden (z.B. Tranchieren, Filetieren, Vorlegen, Zubereiten von Eierspeisen).

1 Ein Restaurant hat zwei Galsträume und einen Bankettsaal. Es sind Kosten in Höhe von 15.240,00 € aufgelaufen.
Restaurant 1 hat 35 Plätze, Restaurant 2 110 Plätze und der Saal 450 Plätze. Berechnen Sie den Kostenanteil für Restaurant 1.
2 Folgende Umsätze wurden erzielt: Im Restaurant 1 1256,00 €, im Restaurant 2 3980,50 €, im Saal 42.150,00 €. Berechnen Sie den Umsatz je Stuhl für jeden Gastraum.

Servicemethoden 🇫🇷 *techniques de service*
🇬🇧 *service methods*

Unter Servicemethoden versteht man die einzelnen Arbeitstechniken des Speisenservice. Je nach Niveaustufe des Restaurants, dem Speisenangebot, den Wünschen der Gäste und der Ausbildung des Servicepersonals finden unterschiedliche Servicemethoden Anwendung. Die Festlegung der Methoden ist wichtig für die gesamte Planung der Arbeitsprozesse im Restaurant und in der Küche.

Man unterscheidet grundsätzlich:

| Tellerservice | Plattenservice | Service vom Wagen |

Schlachtfleischspeisen

Tellerservice   🇫🇷 *service sur assiettes*
(amerikanischer Service)   🇬🇧 *American Service*

Alle Speisen werden auf Tellern angerichtet und von der rechten Seite serviert. Alle Geschirrteile, die links vom Gedeckplatz stehen, werden auch von links eingesetzt (Salat als Beilage, Brotteller, Ablageteller, Fingerschale).

Plattenservice   🇫🇷 *service sur plats*
    🇬🇧 *serving dish service*

Die Speisen werden auf Platten, in Schüsseln und Saucieren angerichtet. Als Anrichteteller wird der große flache Teller (kalt oder vorgewärmt) verwendet.

Man unterscheidet verschiedene Varianten des Plattenservice:
- Einsetzen der Platten und Schüsseln auf den Tischen (**deutscher Service**)
- Anbieten von Platten und Schüsseln am Tisch (→ **reichen**)
- Vorlegen von Platten und aus Schüsseln am Platz des Gastes (→ **französischer Service**)
- Vorlegen von Platten und aus Schüsseln am Beistelltisch (*guéridon*) (→ **englischer Service**)

Französischer und englischer Service erfordern ausgeprägte handwerkliche Fertigkeiten.

Service vom Beistelltisch   🇫🇷 *service à l'anglaise*
(englischer Service oder Gueridonservice)   🇬🇧 *English service*

Besondere Bedeutung beim englischen Service hat das **Mise en place**. Da am Beistelltisch (gueridon) gearbeitet wird, muss dieser vor dem Service am Gästetisch platziert und vorbereitet werden.
Auf dem Beistelltisch werden die Vorlegebestecke in einer Serviettentasche vorbereitet. Kurz vor dem Servicebeginn werden die heißen Rechaudplatten auf den Beistelltisch gestellt.

Plattenservice   🇫🇷 *service à la francaise*
(französischer Service)   🇬🇧 *French service*

- Einsetzen des großen Tellers (kalt oder vorgewärmt) von der rechten Seite des Gastes
- Präsentieren der Hauptplatte von der linken Seite
- Vorlegen der Speisenteile von links in folgender Reihenfolge: Garnierung, Hauptbestandteil, Sauce, Gemüsebeilage, Sättigungsbeilage
- der Nachservice erfolgt in gleicher Weise

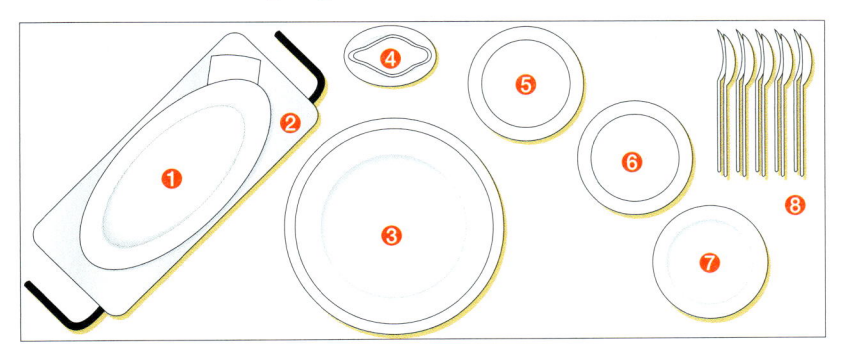

Wenn Speisen (auch Getränke) den Gästen von der linken Seite angeboten werden, spricht man vom **Reichen**. *An Platten und Beilageschüsseln wird Vorlegebesteck angelegt und die Gäste bedienen sich selbst. Anschließend wird wie im französischen Service entgegen dem Uhrzeigersinn weiter um den Tisch oder die Tafel gegangen.*
Im **deutschen Service** *werden Platten und Schüsseln auf dem Tisch oder der Tafel eingesetzt. Vorlegebesteck ist anzulegen. Warmgehalten wird mit Rechaudplatten.*

Anordnung der Speiseteile auf dem angerichteten Teller

Grundsätze *bei der Anwendung des englischen Service:*
- *Bei mehreren Gästen immer zwei Teller gleichzeitig anrichten.*
- *Dem Gastgeber zuletzt servieren.*
- *Es kann zu zweit vorgelegt werden (gute Abstimmung ist notwendig).*
- *Beim Vorlegen von Sauce mit der Gabel die Löffelunterseite abstreichen.*
- *Den Beistelltisch so platzieren, dass die Arbeit von den Gästen gut verfolgt werden kann und die Wege im Restaurant frei bleiben.*

Variante zum Aufbau des Beistelltisches
1. Hauptplatte mit unterlegter Handserviette
2. Rechaudplatte
3. Anrichtegeschirr
4. Sauciere mit Tragteller
5. Beilageschüssel mit Sättigungsbeilage mit Tragteller
6. Beilageschüssel für Gemüsebeilage mit Tragteller
7. Ablageteller für benutzte Vorlegebestecke
8. Vorlagebestecke

Speisen

1 Für eine Sonderveranstaltung beträgt die Raummiete für Raum I 25,00 €, für Raum II 60,00 €. Es wird ein Stammkundenrabatt in Höhe von 15% gewährt.
Wie hoch ist die durchschnittliche Raummiete beider Räume?

2 Als Aperitif wird ein Martini Cocktail serviert (5 cl Dry Gin 40% vol., 1 cl Wermut dry 15% vol., 1 Olive).
Wie hoch ist der Alkoholgehalt?

3 Wie viele Flaschen Gin zu 0,7l sowie Wermut zu 0,7l müssen für 98 Gäste bereitgestellt werden?

Arbeitsschritte beim Vorlegen
- Präsentieren der Hauptplatte von links
- Abstellen der Platte, der Beilagenschüsseln und Saucieren auf dem Gueridon
- Vorlegen mit beiden Händen in der Reihenfolge (➔ franz. Service). Einsetzen der fertig angerichteten Teller von rechts
- Nicht vorgelegte Speisenbestandteile werden auf Rechaudplatten warm gestellt und mit Cloches abgedeckt
- Für den Nachservice bietet sich der französische Service an

Aufgrund des hohen Zeitaufwandes wird der englische Service für maximal 8–12 Personen angewandt.

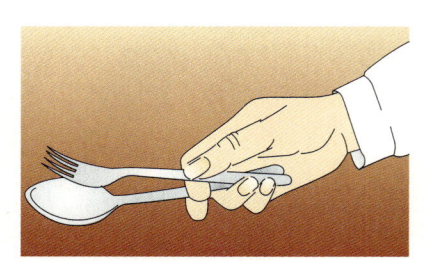

Grifftechniken
Drei unterschiedliche Grifftechniken kommen zur Anwendung, die sich je nach Art, Größe, Form und Konsistenz der Speise richten.

Grundgriff: Große Gabel und großer Löffel liegen ineinander. Kleiner und Ringfinger halten das Vorlegebesteck an den Enden zusammen. Der Löffel wird unter die Speise geschoben, die Gabel drückt von oben leicht auf die Speise.

Zangengriff (Klammergriff): Ausgangshaltung ist der Grundgriff. Nun wird die Gabel in der Hand gedreht, so dass die Wölbungen gegeneinander zeigen. Speisen mit rundlicher Form können so seitlich aufgegriffen werden, ohne abzurutschen.

Spreizgriff: Die beiden Besteckteile werden in der Hand mit dem Daumen gespreizt, so dass sich eine Auflagefläche bildet. Beide können nun unter eine Speise geschoben werden ohne dass eine mögliche Garnierung auf der Speise beschädigt wird.

Grundgriff

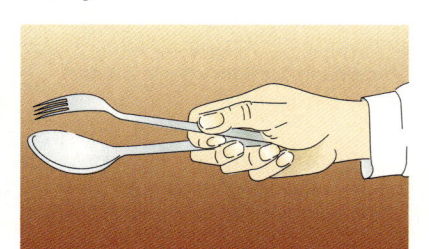

Zangengriff

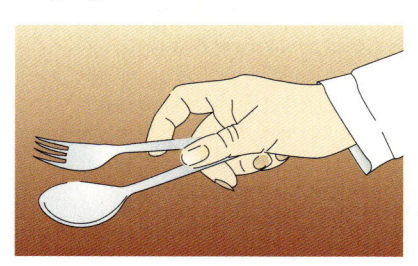

Spreizgriff

Russischer Service
🇫🇷 service à la russe
🇬🇧 Russian service

Kurz vor dem Eintreffen der Gäste werden alle kalten Speisen, Vorspeisenplatten, Salate, kalte Fleischspeisen usw. auf die Tafel gesetzt. Die Gäste bedienen sich selbst.
Der Service unterstützt die Gäste durch Reichen und Nachservice von Speisen und Getränken.

1 Nennen Sie drei Unterschiede zwischen dem englischen und dem französischen Service.
2 Für welche speziellen Arbeiten bildet der englische Service die Grundlage?
3 Beschreiben Sie die Einsatzmöglichkeiten des Service vom Wagen.

1.10 Geflügelspeisen, Wildgeflügelspeisen

mets de volaille, mets de gibier a plume
chicken dishes, dishes of feathered game

> Zu unterscheiden sind Speisen aus **Mastgeflügel** und aus **Wildgeflügel**.

Allerdings gibt es bereits Wildgeflügelarten, die auf Farmen ähnlich wie Mastgeflügel gehalten werden.
Eingeteilt werden kann nach der Herkunft und nach der Fleischfarbe. Die dunkle Fleischfarbe - bedingt durch dunkle Muskeleiweißstoffe, die durch intensive Bewegung entstehen - ist typisch für Wildgeflügel.

MAST — Mastgeflügel (helles Fleisch): Huhn, Küken; Pute

JAGD — Wildgeflügel (dunkles Fleisch): Ente, Flugente, Pekingente; Gans; Taube; Wachtel; Strauß; Fasan; Rebhuhn; Wildente

FLEISCHFARBE

Entenbrust Barbarie

Jagdzeiten nach Monaten

	J	F	M	A	M	J	J	A	S	O	N	D
Fasane									■	■	■	■
Wildtauben	■	■	■					■	■	■	■	■
Wildenten								■	■	■	■	■
Wildgänse							■	■	■	■	■	

Wussten Sie, dass ...

Broiler, **Hendl** oder **Poulet** andere Bezeichnungen für Brathähnchen sind, wobei diese nicht unbedingt männlichen Geschlechts sein müssen? Allerdings sind Kapaune, die besonders langsam wachsen, stets kastrierte männliche Tiere.

Speisen

◐ ingrédients, valeur nutritive
⊕ ingredients, nutritive value

1.10.1 Zutaten, Nährwert

Zutaten

Für Geflügelfleisch gelten in der EU einheitliche Vermarktungsformen. Dies betrifft Verkehrsbezeichnungen, Angebotsformen, Handelsklassen und Kennzeichnung. Zur Qualitätseinstufung dienen vor allem Brust und Schenkel. Zur Lebensmittelkennzeichnung können freiwillig Angaben über Abpackdatum, Kühlverfahren, Haltungsform und Fütterung gemacht werden.

EU-Verkehrsbezeichnungen für Mastgeflügel

Hühner	Puten	Enten	Gänse	Perlhühner	Innereien
Hähnchen	Truthahn	Frühmastente	Frühmastgans (Jungmastgans)	Junges Perlhuhn	Herz, Hals
Suppenhuhn	Pute	Junge Ente	Junge Gans	Perlhuhn	Magenmuskel
Kapaun	Junge Pute	Ente	Gans		Leber
Stubenküken	Junger Truthahn	Junge Flugente			Fettleber
		Flugente			

Nährwert

Das Angebot an Mastgeflügel trägt zum vielfältigen, ernährungsphysiologisch hochwertigen Speisenangebot bei. Begehrt sind insbesondere fettarme Speisen von feinfaserigem und hellfleischigem Geflügel.
Aufgrund der **Feinfaserigkeit**, der **geringen Leimstoffe** (Kollagene) und des **niedrigen Bindegewebsanteils** lassen sich Geflügelarten variationsreich zubereiten. Fettarme Hühner, Puten und Tauben eignen sich für **leichte Vollkost** und Diätkost.
Der Wohlgeschmack der Geflügelspeisen hängt von Haltung und Fütterung ab. Körnerfütterung und Grünfutter führen zu einer guten Geflügelqualität, während Fischmehlfütterung abzulehnen ist.

1.10.2 Geflügelspeisen

◐ volailles
⊕ poultry dishes

Geeignete Garverfahren sind Kochen, Dünsten, Schmoren, Braten, Frittieren und Grillen. Des Weiteren wird Geflügel durch Pökeln und Räuchern zubereitet. Mastgeflügel wird sowohl ganz als auch in Teilen zubereitet.

Putenschnitzel mit Curryfrüchten

Geflügelspeisen, Wildgeflügelspeisen

Gekochte Geflügelspeisen
🇫🇷 *mets de volaille cuite*
🇬🇧 *boiled-chicken dishes*

Hühnerblankett
🇫🇷 *blanquette de volaille*
🇬🇧 *chicken blanquette*

Hierbei handelt es sich um in grobe Würfel geschnittenes gekochtes Hühnerfleisch, das in einer hellen Sauce angerichtet wird. Beim Anrichten mit etwas Hummer- oder Paprikabutter beträufeln, mit Krebsnase, Fleuron und Zitronenecke garnieren. Als Beilagen eignen sich Risotto, Risi-Pisi, Kaiserschoten, junge Möhren, Spargel, Brokkoli, Blumenkohl, Champignons, Erbsen sowie frische Salate.

Gedünstete Geflügelspeisen
🇫🇷 *volaille étuvée*
🇬🇧 *stewed chicken*

Geflügel (junge Hühner, Puten) wird meist **zerteilt** gedünstet. Geflügelteile in Butter mit hellem Wurzelgemüse (Sellerie, Lauch) anschwitzen, mit Weißwein ablöschen, Geflügelbrühe zugießen, zugedeckt fertig garen. Der Dünstfond kann gebunden und mit Sahne oder Liaison verfeinert oder mit weißer Geflügelsauce aufgefüllt werden. Eine Zwischenform zum Schmoren stellt das **Hellbraundünsten** oder **Poelieren** dar. Angewandt bei hellem Schlachtfleisch oder ganzem Geflügel.

Hühnerblankett mit Fingermöhren und Zuckerschoten

Gebratene Geflügelspeisen
🇫🇷 *volaille rôtie*
🇬🇧 *roast chicken*

Zu unterscheiden sind Braten am Spieß (Systemgastronomie, Imbiss) und Braten im Konvektomaten oder in der Bratröhre. Unterschiede beim Garen ergeben sich auch durch den Fettgehalt des Geflügels (Braten mit Bratfett oder im Eigenfett) und durch die Geflügelfarbe (hell, dunkel).
Im Ganzen werden bevorzugt Ente, Gans, Perlhuhn und Pute gebraten. Portionsstücke von Geflügel, insbesondere von Pute und Huhn, werden stets saftig durchgebraten. Üblich ist die Bezeichnung Steak oder Schnitzel. Kurzgebraten werden auch die Geflügellebern.

Geschmorte Geflügelspeisen
🇫🇷 *volaille braisée*
🇬🇧 *braised chicken*

Zum Schmoren eignet sich älteres, derbes Geflügel, zumeist Huhn. Nach dem Auslösen oder Vierteln mit Wurzelgemüse in heißem Fett anbraten. Der Bratensatz wird mit Weißwein abgelöscht und mit gebundener Geflügel- oder Kraftsauce aufgefüllt und in der Sauce fertig gegart.
Beliebtes geschmortes Geflügelgericht ist das Paprikahuhn.

Frittierte Geflügelspeisen
🇫🇷 *volaille frite*
🇬🇧 *deep-fried chicken*

Geeignet sind Teile von jungem, zartem Geflügel. Nach dem Marinieren und Würzen Geflügelteile mit Wiener Panierung panieren oder durch Bierteig ziehen und frittieren.

---

1 *Eine Ente wiegt bratfertig vorbereitet 2,48 kg. Wie viel wiegt der Entenbraten bei einem Bratverlust von 38%?*

2 *Es sollen 16 Portionen Entenbraten zu je 380 g serviert werden. Wie viel Rohgewicht muss kalkuliert werden, wenn mit 24% Vorbereitungsverlust und 30% Garverlust zu rechnen ist?*

3 *Die Materialkosten für Hühnerblankett im Reisrand betragen 3,85 €. Wie hoch sind die Selbstkosten, wenn der Betrieb mit 165% Gemeinkosten rechnet?*

Speisen

Gebackene Hühnerkeule mit Herzoginkartoffeln

Backhendl (Wiener Backhuhn)
🇫🇷 poulet frit viennoise
🇬🇧 deep-fried chicken Viennese style

Nach Wiener Art paniertes und frittiertes Huhn, das mit einer Zitronenecke und einem Sträußchen frittierter Petersilie garniert wird.

Gegrillte Geflügelspeisen
🇫🇷 volaille grillée
🇬🇧 grilled chicken

Zum Grillen eignet sich junges, zartes Geflügel (Grillhähnchen) von 800 bis 1000 g. Zu gegrilltem Geflügel eignen sich frische Salate, Reis, auch frittierte Kartoffelspeisen als Beilage.

1.10.3 Wildgeflügelspeisen
🇫🇷 gibiers à plume
🇬🇧 wild fowl dishes

Beim Service von Geflügel- und Wildgeflügelspeisen mit Knochen muss ein Ablageteller links im Gedeck eingesetzt werden. Steht da bereits ein Salatteller, so wird der Knochenteller darüber platziert. Die Größe des Knochentellers richtet sich nach Anzahl und Größe der Knochen. Ein Mittelteller ist üblich.

Wildgeflügel wird überwiegend ganz zubereitet und soll vor der Zubereitung reifen (abhängen), wodurch es mürbe wird und sich das Wildaroma (haut goût) entwickelt.
Während junges Wildgeflügel gebraten wird, eignet sich älteres vorzugsweise zum Schmoren. Nur älteres Wildgeflügel wird zum Kochen (Brühen, Suppen) verwendet. Aber auch dafür wird es zuvor braun angebraten, um ein intensiveres Aroma zu erreichen.

Merkmale, Zubereitungsmöglichkeiten

Merkmale, Zubereitungsmöglichkeiten		
Fasan	🇫🇷 faisan 🇬🇧 pheasant	Hähnchengroß, hauptsächlich aus Zuchten; helles, faseriges Fleisch, nicht besonders saftig, häufig bardieren. Braten, schmoren, Verarbeitung zu Pasteten und Suppen
Rebhuhn	🇫🇷 perdreau 🇬🇧 partridge	Taubengroß, selten, hervorragendes Fleisch, sehr zart. Auch bardieren. Braten oder schmoren. Henne etwas fettreicher, vielfach geschmacklich bevorzugt
Strauß	🇫🇷 autruche 🇬🇧 ostrich	Größte Vogelart (bis 3 m), aus Zuchten; dunkles zartes Fleisch, meist tiefgefroren vakuumiert
Wachtel	🇫🇷 caille 🇬🇧 quail	Starengroßer Hühnervogel, aus Zuchten. Seltener bardiert

Merkmale, Zubereitungsmöglichkeiten		
Wildgans	🇫🇷 oie sauvage 🇬🇧 wild goose	Graugans, fettreich, schmackhaftes Fleisch. Wie Mastgans zubereiten. Älteren Tieren die Haut abziehen, da diese tranig schmecken kann
Wildente	🇫🇷 canard sauvage 🇬🇧 wild duck	Stockente, aus Zuchten; mageres Fleisch. Tranige Enten enthäuten. Kurz in siedendes Wasser tauchen, um Fett auszulösen. Junge Tiere braten, ältere für Ragouts, Farcen, Terrinen und Suppen
Wildtaube	🇫🇷 pigeon sauvage 🇬🇧 wild pigeon	Ringel-, Türkentaube. Junge Tiere mit zartem Fleisch braten. Wie Rebhühner zubereiten. Ältere Tiere für Suppen und Farcen. *Ohne Galle!*

Zu gebratenen und geschmorten Wildgeflügelgerichten eignen sich insbesondere Rotkohl, Rosenkohl sowie gebackene Kartoffeln, Spritzkartoffeln und Klöße (→ 18). Außerordentlich gut harmonieren die fruchtig-herben Aromen einiger Beerenfrüchte zu Wildgeflügel, z.B. Preiselbeeren und schwarze Johannisbeeren.

Wildspeisen

1.11 Wildspeisen

🇫🇷 *mets de gibier*
🇬🇧 *game dishes*

1.11.1 Zutaten, Nährwert

🇫🇷 *ingrédients, valeur nutritive*
🇬🇧 *ingredients, nutritive value*

Frisch erlegtes Wild gelangt ausgeweidet in der Decke, tierärztlich untersucht und mit einer Genusstauglichkeitsbescheinigung in die gastronomischen Betriebe. Das Wildangebot ist durch Tiefgefrierkonservierung nicht mehr von den gesetzlich festgelegten Jagdzeiten abhängig.

Während Rehe und Wildschweine aus dem Inland kommen, werden Hasen und Hirsche bis zur Hälfte aus Polen, Ungarn (Hirsche, auch Wildschweine), Argentinien (Hasen), Neuseeland (Hirsche), Schottland und Spanien (Rotwild) importiert.

Wildarten

Beliebt ist die Verarbeitung von Hirsch, Reh, Wildschwein, Hase und Wildkaninchen. Zu bevorzugen sind Wildtiere, die heute durch Aufzucht in Farmen oder Freigehegen in bester Qualität für die Gastronomie geliefert werden (➔ Jagdzeiten).

Reh 🇫🇷 *chevreuil* 🇬🇧 *roe*

Hase 🇫🇷 *lièvre* 🇬🇧 *hare*

Mufflon 🇫🇷 *mouflon* 🇬🇧 *mouflon*

Hirsch (Rotwild) 🇫🇷 *cerf* 🇬🇧 *deer*

Gämse 🇫🇷 *chamois* 🇬🇧 *chamois*

Damhirsch 🇫🇷 *daim* 🇬🇧 *deer*

Wildkaninchen 🇫🇷 *lapin sauvage* 🇬🇧 *wild rabbit*

Wildschwein 🇫🇷 *sanglier* 🇬🇧 *wild boar*

Speisen

Jagdzeiten nach Monaten

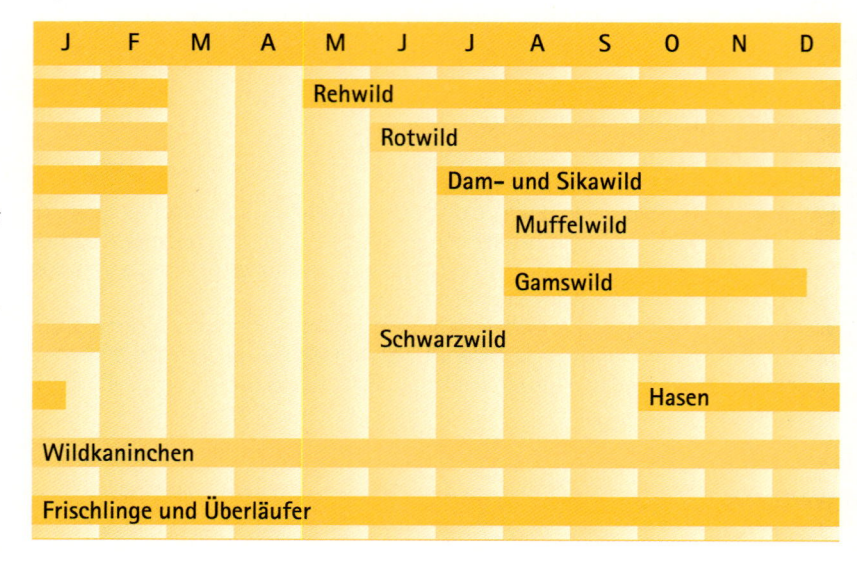

	J	F	M	A	M	J	J	A	S	O	N	D
Rehwild							■	■	■	■	■	
Rotwild								■	■	■	■	
Dam- und Sikawild								■	■	■	■	
Muffelwild								■	■	■	■	
Gamswild								■	■	■	■	
Schwarzwild						■	■	■	■	■	■	
Hasen										■	■	
Wildkaninchen	■	■	■	■	■	■	■	■	■	■	■	■
Frischlinge und Überläufer	■	■	■	■	■	■	■	■	■	■	■	■

> **Was passiert beim Abhängen?**
> *Bei der Fleischreifung werden Glukose und Glykogen in Fleischmilchsäure umgesetzt, was eine Lockerung des Bindegewebes bewirkt. Wildbret wird zart und mürbe; es entsteht ein arteigenes Aroma, der haut goût („Hochgeschmack"). Bei jungem und gezüchtetem Wild ist eine sehr intensive Reifung unnötig (→ Grundstufe Gastronomie).*

Nährwert

Wildfleisch stellt eine willkommene Abwechslung bei der Kost- und Speisekartengestaltung dar. Wildfleisch ist dem Schlachtfleisch gleichzusetzen. Mit Ausnahme des Wildschweinfleisches zeichnet sich Wildbret durch einen **geringen Fettgehalt** (1–2%) aus. Der **Eiweißanteil** beträgt 19–27%. Die appetitanregende Wirkung der Wildspeisen ist auf den Gehalt an Fleischbasen (Kreatin) zurückzuführen.
Bei der Verarbeitung müssen die typischen Rohstoffeigenschaften – **Fettarmut, Feinfaserigkeit, dichtes Gefüge** und **strenger Geruch** – berücksichtigt werden. Nach der Reifung eignet sich Wildfleisch wegen der guten Verdaulichkeit auch für leichte Vollkost (Schonkost).

🇫🇷 préparation
🇬🇧 preparation

1.11.2 Zubereitung

Garverfahren

Jüngeres Wild		Älteres Wild	
Kurzbraten	**Langbraten**	**Schmoren**	**Kochen**
Steak	Rücken von Hirsch, Reh, Wildschwein (Frischling)	Keule	Fond: Knochen, Parüren, Abschnitte
Geschnetzeltes		Schulter	
Kotelett		Hals (Ragout)	Hals, Brust
Medaillon	Rehkeule	Brust	Bauch
Nüsschen	Hasenrücken	Bauch	
Hasenfilet, ganz	Hase und Kaninchen, ganz	Hasenkeule	
		Hasenlauf	

Schalenwild

① Rücken
② Keule
③ Schulter
④ Brust und Bauchlappen
⑤ Hals

Wildspeisen

Zubereitungsmöglichkeiten		
Rücken	🇫🇷 selle 🇬🇧 saddle	Spicken, bardieren, langbraten Auslösen, portionieren, kurzbraten Ältere Wildschweinrücken schmoren
Keule	🇫🇷 cuisse (cuissot bei Hirsch und Reh) 🇬🇧 leg	Ganz braten (Reh) Hirschkeule, Steaks Ältere Wildkeulen schmoren
Schulter	🇫🇷 épaule 🇬🇧 shoulder	Braten, ganz schmoren und als Ragouts
Hals, Brust, Bauch	🇫🇷 cou, poitrine, ventre 🇬🇧 neck, breast, belly	Rollbraten, Ragouts, Pasteten
Im Ganzen	🇫🇷 entier 🇬🇧 whole	Hasen und Wildkaninchen ganz braten Ganz schmoren
Geräucherte Teile	🇫🇷 pièces fumées 🇬🇧 smoked cuts	Keulen, Rückenfilets

Hase, Wildkaninchen

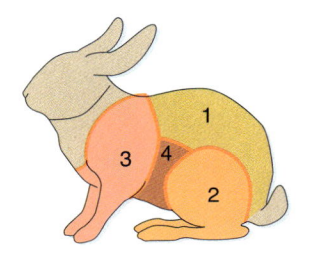

❶ Rücken
❷ Keule
❸ Vorderlauf mit Schulter
❹ Bauchlappen

Gebratene Wildspeisen
🇫🇷 *gibier rôti*
🇬🇧 *roast game*

Zum Kurzbraten in der Pfanne eignet sich das zarte Wildbret jüngerer Tiere. Die Kurzbratstücke werden nach Bestellung zubereitet.
Typische (kurz)gebratene Wildspeisen sind Rehnüsschen (*noisettes de chevreuil sautées, sautéd medallions of venison loin*) aus den Rehrückenfilets.

Variationen

mit Mandelkruste
🇫🇷 *en croûte d'amandes*
🇬🇧 *in almond crust*
Plattieren, mit Weinbrand und Zitrone mazerieren, mehlieren, durch Eimasse ziehen, mit geriebenen Mandeln panieren, in Butter braten

Jägerart
🇫🇷 *chasseur*
🇬🇧 *hunter's style*
Mit gedünsteten Champignons und gedämpftem, in Butter angeschwenktem Rosenkohl umlegen, Jägersauce separat

Diana
🇫🇷 *Diane*
🇬🇧 *Diana*
Pfefferrahmsauce mit Trüffel
Maronenpüree im Tortlett

> **Typische Würzmittel**
> *Wacholder, Rosmarin, Basilikum, Estragon, Würzpilze, Pfeffer, Zwiebeln, Schalotten und Rotwein. Möglichst frische Gewürzkräuter (Petersilie, Thymian) verwenden.*

Auch Hirschsteaks (*steak de cerf, venison steak*), Hasenrückenbraten (*râble de lièvre rôti, roast saddle of hare*) und gebratener Rehrücken (*selle de chevreuil rôtie, roast saddle of venison*) zählen zu den am meisten verbreiteten Wildspeisen.

Variationen des gebratenen Rehrückens

Baden-Baden
🇫🇷 *Baden-Baden*
🇬🇧 *Baden-Baden*
Gedünstete Birnenhälften mit Johannisbeergelee füllen

Jägerart
🇫🇷 *chasseur*
🇬🇧 *hunter's style*
Pilze mit Speckstreifen sautieren, gedünsteter Rosenkohl, Wildpfeffersauce

Sauce/Garnierung
Warm: Rotwein-, Hagebutten-, Orangen-, Pfeffer-, Wacholder-, Pilzrahmsauce
Kalt: Schnittlauchsauce (kalt), Senfsauce, Cumberland-Sauce

Gemüse-/Pilzbeilagen
Wildfrüchte (also Pilze, Preiselbeeren, Hagebutten); Maronen, Rotkohl, Rosenkohl, Brokkoli

Sättigungsbeilagen
Kroketten, Butternudeln, Spätzle, Klöße, Schupfnudeln, gebackene Kartoffeln, Linsen

Speisen

Als **Qualitätsmerkmale** gelten eine glänzend braune Oberfläche und ein zartrosa und saftiges Inneres des Bratgutes.

Geschmorte Wildspeisen

🇫🇷 *gibier braisé*
🇬🇧 braised game

Zum Schmoren eignen sich derbe Fleischstücke, auch von älteren Tieren. Zur Saucenherstellung wird die vorhandene Beize (Marinade ➔ Grundstufe Gastronomie) mit verwendet. Durch Beizen tritt gerade bei älterem Wildbret eine Geschmacksverbesserung ein.
Eine typische geschmorte Wildspeise ist die geschmorte Hirschkeule (*cuissot de cerf braisé, braised leg of venison*), die in unterschiedlichen Variationen angeboten wird.

Variationen

mit Hagebuttensauce
🇫🇷 *à la sauce églantine*
🇬🇧 with rose-hip sauce
Sauce mit Hagebuttenmark oder -konfitüre verfeinern

mit Sahnepilzsauce
🇫🇷 *à la sauce aux champignons*
🇬🇧 with mushroom cream sauce
Sauce mit Sahne und frisch gehackten Waldpilzen verkochen

mit Backpflaumen
🇫🇷 *aux pruneaux*
🇬🇧 with prunes
Würfel von eingeweichten Backpflaumen in die Sauce geben, etwas Rotwein, 10 min am Siedepunkt halten

Gebratener Rehrücken

1. Ermitteln Sie den Energiewert von drei Rehnüsschen (Nährwerttabelle ➔ Rehrücken) mit insgesamt 150 g.
2. Welche Eiweißmenge in g wird beim Verzehr der Rehnüsschen aufgenommen?

🇫🇷 *mets de crustacés, de mollusques et d'épicerie fine*
🇬🇧 crustacean, mollusk and delicatessen dishes

1.12 Speisen aus Krustentieren, Weichtieren und anderer Feinkost

1.12.1 Zutaten, Nährwert

🇫🇷 *ingrédients, valeur nutritive*
🇬🇧 ingredients, nutritive value

Zutaten sind überwiegend wirbellose Tiere mit Krusten oder Schalen aus Chitin. Unter anderer Feinkost sind Zutaten zusammengefasst, die biologisch unterschiedliche Merkmale aufweisen.

Attraktiv ist der Service von Wildspeisen, die tranchiert werden können, wie z.B. Reh- oder Hasenrücken. Zu lang gebratenen und geschmorten Wildspeisen gehören braune Saucen, die idealerweise in Saucieren angerichtet à part eingesetzt werden. Ein Aufweichen vor allem frittierter Kartoffelzubereitungen wird somit vermieden. Im Gedeck hat die Sauciere links oben ihre Position. Ein Saucen- oder großer Löffel, oder auch eine Saucenkelle sollten angelegt werden.

Krustentiere	Weichtiere	Andere Feinkost
🇫🇷 *crustacés* 🇬🇧 crustaceans	🇫🇷 *mollusques* 🇬🇧 mollusks	🇫🇷 *épicerie fine* 🇬🇧 delicatessen
Hummer	Auster	Kaviar
Kaisergranat	Muschel	Stachelhäuter:
Languste	Schnecke	Seeigel
Garnele	Tintenfisch	Trepang
Flusskrebs		Froschschenkel
Krabbe		

Speisen aus Krustentieren, Weichtieren und anderer Feinkost

Nährwert

Verschiedene Speisen aus Krusten- und Weichtieren gelten als **preisintensive Delikatessen** mit einem ausgeprägten Genusswert. Sie haben aber auch eine beachtliche ernährungsphysiologische Bedeutung wegen ihres Gehaltes an **biologisch vollwertigem Eiweiß** und an Mineralstoffen. So enthält Krebs- oder Hummerfleisch beispielsweise 16% Eiweiß, während der Eiweißgehalt der Froschschenkel sogar 24% beträgt.

Rot wie ein Krebs!
Durch Hitze denaturieren in den Schalen Chromoproteine, die blaugraue bis bräunliche Farbe verschwindet und typische rote Farbstoffe werden freigesetzt.

1.12.2 Krustentierspeisen
🇫🇷 *mets de crustacés*
🇬🇧 *crustacean diashes*

Typisch für alle Krustentiere sind die hornartigen Panzer und fünf, mitunter vier Beinpaare. Im Kopf-Brust-Stück liegen Magen und Leber. Kulinarisch wertvoll beim Hummer ist das grüne, nach dem Garen korallenrote Corail (weibliche Geschlechtsmerkmale). Das vorderste Beinpaar hat sich als Greifzange und Schere umgebildet. Der essbare Teil befindet sich vor allem im Schwanz, bei großen Tieren auch in den Scheren und den Beinen (Königskrabbe).

Hummer
🇫🇷 *homard*
🇬🇧 *lobster*

Hummer werden vor allem in den Gewässern vor Kanada, den USA, Norwegen und Schottland gefangen. Hummer können eine Größe bis zu 70 cm Länge erreichen. Allerdings sind am schmackhaftesten die Hummer mit einem Gewicht von ca. 1 kg. Größere Hummer sind sehr beliebt als Schaustücke bei kalten Büfetts.

Kaisergranat (Langustine)
🇫🇷 *langoustines/scampi*
🇬🇧 *Norway lobster/Dublin Bay prawns/scampi/langoustine*

Kaisergranat, auch Scampi (Einzahl: Scampo) genannt, ist den Hummern sehr ähnlich, jedoch kleiner (bis 24 cm lang), mit schmalen, wenig fleischigen Scheren. Verwendet wird hauptsächlich das Schwanzfleisch mit feinem Geschmack und zarter Konsistenz.

Languste
🇫🇷 *langouste*
🇬🇧 *spiny lobster / crayfish / crawfish*

Langusten haben keine Scheren, sondern lange dünne Fühler. Fanggebiete sind die europäische und afrikanische Atlantikküste. Nur das Schwanzfleisch wird verarbeitet, wobei zu beachten ist, dass das Langustenfleisch weniger saftig als Hummerfleisch ist.

- Scheren
- Kopf-Brust-Stück
- Schwanzstück
- Magen-Darm-Trakt

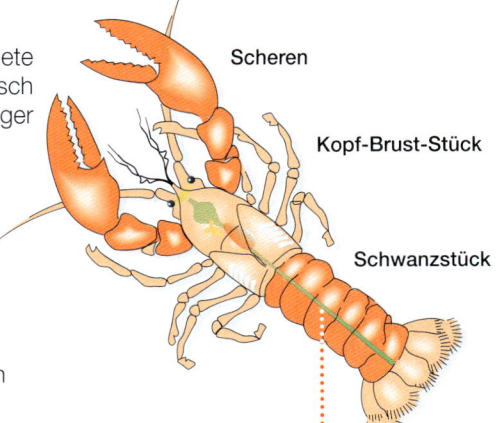

Zubereitung von Hummer und Langusten

in Butter
🇫🇷 *au beurre*
🇬🇧 *with butter*
Mit heller ausgelassener Butter, Weißbrot und Reisvariationen anrichten

Thermidor
🇫🇷 *thermidor*
🇬🇧 *Thermidor*
Gekocht, längs gespalten, Schalen mit Hummerscheiben füllen, mit Fischsahnesauce und Reibkäse überziehen, gratinieren

Speisen

Tiefseegarnele

Flusskrebs

Garnelen (Krevetten)
🇫🇷 *crevettes*
🇬🇧 *shrimps / prawns*

Klein, langschwänzig. Beste Qualität liefern Garnelen aus tiefen und kalten Gewässern (Grönland-Shrimps, engl. *seewater prawns*), da dort das Wachstum langsam verläuft, was einen Einfluss auf Farbe, festere Konsistenz und Geschmack hat. Dagegen sind Süßwassergarnelen (engl. *giant freshwater prawns* oder *Asian/Malaysian prawns*) von geringerer Qualität. Garnelen werden mit und ohne Kopf gehandelt.

Kamtschatka-Krabbe (Königskrabbe)
🇫🇷 *crabe royal/crabe géant*
🇬🇧 *king crab*

Gastronomisch interessant durch ihre Größe (5–6 kg Masse), wobei Scheren-, Schwanz- und insbesondere **Beinfleisch** verarbeitet werden. Daraus wird das vorzügliche Krabbenfleisch (crab meat) hergestellt, welches sich vor allem für kalte Speisen (Salate, Cocktails) eignet.

Flusskrebse
🇫🇷 *écrevisses*
🇬🇧 *freshwater crayfish*

Der Lebensraum der Flusskrebse sind fließende Gewässer. Sie erreichen im Allgemeinen eine Größe von ca. 15 cm. Die Krebsnase (das Kopf-Brust-Stück) verwendet man hauptsächlich als Garnierungselement.

Variationen

gedünstet
🇫🇷 *étuvées*
🇬🇧 *stewed*
Mit Wurzelgemüse und Butter anschwitzen, mit Weißwein und Fischfond auffüllen, dünsten, ausbrechen, mit Dillsauce *(à l'aneth)* und Reis servieren

gegrillt
🇫🇷 *grillées*
🇬🇧 *grilled*
Auf Spießchen stecken, mit Kräuter-, Zitronen- oder Pfefferbutter grillen

Krabben (Nordseegarnele)
🇫🇷 *crabes*
🇬🇧 *crabs*

Krabben werden in der Nordsee, vor allem dem Wattenmeer, gefangen und sofort weiterverarbeitet, so dass sie zumeist nur als Tiefgefrierware angeboten werden.

Variationen

Blätterteigpastete mit Krabbenragout
🇫🇷 *vol-au-vent au ragoût de crabes*
🇬🇧 *vol-au-vent with crab stew*

Krabbenragout im Reisring
🇫🇷 *ragoût de crabes au turban de riz*
🇬🇧 *crab stew in rice ring*

⚠ Beim richtigen Namen genannt

In Deutschland werden die großen Garnelenarten als **Riesengarnelen**, auch **Gambas** oder **King Prawns** bezeichnet. In England und Deutschland heißen die größeren Garnelenarten **prawns**, die kleinen **shrimps**. Dagegen werden in Amerika alle Garnelen, unabhängig von der Größe, als shrimps bezeichnet. Im deutschen Sprachgebrauch werden Nordseegarnelen (crevettes grises / common shrimps, brown shrimps) auch als **Krabben** bezeichnet. Alle Garnelenarten sind dadurch gekennzeichnet, dass sie keine Scheren haben.

Speisen aus Krustentieren, Weichtieren und anderer Feinkost

1.12.3 Weichtierspeisen

🇫🇷 *mets de mollusques*
🇬🇧 *mollusk dishes*

Weichtiere werden auch als Schalentiere oder Mollusken bezeichnet. Für die Speisenherstellung sind Austern, Muscheln, Schnecken und Tintenfische von Bedeutung.

Muscheln	**Schnecken**	**Tintenfische**
🇫🇷 *coquilles, coquillages* 🇬🇧 *shells, shellfish*	🇫🇷 *escargots* 🇬🇧 *snails*	🇫🇷 *seiches* 🇬🇧 *cuttlefish, ink fish*
Austern Miesmuscheln Jakobsmuscheln	Weinbergschnecken Achatschnecken	Kalmar gemeiner Tintenfisch Sepia, Krake

Austern

🇫🇷 *huîtres*
🇬🇧 *oysters*

Austern haben eine unregelmäßige **blättrige Oberschale** und eine **stärker gewölbte Unterschale**. Ihr Lebensraum sind die warmen und gemäßigten Klimazonen. Für die Gastronomie eignen sich dreijährige Austern, die auf Austernbänken gezüchtet werden.

Der Gast erwartet stets, dass frische Austern noch leben. Als Qualitätsmerkmale gelten fest verschlossene Schalen als Kennzeichen dafür, dass sie leben, Vollfleischigkeit, frischer Meeresgeruch und Wasser in der Schale. Allgemein werden Austern **roh** und **eisgekühlt** verzehrt.
Bei warmer Zubereitung muss auch der bräunliche Austernbart entfernt werden, der die Auster umhüllt.

Variationen

nature
🇫🇷 *nature*
🇬🇧 *nature*
Gekühlt anrichten, mit Zitrone garnieren, Butter und Toast, auch Vollkornbrot

gratiniert
🇫🇷 *gratinées*
🇬🇧 *gratinated*
Pochierte Austern mit Reibkäse und Butterflocken überbacken, als Toast anbieten

Miesmuscheln

🇫🇷 *moules*
🇬🇧 *mussels*

Auch als Pfahlmuscheln bezeichnet, da sie sich, meist gezüchtet, vorzugsweise an Pfählen ansiedeln. Sie werden durch Dünsten vielfach in den Schalen zubereitet und angerichtet. Durch das Dünsten öffnen sich die Muschelschalen.

Rauschalige Austern

Portugaise (Atlantikküste)

Gigas (Atlantikküste)

Flachschalige Austern

Imperial (Niederlande)

Natives (England)

Fine de clair (Frankreich)

Belon (Frankreich)

Limfjord (Dänemark)

Sylter Royal (Deutschland)

Speisen

Miesmuschel   Jacobsmuschel

1 Wie behandeln Sie frisch angelieferte Austern, deren Schalen geöffnet sind und die sich bei Berührung nicht mehr schließen?
2 In Ihrem Ausbildungsbetrieb wird geworben: „Austern, heute frisch eingetroffen". Beurteilen Sie diese Aussage.
3 Beschreiben Sie die Gefahr, die beim Einkauf von Muscheln aus verunreinigten Gewässern besteht.
4 Nennen Sie sechs Austernarten und ordnen Sie ihnen die Herkunftsländer zu.

Variationen

Muscheln Matrosenart
🇫🇷 *moules marinière*
🇬🇧 *mussels mariner's style*

Muscheln vorbereiten, fein geschnittene Schalotten und Knoblauch in Butter dünsten, Muscheln zugeben, mit Weißwein ablöschen, zugedeckt kurze Zeit bei starker Hitze dünsten, Sahne angießen, aufkochen, mit gehackten Kräutern anrichten, Weißbrot separat

Gratinierte Muscheln
🇫🇷 *moules gratinées*
🇬🇧 *gratinated mussels*

Muscheln vorbereiten, dünsten, entbarten, wieder in die Schalen zurücklegen, Mie de pain darüber streuen, gratinieren, Weißbrot separat

Herz- und Venusmuscheln werden in gleicher Weise verarbeitet.

Jakobsmuscheln (Große Kamm-/Pilgermuschel)
🇫🇷 *coquilles Saint-Jacques*
🇬🇧 *scallops*

Sie sind besonders wohlschmeckend, wenn das Fleisch Rogen enthält. Sie werden wie die Austern bereits vor dem Garen geöffnet. Großer Beliebtheit erfreuen sich die Muschelhälften als Anrichtemöglichkeit. Jakobsmuscheln werden gedünstet, gebraten, auch frittiert.

Weinbergschnecken
🇫🇷 *escargots de Bourgogne, escargots des vignes, hélice vigneronne*
🇬🇧 *Roman snails*

Im Herbst schließen die Weinbergschnecken nach dem Eingraben ihre Gehäuse mit einem Kalkdeckel. Durch Kühllagerung kann die Zeit der Winterruhe verlängert werden. Gehandelt in lebendem Zustand werden nur gedeckelte Schnecken. Als Konserve werden die gesäuberten leeren Schneckenhäuser separat mitgeliefert.
Die Weinbergschnecken lassen sich in verschiedener Weise zu Vorspeisen, Suppen, ja sogar Hauptgerichten zubereiten.

im Schneckenhaus	als Schneckenragout	in der Schneckenpfanne
🇫🇷 *dans leurs coquilles*	🇫🇷 *ragoût*	🇫🇷 *en caquelon*
🇬🇧 *in their shells*	🇬🇧 *stew*	🇬🇧 *in the snail pan*

Typisch für Schneckenspeisen ist die Verwendung von Knoblauch und Kräutern (*fines herbes*).

Tintenfische
🇫🇷 *seiches*
🇬🇧 *cuttlefish, ink fish*

Insbesondere in den Mittelmeergebieten und in Asien werden die Fangarme (Tentakel) und die entleerte Körperhöhle (Tuben, Beutel) der Tintenfische vielseitig für frittierte und geschmorte Speisen, Suppen und Salate verwendet. Allerdings ist das leicht süßlich schmeckende Fleisch relativ schwer verdaulich. Mit den weißen Tintenfischringen (aus der Tube junger Tiere) können Speisen farblich variiert werden.

Speisen aus Krustentieren, Weichtieren und anderer Feinkost

1.12.4 Kaviarspeisen

🇫🇷 *préparation de mets de caviar*
🇬🇧 *preparation of caviar dishes*

Echter Kaviar wird besonders in der **russischen Küche** vielfältig verwendet. Die **Störe** als Kaviarlieferanten leben im Schwarzen und im Kaspischen Meer. Kaviar wird hauptsächlich nature oder zu kalten Vorspeisen verarbeitet.

> Kaviar besteht aus **unbefruchteten Fischeiern** (Rogen), die sich für Speisezwecke eignen.

Belugakaviar

Rogenart		Merkmale/Handelskennzeichnung
Beluga	▲ + QUALITÄT − ▼	Störart, Körner 1–2 mm, zartschalig ■ Blauer Deckel
Osietra		Störart, Körner 1 mm, zartschalig ■ Gelber Deckel
Sevruga		Störart, Körner unter 1 mm, sehr zartschalig ■ Roter oder oranger Deckel
Keta		Lachs, großkörnig, lachsrot, rotorange
Forelle		Mittlere Körnung, orange ■ Kennzeichnung als Forellenkaviar
Seehasen		Kleinkörnig, schwarz gefärbt ■ Deutscher Kaviar

Ketakaviar

> ⚠ *Qualitätsmerkmale für Kaviar sind lockere Körnung, zarte Schale und bei echtem Kaviar die relativ helle Farbe (hellgrau).*
> *Kaviarmengen werden in oz (Unzen) angegeben, wobei 1 oz 28,35 g entspricht.*

Kaviar ist ein äußerst empfindliches Lebensmittel, da der Eiweißabbau schnell einsetzt. Säuerlicher Kaviar ist verdorben. Die Salzung dient nicht nur der Stabilisierung der Körner, sondern auch der besseren Haltbarkeit. Allerdings gilt eine schwache Salzung als besonderes Qualitätsmerkmal.
Malossol (russ. wenig Salz) hat einen Salzgehalt von 3%. Dieser Kaviar ist auch bei Kühllagerung nur begrenzt haltbar. Die Qualität wird durch Vakuumieren erhalten.
Parnaja Malossol (russ. frisch, wenig gesalzen) wird von im Winter gefangenem Stör gewonnen und ist von besonderer Qualität.

Anrichten

Kaviar wird stets **eiskalt** entweder in der **Originaldose** oder in **Glas- oder Kristallschalen auf gestoßenem Mundeis serviert** oder auch auf einen Eissockel gestellt. Wird er klassisch angerichtet, gehören dazu Blinis (kleine Hefeteigplinsen aus Weizen- und Buchweizenmehl) mit saurer Sahne. Zur Vervollkommnung dienen des Weiteren Zitronenspalten, Butter und Toast. Bei kalten Speisen dient Kaviar mitunter als Garnierung.

Kaviar auf Eis angerichtet

Speisen

1.12.5 Service

Service von Hummer

Hummer kann kalt, aber auch warm angeboten werden. Vor dem Service wird er halbiert, der Darm entfernt und die Scheren werden aufgebrochen.

Geschirr: Platte, kalter oder vorgewärmter Menüteller, Brotteller, Fingerschale, Glas
Besteck: Fischbesteck, Hummergabel, Buttermesser (zu kaltem Hummer Mittelbesteck), Vorlegebesteck
Beilagen: Toast, Mayonnaise
Verzehr: Mit der Hummergabel löst der Gast aus dem Schwanz und den Scheren das Hummerfleisch heraus. Panzerteile werden auf die Platte zurückgelegt. Die Hummerbeine werden zerbrochen und ausgesaugt.

Hummergedeck warm-naturell

Service von Krebsen in der Terrine

Geschirr: Terrine, warmer tiefer Teller, Brotteller, Fingerschale, Mittelteller, Spezialsuppentasse mit Untertasse, Butterschale, Glas
Besteck: Suppenschöpfkelle, Vorlegebesteck, Krebsbesteck, Buttermesser
Beilagen: Toast (auch Weißbrot), Butter
Verzehr: Schwanz herausdrehen und mit dem Krebsmesser das Fleisch aus dem Schwanz herauslösen (Darm entfernen!). Die Scheren an den Seiten aufschneiden und mit der Krebsgabel das Fleisch herauslösen. Die Scherenspitzen werden mit dem Loch des Krebsmessers abgebrochen und wie auch die Beine ausgesaugt.

Krebse im Sud

Service von Austern

Die frischen Austern werden bereits in der Küche mit einem Austernbrecher oder -messer aufgebrochen und der Austernbart wird entfernt.

Geschirr: Austernteller, kalter großer Teller, Brotteller, Fingerschale, Glas
Besteck: Austerngabel
Beilagen: Toast, Schwarzbrot, Chesterkäse, Zitrone
Verzehr: Mit der Austerngabel wird die Auster von der Schale gelöst, mit Zitrone beträufelt und aufgeschlürft. Wem das Ausschlürfen unangenehm ist, verzehrt die Auster mit der Austerngabel.

Austerngedeck

1 Welche Getränkeempfehlungen geben Sie zu Austern?
2 Wie bezeichnet man eine Fingerschale auch?
3 Wie wird eine Fingerschale aufgebaut?
4 Welche Funktionen erfüllt die Zitrone?
5 Weshalb wird zum Kaviar kein Mittelbesteck eingedeckt?

Speisen aus Krustentieren, Weichtieren und anderer Feinkost

Service von Muscheln in der Terrine

Geschirr: Terrine, warmer tiefer Teller, Brotteller, Mittelteller, Fingerschale, Spezialsuppentasse mit Untertasse, Glas
Besteck: Gourmet- oder Mittellöffel, Mittelgabel, Buttermesser, Suppenschöpfkelle
Beilagen: Toast, Weiß- und Graubrot, Butter
Verzehr: Die Muscheln haben sich durch das Dünsten geöffnet. Das Muschelfleisch wird mit einer an den Enden zusammengehaltenen Muschelschale (wie eine Zange) herausgelöst. Der Fond wird dazu getrunken oder aus der Schale ausgeschlürft.

Auf diese Art und Weise verzehrt man vor allem Miesmuscheln.

Muschelgedeck – Muscheln im Dünstfond

Service von Schnecken im Pfännchen (ohne Haus)

Geschirr: Schneckenpfanne auf Unterteller, Brotteller, Glas
Besteck: Schneckengabel, Kaffeelöffel
Beilagen: Toast, Weißbrot
Verzehr: Die Schnecken ohne Haus werden aus den Mulden des Schneckenpfännchens herausgepickt und gegessen. Mit dem Kaffeelöffel wird die Schneckenbutter aus den Mulden herausgeschöpft.

Schneckengedeck – Schnecken ohne Haus

Service von Schnecken im Haus

Geschirr: Schneckenpfanne auf Unterteller, vorgewärmter tiefer Teller, Brotteller, Glas
Besteck: Schneckenzange, Schneckengabel, Mittellöffel
Beilagen: Toast, Weißbrot
Verzehr: Das Schneckenhaus wird mit der Schneckenzange festgehalten, die Schnecke mit der Schneckengabel herausgezogen und auf den Mittellöffel gelegt. Die geschmolzene Schneckenbutter wird aus dem Haus über die Schnecke gegossen und der Mittellöffel zum Mund geführt.

Schneckengedeck – Schnecken im Haus

Service von Kaviar

Kaviar wird zumeist in der Originaldose, aber auch in einem Kristallschälchen angerichtet.

Geschirr: Dose auf Eis mit Unterteller, kalter großer Teller, Brotteller, Glas
Besteck: Kaviarmesser, Kaviarlöffel, Buttermesser
Beilagen: Toast, Butter, fein gehackte Zwiebel, Zitrone
Verzehr: Nachdem der Toast mit Butter bestrichen wurde, entnimmt man den Kaviar mit dem Kaviarlöffel aus der Dose und gibt ihn auf den Toast. Mit dem Kaviarmesser wird er auf dem Toast verteilt und mit der Hand gegessen.

Kaviargedeck

🇫🇷 mets froids
🇬🇧 cold dishes

🇫🇷 particularités et classement
🇬🇧 special features and classification

1.13 Kalte Speisen

1.13.1 Besonderheiten und Einteilung

Beim Angebot von kalten Speisen sind gegenüber den warmen Speisen einige Besonderheiten zu beachten.
Die Verzehrtemperatur kalter Speisen liegt allgemein bei 3-5°C. Die Speisen werden dem Gast gut gekühlt serviert. Der Genusswert wird von der entsprechenden Verzehrtemperatur entscheidend beeinflusst.

Salate	Sandwiches, Canapés, Toasts	Kalte Platten
Cocktails	Happen, Spießchen	Geleespeisen
Kalte Saucen	Fleisch- und Wurstspeisen	Krustenpasteten, Terrinen, Galantinen, Ballottinen, Parfaits, Moussen
Käsespeisen		
Obst- und Gemüsespeisen	Speisen aus Geflügel, Wild, Fisch, Meeresfrüchten	
Eierspeisen		

Kaltes Büfett

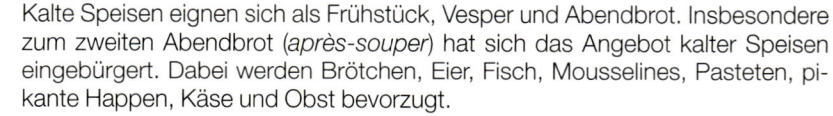

Gemüsesalat, Gemüse-Feta-Salat, Rindfleischsalat, Heringssalat

Kalte Speisen eignen sich als Frühstück, Vesper und Abendbrot. Insbesondere zum zweiten Abendbrot (*après-souper*) hat sich das Angebot kalter Speisen eingebürgert. Dabei werden Brötchen, Eier, Fisch, Mousselines, Pasteten, pikante Happen, Käse und Obst bevorzugt.
Im Menü sind kalte Vorspeisen vor der Suppe zu servieren. Besonders bei kleinen Festlichkeiten mit eigenem Charakter, wie Sektfrühstück, Teeparty oder Bierrunde, werden gern dazu passende kalte Speisen eingenommen. Das kalte Büfett gilt als Höhepunkt im Angebot kalter Speisen und stellt eine Zusammenstellung sowie eine Leistungsschau verschiedener kalter Speisen dar.

❗ **Salat-Bowlen**
In der gastronomischen Praxis ist es üblich, große Salatteller mit gezupften Salaten als Salat-Bowlen zu bezeichnen:
Bowle mit knackigem Salat, Thunfisch und Ei, dazu Baguette.

1.13.2 Salate

🇫🇷 salades
🇬🇧 salads

Entsprechend den vorrangig verwendeten Zutaten sind Salate als wirkstoffreiche oder als sättigende Speisen anzusehen.
Salate lassen sich aus den vielfältigsten Zutaten herstellen:
- Eiersalate
- Fisch- und Krebssalate
- Fleisch-, Geflügel- und Wurstsalate
- Gemüse-, Pilz-, einschließlich Blattsalate und Rohkost
- Hülsenfrüchte-, Teigwaren- und Getreidesalate
- Käsesalate (Käsespeisen ➜ 96)
- Kartoffelsalate
- Obstsalate (soweit sie nicht Süßspeisen sind)
- Spezialsalate (amerikanische Salate)

Gemischter Gemüsesalat mit amerikanischer Salatsauce (Convenience-Erzeugnis)

Kalte Speisen

Nährwert

Ernährungsphysiologisch sind **Gemüse- und Obstsalate** von besonderer Bedeutung. Vor allem die grünen Salate, Frischkost (Tomaten, Gurken, junger Weißkohl) sowie andere Rohkost (Sauerkraut, Lagerkohl, Möhren) sind ständige Vitaminspender, liefern basenbildende Mineralstoffe und gleichen den durch fett- und eiweißreiche Kost verursachten Säureüberschuss aus. Außerdem enthalten sie die erforderlichen Ballaststoffe (Cellulose, Nahrungsfasern), an denen es in der üblichen „verfeinerten" Nahrung mangelt.
Fleisch-, Fisch-, Wurst- und Eiersalate zeichnen sich durch biologisch vollwertiges Eiweiß aus.
Aufgrund des hohen Energiewertes können Kartoffel-, Reis- und Teigwarensalate als ausgesprochene Sättigungsbeilagen angesehen werden.
Portionsweise angerichtet, dienen Salate als kalte Vorspeisen, als Imbissspeisen sowie als Bestandteil des Frühstücks und des Abendessens.
Zur Komplettierung von Hauptmahlzeiten dienen als Beilagen insbesondere die ernährungsphysiologisch wertvollen ungegarten oder gegarten Gemüsesalate. Des Weiteren sind auserwählte Salate ein begehrter Bestandteil von kalten Büfetts. Schließlich können Salate aus Obst oder Reis als schmackhafte Desserts oder Nachtische innerhalb von Speisenfolgen eingesetzt werden (Süßspeisen → 97ff). Eine besondere Angebotsform stellt das Salatbüfett dar. Alle Salate sollten appetitliche und pikante Geschmacksnuancen aufweisen.

Blattsalat mit Eismeerkrabben

Kalte Speisen anbieten
Die Speisekarte sollte kalte Speisen besonders ausweisen und in ihrer Funktion hervorheben, beispielsweise als kalte Vorspeisen, kalte Snacks, Würzbissen zu Sekt, Wein oder Bier, kalte Haus- und Saisonspezialitäten, kalte Speisen für den eiligen Gast (→ Grundstufe Gastronomie).

Herstellungsgrundsätze

Das Herstellen der Salate erfordert fachgerechte Arbeit bei der Zutatenauswahl, dem Herstellen ansprechender und gleichmäßiger Schnittformen sowie beim Würzen und Anrichten. Die Qualität eines schmackhaften Salates hängt jedoch wesentlich von der verwendeten Salatsauce ab.

1. *Ermitteln Sie den Energiegehalt von 200 g grüner Gurke.*
2. *Vergleichen Sie den Vitamingehalt von 150 g Sauerkraut mit der gleichen Menge Weißkraut.*
3. *Amanda verzehrt täglich zum zweiten Frühstück frische Möhren mit durchschnittlich 150 g Gewicht. Wie viel Prozent des Tagesbedarfs (→ Grundstufe Gastronomie) an Vitamin A und Kalium werden dadurch gedeckt?*

Fertigstellen von Salaten

Zum Anmachen von Salaten werden industriell oder individuell hergestellte Salatsaucen (→ 38) verwendet. Energiereduzierte Salatsaucen, auch Dressings genannt (Joghurtsaucen, Essig-Öl-Kräuter-Saucen, Tomatensaucen), verdrängen zunehmend die traditionell üblichen Mayonnaise-Ableitungen. Salatsaucen sind kräftig zu würzen, damit ein Nachwürzen entfällt und unschöne Konsistenzveränderungen vermieden werden.
Im gehobenen Service übernimmt der Servicemitarbeiter das Fertigstellen des Salates, einschließlich der Zubereitung der Salatsauce. Dies bietet den Vorteil, dass unmittelbar auf die Geschmacksvorstellungen des Gastes eingegangen werden kann. Die Salatsauce wird dann auch vom fachkundigen Service abgeschmeckt.

Griechischer Bauernsalat

Speisen

Gemüsecocktail   Meeresfrüchtecocktail
Geflügelcocktail

Chiffonade

Schnittformen

Cocktail-
sauce

Herstellung von
Cocktails

1.13.3 Cocktails
🇫🇷 *cocktails*
🇬🇧 *cocktails*

Cocktails sind farbenfreudige, pikante, appetitanregende, attraktive kalte Vorspeisen.

Cocktails stammen aus der amerikanischen Küche und werden zum Beginn einer Speisenfolge **eisgekühlt** in **Cocktail- oder Kelchgläsern** gereicht. Diesbezüglich bestehen Gemeinsamkeiten mit den gleichnamigen alkoholischen Mischgetränken. Mit ihrer Farbigkeit werden Speisen- und Getränkecocktails der aus der Zeit der amerikanischen Unabhängigkeitskriege stammenden ursprünglichen Bezeichnung gerecht, die wörtlich **Hahnenschwanz** bedeutet.

Die Grundlage der Cocktails bilden **akkurate Schnittformen** wertvoller Zutaten, wie beispielsweise von Edelobst, Edelgemüse, Geflügel, Fisch, Krebsen und Weichtieren.
Früchtecocktails bilden insofern eine Ausnahme, da sie wegen der süßen Geschmacksnuancen auch am Ende von Menüs serviert werden. Sie eignen sich in der warmen Jahreszeit ebenfalls als erfrischende, energiearme Imbissspeisen. Cocktails sind nach der Bestellung frisch herzustellen (Cocktailsauce → 37).

Cocktails können auch vom versierten Servicemitarbeiter **am Tisch** des Gastes zubereitet werden.

1.13.4 Käsespeisen
🇫🇷 *mets de fromage*
🇬🇧 *cheese dishes*

Käse (→ Grundstufe Gastronomie) ist ein Lebensmittel, das sich durch eine besondere Sortenvielfalt auszeichnet. Neben der Kuhmilch als Ausgangsrohstoff findet auch Schaf- und Ziegenmilch breite Verwendung.
Die Festigkeit des Käses (sein Wassergehalt) ist Grundlage für die weitere Einteilung:

Frischkäse	Weichkäse	Halbfester Schnittkäse	Schnittkäse	Hartkäse	Extrahartkäse
Quark	Münster (Elsass)	Butterkäse (Deutschland)	Gouda (Niederlande)	Emmentaler (Schweiz)	Sbrinz (Schweiz)
Ricotta (Italien)	Camembert (Frankreich)	Reblochon (Frankreich)	Edamer (Holland)	Greyerzer (Schweiz)	Parmigiano-Reggiano (Italien)
Mascarpone (Italien)	Brie (Frankreich)	Esrom (Dänemark)	Appenzeller (Schweiz)	Tiroler Alpkäse (Österreich)	Grana padano (Italien)

Weitere Käsegruppen sind die Edelpilzkäse, Sauermilchkäse und Käse aus naturbelassener Rohmilch (Rohmilchkäse).

Kalte Speisen

Arten von Käsespeisen

Zu unterscheiden sind in der Angebotsform sehr unterschiedliche Käsespeisen:

Der Energiewert von Käse ist entscheidend von der Fettstufe abhängig. 10 g Käse können einen Energiewert von 600–1700 kJ aufweisen.

Käsecreme	Käsebällchen	Käse mit Gemüse oder Obst
🇫🇷 crème au fromage 🇬🇧 cheese cream	🇫🇷 boules de fromage 🇬🇧 cheese balls	🇫🇷 fromage aux légumes ou aux fruits 🇬🇧 cheese with vegetables or fruit

Käsesalate	Käsehappen	Käseplatten	Käsegebäck	Quarkspeisen
🇫🇷 salades de fromage 🇬🇧 cheese salads	🇫🇷 amuse-gueule au fromage 🇬🇧 cheese amuse-gueule	🇫🇷 plats de fromage 🇬🇧 cheese plates	🇫🇷 pâtisserie au fromage 🇬🇧 cheese pastry	🇫🇷 mets de fromage blanc 🇬🇧 curd dishes

1.13.5 Service von kalten Speisen

Salate als eigenständiger Gang

Werden Salate als kalte Vorspeise oder Hauptspeise serviert, dient der Menüteller als Hauptanrichtegeschirr. Mittelbesteck bzw. großes Besteck wird eingedeckt. Dazugehörige Salatsaucen werden à part serviert.

Salate als Beilage

Zu einigen Speisen ersetzt der Salat die Gemüsebeilage. Der auf Glas- oder Mitteltellern à part angerichtete Salat wird mit angelegter Mittelgabel links vom Gedeckplatz eingesetzt. Gehört zum Gedeckplatz ein Brotteller, wird dieser nach oben geschoben.

Cocktails

Zum Anrichten werden Cocktailgläser verwendet. Zum Tragen dient der Mittelteller mit aufgelegter Manschette. Das Besteck besteht aus der Kombination Mittelgabel und Kaffeelöffel. Falls Fisch, Schalen- oder Krustentiere Hauptbestandteil des Cocktails sind, so wird die Mittelgabel durch eine Fischgabel ersetzt. Das Besteck kann sowohl angelegt als auch eingedeckt werden.
Im Allgemeinen gibt man Toast, Butter à part zu Cocktails, so dass ein Brotteller und ein Buttermesser zusätzlich einzudecken sind.

Service von Cocktails

Speisen

Service von Käse

Käse als selbstständiger Gang sollte aus ernährungsphysiologischen Gründen nach dem Hautgang serviert werden. Angerichtet wird Käse auf großen flachen Tellern. Beim Anrichten auf Platten oder Holzbrettern wird Vorlegebesteck angelegt. Zum Gedeckplatz gehören ein Mittelteller, Mittelbesteck und eine Serviette. Am attraktivsten ist das verkaufsfördernde Anbieten vom Käsewagen. Portioniert wird auf einem Holzbrett mit einem Käsemesser. Abhängig von der Käsesorte werden Stücke, Würfel und Scheiben geschnitten. Als Beilagen eignen sich alle Brotsorten. Zu den Käsesorten mit geringerem Fettgehalt kann zusätzlich Butter gereicht werden.
Zum Käse wird meist frisches Obst (Weintrauben) serviert.

Beachten Sie, dass beim Anbieten von Käse in Menüs das Mittelbesteck oberhalb des Gedeckplatzes aufgelegt wird. Dabei liegt die Gabel über dem Messer mit dem Griff nach links, das Messer mit dem Griff nach rechts. Im guten Service wird vor dem Servieren des Käse das Besteck heruntergezogen.
Ist bereits Dessertbesteck eingedeckt, so wird das Käsebesteck nachgedeckt.

Zerteilen von Käse

Vor dem Zerteilen Messer in heißes Wasser tauchen. Käselaib säubern.

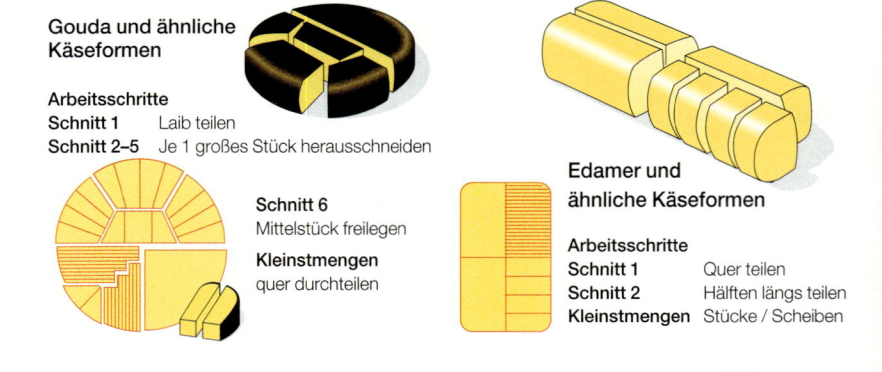

Gouda und ähnliche Käseformen

Arbeitsschritte
Schnitt 1   Laib teilen
Schnitt 2–5   Je 1 großes Stück herausschneiden
Schnitt 6   Mittelstück freilegen
Kleinstmengen quer durchteilen

Edamer und ähnliche Käseformen

Arbeitsschritte
Schnitt 1   Quer teilen
Schnitt 2   Hälften längs teilen
Kleinstmengen   Stücke / Scheiben

Käse ist leicht verdaulich, belastet den Magen weniger, da das Milcheiweiß des Käse über den Weg der Käseherstellung bereits denaturiert ist.

Kugel-Edamer und ähnliche Käseformen

Arbeitsschritte
Schnitt 1   Halb einschneiden
Schnitt 2   Je nach Bedarf weiterer Schnitt in entsprechendem Winkel
Schnitt 3   Wie Schnitt 1 und 2 weiter 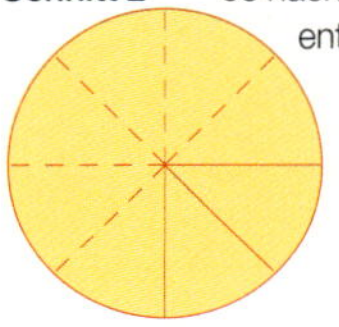

Edelpilzkäse und ähnliche halbfeste Schnittkäse

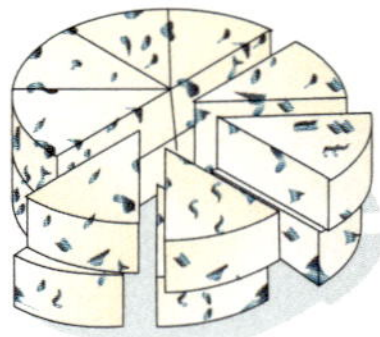

Arbeitsschritte
Schnitt 1   Halbierung (quer) 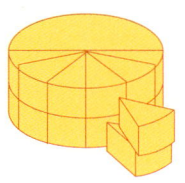
Schnitt 2   längs halbieren
Schnitt 3–7   Tortenstücke
Kleine Mengen   quer durchteilen

1.14 Gebäck, Süßspeisen, Eisspeisen

🇫🇷 pâtisserie, entremets, mets glacés
🇬🇧 pastry, sweets, frozen dishes

Gebäck, Süß- und Eisspeisen werden als **Dessert, Nachtisch** oder **Zwischengericht** angeboten. Sie sind Bestandteil des Frühstücks (Gebäck), gehören zum Kaffeeangebot und eignen sich zum Teil als Imbiss.
Die Industrie liefert eine große Palette an Convenience-Erzeugnissen, die von aufwendiger Arbeit entlasten.

1.14.1 Einteilung, Nährwert

Einteilung

Gebäck aus		Süßspeisen		Eisspeisen
Teigen	**Massen**	**warm**	**kalt**	
🇫🇷 pâtes	🇫🇷 appareils	🇫🇷 entremets chauds	🇫🇷 entremets froids	🇫🇷 entremets glacés
🇬🇧 pastes, doughs	🇬🇧 mixtures	🇬🇧 hot sweets	🇬🇧 cold sweets	🇬🇧 frozen sweets
Mürbeteig	Wiener Masse	Omeletts	Obst, Obstsalate	Eisbecher, Eisteller
Hefeteig	Biskuitmasse	Pfannkuchen	Gelees	Eisbombe, Eisschale
Blätterteig	Brandmasse	Krapfen	Cremes	Eistorte, Eisziegel
Plunderteig	Meringuemasse	Aufläufe	Reis	Eisroulade
Pastetenteig	Hippenmasse	Warme Puddings	Milcherzeugnisse	Eistörtchen
Strudelteig	Sandmassen	Warme süße Saucen	Kalte süße Saucen	Eisgetränke
Backteig	Makronenmassen		Kalte Puddings	Eisgebäck
Pfannkuchenteig				Eiskonfekt

Nährwert

Erzeugnisse aus der Küchenkonditorei können einen recht unterschiedlichen ernährungsphysiologischen Wert aufweisen. Gemeinsam ist ihnen der **Genusswert**, begründet durch wertvolle Zutaten mit besonderen Aroma- und Würzstoffen. Typisch ist außerdem der relativ hohe **Kohlenhydratgehalt**.
Während Süßspeisen auf Obstbasis daneben einen beachtlichen Ernährungswert durch Wirkstoffe (Vitamine, Mineralstoffe) haben, sind Gebäcke oft sehr fett- und eiweißreich und damit sehr energiereich.

Der Trend geht zu **energiereduzierten** Patisserieerzeugnissen. Dies wird erreicht durch Verarbeitung von Eiklarschnee anstatt Schlagsahne, von Quark oder Joghurt, insbesondere von reichlich Frischobst. Die Fachkraft sollte erkennen, dass es nicht darauf ankommt, auf verschiedene nährstoffreiche Süßspeisen gänzlich zu verzichten, sondern sie in angemessener Menge mit anderen energiearmen Speisenteilen zu einer bekömmlichen Kost zu vereinen.

Nährwerte im Vergleich (kJ/100 g)

Sahnetorte	1600
Dresdner Christstollen	1600
Mandelmakronen	1600
Blätterteiggebäck	1800
Rührkuchen	1750
Obstkuchen	930
Käsekuchen	960
Sahneeis	920
Frische Feigen	137
Orangen	180
Frische Aprikosen	200

Speisen

1.14.2 Süßspeisen, Obst

🇫🇷 entrements, fruits
🇬🇧 sweet dishes, fruits

Creme mit heller und dunkler Schokolade

Omelett mit Früchten

🇫🇷 omelette aux fruits
🇬🇧 omelet with fruit

Ein zubereitetes Omelett (→ 26) wird mit Puderzucker bestäubt und mit in Zucker kurz erhitzten Früchten belegt. Besonders eignen sich Erdbeeren, Ananas, Pfirsiche und Kiwis.

Überraschungsomelett

🇫🇷 omelette surprise
🇬🇧 baked Alaska, omelette surprise

Bei dieser Süßspeise wird Speiseeis auf einen gebackenen Biskuitboden gegeben und wieder mit einem Biskuitdeckel abgedeckt. Baiser-Masse wird mit einem Spritzbeutel aufgespritzt. Im Anschluss wird das Omelett überbacken (das Eis darf nicht schmelzen!), mit Spirituosen flambiert und brennend serviert. Das anfangs nicht sichtbare Eis ist die Überraschung.

Weißer Schokoladenschaum

Kleine Pfannkuchen (kleine Eierkuchen)

🇫🇷 crêpes parisienne
🇬🇧 crepes Parisian Style

Eierkuchenmasse aus Eiern, Mehl, Zucker, Milch oder Sahne in einer kleinen Pfanne dünn und goldgelb backen, füllen und mit Puderzucker bestäuben.

Pfannkuchenvariationen

Suzette
🇫🇷 Suzette
🇬🇧 Suzette

Kleine Pfannkuchen zusammenfalten, zerlassene Butter, Orangensaft, Puderzucker und Grand Marnier (→ 374) vermischen, Pfannkuchen darin wenden, Orangenspalten zugeben, flambieren

mit heißen Kirschen
🇫🇷 aux cerises chaudes
🇬🇧 with hot cherries

Entsteinte Sauerkirschen mit Kirschensaft, Zucker und ein wenig Zimt aufkochen, mit Stärke binden, Pfannkuchen zur Hälfte mit Sauerkirschen belegen, zusammenfalten, mit Puderzucker bestäuben

Palatschinken
🇫🇷 petits pannequets roulés
🇬🇧 palatschinken

Kleine Pfannkuchen mit unterschiedlichen Quark-, Sahne-, Früchte-, Schokoladenfüllungen

❗ Wie kam der Kaiserschmarren zu seinem Namen?

Die Süßspeise wurde 1854 erstmals für die österreichische Kaiserin Elisabeth serviert, später Kaiser Franz Joseph I. „umgewidmet". Beim ersten Anrichten soll die Süßspeise versehentlich zerrissen sein, was später zum besonderen Merkmal wurde.

Kaiserschmarren

🇫🇷 crêpe rissolée à la compote de prunes
🇬🇧 browned omelet with stewed plums

In die Pfannkuchenmasse werden zusätzlich Sultaninen gegeben. Vor dem Servieren wird der Kaiserschmarren mit zwei Gablen zerrissen und mit Puderzucker überstäubt. Zum Kaiserschmarren wird Pflaumenkompott serviert.

Kaiserschmarren

Gebäck, Süßspeisen, Eisspeisen

Krapfen
🇫🇷 *beignets*
🇬🇧 *fritters, deep fried snowballs*

Für Krapfen werden vorbereitete Früchte (beignets de fruits) durch einen süßen Backteig gezogen und anschließend goldgelb frittiert. Besonders eignen sich Äpfel, Ananas, Aprikosen, Bananen, Orangen, Pflaumen und Pfirsiche zur Herstellung von Krapfen.

> **Pudding oder Flammeri?**
> *Im Unterschied zu den Puddings werden Süßspeisen, die mit durch Stärke gebundener Milch hergestellt werden, fachgerecht Flammeris genannt.*

Puddings, Flammeris
🇫🇷 *poudings, flamris*
🇬🇧 *puddings, flummerys*

Traditionell werden Puddings meist warm serviert. Die Puddingmasse wird in der Backröhre im Wasserbad pochiert, im Anschluss gestürzt und meist mit Saucen serviert.

Plumpudding

Gilt als englische Weihnachtsspezialität und wird heute in unterschiedlicher Qualität industriell hergestellt.
Die Puddingmasse besteht aus gehacktem Rindernierenfett, Sultaninen, Korinthen, Orangeat, Zitronat, Reibebrot, Apfelwürfelchen, Mehl und Eiern. Gewürzt wird mit Ingwer, Zimt, Muskat, Rum oder Weinbrand. Nach dem Pochieren wird der gestürzte Pudding mit Würfelzucker belegt und mit Rum oder Whisky flambiert.

Grießflammeri
🇫🇷 *flamris de semoule*
🇬🇧 *semolina flummery*

Diese kalte Grieß-Süßspeise, aus Milch, Grieß, Butter, Zucker und Eiklar hergestellt, wird mit Fruchtsaucen, frischen Früchten oder Schokoladensauce angerichtet.
Flammeris werden auch auf der Basis von Reis, Kartoffelstärke oder Sago zubereitet.

Obst
🇫🇷 *fruits*
🇬🇧 *fruit*

Tafelobst
🇫🇷 *fruits de dessert*
🇬🇧 *dessert fruit*

Für das Angebot von Tafelobst sprechen der **geringe Energiewert**, der **Ballaststoffgehalt** (Cellulosefasern), die **erfrischende Wirkung**, der Wohlgeschmack sowie der Gehalt an **Wirkstoffen**, insbesondere an wasserlöslichen Vitaminen und basenbildenden Mineralstoffen.

> *Tafelobst wird mit Ausnahme von Beerenobst ohne Vorlegebesteck serviert. Das unter Umständen benötigte Obstbesteck wird nicht eingedeckt, sondern mit dem Obstteller serviert. Obstbesteck besteht aus der kleinen Gabel und dem kleinen Obstmesser. Je nach Obstsorte kommen auch verschiedene Spezialbestecke wie Grapefruitbesteck, Kiwilöffel oder Traubenschere zum Einsatz. Da Obst häufig mit den Händen verzehrt wird, empfiehlt sich der Einsatz von Fingerschalen.*

Speisen

🔵 *macédoines de fruits*
🟢 *fruit salads*

❗ Obstschalen für viele Anlässe

Bei Anreise der Gäste Begrüßungsaufmerksamkeit auf dem Hotelzimmer oder Fruchtkorb an der Rezeption

Bestandteil von Büfetts, insbesondere Frühstücksbüfetts

Abschluss des Menüs: als Nachtisch

Erfrischungen bei Tagungen

Aktion im Restaurant während der Saison

Werbung für gesundheitsfördernde Ernährung

Bestandteil von Reiseverpflegung usw.

Süßspeisen in Gläsern, Schalen und Bechern werden immer mit dem Trageteller eingesetzt und ausgehoben. Um das Verrutschen des Geschirrs zu vermeiden, sind unbedingt Manschetten oder Servietten auf den Trageteller zu legen. Wird Gebäck serviert, so ist die Kuchengabel nie in das Gebäck hineinzustechen sondern anzulegen.

Im Gedeck liegen die Besteckteile für Süßspeisen immer oberhalb des Gedeckplatzes.

Weinschaumcreme mit Früchten

Obstsalate

Zu unterscheiden sind Obstsalate als **Süßspeisen** und Obstsalate, die **herzhaft pikant** hergestellt werden. Geeignet sind dafür reife Früchte bester Qualität, wie beispielsweise Orangen, Ananas, Bananen, Mandarinen, Äpfel und Pfirsiche, die möglichst frisch ohne Kerne, Haut oder Schale verarbeitet werden. **Kompottfrüchte** sollten nur dann verwendet werden, wenn kein **Frischobst** angeboten wird. **Schnittformen** erhalten die Früchte angelehnt an ihre natürliche Form (blättrig, keilförmig, filetartig).

Die Früchte werden mit Puderzucker, Zitrone und Edelbränden **mazeriert** (➔ Grundstufe Gastronomie). Gehackte Nüsse oder Rosinen können zugegeben werden. Besondere Anrichteweisen sind das Anrichten auf gestoßenem Kristalleis oder das Einfüllen in ausgehöhlte Früchte (Orangen, Ananas). Durch Kaltstellen eisen! Mit Speiseeis oder Schlagsahne komplettieren.

1.14.3 Service

Grundsätzlich gilt auch für Gebäck, Süß- und Eisspeisen, dass die Besteckwahl von der Anrichteweise und der Beschaffenheit der Speise abhängig ist. Als Anrichtegeschirr dienen Gläser, Schalen, Becher sowie Teller.

Speise	Anrichteweise	Besteckwahl
Eisbecher mit Sahne, Sorbet, Cremes, Kompott	Becher, Schale, Glas	Kaffeelöffel, Dessertlöffel, Eislöffel, Sorbetlöffel
Kuchen, Torten, Kleingebäck (petit fours)	Mittelteller, Glasteller	Kuchengabel
Eis mit Früchten, Obstsalat, Parfaits, Eisbomben	Becher, Schale, großer Teller	Kaffeelöffel und Kuchengabel, Dessertgabel und Dessertlöffel Mittelgabel und Mittellöffel (Entremetbesteck)
Warme Süßspeisen, Süßspeisen auf Saucenspiegel	großer Teller, extra großer Teller	Mittelgabel und Mittellöffel (Entremetbesteck)

Innerhalb von Menüs werden Süß- und Eisspeisen nach dem Käse serviert. Wie andere Tellergerichte auch werden Sie dem Gast von rechts eingesetzt. Falls die benötigten Besteckteile bereits eingedeckt sind, können diese kurz vor dem Service von oberhalb des Gedeckplatzes nach unten gezogen werden. Des Weiteren sind die Menagen vorher auszuheben.

Grundsätzlich bleibt ein eingedeckter Platzteller auch beim Service von Süß- und Eisspeisen in der Gedeckmitte stehen.

2 Getränke

🇫🇷 *boissons*
🇬🇧 *beverages*

Getränke gehören zu den wichtigsten Lebensmitteln. Ohne regelmäßige Flüssigkeitsaufnahme kann der Mensch nicht leben. Eine vollwertige Mahlzeit ohne Getränke ist undenkbar. Neben der Flüssigkeit werden dem menschlichen Organismus durch Getränke lebenswichtige Mineralstoffe zugeführt. Die immer beliebter werdenden obstsafthaltigen Getränke liefern darüber hinaus Vitamine.
Getränke können auch Genussmittel sein. In Maßen konsumiert, können alkaloidhaltige Getränke (Kaffee, Tee) und alkoholhaltige Getränke (Bier, Wein, Spirituosen) die Lebensqualität verbessern.

Alkoholfreie Getränke 🇫🇷 *boissons sans alcool* 🇬🇧 *beverages without alcohol*		Alkoholische Getränke 🇫🇷 *boissons alcooliques* 🇬🇧 *alcoholic beverages*	
Kalt	**Warm**	**Kalt**	**Warm**
Trinkwasser	Kaffee	Bier	Alkoholische Heißgetränke
Mineralische Wässer	Tee	Wein	Punsche
Erfrischungsgetränke	Kakao	Sekt	
Fruchtsaftgetränke	Kräutertee	Spirituosen	
Gemüsesäfte	Malzkaffee	Bargetränke	
Milchmischgetränke	Kaffee-, Teespezialitäten		

Warme alkoholfreie Getränke, auch als **Küchengetränke** (→ Grundstufe) bezeichnet, sind Aufgussgetränke, da sie durch Aufgießen oder Überbrühen mit siedender Flüssigkeit (Wasser, auch Milch) hergestellt werden. Den Aufgussgetränken ähnlich sind die alkoholischen Heißgetränke, deren Zubereitung allgemein am Büfett erfolgt.

2.1 Trinkwasser

🇫🇷 *eau potable*
🇬🇧 *drinking water*

Trinkwasser ist Wasser, das zum **Trinken geeignet** ist. Es muss Lebensmittelqualität aufweisen und bildet einen wichtigen Bestandteil vieler flüssiger und fester Lebensmittel.

Im Ausland ist es zum Teil üblich, den Gästen zu den Mahlzeiten eine Karaffe oder einen Krug mit frisch abgefülltem Trinkwasser hinzustellen.

65% Wasser im Körper

Wasseraufnahme (in l/24 h)	
Getränke	etwa 1,2
feste Lebensmittel	etwa 1,0
Wasser aus Nährstoffabbau	etwa 0,3
insgesamt	**2,5**

Wasserabgabe (in l/24 h)	
Niere	etwa 1,4
Lunge	etwa 0,5
Haut	etwa 0,5
Darm (Kot)	etwa 0,1
insgesamt	**2,5**

Getränke

Wasser amtlich überwacht

Für Trinkwasser gelten hinsichtlich des Schadstoffgehalts strengere gesetzliche Bestimmungen als für Mineralwässer.

🇫🇷 eaux minérales
🇬🇧 mineral waters

① Quellname
② Verkehrsbezeichnung
③ Hinweis auf Analyse, Institut und Datum
④ Füllmenge
⑤ Ort der Quellnutzung
⑥ Kohlensäuredeklaration und ggf. Behandlungsverfahren
⑦ Freiwillige Deklaration charakteristischer Bestandteile
⑧ Firmenname
⑨ Mindesthaltbarkeitsdatum

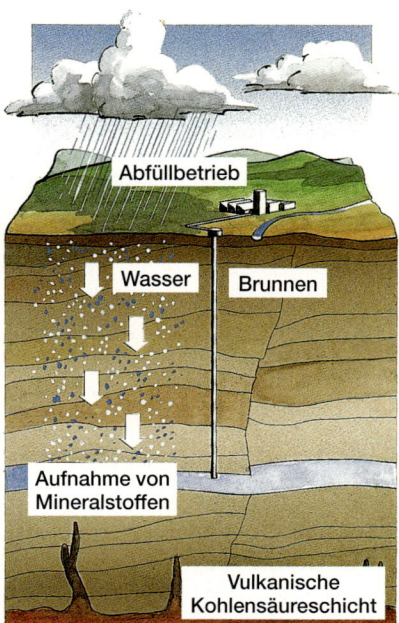

Entstehung von Mineralwasser

Anforderungen an Trinkwasser

- Frei von Krankheitserregern und schädlichen Stoffen
- Farblos, klar, kühl
- Frei von Fremdgeruch oder Fremdgeschmack

Technologische Eigenschaften (→ Grundstufe)

2.2 Mineralische Wässer

In Deutschland werden etwa 350 verschiedene **Mineralwässer** und 65 **Heilwässer** angeboten, hinzu kommen mehrere Quell- und Tafelwässer. Seit Jahrzehnten haben sich Mineralwässer zu den am meisten gewählten Durstlöschern entwickelt. Das entspricht dem Trend zu leichter und gesundheitsbewusster Ernährung.

Ernährungsargumente für mineralische Wässer:

- Keine Energielieferanten
- Lebenswichtige Mineralstoffe (Mengen-, Spurenelemente)
- Erfrischend, vielseitig verwendbar
- Kohlensäureanteil nach Verbraucherwünschen wählbar: kräftig sprudelnd, reduziert oder still
- Ohne Schadstoffe; überwiegend amtlich überwacht

Einteilung

Bei den mineralischen Wässern sind drei Gruppen zu unterscheiden. Über die Unterschiede gibt die Mineral- und Tafelwasser-Verordnung Auskunft. Gemeinsam ist ihnen allgemein der Inhalt an Mineralstoffen und Kohlendioxid (CO_2).

Mineralwasser	Quellwasser	Tafelwasser
Mindestmengen an Mineralstoffen und Kohlendioxid	Meist ohne Aufbereitung	Trinkwasser mit Zusätzen

Natürliches Mineralwasser

Mineralwässer haben den Ursprung in **unterirdischen Wasservorkommen**, die vor Verunreinigungen geschützt und frei von Krankheitserregern sind. Sie können aus einer oder mehreren Quellen abgefüllt werden. Merkmal sind ihre Reinheit und der Gehalt an Mineralstoffen sowie an anderen ernährungsphysiologisch wertvollen Bestandteilen. Forderungen werden auch hinsichtlich einer konstanten Zusammensetzung und Temperatur gestellt. Die Überprüfung erfolgt in wissenschaftlichen Analysen. Die Abfüllung geschieht unmittelbar an der Quelle. Neuerdings werden Erfrischungsgetränke als **Mineralwässer plus Frucht** angeboten, die mindestens 12% Fruchtsaft oder -mark enthalten, wobei die namensgebende Frucht mindestens 50% Anteil haben muss. Außerdem werden **ACE-Getränke** angeboten, auf der Grundlage meist von stillem Mineralwasser hergestellte vitaminangereicherte (A, C, E) Getränke, denen Gemüse- und Obstsäfte zugesetzt werden.

Mineralische Wässer

> **Säuerlinge** sind natürliche Mineralwässer, die je Liter mehr als 250 mg CO_2 enthalten.
> **Heilwasser** ist Mineralwasser, das dem Arzneimittelgesetz untersteht und dessen Heilwirkung nachgewiesen sein muss.

Quellwasser
🇫🇷 *eau de source*
🇬🇧 *spring water*

Quellwasser wird, wie natürliches Mineralwasser, aus unterirdischen Wasservorkommen gewonnen. Auch hinsichtlich der Abfüllung gelten gleiche Forderungen. Amtliche Anerkennung des Quellwasser ist nicht erforderlich. Allerdings gelten Grenzwerte für ernährungsphysiologisch bedenkliche Wasserbestandteile wie Chrom, Cadmium oder Arsen. Bei der Kennzeichnung müssen Verwechslungen mit natürlichem Mineralwasser ausgeschlossen sein.

Tafelwasser
🇫🇷 *eau de table*
🇬🇧 *table water*

Tafelwasser wird durch Anreicherung mit Mineralstoffen und Kohlendioxid aus Trinkwasser einschließlich Quellwasser hergestellt. Als Zusätze sind erlaubt:
- Magnesium-, Calcium-, Natrium-, Natriumhydrogencarbonat
- Calcium- und Natriumchlorid
- Kohlendioxid
- Natürliches mineralstoffhaltiges Wasser, dessen Konzentration durch Wasserentzug erhöht wurde oder Meerwasser (der prozentuale Anteil muss angegeben werden).

> **Sodawasser** ist Tafelwasser, das je Liter mindestens 570 mg Natriumhydrogencarbonat enthält.

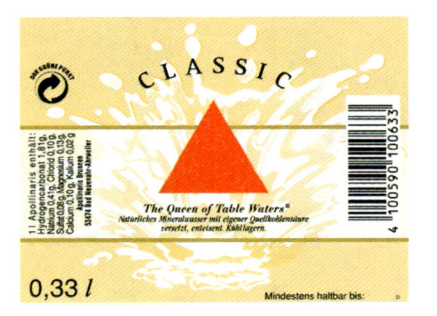

Anforderungen an mineralische Wässer

Mineralwasserart	Anforderungen Ursprüngliche Reinheit	Unterirdische Wasservorkommen	Wirkungen	Mineralien	Amtliche Zulassung	Abfüllung an der Quelle
Natürliches Mineralwasser	ja	ja	ernährungs-physiologisch	ja	ja	ja
Natürliches Heilwasser	ja	ja	therapeutisch	ja	ja	ja
Quellwasser	–	–	–	–	–	ja
Tafelwasser	Zusatzstoffe erlaubt	–	–	–	–	–

Behandlungsverfahren

Nach MTVO (Mineral- und Tafelwasserverordnung) sind erlaubt:
- das Abtrennen natürlicher Inhaltsstoffe wie Eisen- und Schwefelverbindungen durch Filtration, Dekantieren (Abgießen des Bodensatzes)
- Entzug sowie das Wiedereinbringen freier Kohlensäure

Wird Mineralwasser gemeinsam mit alkoholischen Getränken getrunken, empfiehlt sich kohlensäurearmes Mineralwasser.

Getränke

Service von Mineralwasser

Mineralische Wässer werden im Allgemeinen gekühlt (6–8°C) serviert. **Heilwässer** sollten grundsätzlich ungekühlt serviert werden, da Sie aufgrund ihrer besonderen mineralischen Zusammensetzung den Heilungsprozess unterstützen und so bekömmlicher sind.

Entsprechend den gesetzlichen Bestimmungen der Mineral- und Tafelwasser-Verordnung (MTVO) muss Mineralwasser in der geschlossenen Originalflasche serviert und für den Gast sichtbar geöffnet werden. Dies gilt auch für größere Flaschen (0,5–1,5l), die dann mit Kühler zu servieren sind (→ Weißweinservice). Eiswürfel und Zitrone gehören nur auf ausdrücklichen Wunsch des Gastes in das Mineralwasser. Als Mineralwassergläser empfehlen sich Becher oder Kelche.

---

1 Erika arbeitet den ersten Tag am Getränkebüfett. Zwei Wasser werden verlangt. Warum weiß Erika mit dieser Bestellung zunächst nichts anzufangen?

2 Erläutern Sie den Unterschied zwischen Mineralwasser und Tafelwasser.

3 Ein Gast verlangt reines Quellwasser. Welches Wasser kann man ihm anbieten?

4 Der Barkeeper meint nicht jedes Wasser könne man als Mineralwasser zu Whisky Soda geben. Wie ist das zu verstehen?

5 Heilwasser darf nur in der Apotheke verkauft werden, behauptet Konrad. Stimmt das?

6 Vergleichen Sie die Etiketten von Mineralwasser, Säuerling und Heilwasser und stellen Sie Unterschiede und Gemeinsamkeiten fest.

1 Mineralwasser wird in 0,7-l-Flaschen zu 0,44 € bezogen und in Gläsern zu 0,1 und 0,2 l ausgeschenkt. Der Schankverlust beträgt 5%. Ermitteln Sie den Materialwert je Glas.

2 In der Lagerfachkartei für ACE-Getränke wurde Folgendes eingetragen:

Anfangsbestand	24 Flaschen
Zugang	60 Flaschen
Abgang	13 Flaschen
Abgang	17 Flaschen
Zugang	18 Flaschen
Endbestand	64 Flaschen

Wie viele Flaschen Abgang wurden nicht gebucht?

2.3 Frucht- und Gemüsesäfte

🇫🇷 jus de fruits et de légumes
🇬🇧 fruit and vegetable juices

Frucht-und Gemüsesäfte sind **reine Presssäfte,** frisch, pasteurisiert oder durch Kälte haltbar gemacht. Sie sind wirkstoffreich, erfrischend, durststillend und eignen sich für das Angebot in allen gastronomischen Einrichtungen, besonders für Frühstücksbüfetts und für Ausflugsrestaurants. Von Gästen werden zunehmend **frisch gepresste Säfte** gewünscht.

Fruchtsäfte
🇫🇷 jus de fruits 🇬🇧 fruit juices

> Fruchtsäfte sind durch Zerkleinern, Pressen und Zentrifugieren gewonnene gärfähige, aber unvergorene Säfte von charakteristischer Farbe sowie charakteristischem Aroma und Geschmack.

Unter diesen Voraussetzungen dürfen auch Fruchtkonzentrate für rückverdünnte Erzeugnisse und Fruchtmark verarbeitet werden. Sie tragen die Bezeichnung „hundertprozentiger Saft". Zuckerzusatz ist nicht zum Süßen, sondern lediglich zur Korrektur des natürlichen Geschmacks erlaubt. Das Haltbarmachen erfolgt durch Pasteurisieren bei 80 °C.

Ein Zusatz von 15 g Zucker je Liter zum Ausgleich natürlicher Süße ist bei Kennzeichnung erlaubt; bei sauren Früchten (Zitrusfrüchte, andere saure einheimische Früchte) ist ein Zuckerzusatz von 200 g/l, bei anderen Säften außer Apfelsaft bis 100 g/l erlaubt. Diese Säfte tragen die Kennzeichnung „gezuckert". Farbstoffe und Konservierungsmittel sind stets verboten.

Fruchtnektare
🇫🇷 nectar de fruits 🇬🇧 fruit nectars

> Fruchtnektare sind unvergorene, aber gärfähige Erzeugnisse aus Trinkwasser, Zucker, Fruchtsaft oder Fruchtmark, auch in konzentrierter Form.

Frucht- und Gemüsesäfte

Der Fruchtsaft- oder Fruchtmarkgehalt beträgt zwischen 25 und 20%, der Zuckerzusatz bis 20%. Zur Oxidationshemmung kann Vitamin C zugesetzt werden. Farbstoffe und Konservierungsmittel sind ebenfalls verboten.

Süßmost *ist eine Bezeichnung für Fruchtnektar, dessen Fruchtanteil ausschließlich aus Fruchtsäften besteht, die aufgrund ihres hohen natürlichen Säuregehalts zum unmittelbaren Genuss nicht geeignet sind (z.B. Johannisbeer-Süßmost).*

Gemüsesäfte

🇫🇷 *jus de légumes*
🇬🇧 *vegetable juices*

Fruchtsaft/-mark-Anteil bei Fruchtnektaren:
z.B. 50% bei Äpfeln, Birnen, Zitrusfrüchten; 45% bei Pfirsichen; 40% bei Aprikosen, Süßkirschen; 35% bei Sauerkirschen; 25% bei Johannisbeeren.

> Gemüsesaft ist das unverdünnte, zum unmittelbaren Verzehr bestimmte gärfähige oder mit Milchsäure vergorene flüssige Erzeugnis aus Gemüse. Die Herstellung erfolgt auch aus Gemüsesaftkonzentraten.

Als **Qualitätsmerkmale** gelten die typische Rohstofffarbe, arteigenes Aroma und arteigener Geschmack. Insbesondere bei Spinat- und Rote-Bete-Säften dürfen nur nitratarme (→ Grundstufe Gastronomie) Rohstoffe verarbeitet werden. Zugesetzt werden dürfen Salz, Essig, Zucker, Gewürze, Kräuter, natürliche Aromen, Früchte, Fruchterzeugnisse, organische Genusssäuren, Glutaminsäure und Vitamin C.
Konzentrierter Gemüsesaft wird schonend auf die Hälfte des natürlichen Volumens konzentriert.
Gemüsenektar ist eine mit Wasser verdünnte Zubereitung aus Gemüsesaft, -mark oder -konzentrat.

Gesundheitswert

Fruchtsäfte sind wirkstoffreich, aber auch energiereich sowie verdauungsfördernd. Im Fruchtnektar sind Vitamine und Mineralstoffe enthalten, ebenfalls beachtliche Mengen Zucker. Grundsätzlich haben vergleichbare **Gemüseerzeugnisse** eine ähnliche Zusammensetzung. Sie enthalten allerdings weniger Trockenmasse und Zucker, und der Eiweißgehalt liegt etwas höher.
Von Ernährungswissenschaftlern wird als Erfrischungsgetränk eine **Mischung von einem Drittel Apfelsaft oder anderem Obstsaft und zwei Dritteln Mineralwasser** empfohlen. Der Körper wird dadurch sowohl mit Vitaminen als auch mit Mineralstoffen, nicht aber mit zu viel Zucker versorgt. (→ Grundstufe Gastronomie: Schorle).

Servicehinweise

Frucht- und Gemüsesäfte werden leicht gekühlt (10-14°C) serviert. Die Verwendung von Eiswürfeln erfolgt ausschließlich auf Wunsch des Gastes, da diese den Saft verwässern würden.
Eine Besonderheit ergibt sich beim Service von Tomatensaft, da dieser zusätzlich gewürzt werden kann. Das Glas, ein Tumbler, wird auf einem Unterteller mit angelegtem kleinen Löffel oder Rührstab serviert. Als Würzmittel eignen sich Salz (wenn möglich jodiert!), Pfeffer, Worcestershire-Sauce und Tabasco.

Getränke

◐ boissons rafraîchissantes sans alcool
◐ refreshing alcohol-free beverages

2.4 Alkoholfreie Erfrischungsgetränke

1. Orangensaft wird frisch gepresst angeboten. Die Orangen werden zu einem Marktpreis von 1,10 €/kg eingekauft. Der Pressverlust beträgt 40%. Ermitteln Sie den Materialpreis für 1 Glas zu 0,2 l (1l entsprechen 1000g).
2. Grapefruits werden zu einem Einkaufspreis von 0,95 €/kg brutto für netto eingekauft. Daraus wird frisch gepresster Saft mit einer Ausbeute von 38% hergestellt. Ermitteln Sie den Materialpreis für 1 Glas Grapefruitsaft mit 0,23 l Inhalt.
3. Tomatensaft wird in 0,7-l-Packungen zu 0,55 € und in Literflaschen zu 0,75 € angeboten. Welches ist das günstigere Angebot?

Als alkoholfreie Erfrischungsgetränke werden **Fruchtsaftgetränke, Limonaden, Brausen** und **diätetische Erfrischungsgetränke** bezeichnet.

Fruchtsaftgetränke

◐ boissons au jus de fruits
◐ beverages with fruit juice

bestehen aus 6–30% Fruchtsaft, Wasser, Zucker, Fruchtsäuren, natürlichen Aromastoffen, auch CO_2.

Limonaden

◐ limonades ◐ lemonades

bestehen aus natürlichen Stoffen, wie Fruchtsaft, Fruchtextrakten, Fruchtsäuren, Zucker, Wasser, CO_2; Fruchtsaftanteil 3–15%.

Besondere Limonaden	
Cola-Limonaden	6,5–25 mg Coffein/100 ml
Chininhaltige Limonaden (Tonic Water)	maximal 85 mg Chinin je Liter
Kräuterlimonaden	Zusatz von Ingwer, natürlichen Kräuterauszügen

Fruchtsaftgehalt von Fruchtsaftgetränken: mind. 30% bei Äpfeln, Birnen, Trauben; mind. 10% bei anderen Früchten; mind. 6% bei Zitrusfrüchten.

Unterschiedlicher Fruchtgehalt in Erfrischungsgetränken

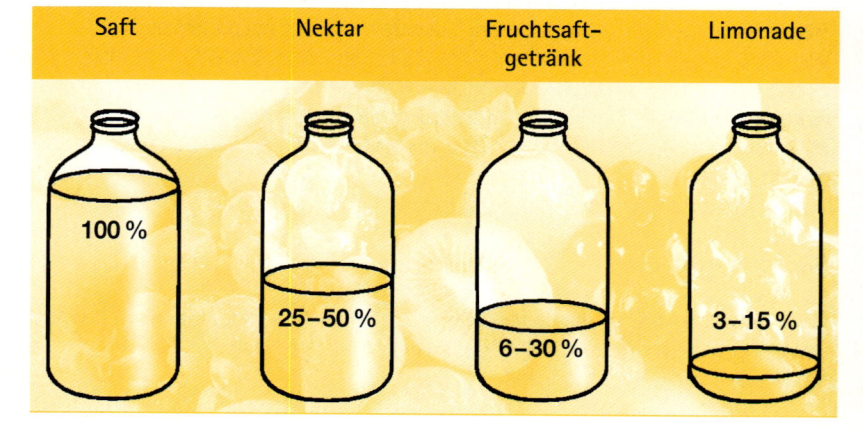

Saft	Nektar	Fruchtsaftgetränk	Limonade
100 %	25–50 %	6–30 %	3–15 %

Was sind isotonische Getränke?
Bei diesen Getränken (griechisch iso = gleich, tonisch = kräftigend) soll die Gesamtmenge der gelösten Mineralstoffe derjenigen der Körperflüssigkeiten entsprechen.

Brennwertverminderte Erfrischungsgetränke

◐ boissons à valeur énergetique réduite
◐ beverages with a reduced energy content

Hauptsächlich Fruchtsaftgetränke, Limonaden, Brausen, bei denen durch Süßstoffe (Saccharin, Cyclamat u.a.) eine Energiewertverminderung erzielt wurde. Kennzeichnung ist erforderlich. Bei Verwendung des Süßstoffs Aspartam ist der Hinweis notwendig, dass Phenylalanin enthalten ist.

Alkoholfreie Erfrischungsgetränke

Brausen 🇫🇷 *limonades gazeuses*
🇬🇧 *aerated lemonades*

enthalten künstliche Farb- und Aromastoffe, Süßstoff ist ebenfalls erlaubt; kein Fruchtsaftanteil.

Sport-, Mineralstoff-, isotonische Getränke 🇫🇷 *boissons pour sportifs, boissons minéralisées, boissons isotoniques*
🇬🇧 *sports beverages, mineralized beverages, isotonic beverages*

Erfrischungsgetränke mit Mineralstoffen, Wasser, Geschmacksstoffen, mit oder ohne Zucker und CO_2, anderen Süßungsmitteln und Vitaminzusatz.

Diätetische Erfrischungsgetränke 🇫🇷 *boissons rafraîchissantes diététiques*
🇬🇧 *refreshing dietetic beverages*

Anstelle von Zucker wird Süßstoff verwendet.

Chininhaltige Getränke

Chininhaltige Getränke erhalten durch das Alkaloid (→ Grundstufe Gastronomie) Chinin, das als Malariamittel bekannt geworden ist, einen leichten Bittergeschmack.

Energy Drinks

Energy Drinks sind leistungssteigernde alkoholfreie Getränke, die ihren Ursprung in Asien haben. Sie enthalten neben Coffein oder Guarana rasch verwertbare Energie in Form von Saccharose, Vitamine und Stoffe, die Stoffwechselprozesse im Körper regulieren (u.a. die Aminosäure Taurin). Außerdem werden diesen Getränken natürliche oder auch künstliche Aromastoffe zugesetzt.

Servicehinweise

Alkoholfreie Erfrischungsgetränke werden bei 8-10°C fachgerecht serviert um ihren erfrischenden Charakter zu bewahren.
Der Einsatz von Eiswürfeln bei Limonaden ist allgemein üblich. Trotz allem sollte auch hier der Wunsch des Gastes beim Verkaufsgespräch erfragt werden.

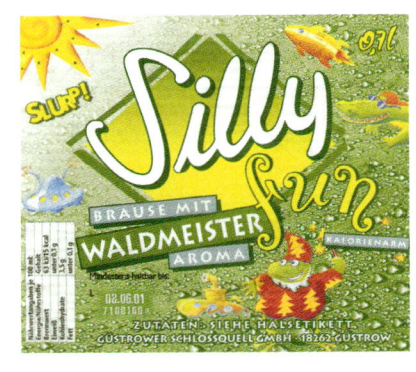

Guarana-Pulver und -Extrakt werden aus den koffeinhaltigen Samen einer südamerikanischen Lianenpflanze gewonnen und sind in den lateinamerikanischen Ländern weit verbreiteter Kaffee-Ersatz. Die Wirkung von Guarana ist stimulierend und sehr lang anhaltend. Energy Drinks sind seit 1994 auf dem deutschen Markt zugelassen.

1 Beurteilen Sie den ernährungsphysiologischen Wert von alkoholfreien Erfrischungsgetränken.
2 Erklären Sie einem Gast den Unterschied hinsichtlich Geschmack und Preis zwischen einem Obstsaft und einem Obstnektar.
3 Analysieren Sie die Trinkgewohnheiten in Ihrem Familien-, Bekannten- oder Arbeitskreis hinsichtlich alkoholfreier Erfrischungsgetränke nach der Gliederung was, wie viel, wann wird getrunken.
4 Konrad meint, Obstsäfte dürften grundsätzlich keine Zusätze enthalten. Hat er damit Recht?
5 Empfehlen Sie einem übergewichtigen Gast auf seine entsprechende Frage ein geeignetes Erfrischungsgetränk.

🇫🇷 biere
🇬🇧 beer

2.5 Bier

Deutschland mit seinen 5000 verschiedenen Biermarken gilt mitunter als **Bierland**, wenn auch in einigen südlichen Landesteilen zweifellos Wein als Getränk vorherrscht. Bereits der römische Dichter Tacitus hatte bei seinen Reisen durch Germanien ausführlich über die Bierbrauerei berichtet. Verächtlich wurde **Met**, der Vorläufer des Bieres, als barbarisches Getränk verachtet. Später pflegten Klöster die Braukunst, bis sich die mittelalterlichen Städte der Bierbrauerei als einer guten Einnahmequelle annahmen. Jede Stadt hielt ihre Bierspezialität streng geheim. Heute berufen sich die Großbrauereien ebenfalls auf geheime Herstellungsverfahren.

❗ Unter- oder obergärig – wo liegt der Unterschied?

Untergärige Hefe: Hefe setzt sich am Boden ab. Die entstehenden Biere werden untergärige Biere genannt.

Obergärige Hefe: Hefen schwimmen als Sprossverbände an der Oberfläche; sie benötigen höhere Gärtemperaturen als untergärige Hefen. Die Nachgärung kann bei obergärigen Bieren meist unterbleiben.

Brauwasser wird vielfach aus brauereieigenen Quellen gewonnen; es muss mindestens **Trinkwasserqualität** aufweisen. Art und Menge der Mineralstoffe, insbesondere die Wasserhärte (➔ Grundstufe: Wasser) prägen den Charakter der Biere entscheidend mit. Hartes Wasser wird für viele dunkle Biersorten vom Münchner Typ, weiches Wasser insbesondere für helle Biersorten vom Pilsner Typ, sulfathartes Wasser schließlich für helle und dunkle Biere vom Dortmunder Typ verwendet.

❗ Der **Bierverbrauch** ist im letzten Jahr weltweit von 1,22 auf 1,25 Milliarden Hektoliter gestiegen. Europas Anteil am Weltverbrauch sank im gleichen Zeitraum von 45 auf 34 %.

Als **Braugerste** dient die zweizeilige Sommergerste, die sich durch Stärkereichtum (60%), niedrigen Eiweißgehalt (5–11%), gute Keimfähigkeit und gleiche Korngröße auszeichnet. In der Mälzerei werden die Inhaltsstoffe des Gerstenkorns aufgeschlossen. Die Körner weichen etwa 2 Tage, keimen anschließend bei Temperaturen zwischen 15 und 18 °C etwa 8 Tage. Beim Darren wird die Gerste zu Braumalz getrocknet. Die Gerstenkeime werden abgerieben. Bei diesem Prozess wird die Braugerste durch Quellen, enzymatischen Abbau der Kohlenhydrate und Darren (Erhitzen) in **lösliches Braumalz** umgewandelt.

> Mälzen ist das technologisch gesteuerte Keimen und anschließende Darren von Braugerste.

❗ Kein Alkohol an Kinder

Der Verkauf alkoholischer Getränke an Kinder und Jugendliche wird durch das Gesetz zum Schutze der Jugend und durch das Gaststättengesetz geregelt (➔ Grundstufe: Jugendschutz.)

Wenig jugendliche Biertrinker

61% der 14- bis 29-jährigen Jugendlichen trinken Bier selten oder gar nicht. Sie verlangen neben alkoholfreien Getränken eher Alcopops (Limonaden mit Alkohol) oder Biermixgetränke.

Hopfen dient der **Geschmacks- und der Schaumstabilität** sowie der **Haltbarkeit**. Hopfen gibt Bier den typischen Bittergeschmack. Außerdem soll Hopfen die Bekömmlichkeit fördern. Verwendet werden die unbefruchteten weiblichen Fruchtzapfen der Hopfenpflanze, die etherische Hopfenöle, Bitter- und Gerbstoffe enthalten. Wichtigster Wirkstoff ist das Lupulin. Wegen der besseren Dosierung wird zunehmend Hopfenextrakt verwendet. Wichtige Hopfenanbaugebiete für deutsches Bier sind Bayern, Sachsen und Thüringen.

Bierhefe gehört zu den Einzellern, die sich durch Sprossung vermehren (➔ Grundstufe: Hygiene im Umgang mit Lebensmitteln). Aus löslichen Kohlenhydraten in der Bierwürze erzeugt die Bierhefe Ethanol und Kohlendioxid. Für unterschiedliche Biersorten werden spezielle Hefen verwendet, wobei die verwendeten unter- oder obergärigen Hefen der Bierart den Namen geben.

Grundbestandteile des deutschen Bieres

| Brauwasser | Braugerste | Hopfen | Bierhefe |

Bier

Bierherstellung

Technologischer Ablauf	Besonderheiten/ Erläuterungen
■ Braugerste Mälzen	Zunächst soll Braugerste keimen. Maltasen und Proteasen werden wirksam. Stärke wird enzymatisch in lösliche Zucker abgebaut (Tenne). Trocknen des Malzes: Hohe Temperatur: dunkles Malz → dunkles Bier. Karamellisiertes Farbmalz entsteht bei 112–120 °C. Niedrige Temperatur (etwa 85 °C): helles Malz → helles Bier (Darre).
■ Braumalz Schroten, Maischen	Geschrotetes Malz wird mit Wasser versetzt (gemaischt). In Maischpfanne wird ein Teil der Maische gekocht und danach in den Maischebottich zurückgegeben. Dadurch erhöht sich die Maischetemperatur auf etwa 75 °C. Enzyme, die Stärke in slösliches Malz umwandeln, werden aktiviert.
■ Läutern Kochen, Klären	Unlösliche Braumalzbestandteile werden durch Filtrieren als Treber abgeschieden (Läuterbottich). Entstandene Würze (Malzextrakt) wird in der Sudpfanne zusammen mit Hopfen (130–500 g Hopfen/100 l Würze) bei 100 °C etwa 2 h keimfrei gekocht. Eiweißstoffe gerinnen und lassen sich abtrennen.
■ Stammwürze Kühlen, Belüften Vergären Jungbier Nachgären Lagerbier Filtrieren, Abfüllen Flaschenbier, Fassbier	Durch Kühlen wird die erforderliche Gärtemperatur von 4–9 °C bei untergärigen Bieren oder von etwa 15–20 °C bei obergärigen Bieren erreicht. Das Belüften führt zur optimalen Hefevermehrung und damit zur Gärung. Am Ende der Gärung enthält das Jungbier keinen Sauerstoff mehr. Nach Zugabe von Bierhefe beginnt der 5- bis 8-tägige Gärprozess in zwei Stufen: Das Enzym Maltase spaltet das Disaccharid Maltose in zwei Moleküle Glukose, welche in die Hefezellen gelangen und dort vom Enzymkomplex Zymase in Alkohol und CO_2 umgesetzt werden. Am Ende der Hauptgärung wird die Hefe entfernt. Überwiegend untergärige Biere werden in Tanks 1–4 Monate bei 0–2 °C zum Nachgären gelagert. Dabei wird Restzucker abgebaut und CO_2 im Bier angereichert. Das Bier reift, wird haltbarer und gewinnt insgesamt an Qualität. Nach dem Filtrieren kommt das Bier in Drucktanks zum Abfüllen.

Als **Stammwürze** werden alle **nicht flüchtigen Anteile in der Bierwürze**, also Bestandteile des Malzes und des Hopfens (Maltose, Dextrine, Eiweiß, Vitamine, Mineralstoffe, Bitterstoffe u.a. Aromastoffe) in Prozent bezeichnet. Der Stammwürzegehalt bestimmt die Biergattung (Biersteuergesetz).

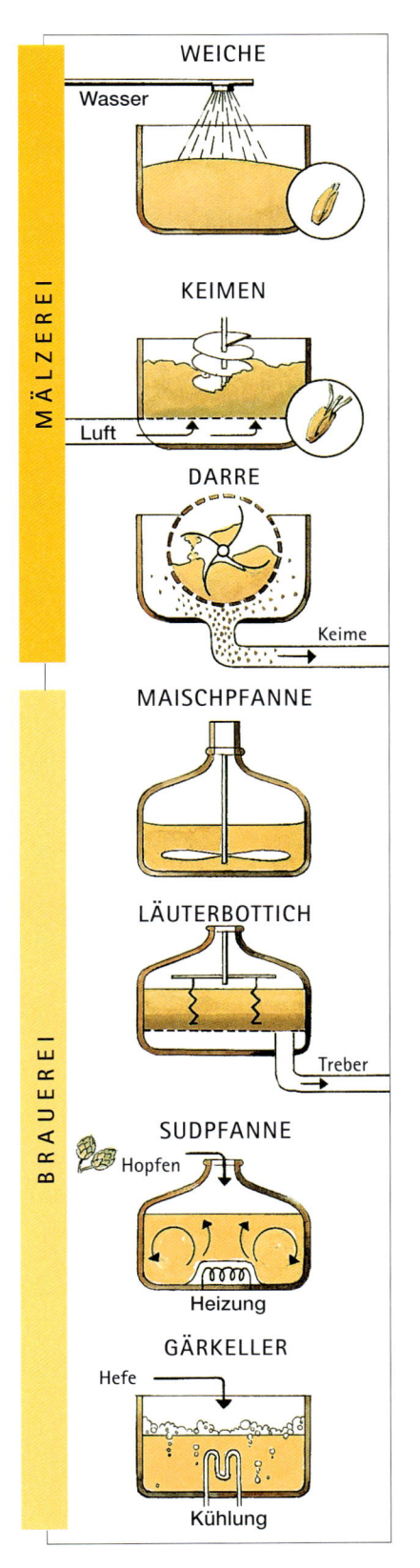

MÄLZEREI
- WEICHE — Wasser
- KEIMEN — Luft
- DARRE — Keime

BRAUEREI
- MAISCHPFANNE
- LÄUTERBOTTICH — Treber
- SUDPFANNE — Hopfen, Heizung
- GÄRKELLER — Hefe, Kühlung

Getränke

Biergattungen, Bierarten, Biersorten

Unterschiedliche **Biergattungen** werden durch den Stammwürzegehalt – das heißt den Extraktgehalt der Bierwürze vor der Gärung – bestimmt. Zu unterscheiden sind Biere mit niedrigem Stammwürzegehalt, Schankbiere, Vollbiere und Starkbiere.

Bierarten werden nach den durch die Hefeart bestimmten Gärverfahren in untergärig und obergärig unterteilt (→ 108).

Berechnung des Ethanolgehaltes (%vol)

$$\text{Ethanolgehalt in \%} = \frac{\text{Stammwürze in \%}}{3 \times 0{,}8}$$

Beispiel: $5\% \text{ Ethanol} = \dfrac{12\% \text{ Stammwürze}}{3 \times 0{,}8}$

Biersorten

Biergattung	Schankbier	Vollbier		Starkbier	
Stammwürzegehalt	7 bis weniger als 11%	11–14%		mehr als 16%	
Bierart	obergärig	untergärig	obergärig	untergärig	obergärig
Biersorte (Beispiele)	Berliner Weiße Braunbier	Pilsner Export Märzen	Alt Kölsch Weizen	Bock Doppelbock	Porter Weizenbock

Nach der Bier-VO hat „Bier mit niedrigem Stammwürzegehalt (weniger als 7%)" die Gattung „Einfachbier" ersetzt.

Biertypen

Nach der **Farbe**, dem **Geschmack** und dem **Alkoholgehalt** lassen sich **drei Biertypen** unterscheiden. Biertypen gelten als Oberbegriff für die Brauart, da es beispielsweise beim Pilsner Typ unzählige Sorten gibt.

Pilsner Typ	Dortmunder Typ	Münchner Typ
untergärig	untergärig	untergärig
hell goldfarben	hell oder dunkel	hell oder dunkel
starker Hopfengeschmack	weniger gehopft als Pilsner	malzig, nicht süß
4,5–5 %vol Alkohol	5 %vol Alkohol	4–4,75 %vol

Besondere Handelsformen

Exportbier

🇫🇷 bières export/d'exportation
🇬🇧 export beers

Exportbiere mit einem Stammwürzegehalt über 12% sind schwächer gehopfte Biere. Die Farbe ist etwas dunkler als beim Pilsner. Außerdem wird Exportbier bei 60–70 °C pasteurisiert.

Lagerung

Bei kühler und dunkler Lagerung ergeben sich folgende Haltbarkeitsfristen:

Flaschenbiere	*1/2–1 Jahr*
Fassbiere	*1/4–1/2 Jahr*
Dosenbiere	*1 Jahr*

Eisbock

Eisbock wurde im Jahre 1890 zufällig entdeckt, als Bockbierfässer im Winter versehentlich über Nacht im Freien stehen blieben. Die Fässer waren geplatzt, der Inhalt bis auf ein Konzentrat in der Mitte gefroren. Diese dunkle Flüssigkeit schmeckte malzig, süß und schwer – Eisbock war enstanden.

Bier

Biere mit vermindertem Alkoholgehalt

🇫🇷 bières à contenu en alcool réduit
🇬🇧 beers with reduced alcoholic content

Solche Biere werden durch Entzug des Alkohols aus dem ausgegorenen Bier oder durch unvollständige Vergärung hergestellt, indem die Bierhefe vorzeitig entfernt wird.

Alkoholfreies Bier	weniger als 0,5 %vol Alkohol
Alkoholarmes Bier	0,5–1,5 %vol Alkohol
Alkoholreduziertes Bier	1,5–3 %vol Alkohol

Was besagt das Reinheitsgebot für Bier?
Seit 1516 gilt das zuerst in Bayern formulierte Gebot, Bier allein aus den Rohstoffen Gerste, Hopfen und Wasser herzustellen. Später wurde auch der Grundstoff Hefe mit erfasst. Durch die EU-Rechtsprechung ist es inzwischen erlaubt, Biere, die nicht dem deutschen Reinheitsgebot entsprechen, nach Deutschland zu importieren.

Deutsche Bierspezialitäten

🇫🇷 bières spéciales allemandes
🇬🇧 Special German beers

Region	Bierspezialität	Merkmale
Berlin	Weiße mit Schuss	Obergärig, mit einem Schuss Himbeersirup als Erfrischungsgetränk geschätzt
	Bockbier	Hell oder dunkel, Maibock, Doppelbock, saisonales Starkbier
Bamberg	Rauchbier	Dunkel, untergärig; Grünmalz über feuchten Buchenholzscheiten geräuchert
Bayern	Münchner	Dunkelbraunes Lagerbier
	Münchner Märzen	Wie Wiener (→ 112); Wies'n ist ein für das Oktoberfest gebrautes Märzenbier
	Weißbier	Hefeweizen, obergärig, hell, naturtrüb
	Kulminator (Franken)	Stärkstes Bier
Düsseldorf/ Niederrhein	Alt	Obergärig, dunkel-bernsteinfarben
Köln	Kölsch	Obergärig, goldfarben
Sachsen	Leipziger Gose	Obergärig, hell
Köstritz	Schwarzbier	Herb-würziger Geschmack
Westfalen	Altbier	Obergärig, hopfenbitter, dunkel
Einbeck	Einbecker Bier (Einpöckisch)	Untergärig, Pilsner Typ
Dortmund	Dortmunder	Goldgelb, untergärig, schwächer gehopft, nur in Dortmund gebraut, Exportbier
Goslar	Gose	Obergärig
Braunschweig	Mumme	Obergärig, süßlich, alkoholarm, 0,5–1 %vol, Malzbier
Hannover	Broyhan	Hell, untergärig

Zwickelbier: *Bezeichnung für unfiltriertes, naturtrübes Bier, in dem die Hefe teilweise erhalten ist. Ursprünglich waren alle Biere unfiltriert und trüb. Heute wird Zwickelbier von kleineren Brauereien als Spezialität angeboten.*

Bestaubt sind unsere Bücher, der Bierkrug macht uns klüger, das Bier verschafft uns Genuss, die Bücher nur Verdruss.

Getränke

🇫🇷 bières étrangères spéciales
🇬🇧 special beers from other countries

1 Erläutern Sie den Begriff Stammwürze im Zusammenhang mit der Biergattung.
2 Nennen Sie neuere Biersorten, und erörtern Sie die Bedeutung des Angebots.
3 Dürfen Biere mit anderen Getränken vermischt werden?
4 Vervollständigen Sie die Übersicht über ausländische Biere:
Land – Bier – hell/dunkel – Biertyp – Geschmack
5 Begründen Sie die Möglichkeit des Ausfrierens von Bier zu Eisbock.

1 Aus einem 50-Liter-Fass mit Bier werden 110 Gläser mit 0,3 l und 60 Gläser mit 0,25 l gezapft. Ermitteln Sie den prozentualen Schankverlust.
2 Ein Gastwirt bezieht von der Brauerei 3,2 hl Bier. Wie viel Gläser zu 0,25 l kann er ausschenken, wenn er einen Schankverlust von 5,5% annimmt?
3 Pilsner enthält unter anderem 4,2% vol Ethanol. Ermitteln Sie die Energie aus dem Alkoholanteil in einem 0,25-l-Glas Pilsner, wenn 1 g Ethanol einen Energiegehalt von 29 kJ hat (1 l entsprechen 1000 g). Die Dichte von Ethanol beträgt 0,8 g/ccm.

Ausländisches Bierspezialitäten

Region	Bierspezialität	Merkmale
Belgien (Brüssel)	Gueuze	Bier mit wilder Hefe, erzeugt aus Weizen, Malz und Hopfen, für zweite Gärung in Champagnerflaschen abgefüllt, 5,2 %vol
Tschechien (Budweis)	Budweiser	Hell, lieblich, weniger gehopft als Pilsner
(Pilsen)	Pilsner Urquell	Hell, spritzig, frisch, stark gehopft, 4,1 %vol
England	Ale	Obergärig, dunkel-bernsteinfarben, fruchtig
	Barley wine	Extrastarkes Ale
	Bitter	Stark gehopftes Ale
	Porter	Wie Stout, aber leichter
	Stout	Obergärig, sehr dunkel, aus stark gerösteter unvermälzter Gerste und Malz
Frankreich Kronenbourg (Elsass)	bière de garde	Obergärig, stark, kupferfarben, heute auch untergärig, filtriert, 4,4–7,5 %vol
Irland	Guinness	Obergäriges Schwarzbier, Stammwürzegehalt etwa 10%, 4,1 %vol
Österreich (Wien)	Wiener	Untergärig, bernsteinrot oder halbdunkel (Wiener Malz)
Schweiz	Samichlaus-Bier, (St.-Nikolaus-Bier)	Ab 6. Dezember, hell oder dunkel, 14 %vol
Spanien	San Miguel	Untergärig, hell
USA	Light-Beer	Untergärig, hell, wässrig, nach Pilsner Art
	Malt Liquor	Malztrunk, helles Bockbier (April-Mai)

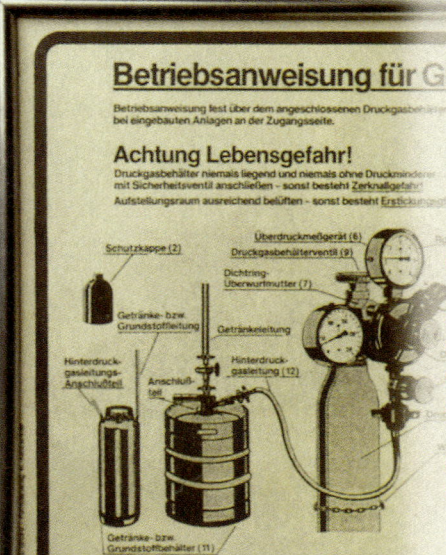

Bierpflege

Im Restaurant beginnt die Pflege des Bieres bereits mit der Anlieferung und der sachgerechten Lagerung. Voraussetzung für richtige Lagerung ist ein der Getränke-Schankanlagenverordnung entsprechender Bierkeller.

Folgende **Bestimmungen** muss ein **Bierkeller** danach aufweisen:
- der Fußboden muss trittsicher und wasserundurchlässig sein und einen Abfluss haben,
- ein Wasseranschluss muss vorhanden sein,
- der Bierkeller muss frei von Staub und fremdartigen Gerüchen sein,
- ausreichende Be- und Entlüftung,
- die Temperatur im Bierkeller soll zwischen 6-8°C betragen (sie darf 18°C nicht übersteigen!),
- keine Lagerung von brennbaren Stoffen (Explosionsgefahr der CO_2-Flasche),
- in der Nähe der CO_2-Flasche muss deren Betriebsanweisung gut sichtbar angebracht sein.

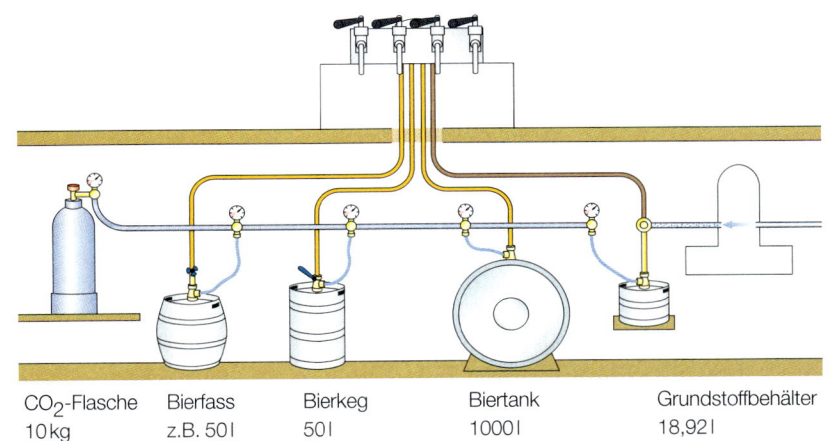

Bier

CO$_2$-Flasche	Bierfass	Bierkeg	Biertank	Grundstoffbehälter
10 kg	z.B. 50 l	50 l	1000 l	18,92 l
Druck: 50 bar	herkömmliches System	Keg = engl. Fässchen	für Bier-Drive-Systeme	= 5 US-Gallonen

Das fachgerechte Anschließen (Anstecken) des Fasses ist die Grundvoraussetzung für ein gepflegtes Bier, ebenso der richtige CO$_2$-Druck.
Selbstverständlich muss die Schankanlage regelmäßig gereinigt werden. Die Reinigung der Getränkeleitungen wird – wie gesetzlich vorgeschrieben – im **Betriebsbuch** festgehalten, das an der Schankanlage aufbewahrt werden muss.

Im Detail bedeutet das:
- alle 2 Wochen Reinigung der Getränkeleitungen
- Reinigung der Druckgasleitungen mindestens einmal im Jahr

Darüber hinaus sind die Zapfarmaturen täglich zu reinigen, ebenso auch beim Wechsel der Getränkeart.

Mechanische Reinigung

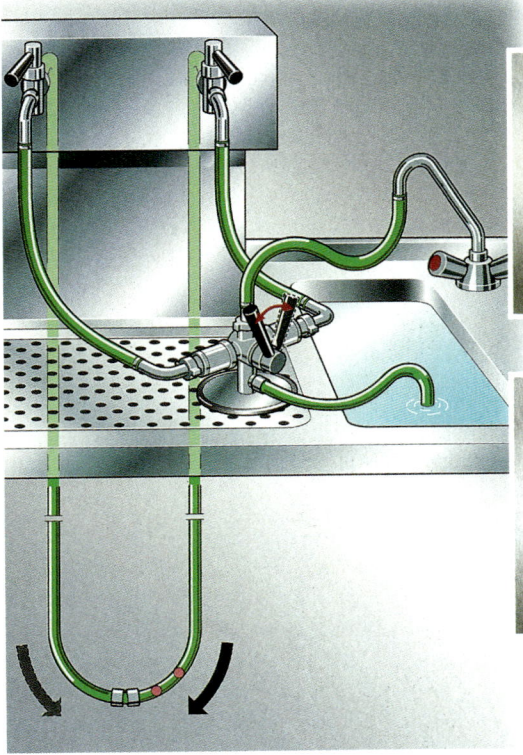

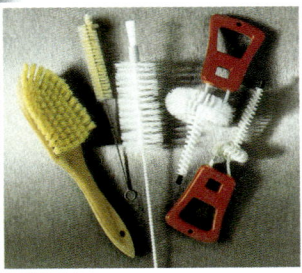

Reinigungsbürsten

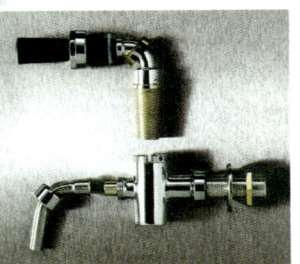

Zerlegter Kükenhahn

Anschließen des Fasses

Schutzkappe abnehmen

Zapfkopf mit den angeschlossenen Bier- und Kohlensäureleitungen bis zum Anschlag über den Verschluss schieben

Hebel nach unten drücken, damit die Ventile geöffnet sind

Zum Abnehmen des Zapfkopfes den Hebel nach oben ziehen

Getränke

Fachgerechter Ausschank von Bier

Fassbier	Flaschenbiere
Serviertemperatur: helle Biere: 8–10°C, dunkle Biere: 10–12°C	
Gläser vor dem Zapfen kalt ausspülen.	Nur saubere und polierte Gläser verwenden.
Gläser müssen mit Füllstrich versehen sein.	Gläser benötigen keinen Füllstrich.
Beim Zapfen Gläser zu Beginn schräg halten und den Hahn ganz öffnen (Hahn nicht ins Bier eintauchen!). Beim Auffüllen das Glas senkrecht halten und zum Aufsetzen der Schaumkrone (Blume) den Hahn nur halb öffnen.	Bierflasche beim Einlagern gründlich reinigen und Etiketten überprüfen. Flasche ohne Ruck öffnen, damit CO_2 im Bier gebunden bleibt.

! Wird das Bier vom Bierkeller über Leitungen zum Schankraum transportiert, muss die Steighöhe bei der Einstellung des Betriebsdrucks berücksichtigt werden. Man rechnet je Meter Steighöhe 0,1 bar mehr.
Beispiel: Temperatur (7°C), Steighöhe (4m)
    7°C   = 0,8 bar
  + 4(m) x 0,1 bar   = 0,4 bar
                       = 1,2 bar

Glas halb voll zapfen  | Etwa eine Minute lang stehen lassen  | Nachzapfen  | Nach etwa einer Minute die Schaumkrone aufsetzen

?
1 Welche Faktoren bestimmen die Qualität des gezapften Bieres?
2 Nennen Sie berechtigte Reklamationsgründe.
3 Beschreiben Sie die Schankanlage Ihres Ausbildungsbetriebes.

Bierservice

Im guten Bierservice werden Gläser und Flaschen auf einem Tablett getragen. Eine Ausnahme bildet das Tragen von Henkelgläsern oder -krügen. Der Service erfolgt von der rechten Seite des Gastes. Beim Einsetzen (auch beim Abräumen) werden die Gläser auf keinen Fall im Trinkbereich angefasst. Embleme bzw. Etiketten auf Gläsern und Flaschen zeigen zum Gast. Je nach Anlass und Charakter des Restaurants sowie der Form der Gläser werden Tropfenfänger und/oder Bierdeckel verwendet. Im festlichen Service ist darauf zu verzichten. Bier eignet sich sich wegen seines arteigenen Geschmacks und seiner Sortenvielfalt als Begleiter zu einer Reihe von Speisen.

Bierspezialität	Geschmacksmerkmale	Speisen
Pilsner	Herb-bitter	Schweinefleisch (Eisbein)
Altbier	Aromatisch	Wild, Rinder-, Schweinebraten
Bockbier	Kräftig	Käse, dunkles Fleisch, rustikale Aufschnittplatten
Weiß- und Weizenbier	Spritzig	Fisch
Dunkles Bier	Aromatisch	Hammelspeisen, Gänsebraten
Exportbier	Kräftig, lieblich	Steaks
Malzbier, Berliner Weiße	Erfrischend	Süßspeisen

Wein

2.6 Wein

🇫🇷 vin
🇬🇧 wine

Wein ist ein **altes Kulturgetränk,** das in den gemäßigten Klimazonen der Erde erzeugt wird. Weltweit sind über 8000 Rebsorten bekannt, von denen etwa **56 in Deutschland** zum Anbau zugelassen sind. Die ältesten und bedeutsamsten Weinbaugebiete Europas liegen in den Mittelmeerländern.

> Die **europäischen Weinbauländer** regeln Anbau, Ausbau und Handel mit Wein durch EU-Vorschriften. Die Bestimmungen des Gesetzes zur Reform des Weinrechts von 1994 und nachgeordnete Rechtsvorschriften dienen insbesondere der nationalen Ausgestaltung des europäischem Weinrechts.

2.6.1 Rebsorten

Weintrauben wachsen an **Weinstöcken,** regional auch Rebstöcke genannt. Angebaut werden Zuchtkulturen mit eigenen Namen. In Deutschland sind nur etwa 20 der zugelassenen Rebsorten ökonomisch bedeutsvoll. Die Weineigenschaften werden hauptsächlich durch Rebsorte, Boden, Klima und fachmännischen Anbau bestimmt. Das gemäßigte Klima sorgt mit ausreichend hohen Niederschlägen für einen langsamen Reifeverlauf bei guter Bodennutzung. Dies führt je nach Rebsorte und Standort ebenso zu leichten, filigranen fruchtbetonten wie auch körperreichen Weinen mit milder bis ausgeprägter Säure. Neben den klassischen alten Rebsorten wie Riesling, Silvaner, Weißburgunder, Grauburgunder (Ruländer), Spätburgunder, Portugieser und Trollinger haben auch die durch Kreuzungszüchtung gewonnenen Sorten Müller-Thurgau (Rivaner), Kerner, Bacchus, Scheurebe und Dornfelder besondere Bedeutung.

Rebsorte	Kreuzung	Weinart	Geschmack	Wichtige Anbaugebiete /-länder
Bacchus	Silvaner + Riesling + Müller-Thurgau	weiß	fruchtig, körperreich	Rheinhessen, Franken
Cabernet franc		rot	herb, kräftig	Frankreich, Italien
Cabernet Sauvignon		rot	herb, rassig, kräftig	Frankreich, Italien, Kalifornien
Chardonnay (Spielart des Weißburgunders)		weiß	elegant, rassig	Frankreich, Italien, Südafrika, Deutschland (seit 1991)
Dornfelder		rot	rassig, herb	Rheinhessen, Pfalz
Elbling		weiß	rassig	Mosel-Saar-Ruwer, Luxemburg
Gamay		rot	fruchtig, harmonisch	Frankreich

Getränke

Rebsorte	Kreuzung	Weinart	Geschmack	Wichtige Anbaugebiete (/-länder)
Grüner Veltliner (Weißgipfler)		weiß	spritzig, rassig, pfeffrig	Österreich, Ungarn
Gutedel (Chasselas)		weiß	leicht, mild	Baden, Sachsen, Schweiz
Huxelrebe	Gutedel + Courtillier musqué	weiß	voll, mild, Muskatbukett	Rheinhessen, Pfalz
Kerner	Trollinger + Riesling	weiß	rassig, frisch, fruchtig	Pfalz, Rheinhessen, Württemberg
Lemberger (Blaufränkisch)		rot	kräftig, säurereich	Baden, Württemberg, Österreich
Merlot		rot	harmonisch, ausgewogen	Frankreich, Chile, Argentinien
Morio-Muskat	Silvaner + Weißburgunder	weiß	wuchtig, kräftiges Muskatbukett	Pfalz, Rheinhessen, Sachsen
Müllerrebe (Schwarzriesling, Pinot meunier)		rot	leicht, fruchtig	Frankreich, Österreich, Baden, Württemberg
Müller-Thurgau	Riesling + Gutedel	weiß	mild, duftig, zartes Muskatbukett	Deutschland
Perle	Gewürztraminer + Müller-Thurgau	weiß	blumig, leicht	Sachsen
Blauer Portugieser		rot	leicht, mild	Pfalz, Rheinhessen, Ahr, Österreich
Riesling		weiß	rassig, fruchtig	Rheingau, Mosel-Saar-Ruwer, Mittelrhein, Nahe
Ruländer (Grauburgunder)		weiß	kräftig, füllig	Baden, Pfalz, Sachsen, Elsass
Scheurebe	Riesling + Silvaner	weiß	körperreich, blumig	Rheinhessen, Pfalz, Nahe, Österreich
Silvaner (Sylvaner)		weiß	neutral, voll	Franken, Rheinhessen, Pfalz Schweiz, Österreich
Blauer Spätburgunder (Pinot noir, Klevner)		rot	samtig, feurig	Frankreich, Baden, Ahr, Pfalz
Gewürztraminer (Traminer)		weiß	würzig, mild, bukettreich	Pfalz, Baden, Rheinhessen, Sachsen, Ungarn
Trollinger (Groß-Vernatsch)		rot	leicht, fruchtig, frisch	Württemberg, Südtirol
Weißburgunder (Pinot blanc, Clevner)		weiß	voll, kräftig, mild	Frankreich, Italien, Schweiz, Baden, Pfalz, Nahe, Rheinhessen, Sachsen

Wein

2.6.2 Deutsche Weine

🇫🇷 *vin allemand*
🇬🇧 *german wine*

Hergestellt werden Weißwein (*vin blanc / white wine*), Rotwein (*vin rouge / red wine*), Rosé-Wein (*vin rosé / rosé wine*) und Rotling, Perlwein (*vin pétillant / prickling wine*), aber kaum Likörwein (*vin de liquer / liquer wine*).

Anbaugebiete

Deutschland zählt zu den nördlichsten europäischen Weinbauländern mit **13 Anbaugebieten,** in denen jeweils ähnliche geologische und klimatische Bedingungen herrschen.
Der deutsche Weinbau konzentriert sich auf das Gebiet am Rhein und seinen Nebenflüssen, südlich von Bonn bis zum Bodensee. Daneben bestehen zwei östliche Weinbaugebiete mit reicher Tradition an Saale-Unstrut und an der Elbe zwischen Dresden-Pillnitz und Diesbar-Seußlitz (1161 erstmals urkundlich erwähnt).

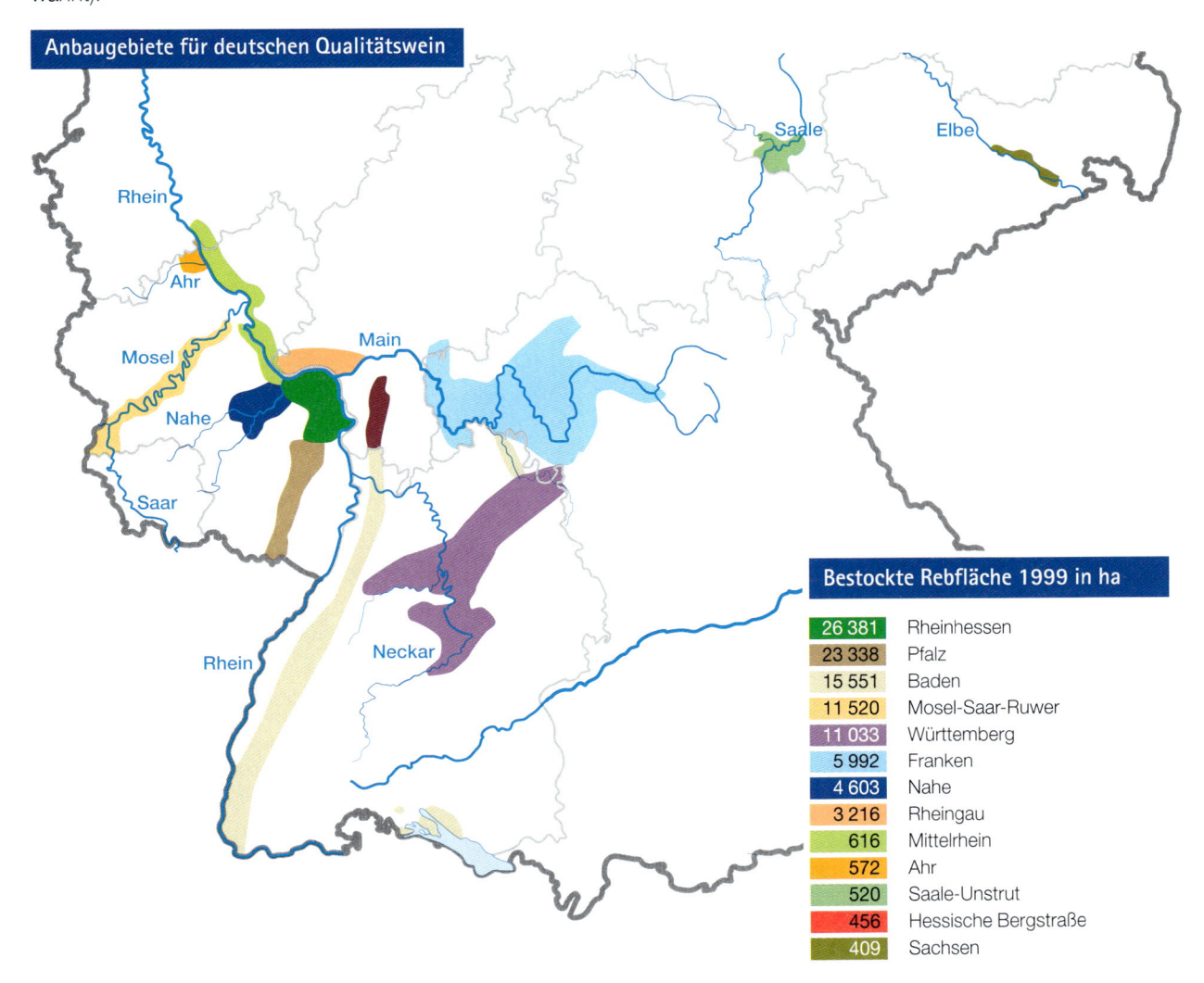

Anbaugebiete für deutschen Qualitätswein

Bestockte Rebfläche 1999 in ha

Fläche (ha)	Anbaugebiet
26 381	Rheinhessen
23 338	Pfalz
15 551	Baden
11 520	Mosel-Saar-Ruwer
11 033	Württemberg
5 992	Franken
4 603	Nahe
3 216	Rheingau
616	Mittelrhein
572	Ahr
520	Saale-Unstrut
456	Hessische Bergstraße
409	Sachsen

Getränke

Weinbaugebiet	Böden	Hauptrebsorten	Weine und besondere Flaschenformen
Ahr	Sandiger Lehm, Grauwacke und Schiefer	Spätburgunder, Portugieser, Riesling und Müller-Thurgau	Leichte Rotweine mit rassiger Fruchtigkeit, Spätburgunder
Baden	Jura, Granit- und Gneisverwitterung, Keuper, Löss, Lehm, Mergel, Moräne, Muschelkalk, Sandstein und vulkanische Gesteine	Müller-Thurgau, Spätburgunder, Grauburgunder, Riesling, Gutedel und Weißburgunder	Gutedel (Markgräfler Land), Burgunderarten: Grauburgunder, Spät-, Weißburgunder, Badisch Rotgold (Grau und Spätburgunder zusammen gekeltert), Spätburgunder-Weißherbst
Franken	Buntsandstein, Gips- und Lettenkeuper, Löss, Lehm, Muschelkalk und Sand	Müller-Thurgau, Silvaner, Bacchus, Kerner, Riesling und Spätburgunder	Ausgeprägte Eigenarten durch kleine Rebflächen mit Frankenweincharakter herzhaft, erdig, körperreich, trocken, abgefüllt in Bocksbeutel (→ 125), Müller-Thurgau mit Muskatnote, Silvaner besonders markig
Hessische Bergstraße	Melaphyr, Porphyr, Sand, Löss, Lehm, Kies, Granitverwitterung und Buntsandstein	Riesling, Müller-Thurgau, Silvaner und Grauburgunder	Vorwiegend Rieslingweine, im Erzeugergebiet getrunken
Mittelrhein	Grauwacke, Schiefer und tonig-sandiger Lehm	Riesling und Müller-Thurgau	Herzhafte Rieslingweine
Mosel-Saar-Ruwer	Grauwacke, Schiefer, tonig-sandiger Lehm, Mergel und Muschelkalk	Riesling, Müller-Thurgau, Elbling und Kerner	Rassige Weine, hell, frisch, spritzig, mit fruchtiger Säure, hauptsächlich Rieslingweine
Nahe	Sand, tonig-sandiger Lehm, Mergel, Schiefer und Quarzit	Riesling, Müller-Thurgau, Silvaner, Kerner, Scheurebe, Bacchus, Spätburgunder und Dornfelder	Sehr unterschiedlich, je nach Rebsorte und Jahrgang, ähnlich den benachbarten Anbaugebieten
Pfalz	Buntsandstein, Kies, Sand, sandiger Lehm, Löss, Kalk und Mergel	Riesling, Müller-Thurgau, Portugieser, Kerner, Silvaner, Scheurebe, Dornfelder und Spätburgunder	Würzige bis mild-süffige Weine; 25% der deutschen Weinproduktion; Trockenbeerenauslesen aus dem Bereich Mittelhaardt
Rheingau	Schiefer, Quarzit, Buntsandstein, Ton, Lehm und Löss	Riesling, Spätburgunder und Müller-Thurgau	Weltbekannte Weine; Spätlesen mit Edelfäule, vollmundige Rieslingweine mit feinwürzigem Duft, Spätburgunder (Steillagen)

Wein

Weinbaugebiet	Böden	Hauptrebsorten	Weine und besondere Flaschenformen
Rheinhessen	Gesteinsverwitterung, tonig-sandiger Lehm, Kies, Ton, Löss, Rotliegendes und Mergel	Müller-Thurgau, Silvaner, Riesling, Kerner, Scheurebe, Bacchus, Portugieser, Dornfelder und Spätburgunder	Unterschiedlichste Weine, Müller-Thurgau am bedeutendsten, Liebfrauenmilch stammt aus Rheinhessen, Ingelheimer Spätburgunder
Saale-Unstrut	Wellenkalk und roter Sandstein	Müller-Thurgau, Silvaner, Weißburgunder, Portugieser, Riesling, Kerner, Bacchus und Traminer	Trockene, reintönige Weine mit weichem Charakter (Muschelkalk), die jung getrunken werden sollten; aus klimatischen Gründen keine Aus- und Spätlesen
Sachsen	Granitverwitterung, Löss- und Sandböden	Müller-Thurgau, Riesling, Weißburgunder, Graubrugunder und Traminer	Charaktervolle trockene Weine mit Säure, leichte Rotweine aus Seußlitz, Meißner Weine (Steillagen), Meißner Schieler (Rotling) Sachsenflasche (→ 125)
Württemberg	Muschelkalk, Keuper, lehmiger Ton, Mergel, Löss, Molasse und Sand	Riesling, Trollinger, Schwarzriesling (Müllerrebe), Lemberger, Kerner, Müller-Thurgau und Spätburgunder	Typisch sind unterschiedliche Rot- und Weißweine mit kräftigem Geschmack; als Spezialität gilt Schillerwein

Die Anbaugebiete lassen sich in **Bereiche, Gemeinden, Großlagen** und **Einzellagen** weiter unterteilen.

Weinlese

Erntetermine liegen zwischen Anfang September und Mitte November. Die **Lese** findet nach den Reifestufen Vollreife, Überreife, Edelfäule, (→ 123) statt. Eine grobe Sortierung des Lesegutes findet bereits am Weinstock statt. In deutschen Qualitätsweingebieten werden bei einer Vorlese angefaulte, kranke oder beschädigte Beeren abgelesen. Bei der Hauptlese werden die gesunden vollreifen Trauben geerntet.

ANBAUGEBIET
BEREICH
GEMEINDE
LAGE
z. B. Weinberg
z. B. Weindorf
z. B. Rebland
z. B. Franken

Getränke

Wiegen mit der Mostwaage?
Ferdinand Öchsle (1774–1825) aus Pforzheim erfand die Mostwaage, die aus einer Senkspindel besteht.

Mostgewicht

Durch das Mostgewicht, das die **Dichte des Mostes** bezeichnet, wird der Traubenzuckergehalt bei der Lese ermittelt.

Die Mindestmostgewichte sind für die Anbaugebiete, deren Rebsorten und die zu erreichende Güteklasse des Weins unterschiedlich festgelegt.

Beispiel Anbaugebiet Pfalz, Rebsorte Riesling	Öchsle	entspricht
Landwein	50°	5,9 % vol.
Qualitätswein b. A.	60°	7,5 % vol.
Qualitätsweine mit Prädikat		
- Kabinett	73°	9,5 % vol.
- Spätlese	85°	11,4 % vol.
- Auslese	92°	12,5 % vol.
- Beerenauslese und Eiswein	120°	16,9 % vol.
- Trockenbeerenauslese	150°	21,5 % vol.

Übersicht Weinherstellung

- Lese der Trauben
- Maischen
- Pressen
- Gären, Vergären des Mostes

$$\text{Fruchtzucker} \xrightarrow{\text{Weinhefe}} \text{Ethanol} + CO_2$$

- Reifen: Ausbildung von Bukettstoffen, höherwertige Alkohole, Glycerin, organische Säuren
- Abfüllen

Weinherstellung

Mostgewinnung

Mit einigen Ausnahmen werden die Weinbeeren maschinell von den Stielen befreit und gemaischt (gequetscht). Dabei löst sich ein Teil des Fruchtsaftes aus den Weinbeeren. Die Kerne, die Bitterstoffe enthalten, sollen jedoch nicht zerdrückt werden. Beim Rotwein werden die Trauben zur Farbgebung zunächst gemaischt und vorgegoren oder kurz erhitzt. Eine Nassverbesserung durch Zusatz von Wasser ist verboten. Jungmoste werden als **neuer Süßer** und kurz nach Beginn der Gärung als **Federweißer** verkauft.

Mostgärung

Die Vorbereitung der Moste erfolgt durch Temperaturkontrolle zur Schaffung eines günstigen Gärniveaus. Durch Hefen wird der Traubenzucker in Ethanol und Kohlendioxid umgesetzt. Die Gärung sollte weder zu lange noch zu stürmisch verlaufen. Außer bei Prädikatsweinen ab Auslesen dauert die Gärung 3 Wochen und länger. Eine zu stürmische Gärung führt zu ausdruckslosen Weinen, während eine zu langsame Gärung zur Bildung von Azetaldehyd führt, das dann durch Zusatz von schwefliger Säure gebunden werden muss. Schwefel, der auch die Oxidation, die Keimvermehrung und den Enzymabbau hemmt, soll möglichst in geringem Maße eingesetzt werden.

Anreicherung ist der **Zusatz von Zucker** oder rektifiziertem **Traubenmostkonzentrat** vor Beendigung der Gärung zur Erhöhung des Alkoholgehaltes.

Wein

Wenn es die Witterungsbedingungen erfordern, kann in allen Anbauzonen eine Anreicherung bei Tafel-, Land- und Qualitätsweinen erfolgen. Allerdings ist bei deutschen Qualitätsweinen mit Prädikat jede Anreicherung verboten. Nach der EU-Regelung darf die Erhöhung des Mindestgehaltes an natürlichem Alkohol folgende Grenzwerte nicht überschreiten:
Weinbauzone A (→ 126): 3,5 %vol; Weinbauzone B: 2,5 %vol

> Nach EU-Recht ist Wein ... das ausschließlich durch vollständige oder teilweise Gärung der frischen, auch gemaischten Weintrauben oder des Traubenmostes gewonnene Erzeugnis.

Ausbau und Behandlung

Außer bei Spätlesen, Auslesen usw. beginnt nach dem Gären die Behandlung. Die Hefe wird abgetrennt, der Jungwein geklärt, wodurch weniger Schwefel erforderlich ist. Zur Klärung werden Kieselgur oder Filter ohne Asbest verwendet. Nach dem Klären reift der Wein im Fass oder im Tank. Überschüssige Weinsäure fällt in Kristallform aus. Durch die Reife entsteht die geschmackliche Harmonie des Weins. Enthalten die verwendeten Trauben besonders viel Zucker, kann der Alkoholgehalt hoch sein und dennoch verbleibt im Wein noch unvergorener Zucker. Bei niedrigen Öchslegraden ist andererseits eine Trockenzuckerung nach gesetzlichen Vorgaben möglich. Durch Zugabe von schwefliger Säure wird die Oxidation des Weins verhindert. Schönen des Weins heißt Entfernen von unerwünschten Stoffen.

Lagerung: Weißweine werden 4–12 Monate, Rotweine werden 10-12 Monate im Fass ausgebaut. Ausnahme bildet der **Beaujolais primeur**, der besonders jung abgefüllt wird. Nach Selbstklärung und Filtration erfolgt die Abfüllung unter möglichst sterilen Bedingungen.

Behandlungsstoffe im Wein und ihre Funktion

Zucker	Bildung von Alkohol
Schweflige Säure	Die Zugabe von Schwefeldioxid (SO_2) dient vorrangig der Haltbarkeit des Weines. Der Gehalt an Gesamt-SO_2 beträgt meist 35 bis 120 mg/l, die zulässigen maximalen Grenzwerte betragen je nach Weintyp 150 bis 400 mg/l.
Sorbinsäure	Haltbarmachen
Ascorbinsäure	Haltbarmachen

Weinarten

Weinarten	Traubenart	Verfahrensführung	Typische Beispiele
Weißwein 🇫🇷 vin blanc 🇬🇧 white wine	Weißweintrauben	Weißweinverfahren	Riesling
Rotwein 🇫🇷 vin rouge 🇬🇧 red wine	Rotweintrauben	Rotweinverfahren	Spätburgunder
Rosé-Wein 🇫🇷 vin rosé 🇬🇧 rosé wine	Rotweintrauben	Weißweinverfahren	Rosé-Wein Weißherbst (aus einer Rebsorte)
Rotling	Rotwein- und Weißweintrauben	gemeinsame Verarbeitung	Schillerwein Badisch Rotgold Meißner Schiefer

Perlwein zählt nach aktuellem Recht nicht zu den Weinarten. Perlwein ist schäumender Wein mit einem Kohlensäuredruck von 1 bis 2,5 bar und kann in den Weinarten Weißwein, Rotwein und Rosé hergestellt werden.

Entalkoholisierter Wein: hergestellt nach den beschriebenen traditionellen Verfahren. Alkohol wird nach der Gärung entzogen. Restalkohol von 0,49 %vol ist zulässig.

ALKOHOLFREIER WEIN

Schloss Boosenburg Weiss

Alkoholfreier Wein Geschwefelt

Sorgfältig ausgesuchten Weinen wird nach einem neuen Verfahren der Alkohol auf besonders schonende Art entzogen. Die geschmackvolle Alternative für alle, die den Genuss eines guten Glases Wein schätzen, jedoch auf Alkohol verzichten Kohlensäure, Konservierungsstoffe (Ascorbinsäure, Schwefeldioxid).

Kalorienreduziert:
100 ml enthalten: Kohlenhydrate: 4,3 g, Fett: 0 g, Eiweiß: 0 g, 120 kJ (28 kcal). Das ist nur etwa 1/3 der Kalorien eines alkoholhaltigen Weines.

Getränke

Prädikate (Qualität)
- Eiswein
- Trockenbeerenauslese
- Beerenauslese
- Auslese
- Spätlese
- Kabinett

Qualitätswein bestimmter Anbaugebiete (QbA)

- Qualitätswein mit Prädikat
- Qualitätswein

Tafelwein (Landwein)

1999er
Badischer Landwein
MÜLLER-THURGAU
TROCKEN
ERZEUGERABFÜLLUNG
WEINGUT BECHLE
D-79539 LÖRRACH
0,75 l   L3456   9 %vol

🇫🇷 vin de qualité / vin délimité de qualité supérieure
🇬🇧 quality wine / quality wine produced in a specific region (qwpsr)

Neue Qualitätsbegriffe

Classic:
trocken ausgebaute Weine gehobener Qualität aus klassischen gebietstypischen Rebsorten

Selektion:
Herkunft aus Einzellagen, ausgewählte, hochwertige Rebsorten, trocken ausgebaute und handgelesene Spitzenweine aus klassischen gebietstypischen Rebsorten

---

Diabetikerwein (Wein für Diabetiker): Hinweis erforderlich: Genuss „nur nach Befragen des Arztes". Maximal 4 g/l Glucose und 20 g/l Gesamtzucker. Maximal 12 %vol vorhandener Alkohol und 150 mg/l schweflige Säure insgesamt.

Qualitätsmerkmale

> Weine sollen fruchtige, ausgeprägte Säure, abgestimmte Süße, harmonisches Bukett, also eine Ausgewogenheit zwischen Duft- und Geschmacksstoffen aufweisen. Zur Gütebeurteilung wurde für den deutschen Wein eine Gruppeneinteilung vorgenommen; die Gruppenbezeichnungen müssen auf dem Etikett stehen. Dadurch gibt es einen Anreiz für Qualitätssteigerungen sowie eine Orientierungshilfe für den Einkauf.

Tafelwein   🇫🇷 vin de table   🇬🇧 table wine

Tafelwein stammt ausschließlich aus im Inland geernteten Trauben und von empfohlenen oder zugelassenen Rebsorten. Er muss einen natürlichen Mindestalkoholgehalt von 5 %vol oder 44° Öchsle (Anbauzone A) bzw. 6 %vol oder 50° Öchsle (Anbauzone B) aufweisen. Für Tafelwein, des unteren Qualitätsbereichs sind Herkunftsbezeichnungen nach den 13 Weinbaugebieten vorgeschrieben. Tafelweine kommen aus 5 Tafelweingebieten: Rhein-Mosel, Bayern, Neckar, Oberrhein, Albrechtsburg. Tafelweine werden allgemein mit Zucker angereichert. Verschnitte verschiedener Weine sind erlaubt.

Landwein   🇫🇷 vin de pays   🇬🇧 homegrown wine

Landweine können auch als Tafelweine mit gehobener Qualität angesehen werden. Der Mindestalkoholgehalt liegt 0,5 %vol höher als beim Tafelwein. Verboten ist der Zusatz von konzentriertem Traubenmost. Für sie bestehen 19 vorgeschriebene Landweingebiete. Bei Landweinen soll nur die geografische Herkunft erkennbar sein. Besondere Weinbaugebiete dürfen nicht angegeben werden. Tafel- und Landweine werden in der Gastronomie gern als Schoppenweine angeboten.

Qualitätswein / Qualitätswein bestimmter Anbaugebiete

Qualitätsweine sind durch eine Prüfnummer gekennzeichnet. Auf dem Etikett sind außerdem Anbaugebiet, fakultativ Jahrgang und Rebsorte angegeben. Die Zuteilung der amtlichen Prüfnummer darf nur erfolgen, wenn
- die Vorschriften der Rechtsakte der Europäischen Union, des Weingesetzes und der aufgrund des Weingesetzes erlassenen Rechtsverordnung eingehalten worden sind;
- der Wein die für ihn typischen Bewertungsmerkmale aufweist;
- der Traubenmost oder die Maische im gärfähig befüllten Behältnis mindestens das für den jeweiligen Wein vorgeschriebene Mindestmostgewicht erreicht hat;
- der Wein in Aussehen, Geruch und Geschmack frei von Fehlern ist und
- der Gesamtalkoholgehalt im Falle einer Anreicherung die zulässige Obergrenze nicht übersteigt.

Für die Zuerkennung eines Prädikates ist darüber hinaus erforderlich, dass
- der Wein die für das Prädikat typischen Bewertungsmerkmale aufweist,
- er nicht angereichert ist,
- die zur Weinbereitung verwendeten Trauben in einem einzigen Bereich geerntet worden sind, und
- die Beschaffenheit des Lesegutes den für das jeweilige Prädikat festgelegten Vorschriften entsprach.

Wein

Qualitätswein mit Prädikat

Bei Qualitätsweinen mit Prädikat ist jede Anreicherung verboten. Kabinett ist die Eingangsstufe der Prädikate. Das Mindestmostgewicht liegt relativ niedrig. Insbesondere in den nördlichen Anbaugebieten wie Mosel-Saar-Ruwer werden diese leichten Weine geschätzt.

> Für Spätlese, Auslese, Beerenauslese, Trockenbeerenauslese bis Eiswein sind höhere Mindestmostgewichte vorgeschrieben.

Für **Spätlesen** (*vendanges tardives / late vintages*) müssen die Weintrauben im vollreifen Zustand und in später Lese geerntet worden sein.

Auslesen (*vins de qualité extra, vins de qualité choisie / extra quality wines, selected quality wines*) stammen von vollreifen Weinbeeren.

Für **Beerenauslesen** dürfen nur edelfaule oder überreife Weinbeeren verwendet werden.

Für **Trockenbeerenauslesen** (*rôti, vins de raisins passerillés / wines produced from partially dried grapes*) eignen sich eingeschrumpfte edelfaule Beeren. Ist in Ausnahmefällen keine Edelfäule eingetreten, dürfen auch überreife eingeschrumpfte Beeren verwendet werden. Trockenbeerenauslesen können bei besten klimatischen Bedingungen erzielt werden. Bei den stark eingetrockneten Beeren wird ein konzentrierter Traubenzuckergehalt erzielt, der auch durch Aufhängen oder durch Lagern auf Stroh (Strohwein) – in Frankreich, der Schweiz und Spanien erlaubt – erreicht werden kann. Dadurch entstehen außerdem besondere Geschmacksrichtungen im fertigen Erzeugnis. Trockenbeerenauslesen sollten besonderen Gelegenheiten vorbehalten sein. Sie eignen sich als Aperitif, zum Dessert oder zu Gänseleberpastete.

Eiswein im Trend

Eiswein (vin de glace / ice-wine) dient heute vor allem als Renommiererzeugnis. Durch seinen Extraktgehalt kann er wie Dessert- oder Aperitifweine verwendet werden. Dafür müssen die Trauben bei einer Außentemperatur von mindestens –8 °C gelesen und unbeschädigt ohne vorheriges Maischen abgepresst werden. Ziel des besonderen Lese- und Verarbeitungsverfahrens ist die Konzentration des Zuckers und anderer nicht gefrorener Inhaltsstoffen der Trauben. Außerdem vermindert sich der Säuregehalt. Weitere Herstellungsschritte erfolgen wie bei Beeren- und Trockenbeerenauslesen.

Weinprüfung

Qualitätsweine unterliegen amtlichen Prüfungen, die vom Erzeuger bzw. Abfüller zu beantragen sind. Die Qualität wird besonders überwacht. Dabei sind **Lese- und Reifeprüfung**, **Weinanalyse** und **sensorische Prüfung** zu unterscheiden.

Amtliche Weinbewertung: Zum Schutz der Verbraucher und zur Durchsetzung eines lauteren Wettbewerbs sind obligatorische Angaben vorgeschrieben, die im Sichtbereich leicht lesbar sein müssen. Darüber hinaus gibt es Angaben, die nicht vorgeschrieben, aber erlaubt sind.

Vorgeschriebene Angaben Tafelweine	Vorgeschriebene Angaben Qualitätswein	Zulässige Angaben	Verbotene Angaben
• Tafelwein oder Landwein	• Anbaugebiet	• genauere geografische Herkunftsangaben	Bezeichnungen wie:
• Nennvolumen	• Qualitätswein	• Jahrgang	• natur
• Abfüller bzw. Erzeuger	• Qualitätswein b. A.	• eine oder höchstens 2 Rebsorten	• naturrein
• bei Export Erzeugerstaat	• Qualitätswein mit Prädikat	• eine Marke	• Wachstum
• vorhandener Alkoholgehalt	• Nennvolumen	• nähere Angaben zur Abfüllung	• Originalabfüllung
• Loskennzeichnung	• Abfüller bzw. Erzeuger	• Geschmacksangaben	• feine Spätlese
	• Alkoholgehalt	• weitere Eigenschaften	• durchgegoren
	• Loskennzeichnung	• Empfehlungen für den Verbraucher	
	• amtliche Prüfnummer	• Angaben zur Geschichte	
	• bei Ausfuhr Erzeugerstaat	• Angaben zu den Weinbaubedingungen	
		• Angaben zur Reife	
		• Auszeichnungen, Gütezeichen	
		• EU-Verpackungszeichen „e"	

Getränke

Konrad hat auf einer deutschen Spätburgunder-Weinflasche gelesen: „im Barrique gereift". Er fragt die Weinkellnerin (sommelière). Sie erklärt ihm, dass es sich bei solchen Bezeichnungen um Rot- oder Weißweine handelt, die in neuen oder wenig gebrauchten kleinen Eichenholzfässern (bis 350 l) nach französischem Vorbild zur Erzielung des bekannten Eichenholztones gereift wurden.

Lese- und Reifeprüfung
- Herbstbuch
- Rebsorten
- Öchslegrade

Sensorische Prüfung
- Geruch
- Geschmack
- Harmonie

Weinanalyse
- Gesamtalkoholgehalt
- Vorhandener Alkoholgehalt
- Zuckerfreier Extrakt
- Vergärbarer Zucker
- Alkohol-Restzucker-Verhältnis
- Gesamtsäure
- Freie und gesamte schweflige Säure
- Dichte

Qualitätsweine werden nach der **dreistufigen Prüfung** beurteilt. Bei positivem Ausgang wird eine amtliche Prüfnummer vergeben. Durch die Prüfnummer, die in einzelnen Bundesländern unterschiedlich festgelegt wird, kann der vorliegende Wein einwandfrei identifiziert werden.

Betriebsnummer: Beispiel: Baden

Betriebsnummer	Antragsnummer	Jahreszahl
031	03	98

Geschmacksrichtungen: Hinweise über den Geschmack sind freiwillige Angaben auf den Weinetiketten. Durch sie kann die Auswahl erleichtert werden.

Restzuckergehalt			
trocken	halbtrocken	lieblich	süß
bis 4 g/l	bis 12 g/l	über 12 g/l	mindestens 45 g/l
bis 9 g/l bei erhöhtem Säuregehalt	bis 18 g/l bei erhöhtem Säuregehalt	bis 45 g/l	

Auszeichnungen: Gütezeichen und Prämierungspreise können auf Weinflaschen verzeichnet werden. Auszeichnungen werden bei Erzielung einer besonders hohen Qualität verliehen.

Gütezeichen: Für deutsche Weine, auch Diabetikerweine, gibt es das DLG-Gütezeichen Deutsches Weinsiegel in drei Farben:

- **Gelb** trockene Weine
- **Grün** halbtrockene Weine
- **Rot** liebliche Weine

Des Weiteren verwenden der Badische und der Fränkische Weinbauverband besondere Regionalgütezeichen.

Prämierungen: Prämiert werden Qualitätsweine und Qualitätsweine mit Prädikat. Zu unterscheiden sind Gebiets- und Landesprämierungen. Am bekanntesten sind die bundesweiten Prämierungen durch die DLG (Deutsche Landwirtschaftsgesellschaft).

Auswahl von Gütezeichen

Preise der DLG

Wein

Weinflaschenformen

Bezeichnung	Form/Farbe	Verwendung
❶ Schlegelflasche	Schlanker Hals, rot, rotbraun, blau, grün	Weißweinflasche für Rheingau und Mosel
❷ Burgunderflasche	Gedrungene Schlegelflasche; braun, olivgrün	Rotweinflasche
❸ Bocksbeutel	Beutelartig; grün, braun	Fränkische und einige badische Weine
❹ Bordeaux-Flasche	Hals vom Flaschenkörper abgesetzt; weiß, farbig	Rotweine, Weißweine süße Weißweine, (Sauternes)
❺ Sachsenflasche	Keulenform; braun	Sächsische Qualitätsweine
❻ Sherry-Flasche	Hals abgesetzt; farbig	Likörweine
❼ Tokayerflasche	Hals abgesetzt; weiß	Tokayerweine

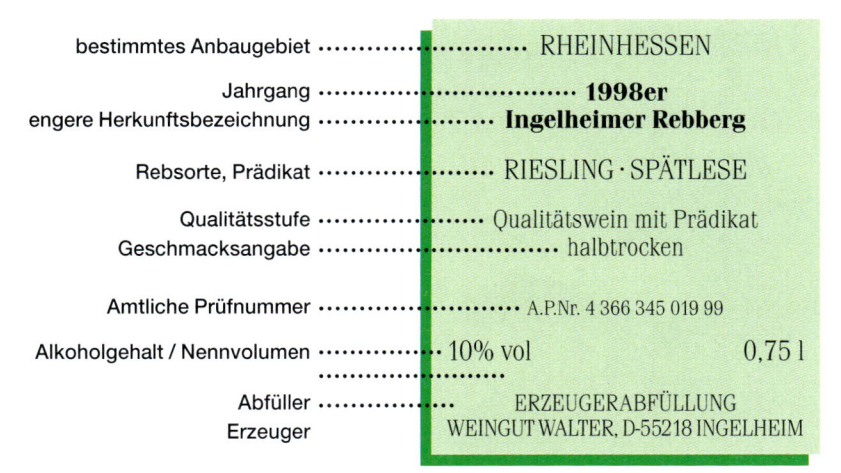

Hat die Farbe der Flasche Einfluss auf die Haltbarkeit des Weins?

Ja, denn Wein sollte bei längerer Lagerung vor Licht geschützt werden. Tageslicht fördert bei fast allen organischen Stoffen zunächst den Prozess der Reifung und dann des allmählichen Zerfalls. Grünes Glas eignet sich besonders für Weine zum baldigen Verbrauch sowie für Weine mit hohem Säureanteil (z.B. Rieslingweine aus Mosel-Saar-Ruwer). Hohen Lichtschutz garantieren braune Weinflaschen.

Weinetiketten

Rebsorten werden auf dem Etikett meist genannt, die Angabe ist jedoch nicht verbindlich vorgeschrieben. Bei Nennung einer Rebsorte muss der Wein zu mindestens 85% aus der Sorte hergestellt worden sein. Zwei Rebsorten dürfen nur dann angegeben werden, wenn der Wein ausschließlich aus ihnen hergestellt worden ist.

bestimmtes Anbaugebiet	RHEINHESSEN
Jahrgang	**1998er**
engere Herkunftsbezeichnung	**Ingelheimer Rebberg**
Rebsorte, Prädikat	RIESLING · SPÄTLESE
Qualitätsstufe	Qualitätswein mit Prädikat
Geschmacksangabe	halbtrocken
Amtliche Prüfnummer	A.P.Nr. 4 366 345 019 99
Alkoholgehalt / Nennvolumen	10% vol 0,75 l
Abfüller	ERZEUGERABFÜLLUNG
Erzeuger	WEINGUT WALTER, D-55218 INGELHEIM

Weinlagerung

Wein sollte möglichst wenig bewegt werden. Weinflaschen sollen so liegen, dass die Korken nicht austrocknen können. Auch von außen müssen sie vor dem Austrocknen geschützt sein. Wein in hellen Flaschen ist besonders lichtempfindlich, er soll deshalb im Dunkeln gelagert werden. Die Lagertemperatur liegt zwischen 10 und 12 °C.

Getränke

vins européen
European wines

2.6.3 Europäische Weine

Europäische Weinbauzonen

Zone	Land	Natürlicher Mindestalkoholgehalt QbA
A	Deutsche Anbaugebiete Luxemburg, England	6,1 – 8,9 %vol 6,5 %vol
B	Elsass-Lothringen, Champagne, Jura, Savoyen, Loire-Tal	7,5 %vol
C Ia	Zentral- und Südfrankreich	8,5 %vol
C Ib	Aosta-Tal, Trento, Belluno (Italien)	9,0 %vol
C II	Südfrankreich ohne die in C III genannten Gebiete, Italien ohne die in C III genannten Gebiete	9,5 %vol
C III	Pyrenäen, Korsika, italienische Gebiete südlich von Rom und italienische Mittelmeerinseln, Griechenland, Spanien, mittlere Regionen von Portugal	10,0 %vol

Weinbauzonen in der EU

Wein

Frankreich
🇫🇷 *France*
🇬🇧 *France*

Aus Frankreich, einem bedeutenden europäischen Weinland, kommen vorwiegend Rotweine, aber auch Rosé- und Weißweine.

Französische Gütebezeichnungen

- Tafelwein — *vin de table*
- Landwein — *vin de pays*
- Qualitätsweine bestimmter Anbaugebiete (QbA) — *vin délimité de qualité supérieure (VDQS)*
- Wein kontrollierter Herkunft — *appellation d'origine contrôlée (AOC)*

Bei der kontrollierten Herkunftsbezeichnung wird das Wort „origine" durch den Namen des jeweiligen Anbaugebietes, des Bereichs, der Gemeinde oder Lage ersetzt.

FRANKREICH — Weinsorten und -anbaugebiete

(Karte: Champagne, Elsass, Edelzwicker, Pinot Noir, Loire-Tal, Burgund, Sancerre, Rosé d'Anjou, Chablis, Cognac, Jura, Beaujolais, Bordeaux, Médoc, Pomerol, Armagnac, Languedoc, Rhône-Tal, Chateauneuf du Pape, Roussillon, Provence, Korsika)

Weinbauregion	Weinarten	Merkmale
Elsass	Riesling, Müller-Thurgau. Weine werden nach der Rebsorte bezeichnet	Trocken, fruchtig. Edelzwicker: Qualitätsweinverschnitt; schwerer und trockener als vergleichbare deutsche Sorten
Burgund	Weißweine des Chablis, des Montrachet, Rotweine der Côte d'Or	Chablis: trockener fruchtiger Weißwein. Beaujolais: Rotwein fruchtig frisch. Beaujolais primeur: (→ 135)
Rhône	Rotweine, als Côtes du Rhône gekennzeichnet	Châteauneuf-du-Pape, Côtes du Rhône. Hermitage, Rosé-Wein: Tavel
Bordeaux	Beste Rotweine aus dem Médoc, Saint-Emilion, Graves, Pomerol und Weißweine von Sauternes	Sauternes ähnlich den deutschen Trockenbeerenauslesen: teils nach Honig schmeckend
Valée de la Loire	Weißweine: Muscadet, Sauvignon, Chardonnay. Rotweine: Cabernet	Rotweine: Chinon, Bourgueil. Rosé-Weine: Sancerre AC grande réserve, Rosé d'Anjou. Weißweine: Vouvray, Saumur. Muscadet: trocken, frisch, süffig
Champagne	Schaumweine (→ 136ff). Wein im Unterschied zu Schaumweinen als Coteaux champenois bezeichnet	Coteaux champenois (stiller Champagner). Blanc de blancs (nur aus Chardonnay-Traube). Blanc de noirs (nur aus Pinot-noir- sowie Pinot-Meunier-Traube)
Languedoc-Roussillon		Flächenmäßig größtes französisches Weinbaugebiet, gute Landweine, Provence-Rosé-Weine. Vielzahl leichter und kräftiger Rotweine verschiedener Traubensorten

Getränke

Italien 🇫🇷 *Italie* 🇬🇧 *Italy*

Eigenarten des italienischen Weinbaus sind neben den großen Ertragsmengen vielfach Mischkulturen. Hervorragend ist die Rotweinerzeugung.

Italienische Gütebezeichnungen

- Tafelwein — *Vino da tavola (VDT)*
- Regionalwein — *Indicazione Geografica tipica (IGT)*
- Qualitätswein — *Denominazione di origine controllata (DOC)*
- Prädikatswein — *Denominazione di origine controllata e garantita (DOCG)*

ITALIEN — Weinsorten und -anbaugebiete

Südtirol: Kalterer See
Piemont: Barbaresco, Asti Spumante, Barolo, Dolcetto
Veneto: Bardolino, Soave
Emilia-Romagna: Lambrusco
Toscana: Chianti, Vernaccia di San Gimignano
Umbrien: Orvieto, Montepulciano
Latium: Frascati
Kampanien
Apulien
Sardinien: Vernaccia di Oristano, Moscato
Kalabrien
Sizilien: Marsala, Malvasia

Weinbauregion	Weinarten	Merkmale
Südtirol	Überwiegend Rotwein: Vernatsch-Rebe, auch Blauburgunder, Cabernet Weißwein: Rheinriesling, Gewürztraminer, Silvaner Besondere Sorten: Kalterer See, St. Magdalener	Klimatisch bedingt besonders feines Aroma
Lombardei	Rote und weiße Tafelweine im Veltlin, am Gardasee, bei Pavia und Mantua	Farb- und gerbstoffreiche Rotweine
Venetien	Einfache rote Landweine Traubensorten: Corvina, Rossara, Negrara Vicenza: Trockenbeerenauslesen	Ausgeprägte Farbe, von herb bis süß-spritzig
Piemont	Qualitätsrotweine, Nebbiolo-Traube Barolo Barbera Barbaresco Muskattraube: Asti spumante	 Trocken, bukettreich Herb Mild Moussierend, alkoholreich
Emilia Romagna	Lambrusco, Albano di Romagna, Sangiovese di Romagna	
Toskana	Rotweine Chianti-Weine aus dunklen und roten Trauben	Rein und lieblich Tiefrot, feurig; Chiantiflaschen
Umbrien	Weißweine: Albano de Romagna Orvieto Rotweine: Sangiovese Lambrusco	 Halbsüß, würzig dunkelgelb Goldgelb, leicht bitter Feurig, leicht bitter Herb
Latium	Weißweine, meist überreif geerntet Frascati	
Kampanien	Vesuv-Weine: Lacryma Christi del Vesuvio, Falerno Schwere Weiß- und Rotweine von Capri	
Sizilien	Marsala	Goldgelber Likörwein (→ 132)

Wein

Spanien 🇫🇷 Espagne 🇬🇧 Spain

40 Anbaugebiete von Qualitätsweinen. In den letzten Jahrzehnten verstärkt modernisierter Weinbau. Spanien verfügt über große Anbauflächen mit guten Qualitäten. Bekannt sind spanische Likörweine (➜ 132).

Ausgewählte Weinbauregionen	Weinarten	Merkmale
Rioja, Navarra	Rotwein: Rioja Haro Weißweine	In der Mehrheit als Verschnitte Herb
Valencia	Rotwein: Tinto doble, Pasta	Rotweine alkoholreich
La Mancha	Weißwein, weniger Rotwein	Einfache Weißweine mit hohem Alkoholgehalt
Andalusien	Malaga Sherry	Likörwein (➜ 132) Likörwein (➜ 132)
Penedés	Rotweine Weißweine	frische, fruchtige Weine

SPANIEN — Weinsorten und -anbaugebiete

- Rioja — Rioja Haro
- La Mancha
- Valencia — Tinto doble, Pasta
- Andalusien — Malaga
- Jerez — Sherry

UNGARN — Weinsorten und -anbaugebiete

- Tokaj — Tokajer
- Erlau — Erlauer Stierblut
- Plattensee — Plattensee-Riesling, Grüner Veltiner

Ungarn 🇫🇷 Hongrie 🇬🇧 Hungary

Ungarn zählt zu den ältesten Weinbauländern Europas. Durch moderne Anbaumethoden wurden jedoch keine Spitzenerzeugnisse erreicht.

Weinbauregion	Weinarten	Merkmale
Plattensee	Weißwein: Plattensee Riesling	Mittelschwer
Erlau	Rotwein: Erlauer Stierblut	Schwer bis süßlich
Tokaj	Likörwein (➜ 132)	Ausgeprägtes Bukett, hohe Fruchtsüße

Getränke

Österreich 🇫🇷 *Autriche* 🇬🇧 *Austria*

Vier Weinzentren, die insbesondere beachtliche Weißweine erzeugen.

Weinregion		Weinarten	Merkmale
Burgenland ca. 19200 ha	Neusiedlersee Neusiedlersee-Hügelland Mittelburgenland Südburgenland	Weißwein: Grüner Veltliner, Welschriesling, Riesling, Traminer, Weißburgunder, Chardonnay; Rotwein: Portugieser, Blauer Zweigelt Blauburger, Blaufränkisch	Gumpoldskirchner aus Zierfandler und Rotgipfler
Wien ca. 730 ha		Weißwein: Grüner Veltliner, Traminer, Weißburgunder, Chardonnay, Riesling Rotwein: Blauer Zweigelt, Portugieser, Cabernet Sauvignon	hauptsächlich Weißweine, Rotweine sind eher rar; Weine mit würzig starker Säure; viele Auslesen
Steiermark ca. 3600 ha	Südsteiermark Südoststeiermark Weststeiermark	Weißwein: Welschriesling, Chardonnay, Sauvignon blanc, Weißburgunder, Traminer, Rotwein: Blauer Zweigelt, St. Laurent, Blauer Wildbacher	bukettreiche Weine mit angenehmer Säure; Blauer Wildbacher - rote Traubensorte, die nur in der Steiermark angebaut wird
Niederösterreich ca. 33 400 ha	Wachau Kremstal Kamptal Traisental Weinviertel Carnutum Thermenregion Donauland	Weißwein: Grüner Veltliner, Riesling, Chardonnay, Neuburger, Weißburgunder, Traminer Rotwein: Portugieser, Blauer Zweigelt, Blauburger, Cabernet Sauvignon, Merlot, Roter Veltliner	hochwertige Rieslinge; Spezialität im Kremstal - der würzige Rote Veltliner

Was ist Heuriger?

Das Wort hat doppelte Bedeutung. Es steht einmal für den Ausschank in Straußwirtschaften, zum anderen für den Wein des aktuellen Jahrgangs, der ab dem 11.11. (dem Martinstag) und dann bis spätestens 31.12. des folgenden Jahres ausgeschenkt werden darf.

Schweiz 🇫🇷 *Suisse* 🇬🇧 *Switzerland*

Überwiegend einfache bis mittlere Weißweine in recht unterschiedlichen Geschmacksrichtungen. Weine sind durch niedrige Säurewerte, aber hohen Alkoholgehalt gekennzeichnet.

130

Wein

Weinregion		Weinarten	Merkmale
Nord-/Ost-schweiz	Basel/Bünden	Blauburgunder, Silvaner	Rassig
	Rheintal	Blauburgunder	Rund, gehaltvoll
	Zürichsee	Müller-Thurgau, Riesling, Silvaner	Säurearm, bukettreich
Westschweiz	Wallis	Fendant, Dôle	Blumig, fruchtig
	Waadt	Dorin-Weißweine	Spritzig, leicht fruchtig
	Neuenburg	Weiße und rote Weine	Spritzig, kohlensäurereich
Südschweiz	Tessin	Rotweine (Merlot-Trauben)	Charmant, feinfruchtig
	Graubünden	Rotweine	Rund, gehaltvoll

2.6.4 Likörweine

🇫🇷 vins de dessert 🇬🇧 dessert wine

Likörweine werden auch als Dessertweine, umgangssprachlich auch als Süd- oder Süßweine bezeichnet. Zu unterscheiden sind süße und trockene Likörweine.

Qualitätsmerkmale

- Intensive Farben von Goldgelb bis Dunkelrot und Braun
- Ausgeprägte Aromabildung
- Hoher Alkoholgehalt zwischen 15 und 20 % vol

Herstellung

Natürliche Likörweine   🇫🇷 vins de dessert naturels
🇬🇧 natural dessert wine

Die Trauben bleiben bis zur Rosinenbildung am Weinstock und werden nach dem Lesen auf Stroh in der Sonne ausgebreitet. Die noch saftigen Beeren werden gepresst. Trockene Beeren werden zerkleinert, dann mit Most übergossen. Dadurch entsteht ein hoher Zucker- und Extraktgehalt. Durch Oxidationsprozesse an der Luft verfärbt sich der Most in der weiteren Verarbeitung von Goldgelb bis Braun.

Konzentrierte Likörweine   🇫🇷 vins de dessert concentrés
🇬🇧 concentrated dessert wine

Die Trauben trocknen am Weinstock in der Sonne. Nach dem Angären wird Most, Wein oder eingekochter Traubensaft zugesetzt. Auf diese Weise wird ebenfalls ein hoher Zucker- und Extraktgehalt erreicht.

Gespritete Likörweine

Die Trauben werden nach dem Lesen zum Nachreifen und zum Wasserentzug ausgebreitet und dann gepresst. Die Gärung wird durch Zugabe von Weindestillat (Weingeist) unterbrochen. Gespritete Likörweine zeichnen sich durch einen hohen Alkoholgehalt bei relativ geringem Zucker- und Extraktgehalt sowie meist durch lange Lagerung aus.

Was heißt eigentlich Solera-Verfahren?

Der Name ist vom spanischen Wort suelo abgeleitet und heißt so viel wie Boden. Eine kleine Menge jüngeren Weins wird einem älteren, dem Boden, zugesetzt, wodurch bei der Sherry-Herstellung eine gleich bleibende Qualität erreicht wird.

Getränke

Bedeutende Likörweine

Likörwein	Herkunft	Herstellung	Merkmale
Commandria	Zypern	Natürlich	Ältester Markenlikörwein der Welt; aus auf Strohmatten getrockneten Trauben; 2 Sorten: Xynister (weiß), Mavro-Kypriako (rot); 15%vol Alkoholgehalt
Lacryma Christi	Italien	Natürlich	Vesuv-Weine aus weißen oder roten Trauben Hellgelb bis rubinrot
Madeira	Portugal	Gespritet	Insel Madeira Drei Jahre Lagerung, Alkoholgehalt 18–21 %vol 4 Sorten: Sercial (aus Riesling, sehr trocken), Verdelho (trocken, weich), Boal (würzig, aromatisch), Malvasia (dickflüssig, süß)
Malaga	Spanien	Konzentriert	Mischungen aus gespriteten Weinen, Wein aus konzentrierten Weinen oder eingekochtem Traubensaft; Alkoholgehalt 15–16 %vol; 3 Sorten: schwarz, süß, lágrima
Marsala	Italien	Gespritet	Zählt zu den berühmtesten Likörweinen; bernsteingelb, aromatisch, Alkoholgehalt 16–20 %vol Zusatz von Cotto (eingedickter Most), Sifone (Traubensaft mit Weindestillat) und Alkohol nach der Mostgärung Je nach Anteil von Cotto und Sifone trocken bis süß 4 Sorten: Fino, Speciale, Superiore, Vergine
Portwein	Portugal	Gespritet	Verwendet werden blaue und helle Trauben, wobei der Most nur teilweise vergoren und die Gärung mit Branntwein abgebrochen wird; jahrelange Lagerung
Samos	Griechenland	Gespritet	Insel Samos Gespritet durch Weinalkohol, voll süß, 15–17 %vol
Sherry	Spanien	Gespritet	In der Sonne auf Matten nachgereifte Trauben werden gekeltert; reift unter Luftzufuhr mit Oberflächenhefen nach dem Solera-Verfahren (➜ 131)
Tarragona	Spanien	Gespritet	Dunkelfarbig, süß, Alkoholgehalt 14–17 %vol
Tokajer	Ungarn	Konzentriert	Aus mindestens 3 Jahrgängen; Traubenmost wird jeweils in den vergorenen Wein des Vorjahres gegeben, der dann nur noch teilweise vergärt; Alkoholgehalt 15 %vol, (Flasche ➜ 125) Qualitäten: Szamorodni (vollreif), Aszu (Ausbruch), Essenz (seltenes Spitzenerzeugnis, ohne Pressen vergorener Weinsaft)

Wein

2.6.5 Weinservice

🇫🇷 service du vin
🇬🇧 service of wine

Nach der **Angebotsform** lassen sich Weine folgendermaßen einteilen:

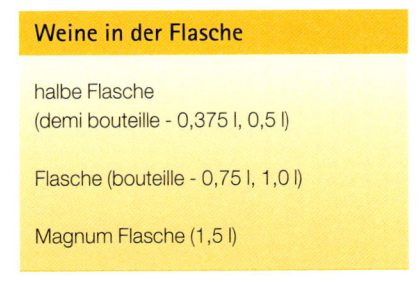

Weine im offenen Ausschank	Weine in der Flasche
im Glas, Schoppenglas (0,1 l, 0,2 l, 0,25 l)	halbe Flasche (demi bouteille - 0,375 l, 0,5 l)
in der Karaffe, im Krug (0,25 l, 0,5 l, 1,0 l)	Flasche (bouteille - 0,75 l, 1,0 l)
	Magnum Flasche (1,5 l)

Weinflaschen, die vor dem 01.01.1988 abgefüllt wurden, dürfen auch 0,35 l bzw. 0,7 l Inhalt haben.

Wein wird nicht zu kalt getrunken, da sonst die flüchtigen Bukettstoffe nicht zur Geltung kommen. Auf gar keinen Fall sollen Weine schockartig erwärmt oder abgekühlt werden. Daher ergeben sich für den Weinservice und -genuss folgende ideale Serviertemperaturen:

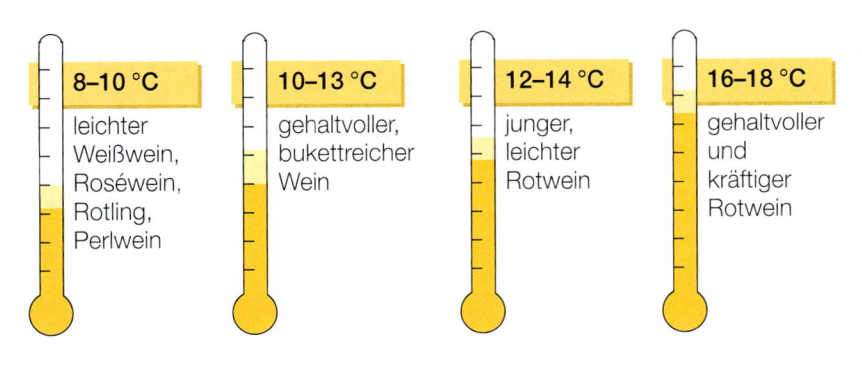

- **8–10 °C**: leichter Weißwein, Roséwein, Rotling, Perlwein
- **10–13 °C**: gehaltvoller, bukettreicher Wein
- **12–14 °C**: junger, leichter Rotwein
- **16–18 °C**: gehaltvoller und kräftiger Rotwein

*Oft wird der Begriff **Zimmertemperatur** für den Temperaturbereich 16-18°C verwendet. Doch unser Wärmeempfinden für Räume liegt wesentlich höher (20-25°C). Dieser scheinbare Widerspruch ergibt sich aus der Tatsache, dass Wein im Mittelalter hauptsächlich von Mönchen kultiviert und auch getrunken wurde. In den Klösterräumen herrschten allgemein Temperaturen im angegebenen Bereich.*

Flaschenweinservice

🇫🇷 service du vin en bouteille
🇬🇧 service of bottled wine

Flaschenwein sollte grundsätzlich am Tisch des Gastes geöffnet werden. Nach erfolgtem **Mise en place** sind die weiteren Arbeitsschritte:

- Dem Besteller (Gastgeber) wird die Flasche von rechts präsentiert
- Nach dessen Zustimmung wird die Weinflasche auf dem vorbereiteten Gueridon (oder auch Servicetisch) abgestellt, das Etikett zeigt zum Gast
- Die Stanniolkapsel oberhalb des Flaschenwulstes entfernen
- Reinigen des Flaschenmundes und der Korkenoberfläche mit einer Serviette
- Korkenzieher nun in die Mitte des Korkens langsam und senkrecht eindrehen (Korken darf nicht durchstoßen werden!)
- Korken nun langsam und gleichmäßig herausziehen
- Prüfung des Korkens und auf Wunsch den Korken dem Besteller präsentieren
- Den Flaschenmund nun erneut mit einer Serviette von möglichen Korkpartikeln befreien
- Nun dem Gastgeber einen Probeschluck einschenken und dessen Zustimmung abwarten

Erarbeiten Sie Vorschläge, wie der Aufbau eines Gueridons für den korrekten Weinservice aussehen könnte.

***Probeschluck** = mit den Sinnen prüfen. Geprüft werden Farbe und Klarheit, Bukett, Temperatur und Geschmack des Weins. Im gehobenen Service kann der **Sommelier** (Weinkellner) die sensorische Prüfung zunächst übernehmen.*

Getränke

Depot
Ungenießbare Ablagerungen, die Weine beim Reifen und Altern absetzen. Sie bestehen hauptsächlich aus ausgefallenen Gerb- und Farbstoffen.
Likörweine mit Depot werden wie Rotweine mit Depot behandelt.

Weißweingläser werden je nach Größe zu zwei Dritteln bzw. zu drei Vierteln gefüllt.
Rotweingläser werden hingegen nur zu etwa einem Drittel bzw. bis zur Hälfte gefüllt, da der Rotwein über ausgeprägtere Bukettstoffe verfügt, die sich durch Schwenken in Verbindung mit Luftsauerstoff entwickeln.

Besonderheiten ergeben sich beim Service von älteren Rotweinen mit **Bodensatz (Depot)**. In diesem Fall wird die Weinflasche im Weinkorb liegend serviert und geöffnet. Anschließend wird der Wein vor dem Licht einer Kerze in eine Weinkaraffe umgefüllt und somit vom Depot getrennt. Diesen Vorgang nennt man **Dekantieren**.

Weinprobe   *dégustation du vin*
                wine tasting

Durch Weinproben können Gäste Verständnis für Weine bekommen. Außerdem bilden Weinproben eine Form der **kulturvollen Unterhaltung**, insbesondere wenn literarische, geografische, historische oder ernährungsphysiologische Bezüge hergestellt werden. Bei einer Weinprobe sollte Wert auf die Unterhaltung über Weine sowie auf den Meinungsaustausch gelegt werden.
Für eine erfolgreiche Weinprobe sind schon die äußeren Bedingungen wichtig: helle Räume, ungeschliffene Probiergläser, Kerzenlicht und Krüge für Weinreste.

Allgemein gelten folgende **Grundsätze**:
- Frische, leichte und junge Weine vor schweren, älteren Weinen
- Trockene Weine vor lieblichen Weinen
- Rosé-Weine vor Rotweinen
- Bukettreiche Weine (z. B. Muskateller, Gewürztraminer) stets am Schluss

Präsentieren   Öffnen

Protokoll für eine Weinprobe				
Kaufdatum	Name des Weins	Jahrgang	Lieferant	Preis/€
18.6.	Spätburgunder	1999	Weingut Keller	13,20
Getrunken am	Anlass Gäste	Menü	Kommentare	Anzahl Flaschen
20.6.	Hochzeit	II	geringes Depot	6
30.10.	à la carte	–	ohne	1
...	...	...	...	...

Service von Likörwein

🇫🇷 *service de vin liquoreux*
🇬🇧 *service of liqueur wine*

Likörweine werden überwiegend in typischen Likörweingläsern zu 5 cl bis 7 cl ausgeschenkt. Trockene Likörweine eignen sich besonders als Aperitif und werden idealerweise bei 10–12 °C serviert. Süße alkoholreichere Likörweine serviert man hingegen als Begleiter zu Kaffee und Gebäck mit einer Serviertemperatur von 14–18 °C.

> **Ein Gast fragt, ob der Beaujolais primeur schon eingetroffen sei. Was meint er?**
>
> *Beim Beaujolais primeur handelt es sich meist um einen Rotwein, der ausschließlich aus der Gamay-Traube hergestellt wird. Weißwein wird nur aus der Chardonnay-Traube erzeugt. Beaujolais primeur wird im Lesejahr bereits ab 15. November gehandelt und frisch getrunken.*

2.7 Weinhaltige und weinähnliche Getränke

🇫🇷 *boissons contenant du vin ou ressemblant au vin*
🇬🇧 *beverages containing wine or similar to wine*

Weinhaltige Getränke

Als alkoholische Getränke werden sie unter Verwendung von Wein, Likörwein oder Schaumwein hergestellt. Der Anteil an den genannten Weinen muss mehr als 50% betragen, wobei das fertige weinhaltige Getränk höchstens 20 %vol Alkohol enthalten darf. Innerhalb der Herstellung des weinhaltigen Getränks darf keine Vergärung mehr stattfinden. Der Druck bei 20 °C darf nicht höher als 2,5 bar sein. Weinhaltige Getränke werden vorwiegend zum unmittelbaren Genuss zubereitet.

Beispiele
Schorle, kalte Ente, Glühwein und Bowle
→ Grundstufe: Mischgetränke.

Weinaperitif zählt dann zu den weinhaltigen Getränken, wenn er mindestens 70% Wein oder Schaumwein enthält. In diese Gruppe gehört der als Aperitif und als Bestandteil von Bargetränken geschätzte Wermutwein (etwa 15 %vol). Er soll durch die etherischen Öle verschiedener Kräuter appetitanregend und magenstärkend wirken.

Bezeichnung	Merkmale
Vino Vermouth di Torino (Italien)	Appetitanregend
Deutscher Wermut	Meist sehr süß
Noilly Prat (Frankreich)	Sehr trocken, zu Cocktails und zur Speisenherstellung geeignet (Fischfarcen)

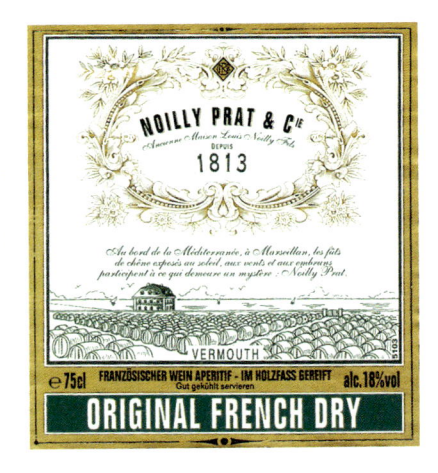

Weinähnliche Getränke

🇫🇷 *boissons ressemblant au vin*
🇬🇧 *beverages similar to wine*

Weinähnliche Getränke können aus Früchten (vins de fruits / fruit wines) hergestellt werden, wobei zwischen Obstweinen (vins de fruits / fruit wines), beispielsweise Apfelwein, und Beerenweinen (vins de baies / berry wines), zum Beispiel Johannisbeerwein, unterschieden wird. Die Herstellung erfolgt durch Gärung wie beim Wein. Zur unverwechselbaren Unterscheidung müssen diese Erzeugnisse neben der Bezeichnung Wein oder Schaumwein den Namen des verwendeten Rohstoffs tragen.

Getränke

Bezeichnung	Merkmale
Apfelwein	Naturrein, mindestens 5 %vol, Apfelwein extra, mindestens 5,5 %vol
Cider (Zider) Französischer Apfelwein (cidre)	aus der Normandie, süß bis herb, auch prickelnd; Grundlage für Calvados
	Auch in Hessen (Ebbelwoi), Österreich (blauer Bock), England und Schweden ähnlich hergestellt
Schwäbisch-badischer Most	Aus Äpfeln und/oder Birnen, 4 vol% (Moschd)
Erdbeer-, Johannisbeerwein	Mindestens 8 %vol
Erdbeer-Dessertwein	Mindestens 13 %vol
Fruchtschaumwein	Aus unterschiedlichem Obst; zugesetzt wird CO_2; darf nicht als Fruchtsekt bezeichnet werden

🇫🇷 *vin mousseux*
🇬🇧 *sparkling wine*

2.8 Schaumwein

Schaumwein heißt eine Erzeugnisgruppe, die in Deutschland in gehobener Güte als **Sekt** bezeichnet wird. Lediglich der Schaumwein, der aus der Champagne im Norden Frankreichs (gesetzlich festgelegtes Gebiet von Chardonnay, Pinot Noir und Pinot Meunier) kommt, darf die geschützte Bezeichnung Champagner tragen.

Bezeichnungen des Schaumweins nach dem Zuckergehalt
Nach der EU-Schaumweinbezeichnungs-VO Nr. 2333/92 muss die Angabe des Zuckergehaltes folgendermaßen sein:

Deutsch	Französisch	Englisch	Zuckergehalt g/l
Naturherb	*brut nature*	*brut nature*	Unter 3 nach der Schaumbildung; kein Zusatz von Zucker
Extra herb	*extra brut*	*extra brut*	0 – 6
Herb	*brut*	*brut*	Unter 15
Extra trocken	*extra dry*	*extra dry*	12 – 20
Trocken	*sec*	*dry*	17 – 35
Halbtrocken	*demi-sec*	*medium dry*	33 – 50
Mild	*doux*	*sweet*	Über 50

Schaumwein

Herstellung

Die Qualität der Schaumweine hängt maßgeblich von den verwendeten Grundweinen ab. So können die Weine bestimmter Rebsorten (Rieslingsekt) verwendet werden oder die Rebsorten sind wie beim Champagner gesetzlich vorgeschrieben. Durch das Pressen der Trauben entsteht der Most. Für die erste Gärung wird der Most zumeist in Edelstahltanks, in Einzelfällen auch in Holzfässer gefüllt, wo er bei Temperaturen zwischen 15 und 20 °C etwa 3 Wochen gärt. Zunächst kommt es zu einer stürmischen Gärung, die allmählich wieder abnimmt. Zucker wird dabei bis etwa auf 3 g/l vergoren. Durch Gärung entstehen Ethanol und Kohlendioxid. Der Gärprozess wird durch Hefen ausgelöst, die sich auf den Schalen der Weinbeeren befinden. Außerdem wird Reinzuchthefe zugesetzt. Nach der ersten Gärung wird der Wein umgefüllt und noch enthaltene Trübstoffe werden entfernt. Anschließend werden die Grundweine, mit Ausnahme der Jahrgangsschaumweine, vermischt. Renommierte Schaumweinhersteller erreichen durch Verschneiden eine über Jahre hinaus gleich bleibende Qualität, insbesondere gleich bleibenden Geschmack. Die entstandene Cuvée kommt zur Klärung in Edelstahlbehälter mit Rührwerken. Das Resultat ist immer noch ein „Stillwein" mit etwa 2 g Zucker je Liter ohne Hefe.

Traditionelle Flaschengärung

Der Cuvée-Wein wird in die typischen drucksicheren Schaumweinflaschen abgefüllt. Zur erneuten Gärung, der eigentlichen Schaumweinbildung, werden Hefe und Zucker zugesetzt. Aus dem Zucker werden durch die Hefe erneut Ethanol und Kohlendioxid gebildet. Der Alkoholgehalt liegt nach der Gärung in der Regel bei 11–11,5 %vol Alkohol. Anschließend ruhen die Flaschen einige Jahre. Einmal jährlich werden sie umgelagert und dabei kräftig geschüttelt, damit alle Inhaltsstoffe gut vermischt werden. Danach kommen die Flaschen vom Gärkeller in den Rüttelkeller – traditionell werden die Flaschen von Hand gerüttelt –: Jede Flasche wird in einem Rüttelpult über 8–12 Wochen ein Stück gedreht (1/8 Drehung). Ein „Rüttler" dreht am Tag 40 000 Flaschen um 1/8. Dabei wird die Flasche mit dem Kopf nach unten immer etwas steiler gestellt, wodurch sich alle Hefeteilchen lösen und sich direkt unter dem Korken ansammeln. Nach Abschluss des Rüttelns kommen die Flaschen in ein Kältebad. Der Flaschenhals wird wenige Zentimeter eingetaucht, damit die Heferückstände unmittelbar unter dem Korken gefrieren und beim anschließenden Öffnen als Eispfropfen herausfliegen.
Der fehlende Flascheninhalt wird durch Dosagen ausgeglichen, die dem Schaumwein den endgültigen Geschmack geben. Dann wird mit der „Agraffe" verkorkt und etikettiert.

Tankgärung

Cuvée-Wein wird in Flaschen oder in Stahltanks mittels Hefe und Zuckerzugabe nochmals zum Gären gebracht, damit sich Kohlendioxid entwickelt, das Merkmal des Sekts. Während die sich bildende Hefe wieder abgetrennt wird, bleibt das Kohlendioxid durch Unterkühlung im Sekt.

Getränke

Flaschengärung (Transvasierverfahren)

Beim **Transvasierverfahren** wird nach der Tankgärung die zweite Gärung in der Flasche, wie beschrieben, durchgeführt. Der Unterschied zur klassischen Flaschengärung liegt in der Art der Hefeentfernung.

Kontinuierliche Tankgärung von Anfang an ist eine aus Russland stammende rationelle Methode. Dabei wird die Sektherstellung innerhalb von drei bis fünf Tagen abgeschlossen. Eine Mischung aus Grundwein und Zucker durchfließt eine Anzahl Großtanks, wird pasteurisiert und mit Reinzuchthefe versetzt, wodurch die zweite Gärung besonders schnell erfolgt.

Kennzeichnung

Folgende **Angaben** sind **vorgeschrieben:** Verkehrsbezeichnung, Nennvolumen, Dosage-Bezeichnung, Angabe des Alkoholgehaltes, Hersteller bzw. Vertriebsfirma. Bei ausländischen Erzeugnissen muss auch das Erzeugerland erwähnt werden.
Zusätzliche Angaben sind bei Sekt b. A. die Angabe des Anbaugebietes, auch auf dem Stopfen.

Qualitätsbezeichnungen

Qualitätsschaumwein zeichnet sich durch Mindestforderungen hinsichtlich Alkoholgehalt, CO_2-Druck und Lagerdauer aus. Als weitere Qualitätsbezeichnungen werden verwendet:
- Qualitätsschaumwein b. A. oder Sekt b. A. wie beim Wein
- Jahrgangsangabe
- Nennung der Traubenart

Handelsformen

Die Flaschengröße mit 0,75 l Inhalt wird zu 88% in Deutschland verkauft. Die Glasflaschen sind druckbelastbar. Mit Ausnahme der 0,2-l-Flaschen mit Drehverschluss sind Schaumweinflaschen mit Natur- oder Kunststoffkorken verschlossen. Geöffnete Flaschen sind umgehend zu verbrauchen.

Schaumwein-Flaschengrößen

Flaschenbezeichnung	Inhalt (l)	Anzahl Gläserfüllungen (etwa)
1/4 Flasche	0,2	2
1/2 Flasche	0,375	4
1/1 Flasche	0,75	7
2/1 Flasche (Magnum)	1,5	15
4/1 Flasche (Doppelmagnum)	3,0	30

Lagerung

Schaumwein wird dunkel, liegend und kühl zwischen 10 und 15 °C gelagert. Jegliches Licht beeinträchtigt Schaumwein, insbesondere Leuchtstoffröhren. Der Lagerraum muss außerdem ruhig sein. Ständige Erschütterungen und wiederholtes Transportieren sind zu vermeiden. Vor dem Verbrauch muss der Schaumwein ruhen.

1 Beschreiben Sie anhand des dargestellten technologischen Ablaufs den Unterschied zwischen der Wein- und der Sektherstellung.

2 Erklären Sie einem Gast den Unterschied zwischen Zuckerung und Anreicherung.

3 Nennen und erläutern Sie rationale Verfahren der Schaumweinherstellung.

4 Welche Merkmale muss ein Champagner aufweisen?

5 Nennen Sie süße und trockene Sorten von Likörweinen und begründen Sie die unterschiedliche Süße.

6 Erläutern Sie die amtlichen Weinprüfungen und machen Sie Angaben zu den Durchführenden.

8 Erklären Sie den Unterschied zwischen weinhaltigen und weinähnlichen Getränken. Nennen Sie Beispiele. Gehört Schorle in jedem Falle zu den weinhaltigen Getränken?

9 Erläutern Sie einem Gast die Bezeichnung Südwein. Geben Sie Beispiele für die Verwendung bei der Speisenherstellung an.

Schaumwein

Service von Schaumwein

Schaumweine werden immer im **Sektkühler** serviert. Helle Schaumweine sollten beim Servieren eine Temperatur von 5 bis 8 °C, rote Schaumweine von 7 bis 9 °C aufweisen.

Nach erfolgtem **Mise en place** werden Schaumweine ebenso wie Flaschenweine von rechts präsentiert. Das Öffnen von Schaumweinflaschen erfordert besondere Sorgfalt und Fingerspitzengefühl. Beim Öffnen die Flaschenöffnung nicht auf den Gast richten.

Folgende Arbeitsschritte sind dabei einzuhalten:
- zunächst Stanniolkapsel entfernen
- danach vorsichtiges Öffnen des Drahtbügels (Agraffe), der den Korken sichert (dabei Flasche schräg halten und Drahtbügel abnehmen)
- den Korken mit der Handserviette überdecken und sichern
- durch Verminderung des Gegendrucks Korken langsam aus dem Flaschenhals gleiten lassen

Ein **Probeschluck** ist beim Servieren von Schaumwein nicht üblich. Die Schaumweingläser werden bis zu drei Vierteln gefüllt. Da Schaumwein stark moussiert (schäumt), ergeben sich beim Einschenken zwei Möglichkeiten:
- Das Schaumweinglas bleibt auf dem Tisch stehen und wird vorsichtig von rechts gefüllt. Bei starker Schaumentwicklung sollte in zwei Schritten eingeschenkt werden.
- Das Schaumweinglas wird mit der rechten Hand ausgehoben, schräg gehalten und anschließend gefüllt.

🇫🇷 *service du vin mousseux*
🇬🇧 *service of sparkling wine*

Frappieren = *schnelles Kühlen im Sektkühler mittels Eis, Wasser und Salz*
Chambrieren = *gleichmäßiges Erwärmen mit warmen Tüchern*

*Die **Sektschale** ist für den Schaumweinservice nicht zu empfehlen, da CO_2 schnell entweicht und das feine Perlen als Zeichen für hohe Qualität nicht zur Geltung kommt. Lediglich für bukettreiche Schaumweine ist der Einsatz sinnvoll.*

Wenn die Sektkorken knallen!
… ist dem Service ein Fehler unterlaufen.
Die **Ursachen** können verschieden sein:
- die Flasche wurde vor dem Service geschüttelt
- es wurde beim Öffnen zu wenig Gegendruck mit dem Daumen auf den Korken ausgeübt
- die Flasche wurde beim Öffnen senkrecht gehalten
- der Schaumwein ist zu warm und daher der Innendruck höher

Präsentieren der Sektflasche

Entfernen der Stanniolkapsel

Öffnen der Agraffe

Einschenken des eingesetzten Glases

Einschenken des ausgehobenen Glases

Nach dem Servieren

Getränke

Projektorientierte Aufgabe
Weinprobe

Ins Restaurant „Goldene Traube" kommt eine Reisegesellschaft zur Weinprobe.
Die Gäste wünschen die Verkostung typischer deutscher Weine.

Sensorik
1. Nennen Sie die Sinne, die beim Genuss von Wein angeregt werden. Beurteilen Sie besonders Nase und Zunge.

Ausstattung
2. Nennen Sie wichtige Voraussetzungen hinsichtlich des Raumes und der Ausstattung für eine Weinprobe.
3. Begründen Sie die Anforderungen, die an ein Probierglas gestellt werden.

Durchführung
4. Beschreiben Sie die Sichtprüfung von Wein.
5. Schlagen Sie Weine für die Verkostung vor, begründen Sie die Reihenfolge der Verkostung.
6. Beurteilen Sie den Wein nach dem Etikett (Bild).
7. Welche Angabe fehlt auf dem Etikett?
8. Womit kann man den Gaumen neutralisieren?
9. Erläutern Sie die Bedeutung der abgebildeten Siegel.
10. Erklären Sie folgende Fachbegriffe: Anreicherung, Maische, Restsüße.

Harmonie von Wein und Speisen
11. Stellen Sie ein Sortiment von Speisen zusammen, das zum Wein passt.
Begründen Sie Reihenfolge und Art des Speisenangebotes.

Ausschankverluste, Ethanolgehalt, Kalkulation
12. Beim Ausschank von offenem Wein wird mit einem Ausschankverlust von 5% gerechnet. Wie viele Gläser Wein mit je 0,1 l Inhalt können aus 12 Literflaschen ausgeschenkt werden?
13. Bei der Weinprobe werden für 24 Gäste verschiedene Weine in 16 Literflaschen ausgeschenkt. Wie viele ml und g Ethanol wurden durchschnittlich konsumiert, wenn man von einem Ethanolgehalt von 10,5 %vol ausgeht?
14. Zum Abschluss der Weinprobe wird für 18 Gäste ein Glas Sekt (0,1 l) gereicht. Verwendet werden Magnum-Flaschen ($2/1$). Ermitteln Sie die Anzahl der Magnum-Flaschen (gerundet auf ganze Flaschen), wenn mit einem Ausschankverlust von 9% gerechnet wird.

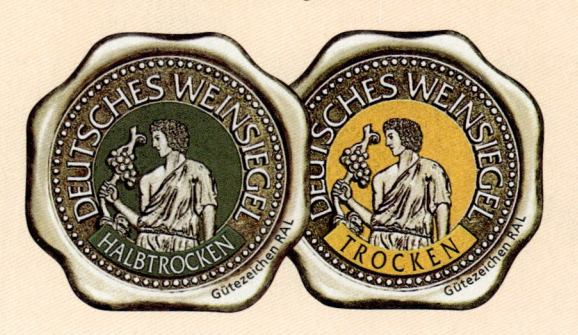

Baden
Markgräflerland

Eimelfelder Sonnenberg

1998   Spätburgunder
        Weißherbst

        Qualitätswein
        mit Prädikat

        trocken

Bezirkskellerei
Markgräflerland EG
D-79588 Kirchen

Erzeugerabfüllung AP. Nr. 008-104-98   12,5 vol%   1,0 l

Spirituosen

2.9 Spirituosen

🇫🇷 *spiritueux*
🇬🇧 *spirits*

Die EU-Spirituosen-Verordnung vom 29.5.89 erläutert verbindlich, was unter Spirituosen zu verstehen ist:

Brände	Geiste (Obst)	Aromatisierte Spirituosen	Liköre
eaux-de-vie	*eaux-de-vie*	*spiritueux aromatisés*	*liqueurs*
spirits	*spirits*	*flavored spirits*	*liqueurs*
Vergären und Destillieren namensgebender Rohstoffe	Ausziehen von zuckerarmen Früchten in Neutralethanol, destillieren	Neutralalkohol, aromatisieren	Zuckerreiche Spirituosen mit geschmacksgebenden Stoffen

Unter Alkohol wird stets das zu Trinkzwecken geeignete Ethanol (C_2H_5OH) verstanden.

Auszüge aus der Begriffsbestimmung

Spirituosen
🇫🇷 *spiritueux*
🇬🇧 *spirits*

Zum menschlichen Verbrauch bestimmt, enthalten – sieht man von Wasser ab – als Hauptbestandteil destillierten Alkohol. Der Mindestalkoholgehalt beträgt 15 %vol (außer bei Eierlikör: 14 %vol).

Brände
🇫🇷 *eaux-de-vie*
🇬🇧 *spirits*

Ausschließlich durch Vergären und anschließende Destillation eines Rohstoffs erzeugt. Dazu gehören Whisky, Korn, Getreidebrand, Weinbrand, Obstbrand. Obstbrand wird unter Voranstellen des Fruchtnamens „-wasser" genannt. Außer dem Rum-Verschnitt dürfen Brände nicht mit Neutralalkohol verschnitten werden

Geiste
🇫🇷 *eaux-de-vie*
🇬🇧 *spirits*

Geschmacksstoffe zuckerarmer Früchte werden in Neutralalkohol mazeriert (ausgezogen) und anschließend destilliert. Im Gegensatz zum „Wasser" stammt der Alkohol nicht vom bezeichneten Rohstoff

Aromatisierte Spirituosen
🇫🇷 *spiritueux aromatisés*
🇬🇧 *flavored spirits*

Aus Neutralalkohol (Primasprit) hergestellt und dann aromatisiert, z. B. mit Wacholder, Kümmel usw.

Liköre
🇫🇷 *liqueurs*
🇬🇧 *liqueurs*

Charakteristisch ist der Mindestzuckergehalt von 100 g Invertzucker je Liter (Ausnahmen mit weniger Zucker: Enzianlikör, Kirschlikör aus Kirschbrand). Enthalten sind geschmacksgebende Rohstoffe wie Pflanzenauszüge, Kräuter, Fruchtsäfte, Sahne usw.

Rohstoffe indirekt vergärbar → maischen → Stärke verzuckern ⇢ vergären → destillieren → lagern

Rohstoffe direkt vergärbar → vergären → destillieren → lagern

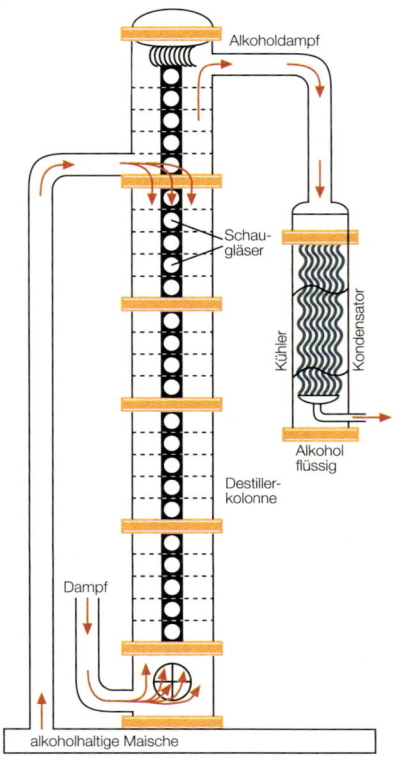

Getränke

Destillationskolonne

Was versteht man unter Rektifikation?

Darunter versteht man die Wiederholung des Destillationsvorganges bei der Gewinnung von Alkohol.

Bitterlikör

Wichtige Spirituosensorten

Spirituosen	Merkmale
Absinth	Spirituose; wegen des schädlichen Einflusses auf das Nervensystem ist Absinth in Deutschland, der Schweiz und Frankreich verboten; Verwendung von Anis, Fenchel, Melisse, Ysop; wird mit Wasser verdünnt getrunken
Amaretto	Italienischer Bittermandellikör
Angostura	Bitterlikör aus Angostura-Rinde; Würzbranntwein, Spritzer zum Vollenden von Cocktails
Apricot	Apricot Brandy, süßer Likör auf Neutralalkoholbais mit natürlichem Aprikosenaroma aus frischen oder getrockneten Aprikosen; wird mitunter auch teilweise auf der Basis von Aprikosenbrand oder aber ausschließlich auf der Basis von Weinbrand hergestellt; 30 %vol
Aquavit	Lateinisch aqua vitae = Lebenswasser, in skandinavischen Ländern beliebt; Spirituose mit Kümmel, Kümmelsamen, auch Dillsammen usw.; Samen werden zu Neutralethanol gegeben, dann destilliert, rektifiziert; teils in Holzfässern gelagert (Linie-Aquavit wird in Sherry-Fässern über die Äquator-Linie befördert)
Armagnac	Französischer Branntwein mit geschützter, kontrollierter Ursprungsbezeichnung; gebrannt aus Jahrgangsweinen, nur einmal gebrannt nach besonderen Brennverfahren, nicht rektifiziert; lagert in Eichenholzfässern; mindestens 40 %vol
Arrak	Indische Spirituosen aus Reis unter Zusatz von Betelnüssen und Zuckerrohr; 50 %vol
Bitter	Chinarinde, Enzianwurzel, Zimt, Kardamom, Nelken, Pomeranzenschale
Boonekamp	Bitterlikör mit Gewürznelken, Fenchel, Koriander, Enzian, Lakritze, Curaçao-Schalen usw.
Brandy	→ Weinbrand: Nach EU-Recht gleiche Bezeichnung wie Brandy
Cachaca	Brasilianischer Zuckerrohrbrand, der im Gegensatz zu Rum nicht aus Zuckerrohrmelasse hergestellt wird, sondern durch Gärung und Destillation des Saftes des grünen Zuckerrohres; der seit vielen Jahren in Bars beliebte Short-Drink Caipirinha wird auf der Basis von Cachaca und Limette hergestellt.

Spirituosen

Spirituosen	Merkmale
Calvados	Französischer Brand aus Apfelwein (cidre), mit kontrollierter Ursprungsbezeichnung; in der Normandie, der Bretagne und im Gebiet von Maine hergestellt; mindestens 40 %vol (→ 136)
Campari	Bitterlikör von roter Farbe, aus Kräutern zubereitet
Cassis	Crème des cassis; Likör aus schwarzen Johannisbeeren, gelegenlich wird die Bezeichnung auch für Sirup verwendet
Cognac	Französischer Branntwein mit geschützter Ursprungsbezeichnung aus der Charente, der Region rund um das Städtchen Cognac; zweifach in kleinen Brennblasen (alambics) aus nur drei zugelassenen Weintraubensorten (Ugni blanc, Colombar, Folle blanche) gebrannt; Reifung mindestens 30 Monate in kleinen Limousin-Eichenholzfässern in luftigen Lagerhallen (chais); mindestens 40 %vol
Cointreau	Französischer Likör, mit Curaçao- und anderen Orangenschalen aromatisiert; mindestens 30 %vol
Curaçao	Orangenlikör aus Holland, hergestellt aus Schalen der Curaçao-Orangen, Zucker und Weinbrand; mindestens 30 %vol
Enzian	Spirituose aus Enziandestillat; mindestens 37,5 %vol
Genever	Hauptsächlich in Holland erzeugt, auch als Jenever, Genièvre oder Peket bezeichnet; mit Wacholder aromatisierte Spirituose; Wacholderbeergeschmack muss nicht wahrnehmbar sein; zwischen 30 und 45 %vol Jonge Genever (jung): zarte Wacholder-Geschmacksnote Oude Genever (alt): mit Malz- und Getreidegeschmack sowie würzenden Bestandteilen
Gin	Beliebt in England; Spirituose mit Wacholder, Wacholderbeergeschmack muss vorherrschen, kann auch durch naturidentische Aromastoffe oder Aromaextrakte hergestellt werden; verwendet werden auch Anis, Angelika, Fenchel usw.; mindestens 37,5 %vol
Grand Marnier	Französischer Likör aus in Cognac eingeweichten Bitterorangenschalen und Gewürzen; mindestens 40 %vol
Grappa	Italienischer und schweizerischer (Tessin) Brand, durch Vergärung von Weintrester mit anschließender Destillation; Weintrester sind Rückstände vergorener ausgepresster Weintrauben (Schalen, Kerne, Stiele); Destillat wird oft in Holzfässern gelagert; mindestens 37,5 %vol
Himbeergeist	Himbeeren werden in Neutralethanol mazeriert (ausgezogen), nicht vergoren, dann destilliert
Kirschwasser	Schwarzwälder Kirschwasser ist eine geschützte Bezeichnung; 40 %vol, klassische Erzeugnisse 50 %vol; Destillat der vollen vergorenen Kirschen ohne Stil und mit geringem Steinanteil, Lagerung meist in Eschenholzfässern; mindestens 37,5 %vol

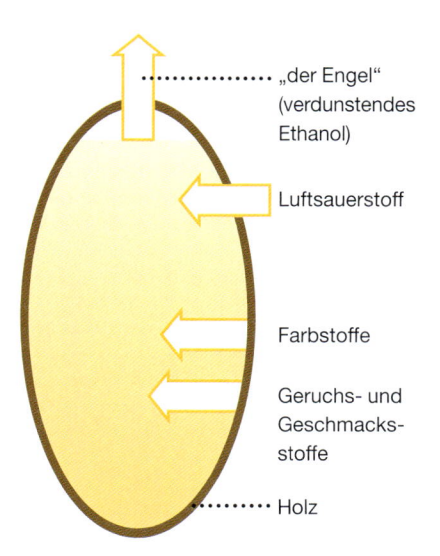

Reifen der Spirituosen im Fass

Lagerung und Reifung von Kirschwasser

Getränke

Spirituosen	Merkmale
Korn	Auch als Kornbrand bezeichnet; muss aus deutschsprachigem EU-Raum stammen; aus dem vollen Korn von Roggen, Weizen, Buchweizen, Hafer und Gerste; nach Verzuckerung der Stärke findet die Vergärung statt, an die sich die Destillation anschließt; auch Lagerung in Eschenholzfässern; Korn mindestens 32 %vol, Kornbrand 37,5 %vol; Kornbrand wird auch als „Doppelkorn" mit mindestens 38 %vol vermarktet
Kümmel	Aus Holland, Berlin und Riga stammend, klare Spirituose mit Kümmelgeschmack
Maraschino	Klarer Kirschlikör aus einer Dalmatiner Sauerkirschenart
Marc	Französische Weintresterbrände; berühmt sind: Marc de Bourgogne, Marc de Champagne und Marc de Gewürztraminer d'Alsace (Elsass)
Mezcal	Mexikanische Agavenspirituosen-Spezialität, im Gegensatz zu Tequila nicht aus dem Bundesstaat Jalisco; nur einfach destilliert, wird oft mit einem Wurm verkauft
Obstler	Süddeutscher und österreichischer Ausdruck für Obstbrand; aus Äpfeln und Birnen; verwendete Früchte müssen angegeben werden ➔ Obstwasser
Ouzo	Griechische Spirituose mit Anis; Zuckergehalt bis 50 g/l; die Besonderheit von Ouzo ist, dass auch das Mastix eines auf der Insel Chios beheimateten Mastixbaumes mit Alkohol ausgezogen und destilliert wird; mindestens 37,5 %vol
Pernod	Als Ersatz für ➔ Absinth ohne Wermutöl
Pisco	Sowohl ein Weintresterbrand aus Peru als auch ein chilenischer Weinbrand aus Muskateller-Trauben
Rum	Brand durch Vergärung, anschließende Destillation von Rohrzuckermelasse, -sirup oder -saft; mindestens 17,5 %vol; Rum-Verschnitt enthält mindestens 5% echten Rum, sonst Neutralalkohol; mindestens 37,5 %vol
Sambuca	Italienischer Likör mit Anisgeschmack; wird oft mit Kaffeebohnen (Sambuca al café) serviert und flambiert; mindestens 38 %vol
Slibowitz	Pflaumenbrand von strohgelber Farbe, ursprünglich aus Bosnien In Deutschland auch als Zwetschgenwasser bezeichnet
Steinhäger	Nach EU-Recht muss er aus Steinhagen (Teutoburger Wald) stammen und zumindest teilweise aus vergorener Wacholderbeermaische destilliert werden; 38 %vol
Tequila	Mexikanische Agavenspirituose, benannt nach dem Städtchen Tequila im Bundesstaat Jalisco; ausschließlich aus von der blauen Maguey-Agave stammendem Agavensaft (Pulque); 100% Tequilas wird auf dem Etikett angegeben

Doppelkorn

Spirituosensortiment

Spirituosen

Spirituosen	Merkmale
Tia Maria	Kaffeelikör aus Jamaika; auf Rumbasis, aus Kaffee, Kräutern, Kakao und Vanille
Tresterbrand	Trester, ausschließlich aus vergorenen und destillierten Weintraubentrestern, evtl. unter Zusatz von Trub (Weinhefe); mind. 37,5 %vol
Weinbrand	Brandy; muss in Eichenholzfässern gelagert werden, und zwar mindestens 6 Monate in Fässern unter 1000 l Fassungsvermögen, sonst mindestens 1 Jahr In Deutschland wird Weinbrand fast ausschließlich aus eingeführten Rohstoffen hergestellt, in der Regel aus Brennwein (mit Weindestillat aufgespritzter Wein bis 24 vol%), z. B. aus der Charente (Cognac), oder aus Rohbrand aus Wein mit rund 72 vol%; mindestens 36 %vol Der EU-weit geschützte deutsche Weinbrand hat mindestens 38 %vol und eine amtlichen Prüfnummer (A. Pr.)
Weinhefe	Aus Weinhefe hergestellter Brand; muss zusätzlich unter der Bezeichnung „Spirituose" vermarktet werden; mindestens 38 %vol
Whisky	Keltisch usige beatha = Lebenswasser; Schreibweise: Whisky für Scotch Whisky und ähnliche Whisky-Typen, dagegen Whiskey für Sorten aus Irland (Irish Whiskey) und den USA (Bourbon Whiskey, Tennessee Whiskey); Destillation von Getreidemaische, Malzamylase oder andere natürliche Enzyme; verzuckert; mindestens 3 Jahre in Holzfässern gelagert; mindestens 40 %vol
Williams	Verkehrsbezeichnung für Birnenbrand ausschließlich aus der Sorte Williams
Wodka	Russisch = Wässerchen; möglichst reiner Alkohol in Trinkstärke, rektifiziert oder filtriert über Aktivkohle; Aromatisieren ist erlaubt; mindestens 37,5 vol%; aus Korndestillat; seit ca. 1800 aus Kartoffeln → Russland

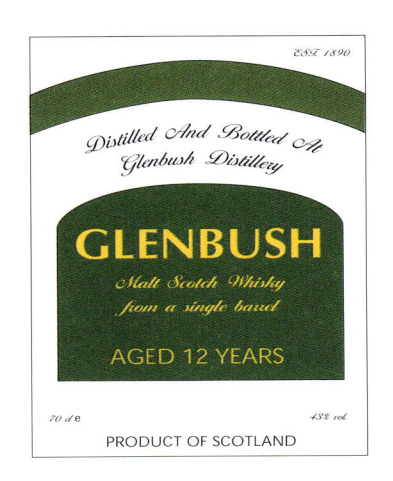

1 Beschreiben Sie, wie durch Destillation ein hoher Alkoholgehalt erreicht werden kann.
2 Ordnen Sie den folgenden Getränken die Herkunftsländer zu: Cognac, Grappa, Weinhefe, Doppelkorn, Rum, Wodka.
3 Zeichnen Sie den unterschiedlichen Herstellungsweg von Weinbrand und Korn farbig in ein Schema ein.
4 Übersetzen Sie das Etikett ins Deutsche.

Service von Spirituosen

🇫🇷 service des spiritueux
🇬🇧 service of spirits

Spirituosen werden in artspezifischen Gläsern serviert. Aufgrund der Vielzahl an Erzeugnissen und Formen ist keine genaue Zuordnung möglich.

Es gelten aber allgemeine Regeln:
- Spirituosen werden entweder zu 2 cl oder 4 cl ausgeschenkt.
- Bukettreiche Spirituosen serviert man in bauchigen größeren Gläsern.
- Mundeis sollte nur auf Wunsch des Gastes und stets à part serviert werden.

Spirituosensorten	Temperatur
Wodka, Korn, Aquavit, Wacholderbranntweine	1– 2 °C
Obstbranntweine, Tresterbrände, Tequila	10–12 °C
Whisk(e)y, Rum, Arrak, Calvados, Weinbrand, Cognac, Armagnac	16–20 °C
leichte Liköre	12–14 °C
schwere Liköre	16–18 °C

1 Eine Literflasche Weinbrand hat einen Materialpreis ohne Mehrwertsteuer von 13,50 €. Der Schankverlust beträgt 2,5%.
1.1 Wie viel 2-cl-Gläser werden ausgeschenkt?
1.2 Ermitteln Sie den Inklusivpreis für 1 Glas Weinbrand bei 190% Gemeinkostenzuschlag, 48% Gewinn, 15% Bedienungszuschlag und gesetzlicher Mehrwertsteuer.

3 Beratung und Verkauf

🇫🇷 conseils et vente
🇬🇧 counselling and selling

3.1 Verkaufsgespräch

Verkaufsanbahnung		Verkauf		Kaufabschluss	
Empfang	Platzeinnahme	Beratungsgespräch	Servieren	Rechnungserstellung	Verabschiedung
Begrüßung		Bedarfsermittlung Verkaufsangebote Bestellungsannahme Präsentation		Kassieren Dank	

Das Verkaufsgespräch sollte in der Regel stets ein Beratungsgespräch (➔ Grundstufe Gastronomie) sein.

Was darf es sein?
Was möchten Sie trinken?
Hier bitte die Speisekarte.

La carte s'il vous plaît.
Pour commencer une salade, s'il vous plaît.

What can you recommend to me?
First a glass of port, please.

Beratungsgespräch	
■ **Begrüßung** freundlich, in möglichst persönlicher Form	Blickkontakt (➔ Grundstufe) Auf korrekte Bekleidung, Haltung und Sprache, angemessene, nicht zu starke Gestik achten Deutlich, aber nicht zu laut sprechen Angemessene Fragestellungen (➔ Grundstufe) Garderobe abnehmen
■ Gäste zunächst **Platz nehmen lassen**	Für die Bestellungsaufnahme nicht aufdringlich am Tisch verweilen – eine voreilige oder unvollkommene Bestellung wäre für beide Seiten nicht zufrieden stellend
■ Vorlegen der **Angebotskarten**	Unverbindliche Hinweise auf besondere Angebote und Dienstleistungen Noch nicht unmittelbar Getränkewünsche erfragen, eventuell Aperitif anbieten
■ Servicemitarbeiter befindet sich in **Blicknähe**	An Mimik und Gestik (➔ Grundstufe) des Gastes, an der zur Seite gelegten Karte kann festgestellt werden, dass der Gast ausgewählt hat

Reservierungen

Beratungsgespräch (Fortsetzung)	
■ **Bestellung** entgegennehmen	Das Servicepersonal muss die Speisen, einschließlich Beilagen und Getränke, auf der Karte kennen und erläutern können Angebot fachgerecht und engagiert offerieren Kein aufdringliches Anbieten, keine anmaßende Bewertung der Bestellung Bestellungsannahme im Uhrzeigersinn Größere Bestellungen stets deutlich wiederholen, um Hörfehler zu vermeiden
■ **Fragen der Gäste** korrekt und freundlich beantworten	Garnituren oder Zubereitungsformen erläutern Fachgerecht und verständlich beraten
■ **Bestellungen** ohne Rückfrage servieren	Guten Appetit wünschen Evtl. Hinweise zum Verzehr geben

1 Beschreiben Sie die äußere Erscheinung eines guten Gastronomen.
2 Wie verhalten Sie sich bei Meinungsverschiedenheiten mit Gästen?
3 Beurteilen Sie die beiden Fragen des Servicepersonals:
„Hat es Ihnen geschmeckt?"
„Waren Sie zufrieden?"
4 Übersetzen und erweitern Sie das Gespräch auf S. 146 im Rollenspiel.

3.2 Reservierungen

In Restaurants und Hotels sind Reservierungen allgemein übliche Methoden und ermöglichen in den einzelnen Bereichen der Betriebe eine bessere Planung und Vorbereitung der Geschäftsabläufe. Der Gast erwirbt mit der Reservierung Anspruch auf bestimmte vereinbarte Leistungen. Dabei können Bewirtungs- und Beherbergungsverträge zustande kommen. Daher unterscheidet man grundsätzlich **verbindliche** und **unverbindliche Reservierungen**.
Reserviert werden:

| Restauranttische | Gasträume | Hotelzimmer |

Die Reservierungsarten
Der Gast hat in Restaurants und Hotels verschiedene Möglichkeiten der Reservierung:

Die persönliche Reservierung    Die telefonische Reservierung    Die schriftliche Reservierung (Brief, Fax, Internet)

Beratung und Verkauf

1 Erläutern Sie, wie in Ihrem Ausbildungsbetrieb Tischreservierungen entgegengenommen werden.

2 Ein Gast möchte unverbindlich Plätze für etwa 20 Personen am Ostersonntag gegen 13.00 Uhr bestellen. Wie verhalten Sie sich?

3 Die vereinbarte Zeit für eine Tischreservierung ist um etwa 40 Minuten überschritten. Die Nachfrage im Restaurant ist sehr groß. Wie verhalten Sie sich?

4 Entwerfen Sie ein Vertragsformular für Reservierungen mit allen notwendigen Informationen!

Reservierungsgespräch

Den Mitarbeitern im Reservierungsbüro kommt eine hohe Verantwortung zu. Hier erfolgt der erste Kontakt mit dem Gast und es werden alle wichtigen Informationen aufgenommen. Für den Mitarbeiter gelten folgende Regeln:
- namentliche Vorstellung des Mitarbeiters
- klare und deutliche Aussprache
- Erfragen aller notwendigen Informationen
- Hinweise zu den jeweilige Abteilungen
- Erfragen von Sonderwünschen
- Wiederholen des Reservierungswunsches
- Reservierung bestätigen
- Eintrag im Reservierungsbuch

> Geben Sie dem Gast keine Zusage, die Sie nicht realisieren können!
> Danken Sie dem Gast für die Reservierung!

Reservierung von Restauranttischen

Die Reservierung von Restauranttischen ist die einfachste Form der Vorbestellung von Plätzen und gilt prinzipiell als unverbindlich. Hierbei werden zumeist keine gastronomischen Leistungen abgesprochen.
Welche Informationen werden vom Gast benötigt?
- Datum, Uhrzeit
- Personenzahl
- Name des Bestellers (bei größerer Personenzahl auch Anschrift und Telefonnummer für Rückfragen)

Ein Tisch wird für vier Personen für ca. 19.00 Uhr bestellt. Es handelt sich grundsätzlich um keine verbindliche Reservierung mit entsprechenden Ansprüchen des Wirtes.

> Bei Tischreservierungen besteht kein rechtlicher Anspruch aufgrund der schon genannten Unverbindlichkeit.

Es sollte allerdings bei Annahme der Reservierung geklärt werden, wie lange der Tisch maximal über die vereinbarte Zeit hinaus freigehalten wird.

Reservierungen von Restauranttischen oder Räumen mit konkreter Absprache gastronomischer Leistungen

Diese Form der Vorbestellung gilt im rechtlichen Sinne als verbindlich und wird in der Regel durch einen Bewirtungsvertrag dokumentiert. In diesem sollten folgende Punkte festgehalten werden:
- Datum, Uhrzeit
- Personenzahl
- Name, Anschrift, Telefonnummer des Gastes
- Name, Anschrift, Telefonnummer des Restaurants
- genaue Auflistung der zu erbringenden gastronomischen Leistungen
- exakte Preisvereinbarung
- genaue Zeitplanung
- Sonderwünsche (z.B. musikalische Umrahmung, Dekoration, Tisch- und Menükarten, Hinweise auf besondere Gäste)
- Zahlungsweise
- rechtliche Bestimmungen und Stornierungsfristen
- Bankverbindungen
- Gerichtsstand
- Unterschriften beider Vertragspartner (Firmenstempel)

Ein Gast bestellt in einem Restaurant eine bestimmte Anzahl von Plätzen mit festen gastronomischen Leistungen zu einem festen Preis und für eine konkret vereinbarte Zeit. Es handelt sich in diesem Fall um eine verbindliche Reservierung. (Gaststättengesetz - Auszug)

Reservierungen

Reservierung von Hotelzimmern

Die Zimmerreservierung in Hotels und Pensionen wird heute überwiegend mit Computertechnik bearbeitet. Sie ermöglicht ein schnelles und reibungsloses Reservieren. Sowohl Check-In und Check-Out als auch die gesamte Textverarbeitung sind komplex möglich. Nur in kleineren Betrieben wird die Reservierung noch manuell durchgeführt.

Das Reservierungsbüro bearbeitet die Aufnahme neuer und die Änderung bereits getätigter Reservierungen. Nach Entgegennahme der Reservierung wird ein **Reservierungsformular** ausgefüllt.

Das ausgefüllte Formular wird mit Datum und Unterschrift des Mitarbeiters versehen und anschließend im Computer gespeichert. Das Formular wird unter dem Datum des Anreisetages in den Akten abgelegt.

> Auf Wunsch des Gastes wird die Reservierung schriftlich bestätigt.

Bei Änderungen, Stornierungen oder Zusatzinformationen lassen sich mit der Reservierungsnummer das Formular und die Computerdaten schnell finden bzw. aufrufen.

Check-In oder Check-Out?
Check-In ist die Anmeldung des Gastes bei der Anreise auf der Grundlage des Reservierungsscheines.

Check-Out ist die Abmeldung des Gastes bei der Abreise.

Der Beherbergungsvertrag mit Grundelementen aus dem Mietrecht ist nicht anders zu behandeln als jeder andere Vertrag nach dem bürgerlichen Recht. (Gaststättengesetz - Auszug)

Reservierungen — Hotel Deutsches Haus

Anreise	Abreise		EZ	Preis
1.8.2. ...	4.8. ...			
Gastname			DZ	Preis
Österreich, Max			X	200,-
Besteller			APP	Preis
Anschrift			SUI	Preis
12345 MUSTERSTADT				
Mustergasse 1			Bestätigung?	erl. durch:
			Meier	Meier
Telefon	Fax		Zahlweise	
1234/56789	1234/5678		KREDITKARTE	
Gast wurde aufmerksam:	Reisebüro	Reiseatlas	Hotelführer X	Mitbewerber	Zeitung
Sonstiges					
Südseite Nichtraucher mit Hund					
Angenommen von	am		lfd. Reservierungsnr.	
Meier	1.7. ...		100	

Rechtliche Grundlagen

Der Beherbergungsvertrag beginnt generell mit der Reservierung und gilt als verbindlich. Die Zimmerbuchung kann nur im beiderseitigen Einvernehmen rückgängig gemacht werden. Je nach Saison oder objektiver Gegebenheit können Stornierungskosten berechnet werden.

Beratung und Verkauf

🔵 réclamations
🇬🇧 complaints

3.3 Reklamationen

Im Restaurant kommen beim Verkauf von Speisen und Getränken regelmäßig Bewirtungsverträge zustande, im Hotel handelt es sich bei der Vermietung von Hotelzimmern um Beherbergungsverträge. Bei der Erfüllung dieser Verträge kann es gelegentlich zu Unregelmäßigkeiten kommen, die dann Reklamationen der Gäste zur Folge haben.

Die Annahme und Behandlung von Reklamationen sowohl im Restaurant als auch an der Rezeption stellen an die Mitarbeiter im Gastgewerbe höchste Anforderungen, bei denen sie fachliche Kompetenz, menschliches Einfühlungsvermögen sowie gute Umgangsformen unter Beweis stellen müssen.

§ *Zum Inhalt der vom Gast vergüteten Leistungen des Gastwirts gehört nämlich nicht nur die Lieferung der in der Speisekarte angebotenen Speisen und Getränke, sondern auch ein dem „Zuschnitt" des Restaurants entsprechender Service. (Urteil vom 10.7.73 - Amtsgericht Hamburg)*

> Ein unzufriedener Gast ist einer zu viel, der darüber hinaus weiteren künftigen Gästen ein negatives Erscheinungsbild des Hauses vermittelt!

Arten

Man unterscheidet allgemein zwei Arten der Reklamationen:

- berechtigte Reklamationen,
- unberechtigte Reklamationen.

Berechtigte Reklamationen sind für den Gastronomen unverzichtbar, weisen sie ihn doch auf noch bestehende Mängel hin. Diese zumeist wohl gemeinte Form der Gästekritik sollte nutzbringend für das Unternehmen ausgewertet werden, ist sie doch zugleich eine Chance, künftige Gäste noch zufriedenstellender zu bewirten.

Die Ursachen berechtigter Reklamationen sind sehr vielfältiger Art und können sich auf die Beschaffenheit des Warensortiments, die Qualität der Unterbringung, das Preis-Leistungs-Verhältnis und auf das Personal beziehen.

Mängel in der Beschaffenheit der Speisen und Getränke
- die Suppe ist zu kalt
- die Portion erscheint zu klein
- statt Kalbfleisch wurde Schweinefleisch für das Wiener Schnitzel verwendet
- der Wein schmeckt korkig
- die Kaffeesahne ist sauer
- das Rumpsteak ist durchgebraten und nicht – wie bestellt – im Kern noch rosa

Unkorrekte Arbeitsweise und Verhalten des Personals
- im Scotch Whisky schwimmen Eiswürfel, ohne dass der Gast dies gewünscht hat
- die Gastrechnung ist nicht korrekt
- Gäste werden bevorzugt bedient
- die Servierausstattung ist nicht sauber
- störendes lautes Unterhalten des Personals im Gastraum
- der Service duldet in der Nichtraucherzone rauchende Gäste

"The steak is stringy!"

1 Bearbeiten Sie die dargestellte Reklamation in englischer Sprache.
2 Wie kommen Verträge zustande?
3 Um welche Arten von Verträgen handelt es sich bei Bewirtungsverträgen?
4 Welcher Vertragsform ordnen Sie die Beherbergungsverträge zu und wie kommen diese zustande?
5 Welche Möglichkeiten der Beschwerdeführung haben Ihre Gäste und wer ist zuständig für die Entgegennahme der Reklamationen?
6 Welche Unkorrektheiten können beim Erstellen von Gastrechnungen mit elektronischen Kassen auftreten?

Reklamationen im Gastgewerbe

Mängel in der Beschaffenheit der Galträume und Hotelzimmer
- unappetitliche Radiowerbung im Hintergrund
- Zugluft an der Terrassentür
- der Tisch wackelt
- das Hotelzimmer riecht stark nach Desinfektionsmittel
- das Zimmertelefon funktioniert nicht
- es fließt nur kaltes Wasser

Darüber hinaus gibt es **unberechtigte Reklamationen** der Gäste, die ganz unterschiedlich begründet sein können. So weisen einige Speisen und Getränke Besonderheiten auf, die für manchen Gast aus Unkenntnis heraus ein Reklamationsgrund sein können. Ein erklärender (**kein belehrender!**) Hinweis wird den Gast zumeist überzeugen.
- der Wein enthält Weinstein
- der Whisky (Laphroiag) schmeckt nach Phenol
- der Apfelsaft ist trüb

Erläutern Sie das korrekte Verhalten bei unberechtigten Reklamationen mit nachstehenden Gästetypen (→ Grundstufe Gastronomie):
- *der Geltungsbedürftige*
- *der Eilige*
- *der Anspruchsvolle*
- *der Misstrauische*

Die Geschmäcker und auch die subjektive Wahrnehmung können sehr unterschiedlich sein. Der geschulte Service wird mit solch kleinen Eigenheiten einzelner Gäste sehr geschickt umgehen und – wo es möglich ist – den für den Gast bestehenden Mangel beheben.
- das Pils ist zu kalt
- das Toilettenpapier auf dem Hotelzimmer ist zu rau

Stress, Übellaunigkeit, private oder auch körperlichen Probleme sind häufig auch Gründe für unberechtigte Reklamationen. Diese aus der jeweiligen Stimmung heraus hervorgebrachten Beanstandungen fordern den psychologisch geschulten Service.
- der Zimmerservice ist zu langsam
- die Speise ist zu teuer (nachdem die Speise verzehrt worden ist!)

Bearbeitung

Bei der Bearbeitung von Reklamationen sollte die Beschwerde nicht vordergründig als negativ empfunden werden, sondern als hilfreiches betriebliches Kontrollmittel gegen „Betriebsblindheit", um bestehende Mängel abzubauen und somit das Image des Hauses zu verbessern.

Reklamationen sollten daher weitestgehend im **Sinne des Gastes** bearbeitet werden, ohne dabei die Kulanz zu übertreiben. Denn auch mit dem vorsätzlichen Ausnutzen des Kulanzverhaltens durch bestimmte Gäste muss der Gastronom rechnen.

Daher sollten die Mitarbeiter regelmäßig an Verkaufsschulungen teilnehmen können, um Reklamationen schnell und objektiv zu bearbeiten sowie gegebenenfalls auch eine unberechtigte Reklamation ablehnen zu können.

Durch den höflichen und zuvorkommenden Umgang mit den Gästen lassen sich kleine Mängel und Pannen unkompliziert und unauffällig beheben, so dass die Gäste zufrieden gestellt sind und der Gastronom sein Gesicht wahrt. Denn unzufriedene Gäste informieren durch Erzählen des Erlebten Freunde und Bekannte, die dann ihrerseits als künftige Gäste wegfallen.

Ein Ehepaar bestellt eine Flasche Rotwein. Nachdem die Flasche über die Hälfte geleert ist, bemerkt das Paar einen „seltsamen" Beigeschmack, der ihnen erst nach längerem Trinken auffällt, und reklamiert. Wie verhalten Sie sich?

Beratung und Verkauf

Grund der Reklamation erfragen

Vorschläge zur Behandlung der Reklamation unterbreiten

Eine kleine Aufmerksamkeit anbieten

Bearbeitungsverlauf

Verhaltensweise	Begründung
■ **Den Grund der Reklamation erfragen**	Achten Sie hierbei auf Ihre Haltung, Gestik, Tonfall und Mimik!
■ **Aufmerksam zuhören**	Wenden Sie sich den Gästen zu und bekunden Sie Ihr Interesse an der Reklamation des Gastes!
■ **Zu erkennen geben, dass man den Inhalt seiner Reklamation verstanden hat**	Wiederholen und versachlichen Sie den Kern der Reklamation!
■ **Sich für den Hinweis auf den Mangel bedanken**	Da der reklamierende Gast dem Gastronomen die Chance gibt, den Mangel zu erkennen und dann auch gegebenenfalls zu korrigieren, gehört ihm dessen Dank.
■ **Den Mangel entschuldigen**	Drücken Sie Ihr Bedauern aus und entschuldigen Sie sich pauschal, ohne dabei die Reklamation bereits als berechtigt anzunehmen!
■ **Beschwerde schriftlich festhalten**	Notieren Sie für den Gast sichtbar den Grund der Reklamation, um dem Gast zu zeigen, wie wichtig Sie seine Beschwerde einstufen!
■ **Problemlösungen suchen mit dem Ziel der besten Lösung für den Gast und den Gastronomen**	Die Bearbeitung der Reklamation sollte in erster Linie im Interesse des Gastes erfolgen, ohne die Interessen des Unternehmens aus dem Auge zu verlieren!
■ **Vorschläge zur Behandlung der Reklamation unterbreiten**	Unterbreiten Sie dem Gast einen konkreten Vorschlag zur Behebung des Problems. Sollte der Gast diesen ablehnen, machen Sie ihm einen Ersatzvorschlag!
■ **Bearbeitung/Behebung des Mangels**	Bearbeiten Sie die Beschwerde im Sinne der Einigung mit dem Gast zügig!
■ **Sich beim Gast über seine Zufriedenstellung erkundigen**	Erkundigen Sie sich beim Gast, ob der Grund seiner Beschwerde hinreichend behoben worden ist, und danken Sie ihm darüber hinaus nochmals für seine Kritik!
■ **Eine kleine Aufmerksamkeit als Geste des Bedauerns anbieten**	Es ist üblich, dem Gast als entgegenkommende Geste einen Digestif, Kaffee oder anderes anzubieten!

Reklamationen im Gastgewerbe

Bei der Bearbeitung von Reklamationen treten jedoch immer wieder gravierende Fehler auf, die es zu vermeiden gilt.
Hierzu zählen:
- den Gast nicht ernst zu nehmen
- den Gästen gegenüber unsicher, unhöflich und unsachlich aufzutreten
- dem Gast nicht ausreichend Aufmerksamkeit zu schenken
- mit dem Gast Diskussionen über die Berechtigung von Reklamationen zu führen
- die Reklamation nicht individuell, sondern vor einem größeren Gästekreis auszudiskutieren
- die Schuld auf andere Mitarbeiter oder Abteilungen zu schieben
- das eigene Unternehmen zu verunglimpfen
- die Reklamation als persönliches, individuelles Versagen zu sehen und sich daher persönlich angegriffen zu fühlen
- bei größeren Reklamationen nicht den Vorgesetzten zu holen
- sich nicht für die Reklamation zu bedanken
- sich beim Gast nicht über die Erledigung der Reklamation zu bedanken

Problematisch ist die Behandlung und Entscheidungsfindung bei unberechtigten Reklamationen. Die Reklamation kann anerkannt, aber auch abgelehnt werden.

Wann ist es sinnvoll, eine unberechtigte Reklamation anzuerkennen?
Im Bagatellfall stehen oftmals der Aufwand und die Gefahr, den Gast zu verlieren, nicht im Verhältnis zum kulanten, unauffälligen und unkomplizierten Entgegenkommen. Allerdings sollte der Gast taktvoll auf das Entgegenkommen hingewiesen werden.

Wann kann eine unberechtigte Reklamation abgelehnt werden?
Wenn offensichtlich ist, dass die angeführte Beschwerde zu Unrecht angebracht wurde, kann dem Gast mit sachlicher Begründung und taktvollem Auftreten die Ablehnung der Reklamation vorgebracht werden.

Besonderheiten im Beherbergungsbereich

Reklamationen im Hotel sind genauso zu behandeln wie im Restaurant. Allerdings gibt es in der sogenannten **Frankfurter Tabelle** (→ 154) eine Richtlinie, die Preisminderungen bei Leistungsmängeln aufzeigt. Dadurch erhalten sowohl die **Gäste** Hinweise auf berechtigte Ansprüche als auch betroffene **Gastronomen** auf die Grenzen ihrer Verpflichtungen.
Diese Mängelliste sollte den Mitarbeitern im Beherbergungsbereich geläufig sein, um Mängel von vornherein zu vermeiden.

Gerichtsurteil
Ein Gast hatte Speisen und Getränke für insgesamt DM 125,– bestellt. Während des Essens wurde im Salat der Ehefrau eine Schnecke entdeckt, woraufhin beide, ohne zu bezahlen, das Lokal verlassen haben. Der Wirt stellte die gesamte Bestellung in Rechnung und nahm lediglich einen Abzug von DM 10,– für den Salat vor. Das Gericht gab der Klage des Wirtes in Höhe von DM 86,– statt, die er für die Getränke in Rechnung gestellt hatte, den Betrag für die beiden Essen musste der Gast dagegen nicht bezahlen, da ihm und seiner Frau nach der Entdeckung der Schnecke im Salat ein Weiteressen nicht zuzumuten gewesen sei.
(Urteil Amtsgericht Burgwedel vom 10.4.86)

1 *Zur pochierten Zanderschnitte (10,25 €) wurde nicht das in der Speisekarte aufgeführte Gemüse serviert. Der eilige Gast besteht auf Preisminderung. Dem Gast wird ein Nachlass von 20% gewährt.*
Wie viel muss der Gast bezahlen?

2 *Die Hasenkeule als Hauptgang in einem Menü zu 21,90 € war zu fest. Der Gastgeber reklamiert und fordert einen Preisnachlass. Es werden ihm 2,50 € eingeräumt. Wie hoch ist der Preisnachlass bei 26 Portionen und wie viel Prozent braucht der Gastgeber weniger zu zahlen?*

1 *Bearbeiten Sie die dargestellte Reklamation in englischer Sprache.*

Beratung und Verkauf

? 1 Nennen Sie Mängelpositionen, auf die Sie persönlich positiv Einfluss nehmen können.
2 Wie verhalten Sie sich bei Überbuchungen des Hotels?

Frankfurter Tabelle (Auszug) zur Reisepreisminderung
(aus der Neuen Juristischen Wochenzeitschrift 1985,113)

Mängelposition	Prozentsatz	Bemerkungen
Abweichende Art der Zimmer:		
DZ statt EZ	20%	
DreibettZ statt EZ	25%	
DreibettZ statt DZ	20–25%	
VierbettZ statt DZ	20–30%	
Mängel in der Ausstattung des Zimmers:		
fehlender Balkon	5–10%	bei Zusage/ je nach Jahreszeit
fehlender Meerblick	5–10%	bei Zusage
fehlendes Radio/TV	5%	bei Zusage
Schäden, Risse, Feuchtigkeit	10–50%	
Ungeziefer	10–50%	
zu geringes Mobiliar	5–15%	
fehlendes (eigenes) Bad/WC	15–25%	bei Buchung
fehlendes (eigenes) WC	15%	
fehlende (eigene) Dusche	10%	bei Buchung
Ausfall von Versorgungseinrichtungen:		
Toilette	15%	
Stromausfall	10–20%	
Wasser	10%	
Klimaanlage	10–20%	je nach Jahreszeit
Fahrstuhl	5–10%	je nach Stockwerk
Bad/Warmwasserboiler	15%	
Service:		
vollkommener Ausfall	25%	
schlechte Reinigung	10–20%	
ungenügender Wäschewechsel (Bettwäsche, Handtücher)	5–10%	
Beeinträchtigungen:		
Lärm am Tage	5–25%	
Lärm in der Nacht	10–40%	
Gerüche	5–15%	
Sonstiges:		
fehlender oder verschmutzter Swimmingpool	10–20%	bei Zusage
fehlende Sauna	5%	bei Zusage
fehlender Tennisplatz	5–10%	bei Zusage
fehlende Kinderbetreuung	5–10%	bei Zusage

1 Das Ehepaar Mutig hat 9 Tage im Hotel „Zur Post" zum Preis von 125 € je Nacht gebucht. Ab dem 7. Tag fließt nur noch kaltes Wasser. Um welchen Betrag wird die Hotelrechung geringer ausfallen?
2 Günther wohnt für 21 Tage im Hotel „Seeblick". Leider ist die Sauna defekt. Ab dem 10. Tag muss er die Toilette auf dem Gang benutzen. Errechnen Sie den Preisminderungsanspruch laut Tabelle wenn Günther je Nacht 105 € zahlen soll.

Projektorientierte Aufgabe

Projektorientierte Aufgabe
Tagesablauf einer Restaurantfachfrau

Restaurantfachfrau Christel ist heute zunächst im Verkaufsbüro und später im Restaurant eingeteilt. Begleiten und helfen Sie Christel an diesem Tag!

Im Verkaufsbüro
1. Beschreiben Sie Tätigkeiten, die im Verkaufsbüro anfallen können.
2. Gegen 14.00 Uhr läutet das Telefon. Familie Hungrig möchte einen Tisch reservieren.
2.1 Welche Regeln sind von Christel bei der Entgegennahme einer telefonischen Tischreservierung einzuhalten?
2.2 Stellen Sie die Situation als Rollenspiel nach.
3. Wenig später erscheint die Familie Freudig zur Menüabsprache. Die Großmutter wird am 31. Mai 20.. 80 Jahre alt. Sie wünscht sich zum Hauptgang ein Gericht vom Lamm.
3.1 Helfen Sie beim Aufstellen eines 4-Gang-Menüs nach fachlichen Regeln.
3.2 Unterstützen Sie Christel bei der Empfehlung von zwei korrespondierenden deutschen Weinen.
4. Empfehlen Sie einen Aperitif und einen Digestif.
5. Gestalten Sie die Menükarten.
6. Setzen Sie einen Bewirtungsvertrag auf, der alle notwendigen Vertragsinhalte aufweist.

Service
7. Ab 17.00 Uhr ist Christel im Service eingeteilt. Sie hat die Aufgabe, den Service an der Festtafel von Familie Meier durchzuführen. Es handelt sich um eine Silberhochzeit. Die Personenzahl beträgt 12. Fertigen Sie eine Skizze des korrekt aufgebauten Servicetisches für nebenstehendes Menü an.
8. Beschreiben Sie die einzelnen Arbeitsschritte des korrekten Service von der Begrüßung bis zur Verabschiedung. Beachten Sie, dass das Hauptgericht im englischen Service serviert wird.
9. Der zum Hauptgang gereichte Rotwein wird von den Gästen wegen der falschen Serviertemperatur reklamiert. Wie verhalten Sie sich?
10. Stellen Sie die beschriebene Situation nach und demonstrieren Sie, wie Sie einen Wein chambrieren oder gegebenenfalls frappieren.
11. Zum Digestif wird von einigen Gästen Kaffee gewünscht. Da es bereits spät am Abend ist, muss der Kaffeeautomat neu vorbereitet werden. Welche Handgriffe sind hierbei durchzuführen, um eine ausgezeichnete Kaffeequalität zu erhalten und um einen korrekten Service durchführen zu können?
12. Für eine Tasse Kaffee benötigt man 8 Gramm Kaffeepulver. Wie viele Tassen Kaffee könnten aus einer Gastro-Packung mit 1,5 kg Inhalt gebrüht werden? Wie hoch ist der Wareneinsatz für die bestellten 16 Tassen Kaffee?

*1996 Schloß Vollrads „Blausilber"
Riesling Kabinett, Rheingau
Trocken, feinfruchtig
Weingut Schloß Vollrads*

*1994 Eichstetter Herrenbuck
Spätburgunder Spätlese, Baden
Trocken, elegant, kräftig
Winzergenossenschaft
Eichstetten*

*Salat von jungen Zuckerschoten mit
rosa Shrimps und Keimlingen*

*Kraftbrühe von roten Rübchen
mit Meerrettichbällchen
und grünem Lauch*

*Gegrilltes Filet vom Angusrind
auf Rahmwirsing
mit Frühlingskarotten
und Röstkartoffeln*

*Eine Auswahl gut ausgereifter
französischer Käsesorten vom Brett*

Abrechnung
13. Die Höhe der Gastrechnung beträgt 285 €. Herr Meier möchte diesen Betrag mit einer Kreditkarte bezahlen. Worauf muss bei der Entgegennahme der Kreditkarte geachtet werden?
14. Herr Meier wünscht darüber hinaus eine Quittung. Wieviel € beträgt die enthaltene Mehrwertsteuer?
15. Ab welchem Betrag muss Christel die Mehrwertsteuer extra ausweisen?

4 Kalkulation

Warenkosten (Materialkosten) gehören zu den direkten Kosten. Sie errechnen sich aus den Rezepturmengen und den vorgegebenen Einkaufspreisen. Nebenkosten und Preisnachlässe werden einbezogen.

Gemeinkosten, auch Betriebskosten genannt, sind indirekte Kosten, also allgemein anfallende Kosten für Personal, Energie, Reparaturen, Mieten, Abschreibungen, Steuern usw. Innerhalb der Kostenrechnung werden sie den Materialkosten als prozentualer Durchschnittswert zugeschlagen. Die Höhe der Gemeinkosten wird entscheidend von dem Ausstattungsgrad der Gaststätte bzw. von der Klassifizierung des Hotels gebildet. Der Gemeinkostenzuschlag liegt meist weit über 100%.

Selbstkosten sind alle Kosten, die dem Betrieb entstehen. Sie sind die Summe aus Materialkosten und Gemeinkosten.

Gewinn ist der prozentuale Aufschlag auf die Selbstkosten. Dadurch werden Unternehmerleistung und Risiko der Kapitaleinlage abgegolten.

Kalkulierter Preis, auch vorläufiger Verkaufspreis genannt, ergibt sich aus Materialkosten zuzüglich Gemeinkosten und Gewinn.

Umsatzbeteiligung, auch Service-Aufschlag oder Bedienungsgeld genannt. Wird als Zuschlag auf den kalkulierten Verkaufspreis berücksichtigt. Das Personal ist durch diesen prozentualen Zuschlag am Umsatz beteiligt.

Umsatzbeteiligung verliert immer mehr an Bedeutung und fällt dort weg, wo das Personal nicht am Umsatz beteiligt ist.

Mehrwertsteuer, auch als **Umsatzsteuer** bezeichnet, ist eine allgemeine Verbrauchssteuer, die den Endverbraucher belastet. Der Unternehmer weist die Mehrwertsteuer als Preisbestandteil aus und führt sie ans Finanzamt ab. Zu unterscheiden sind zwei Steuersätze:

- allgemeiner Steuersatz von derzeit 16% für Speisen und Getränke in Gaststätten, für Quell- und Tafelwasser, Bier, Spirituosen, Zigaretten und Tabakerzeugnisse.
- ermäßigter Steuersatz von derzeit 7% für Lebensmittel (Ausnahmen oben), Bücher, Druckerzeugnisse.

Kalkulation – Grundlage der Preisberechnung

Kalkulationen werden rechnerisch als Prozentrechnung durchgeführt. Es gibt verschiedene Kalkulationsarten.

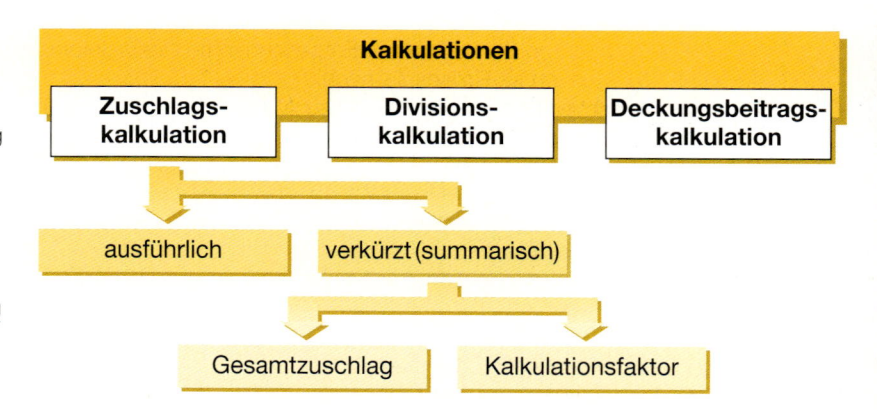

Kalkulationen
- Zuschlagskalkulation
  - ausführlich → Gesamtzuschlag
  - verkürzt (summarisch) → Kalkulationsfaktor
- Divisionskalkulation
- Deckungsbeitragskalkulation

Außerdem unterscheidet man noch zwischen Hin- und Rückkalkulation.

Vorwärtskalkulation dient der Preisbildung unter Berücksichtigung aller Kosten.

Rückwärtskalkulation geht vom Verkaufspreis aus und dient der Ermittlung der Warenkosten.

Als klassische Kalkulation gilt die ausführliche **Zuschlagskalkulation**.

4.1 Zuschlagskalkulation

Die ausführliche Zuschlagskalkulation ist durch **vier Stufen** gekennzeichnet:

Waren**k**osten
+ **G**emein**k**osten
= **S**elbstkosten
+ **G**ewinn
= kalkulierter Preis
+ **U**msatz**b**eteiligung
= Nettoverkaufspreis
+ **M**ehr**w**ert**st**euer
= Inklusivpreis (Bruttoverkaufspreis)

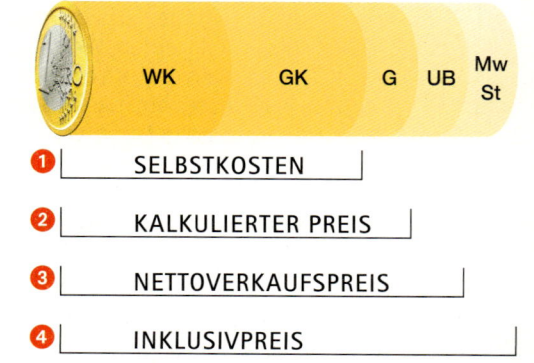

① SELBSTKOSTEN
② KALKULIERTER PREIS
③ NETTOVERKAUFSPREIS
④ INKLUSIVPREIS

WK | GK | G | UB | MwSt

Zuschlagskalkulation

Beispiel
Ermitteln Sie den Inklusivpreis von 1 Glas (0,5 l) Pilsner, dessen Warenkosten 0,62 € betragen, wenn die Gemeinkosten 155%, der Gewinn 25%, die Umsatzbeteiligung 15% betragen und die gesetzliche Mehrwertsteuer zu berücksichtigen ist.

Lösungsweg

	Position			Betrag
	Warenkosten 100%			0,62 €
+	Gemeinkosten 155%			0,96 €
=	Selbstkosten	255% → 100%		1,58 €
+	Gewinn	25%		0,40 €
=	kalkulierter Preis	125% → 100%		1,98 €
+	Umsatzbeteiligung	15%		0,30 €
=	Nettoverkaufspreis	115% → 100%		2,28 €
+	Mehrwertsteuer	16%		0,36 €
=	Inklusivpreis	116%		2,64 €

Der Inklusivpreis für 1 Glas (0,5 l) Pilsner beträgt 2,64 €. Auf der Getränkekarte könnte 2,65 € (Kartenpreis) stehen.

Gesamtzuschlag

In einer verkürzten Kalkulation kann man alle Einzelzuschläge (Gemeinkosten, Gewinn, Umsatzbeteiligung, Mehrwertsteuer) als einen Zuschlagswert (Gesamtzuschlag) angeben.

| Inklusivpreis = Warenkosten + Gesamtzuschlag |

| Gesamtzuschlag = Inklusivpreis − Warenkosten |

$$\text{Gesamtzuschlag\%} = \frac{\text{Inklusivpreis} - \text{Warenkosten}}{\text{Warenkosten}} \times 100$$

Beispiel
Die Warenkosten für eine Portion Seelachsfilet mit Kartoffelpürree und Rohkostsalat 4,35 €. Der Küchenchef rechnet mit einem Gesamtzuschlag von 240%.
Berechnen Sie den Inklusivpreis für das Gericht.

	Position	%	Betrag
	Warenkosten	100%	4,35 €
+	Gesamtzuschlag	240%	10,44 €
=	Inklusivpreis	340%	14,79 €

Der Kartenpreis könnte 14,80 € betragen.

Inklusivpreis, auch als **Bruttoverkaufspreis** bezeichnet, ist ein Preis mit allen Kalkulationszuschlägen. Er entsteht aus dem Nettoverkaufspreis durch Aufschlagen der Mehrwertsteuer.

Kartenpreis: Der Soll-Preis ist der gerundete Inklusivpreis. Der Ist-Preis kann aus Gründen vom gerundeten Inklusivpreis abweichen (z. B. Aktionspreise).

Kalkulation

Kalkulationsfaktor

Das Kalkulieren mit einem Kalkulationsfaktor gehört auch zu der verkürzten Kalkulation. Dieser Faktor ergibt sich aus der Division von Inklusivpeis und Materialkosten.

> Inklusivpreis = Kalkulationsfaktor × Warenkosten

> Kalkulationsfaktor = Inklusivpreis : Warenkosten

Beispiel
Ein Gastgewerbebetrieb kalkuliert mit folgenden Zuschlagssätzen:
Gemeinkosten 185%, Gewinn 30%, Umsatzbeteiligung 15%.
Berechnen Sie den Inklusivpreis eines Tagesmenüs, für das die Warenkosten 10,00 € betragen und ermitteln Sie den Kalkulationsfaktor.

Lösungsweg

	Warenkosten	10,00 €
+	Gemeinkosten 185 %	18,50 €
=	Selbstkosten	28,50 €
+	Gewinn 30 %	8,55 €
=	Kalkulierter Preis	37,05 €
+	Umsatzbeteiligung 15%	5,56 €
=	Nettoverkaufspreis	42,61 €
+	Mehrwertsteuer 16 %	6,82 €
=	Inklusivpreis	49,43 €

49,43 € : 10,00 € = 4,9
Der Inklusivpreis beträgt 49,43 €, der Kalkulationsfaktor 4,9.

Beispiel
Die Warenkosten für ein Glas Martini (0,1 l) betragen 0,85 €. Wie hoch ist der Inklusivpreis, wenn mit einem Kalkulationsfaktor von 3,3 gerechnet wird?

Lösungsweg

Warenkosten	×	Kalkulationsfaktor	=	Inklusivpreis
0,85 €	×	3,3	=	2,81 €

Der Inklusivpreis beträgt 2,81 €.

---

1. Ein Gastwirt rechnet mit einem Kalkulationsfaktor von 4,2. Für ein Gericht ergeben sich nach der Kalkulation Warenkosten in der Höhe von 7,20 €. Ermitteln Sie den Inklusivpreis.
2. Ein Berliner Spezialitätenbüfett wird zum Inklusivpreis von 2 150,00 € gefertigt.
2.1 Berechnen Sie den Wareneinsatz bei einem Kalkulationsfaktor von 3,7.
2.2 Ermitteln Sie den abgeführten Mehrwertsteuersatz.
3. Die Warenkosten für ein Gericht betragen 6,80 €. Ermitteln Sie die Selbstkosten, wenn der Betrieb mit 155% Gemeinkosten rechnet.

Divisionskalkulation

Rückwärtskalkulation

Bei der Rückwärtskalkulation wird vom Verkaufspreis auf die Warenkosten zurück gerechnet. Danach können nach Vorgabe eines Inklusivpreises, der nicht überschritten werden darf, die Warenkosten ermittelt werden.

Beispiel
Einer Gesellschaft stehen für ein Menü 30 €/Person zur Verfügung. Die Warenkosten sollen ermittelt werden, wenn mit 160% Gemeinkosten, 10% Gewinn, 13% Umsatzbeteiligung und der gesetzlichen MwSt zu rechnen ist.

Lösungsweg				Probe	
	= 100%	8,00 €	Warenkosten (100%)	8,00 €	100%
	− 160%	− 12,00 € +	Gemeinkosten (160%)	12,00 €	+ 160%
= 100%	260%	= 20,80 € =	Selbstkosten	20,80 € = 260%	= 100%
− 10%		− 2,08 € +	Gewinn (10%)	2,08 €	+ 10%
= 100%	110%	= 22,88 €	kalkulierter Preis	22,88 € = 110%	= 100%
− 13%		− 2,98 € +	Umsatzbeteiligung (13%)	2,98 €	+ 13%
= 100%	113%	= 25,86 €	Nettoverkaufspreis	25,86 € = 113%	= 100%
− 16%		− 4,14 € +	Mehrwertsteuer (16%)	4,14 €	+ 16%
116%		30,00 € =	Inklusivpreis 30 €	29,99 € Abweichung durch Rundung 1 Cent	= 116%

Die Warenkosten dürfen 8,00 € betragen.

4.2 Divisionskalkulation

Zimmerkalkulation

Im Hotel bezieht sich der Preis für eine Übernachtung meist auf die Berechnung für ein Bett.
Grundlage der Kalkulation für die Übernachtung und Nutzung der Zimmer sind die gesamten Beherbergungskosten, die im Laufe eines Jahres anfallen. Sie setzen sich zusammen aus:
- Fixkosten (z.B. Lohnkosten, Kapitalkosten, Mieten, Steuern, Versicherungen, Abschreibungen)
- Variable Kosten (z.B. Energiekosten, Wasser, Reparaturen, Verbrauchskosten)

Die Gesamtkosten für die Beherbergung ergeben sich zum größeren Teil aus den fixen Kosten.
Die Selbstkosten für eine Übernachtung ergeben sich aus der Division von Gesamtkosten durch Gesamtübernachtungen pro Jahr. Deshalb bezeichnet man die Zimmerkalkulation auch als **Divisionskalkulation**.

Nach der Errechnung der Selbstkosten für eine Übernachtung werden analog der Speisen- und Getränkekalkulation der Gewinn und die Mehrwertsteuer zugeschlagen.

Yield-Management lässt auch Preise abhängig von der Nachfrage zu. Z.B. Messepreise: Rabatte und Sonderangebote auf der einen, Höchstpreise auf der anderen Seite.

Kalkulation

> Selbstkosten je Übernachtung = $\dfrac{\text{Gesamte Beherbergungskosten}}{\text{Übernachtungsanzahl}}$

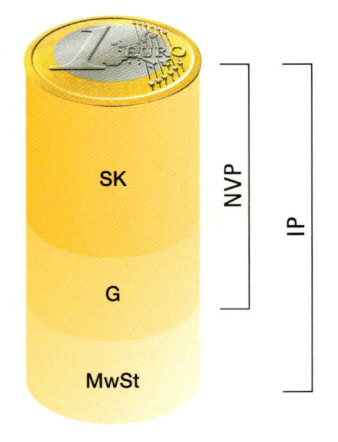

Zimmerpreiskalkulation

	Selbstkosten	(SK)
+	Gewinn	(G)
=	Nettoverkaufspreis	(NVP)
+	Mehrwertsteuer	(MwST)
=	Inklusivpreis	(IP)

Beispiel
Ein Hotel hatte im vergangenen Jahr 12 480 Übernachtungen. Die Gesamtkosten betrugen 525 000 €. Wie hoch ist für das kommende Jahr der durchschnittliche Übernachtungspreis bei einem geplanten Gewinn von 30% und der gesetzlichen Mehrwertsteuer?

Lösungsweg

Gesamte Beherbergungskosten	:	Übernachtungsanzahl	=	Selbstkosten/ Übernachtung
525.000 €	:	12 480	=	42,07 €

	Selbstkosten	100%		42,07 €
+	Gewinn	30%		12,62 €
=	NVP	130% → 100%		54,69 €
+	MwST		16%	8,75 €
=	IP		116%	63,44 €

Der Inklusivpreis für eine Übernachtung beträgt 63,44 €.

---

1 Für ein Kalbsragout mit Reis und jungen Erbsen wurde ein Selbstkostenpreis von 5,40 € ermittelt. Wie hoch ist der kalkulierte Preis, wenn der Betrieb mit 20% Gewinn rechnet?

2 Amanda erhält ein Bedienungsgeld von 136,00 € ohne Trinkgeld.

2.1 Ermitteln Sie den Tagesumsatz bei 13% Bedienungsgeld.

2.2 Errechnen Sie die anteiligen Warenkosten bei einem Kalkulationszuschlag von 310%.

2.3 Wie hoch ist der prozentuale Gewinn bei einem Gemeinkostensatz von 195%?

3 Ein Gedeck wird für 15,25 € verkauft. Die Gemeinkosten betragen 150%, der Gewinn beträgt 12%, das Bedienungsgeld 14%. Hinzu kommt die gesetzliche MwSt.

3.1 Ermitteln Sie die Warenkosten.

3.2 Ermitteln Sie den Kalkuationsfaktor.

4 Für einen Schulball wird ein kaltes Büfett im Wert von 4 200,00 € vereinbart. Der Küchenchef will wissen, wie viel € ihm für die Zutaten zur Verfügung stehen, wenn im Hause mit folgenden Zuschlägen kalkuliert wird:

Gemeinkosten	160%
Gewinn	15%
Umsatzbeteiligung	10%
MwSt	16%

Divisionskalkulation

Bettenauslastung

Die Bettenauslastung ist die wichtigste ökonomische Kenngröße in einem Hotel. Sie wird in einem Prozentwert angegeben. Je höher der Prozentwert, umso besser ist die wirtschaftliche Lage im Hotel. Zur Berechnung benötigt man die Gesamtbettenzahl des Hotels, auch **Kapazität** genannt. Werden alle Betten verkauft, hat man eine Auslastung von 100%. Dieser Zustand ist sehr selten, denn im Allgemeinen werden nicht alle Betten verkauft, besonders, wenn man bedenkt, dass die Bettenauslastung meist für ein Jahr berechnet wird.
Die tatsächliche Bettenauslastung wird auch als **Übernachtungsfrequenz** bezeichnet.
Die Übernachtungskapazität ist die maximal mögliche Auslastung eines Hotels.

$$\text{Übernachtungskapazität} = \text{Bettenzahl} \times \text{Hotelöffnungstage}$$

$$\text{Übernachtungsfrequenz} = \frac{100\% \times \text{tatsächliche Übernachtungen}}{\text{Übernachtungskapazität}}$$

$$\text{Tatsächliche Übernachtungen} = \frac{\text{Übernachtungsfrequenz} \times \text{Übernachtungskapazität}}{\text{Übernachtungskapazität}}$$

Kosten-Umsatz-Verhältnis bei der Beherbergung

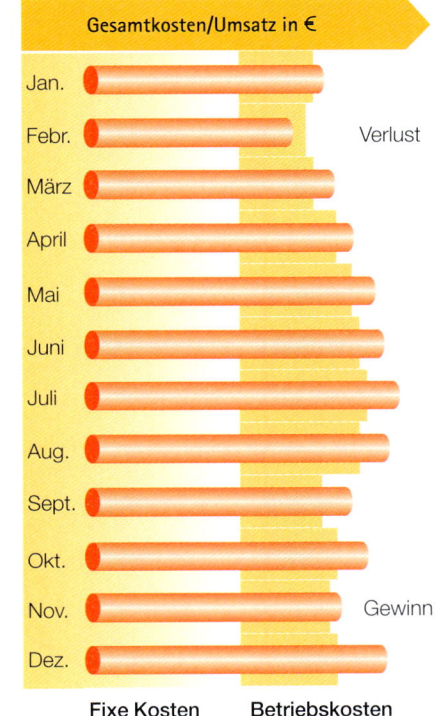

Gesamtkosten/Umsatz in €

Jan., Febr., März, April, Mai, Juni, Juli, Aug., Sept., Okt., Nov., Dez.

Verlust — Gewinn

Fixe Kosten: Gehälter, Steuern, Versicherungen, Abschreibungen, Mieten, Schuldzinsen

Betriebskosten: Energie, Wasser, Verbrauchsmaterial, Reparaturen

● Umsatz

Beispiel

Ein Kurhotel mit 35 Betten hat 210 Tage im Jahr geöffnet. In der vergangenen Öffnungsperiode konnten 6000 Übernachtungen registriert werden. Ermitteln Sie die Bettenkapazität und Bettenfrequenz.

Lösungsweg

$$\text{Übernachtungskapazität} = 35 \text{ Betten} \times 210 \text{ Hotelöffnungstage} = 7350 \text{ Übernachtungen}$$

$$\text{Übernachtungsfrequenz} = \frac{100\% \times 6000 \text{ Übernachtungen}}{7350 \text{ Übernachtungen}} = 81,6\%$$

Das Hotel hat eine Kapazität von 7 350 Übernachtungen, die Übernachtungsfrequenz betrug rund 82%.

Wertfaktor der Zimmer

In den bisherigen Berechnungen der Zimmerpreise wurde die Größe und Ausstattung der Zimmer nicht beachtet. Um das in die Preisbildung einzubeziehen, kann für jedes Zimmer ein Wertfaktor vom Hotel selbst festgelegt werden:

Beispiele
● einfaches Zimmer: Wertfaktor 1,0
● gut ausgestattetes Zimmer: Wertfaktor 1,4
● sehr gut ausgestattetes Zimmer: Wertfaktor 1,8

Beherbergungskosten

*Der Betriebsabrechnungsbogen (BAB) enthält die gesamten Kosten, die für die Beherbergung entstehen, also beispielsweise anteilige Raumkosten, Wäsche- und Einrichtungskosten. Diese Kosten fallen, unabhängig von der Hotelauslastung, ständig in etwa gleicher Höhe an. Gleiches trifft auf die Personalkosten zu. Die Beherbergungskosten stellen demnach überwiegend **fixe Kosten** dar.*

Kalkulation

Deckungsbeitragskalkulation

Bei den vorangegangenen Kalkulationsarten wurde mit einem prozentualen Zuschlag auf den Warenpreis gerechnet. Die **Deckungsbeitragskalkulation** stellt eine **Ergänzung** zur Preisbildung auf Vollkostenbasis dar. Dabei wird von einem Nettopreis ausgegangen, von dem die variablen Kosten abgezogen werden.
Die Erlöse werden danach beurteilt, ob nach Abzug der variablen Kosten ein Beitrag zur **Deckung der Fixkosten** und zur Erwirtschaftung von Gewinn bleibt. Dieser Betrag wird als Deckungsbeitrag bezeichnet. Die Höhe des Deckungsbeitrages ist entscheidend dafür, ob eine Leistung übernommen oder abgelehnt wird. Zunächst ist demzufolge die rechnerische Aufteilung in variable und fixe Kosten notwendig.

	Variable Kosten (Warenkosten)
+	Deckungsbeitrag
=	Nettopreis
+	16% Mehrwertsteuer
=	Inklusivpreis (aufgerundeter Kartenpreis)

> Deckungsbeitrag = Nettoerlös – Variable Kosten (veränderliche Kosten)

> Gewinn = Deckungsbeitrag – Fixkosten (feste Kosten)

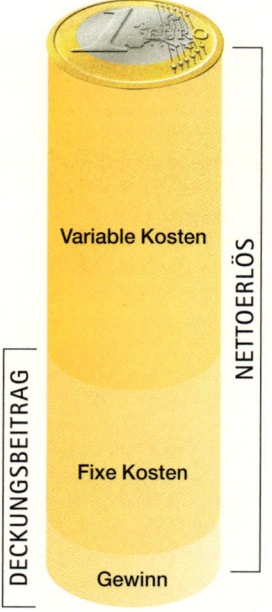

2 Kostenarten

Fixkosten *(feste Kosten): Kosten für die Betriebsbereitschaft, die leistungsunabhängig in gleich bleibender Höhe anfallen.*
Beispiele: *Pacht, Versicherungen, Gehälter.*
Variable Kosten *(veränderliche Kosten): hängen von der erbrachten Leistung ab. Sie erhöhen sich mit einer Leistungssteigerung. An erster Stelle sind dabei die Warenkosten zu nennen.*
Beispiele: *Warenkosten, Reinigung, Strom, Heizung.*
Bruttoerlös *ist der Gesamtumsatz.*

Beispiel

Ein Menü soll bei einem Wareneinsatz von 5,00 € einen Nettopreis von 16,00 € haben.
1 Wie hoch ist das Bedienungsgeld bei einem Bedienungszuschlag von 12%?
2 Errechnen Sie die variablen Kosten je Menü, wenn darunter nur die Warenkosten und das Bedienungsgeld verstanden werden sollen.
3 Ermitteln Sie den Deckungsbeitrag.
4 Berechnen Sie den Inklusivpreis.
5 Welchem Kalkulationsfaktor entspricht der Preis?

Lösungsweg

1 Bedienungsgeld: Nettoverkaufspreis 112%   16,00 €
    Bedienungsgeld   12%   1,71 €
Das Bedienungsgeld beträgt 1,71 €.

2 Warenkosten + Bedienungsgeld = Variable Kosten
5,00 € + 1,71 € = 6,71
Die variablen Kosten belaufen sich auf 6,71 €.

3 Deckungsbeitrag: 16,00 € – 6,71 € = 9,29 €
Der Deckungsbeitrag macht 9,29 € aus.

4   100% = 16,00 €
    116% = 18,56 €

5 **Inklusivpreis 18,56 €**
18,56 : 5,00 € = 3,7
Die Kalkulation entspricht dem Kalkulationsfaktor 3,7.

MARKETING

Marketing als gastronomisches Konzept erkennen.
Marketinginstrumente kennen. Verkaufsfördernde Maßnahmen planen.
Werbung beurteilen.
Rechtsvorschriften einhalten.
Französisch und Englisch fachbezogen anwenden.

(nach dem Bundesrahmenlehrplan)

🇫🇷 *besoins, souhaits et motivations d'achat*
🇬🇧 *needs, wishes and motives for purchasing*

5 Bedürfnisse, Wünsche, Kaufmotive

Bedürfnisse lassen sich stets aus einem Mangelzustand erklären. Dabei sind die **menschlichen Bedürfnisse** nicht gleichwertig. Jeder Mensch hat eine Vielzahl von körperlichen und geistigen Bedürfnissen, die man ihrer Wichtigkeit nach in **Bedürfnisbereiche** ordnen kann. Am bekanntesten ist die Unterteilung entsprechend der Maslowschen Bedürfnispyramide:

Bedürfnispyramide

Schöpferische Bedürfnisse
Selbstverwirklichung

Soziale Bedürfnisse
Beziehungen mit Anderen, gesellschaftliche Anerkennung

Schutzbedürfnisse
Sicherheit, Ordnung, Schutz des Eigentums

Grundbedürfnisse
Essen, Trinken, Schlaf, Erholung, Wohlbefinden

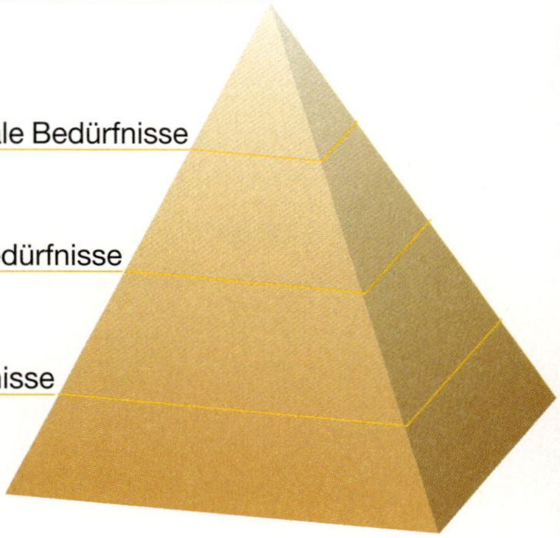

Bert Brecht lässt einen seiner Helden in der Dreigroschenoper sagen: "Erst kommt das Fressen, dann kommt die Moral". Damit weist der Dichter auf eine Rangfolge bei den menschlichen Bedürfnissen hin.

Aus **Bedürfnissen** erwachsen **Wünsche**, die Grundlage für Motive sind. Motive wiederum sind die Beweggründe für Handlungen. Sie haben die Bedürfnisbefriedigung zum Ziel.

Mangel → Bedürfnisse → Wünsche → Bedürfnisbefriedigung (Handlung)

Beispiel
Hunger → Mahlzeit → Essenswunsch → Sättigung (Speiseneinnahme)

🇫🇷 *besoins et souhaits des hôtes*
🇬🇧 *needs and wishes of guests*

5.1 Gästebedürfnisse, Gästewünsche

Aus der Bedürfnispyramide lassen sich **unterschiedliche menschliche Bedürfnisse ableiten**, die bei Menschen auch unterschiedlich ausgeprägt sein können.
Die Frage an **Gäste**, was sie von einem Hotel erwarten, könnte ganz verschieden, aber auch übereinstimmend beantwortet werden: Sauberkeit, Geborgenheit, Sicherheit, Ordnung, Kommunikation, Erlebnisse, Ruhe, Unterhaltung, Bekanntschaften, gute Arbeitsbedingungen oder Bequemlichkeit.
Übereinstimmende oder widersprüchliche Standpunkte hängen entscheidend von der **Gästegruppe** ab: Senioren, Dienstreisende, Wochenendurlauber, Familien, Jugendliche usw.

1 Bei einer freiwilligen Befragung von 623 Gästen gaben 122 an, sie kämen das erste Mal in das Restaurant. Jeder zweite dieser Gäste wollte unbedingt wieder kommen. 223 Gäste waren schon einmal im Restaurant. Alle anderen Befragten bezeichneten sich selbst als Stammgäste.
1.1 Berechnen Sie die prozentualen Anteile der angegebenen Gästegruppen.
1.2 Welche Schlussfolgerungen ziehen Sie aus dieser Befragung?

Kaufmotive der Gäste

Beispiel
Während Senioren auf Ruhe und aktive Erholung bedacht sind, könnten Jugendliche das Bedürfnis nach Trubel und Unterhaltung haben.

Geprägt durch Bedürfnisse entwickeln Menschen persönliche **Lebensziele**, die sich im Verlaufe des Lebens formen. Für das Gastgewerbe ist es wichtig, diese Lebensziele zum Inhalt der **Leistungsangebote** zu machen.

Lebensziele	Inhalte	Ausgewählte Bedürfnisbereiche
Gesundheit	Gesund und natürlich leben, Jugendlichkeit erhalten, intakte Umwelt fordern	Körperpflege, Schönheitsfarm, Bio-Kosmetik, Gymnastik, Schwimmbad, Sauna, Massage, Whirl-Pool, Bio-Lebensmittel, Naturküche
Geselligkeit	Gesellschaftliche Kontakte pflegen	Clubmitgliedschaften, Spiele, Feste, Nachbarschaftskontakte, Kneipenbesuche
Genuss	Freizeit genießen kulinarischen Genüssen nachkommen	Künstlerische Selbstbetätigung, Unterhaltungsprogramme, Gourmetveranstaltungen
Körperliche Aktivität	Körperliches Wohlbefinden, körperlichen Ausgleich bewirken und erhalten	Bewegungsprogramme, Hobbys, Gartenarbeit, Heimwerkertätigkeiten
Bewusstes Erleben	Persönlichkeitsformung in kultureller, religiöser und politischer Hinsicht	Weiterbildung, Nachbarschaftskontakte, soziales, politisches und religiöses Engagement

Wovon hängen die unterschiedlichen Bedürfnisse ab?

5.2 Kaufmotive der Gäste

> Kaufmotive geben Auskunft über Beweggründe, die zum Kauf führen.

Bei **verstandesgeprägten Kaufmotiven** hat der Gast bestimmte Vorstellungen vom Nutzen seiner Wünsche. Er überlegt sich die Vorteile seiner Bestellung vorher genau.
Gefühlsgeprägte Kaufmotive kommen aus dem Unterbewusstsein. Der Verstand wird beim Kaufwunsch weniger einbezogen. Der Gast war „guter Stimmung" und hat sich „etwas geleistet".
Triebhafte Kaufmotive kommen ebenfalls aus dem Unterbewusstsein und sind auf Dauer wenig steuerbar. Ein Mensch hat Hunger und „muss sofort etwas essen" oder er ist todmüde und „muss unbedingt schlafen".

Durch **positive** Reize, die auch durch eine gezielte Werbung vermittelt werden, können Kaufmotive verstärkt werden. Andererseits verhindern oder erschweren **negative** Reize Kaufentscheidungen.

Kaufmotive

Verstandesgeprägte Kaufmotive
Preiswürdigkeit, Zweckmäßigkeit, Bequemlichkeit, Gesundheitsbewusstsein, Sparsamkeit

Gefühlsgeprägte Kaufmotive
Schönheitsempfinden, Gesundheitsstreben, Geruch, Geschmack

Triebhafte Kaufmotive
Nachahmung, Neugierde, Geltungsbedürfnis, Genusssucht

6 Markt

◉ marché
◉ market

Eine Goldquelle wird erschlossen

Der Aussichtsturm auf der Bergkuppe ermöglicht eine herrliche Aussicht über das weite Land. Tagtäglich kommen Wanderer und Ausflügler zu Fuß oder mit einer Seilbahn hierher. Gleich an der Bergstation haben Müllers einen Verkaufsstand, an dem sowohl Fußwanderer als auch die Seilbahnfahrer unmittelbar vorbeigehen. Müllers haben keine Sorgen mit dem Umsatz von Getränken, Speisen und Andenken. Zu Sonderaktionen gibt es keinen Grund.
Neuerdings jedoch besteht Grund zur Besorgnis: Die Seilbahngesellschaft will ein Panoramarestaurant bauen. Die Marktsituation wird sich ändern, und Müllers beginnen darüber nachzudenken.

> Markt ist der Ort, wo sich Anbieter und Nachfrager treffen, um zu verkaufen oder zu kaufen. Durch das Zusammentreffen von Angebot und Nachfrage bilden sich Preise. Dies ist das Grundprinzip der Marktwirtschaft.

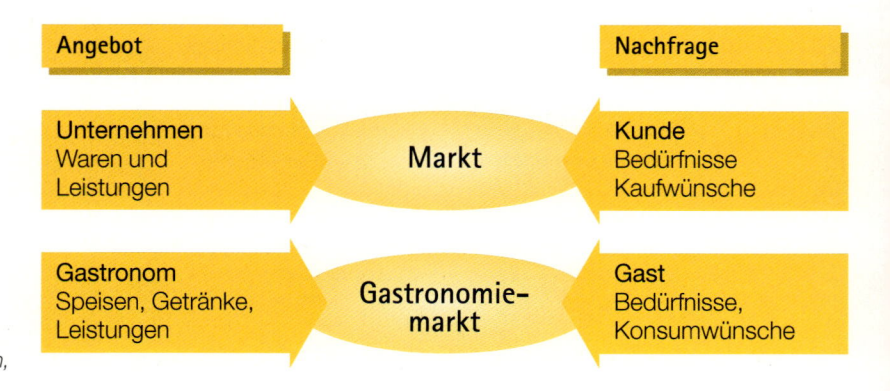

Angebot		Nachfrage
Unternehmen Waren und Leistungen	**Markt**	**Kunde** Bedürfnisse Kaufwünsche
Gastronom Speisen, Getränke, Leistungen	**Gastronomiemarkt**	**Gast** Bedürfnisse, Konsumwünsche

! *Märkte lassen sich nach sachlichen, funktionalen und räumlichen Gesichtspunkten gliedern:*

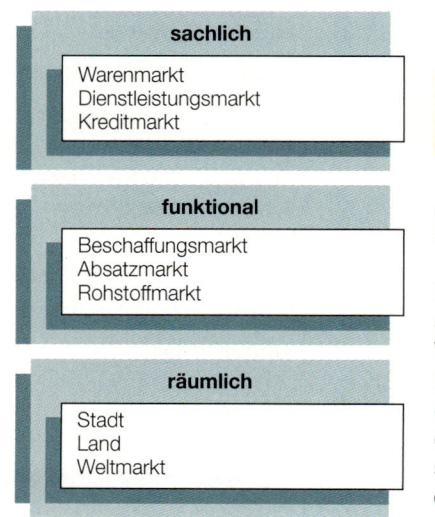

sachlich
Warenmarkt
Dienstleistungsmarkt
Kreditmarkt

funktional
Beschaffungsmarkt
Absatzmarkt
Rohstoffmarkt

räumlich
Stadt
Land
Weltmarkt

6.1 Marktarten

◉ catégories de marchés
◉ sorts of markets

Je nachdem, ob die Nachfrage größer oder das Angebot größer ist, sind **Verkäufermarkt** und **Käufermarkt** zu unterscheiden.

Beim **Verkäufermarkt** ist die Nachfrage größer als das Angebot. Eine Marktorientierung ist nicht erforderlich, da der Absatz problemlos funktioniert. Der Wettbewerb zwischen gleichen Anbietern spielt nur eine untergeordnete Rolle. Der **Käufermarkt** ist dadurch gekennzeichnet, dass das Angebot viel größer als die Nachfrage ist. Der Gast kann in einer solchen Situation zwischen verschiedenen Angeboten wählen. Es besteht ein Überangebot, so dass der Käufer eine starke Marktstellung hat. Die Konkurrenz zwischen den Unternehmen spielt eine bestimmende Rolle.

Betriebsarten, Unternehmensleitbild

Für die heutige Gastronomie ist der Käufermarkt kennzeichnend:
- Bedürfnisse und Wünsche der Gäste sind ausschlaggebend.
- Marktsituationen müssen ständig beachtet werden. Danach richten sich die Angebote.

Marktformen		Beispiele
Monopol	Ein Anbieter steht einer Vielzahl von Nachfragen gegenüber. Der Monopolist kann Preis und Erzeugnismenge frei festlegen.	Kommunale Verkehrsbetriebe, Post, Energieversorgung, Betriebsversorgung
Monopson	Vielen Anbietern steht nur ein Nachfrager gegenüber.	Aufträge der öffentlichen Hand
Oligopol	Wenige Anbieter stehen einer Vielzahl von Nachfragen gegenüber	Ölmarkt
Oligopson	Wenige Nachfragen stehen einer großen Zahl Anbieter gegenüber.	Zulieferer an Kaufhausketten

6.2 Betriebsarten, Unternehmensleitbild

🇫🇷 catégories d'entreprises, image de marque de l'entreprise
🇬🇧 sorts of companies, a company's philosophy

Betriebsarten

Zu unterscheiden sind **Betriebe** und **Unternehmen**. Ein Unternehmen kann aus mehreren Betrieben bestehen, wie beispielsweise bei Hotelketten.

Gastgewerbebetrieb ist der Standort, wo das Gastgewerbe ausgeübt wird.
Gastgewerbeunternehmen sind Rechts- und Organisationsformen im Gastgewerbe. Zu unterscheiden sind:
- Beherbergungsbetriebe (Hotels, Pensionen)
- Bewirtungsbetriebe (Restaurants)
- Unterhaltungsbetriebe (Bars)

Unternehmensleitbild

Wenn der Unternehmer auf dem Markt erfolgreich sein will, so muss er für seinen Betrieb **Vorstellungen** und **Leitlinien** entwickeln. Diese Vorstellungen (Visionen) betreffen die Betriebsart, die Stellung im Markt, die Arbeitsorganisation, die Personalführung usw.
Ein solches Unternehmensleitbild wird auch als **Unternehmensphilosophie** bezeichnet. Dieses Leitbild muss in ständiger Auseinandersetzung mit dem Markt umgesetzt werden, wobei die Bedürfnisse und die Wünsche der Gäste ausschlaggebend sind. Das Leitbild muss **marktorientiert, zukunftsorientiert** und **wachstumsorientiert** sein.

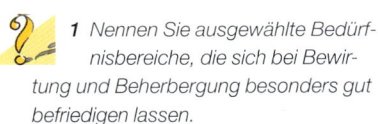

1 Nennen Sie ausgewählte Bedürfnisbereiche, die sich bei Bewirtung und Beherbergung besonders gut befriedigen lassen.
2 Begründen Sie die Wichtigkeit, Kaufmotive der Gäste kennen zu lernen.
3 Erläutern Sie an einem Beispiel, wie aus Bedürfnissen Kaufmotive entstehen.
4 Erläutern Sie an Beispielen, dass Lob und Bestätigung Kaufmotive verstärken.
5 Ordnen Sie den Redewendungen die entsprechenden Kaufmotive zu:
5.1 „Worin besteht Ihr heutiges Tagesangebot?"
5.2 „Diese Hauptmahlzeit genügt mir nicht."
5.3 „Gibt es bei Ihnen Beaujolais primeur?"
5.4 „Ich nehme nur Schonkaffee."
5.5 „Liegt das Zimmer zur Straße hin?"
5.6 „Reservieren Sie bitte für unsere Feierlichkeit wie üblich den großen Festsaal."
6 Nennen Sie Beispiele für unterschiedliche Märkte.
7 Welche besonderen Probleme bringt der Käufermarkt für die gastronomische Betriebsführung?
8 Beurteilen Sie die Marktverhältnisse im Gastronomiesektor.
9 Welche Betriebsarten herrschen in der Gastronomie vor?
10 Zeigen Sie Beispiele aus Ihrem Beruf auf, wo der Staat als Monopolist auftritt und die Preise beeinflusst. Gehen Sie auf Preiserhöhungen ein, die die Gastronomie belasten.

🇫🇷 *concept de marketing*
🇬🇧 *marketing concept*

7 Marketing-Konzept

Unterschiedliche Hotelauslastungen
Franziska und Florian unterhalten sich über ihre Ausbildungshotels, die beide vergleichbar komfortabel sind und eine hervorragende Küche haben. Florian stöhnt über seine Arbeitsbelastung, denn das Hotel am Rande der Stadt ist durch Reisegruppen völlig ausgebucht. Franziska dagegen, die in einem zentrumsnahen Hotel ausgebildet wird, berichtet von mäßigen Gästezahlen. Wodurch sind wohl die unterschiedlichen Erfolge erklärbar?
Das Lösungswort heißt Marketing.

> Marketing (engl. *market* = Markt; die Endung -ing drückt eine wiederkehrende Tätigkeit aus) sind alle Maßnahmen zur Schaffung eines Marktes und zur Sicherung und zur Förderung des Absatzes.

Verkäufermarkt
↓ Verstärktes Marketing | Reduziertes Marketing ↓
Käufermarkt

In der Gastronomie gibt es einen zunehmend **umkämpften Markt**. Der ständig wachsenden Zahl von gastronomischen Anbietern steht nicht eine in gleichem Maße wachsende Anzahl von zahlungskräftigen Gästen gegenüber.
Dadurch nimmt der Gast immer stärker Einfluss auf Art und Umfang der gastronomischen Erzeugnisse und Leistungen (➔ **Käufermarkt**). Gastronomiebetriebe sind mehr denn je auf ein erfolgreiches Marketing angewiesen.

Marketing-Bestandteile

Marktuntersuchung	Erzeugnis- und Leistungsgestaltung	Programmgestaltung
Preisgestaltung	Verkaufswege	Werbung
Verkaufsförderung	Öffentlichkeitsarbeit	Vertriebsorganisation

🇫🇷 *objetifs du marketing*
🇬🇧 *objectives of marketing*

7.1 Marketing-Ziele

Ziele des Marketings bestehen in der **Überlegenheit** über die Konkurrenz, in der Fähigkeit, das Angebot auf die Gästebedürfnisse abzustimmen, und in der Steigerung des **wirtschaftlichen Erfolgs**.

Einzelne Marketing-Ziele lassen sich zu Gruppen zusammenfassen:
Marktziele
Welche Märkte sind zu bearbeiten?
Festlegen der geografischen Märkte (Orte, Regionen, Länder), die in einer bestimmten Rangfolge und Intensität bearbeitet werden sollen.
Beispiele
- Regional- und Wohngebietsversorgung
- Hotelgäste

Marketing-Ziele

Bedürfnisziele
Welche Bedürfnisse sind anzusprechen?

Beispiele
- Gesundheitsvorsorge: ❶ Körperpflege, Bade- und Saunaerlebnisse
- Ruhe, Bequemlichkeit: ❷ keine Disco-Musik, Lieferantenverkehr in den Vormittagsstunden, komfortable Zimmer
- Geselligkeit: ❸ Begrüßungsabende, Skat-Turniere, Kutschen-, Pferdeschlittenfahrten
- Körperliche Aktivität: ❹ Kegelabende, Sport, Wanderungen
- Genuss: ❺ Gourmetessen, Büfetts, Picknicks

Leistungsziele
Welche Leistungen sind wem anzubieten?

Angebotene Leistungen:
- Frühstück
- Vollpension
- Brunch
- Aktionswochen (z. B. italienische Wochen)

Beispiele
Angebotsschwerpunkte beziehen sich auf:
- Passanten
- Geschäftstouristen
- Teilnehmer an Seminaren/Tagungen
- Urlauber
- Teilnehmer an Wellness-Wochenenden

Wirkungsziele
Welche Auswirkungen sind anzustreben?

Beispiele
Auswirkungen des Marketings können positiv sein:
- im Gästeverhalten
- bei den Umsätzen
- bei den Auslastungen
- im Betriebsergebnis

Die Erfüllung der **Marketing-Ziele** soll zur Absatzsicherung führen durch Erhalten des Kundenstamms, Gewinnen von Kunden, Wecken neuen Bedarfs, Aufdecken von Marktlücken und durch Ausweiten des Bekanntheitsgrades.

Marketing-Ziele *müssen möglichst konkret sein. Dafür gilt das Ziel* **AROMA**:

- **A** – Aussagekräftig
- **R** – Realistisch
- **O** – Objektiv nachprüfbar
- **M** – Motivierend
- **A** – Annehmbar für alle, die das Ziel verfolgen

Marketing-Konzept

7.2 Marktanalysen, Marktuntersuchungen

7.2.1 Marktanalysen

🇫🇷 analyses de marchés
🇬🇧 market analysis

Die Marktanalyse ist eine einmalige oder kontinuierliche Ermittlung der Marktstruktur nach bestimmten Zielsetzungen, wie Standortbesonderheiten, Gästebedürfnissen usw.

Deutsche Städte auf Briefmarken

Analysengesichtspunkte

Marktanalysen sind nach verschiedenen Gesichtspunkten zu unterscheiden. Sie sind meist sehr aufwendig, wenn sie brauchbare Ergebnisse bringen sollen. Marktanalysen umfassen **fünf Bereiche**:

Volkswirtschaft	Region	Leistung	Mitbewerber	Zielgruppe
Weltlage	Perspektiven	Umsatzverteilung	Mikrostandort	Gästekreis
Konjunktur	Besonderheiten	Gästeströme	Frequenzen	
Zinsniveau	Makrostandort	Kapazitäten	Servicegrad	
Steuern, Abgaben	Mikrostandort		Zusatzleistungen	
Kaufkraft	Infrastruktur		Hygiene, Preis	
Freizeitfonds	Sicherheit			
Touristenverkehr				

Volkswirtschaft
Wichtig ist die Berücksichtigung von Trends (engl. trend = Grundrichtung einer Entwicklung) im europäischen Einigungsprozess wie auch wirtschaftlicher Entwicklungen. Beispielsweise muss der Leitzins beachtet werden. Steuerliche Besonderheiten, wie die Energiesteuer, Umweltabgaben usw. sind ebenfalls von wirtschaftlicher Bedeutung. Einkommen, Arbeitslosenquoten, Tarifabschlüsse geben Aufschluss über die Kaufkraft der Bevölkerung. Schließlich muss auch das touristische Interesse in der Bevölkerung Beachtung finden.

Region
Zunächst wird der Makrostandort (Region, Landschaft, Stadt, Gemeindeverband), dann der Mikrostandort (Nachbarn, Ortsteil, Stadtteil) untersucht. Dabei spielen Gesichtspunkte wie künftige bauliche und wirtschaftliche Entwicklungen, die Verkehrssituation sowie Parkmöglichkeiten eine Rolle. Auch regionale Besonderheiten sind bei der Marktanalyse zu berücksichtigen.

Deutsche Landschaften auf Briefmarken

Marktanalysen, Marktuntersuchungen

Beispiele

Geschichtliche Traditionen	Berlin/Potsdam: preußische Geschichte
Kulturelles Erbe	Weimar: Goethe und Schiller
Sportliche Höhepunkte	Baden-Baden: Pferderennen
Vereinsleben	Oberrhein: Fastnachtsvereine
Feste, Märkte	Dresden: Striezelmarkt
	Hamburg: Fischmarkt

Leistung

Die Leistungsanalyse bezieht sich auf das eigene Unternehmen. So kann die Umsatzverteilung ein Untersuchungsfeld sein: Speisen, Getränke, Beherbergung, Vermietungen der Konferenzräume.

Mitbewerber

Die Analyse der Mitbewerber kann folgende Merkmale umfassen: Mikrostandorte, Belegungsfrequenzen von Restaurant und Hotel, Zimmergrößen, Ausstattungs- und Servicegrad, Hygiene und Preisstruktur.

Zielgruppe

Dieser Analyse gehört das Hauptaugenmerk, denn die Befriedigung der Gästebedürfnisse ist das Hauptanliegen. Die Bedürfnisse (➔ 164f) unterscheiden sich sehr stark. Dabei ist ein Wertewandel zu beobachten, der sich in neuen Bedürfnissen ausdrückt. Viele gesellschaftliche, wirtschaftliche, technische und soziale Faktoren haben Auswirkungen auf das Gastgewerbe: Zusammenwachsen Europas, größere Kaufkraft, mehr Freizeit, Zunahme der Anzahl älterer Menschen (Altersstruktur), zahlenmäßige Abnahme größerer Familien, Zunahme des Bildungsgrades und der Reiseerfahrungen, wachsende Mobilität der Bevölkerung, Zunahme von Kongress-, Tagungs- und Polittourismus, wachsendes Umweltbewusstsein.

Im Ergebnis von Marktanalysen sollen **Zielgruppen** ermittelt werden, für die die gastronomischen Angebote interessant sind. Der Unternehmer muss den richtigen Marktanteil (Marktsegment) erkennen.

> Zielgruppen im gastronomischen Sinne sind Personengruppen mit vergleichbaren Wünschen und Bedürfnissen hinsichtlich Bewirtung und Beherbergung.

Ein junges Gastronomenehepaar möchte sich selbstständig machen. Es erhält ein Angebot zur Übernahme einer Ausflugsgaststätte. Welche analytischen Aufgaben sind sinnvoll?

Mögliche Ordnung von Zielgruppen

Lebensalter	Haushalt	Soziale Stellung	Verzehrmotiv	Übernachtungsmotiv
Kinder	Großfamilien	Hohe Einkommen	Geschäftsessen	Dienstreise
Jugendliche	Familien mit kleinen Kindern	Mittlere Einkommen	Wochenendeinkehr	Urlaub
Erwachsene	Paare	Niedrige Einkommen	Urlauberessen	Wochenende
Senioren	Alleinstehende	Ohne eigenes Einkommen	Festessen	

10 Fragen an Sie!

Wie hat Ihnen gefallen:
(Bitte jeweils eines der Gesichter einkreisen)

Unsere Begrüßung 😊 😐 ☹️

Freundlichkeit der Mitarbeiter 😊 😐 ☹️

Unsere Küche 😊 😐 ☹️

Das Getränkeangebot 😊 😐 ☹️

Die Qualität unseres Service 😊 😐 ☹️

Das Frühstück 😊 😐 ☹️

Ordnung und Sauberkeit 😊 😐 ☹️

Atmosphäre und Ambiente 😊 😐 ☹️

Ausstattung der Zimmer 😊 😐 ☹️

Unser Tagungs- und Bankettbereich 😊 😐 ☹️

---

1 Für ein Touristenmenü in der Selbstbedienung werden 6,00 € an Materialkosten gerechnet. Kalkuliert wird des Weiteren mit 135% Gemeinkosten, 8% Gewinn und der gesetzlichen Mehrwertsteuer.

1.1 Ermitteln Sie den Inklusivpreis, wobei der halbe € abgerundet werden soll.

1.2 Nach einer Marktbeobachtung möchte man das Menü für 17,00 € anbieten. Ermitteln Sie den verbleibenden Gewinn in € und in %.

Marketing-Konzept

7.2.2 Marktuntersuchungen
🇫🇷 *prospections de marchés*
🇬🇧 *market research*

Marktuntersuchungen sind zur Erarbeitung von Marktanalysen notwendig und können mittels **Markterkundungen**, **Marktbeobachtungen** und **Marktforschungen** durchgeführt werden. Für exakte Marktanalysen ist jedoch die mit wissenschaftlichen Methoden durchgeführte Marktforschung erforderlich. Dafür sind der **Marketing-Berater** und das **Marketing-Management** verantwortlich. Das sind Personen oder Arbeitsgruppen, die in eigener Verantwortung das Marketing übernehmen. Heute wird diese Tätigkeit weniger vom Unternehmer selbst oder einem Beauftragten als vielmehr von **externen**, auf Marketing spezialisierten **Firmen** übernommen.

Markt

| Erkundung | Beobachtung | Forschung |

Markterkundung

> Das gelegentliche, nicht systematische Beobachten des Marktes wird Markterkundung genannt.

Der Unternehmer verfolgt Entwicklungen am Markt je nach Bedarf, also nicht systematisch. Betriebsabrechnungsbögen, Reklamationen, Eintragungen im Gästebuch oder einschlägige Statistiken veranlassen die Unternehmensleitung, Schlussfolgerungen für die eigene Arbeit zu ziehen.

Marktbeobachtung

> Das ständige Verfolgen der Marktlage wird als Marktbeobachtung bezeichnet.

Die Marktbeobachtung richtet sich auf bestimmte Entwicklungen und Trends bei den **Gästebedürfnissen**. Es werden **Befragungen** durchgeführt. Fragestellungen können dabei sein:
- Welche Speisen und Getränke werden bevorzugt?
- Wie setzt sich der Gästekreis beispielsweise nach Alter, Nationalität zusammen?
- Welchen Einfluss haben die Jahreszeiten auf den Gästekreis?

Jeder Mitarbeiter muss die Marktbeobachtung als seine Arbeitsaufgabe betrachten. Die **Servicemitarbeiter** beispielsweise können feststellen, welche Speisen- und Getränkeangebote auf dem Frühstücksbüfett von welchem Gästekreis bevorzugt werden. Die Mitarbeiter im **Fitnessbereich** können registrieren, welche Leistungsangebote besonders gut ankommen. Schließlich kann das **Rezeptionspersonal** feststellen, welche kulturellen Angebote beliebt sind oder nach welchen Leistungen vergeblich gefragt wird.

Marktforschung

> Eine mit wissenschaftlichen Methoden betriebene Marktuntersuchung nennt man Marktforschung.

Durch die Marktforschung soll herausgefunden werden, ob für die Erzeugnisse und die Leistungen, die ein Unternehmen anbieten will, ein Markt besteht. Es wird festgestellt, welche Erzeugnisse oder Leistungen überhaupt benötigt werden. Des Weiteren wird untersucht, was an dem Angebot verbessert werden kann.
Im Mittelpunkt der gastronomischen Marktforschungen stehen die **Bedürfnisse** und die **Wünsche der Gäste** (→ 164). Unter diesem Gesichtspunkt wird der Markt beobachtet und analysiert.
Als **Methoden** der Marktforschung dienen schriftliche und mündliche Befragungen, Beobachtungen, statistische Auswertungen und Experimente.

Marktforschung
| Ermittlung neuer Marktdaten | Auswertung vorhandener Marktdaten |

Marketingexperimente

Durch von der Geschäftsführung veranlasste **Marketingexperimente** lässt sich der Markt testen. Neue, ausgefallene Angebote werden auf ihre Wirkung bei den Gästen getestet.
Beispielsweise wird im Café wöchentlich zum **Tanztee** eingeladen. Nach der Einführungsphase, in der das neue Angebot zunächst bekannt gemacht wird, ist zu entscheiden, ob aus dem Tanztee ein Dauerangebot werden kann.

> **Analyse als Arbeitsmethode bei Marketingexperimenten**
> Als Analyse (griech. analysis = Auflösung, Zergliederung) wird die systematische Untersuchung eines Gegenstandes oder Sachverhalts hinsichtlich aller Teile oder Faktoren bezeichnet.

7.3 Marketing-Instrumente und Marketing-Mix

🇫🇷 *instruments de marketing et combinaisons de marketing*
🇬🇧 *marketing instruments and marketing mix*

Marketing-Instrumente

> Marketing-Instrumente sind Mittel, die eingesetzt werden, um das Marketing-Ziel zu erreichen.

Für die **Gastronomie** werden die wichtigsten Marketing-Instrumente in die folgenden Gruppen zusammengefasst:

| Erzeugnisse/Leistungen | Preis | Verkaufswege |
| Werbung | Verkaufsförderung | Öffentlichkeitsarbeit |

Umweltschutz als Marketing-Instrument

Viele **Gäste** sind durch jahrelange Aufklärung gegenüber dem Umweltschutz sensibilisiert und beurteilen ein gastronomisches Unternehmen auch nach Kriterien wie:
- Verpackungen auf dem Frühstücksbüfett
- Energieeinsparung im Restaurant- und Hotelbetrieb
- Wäschewechsel auf dem Zimmer
- Wassersparende Toiletteneinrichtungen

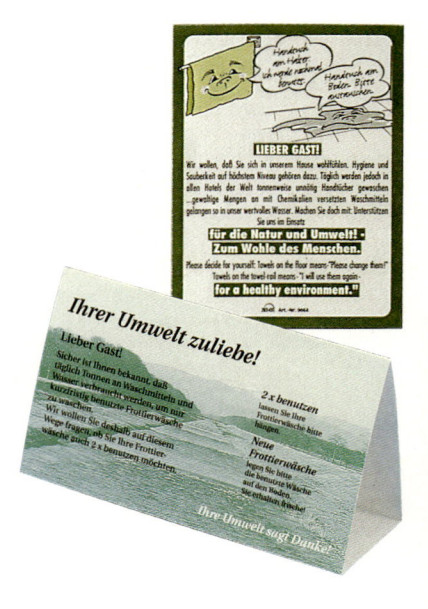

Marketing-Konzept

Unternehmen haben sich bereits auf diesen Trend eingestellt und gewinnen dadurch neue Märkte und Kundenkreise. **Wettbewerbsvorteile** entstehen dadurch, dass Erzeugnisse und Technologien als ausgewiesen umweltfreundlich bezeichnet werden. Die Produzenten informieren über energie- und wassersparende Verfahren. So wird beispielsweise bei Küchen- und Haushaltsmaschinen mit Aufklebern (engl. *label*) ein niedriger Energieverbrauch hervorgehoben.
In **Ökobilanzen** werden Kosteneinsparungen ausgewiesen, die der Umwelt zugute kommen. Neben umweltfreundlichen Technologien und Werkstoffen wird auch mit umweltfreundlicheren Verpackungen und geringeren Entsorgungskosten geworben.
National und in der **EU** werden diese Bestrebungen finanziell unterstützt.

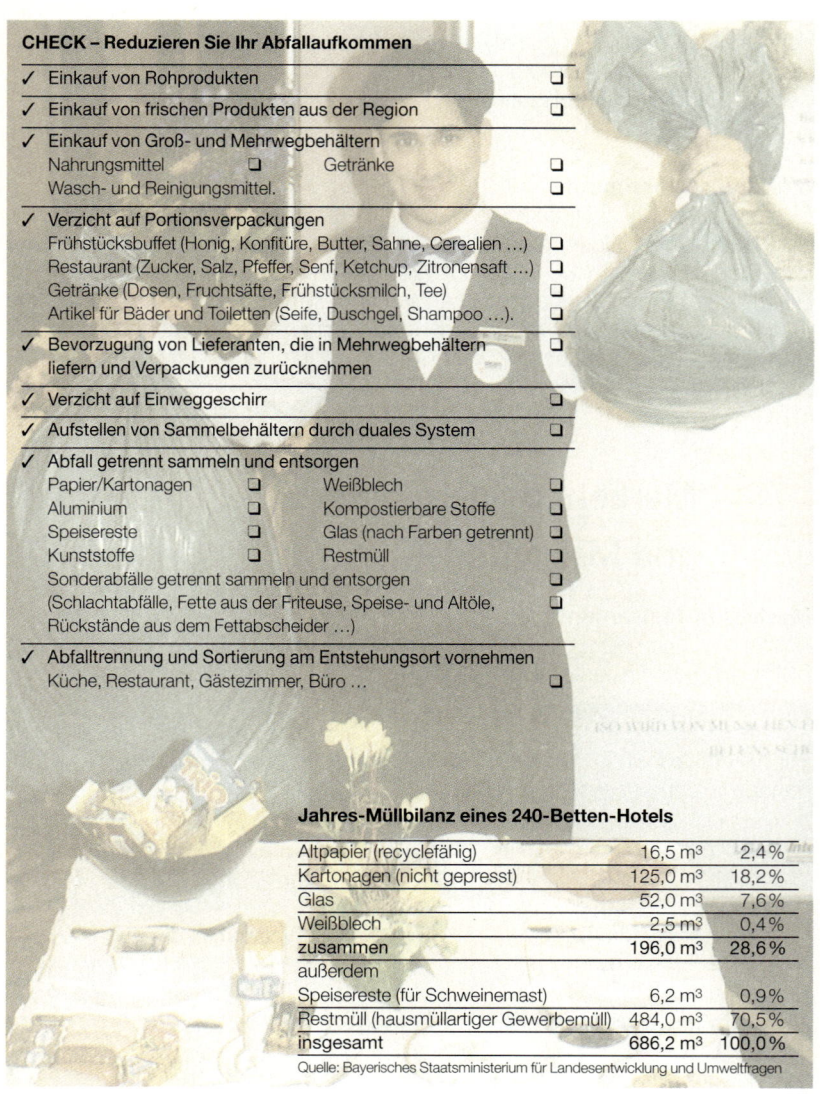

CHECK – Reduzieren Sie Ihr Abfallaufkommen			
✓	Einkauf von Rohprodukten		❏
✓	Einkauf von frischen Produkten aus der Region		❏
✓	Einkauf von Groß- und Mehrwegbehältern		
	Nahrungsmittel ❏	Getränke	❏
	Wasch- und Reinigungsmittel.		❏
✓	Verzicht auf Portionsverpackungen		
	Frühstücksbuffet (Honig, Konfitüre, Butter, Sahne, Cerealien …)		❏
	Restaurant (Zucker, Salz, Pfeffer, Senf, Ketchup, Zitronensaft …)		❏
	Getränke (Dosen, Fruchtsäfte, Frühstücksmilch, Tee)		❏
	Artikel für Bäder und Toiletten (Seife, Duschgel, Shampoo …).		❏
✓	Bevorzugung von Lieferanten, die in Mehrwegbehältern liefern und Verpackungen zurücknehmen		❏
✓	Verzicht auf Einweggeschirr		❏
✓	Aufstellen von Sammelbehältern durch duales System		❏
✓	Abfall getrennt sammeln und entsorgen		
	Papier/Kartonagen ❏	Weißblech	❏
	Aluminium ❏	Kompostierbare Stoffe	❏
	Speisereste ❏	Glas (nach Farben getrennt)	❏
	Kunststoffe ❏	Restmüll	❏
	Sonderabfälle getrennt sammeln und entsorgen (Schlachtabfälle, Fette aus der Friteuse, Speise- und Altöle, Rückstände aus dem Fettabscheider …)		❏
✓	Abfalltrennung und Sortierung am Entstehungsort vornehmen Küche, Restaurant, Gästezimmer, Büro …		❏

1 Geben Sie Beispiele für marktorientiertes Handeln in Ihrer täglichen Berufsarbeit.

2 Die Eigentümer eines gut gehenden Familienhotels möchten ein Hotel im Nachbarort zusätzlich übernehmen. Welche Marktuntersuchungen sollten vorher durchgeführt werden?

3 Ein Feinschmeckerrestaurant für Fischspeisen soll im alten Stadthafen, abgelegen vom Stadtzentrum, eröffnet werden. Das Hafenbecken im Hintergrund bietet eine malerische Kulisse. Rings um das Restaurantgebäude befinden sich Industrieanlagen, Bauschutt, Frachtgut, Baustoffablagerungen.
Beurteilen Sie die Eignung des Standortes für das Projekt. Welche Untersuchungen würden Sie einleiten?

4 Begründen Sie, dass das Marketing-Ziel: „Mehr Umsatz und regelmäßige Gewinnung von Kunden" zu ungenau ist.

5 Für mittlere und kleinere Gastronomiebetriebe besteht die Möglichkeit, ohne externe Marketing-Unternehmen Marktuntersuchungen durchzuführen.

5.1 Erläutern Sie drei Maßnahmen, die ein Gastronom zu beachten hat.

5.2 Beschreiben Sie weitere Möglichkeiten, außerhalb seines Betriebes herauszufinden, was der Markt verlangt.

Jahres-Müllbilanz eines 240-Betten-Hotels

Altpapier (recyclefähig)	16,5 m³	2,4%
Kartonagen (nicht gepresst)	125,0 m³	18,2%
Glas	52,0 m³	7,6%
Weißblech	2,5 m³	0,4%
zusammen	196,0 m³	28,6%
außerdem		
Speisereste (für Schweinemast)	6,2 m³	0,9%
Restmüll (hausmüllartiger Gewerbemüll)	484,0 m³	70,5%
insgesamt	686,2 m³	100,0%

Quelle: Bayerisches Staatsministerium für Landesentwicklung und Umweltfragen

Marketing-Mix

Die Marketing-Instrumente werden entsprechend den betrieblichen Bedingungen ausgewählt und abgestimmt. Die ausgewählte **Kombination** nennt sich Marketing-Mix.

7.4 Marketing-Planungen

🇫🇷 *planifications de marketing*
🇬🇧 *strategies of marketing*

Marktprognose
Unter einer Marktprognose (griech. prognos = Voraussage) ist die Vorhersage der Marktentwicklung zu verstehen.

Marketingkonzeption
Marketing-Konzeption ist eine marktorientierte Zusammenstellung von Maßnahmen, um Abnehmern (Gästen) die Leistungen optimal zuzuführen. Dabei geht man in mehreren Stufen vor.

Marktlage		Marketing-Mittel		Marketing-Ziel
Gästebedürfnisse	Marktforschung	Marketing-Planung	Marketing-Instrumente	Erzielung von Gewinn durch Bedürfnisbefriedigung

Von den Leitungen meist größerer Gastronomieunternehmen werden Marketing-Konzeptionen in **mehreren Schritten** ausgearbeitet, die sich als Kreislauf darstellen lassen.

- Marktanalyse
- Marketing-Zielsetzung
- Marketing-Strategie
- Marketing-Durchführung
- Marketing-Kontrolle
- Marketing-Planung

Das Umsetzen der Marketing-Ziele in geplanten Zeiträumen mit den Marketing-Instrumenten nennt man **Marketing-Strategie**.

Die **Marketing-Kontrolle** prüft die Wirtschaftlichkeit der Marketing-Maßnahmen, wodurch Schlussfolgerungen für neue Aktivitäten gezogen werden können. Die Bedeutung dieses Teils der Marketing-Maßnahmen ist auch daran zu erkennen, dass in größeren Gastronomiebetrieben eigenständige Kontrollabteilungen (Controlling) bestehen.

Ein moderner Unternehmer wird alles daran setzen, sein Marketing-Konzept den Mitarbeitern nahe zu bringen. Alle Mitarbeiter müssen mit den Unternehmenszielen übereinstimmen und danach handeln.

> Marketing geht alle Mitarbeiter an.

1 Ein Stadthotel mit 170 Betten hat eine geplante Auslastung von 65%. Die Fixkosten betragen 1.250.000,00 €. Die variablen Kosten werden mit 14,00 € je Übernachtung angenommen.

1.1 Kalkulieren Sie den durchschnittlichen Inklusivpreis je Übernachtung (aufgerundet auf ganze €), wenn 20% Gewinn berücksicht werden.

1.2 Ermitteln Sie das Betriebsergebnis (jährlicher Gewinn oder Verlust in €) aus der Beherbergung, wenn nur 60% Belegung erreicht wurden und durch den Preisdruck nur ein durchschnittlicher Inklusivpreis von 57,00 € zu erzielen war (→ 161).

produits et services
products and services

8 Erzeugnisse und Leistungen

Tageszeitung vor der Hoteltür

Im Frühstücksrestaurant fragt ein Gast nach einer überregionalen Zeitung, die er im Zeitungsständer nicht findet. Annette hat den Dienst gerade begonnen und um diese Zeit noch sehr wenig zu tun. Sie sucht nach dieser Zeitung und muss schließlich dem Gast mitteilen, dass gerade diese Zeitung leider nicht im Restaurant ausliegt. Sie verweist den Gast sehr höflich auf den Zeitungsstand unmittelbar vor dem Hotel, wo alle Zeitungen angeboten werden. Das war doch eine gute Dienstleistung oder ...?

Der Gast erwartet im gastgewerblichen Unternehmen eine Vielzahl von Sach- und Dienstleistungen. Das den Gästebedürfnissen angepasste Erzeugnis- und Leistungsangebot ist das **wichtigste Marketing-Instrument**. Es ist ausschlaggebend beim Ansprechen der Zielgruppen.

Der Gastronomiebetrieb muss deshalb die Gästewünsche ständig ermitteln und solche Erzeugnisse, also **Speisen** und **Getränke** (Food and Beverage), **Handelswaren** sowie Dienstleistungen anbieten, die diesen Bedürfnissen weitestgehend gerecht werden.

Der Unternehmererfolg äußert sich im **Kontakt mit den Gästen**. Dieser Kontakt wird durch die Mitarbeiter des Gastronomieunternehmens realisiert. **Zufriedene Gäste sind die beste Werbung.**

⚠ Begriffe richtig anwenden

*In der allgemeinen Fachsprache sind unter **Erzeugnissen** (Produkten) die gastronomischen Arbeitsergebnisse, also **Speisen und Getränke** zu verstehen. Man kann auch die zugekaufte **Handelsware** mit dazuzählen.*

*Als **Leistung** wird in der **Physik** eine in einer bestimmten Zeit ausgeführte Arbeit verstanden. Bei den **Dienstleistungen** geht es ebenfalls um in einer bestimmten Zeit ausgeführte Arbeiten (Beratung, Betreuung, Gepäcktransport), die meist nicht zu einem gegenständlichen Erzeugnis führen, aber dem Gast von Nutzen sind.*

*Allerdings ist es auch üblich, von **Verpflegungsleistungen** zu sprechen und dadurch Speisen und Getränke den Leistungen zuzuordnen.*

Erzeugnisse *produits* *products*

> Die typischen Erzeugnisse im Gastgewerbe sind **Speisen und Getränke**. Sie werden vorzugsweise in der Küche, dem gastronomischen Produktionsbereich, hergestellt.

Köchin und Koch sind im Gegensatz zu allen anderen gastronomischen Berufen vorwiegend Produzenten.

Dienstleistungen *services* *services*

> Unter **Dienstleistungen**, also **Bewirtungs- und Beherbergungsleistungen**, sind Arbeitstätigkeiten zu verstehen, die meist nicht zu einem gegenständlichen Arbeitserzeugnis führen.

Im Gastgewerbe überwiegen die Dienstleistungen, deshalb wird die Gastronomie auch dem Dienstleistungsbereich zugeordnet. Restaurantfachleute, Hotelfachleute, Fachkräfte in der Gastronomie, Hotelkaufleute und Fachkräfte für die Systemgastronomie sind vorrangig Dienstleistungsberufe.

Service- bzw. Kundendienstleistungen steigern die Zufriedenheit.

Abgeleitet von der Bedürfnisstruktur der Gäste lassen sich im Gastgewerbe drei Leistungskomplexe darstellen:

| Verpflegungsleistungen | Serviceleistungen | Beherbergungsleistungen |

8.1 Erzeugnisse und Leistungen in der Küche

🇫🇷 *produits et services en cuisine*
🇬🇧 *products and services of the kitchen*

Das **Angebot** an Küchenerzeugnissen (Speisen und Getränke) und Leistungen (Serviceleistungen) wird durch **Marketingziele**, die durch Marktuntersuchungen (→ 172) festgelegt werden können, bestimmt.
Das **Sortiment** soll den Gästebedürfnissen, aber auch den technischen und personellen Möglichkeiten, also ökonomischen Erfordernissen, entsprechen.

Angebotsprofil
Zu unterscheiden sind **Angebotsbreite** und **Angebotstiefe**. Die Angebotsbreite wird durch die Anzahl der angebotenen **Artikelgruppen** (Warenbereiche), die Angebotstiefe durch die **Artikelanzahl** in einer Artikelgruppe bestimmt.

Beispiel Angebotsprofil bei Fleischspeisen

Angebotsbreite				
Kurzbratstücke	**Braten**	**Schmorspeisen**	**Kochfleisch**	**Hackfleisch**
Filetsteak	Rinderbraten	Sauerbraten	Tafelspitz	Frikadellen
Rumpsteak	Kalbsnierenbraten	Gulasch	Rinderbrust	Kohlrouladen
Kalbsschnitzel	Schweinebraten	Rouladen	Eisbein	Hackbraten
Lammkoteletts	Roastbeef			
Kalbsmedaillons	Lammbraten			
Putensteak				
Rehsteak				

(Angebotstiefe: vertikal)

Die Marktforschung hat bei Gästen übereinstimmende Bedürfnisse festgestellt:

- 40% Speisen aus frischen Zutaten
- 35% Speisen aus regionalen Zutaten
- 31% Hausmannskost
- 23% Abwechslungsreiche Kost
- 20% Gesundheitsfördernde Kost
- 14% Convenience-Food
- 9% Gourmet-Speisen
- 8% Speisen und Unterhaltung

Standardangebot
Darunter sind Leistungen zu verstehen, die für den Gast in einem Gastwirtsbetrieb abhängig von der Betriebs-Kategorie als selbstverständlich erscheinen. Das sind u.a. Verpflegungsleistungen, Hygiene, Gastlichkeit.

Spitzenleistungen
Der Wettbewerb spielt sich hauptsächlich auf dem Gebiet der Spitzenleistungen ab, die nichts mit Luxus zu tun haben müssen. Auch die einfachste Küche kann auf ihrem Gebiet Spitzenleistungen bieten und entsprechende Angebote der Mitbewerber weit übertreffen.

Beispiel
Ein Landgasthaus bietet regionale Spezialitäten unübertroffen an und ist dadurch über die Region hinaus bekannt geworden.

Nennen und erläutern Sie Speisen und Getränke, die den genannten Bedürfnissen entsprechen.

Zusammenwirken von Küche und Service
Speisen und Getränke müssen durch den **Service** entsprechend herausgestellt und angeboten werden. Dabei genügt die korrekte Auflistung auf der Angebotskarte einschließlich der mitunter vorhandenen Erläuterungen nicht. Der Gast muss die Angebote (Fachbegriffe) auch verstehen und an ihnen interessiert werden. Am wichtigsten ist die individuelle, engagierte **Erzeugnisbeschreibung** durch das Servicepersonal.
Auch **Verkostungen** unter dem Motto „*Unsere Erzeugnisse sprechen für sich selbst*" sind in vielfältiger Form möglich.

Erzeugnisse und Leistungen

◐ *prestations de service*
◐ *components of service*

8.2 Leistungen im Service

Das Servicepersonal serviert dem Gast Speisen und Getränke. Darüber hinaus werden ihm weitere **Serviceleistungen** angeboten, die sich möglichst umfassend auf den gesamten Gastbereich beziehen sollen. Dazu gehören die freundliche Begrüßung, Aufmerksamkeit, Hilfsbereitschaft, Beratung, umsichtige und aufmerksame Bedienung, saubere und ästhetische Arbeit. *Der Gast wird bewirtet, er soll sich wohl fühlen.*

Beispiele
- Nicht mehr benötigtes Geschirr auf den Gästetischen räumt bei Bedarf auch der Nachbarkollege mit ab.
- Die Servicekraft befindet sich in Sichtweite des Gastes, um jederzeit mögliche Gästewünsche wahrzunehmen bzw. stets ansprechbar zu sein.

Beratung	Kontakt	Sorgfalt	Geschwindigkeit
Gewünschte Informationen	Kommunikation	Gründlichkeit	Prompte Bedienung
Entscheidungshilfe	Freundlichkeit	Fehlerlosigkeit	Zumutbare Wartezeiten
Kenntnis des aktuellen Angebots	Einfühlungsvermögen	Präzision	Geschickte Handgriffe
Kulinarisches Spezialwissen	Natürlichkeit	Vermeidung von Arbeitsgeräuschen	Zügige Bewegungen und Abläufe
	Offenheit	Vermeidung von Störungen des Gastes	
	Zurückhaltung		
	Umgangsformen		

Aufmerksamkeit	Ästhetik	Sauberkeit
Präsentsein am Gast	Eleganz	Ordnung
Wahrnehmung und Berücksichtigung der Gästesignale	Stil	Gepflegtsein
Fürsorglichkeit	Erscheinungsbild	Persönliche Hygiene

◐ *prestations pour les nuitées*
◐ *offers of the accomodation department*

8.3 Leistungen im Übernachtungsbereich

Dazu gehören die an der **Rezeption**, auf der **Etage** und im **Fitnessbereich** erbrachten Leistungen.
Unterschiedliche **Gästegruppen** unterscheiden sich auch in ihren Bedürfnissen und Wünschen.

Klassifizierung im Gastgewerbe

Beispiel
Erwartungen und Wahrnehmungen eines Urlaubsgastes.

Die Wünsche und Bedürfnisse sind noch umfassender als die des Spontangastes oder des Dienstreisenden.
Neben den **Serviceleistungen** (→ 178) stellt der Urlauber Ansprüche an die Landschaft, das Klima, die Vegetation, die Kultur, die Verkehrsinfrastruktur und die touristische Infrastruktur (z.B. Sportanlagen, Wanderwege).
Der Urlaubsgast prüft die Angebote sehr kritisch und vergleicht sie ehe er sich zum Kauf entschließt.

Urlaubsort, Service, Unterkunft, Information, Ausstattung, Verpflegung, Orientierung, Region, Umwelt, Infrastruktur?

8.4 Klassifizierung im Gastgewerbe

🇫🇷 *classification dans la branche hôtelière*
🇬🇧 *classification of hotels and restaurants*

Die Klassifizierung dient der **Vergleichbarkeit** von **Leistung** und **Preis**. Der **Gast** kann sich dadurch schon von vorn herein einen Überblick über ein für ihn in Frage kommendes Angebot verschaffen.
Der **Betrieb** seinerseits erhält Ziele für eine angestrebte Leistungsform.

Beispiel
Einbau eines Schwimmbades, um eine bessere Klassifizierung zu erreichen.

Klassifizierungen werden für **Restaurants** und **Hotels** vorgenommen. Normen für die Vergleichbarkeit sind von Firmen oder Verbänden aufgestellt worden. Durch **Symbole** wird die Klassifizierung leicht erfassbar.

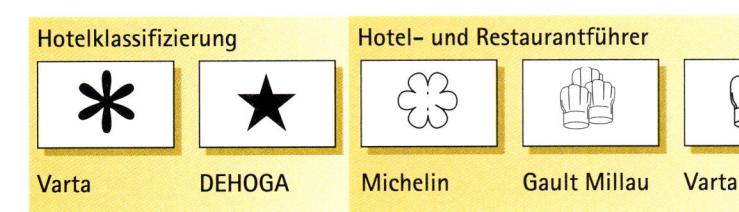

Hotelklassifizierung		Hotel- und Restaurantführer		
✱	★	✿	👨‍🍳👨‍🍳	👨‍🍳
Varta	DEHOGA	Michelin	Gault Millau	Varta

Hotelklassifizierung
Fremdenverkehrsverbände und der **Hotel- und Gaststättenverband (DEHOGA)** haben deutschlandweit Kriterien für die freiwillige aber kostenpflichtige Klassifizierung von **Hotels**, **Hotels garni**, **Gasthöfen** und **Pensionen** aufgestellt. Danach können nach Prüfung durch **Befragung** und **Stichproben** bis zu 5 Sternen vergeben werden.
Fast 5000 klassifizierte deutsche Gastronomiebetriebe werden in gemeinsame Werbemaßnahmen einbezogen, allerdings ist eine Nichtteilnahme kein Werturteil für das Unternehmen.

Hotel- und Restaurantführer
Ähnlich der Hotelklassifizierung wird eine Einstufung der Gastronomiebetriebe in turnusmäßig erscheinenden Nachschlagwerken vorgenommen. Klassifizierungen können auch durch Fremdenverkehrsämter und Verbände für eine Region innerhalb der Werbung vorgenommen werden (→ 183).

- **Rezeption:** *Besetzung*
- **Frühstück:** *kontinental, erweitert, Büfett, Zimmerservice*
- **Getränke:** *Etagenservice (12 oder 24 Stunden), Minibar, Automat*
- **Speisen:** *Dauer der Servicezeiten, Etagenservice*
- **Telefon:** *allgemein zugänglich, Zimmertelefon, Direktwahl*
- **Telefonbereitschaft:** *ja/nein, ständig besetzte Telefonzentrale*
- **Zimmergröße:** *Mindestgrößen von 8 bis 18 m² bei Einzelzimmern*
- **Sanitärkomfort:** *fließend Kalt- und Warmwasser, Dusche, Bad, WC*
- **Sanitärausstattung:** *Anzahl der Waschbecken, separates WC*
- **Anzahl der Suiten:** *ja/nein, mindestens 2*
- **Zimmerausstattung:** *Mobiliar, Beleuchtung, Bademantel ...*
- **Gästeartikel gratis:** *Schaumbad, Näh- und Schuhputzzeug, Schreibgeräte ...*
- **Waschen und Bügeln der Gästewäsche:** *Abgabezeiten, Rückgabezeitraum*
- **Depotmöglichkeiten/Safe:** *am Empfang, im Zimmer*
- **Aufenthaltsraum für Hausgäste:** *Anzahl der Räume, Ausstattung, Service*
- **Radio/Farbfernseher im Zimmer:** *ja/nein, kostenlose Benutzung*
- **Bargeldlose Zahlung:** *ja/nein*
- **Telefax:** *ja/nein, am Empfang*
- **Hotelbar:** *ja/nein*
- **Restaurant:** *ja/nein, Anzahl*
- **Schwimmbad:** *ja/nein*

Klassifizierungsmerkmale

9 Preise

🇫🇷 prix
🇬🇧 prices

Wirtschaftlich durch Preissenkungen?

Im Badehotel am Ostseebodden hat die Saison zunächst wegen des Wetters, dann wegen benachbarter Badekurorte mit großer Werbewirksamkeit nicht besonders erfolgreich begonnen. Die Bettenbelegung liegt gegenwärtig bei nur 55 %. Der Gastronom hat darauf reagiert und bietet ab sofort preisgünstige Wochenend-Arrangements sowie Sonderpreise für Reiseveranstalter an.
Wird seine Rechnung „Durch niedrigere Preise zu größerer Wirtschaftlichkeit" aufgehen?

> Der Preis ist der Tauschwert einer Ware oder Dienstleistung, ausgedrückt in Geldeinheiten.

Kosten (→ 156ff) sind die Grundlage der Preisbildung. Darüber hinaus müssen diesen Kosten für Fortbestand und Weiterentwicklung der Unternehmen Gewinne zugeschlagen werden. Für den Inklusivpreis wird schließlich noch die an den Staat abzuführende Mehrwertsteuer zugerechnet.

Der Preis stellt ein Mittel dar, auf die Marktsituation Einfluss zu nehmen. Im Mittelpunkt stehen zwei Ziele:
- Deckung der Kosten
- Erwirtschaftung von Gewinn.

9.1 Preisbildung

🇫🇷 détermination du prix
🇬🇧 pricing policy

Preisbildung bei vollständiger Konkurrenz

Der Preis beruht auf einem Gleichgewicht von Angebot und Nachfrage.

Preisbildung bei eingeschränkter Konkurrenz

Es stehen wenige Anbieter im Wettbewerb. Sie können versuchen, den bzw. die anderen Anbieter zu unterbieten (ruinöser Wettbewerb) oder sie sprechen sich über Preise und Mengen ab (Kollektivmonopol).

Je nach der → Zielgruppe, die angesprochen werden soll, wird das Preisniveau festgelegt. Zu unterscheiden sind:
- die untere Preiskategorie (Touristengaststätten)
- die mittlere Preiskategorie (70–80% der Gäste bevorzugen diese)
- die obere oder gehobene Preiskategorie (Gourmet-Restaurants).

Preis niedrig
↓
Angebotene Menge groß
Nachgefragte Menge gering
↓
Angebotsüberschuss

Preis hoch
↓
Angebotene Menge gering
Nachgefragte Menge groß
↓
Nachfrageüberschuss

Gleichgewichtspreis
↓
Angebotene Menge entspricht nachgefragter Menge
↓
Gesamtes Angebot abgesetzt; gesamte Nachfrage befriedigt

9.2 Preisdifferenzierung

🇫🇷 defférentiation des prix
🇬🇧 differentiation of prices

Bei der Preisdifferenzierung werden gleiche Waren oder Leistungen zu unterschiedlichen Preisen angeboten. Die Preisdifferenzierung kann unter verschiedenen Gesichtspunkten nach oben oder nach unten erfolgen. Im Vordergrund der Preisbildung stehen **Kosten**, **Nachfrage**, **Konkurrenz** und **Zielgruppen**.

Kostenorientiert	Nachfrageorientiert	Konkurrenzorientiert	Zielgruppenorientiert
Grundlage sind die Selbstkosten	Orientierung nach der aktuellen Nachfrage	Orientierung nach der Preisbildung bei der Konkurrenz	Orientierung nach bestimmten Gästegruppen

❗ Was sind Dumping-Preise?
Werden übliche Branchenpreise (z. B. für Fleisch, Kaffee) stark unterboten, spricht man von Dumping-Preisen (engl. dumping = Umkippen). Dumping liegt insbesondere dann vor, wenn die Preise unter den Herstellungskosten (Einstandspreise) liegen. Das kommt beispielsweise bei Importen vor, die im Erzeugerland staatlich subventioniert wurden.

Preisdifferenzierung im Gastgewerbe nach

Zeit	Mengen	Personen	Zahlungsart
Tageszeitpreise (z. B. Happy hour)	Paketpreise	Kinderrabatte	Barzahlungspreise
Wochenendpreise	Mengenpreise	Stammgastrabatte	Pauschalpreise
Rechnungspreise	Abonnementspreise		Vorauszahlung mit Rabatt
Feiertagspreise			
Messepreise			
Saisonpreise			

❗ Preisauszeichnung muss sein
Für angebotene Waren und Dienstleistungen ist eine Preisauszeichnung gesetzlich vorgeschrieben. Sie dient der Preiswahrheit und der Preisklarheit. Dem Gast ermöglicht sie den Preisvergleich.

In Verkaufsgesprächen sollte weniger mit dem Preis als vielmehr mit der Qualität der Erzeugnisse oder dem Umfang der Leistungen argumentiert werden. Dennoch lässt sich der kalkulierte Preis mitunter nicht durchsetzen. Das kann unerwünschte Folgen für die Entwicklung des Unternehmens haben:

Niedrige Preise → **Schlechtes Betriebsergebnis** → **Weniger Investitionen** → **Sinkende Qualität** → **Verstärkter Preisdruck** → **Niedrige Preise**

Preise

! Gäste nicht enttäuschen

Hotelgäste zahlen mitunter gehobene Preise für Übernachtungen. Finden sie aber überdurchschnittlich hohe Preise für Kaffee, Bier, Wein oder alkoholfreie Erfrischungsgetränke, empfinden sie dies als unverhältnismäßig. Zurückhaltung bei diesen Preisen ist gastfreundlich.

Familienfreundliche Preise

In Hotels werden Familienwochenenden besonders preisgünstig angeboten. Familien mit mehreren Kindern schätzen Preisermäßigungen besonders.

Beispiele
- Preise für den Sonntags-Brunch nach Alter (bis 7 Jahren frei)
- Körperlänge (bis 1 m frei, darüber je cm 0,5 Euro)
- Anzahl Familienmitglieder (ab 3. Familienmitglied 10% Preisnachlass)
- Das Geburtstagskind isst gratis
- Unterbringung von Kindern unter 12 Jahren im Elternzimmer kostenlos

---

Für unsere jungen und jüngsten Gäste

- Ganzjährige Kleinkinderbetreuung ab 3 Jahren
  Kinder- und Jugendprogramme in den Schulferien (je nach Veranstaltung Kostenbeitrag)
  Villa Kunterbunt, Sandmann-Kinderhaus
  Abenteuerspielplatz im Hotelpark
  Spielcenter, Jugenddisco

- Kinder bis inkl. 3 Jahren sind von uns zum Übernachten im Kinderbett und zur Kinder-Halbpension eingeladen.
  Unsere kleinen Gäste von 4 bis einschließlich 6 Jahren bezahlen pro Tag **5 €** (für Übernachtung im Zusatzbett im Zimmer der Eltern und Kinder-Halbpension).
  Kinder als 1. und 2. Person im Doppelzimmer erhalten bis inkl. 11 Jahren einen Nachlass von **25 €** pro Tag. Ab 12 Jahren gilt der Preis der Preisliste. Unsere Appartements und Suiten sind größtenteils mit komfortablen Schlafcouchen ausgestattet. Unsere Zusatzbetten garantieren einen sehr guten Schlafkomfort.

Bis einschließlich	11 Jahren	ab 12 Jahren
Der kulinarische Ferientag	30 €	50 €

Für ein viertes Bett im Zimmer reduzieren sich die vorgenannten Preise um **5 €**.

Preise für Großkunden

Hotels bieten Unternehmen, die ständig für ihre Gäste Zimmer buchen, Sonderkonditionen. Spezialpreise werden auch Reisebüros oder Reisegesellschaften für Verpflegung und Logis gewährt.

Preise für Stamm- oder Dauergäste

Hotelgäste, die immer wieder kommen, werden mit besonderen Vergünstigungen belohnt.

Beispiele
- Die 10. Übernachtung ist gratis.
- 3-mal übernachten, 2-mal bezahlen.

Sonderpreise bei geringer Nachfrage

In der so genannten „Saure-Gurken-Zeit" bieten Hotels besonders niedrige Zimmerpreise an.
In der Zeit von 11 bis 12 Uhr sind manche Restaurants wenig besucht. Durch Preisnachlässe könnten Zusatzverkäufe erreicht werden.

---

1. Erklären Sie den Begriff Preis.
2. Erläutern Sie Kalkulationsrichtlinien (→ 156ff) in der Gastronomie.
3. Erklären Sie den Begriff Preisdifferenzierung an drei selbst gewählten Beispielen.
4. Begründen Sie die Notwendigkeit der Preisauszeichnung für den Wirt und für den Gast.
5. Welche Bedeutung haben die gastronomischen Preisklassen?
6. Der Zwang zur Preisdifferenzierung verstärkt sich in jüngster Zeit zunehmend.
6.1 Geben Sie Beispiele für übliche Preisdifferenzierungen beim Speisen- und Getränkeangebot.
6.2 Zeigen Sie Beispiele für Preisdifferenzierungen bei der Beherbergung.

10 Verkaufswege

🇫🇷 *méthodes de vente*
🇬🇧 *sales methods*

Im Hotel „Fichtelgebirgshof" verleben alljährlich überwiegend Stammgäste den Winterurlaub. In der Wintersaison ist das Hotel meist ausgebucht. Die Gäste werden auf der Grundlage der aktuellen Gästekartei regelmäßig über interessante Neuerungen informiert. Anlass für solche Kontakte sind die Geburtstage der Gäste. Neben persönlichen Glückwünschen erhalten sie besonders attraktive Verkaufsangebote.

Felix bearbeitet im Rahmen seiner Ausbildung derartige Gästepost und überlegt, welche anderen Verkaufswege, insbesondere außerhalb der Wintersaison, sinnvoll wären.

Verkaufswege sind das Bindeglied zwischen Angebot und Nachfrage. Der Angebotspalette einer gastronomischen Einrichtung stehen die Gästenachfragen gegenüber.

Der Gastronom muss entscheiden, auf welchem Wege er seine gastronomischen Angebote den Zielgruppen vorstellen und letztlich zum Verkauf anbieten will.

Beim Verkauf von gastgewerblichen Leistungen kann grundsätzlich zwischen **direkten** und **indirekten Verkaufswegen** gewählt werden. Der Gastronom kann entweder selbst seine Gäste finden, oder er nimmt die Arbeit von so genannten Reisemittlern in Anspruch.

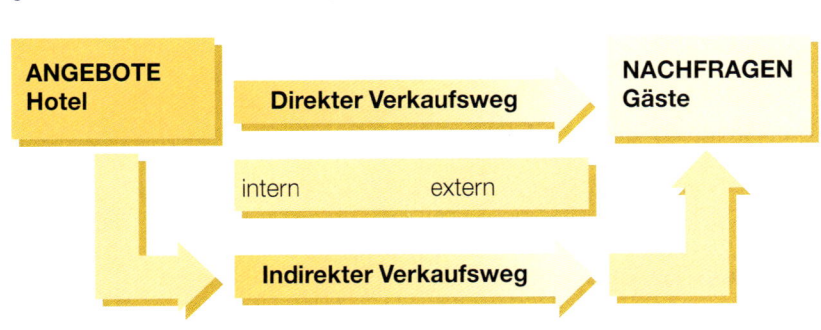

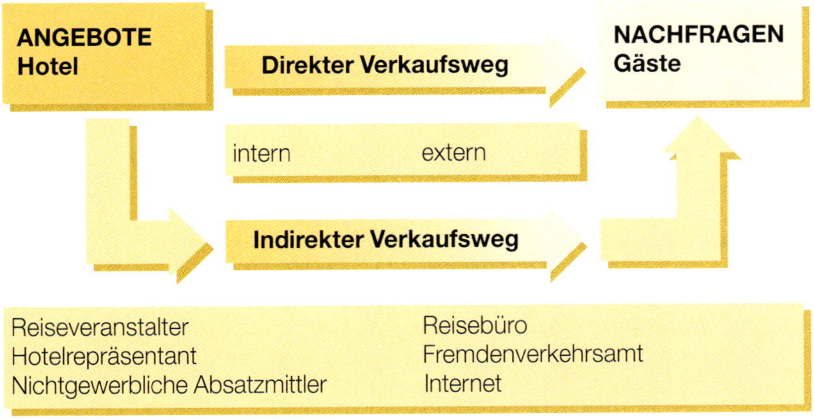

ANGEBOTE Hotel	Direkter Verkaufsweg	NACHFRAGEN Gäste
	intern extern	
	Indirekter Verkaufsweg	

Reiseveranstalter
Hotelrepräsentant
Nichtgewerbliche Absatzmittler

Reisebüro
Fremdenverkehrsamt
Internet

Indirekter Verkaufsweg über das Fremdenverkehrsamt

Direkter Verkaufsweg durch Visitenkarten

La Grange d'Elsa
RESTAURANT: midi et soir
TARTES FLAMBÉES
PETITS PLATS RÉGIONAUX
MENU DU JOUR
BANQUET
PÂTISSERIE MAISON
GRAND PARKING PRIVÉ

Françoise et Gérard Zaepfel
10a, route de Colmar
67390 Elsenheim
Tél.: 03 88 92 . . . .

Übersetzen Sie die französische Visitenkarte.

Verkaufswege

🇫🇷 voie de vente directe
🇬🇧 direct sales method

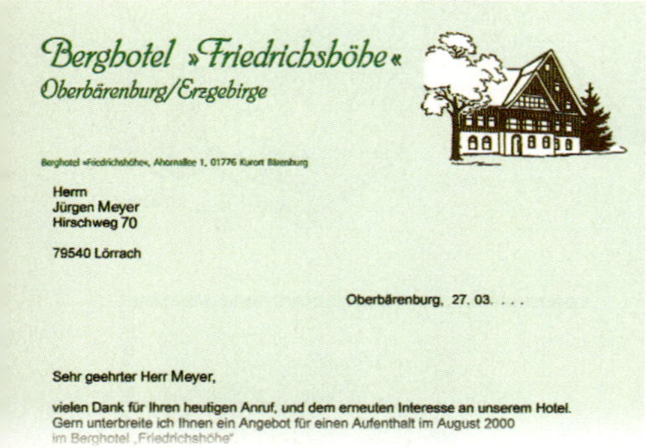

10.1 Direkter Verkaufsweg

Der direkte Verkaufsweg stellt die persönliche Form des Umgangs mit den Kunden dar. Der Verkäufer, also der Gastronom, informiert den potentiellen Käufer, also den Gast, über seine Angebote. Er ist bei Alternativangeboten behilflich.
An das Verkaufspersonal werden für ein erfolgreiches Verkaufsgespräch besondere Anforderungen gestellt:
- Fachkenntnisse, Sortimentskenntnisse
- Kenntnisse über die preisliche Verhandlungsbasis
- Beherrschen der Verkaufstechniken
- Verbindliches Auftreten, Sozialkompetenz

Interner Verkaufsweg

Intern nennt man direkte Verkaufswege innerhalb des eigenen Unternehmens. Der Gast steht in direktem Kontakt durch persönliche Gespräche oder telefonisch mit dem Gastronomen.
Der Mitarbeiter repräsentiert das gesamte Gastronomieunternehmen, er soll die gesamte Leistungspalette vorstellen können und auf Kundenwünsche individuell reagieren.
Im Service sind die Einflussmöglichkeiten besonders vielfältig. Dadurch sind umfangreiche Beratungsaufgaben erforderlich.
Hotelbuchungen von inländischen Gästen erfolgen vorzugsweise direkt, also weniger durch Reisevermittler.

Der **interne direkte Verkaufsweg** wird durch Nutzung der EDV erleichtert und kann folgende Maßnahmen umfassen:
- Aktualisierung einer Gästekartei. Durch Speicherung der Gästedaten im PC lässt sich die größte Wirksamkeit erreichen.

Externe Verkaufswege

Extern nennt man direkte Verkaufswege, die **außerhalb des eigenen gastronomischen Unternehmens** angebahnt werden. Kunden werden aufgesucht und dadurch betreut. Das betrifft Großkunden, wie Firmen, Vereine, Verbände und andere öffentliche Einrichtungen.

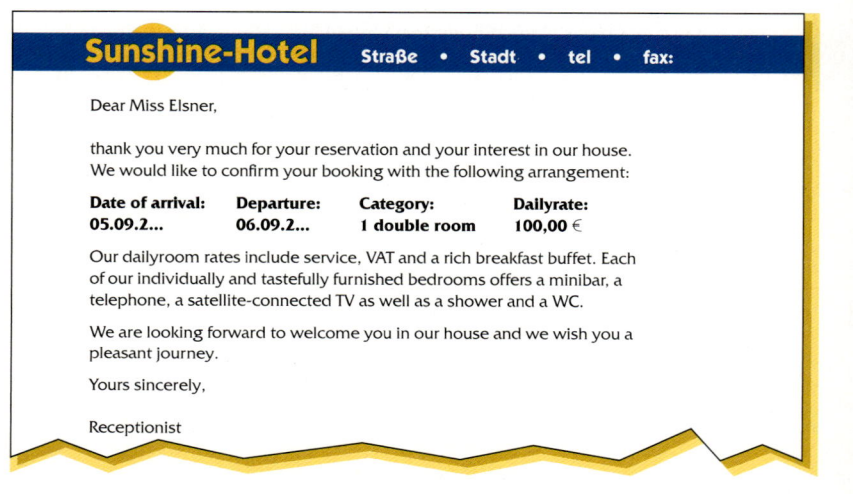

Sunshine-Hotel • Straße • Stadt • tel • fax:

Dear Miss Elsner,

thank you very much for your reservation and your interest in our house. We would like to confirm your booking with the following arrangement:

Date of arrival:	Departure:	Category:	Dailyrate:
05.09.2...	06.09.2...	1 double room	100,00 €

Our dailyroom rates include service, VAT and a rich breakfast buffet. Each of our individually and tastefully furnished bedrooms offers a minibar, a telephone, a satellite-connected TV as well as a shower and a WC.

We are looking forward to welcome you in our house and we wish you a pleasant journey.

Yours sincerely,

Receptionist

Unvergesslicher Abschied
Am Tage der Abreise wird im Ferienhotel den Abreisegästen eine Überraschung besonderer Art bereitet: ein besonders attraktiv gestalteter Frühstückstisch mit einem kleinen Präsent und einer persönlich gehaltenen Erinnerungskarte. Selbstverständlich wird dadurch die persönliche Verabschiedung nicht ersetzt.

Durch die Blume gesagt
Wendige Repräsentanten eines Hotels besuchen wichtige Firmen in der Region und überreichen den für Hotelreservierungen zuständigen Sekretariatsdamen rote Rosen.

---

1. Auf dem direkten internen Verkaufsweg werden 250 Werbebriefe verschickt. Ermitteln Sie die aktuellen Portokosten.
   1.1 für Standardbriefe, Inland.
   1.2 für Infopost, Standard, Inland.
   1.3 für Infobriefe, Standard, Inland.
2. Seit das Hotel „Fichtelgebirgshof" mit einem Reiseveranstalter zusammenarbeitet, ist die Frequenz der Bettenbelegung um 12,5% gestiegen, was 524 Übernachtungen entspricht. Ermitteln Sie die ursprüngliche Bettenfrequenz.
3. Übersetzen Sie den Auszug eines englischen Briefes ins Deutsche.

Indirekter Verkaufsweg

Externe Verkaufswege werden insbesondere von Großunternehmen, wie Hotelketten und Hotelkonzernen, angebahnt.
Gerade in gastronomischen Großunternehmen sind umfangreiche Verkaufsanstrengungen zur Auslastung erforderlich. Deshalb existieren dort Verkaufsabteilungen (Sales-Departments), die insbesondere die Großkunden betreuen. In kleinen Gastronomiebetrieben, zum Beispiel in Familienhotels, wird diese Aufgabe mehr oder weniger intensiv vom Inhaber übergenommen.

```
Hotel
Le Restaurant
Marckolsheim

28, Rue du Maréchal Foch
F 67390 Marckolsheim
tel: 03 88 92 56 56
fax: 03 88 92 77 99
                                                le 25 mai 2000

Monsieur Ralf Lindenberg
Alexanderplatz 15
D 1000 BERLIN 1

Cher Monsieur,

Nous vous remercions de votre appel téléphonique et de
l'intérêt que vous portez à notre établissement
Pour la semaine du 14 au 20 août, nous vous proposons
UNE CHAMBRE DOUBLE AVEC DOUCHE, WC, TELEPHONE,
TELEVISEUR ET VUE SUR LES VOSGES

pour la somme de
• 230 FF ou 35 € pour une chambre double avec douche
• 250 FF ou 38 € pour une chambre double avec salle de bains
• 35 FF ou 5 € le petit déjeuner

Si vous optez pour la demi-pension en chambre double pour
la même période, vous payerez
• 35 FF ou 38 € par personne pour une chambre double
Le chef vous propose soir deux menus au choix selon votre
souhait.

Veuillez confirmer par lettre ou par fax et me faire parvenir
(m'envoyer) un chèque de 500 FF en accompte.
Il vous sera restitué de prévenir une semaine avant le début
du séjour.
Sinon, la somme revient au RESTAURANT

Salutations distinguées
```

Der **externe Verkaufsweg** kann folgende Maßnahmen umfassen:
- Ständige Informationen an Gäste und potentielle Kunden über Neuigkeiten
- Versand von Verkaufsunterlagen an Interessenten (direct Mail)
- Auslage von Visitenkarten mit Leistungsangeboten (→ 183)
- Schriftliche Verkaufskontakte nach der bewährten Formel KISS (**K**eep **i**t **s**hort and **s**weet). Ein kurzer freundlicher Brief nützt mehr als eine lange Abhandlung.

10.2 Indirekter Verkaufsweg

🇫🇷 *voie de vente indirecte*   🇬🇧 *indirect sales method*

Der **indirekte Verkaufsweg** kann die begrenzten Möglichkeiten des direkten Verkaufs übertreffen. Er beinhaltet die partnerschaftliche Zusammenarbeit mit Reisemittlern. Zu unterscheiden sind Absatzmittler und nichtgewerbliche Absatzhelfer.

Absatzmittler (Reisemittler) übernehmen die Verkaufsangebote und leiten sie an die Zielgruppen weiter. Darunter sind insbesondere Reiseveranstalter, Reisebüros, Transportgesellschaften, Verkehrsvereine, Tourismusverbände und Fremdenverkehrsverbände zu verstehen.

Als **Absatzhelfer** wirken nicht gewerbsmäßig Tankstellen, Taxifahrer oder Bewohner der Region.

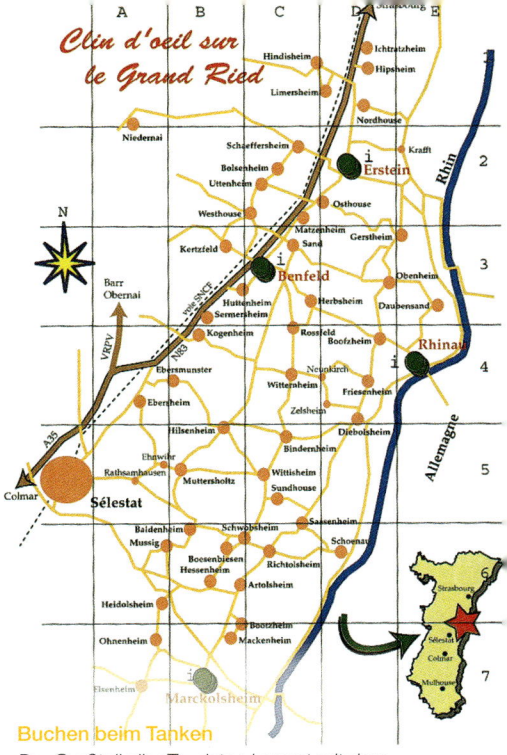

Buchen beim Tanken
Der Großteil aller Touristen kommt mit dem Auto. Wie gut, wenn sie bereits an der Tankstelle über gute Restaurants und Hotels sachlich informiert werden. Die Fahrt zum Reisebüro ist dann überflüssig. Der Tankstellenhalter seinerseits freut sich auf die Einladung des dankbaren Hoteliers.

Taxifahrer wissen es
Taxifahrer in einer Großstadt empfahlen unabhängig voneinander ein besonderes Restaurant. Kein Wunder, denn der Wirt lud die Taxifahrer in Abständen ein, um ihnen die Vorzüge des Hauses zu demonstrieren.

1. Erläutern Sie die Bedeutung der Verkaufswege als Marketing-Instrument für eine erfolgreiche gastronomische Geschäftstätigkeit.
2. Erklären Sie die Unterschiede zwischen direkten und indirekten Verkaufswegen.
3. Begründen Sie Notwendigkeit und Einsatzmöglichkeiten von Reisemittlern in der Hotellerie.
4. Ermitteln Sie die Anteile an den verschiedenen Verkaufswegen in Ihrem Ausbildungsbetrieb. Unterbreiten Sie Vorschläge für zukünftige Veränderungen.
5. Stellen Sie Vorteile und Nachteile gegenüber, die sich aus der Zusammenarbeit mit Reiseveranstaltern ergeben.
6. Übersetzen Sie den französischen Brief.

11 Werbung

🇫🇷 publicité
🇬🇧 advertising

Ein Blinder im Frühling
Es war an einem sonnigen Frühlingstag in New York. Prächtig war der Central Park anzuschauen. Die ersten Tulpen öffneten ihre Kelche, der frische grüne Rasen war übersät von Tausenden von Maiglöckchen. Direkt gegenüber dem Park, an der Ecke zur 72. Straße, stand ein Blinder und bettelte. Vor ihm lag eine Mütze. Nur wenige Cents waren drin. Der Blinde hielt ein Schild mit dem Text „Helft einem Blinden" in der Hand. Ein Werbetexter lief vorbei und sah den Blinden mit dem Schild. Er drehte es um und schrieb einen anderen Text darauf. Als er einige Stunden später wieder am Blinden vorbei kam, berichtete dieser, dass er noch nie so viele Münzen in seiner Mütze hatte, sogar ganze Dollars seien darunter. Und jetzt möchte er endlich wissen, was auf dem Schild stehe. Es war dies: „Es ist Mai – und ich bin blind."

> Werbung dient dem **Bekanntmachen** von Erzeugnissen und dem Wecken von **Kaufinteresse**. Werbung ist eine absichtliche und zwangfreie, aber zielgerichtete Beeinflussung der Menschen mit Hilfe geeigneter Medien. Sie stellt eine Form der **Absatzanbahnung** dar.

⚠ Werbung oder Reklame?
Im Gegensatz zur Werbung hat der Begriff Reklame einen negativen Ruf und wird im Zusammenhang mit Manipulation gesehen.

Werbemaßnahmen werden auf Distanz, also ohne persönliche Kontakte eingesetzt. Gäste sollen auf das gastronomische Angebot aufmerksam gemacht und von seinen Vorteilen überzeugt werden.
Der Gast soll in geeigneter Weise so beeinflusst werden, dass er von sich aus eine Ware oder eine Dienstleistung von einem bestimmten Anbieter kauft.
Durch Werbung kann der Umsatz gesteigert werden.

Die Werbung ist ein wichtiger Bestandteil des **Marketing-Konzeptes**. Da auch andere Marketing-Instrumente werbeähnliche Aufgaben haben (Verkaufsförderung, Öffentlichkeitsarbeit) sollte die Werbung die Steuerung übernehmen.

🇫🇷 moyens publicitaires
🇬🇧 sorts of advertising

11.1 Werbearten

Für einen Feiertags-Brunch werden je Gast 8,00 € an Materialkosten angesetzt. Kalkuliert wird mit 145% Gemeinkosten, 13% Bedienungsgeld und der gesetzlichen Mehrwertsteuer.
1. *Ermitteln Sie den Inklusivpreis wenn aus Wettbewerbsgründen kein Gewinn erzielt werden soll.*
2. *Nach einer Mitbewerberanalyse möchte man den Brunch für 14,90 € anbieten. Errechnen Sie den Verlust in € und in %.*

Steht im Vordergrund der Werbung das Erzeugnis oder das Leistungsangebot, spricht man von **Produktwerbung**. Wird dagegen für den Gastronomiebetrieb insgesamt geworben, wird sie als **Unternehmenswerbung** bezeichnet.

Zu unterscheiden sind die **innere** und die **äußere Werbung**.
Innere Werbung ist die Wirkung, die von Leistung und Preis ausgeht. Daraus entspringt die **Mund-zu-Mund-Werbung**. Sie ist die wirksamste und kostengünstigste Werbeart. Werbung über **Meinungsführer** wird dabei gern angewandt. Journalisten, Prominente und andere Persönlichkeiten des öffentlichen Lebens können zur Übermittlung von Werbebotschaften gewonnen werden (➔ Verkaufsförderung).

Werbegrundsätze

Als **äußere Werbung** werden Werbeaktivitäten wie Prospekte, Inserate oder Anzeigen bezeichnet.

Nach der **Anzahl der Werber** kann man Einzel- und Gemeinschaftswerbung unterscheiden. Sie kann sich an Einzelpersonen oder Zielgruppen richten.

Angestrebt wird die **kontinuierliche Werbung**. Insbesondere in kleineren Unternehmen herrscht allerdings die weniger wirksame **diskontinuierliche Werbung** vor.

Je nachdem, ob die Werbung durch das eigene Haus oder durch eine Werbeagentur erfolgt, werden **Eigen- und Fremdwerbung** unterschieden.

11.2 Werbegrundsätze
🇫🇷 *princips publicitaires*
🇬🇧 *basics of advertising*

Allgemeine Anforderungen an Werbeaussagen

| Wahrheit | Klarheit | Wirksamkeit | Erfolgskontrolle |

Weißes Tal
... im Zentrum der Alpen

Es empfehlen sich die Hotels:

„Zum Krug"
Hallenbad, Sauna, Bar, Sonnenterrasse, 60 Betten

„Sonne"
Familienhotel, sonnige Lage, 50 Betten

„Alte Post"
Freundliches Haus, gutbürgerliche und vegetarische Küche, 40 Betten

Preisgünstige Langlauf- und Skiwochen im Dezember, Januar und März!

Gemeinschaftswerbung in einer Region

Grundsätze für Werbetexte

Grundsatz	Erläuterung
Beschränkung	Weniger ist oft mehr, möglichst wenig Text, nicht mehr als 2 Schriftseiten.
Ordnung	Übersichtliche Gestaltung.
Profilierung	Werbung muss sich von anderen Mitbewerbern abheben. USP (→ 189) hervorheben.
Kontinuität	Erfolgreiche Werbung erfordert Wiederholung und Wiedererkennung.
Interesse und Sympathie	Vorteile des Angebots für den Gast überzeugend herausstellen. Die Vorzüge müssen allerdings tatsächlich vorhanden sein.
KISS	Keep it simple and stupid: Sage es schlicht und einfach, oder: Keep it short and sweet
Personalisierung	Dadurch können mitunter größere Effekte als mit reiner Produktwerbung erzielt werden. Beispiele: Einbeziehung von VIPs, Meinungsführern (z.B. Gourmetführer), Fachexperten (z.B. Küchenchef mit Goldmedaille im Weltcup der Köche).

Wirksamkeit und Wahrheit?

Heinrich Stromer aus dem oberpfälzischen Auerbach, Professor für Medizin an der Leipziger Universität, hat erstmals 1525 im Keller seines Hauses Wein ausgeschenkt. Eine Marketingidee hatte 1625 der damalige Wirt. Der verlegte die überlieferte Legende vom Fassritt des Dr. Faust zu Leipzig kurzerhand in Auerbachs Keller, ließ zwei Bilder dazu anfertigen, die noch heute im Fasskeller zu bewundern sind.

🇫🇷 objectifs publicitaires
🇬🇧 objectives of advertising

11.3 Werbeziele

Die Werbung dient dem Bekanntmachen und der Einführung neuer Erzeugnisse oder Dienstleistungen. Beim Gast sollen dadurch Bedürfnisse geweckt werden. Der Mode- und der Geschmackswandel sollen gefördert werden. Der Absatz soll erhalten, gesichert und gesteigert werden. Maßstab dafür sind die **Marktanteile**. Dabei wird auf verkaufsschwache Zeiten oder Gebiete besonderes Augenmerk gelegt. Der Pro-Kopf-Umsatz soll gesteigert werden. Schließlich ist den Werbemaßnahmen der Mitanbieter zu begegnen.

Werbeziele leiten sich von den → Marketing-Zielen ab, wobei zwei Gruppen von Werbezielen zu unterscheiden sind: **allgemeine** und **spezielle** Werbeziele.

Allgemeine Werbeziele		
Erzeugniseinführung	Informieren über neue Angebote	Einführung
Umsatzsicherung	Erhalten von Gästen	Einführung
Bedarfsweckung	Wecken von Bedürfnissen	Einführung
Marktanteilserweiterung	Neue Angebote, neue Angebotsformen Erweiterung der Angebotsmenge	Stabilisierung
Umsatzsteigerung	Gewinnen neuer Gäste	Stabilisierung

Spezielle Werbeziele	Beispiele
Bewusstmachen von Bedürfnissen	Werbeaktion „Fit in den Frühling"
Verbessern des Informationsstandes	Pressemitteilung über neuen Fitnessbereich
Erhöhen des Bekanntheitsgrades	Auslage von Handzetteln am Flughafen und in Reisebüros
Wecken von Interesse	Testessen mit Prominenten „Straußenfleisch eine Delikatesse"
Gewinnen von neuen Gästen	Begrüßungsbrief bei Unternehmensgründungen in der Region
Informieren über Erzeugnisse und Leistungen	Werbeanzeigen vor der Eröffnung eines Gastronomiebetriebes
Sicherung des Umsatzes	Rundbriefe an Stammgäste
Offerieren von neuen Leistungsangeboten	Briefkastenwerbung „Wir liefern das Festessen frei Haus"
Informieren über interessante Preise	Werbeaufsteller „Tagesmenü ab 7,95 Euro"
Überwinden von Vorurteilen	Tag der offenen Tür
Ausgleichen von Umsatzschwankungen	Schaufensterwerbung für „Happy Hour" von 11.00 bis 12.00 Uhr
Reaktion auf rückläufigen Umsatz	Aktionswerbung für umsatzschwache Zeiten

---

Waldschule Altenberg

Lernen in der Natur, theoretisches Wissen vertiefen, Freizeitgestaltung bei Sport und Spiel:

Über 500 Jahre Bergbau und viele Jahrzehnte Wintersport haben unsere Bergstadt geprägt. Aus dieser Tradition heraus haben wir speziell für Schülergruppen unser Programm entwickelt.

- Besichtigung des tiefsten Lochs Europas
- Einfahrt in den Schaustollen
- Kennenlernen der Bobbahn
- einmal wie Leistungssportler trainieren
- Wanderung durch Wald und Flur, Vermittlung ökologischer Kenntnisse, Informationen zum Naturschutz und zur Landschaftspflege
- aktive Freizeitgestaltung

Waldschule
Straße
Stadt
Telefon/Fax

---

1 Ein Hotel hat seit der Eröffnung einen Umsatz von 280.900,00 €. In dieser Zeit wurden 6180,00 € für Werbemaßnahmen ausgegeben. Ermitteln Sie den prozentualen Anteil, der für Werbung ausgegeben worden ist.

2 Für die gemeinsame Werbeaktion des Fremdenverkehrsverbandes in einem fränkischen Ferienort hat das Hotel „Bergfrieden" einen Anteil von 1750,00 € übernommen. Es wird geschätzt, dass dadurch 780 zusätzliche Hotelübernachtungen zu verzeichnen waren. Wie hoch ist der Werbekostenanteil prozentual je Übernachtung, die mit durchschnittlich 30,00 € angenommen wurde?

3 Schüler verteilen Handzettel für eine kulinarische Sonderveranstaltung. Von den 3500 Handzetteln werden 220 versehentlich doppelt verteilt und 120 gehen verloren. Ermitteln Sie den prozentualen Streuverlust.

Werbebotschaften

Im Zusammenhang mit dem Werbeziel steht die Frage nach der **Aussage über das Werbeangebot**. Die Antwort führt zur **Werbebotschaft**, die verschiedene Elemente beinhalten kann:
- Grundinformationen zum Unternehmen (Standort, Typ, Preise, Eignung)
- Vorteile (USP) und Nutzen für die Gäste

Gute Botschaften im Sinne der Leistungen sind:
- Bedürfnisse zu befriedigen (Sicherheit, Geborgenheit, Ruhe, Wärme, Harmonie)
- Nachfrageverhalten beachten (regionale, vegetarische Speisen, Annahme von Kreditkarten)

Gute Werbebotschaften weisen auf die besonderen Stärken des Unternehmens hin und betonen die USP.
Schlechte Werbebotschaften verkünden nur Selbstverständlichkeiten.

Schlechte Werbebotschaften
- Heute warme und kalte Gerichte
- Durchgehend warme Küche
- Zimmer mit fließend kaltem und warmem Wasser
- Freundliche Bedienung

> **USP**
> Unter USP (engl. unique selling proposition) ist ein einzigartiges Verkaufsargument im Vergleich mit anderen Angeboten zu verstehen.

> **Worte, die verkaufen helfen**
> **Speisen** Original, frisch zubereitet, natürlich, naturrein, nach Originalrezept, heute Nacht vom Meer, hausgemacht, kross, täglich frisch, fangfrisch, gartenfrisch, pikant, traditionelles Rezept
> **Bier** Herb-kräftig, leicht, würzig
> **Drinks** Fruchtig-frisch, geeist, handgemixt
> **Wein** Trocken, gereift, lieblich, elegant, süffig, fruchtig

11.4 Werbemittel

🇫🇷 *moyens publicitaires*
🇬🇧 *means of advertising*

Werbemittel sind die gestalterischen Elemente, die Werbeaussagen an das Werbeziel bzw. an die Zielgruppe über unterschiedliche Sinneswirkungen herantragen: über Sprache, Ton, Schrift, Text, Bild und Zeichen.

Ordnung der Werbemittel nach den Sinnesorganen

Wirkung auf die Sinne		Ausgewählte Werbemittel
👁	Schriftlich/ bildlich	Werbeanzeigen, Werbebriefe, Angebotskarten, Handzettel, Werbeaufsteller, Werbeplakate, Werbefotos
👂	Akustisch	Telefonwerbung, Rundfunkwerbung
👃	Organoleptisch	Geschmacks- und Geruchsproben, Verkostungen

Kommunikationsmodell

Werbetreibender: Hotel *Zur Sonne*
↓
Werbebotschaft: Picknick mit Kind
↓
Kommunikationsweg Werbeanzeigen
↓
Werbeziel: Junge Familien
↓
Werbeerfolg Umsatzsteigerung

Werbeträger beinhalten die **Werbemittel** und übermitteln die Werbebotschaft. Werbeträger sind Schaufenster, Vitrinen, Plakate, Tafeln, Geschenke, Prospekte, Kataloge, Preislisten, Handzettel, Wurfsendungen, Verpackungen, Rundfunk-, Fernseh- und Kinowerbung, Werbebriefe, Zeitungen, Zeitschriften, Verkehrsmittel, Messen, Internet.

Werbung

Ausgewählte Werbemittel

Werbeanzeigen
Werbeanzeigen sind weit verbreitet und gehören zur klassischen Form der Absatzwerbung. Typische Werbeträger für Werbeanzeigen sind:
- Lokale und überregionale Tages- und Wochenzeitungen
- Anzeigenblätter
- Publikumszeitschriften, Fachzeitschriften
- Veranstaltungskalender, Kataloge, Reiseführer, Adress- und Telefonbücher

Gestaltung von Werbeanzeigen
- Ableiten des Werbeziels aus der Marketing-Konzeption entsprechend der Zielgruppe
- Bestimmung des Nutzens einer Werbeanzeige für den Leser
- Auswahl des Werbeträgers (Werbemedium)
- Finden eines Blickfangs; Formulieren einer Schlagzeile
- Finden einer Werbeidee; Formulieren eines anschaulichen, schlagwortartigen Textes mit verkaufsfördernden Wendungen
- Gestalten von Bildern und grafischen Elementen; keinesfalls zu viele unterschiedliche Schriftarten
- Sichern des Wiedererkennens durch Logo oder Signet
- Handlungsimpuls am Schluss

Hotelprospekte
Hotelprospekte sollen die vollständige **Adresse** mit Telefon, Fax und E-Mail enthalten. Zunächst wollen die Gäste die **Charakteristik der gastronomischen Einrichtung**, insbesondere das Leistungsangebot, USP usw., kennen lernen. Sie interessieren sich auch für **Lage- und Verkehrsbeschreibungen**. Zusatzangaben über Ort und Region sind wünschenswert. Sie möchten die **Zimmer-** und die **Bettenzahl** sowie die Öffnungszeiten der gastronomischen Einrichtungen kennen. Entscheidend für eine Buchung sind letztlich die **Preise** (evtl. auf einem Extrablatt).

Gestaltung von Hotelprospekten
- Handliches Format
- Farbliche Gestaltung
- Optimales Text-Bild-Verhältnis; aktuelle Fotos mit Menschen, Aufnahmen mit interessanten Details
- Mehrsprachigkeit entsprechend den Zielgruppen
- Text zielorientiert, verständlich, informativ, wahrheitsgetreu

Handzettel
Handzettel sind eine wichtige und oft genutzte Form der Werbung. Sie werden in Briefkästen gesteckt, an Plätzen mit viel Publikumsverkehr persönlich ausgeteilt oder an Flughäfen, an Tankstellen, in Reisebüros usw ausgelegt. Des Weiteren ist die Beilage zu Presseerzeugnissen möglich.
Handzettel weisen folgende Vorteile auf:
- Schnell und mit geringem Aufwand herstellbar.
- Unkompliziert an gewünschte Zielgruppen verteilbar.
- Ermöglichen schnelles Eingehen auf besondere Werbeanforderungen.

Gestaltung von Handzetteln
- Schlagwortartig und verkaufsfördernd formulieren
- So viel Text wie nötig und so wenig wie möglich
- Gestaltung muss sich am Corporate Identity des Unternehmens orientieren
- Wegen des Wiedererkennungseffektes einheitliche Gestaltung mit anderen Werbemitteln, wie Plakaten, Anzeigen anstreben.

Streuverluste beachten
Darunter ist der Anteil der Werbung in % zu verstehen, der den Werbeempfänger nicht erreicht oder nicht interessiert.

1 *Erläutern Sie den Begriff Unique Selling Proposition (USP) und geben Sie ein Beispiel, in dem das USP im Vergleich zur Konkurrenz bestehen kann.*

Beispiel eines Handzettels

Werbebriefe

Der Werbebrief bleibt auch im Multimedia-Zeitalter ein entscheidendes direktes Werbemittel zur persönlichen Gästeansprache. Er stellt eine Visitenkarte des Unternehmens dar.

Werbebriefe weisen folgende Vorteile auf:
- Empfänger werden persönlich angesprochen, und die Werbebriefe erzielen dadurch eine höhere Aufmerksamkeit als andere Werbemittel.
- Werbebriefaktionen können von Mitbewerbern nicht gut registriert werden.
- Der Erfolg kann gut kontrolliert werden.
- Werbebriefe können zeitlich flexibel und dem Empfänger entsprechend variiert gestaltet werden.
- Werbebriefe können auch bei relativ geringem Werbe-Etat versandt werden.

Gestaltung von Werbebriefen
- Es gelten die Anforderungen an Geschäftsbriefe (→ Grundstufe Gastronomie).
- Originelle Schlagzeilen (Headlines) im Betreff-Vermerk
- Bedürfnisse der Leser erfassen. Vorteile möglichst plastisch darstellen.
- Roter Faden im Text, dabei klare und einfache Sätze.
- Aktiver Briefstil mit vielen Verben. Abwechslungsreiche Satzbildung und anschauliche Formulierungen.
- Sprachlich korrekter Text und so wenig Fremdwörter wie möglich.

11.5 Werbekonzept

🇫🇷 concept publicitaire
🇬🇧 concept of advertising

Das Grundmuster eines Werbekonzepts ist gekennzeichnet durch die:

7-W-Fragen: Wozu – Was – Wem – Wer – Wann – Wo – Womit/Wie.

Die Abfolge der Fragen ist abhängig von der speziellen Werbekonzeption.

Werbegrundkonzept mit Beispiel Souper im Restaurant Klein-Paris

Frage		
Wozu?	Werbeziel	Umsatzerhöhung in der Tagesbar *Napoleon*
Was?	Werbebotschaft abgeleitet aus dem Werbeziel	Souper in der Bar nach der Opernaufführung 23 und 1 Uhr
Wem?	Zielgruppe	Opernbesucher
Wer?	Eigenwerbung, Werbeagentur	Eigenwerbung der Verkaufsabteilung
Wann?	Geeigneter Zeitpunkt für die Werbebotschaft	Jeweils 1 Woche vor der Opernaufführung
Wo?	Ort der Werbung	Stadtgebiet und Region
Womit/Wie?	Auswahl an Werbemitteln und Werbeträgern, Umsetzung in Wort und Bild	Anzeigen in der Zeitung und im Opernprogrammheft

Werbung

11–20	Foire Régionale des Vins d'Alsace	Weinmesse	Wine faire	**Colmar**
12–15	Summerlied - Festival de la chanson tradtionelle	Elsässisches Liederfestival	Alsatian song festival	**Ohlungen**
13	Fête franco-allemande des enfants	Deutsch-französisches Kinderfest	French-German children's festival	**Lembach**
13	5ème fête du bretzel	5. Brezelfestival	5th pretzel festival	**Uttwiller**
15	Journée de la gastronomie	Tag der Gastronomie	Gastronomy day	**Barr**
17	Dégustation commentée et gratuite des vins d'Alsace	Kostenlose kommentierte Weinprobe	Guided wine-tasting - Free of charge	**Wettolsheim**
19	Soirée alsacienne	Elsässer Abend	Alsatian evening	**Obernai**
19–20	Fête de la tarte flambée	Flammkuchenfest	Tarte flambée festival	**Boesenbiesen**
19–20	Portes ouvertes à la cave de Cleebourg	Tag der offenen Türen im Weingut von Cleebourg	Open day at Cleeburg wine cellar	**Cleebourg**

AOUT 15

Auszug aus einem Veranstaltungsplan

?
1 Was verstehen Sie unter Werbung? Nennen Sie vier Werbegrundsätze.
2 Erläutern Sie Werbemittel, die in der Gastronomie bevorzugt werden.
3 In welchen Fällen geben Sie Inserate in einer lokalen, in einer regionalen oder in einer überregionalen Zeitung auf?
4 Erarbeiten Sie einen Entwurf für eine Werbeanzeige in der Regionalzeitung zu folgendem Inhalt:
4.1 Eröffnung der Biergarten-Saison im Restaurant „Schwanstein".
4.2 Neujahrs-Brunch im Hotel „Grüner Baum".
5 Bewerten Sie Werbebotschaften:
5.1 Gebackenes Wiener Schnitzel vom Kalb extra groß …
5.2 Essen und Trinken bis zum Abwinken, Kulinarisches en gros …
6 Die folgenden Wendungen können sowohl verkaufsfördernd als auch verkaufshemmend wirken: einen Berg voll, reichlich für einen, genug für zwei, extra groß. Diskutieren Sie Pro und Kontra!
7 Bewerten Sie die Werbebotschaften:
7.1 Unsere Familie führt das Haus in der 5. Generation.
7.2 Ein vielseitiges Angebot ist für uns selbstverständlich.
7.3 Unser Haus liegt direkt am Seeufer, abgeschirmt vom Durchgangsverkehr.
8 Nennen Sie Werbebotschaften, die von Ihrem Ausbildungsbetrieb ausgehen und beschreiben Sie die Zielgruppen.
9 Eine Werbetafel soll auf der Straße vor dem Restauranteingang aufgestellt werden, aus der hervorgeht, dass Seniorenteller am Wochenende besonders preisgünstig angeboten werden.
9.1 Entwerfen Sie auf einem DIN-A4-Blatt eine entsprechende Werbetafel mit einem geeignetem Speiseangebot.
9.2 Führen Sie die Gestaltung mit einem PC-Grafikprogramm aus.
10 Über welche USP verfügen Ihnen bekannte Gastgewerbebetriebe?
11 Entwickeln Sie Vorschläge für mögliche USP in Ihrem Ausbildungsbetrieb.

11.6 Grenzen der Werbung
🇫🇷 limites de la publicité
🇬🇧 limits of advertising

Die deutsche Wirtschaft hat sich bei der Werbung einer Selbstkontrolle unterzogen. Als **Selbstkontrolleinrichtungen** bestehen die Zentrale zur Bekämpfung des unlauteren Wettbewerbs in Frankfurt und der Deutsche Werberat.

Gesetz gegen den unlauteren Wettbewerb

Unlauterer Wettbewerb liegt vor, wenn mit unzulässigen Mitteln versucht wird, gegenüber der Konkurrenz einen Vorteil zu erzielen. Nach dem Gesetz gegen den unlauteren Wettbewerb (UWG) sind alle Wettbewerbshandlungen unzulässig, die gegen die guten Sitten verstoßen. Geschädigte können Unterlassung oder Schadenersatz verlangen. Bei schwerer Geschäftsschädigung sind Geldstrafen und Freiheitsstrafen bis zu einem Jahr vorgesehen.

Geschmacklose und vergleichende Werbung:
Bei uns wohnen Sie besser als im Hotel Müller.
Irreführende Werbung:
Geworben wird für das „Hotel Seeblick", aber weit und breit ist kein See vorhanden.
Gesundheitsbezogene Werbung:
Durch unsere Gesundheitskuren bekämpfen Sie erfolgreich alle Erkältungskrankheiten.
Unwahre und herabwürdigende Aussage über die Konkurrenz:
Die Zimmer im Nachbarhotel sind unsauber, das Personal unfreundlich …
Systematische Preisunterbietung:
Zimmerpreise ständig unter den Selbstkosten zur Ausschaltung der Konkurrenz.

Projektorientierte Aufgabe
Werbung für ein neu eröffnetes Bistro

In einem Stuttgarter Vorort ist ein Neubaugebiet mit Wohnungen, Einkaufspassagen, einer Vielzahl von Dienstleistungsunternehmen, Servicefirmen und freiberuflichen Handwerkern und Künstlern entstanden. In einem zentral gelegenen Gebäude mit Singles-Wohnungen wurde im Erdgeschoss ein Bistro eingerichtet. Als Gäste erwartet man die Anwohner und Laufkunden. Franziska und Florian sollen die Geschäftsführung bei der Werbung und Verkaufsförderung unterstützen.

Gäste
1. Auf welche Gästegruppe sollte sich das Leistungsangebot konzentrieren?
2. Beurteilen Sie die erwartete Gästestruktur nach Alter, Geschlecht, sozialer Stellung und Einkommen.

Marketing-Instrumente Leistung und Preis
3. Entwerfen Sie ein Standardsortiment an Speisen, Getränken und Handelswaren.
4. Schlagen Sie Öffnungszeiten für das Bistro vor und begründen Sie Ihre Vorschläge.
5. Beurteilen Sie die Chancen für den Außer-Haus-Verkauf.
6. Erarbeiten Sie Vorschläge für die Organisation des Außer-Haus-Verkaufes.
7. Stellen Sie Überlegungen zur Preisstruktur unter Berücksichtigung der angestrebten Gästegruppen an.
8. Gibt es Möglichkeiten zur Rabattgewährung für Einzelgäste und Unternehmen?

Marketing-Instrumente Werbung und Verkaufsförderung
9. Nennen Sie Werbeziele für das Bistro.
10. Unterbreiten Sie Ihre Vorstellungen über Vorteile, die der Betreiber den Gästen versprechen kann.
11. Zählen Sie einsetzbare Werbemittel auf.
12. Entwerfen Sie ein Inserat für die regionale Tageszeitung.
13. Planen Sie den Aufbau einer Gästedatei. Stellen Sie Überlegungen zur Beschaffung der Daten an.
14. Verfassen Sie je einen Musterwerbebrief für neue Mieter und neue Unternehmen im Quartier. Wäre die Verschickung eines einheitlichen Werbebriefes auch sinnvoll? Antwort mit Begründung.
15. Entwerfen Sie einen Handzettel zum Thema „Vegetarische Speisen". Geben Sie Hinweise für die Verteilung der Handzettel.
16. Beurteilen Sie Sinn und Möglichkeiten der Werbung im Internet.
17. Entwickeln Sie einen kulinarischen Jahreskalender mit einer besonderen Aktion je Monat.

Berechnungen
18. Ermitteln Sie die Kosten für ein schwarz-weißes Inserat (180 mm Breite, 90 mm Höhe)
18.1 für eine selbstgewählte regionale Tageszeitung.
18.2 ein kostenlos verteiltes Anzeigenblatt nach eigener Wahl.
19. Berechnen Sie die Portokosten nach aktuellen Preisen der Deutschen Post für 250 Werbebriefe Inland in den Versandarten:
19.1 Normalpost
19.2 Infobrief
19.3 Infopost

promotion publicitaire
sales promotion

12 Verkaufsförderung

Sven kommt freudestrahlend von seinem Ausbildungshotel nach Hause und berichtet, dass er an einer mehrtägigen Exkursion ins Emmental in der Schweiz teilnehmen darf. Geplant sind der Besuch einer Käserei, die Verkostung von Schweizer Käsespezialitäten und schließlich der Besuch einer Schweizer Spezialitätenmesse. Ganz besonders freut er sich auf eine Bergtour, auf der er Land und Leute kennen lernen möchte.
Schließlich werden im Ausbildungshotel „Schweizer Wochen" geplant. Da möchte er gut vorbereitet sein. Seine Schwester, die auch in der Gastronomie arbeitet, meint anerkennend: „Aha, Sales Promotion."

> Als verkaufsfördernde Maßnahmen werden an den Kunden gerichtete Aktionen bezeichnet, die eine → direkte oder indirekte Werbung beinhalten. Sie können auch Qualifizierungsmaßnahmen der Mitarbeiter darstellen.

Verkaufsförderung

durch **Aktionen** für die Gäste

im Haus   außer Haus

durch **Qualifizierung** der Mitarbeiter

Der schärfer werdende **Wettbewerb** erfordert immer wieder neue Ideen. Dazu gehören ansprechende **Aktionen** für die Gäste und **Mitarbeiter,** die fachlich und menschlich den neuen Ansprüchen gewachsen sind.

Ziele der Verkaufsförderung sind das Steigern von Umsatz und Gewinn, das Werben neuer Gäste, das Verhindern des Abwanderns von Stammgästen.

Ständige **technische Neuerungen**, neue Erzeugnisse und häufige Gesetzesänderungen erfordern eine regelmäßige Weiterbildung des Personals.
Neben Mitarbeiterschulungen dienen Verkaufshandbücher, Betriebswettbewerbe und Fachmessen der Verkaufsförderung.

Beispiele von Schulungen: bestimmte Zutaten, Convenience-Erzeugnisse, Wertstoffe, Reinigungsmittel, Reinigungsverfahren, Förderung der Teamarbeit, Organisation von Sonderveranstaltungen, Arbeiten mit speziellen EDV-Programmen.

> Ein Mittel zur wirksamen Verkaufsförderung sind insbesondere persönliche Kontakte zwischen kompetenten Mitarbeitern und Gästen.

promotion publicitaire à domicile
in-house promotion

12.1 Verkaufsförderung im Haus

Die Verkaufsförderung im Haus wird entscheidend vom persönlichen Kontakt aller Mitarbeiter des Hauses zu den Gästen durch Verkaufsgespräche geprägt.

Verkaufsförderung im Haus

Ein Verkaufsgespräch lässt sich im Ablauf nach der AIDA-Formel gliedern:

Einführungsphase

A	**Attention**	Aufmerksamkeit erregen
I	**Interest**	Interesse am Angebot wecken (Vertrauensphase)
D	**Desire**	Drang zum Kaufen auslösen (fachliche Phase)
A	**Action**	Abschluss des Geschäftes (Abschlussphase)

Blickfänge im Hotel, zum Beispiel: Vitrinen und grafisch gestaltete Schaufenster im Lift weisen auf besondere Angebote hin.
Personal mit Namensschildern ermöglicht auch dem Gast, das persönliche Gespräch mit Namensnennung zu beginnen. Für den Gast ist es einfacher, die zuständigen Mitarbeiter anzusprechen.
Fachkompetentes Personal mit gepflegter äußerer Erscheinung vermittelt Vertrauen.
Aktionspreise vermitteln die Gewissheit, besonders günstige Leistungen in Anspruch nehmen zu können.
Preisausschreiben ermöglichen die Aktivierung der Gäste.

Für die Verkaufsförderung im Hause gilt als wichtiger Grundsatz:
„Waren zeigen hilft Waren verkaufen."
Beispiele dafür sind:
Frühstücksbüfet, Brunch-Büfett, Digestif-Wagen, Käsebrett

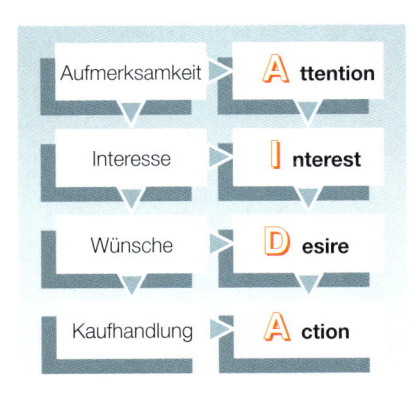

Aufmerksamkeit	**A**ttention
Interesse	**I**nterest
Wünsche	**D**esire
Kaufhandlung	**A**ction

Thematische Aktionen   🇫🇷 actions   🇬🇧 campaigns

Aktionen sind Bestandteil der **Erlebnisgastronomie**, bei denen attraktive gastronomische Leistungen themenhaft angeboten werden. Dafür müssen die besonderen Wünsche und Bedürfnisse der Gäste vorher genau analysiert werden. Die Gäste entscheiden durch ihre Beteiligung letztlich über den Erfolg einer Aktion.
Unter einer Aktion ist eine besondere Werbemaßnahme zu verstehen, die allgemein unter ein **bestimmtes Motto** gestellt wird.

Ziele von Aktionen
- Gewinnen neuer Gäste
- Stammgäste enger an das Haus binden
- Gästen Abwechslung bieten und zu erhöhtem Konsum anregen
- Test der Gästeerwartungen
- Demonstration der Leistungsbefähigung des Gastgewerbebetriebes, wodurch der Bekanntheitsgrad verstärkt werden kann
- Bessere Kapazitätsauslastung des Betriebes.

Gastronomieunternehmen sollten **Komplettprogramme** vorbereiten und anbieten.
Beispiel Klassentreffen-Komplettangebot:
Unterhaltungsprogramm, Klassenfoto, spezielle Menükarte usw.

Bei der Vorbereitung und der Durchführung der Aktion müssen alle Mitarbeiter über Ziele, Planung und Durchführungsschritte informiert sein. Nach innen dienen Aktionen der Steigerung der Leistungsbefähigung des Personals und der Förderung der Gemeinschaftsarbeit.

Die Bezeichnung Motto kommt aus dem Lateinischen und heißt Kennwort oder Leitspruch.

STOCK'S FISCHRESTAURANT

kocht auch bei Ihnen zu Hause:
Planen Sie für Ihren Geburtstag doch mal etwas Besonderes!
Mit uns können Sie dabei rechnen.
Fragen Sie nach unserem
Außer-Haus-Service!

***

Lindenstraßen-Fans aufgepaßt:
Ute Mora ist zu Gast im STOCK'S - am Sonntag, den 06.06.99 um 12:30 Uhr talkt sie über sich und ihre Rolle als Berta Griese während Heiko Stock ein Lindenstraßen-Menü kocht:
Der Preis inclusive Aperitif beträgt DM 79,--

***

Öffnungszeiten wie gewohnt:
12:00-15:00 u. 18:00-23:00 Uhr
samstags ab 18:00 Uhr
montags geschlossen
(außer im Dezember)

Verkaufsförderung

Möglichkeiten, Organisation

🇫🇷 possibilités organisation
🇬🇧 possibilities, organization

Aktionen können für unterschiedliche Zeiträume geplant werden, für einzelne Tage, für Wochen, aber auch längere Zeiträume sind möglich.

Themen für Aktionen

Besondere Anlässe
- Eröffnung, Umbau, Renovierung
- Firmenjubiläum, neue Öffnungszeiten
- Erweiterung des Angebots (Brunch, Kindermenü, Stehimbiss, Salatbar)

Familienfeiern
- Hochzeiten, Taufen, Konfirmation, Kommunion, Jugendweihe, Geburtstage
- Muttertag

Festtage
- Ostern, Pfingsten, Weihnachten, Silvester
- Örtliche Volksfeste, Ferienbeginn

Firmen- und Vereinsveranstaltungen
- Betriebsfeiern, Jubiläen, Betriebsausflüge, Vereinsabende, Klassentreffen

Wiederkehrende Aktionen
- Kulturereignisse

Speise- und Verzehrgewohnheiten
- Herzhaftes aus Großmutters Kochbuch

Länder- und Regionalwochen (→ 423 ff)
- Elsässer Lebensart bei Tisch und auf der Reise
- Essen wie Gott in Frankreich
- Wiener Schlemmerwochen

Angebote nach Saison
- Zutaten oder Gerichte herausstellen

Neuheiten und Trendgerichte

Besondere Zutaten
- Der neue Matjes ist da – Spezialitäten konservativ bis exotisch
- Schlemmen mit Lamm – Variationen mit Frühlingsgemüse und Kräutern
- Spezialitäten mit deutschem Gänsefleisch
- Potz Pilz – Köstlichkeiten aus frischen Pilzen
- Nudeln Sie mal mit – internationale Nudelspezialitäten
- Aus dem Jagdrevier – Kreationen aus Wild und Pilzen
- Rund um die Maischolle – neue Kreationen mit knackigen Salaten

Wünsche und **Bedürfnisse der** Gäste können aus Beobachtungen oder Erfahrungen beurteilt werden. Gezielte Befragungen können zu aussagekräftigen Ergebnissen führen.

Marriott HOTEL TREUDELBERG HAMBURG

Einladung zum Literarischen Salon im Mariott Hotel Treudelberg
Kleine kulinarische Höhepunkte inszeniert Küchenchef Götz F. Haaf.
Erika Pluhar liest aus ihrem neuen Roman "Matildas Erfindungen"
Montag, 17. Mai .... um 19.00 Uhr

Checkliste für Aktionsplanung

- Zeitraum festlegen. Erfahrungsgemäß sind 6 Wochen Vorbereitungszeit angemessen.
- Partner suchen und gewinnen, z.B. Fremdenverkehrsämter, Produzenten, Reiseunternehmen.
- Werbematerial herstellen
- Dekorationsmaterial bestellen, z.B. Beleuchtung, Blumen, Pflanzen, Kerzenständer, Tischaufsteller, Menükarten, Plakate, Tischdecken, Servietten.
- Waren für den Zusatzverkauf bestellen.
- Dekorateure und Gastpersonal verpflichten.
- Musik, Künstler, Sportler engagieren
- Zusätzliches Personal anstellen
- Aktionseröffnung planen: Pressetexte, Ehrengäste, Stammgäste einladen
- Angebotskarten zusammenstellen
- Bestellungen mit Lieferanten abstimmen
- Handzettel gestalten, eine Woche vorher verteilen lassen.
- Anzeigen für Tageszeitungen vorbereiten, soll etwa eine Woche vorher erscheinen.
- Aktionstafel und Tischaufsteller beschriften
- Zuständigkeit festlegen, Personal einteilen

Auswertung, Kontrolle

🇫🇷 *exploitation et contrôle*
🇬🇧 *evaluation and control*

Nach jeder Aktion sollte eine Auswertung als Erfolgskontrolle erfolgen. Dabei muss die Frage beantwortet werden, ob die Konzeption noch den sich stets ändernden Bedingungen entspricht. Dabei entstehen Fragen, die im Betrieb beantwortet werden müssen:

- Ist der geplante Umsatz erreicht worden?
- Sind die geplanten Kosten hinsichtlich Waren und Werbung eingehalten worden?
- War die Zeitplanung richtig? Waren Zeit und Dauer richtig geplant?
- Waren die Gäste zufrieden, und wurden neue Gäste gewonnen?
- Welchen Beliebtheitsgrad gab es bei Speisen und Getränken?
- Welches Leistungsvermögen zeigte das Personal?
- Fallen Vergleiche hinsichtlich Kosten und Umsatz zu ähnlichen Aktionen positiv aus?
- Welche Werbemittel waren besonders wirksam?
- Ist eine Wiederholung in gleicher Form sinnvoll?
- Welche zusätzlichen Maßnahmen müssen bei einer neuen Aktion getroffen werden?

1. Nennen Sie weitere Anlässe für Aktionswochen.
2. In Ihrem Ausbildungsbetrieb soll der Tag des Auszubildenden durchgeführt werden. Überlegen Sie, welche Inhalte dafür möglich wären.
3. Erstellen Sie eine Checkliste für eine kulinarische Woche der Ökoerzeugnisse.
4. Beschreiben Sie den Sinn und den Ablauf einer Auswertung von Aktionen.
5. Erstellen Sie einen Werbeplan für Ihren Ausbildungsbetrieb.
6. Das **Restaurant Feinschmecker** will im kommenden Jahr eine Wildwoche durchführen.
6.1 Schlagen Sie einen geeigneten Termin vor.
6.2 Nennen Sie jeweils zwei Gerichte von Wildgeflügel, Wildschwein und Reh.

12.2 Verkaufsförderung außer Haus

🇫🇷 *promotion publicitaire hors du domicile*
🇬🇧 *out-house promotion*

Diese Form der Verkaufsförderung betrifft Aktivitäten außerhalb des eigenen Hauses zur Gewinnung neuer Gäste. Dazu dienen Gästekontakte und Informationen über das Leistungsangebot.

Beispiele
Stammgäste-Briefe, Hauszeitungen, Einladungen zu Aktionen
Übermittlung von kulinarischen Kalendern

Die Gäste können auch durch **Reisebüros**, **Touristikämter** mit Hausprospekten, Plakaten und Handzetteln informiert werden.

Innerhalb der Außer-Haus-Verkaufsförderung spielen **telefonische Kontakte** eine große Rolle. Da ein zukünftiger Gast den ersten Eindruck über eine gastronomische Einrichtung nicht selten per Telefon erhält, liegen im guten Telefongespräch große Verkaufschancen (Regeln für das Telefonieren → Grundstufe).

Beispiele
Beteiligung an Fach- und Ferienmessen, Verkaufsreisen, Kontakt zu Großkunden, werbewirksame Publikationen, pfiffige Werbegeschenke

Themen eines kulinarischen Kalenders	
Januar	Meeresfrüchte im Direktbezug *Viel mehr Meer*
Februar	Afrikanische Spezialitäten ...
März	Lammfleisch aus der Region ...
April	Italienische Teigwaren ...
Mai	Deutscher Spargel ...
Juni	Schweizer Käse ...
Juli	Frische Salatvariationen ...
August	Karibische Speisen ...
September	Vegetarische Speisen ...
Oktober	Wildspeisen ...
November	Kohlgemüse ...
Dezember	Gänsespeisen und anderes Geflügel ...

◐ *promotion publiques*
✛ *public relations*

13 Öffentlichkeitsarbeit

Situation
Im Stadthotel ist heute etwas los. Eine Pressekonferenz ist geplant. Der Küchenchef will seine neue Angebotskarte „Regionale Zutaten kulinarisch zubereitet" vorstellen. Dazu ist ein Partyempfang für Presse, örtliche Radio- und Fernsehsender sowie für Persönlichkeiten und Verbände geplant. …

> Die Öffentlichkeitsarbeit umfasst Maßnahmen, die zur Formung und zur Verstärkung des guten Ansehens eines Betriebes oder eines Wirtschaftszweiges beitragen.

Dazu gehören Pressekonferenzen, Pressereisen, Ausstellungen, Filmvorführungen, Kundenzeitschriften, Stiftungen, Ortsbesichtigungen.

Beispiele
Pflege des Kontaktes zu kulturellen, politischen oder sportlichen Verbänden und Ausbildungseinrichtungen

Das Ansehen eines Unternehmens in der Öffentlichkeit trägt wesentlich zum wirtschaftlichen Erfolg bei. Deshalb muss der erfolgreiche Gastronomiebetrieb zum öffentlichen Meinungsbildungsprozess beitragen. Jede gute Tat formt das positive Erscheinungsbild nach dem Motto:
Tue Gutes und sprich darüber!

Mundpropaganda ist die günstigste Form der Öffentlichkeitsarbeit
Dadurch kann ein positives Image aufgebaut werden. Ein wichtiges Marketing-Instrument sind Zusatzleistungen, die dem Gast während seines Besuches und auch danach gewährt werden.

◐ *buts et devoirs*
✛ *objectives and assignments*

13.1 Ziele und Aufgaben

Ziel der Öffentlichkeitsarbeit ist unter anderem das Erreichen eines guten Images des Unternehmens. Darunter versteht man das Erscheinungsbild eines Unternehmens in der Öffentlichkeit.

Voraussetzungen dafür sind
- eine dauerhafte Informationspolitik
- sorgfältige Pflege guter persönlicher Beziehungen und intensive Kontakte zu den Medienvertretern und anderen wichtigen Zielgruppen der Öffentlichkeitsarbeit

Wichtige Zielgruppen der Öffentlichkeitsarbeit sind beispielsweise Gäste, Reisevermittler, Medienvertreter, Einwohner der Umgebung, Unternehmer, Behörden, Vereine und Clubs, Berater.

Was bedeutet „PR-Arbeit"?
Diese Wortverbindung kommt vom Englischen Public Relations, was mit Öffentlichkeitsarbeit zu übersetzen ist. Das deutsche Wort Arbeit ist dann eigentlich überflüssig.

Ziele und Aufgaben

Aufgaben der Öffentlichkeitsarbeit

Information
Informationsvermittlung nach innen und außen: Alle Interessierten sollen offen und umfassend unterrichtet werden. Das muss freiwillig, rechtzeitig und regelmäßig auch ohne Anforderung geschehen. Unterlassene Informationen erzeugen oft Misstrauen, das nachträglich nur schwer abzubauen ist.

> Grundsatz: Information nach außen fördert das Vertrauen
> Information nach innen motiviert die Mitarbeiter

Kontakt
Aufbau von Vertrauen setzt (persönliche) Kontakte voraus. Je nach Zielgruppe kommen unterschiedliche Maßnahmen in Frage.

Beispiel
Gäste: Hauszeitung, Stammgästebrief
Mitarbeiter: Schwarzes Brett, Betriebszeitung

Image
Vertrauen beruht gewöhnlich auf gutem Image (engl. *Ansehen*). Die Bildung von Vorstellungen über den Betrieb sollte man nicht dem Zufall überlassen. Öffentlichkeitsarbeit soll Verständnis für bestimmte Maßnahmen schaffen, unerwünschte Meinungen beseitigen.

Harmonisierung
In der Gastronomie treffen unterschiedliche Interessen aufeinander: diejenigen der Gäste, der Mitarbeiter, des Inhabers und der staatlichen Institutionen bis zum Finanzamt.
Bei Gästen und Mitarbeitern treten Unzufriedenheit und Abneigung am deutlichsten auf. Abneigung kann sich in einer Atmosphäre intensiv gepflegter Beziehungen jedoch nur schwer entwickeln.

Verkaufsförderung
Die öffentliche Anerkennung fördert die Qualität der Leistungserbringung. Kommen die Gäste mit einer positiven Einstellung, so fühlen sie sich eher wohl. Ein misstrauisch gestimmter Gast wird dagegen nach Bestätigung für sein negatives Vorurteil suchen. Das gilt sinngemäß für alle Kontakte zu den Zielgruppen der Öffentlichkeitsarbeit.

Stabilisierung
In kritischen Situationen kommt es darauf an, vom Vertrauen der Mitarbeiter, der Gäste usw. gestützt zu werden.
Gerät zum Beispiel ein Betrieb unverschuldet in eine Krise, dann kann das Überleben vom Vertrauenskapital abhängen.

---

1 Nennen Sie Möglichkeiten zur Förderung des Absatzes. Beschreiben Sie das Ziel der Verkaufsförderung.

2 Erläutern Sie den Zusammenhang von Leistungsangebot und Verkaufsförderung.

3 Geben Sie Beispiele aus Ihrem Arbeitsbereich, wie man durch Verkaufsförderung den Umsatz steigern kann, ohne die Angebotsqualität zu vermindern.

4 Erstellen Sie einen kulinarischen Kalender nach folgenden Gesichtspunkten: Zielgruppe, werbewirksame Sprache, Zeitangaben, Umfang der Veranstaltungen, Gestaltung, Preisangaben.

---

1 Durch erfolgreiche Verkaufsförderung hat sich der jährliche Umsatz um 5380,00 € oder um 2,8 % erhöht. Ermitteln Sie die Höhe des ursprünglichen Umsatzes.

2 Das Hotel am Rande der Stadt hat für die verkaufsschwache Zeit eine Aktion „3 Tage wohnen – 2 Tage bezahlen" gestartet. Ermitteln Sie die prozentuale Preissenkung je Übernachtung durch Kopfrechnen.

3 Das Kurhaus „Klingendes Voigtland" hat eine Vernissage (Eröffnung einer Kunstausstellung mit geladenen Gästen) mit Volkskünstlern des Ortes durchgeführt. Der Kunstmaler Voigt stellte 12 Bilder zur Verfügung. Von dem Holzschnitzer Bayer kamen 8 Kunstwerke. Der Grafiker Sachse steuerte 18 Bilder bei. Die Erlöse der Tombola in Höhe von 6235,00 € sollen den drei Ausstellern entsprechend der Anzahl der zur Verfügung gestellten Kunstwerke übergeben werden. Wie viele Euro erhält jeder der drei Künstler?

Öffentlichkeitsarbeit

◐ medias
◐ media

13.2 Medien

Der Kontakt zu den Medien ist das Kernstück der Öffentlichkeitsarbeit. Mit Informationen in den Massenmedien kann der Gastronom indirekt über sein Unternehmen informieren, beispielsweise durch
- Pressenotizen
- Pressebulletins
- Interviews
- individuelle Einladungen an Journalisten
- Pressekonferenzen

Für Pressemitteilungen an die Redaktionen der Lokal- und der Regionalpresse ist deshalb folgende Grundregel zu beachten: Nur aktuelle Informationen, frei von Eigenwerbung und Schönfärberei, gehören in die Presse.

Veröffentlichungen benötigen einen so genannten „Aufhänger", einen Anlass also, der Aufmerksamkeit beanspruchen kann. Solche Anlässe sind beispielsweise:
- Hoteleröffnungen und -einweihungen
- Hotelneubau und größere Umbauarbeiten
- Hoteljubiläum
- Neuerungen in der Infrastruktur, zum Beispiel neue Konferenzräume
- Wechsel in der Betriebsleitung
- Besitzänderungen, Fusionen, Beitritt zu Kooperationen
- Gastronomische Auszeichnungen
- Bemühungen um den Umweltschutz
- Veranstaltungen von lokalem oder regionalem Interesse (kulinarische Aktionen, Ausstellungen, Konzerte usw.)
- Prominente Gäste aus dem In- und Ausland
- Klassifizierung (Sterne, Kochmützen)
- Tag des Auszubildenden

Aus der Sicht des Betriebes eignen sich natürlich besonders Themen,
- die die Stärke des Unternehmens herausstellen
- aus denen im Vergleich zur Konkurrenz ein Wettbewerbsvorsprung deutlich wird

13.3 Sponsoring

◐ sponsors
◐ sponsorship

Unter Sponsoring (engl. für Unterstützung, Geld geben) ist eine besondere Form der Öffentlichkeitsarbeit zu verstehen.

Ein gastronomisches Unternehmen kann durch Sponsoring gleichzeitig gesellschaftliche Verantwortung zeigen.
Darunter ist die Unterstützung von Personen, Gruppen oder Veranstaltungen zu verstehen, um das eigene Ansehen günstig zu gestalten. Nach den Begünstigten sind zu unterscheiden:

- Sportsponsoring   Unterstützung von Sportlern, Sportvereinen
- Kultursponsoring   Förderung von Kunst, Musik, Literatur
- Sozialsponsoring   Unterstützung von Bildung und Wissenschaft, Berufsausbildung, karitativen Vorhaben
- Ökosponsoring   Unterstützung von Umweltprojekten

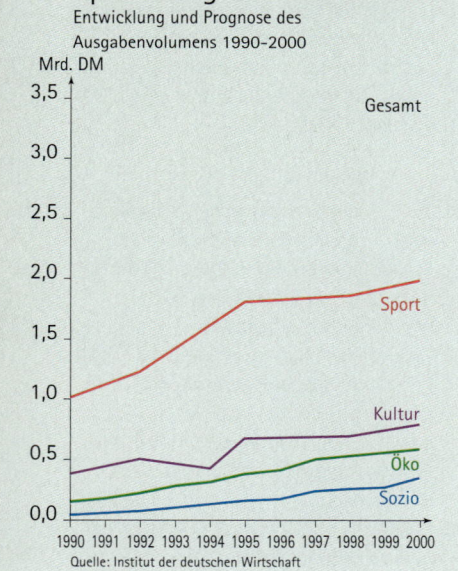

1 Der norddeutsche Hotelbetrieb „Kogge" hatte im abgeschlossenen Jahr einen jährlichen Gesamtumsatz von 3.763.000,00 € zu verzeichnen. Davon wurde der regionale Fußballklub mit 7500 € gesponsert. Erfolgsabhängig sind dem Klub im laufenden Jahr eine Erhöhung um 3% des Vorjahresumsatzes zugesagt. Mit welchen Sponsorengeldern kann der Fußballklub insgesamt rechnen?

13.4 Corporate Identity

Corporate Identity (engl. corporate = Unternehmung; identity = Persönlichkeit, Identität) bedeutet Selbstdarstellung eines Unternehmens.
Die Corporate Identity (CI) ist ein wichtiges Marketing-Mittel. Sie besteht aus drei Teilen:
- Unternehmensverhalten
- Unternehmenserscheinungsbild
- Unternehmenskommunikation

Das **Unternehmensverhalten** ist das harmonische Zusammenwirken aller Mitarbeiter intern und gegenüber den Partnern im Markt und gegenüber den Gästen.

Was ist ein Gast?

Ein Gast ist die wichtigste Person in diesem Unternehmen.

Ein Gast ist nicht auf uns, sondern wir sind auf ihn angewiesen.

Ein Gast bedeutet keine Unterbrechung unserer Arbeit, er ist vielmehr ihr Sinn.

Wir tun einem Gast keinen Gefallen, ihn zu bedienen, er tut uns einen Gefallen, dass er uns Gelegenheit dazu gibt.

Ein Gast ist kein geeigneter Partner zum Streiten, niemand hat je einen Streit mit einem Gast gewonnen.

Ein Gast ist jemand, der uns seine Wünsche bringt. Es ist unsere Aufgabe, sie zu erfüllen – zu seinem und zu unserem Nutzen!

Das **Unternehmenserscheinungsbild** ist das optische Erscheinungsbild eines Unternehmens. Überall am Markt wird „Flagge gezeigt". Damit kann demonstriert werden, welche Unterschiede, natürlich positiver Art, zum Mitbewerber bestehen.
In der **Gastronomie** gehören dazu
- die Ausstattung
- die Arbeitskleidung des Personals

Unternehmenskommunikation bedeutet, dass sich ein Unternehmen nicht nur durch die Leistungen selbst, sondern auch durch Informationen über die Leistungen am Markt durchsetzen muss.

Die Corporate Identity vermittelt dem Gästekreis sowie der Öffentlichkeit insgesamt ein positives Vorstellungsbild vom gastgewerblichen Unternehmen.

Wichtige Elemente des Erscheinungsbildes eines Unternehmens sind: Namenszug, Signet, Logo, Hausfarben, Typografie

Diese Elemente sollen leicht erfassbar, einprägsam sein und insgesamt eine Einheit bilden.

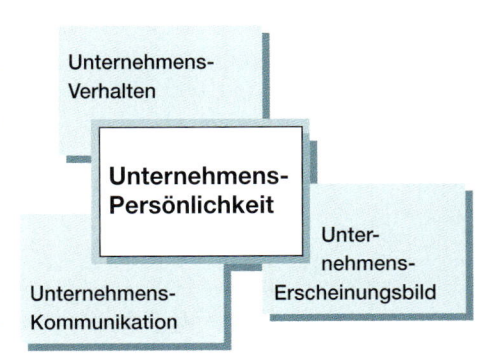

1 *Erläutern Sie Inhalt und Ziel der Öffentlichkeitsarbeit für den Gastronomen.*
2 *Zeigen Sie den Unterschied zwischen einer PR-Maßnahme und einer Werbemaßnahme an einem Beispiel.*
3 *Erarbeiten Sie eine selbst gewählte PR-Maßnahme und begründen Sie Ihre Vorgehensweise.*
4 *Begründen Sie an Hand von Beispielen die Notwendigkeit der Zusammenarbeit des gastgewerblichen Unternehmers mit der regionalen Presse.*
5 *Ein Gastronomieunternehmen gestaltet eine Mittagstafel für Obdachlose, schmückt die Restauranträume mit den Werken junger Nachwuchskünstler, fördert Berufswettbewerbe des Berufsnachwuchses, spendet für die Restaurierung eines Kulturdenkmals und führt Kochkurse für Hausfrauen und Kinder durch. Um welche Art(en) von Sponsoring handelt es sich?*

Öffentlichkeitsarbeit

Projektorientierte Aufgabe
Aktionswoche Wild und Fisch

Das Hotelrestaurant „Elbblick" plant, im November eine Aktionswoche zum Thema Wild- und Fischspezialitäten durchzuführen. Dabei sollen vorwiegend Angebote regionaler Erzeuger als Zutaten eingesetzt werden. Renate und René unterstützen die Geschäftsführung bei der Vorbereitung der Aktionswoche.

Gäste
1. Legen Sie Zielgruppen für die Aktionswoche fest.
2. Unterbreiten Sie Vorschläge, wie Stammgäste für die Aktionswoche gewonnen werden können.
3. Schlagen Sie Möglichkeiten vor, neue Gäste zu gewinnen.

Marketing-Instrumente Leistung und Preis:
4. Erarbeiten Sie für vorgesehene Abendveranstaltungen eine 5-gängige Speisenfolge mit den korrespondierenden Getränken.
5. Entwickeln Sie Vorschläge für Unterhaltungsprogramme innerhalb der Abendveranstaltungen.
5.1 Welche Musik eignet sich für die Aktion?
5.2 Schlagen Sie geeignete Beiträge über Wald und Jagd sowie Wasser und Fische vor.
5.3 Planen Sie Formen für den gehobenen Service, wie Tranchieren und Flambieren.
6. Stellen Sie Überlegungen zur Preisstruktur an. Beziehen Sie in Ihre Überlegungen das Niveau der gastronomischen Einrichtung und den angestrebten Gästekreis ein.
7. Legen Sie einen Komplettpreis fest und begründen Sie Ihre Entscheidung.
8. Unterbreiten Sie Vorschläge für die Raumgestaltung und für Tischdekorationen.

Marketing-Instrumente Werbung und Verkaufsförderung:
9. Unterbreiten Sie drei Vorschläge für ein Motto der Abendveranstaltungen.
10. Entwerfen Sie am PC einen Handzettel für die Aktionswoche und nennen Sie Möglichkeiten für die effektive Verteilung.
11. Formulieren Sie einen Werbebrief an die Stammgäste, der als Serienbrief auf dem PC geschrieben werden kann.
12. Entwerfen Sie Verkaufshilfen.
12.1 Aufsteller im Fußgängerbereich vor dem Hotel
12.2 Werbeseite des Hotel-Television-Systems
12.3 Beurteilen Sie den folgenden Werbezettel nach seiner Wirksamkeit:
13. Untersuchen Sie, welche Unternehmen und Einrichtungen durch Sponsoring die Aktionswoche unterstützen könnten.

Berechnungen
14. Für ein Wildessen werden je Gast 29,00 € an Materialkosten angesetzt. Kalkuliert wird mit 145% Gemeinkosten, 13% Bedienungsgeld und der gesetzlichen Mehrwertsteuer.
14.1 Ermitteln Sie den Inklusivpreis, wenn aus Wettbewerbsgründen nur 3% Gewinn erzielt werden sollen.
14.2 Nach einer Mitbewerberanalyse will man das Wildessen für 25,00 € anbieten. Errechnen Sie den Verlust in Euro und in %.
15. Das Hotel hat einen durchschnittlichen von Umsatz von 28 900,00 € pro Monat. Durch die Aktionswoche steigerte sich der Umsatz um 6%. Für die Werbung wurden in Vorbereitung der Aktionswoche 1734,00 € ausgegeben. Ermitteln Sie den prozentualen Anteil, der für Werbung ausgegeben wurde.

WIRTSCHAFTSDIENST

Bedeutung des Wirtschaftsdienstes für den Betriebserfolg erkennen. Materialkundliche Grundlagen kennen. Arbeitsverfahren beim Reinigen und Pflegen planen und ausführen. Ökologische und ökonomische Anforderungen beachten. Gasträume herrichten. Rechtsvorschriften einhalten. Gespräche mit Gästen führen.

(nach dem Bundesrahmenlehrplan)

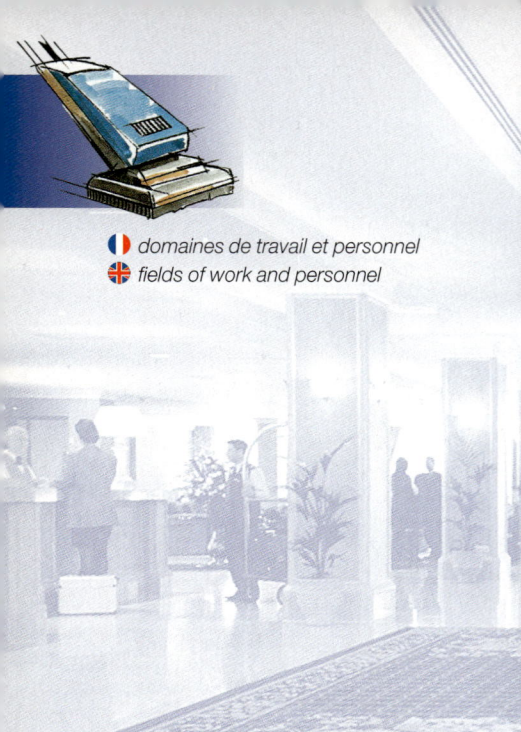

14 Arbeitsbereiche und Personal

🇫🇷 *domaines de travail et personnel*
🇬🇧 *fields of work and personnel*

Gäste betreten erwartungsvoll die Hotelhalle. Haus und Einrichtung machen einen sehr gepflegten Eindruck. Blumen und andere Dekorationen sagen schon ohne Worte, „hier ist der Gast willkommen". Die positiven Eindrücke setzen sich fort, nachdem die Gäste ihre Zimmer bezogen haben. Alles ist nicht nur angenehm gastfreundlich gestaltet, sondern auch gepflegt und sauber. Blumenschmuck, eine schriftliche Begrüßung, ein Präsent drücken es aus: Hier soll sich der Gast wohl fühlen. Der gute Eindruck verstärkt sich weiter als man das Badezimmer in Augenschein nimmt. Umsicht in der Ausstattung und strahlende Sauberkeit. Erste Eindrücke vermitteln uns Mitarbeiter in der Gastronomie, die selbst meist im Hintergrund wirken, die **Mitarbeiter im Wirtschaftsdienst**. Sie sind verantwortlich für das Wohlbefinden der Gäste in den Räumen, für Sauberkeit und Hygiene, natürlich auch in den Betriebsbereichen.

14.1 Arbeitsbereiche

Im **Wirtschaftsdienst** werden in den Bereichen **Bewirtung** und **Beherbergung**, mitunter auch in Küche und Magazin, Reinigungs- und Pflegearbeiten fachgerecht und rationell durchgeführt. Dazu gehören auch das Herrichten der GastrRäume und der Gästezimmer. Besonders die Einhaltung ökologischer und ökonomischer Grundsätze ist dabei für Betrieb und Gäste gleichermaßen wichtig.

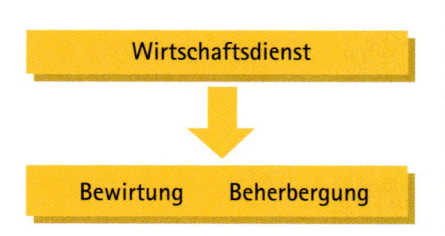

Personal im Wirtschaftsdienst

Zum Wirtschaftsdienst können alle gastronomischen Fachkräfte herangezogen werden. In größeren Betrieben steht dafür ausgebildetes Fachpersonal zur Verfügung.

Der Wirtschaftsdienst hat besonderen Einfluss auf das Wohlbefinden der Gäste, auf die Einhaltung hygienischer Grundsätze und letztlich auf eine erfolgreiche Betriebsentwicklung. Geschulte Mitarbeiter können den Anforderungen des Arbeitsbereiches gerecht werden.

Wirtschaftsdienst
↓
Bewirtung   Beherbergung

14.2 Hausdamenabteilung

🇫🇷 *service des étages*
🇬🇧 *housekeeping*

Erste Hausdame	🇫🇷 *gouvernante*	🇬🇧 *housekeeper*	
Garderobiere	Etagenhausdame	Wäschebeschließerin	Gärtner/-in
	Zimmermädchen	Wäscherin	Masseur/-in
	Putzkraft	Büglerin, Näherin	Bademeister/-in

204

Beschäftigung von Fremdfirmen

> Für die gesamte Planung, Durchführung und Kontrolle der Reinigung und der Pflege in einem Beherbergungsbetrieb ist die Hausdamenabteilung zuständig.

Die erste Hausdame ist für die Haushaltsführung eines Gastgewerbebetriebes als Abteilungsleiterin verantwortlich. In größeren Betrieben wird ihr eine Assistentin zur Seite gestellt.
Die Außenanlagen eines Hotels sind meist der technischen Abteilung unterstellt. Aus betriebswirtschaftlichen und personellen Gründen werden dafür zunehmend Fremdfirmen eingesetzt.

14.3 Beschäftigung von Fremdfirmen

🔵 *emploi d'entreprises extérieures*
🔵 *outsourcing*

Planung/Organisation:
   Warenbestandsführung
   Arbeitsmitteleinsatz
   Reinigungspläne

Personaleinsatz/Personalführung:
   Personalbedarf
   Leistungsbewertung

Arbeitsdurchführung:
   Überwachung von Arbeitsabläufen, von Zeit- und Qualitätsmerkmalen
   Erstellung und Auswertung von Checklisten

Kontrolltätigkeit:
   Zustandskartei
   Instandsetzung
   Wäschebestand
   Warenverbrauch

Gästebetreuung:
   Erfüllung von Sonderwünschen
   VIP-Gästebetreuung
   Reklamationsbearbeitung

In der Gastronomie ist es wie auch in anderen Wirtschaftsgebieten üblich, Wirtschaftsteile aus dem Betrieb herauszulösen und extern arbeitenden, selbstständigen Firmen zu übertragen. Dafür gibt es unterschiedliche Begründungen:
- betriebswirtschaftliche Überlegungen (Wettbewerbsdruck)
- qualitative Ziele
- soziale Gesichtspunkte

> Unter **Outsourcing** sind das Ausgliedern von Betriebsabteilungen und die Übergabe der Arbeiten an selbstständige Spezialfirmen zu verstehen.

Beim Wirtschaftsdienst betrifft das insbesondere die Übertragung folgender Arbeitsbereiche an Fremdfirmen: Wäscherei, Reinigung und Pflege, Blumenpflege.

Vorteilhaft wird Outsourcing, wenn in Arbeitsbereichen sehr große Auslastungsschwankungen auftreten, wie beispielsweise bei Gartenarbeiten im Sommer, bei saisonalen Belegungsschwankungen usw.

Die Übertragung der **Wäschepflege** (Hotel- und Tischwäsche) an eine Wäscherei kann kostengünstiger sein. Dabei müssen Lieferfristen und Preisangebote der Wäscherei beachtet werden. Für Gäste sollte es im Haus täglich möglich sein, persönliche Kleidung zum Waschen oder Bügeln zu geben.
Im **Hausdamenbereich** werden im zunehmenden Maße für die Reinigung von Hotelzimmern, Galträumen und Nebenräumen Fremdfirmen eingesetzt. Fremdbetriebe können nur bei Bedarf angefordert werden, was bei der schwankenden Auslastung der Hotelzimmer meist kostengünstiger ist.

Positiv: Personal besser planbar.
Negativ: Auf Gästewünsche kann nicht sofort reagiert werden.

Die **Zimmerendkontrolle** übernimmt die Hausdame gemeinsam mit dem Verantwortlichen der Fremdfirma, um gegebenenfalls Mängel zu beheben.

Fremdfirmen bieten auch den Einsatz von **Ziergärtnern** an, die die Grünpflanzenpflege fachgerecht (Gießen, Düngen, Verschneiden u.a.) vornehmen.

Synergien durch vernetzte Dienstleistungen

Redus Service:
Facility-Management
Catering

Wir sind ein großes deutsches Dienstleistungsunternehmen und suchen ab sofort für unser Objekt in Hamburg zuverlässige

Reinigungskräfte

in Teilzeitbeschäftigung.
Ihre Arbeitszeit: Mo bis Fr von 19.00–24.00 Uhr.
Wenn Sie Interesse haben, melden Sie sich bitte in unserer Niederlassung unter
Tel (040) ....

Die Redus Gruppe
P. Redus GmbH
Niederlassung Hamburg
Königstraße 6, 28740 Hamburg

Redus Service

---

1 Untersuchen Sie, welches Personal in Ihrem Ausbildungsbetrieb für die in der Übersicht genannten Wirtschaftsbereiche verantwortlich ist.
2 Schildern Sie eigene Erlebnisse mit dem Wirtschaftsdienst nach einem Hotelaufenthalt oder einer Hotelbesichtigung.
3 Begründen Sie, dass der Wirtschaftsdienst einen bedeutenden Einfluss auf das Ansehen des Betriebes und damit auf eine positive Betriebsentwicklung hat.
4 Führen Sie eine Pro- und Kontra-Diskussion über die Vor- und Nachteile von Outsourcing. Bringen Sie möglichst Erfahrungen aus Ihrem Ausbildungsbetrieb ein.

15 Werkstoffe in der Gastronomie

( ) *matériaux en gastronomie*
🇬🇧 *materials for gastronomics usage*

Werkstoffe für die Gastronomie

Metallische Werkstoffe	
Eisen	**Nichteisenmetalle**
z.B. Edelstahl	z.B. Silber

Nichtmetallische Werkstoffe	
Natürliche	**Synthetische**
z.B. Holz	z.B. Kunststoffe

Der Gastronom muss die in seinem Arbeitsbereich eingesetzten Werkstoffe kennen, um angebotene oder verfügbare Gebrauchsgegenstände zum fachgerechten Einsatz **auszuwählen**, zu **reinigen** und zu **pflegen**.

> Als Werkstoffe bezeichnet man **Rohstoffe** und **Halbfertigerzeugnisse**, die zur Herstellung von Fertigwaren, wie beispielsweise von Gebrauchsgegenständen in der Gastronomie, dienen.

Während früher vorwiegend **natürliche Werkstoffe** verwendet wurden, setzt man heute zunehmend **künstlich veredelte und synthetische Werkstoffe** ein, deren Eigenschaften für die Verwendung *maßgeschneidert* sind.

15.1 Metallische Werkstoffe

( ) *matériaux métalliques*
🇬🇧 *metal materials*

Metalle werden aus Erzen oder natürlichen Metallverbindungen gewonnen.

> Typische Metalleigenschaften sind metallischer Glanz, Leitfähigkeit gegenüber Wärme und Elektrizität sowie gute Formbarkeit.

Eisenmetalle

Größte Bedeutung haben die Eisenmetalle, da sie preiswert und leicht zu verarbeiten sind. Durch Wärmebehandlung und durch Veredelung können unterschiedliche Eigenschaften erzielt werden.

Werkstoff	Herstellung	Eigenschaften	Verwendung
Schmiedeeisen ( ) *fer forgé* 🇬🇧 *wrought iron*	Durch Schmieden geformt, auch dünn formbar	Geschwärzte glatte Oberfläche, biegbar	Gitter, Grillspieße, Ziergegenstände
Gusseisen ( ) *fonte* 🇬🇧 *cast iron*	Vielfältige Formen durch Gießen Legierung mit 3% Kohlenstoff, materialintensiv	Geschwärzte raue Oberfläche, wärmespeichernd, spröde, graue Bruchstellen, schwer	Herdplatten, Pfannen, Bräter, Schmortöpfe
Stahl ( ) *acier* 🇬🇧 *steel*	Aus Roheisen durch Kohlenstoffentzug (1,7%), gehärtet	Blank, abriebfest, hart, korrosionsanfällig (Rost)	Schneidwerkzeuge
Stahlblech ( ) *tôle d'acier* 🇬🇧 *steel plate*	Gewalzter Stahl, geringe Wanddicke, meist Oberflächenveredelung durch **Email:** Stahlemail **Zinn:** Weißblech **Oxid:** Schwarzblech **Kunststoff:** Antihaft-Beschichtung	Leicht, Oberflächenschutz gegen Rost durch Beschichtung glatt, farbig gestaltbar, stoßempfindlich hell, verformbar, nicht kratzfest dunkel, relativ kratzfest zum Backen und Braten	 Herde, Töpfe, Werkzeuge Backformen, Werkzeuge Backformen Pfannen, Töpfe, Backformen
Edelstahl ( ) *acier fin (inoxydable)* 🇬🇧 *fine steel (stainless)*	Stahllegierung mit Chrom und Nickel sowie Mangan	Silbergrau, glänzend, glatt, nichtrostend, beständig gegenüber Säuren und Laugen, pflegeleicht, relativ schlechter Wärmeleiter	Gar- und Anrichtegeschirr, Werkzeug, Arbeitsflächen, Besteck

Metallische Werkstoffe

Nichteisenmetalle

Nichteisenmetalle, auch als **Buntmetalle** bezeichnet, haben gegenüber Eisenmetallen eine größere Korrosionsbeständigkeit, sind jedoch meist auch teurer. Sie werden in der Gastronomie vielfältig eingesetzt. Bei gehobenen Ansprüchen werden sogar Silber, Zinn und Gold als Werkstoffe verwendet.

Legierungen sind durch Zusammenschmelzen unterschiedlicher Metalle entstandene erstarrte Lösungen mit neuen Eigenschaften. Sie können z. B. härter, fester oder leichter schmelzbar als die Ausgangswerkstoffe sein.

Amanda besitzt eine Halskette von 18 Karat Gold. Sie will wissen, was diese 18 Karat bedeuten.
Das Armband stellt eine Metalllegierung dar. Der Anteil an Feingold wird auf 1000 Teile bezogen oder in Karat angegeben. 100% Feingold entsprechen 24 Karat. Demzufolge entsprechen 18 Karat einem Feingoldgehalt von 75%. Auf 1000 bezogen wären das 750 Teile. Amanda hat eine Halskette aus 750er-Gold oder von 18 Karat.

Werkstoff	Herstellung	Eigenschaften/Verwendung
Gold 🇫🇷 or 🇬🇧 gold	Meist gediegen vorkommendes Edelmetall (Berg-, Waschgold) **Legierungen: Weißgold:** Gold mit Silber und Nickel **Rotgold:** Gold mit Kupfer	Gelb bis silbrig glänzend, beste Leitfähigkeit für Wärme und Elektrizität, sehr weich **Verwendung:** Überwiegend als Überzug für Gebrauchsgegenstände, Zierrat
Silber 🇫🇷 argent 🇬🇧 silver	Aus Silbererzen chemisch und elektrolytisch gewonnenes Edelmetall Legierungen mit Kupfer sind üblich	Silberweiß, matt oder glänzend, weich, schmelz- und gut formbar, beständig gegenüber Säuren und Laugen; mit Schwefel (aus der Luft) entsteht schwarzes Silbersulfid (**Anlaufen**) **Verwendung:** Bestecke, Geschirr, Schmuck, Zierrat
Kupfer 🇫🇷 cuivre 🇬🇧 copper	Durch Elektrolyse von Kupfererz gewonnenes Schwermetall	Rötlich, glänzend, guter Wärmeleiter; bildet mit Säuren giftige Salze, z.B. mit Essigsäure **Kupferacetat** **Verwendung:** Pfannen, Töpfe (innen verzinnt oder versilbert). Reine Kupfergefäße werden nur zum Zucker kochen verwendet; Zierrat
	Legierungen: **Messing:** Kupfer mit Zink **Bronze:** Kupfer mit Zinn (bis 94% Kupfer) **Rotguss:** Kupfer mit Zinn und Zink (bis 85% Kupfer) **Neusilber (Alpaka):** Kupfer mit Zink und Nickel	Gelblich, hoher Glanz, läuft leicht an Chemisch widerstandsfähig, Zierrat Rötlich, zäh, hart Silberglänzend, Besteck
Aluminium 🇫🇷 aluminium 🇬🇧 aluminum	Aus Bauxit durch Schmelzelektrolyse gewonnenes Leichtmetall, zahlreiche Legierungen **Eloxiert:** Schutzschicht durch elektrolytische Oxidation verstärkt; auch eingefärbt	Silberweiß bis grau, matt bis glänzend, leicht, gute Wärmeleitfähigkeit, bildet äußere Schutzschicht, beult leicht **Verwendung:** Arbeitsmittel, Geschirr aller Art, Folie
Chrom 🇫🇷 chrome 🇬🇧 chrome	Aus chromhaltigem Erz, thermisch gewonnen; durch Tauchen dünne Schichten	Silbrig glänzend, beständig gegenüber Luft und Wasser **Verwendung:** Armaturen, Platzteller, Zierrat
Zinn 🇫🇷 étain 🇬🇧 pewter	Aus Zinnerz durch Reduktion mit Koks gewonnen	Weich, silberweiß, beständig gegenüber Luft und Wasser **Verwendung:** Überziehen von Weißblech (Verzinnen)

Werkstoffe in der Gastronomie

15.2 Nichtmetallische Werkstoffe
🇫🇷 matériaux non-métalliques
🇬🇧 non metal materials

Natürliche nichtmetallische Werkstoffe

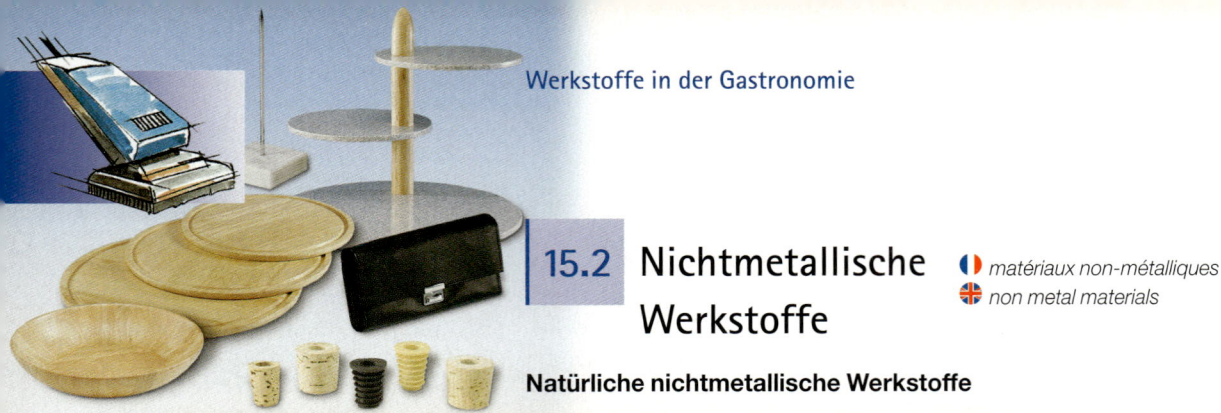

Werkstoff	Herstellung	Eigenschaften/Verwendung
Holz 🇫🇷 bois 🇬🇧 wood	Organischer Werkstoff aus Cellulose-Fasern Einteilung nach der Härte: **Weichholz:** Kiefer, Fichte **Hartholz:** Eiche, Buche Rohholz kann durch Oberflächenbehandlung geschützt werden	Wasser wird abgegeben oder aufgenommen Holz „arbeitet": Es verändert Form und Farbe porig, brennbar, schalldämmend, wird als warm empfunden **Verwendung:** Möbel, Betten, Wandverkleidungen, Fußböden, Türen, Holzteller, usw.
Kork 🇫🇷 liège 🇬🇧 cork	Oberflächenschutzschicht der Korkeiche Korkzellen enthalten Fett und sind mit Luft gefüllt	Leicht, verringerte Durchlässigkeit gegenüber Wasser und Gas temperatur- und schallhemmend **Verwendung:** Flaschenverschlüsse, Parkett
Leder 🇫🇷 cuir 🇬🇧 leather	Aus Tierhäuten, durch Gerben fest und haltbar gemacht Zu unterscheiden sind: Rau-, Wild-, Waschleder Nappa-, Glacé-, Saffian-, Lackleder	Zäh, derb bis fein, wasserdicht, atmungsaktiv, nicht kratzfest, wird bei Belastung „speckig" **Verwendung:** Bekleidung, Schuhe, Fasern, Polstermöbel, Fensterleder, Handschuhe
Stein 🇫🇷 pierre 🇬🇧 stone	**Marmor** kleinkristallines Kalkgestein **Granit** vulkanischen Ursprungs zu Platten und Fliesen verarbeitet	Fest und hart, natürliche Maserungen, wasserabweisend **Verwendung:** Boden- und Wandbeläge, Arbeitsflächen

Naturfasern (→ 225)

*Sven weiß, den Werkstoff für **Wein- und Sektkorken** liefern Korkeichen, die in Portugal, Spanien, Sizilien, Südfrankreich und Nordafrika wachsen. Nach etwa 10 Jahren kann der erste Kork geerntet werden. Weitere Ernten folgen in Abständen von 6–8 Jahren. Die Ertragsfähigkeit der Bäume reicht bis 200 Jahre. Der beste Kork kommt von 50- bis 100-jährigen Bäumen.*
*Kork ist auf dem Weltmarkt wertvoll geworden. Deshalb ersetzen Produzenten bei Standardqualitäten die Korken zunehmend durch andere Flaschenverschlüsse. Dennoch erwarten die Gäste bei hervorragendem Wein oder Sekt Korkverschlüsse, die zusätzlich durch entsprechenden **Korkbrand** gekennzeichnet sind.*

Synthetische nichtmetallische Werkstoffe

Dazu gehören in der Gastronomie die *keramischen Werkstoffe* **Ton, Steingut, Porzellan** sowie **Kunststoffe**.

Keramische Werkstoffe sind nichtmetallische, **anorganische Mineralstoffe**. Es handelt sich dabei um zu Pulver vermahlene Mineralien, wie Tonerde, Quarz und Feldspat, die nach dem Formen gebrannt werden.

Ton
🇫🇷 argile
🇬🇧 clay

Ton ist das Verwitterungsprodukt verschiedener Silikate aus Sedimentgestein. Nach dem Formen werden Tongefäße bei 900–1000 °C gebrannt. Sie sind porös, bruchempfindlich und wasserdurchlässig. Durch Glasieren kann eine Wasserundurchlässigkeit erreicht werden.
Verwendung: Herstellung von Römer- und Blumentöpfen sowie Fliesen.

Steingut
🇫🇷 faïence
🇬🇧 stoneware

Steingut besteht aus Mineralpulver von Ton, Feldspat und Quarz und wird bei 1200 °C gebrannt. Durch Dichtbrennen wird Steingut hart, wasserundurchlässig, bleibt aber empfindlich gegen Stoß, Druck oder Kratzen.
Verwendung: rustikales Tafelgeschirr, insbesondere Krüge.

Nichtmetallische Werkstoffe

Porzellan

🇫🇷 porcelaine
🇬🇧 porcelain

Die Porzellanherstellung war in **China** bereits im 7. Jahrhundert bekannt.
Das europäische Porzellan erfand Johann Friedrich Böttger 1709 während seiner vergeblichen Versuche, Gold herzustellen. Die Gründung der ersten Porzellanmanufaktur auf der Albrechtsburg im sächsischen Meißen gab drei Jahre später König August der Starke weltweit bekannt. Seit dieser Zeit gilt Meißner Porzellan, gekennzeichnet durch die blauen Schwerter, als das „weißes Gold".

> Porzellanmasse – bestehend aus reinem Ton (**Kaolin**: chinesisch Kao-ling = weiß brennend), **Quarz** und **Feldspat** – wird geformt, getrocknet, mehrfach gebrannt, glasiert und dekoriert. Porzellan ist weiß, hart glänzend, dünnwandig durchscheinend, kann aber beispielsweise auch als Gaststättenporzellan dickwandiger hergestellt werden. Zu unterscheiden sind Porzellane nach der Härte, nach der Glasur und nach der Hitzebeständigkeit.

Rohstoffe: Kaolin (25%) gibt dem Werkstoff die Formbarkeit, Quarz (25%) die Festigkeit und Feldspat (25%) die Dichte. **Härte** und **Hitzebeständigkeit** werden durch Rohstoffanteile und Herstellungsverfahren beeinflusst.

Herstellung: Die Porzellanmasse wird geformt, getrocknet und dann das erste Mal gebrannt. Nach dem so genannten **Glühbrand** (900–1000 °C) liegt der Porzellanscherben fest, aber noch porös vor. Die poröse Struktur nimmt die Glasur gut auf. Die Glasur enthält außer den Bestandteilen der Porzellanmasse zusätzlich Flussmittel. Beim zweiten Brand, dem **Glattbrand** (bis 1500 °C), verringert sich die Größe um ⅙. Die Porzellanbestandteile sintern zu einem Stoff zusammen. Das Porzellan ist nun glatt, weiß und durchscheinend.

Drei Arten der **Dekoration** sind üblich.
Unterglasurdekor wird auf den ungebrannten oder den gebrannten Scherben aufgebracht. Dabei können nur hitzebeständige Farben (Gold-, Chrom- und Kobaltfarben) verwendet werden. Anschließend wird glasiert und gebrannt.
Inglasurdekor wird auf die ungebrannte oder die schon einmal gebrannte Glasur aufgebracht. Anschließend wird nochmals gebrannt. Beim **Schmelzbrand** (über 1000 °C) gehen die Dekorfarben in die erneut geschmolzene Glasur ein. Das Porzellan wird abwaschfest, sogar spülmaschinenfest.
Aufglasurdekor wird auf die gebrannte Glasur aufgebracht und bei geringerer Hitze (bis 850 °C) eingebrannt. Da das Dekor nicht durch Glasur geschützt wird, ist es zwar abwaschfest, jedoch empfindlich gegenüber scharfen Spülmittel und Wasserdampf, also nicht spülmaschinenfest.

Verwendung: Geschirr, Vasen, Kunstgegenstände usw. Für die Gastronomie vorzugsweise Hartporzellan und feuerfestes, spülmaschinenfestes Porzellan. Hochwertiges, meist auch empfindlicheres Porzellan bleibt besonderen Anlässen vorbehalten.

Als **Bedarfsgegenstände** eignen sich nur keramische Gegenstände, die frei von bleihaltigen Glasuren sind. Angeschlagenes oder rissiges Geschirr ist aus hygienischen, aber auch aus ästhetischen Gründen auszusondern.

Feuerfestes, spülmaschinenfestes Serviergeschirr: Dicht gebrannte Keramik, zum Erhitzen geeignet. Dazu zählen Butter-, Schmalz-, Pastetennäpfchen, Muschelschalen, Eier-, Schneckenpfannen und Suppentöpfchen. Reinigen mit Scheuermilch, Edelstahl- oder Vliespads.

Formen

Glasieren

Dekorieren

1 Für die Renovierung eines Ölgemäldes in der Hotelhalle wird Blattgold verwendet. Es werden 6 Hefte Rotgold zu je 12,85 € netto benötigt. Welchen Bruttopreis hat das aufgebrachte Blattgold?

2 Ein Silberlöffel mit dem Stempel 800 hat ein Gewicht von 108 g. Wie viel reines Silber enthält der Löffel?
Ermitteln Sie den Materialwert des Silbers, wenn 1 g Silber im Handel mit 4,25 € angeboten wird.

3 Beim Geschirreinkauf wurden laut Rechnung 2320 € bezahlt. Dabei wurde die Möglichkeit genutzt, 3% Skonto abzuziehen. Wie hoch ist die Ersparnis durch den Skontoabzug?

Werkstoffe in der Gastronomie

Glas
🇫🇷 *verre*
🇬🇧 *glass*

Die Glasherstellung kommt aus Ägypten und Phönizien. In Europa wurden Gläser aus Venedig berühmt. Im Spätmittelalter waren die Glashütten in Böhmen und Thüringen führend.

Als Glas werden **Stoffschmelzen** aus Sand, Kalk und Flussmittel bezeichnet, die beim Abkühlen ohne Kristallbildung (amorph) erstarren. Die Formgebung erfolgt durch Mundblasen, Pressen, Ziehen, Gießen u.a. bei 1100–1200 °C. Anschließend wird abgekühlt und veredelt. Gläser sind luftundurchlässig und spröde.
Man unterscheidet Glas nach Härte, Glasur und Hitzebeständigkeit.

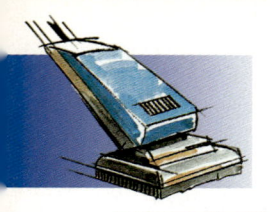

Glas in der Gastronomie

Glasbestandteile: Sand (Quarzsand), **Kalk** (Marmor- oder Kreidepulver), **Flussmittel:** Soda (Natron), Pottasche, Bleioxid.
Die besonderen Glasbestandteile bestimmen die **Gebrauchseigenschaften:**

Glasart	Besondere Zusätze	Verwendung
Natronglas	Soda	Flaschen
Kaliglas	Pottasche	Wirteglas, Fensterscheiben
Bleikristallglas	Bleimenige, Pottasche	Geschliffenes Glas, (Trinkgläser, Vasen u.a.)
Borosilikatglas	Boroxid, Bariumoxid	Feuerfestes Glas

Kunststoffe
🇫🇷 *matière plastique*
🇬🇧 *plastics*

Kunststoffe sind technisch erzeugte **organische Werkstoffe**, die aus großen Molekülen (Makromolekülen) aufgebaut sind. Sie werden entweder durch Abwandlung von hochmolekularen Naturstoffen (Cellulose) oder vollsynthetisch aus kleinen Molekülen (Monomeren) aufgebaut, wobei **Erdöl**, **Erdgas** oder **Kohle** als Ausgangsstoffe dienen.

Einteilung

Polymerisate
Gleichartige Einzelmoleküle durch Aufspaltung von Doppelbindungen aneinander gefügt, ohne Nebenprodukte

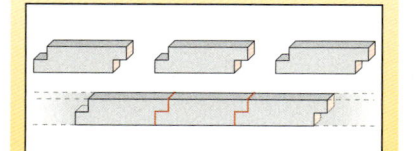

Polyäthylen, Polyvinylchlorid (PVC), Polystyrol, Polytetrafluoräthylen

Polykondensate
Einzelmoleküle unter Abspaltung von Nebenprodukten, z.B. Wasser, Alkohol, aneinander gefügt

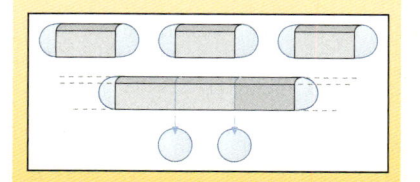

Polyamid, Polyester (→ 226), Phenoplaste, Silikone

Polyaddukte
Einzelmoleküle unter Wanderung eines Wasserstoffatoms zusammengefügt, ohne Nebenprodukte

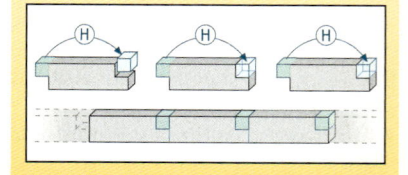

Polyurethan

Nichtmetallische Werkstoffe

Wichtige Kunststoffe

Für **Bedarfsgegenstände** im Sinne des Lebensmittelgesetzes dürfen nur Kunststoffe verwendet werden, die gesundheitlich unbedenklich sind. Das betrifft u.a. die Verwendung von Farbstoffen und Weichmachern.

Allgemein zeichnen sich Kunststoffe durch glatte und dichte Oberfläche, Korrosionsbeständigkeit, geringes Gewicht sowie geringe elektrische Leitfähigkeit aus. Sie sind **geruchs- und geschmacksneutral** und gegenüber Licht, Wasser, lebensmittelüblichen Säure- und Baseneinwirkungen beständig. Bei fachgerechter Behandlung sind viele Kunststoffe nahezu unzerbrechlich. Mitunter sind sie empfindlich gegenüber Hitze, Schneiden und Kratzen.

Verglichen mit anderen Werkstoffen sind Kunststoffe preiswert. Sie lassen sich einfach reinigen und pflegen, weshalb sie herkömmliche Werkstoffe wie Holz oder Metall verdrängen.

Thermoplaste: einzelne fadenförmige Moleküle

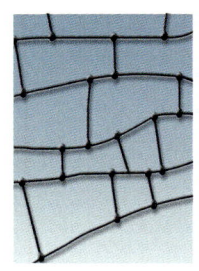

Duroplaste: vernetzte Moleküle

Kunststoffart	Eigenschaften	Verwendung
Thermoplaste	Nicht temperaturbeständig, einfache Verarbeitung nach dem Spritzguss-, dem Strangpressverfahren oder zu Folien. Bei starker Wärmeeinwirkung wiederholt verformbar	
Polyäthylen (PE)	Leicht, zäh, kälteunempfindlich, unzerbrechlich, widerstandsfähig gegen chemische Einflüsse, ernährungsphysiologisch unbedenklich, wasserdampfundurchlässig, nicht schnittfest, verbrennt zu Kohlendioxid und Wasser **ohne Giftstoffe**	Behältnisse aller Art, auch für Lebensmittel: Eimer, Schüsseln, Flaschen, Tragetaschen, Transportverpackungen, Abfallbehälter, Lebensmittelfolien
Polyvinylchlorid (PVC)	Hart; durch Zusatz von Weichmachern entsteht elastische, weiche bis lederartige Struktur. Verschweißbar, verrottet nicht, schwer entflammbar. Vorsicht: Beim Verbrennen entstehen **giftige Chlorgase**	**Hart:** Verkleidungen, Fenster- und Türrahmen, Rohre, Rollläden, Flaschen. **Mit Weichmachern:** Folien, Schläuche, Tischdecken, Vorhänge, Fußbodenbeläge
Polystyrol (PS)	Preiswert, glasklar, einfärbbar, hart, spröde, zerbrechlich, nicht hitzebeständig. Geschäumt: Treibmittel führt zur Gasbildung bzw. zum Aufschäumen, porig, voluminös, leicht. Gehärtet: Zusatz von Härtemitteln, schwer zerbrechlich, kratzfest, bieg-, schlag- und stoßfest	Dosen, Becher, Flaschen. Für Wärme- und Schallisolierung, Verpackung Ess- und Anrichtegefäße, Gehäuse von Elektrogeräten
Polytetrafluoräthylen (PTFE)	Teuer, beständig gegenüber chemischen Einflüssen und Temperaturen bis 300°C, nicht abrieb- und druckfest, nicht anhaftend	Beschichtung von Pfannen, Töpfen, Backformen, Bügeleisen
Duroplaste	Sehr hart, formstabil, temperaturbeständig. Nach erster Formgebung unverformbar	
Phenoplaste (Bakelit oder Aminoplast)	Hart, kratzfest, schlagfest, nicht lichtfest	Gehäuse für Küchenmaschinen, Möbel, Isolierstoffe für Elektroanlagen
Silikone	Unterschiedliche Strukturen: fest, flüssig. Elastisch als Silikonöle, Silikonfette, Silikonkautschuk und Silikonharze, wasserabstoßend, unempfindlich gegen Temperaturschwankungen	Imprägniermittel, Poliermittel, Salbengrundlage, elektrische Isolationen
Elastomere	Kunststoffe mit gummielastischen Eigenschaften.	
Polyurethan (PUR)	Weich- bis hartelastisch, verschäumbar	Textilien (→ Textilfasern 226). Kleber für Metalle und Kunststoffe, Schwämme, Moltopren-Matratzen, Verpackungen, Gartenmöbel, Isolierungen

🇫🇷 produits de nettoyage, produits d'entretien, désinfectant
🇬🇧 cleaning agents, preservative agents, disinfectant

16 Reinigungsmittel, Pflegemittel, Desinfektionsmittel

Eine **Fachkraft im Wirtschaftsdienst** soll für Reinigung und Pflege aus der Palette der im Handel angebotenen und im Arbeitsbereich vorhandenen Mittel die geeigneten auswählen und richtig anwenden können. Die Auswahl soll sich gleichermaßen nach den besonderen Anforderungen des Gastronomiebetriebes richten.

> **Reinigen** ist das Entfernen von Verunreinigungen, insbesondere von sichtbarem Schmutz, Flecken und Verfärbungen. Der Mikrobenbefall wird dabei vermindert.
> Beispiel: Staub wischen
>
> **Pflegen** ist das Behandeln zum Schutz vor mechanischen oder chemischen Veränderungen und für ein besseres Aussehen.
> Beispiel: Möbel polieren
>
> **Desinfizieren** ist das Abtöten von Mikroorganismen auf chemischem Wege.
> Beispiel: Badezimmerreinigung, Handreinigung in der Küche

🇫🇷 effects des salissures
🇬🇧 effects of dirt

16.1 Schmutzwirkungen

Schmutz kann durch unterschiedliche Substanzen, beispielsweise durch **Lebensmittelreste**, **Fette** oder **Staub**, entstehen. Schmutz enthält **Mikroben**, die durch die Reinigung teils mit entfernt werden.

Schmutzart	Beispiele	Reinigungsverfahren
Loser Schmutz	Papierschnitzel	Saugen
	Zigarettenkippen	Kehren
	Staub	Staub wischen
Haftender Schmutz	Eingebrannter Schmutz	Abkratzen, nass abwischen, trocknen oder polieren
	Eingetrockneter Schmutz	Einweichen, waschen, trocknen oder polieren
	Klebstoffe	Mit Lösungsmittel behandeln

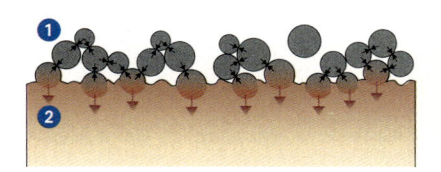

Haftende Schmutzteilchen
❶ **Kohäsion:** Kraft, die Schmutzteilchen zusammenhält.
❷ **Adhäsion:** Kraft, mit der Schmutz am Lebensmittel oder Bedarfsgegenstand festgehalten wird.

Als **Flecken** werden örtlich begrenzte, besonders konzentriert auftretende Verunreinigungen bezeichnet.

Verfärbungen sind Farbabweichungen meist in Textilien, die durch falsche Verfahrensführung beim Waschen (falsche Farbsortierung, zu hohe Waschtemperatur) oder durch Alterungsvorgänge entstehen.

16.2 Reinigungs- und Pflegemittel

produits de nettoyage et d'entretien
cleansing and preservating agents

Reinigungsmittel lösen und **entfernen** sichtbaren **Schmutz**. Sie werden nach dem Lösungsmittelanteil unterschieden und haben mitunter ein breites Einsatzgebiet. Sie können meist in unterschiedlichen Bereichen des Gastgewerbebetriebes eingesetzt werden.

Pflegemittel verleihen Oberflächen unterschiedlicher Materialien – wie Holz, Metall, Kunststoff, Glas, Leder – **Glanz** und eine **schmutzabweisende Oberfläche**.

Unterschiedliche Wirkungen von Reinigungs- und Pflegemitteln

Reinigungsmittel	Pflegemittel

Schmutzentfernung
  Oberflächenwirkung
  (Glas, Fliesen, Metall)
 	
  Tiefenwirkung
  (Holz)
	Verbesserung des Aussehens
	(Fett, Wachs, Politur)
	
	Verzögerung der Wiederverschmutzung
	(Politur, Glanzmittel)
	
	Erhöhung des Gebrauchswertes
	(Lederpflege, Holzversiegelung)
	
	Werterhaltung
	(verlängerte Lebensdauer, geringere Abnutzung)

Umweltfreundlicher Einsatz der Reinigungs- und Pflegemittel ist oberstes Gebot. Die Werbung von Reinigungs- und Pflegemitteln ist kritisch auf den Wahrheitsgehalt zu prüfen.

Arten der Reinigungsmittel

Mechanisch wirkend	Chemisch wirkend	Mechanisch-chemisch wirkend
Entfernen von Schmutz durch Krafteinwirkung	Lösen von Schmutz, dabei mögliches Auftragen eines Schutzfilmes	Kombination von Krafteinwirkung und chemischem Schmutz lösen Gleichzeitiges Lösen einer alten und Auftragen einer neuen Schutzschicht
Gesichtspunkte für den Einsatz	**Gesichtspunkte für den Einsatz**	**Gesichtspunkte für den Einsatz**
Umweltverträglichkeit Körperfreundlichkeit	Vielseitige Verwendbarkeit geringe Kosten	Gute Reinigungswirkung Hohe Ergiebigkeit

Mechanisch wirkende Reinigungsmittel

Arten	Anwendung

Scheuermittel
  Edelstahlkratzer
  Bimsstein
  Pads (hart mit Vlies oder Stahlwolle)
  Scheuerpulver (Scheuersand)
	Töpfe, Bügeleisen, glasierte Fliesen, Kunststoffflächen

Poliermittel
  Schlämmkreide
  weiche Pads
  Marmormehl
	Kunstharzbeschichtete Flächen, Marmor, Rohholzoberflächen

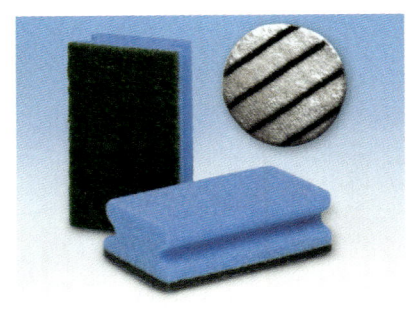

Sortiment von mechanischen Reinigungsmitteln

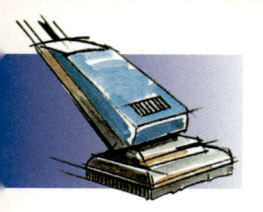

Reinigungsmittel, Pflegemittel, Desinfektionsmittel

Thomas will wissen, was man unter dem pH-Wert versteht.

pH ist die Abkürzung vom Lateinischen pontia hydrogenii = „Stärke des Wasserstoffs". Unter pH versteht man die Wasserstoffionen-Konzentration, das heisst die Menge an Wasserstoffionen (positiv geladene H-Atome). Sie ist der Maßstab für die saure, neutrale oder alkalische Reaktion einer Lösung.

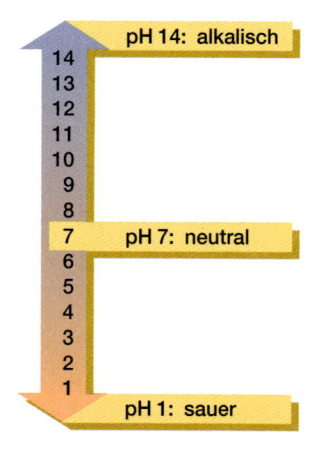

pH 14: alkalisch
pH 7: neutral
pH 1: sauer

Sandra ist die Bezeichnung Pads unbekannt.

Pads sind Reinigungskissen. Sie bestehen beispielsweise aus Stahlwolle, mit Vlies ummantelt und mit Reinigungsmittel verseift.

Chemisch wirkende Reinigungsmittel

Diese Reinigungsmittel sind nach dem pH-Wert zu unterscheiden.

Wirkung	Arten	Anwendung
Neutral pH 7	Wischpflegemittel, Allzweckreiniger Neutralseifen, Glasreiniger	Bodenbeläge, PVC, Steinböden, Keramikfliesen, wasserbeständige Oberflächen, Fenster
Alkalisch über pH 7	Schmierseife, Salmiakgeist Rohrreiniger, Sanitärreiniger	Textilbeläge (außer Wolle), Glas, Abflussrohre
Sauer unter pH 7	Zitronensäure, Essigsäure Sanitärreiniger, Silbertauchbad	Obstflecken, Glas WC, Bidet, Silberbesteck

Mechanisch-chemisch wirkende Reinigungsmittel

Arten	Anwendung
Pads mit verseifter Stahlwolle	Türen, Türrahmen mit starker Verschmutzung
Flüssiges Scheuerpulver mit Marmormehl + Vlies-Pads	Vergilbte Fliesen, Arbeitsflächen
Bleichendes Scheuerpulver mit Bimsstein + Viskoseschwamm	Fugen, Fliesen aus Keramik
Allzweckreiniger + Viskoseschwamm + Vlies-Pads	Wannen, Duschbäder

Im **Beherbergungs- und Bewirtungsbereich** werden Reinigungs- und Pflegemittel auf Seifenbasis, Allzweckreiniger, Spiritusglasreiniger, Teppichtrockenreiniger, Fleckenpumpsprays, Antistatika für Kunststoffoberflächen und Textilbeläge eingesetzt.

Der hygienische Eindruck der **Sanitärräume** soll durch Frische und Duft verstärkt werden. Eingesetzt werden Reinigungsmittel mit desodorierender, keimreduzierender Wirkung, Reinigungsmittel zur Entfernung mineralischer Verschmutzungen, von Seifenrückständen und Fett, Reinigungsmittel zum Entfernen von Wasserstein, Rost und Kalk, Spiritus-Glasreiniger und WC-Reiniger.

In der **Küche** sind Fett- und Metallreiniger üblich.

Waschmittel für die Textilreinigung → 228.

Reinigungsmittel nach Anwendungsbereichen

Grundreiniger	Unterhaltsreiniger	Kombinationsreiniger	Spezialmittel
Gegen festen Schmutz, der in größeren zeitlichen Abständen entfernt wird.	Für tägliche Anwendung bei Oberflächen und Böden	Reinigen und pflegen in einem Arbeitsgang (z.B. Wischpflegemittel)	Spezialreiniger, Desinfektionsreiniger

214

16.3 Handelsformen

16.3.1 Reinigungsmittel

Lösungsmittelfreie Reiniger
- Mit Scheuermitteln: in Pulverform oder als Scheuermilch; enthalten Quarzsand, Bimssteinmehl, Talkum, Magnesia o.ä.; zum Reinigen von Arbeitsflächen, Edelstahl und anderen kratzfesten Oberflächen
- Ohne Scheuermittel: bestehen hauptsächlich aus Tensiden und Wasser z.B. Neutral-, Universal-, Allzweckreiniger, Spülmittel
- Mit Seifen: aus natürlichen Tensiden ohne Scheuermittelanteile; Schmierseife wirkt stark alkalisch, kann Haut und Reinigungsgut angreifen; Neutralseife ist haut- und umweltverträglich
- Mit Desinfektionsmitteln: enthalten reinigende und desinfizierende Stoffe auf Alkoholbasis oder mit Essigsäure; geeignet für Küchen- und Sanitärbereich; können Mikroorganismen abtöten

Lösungsmittelhaltige Reiniger
Diese enthalten Wasser, Tenside und Lösungsmittel, z.B. Spezialreiniger für Fußbodenbeläge, Backofenreiniger, Spezial-Fensterreiniger, Reiniger für Metalle und den Sanitärbereich.
Sie werden immer mit Wasser angewandt; auf **Sicherheitshinweise** achten, da sich bei der Anwendung gesundheitsschädigende Dämpfe entwickeln können.

Lösungsmittelreiniger
Sie lassen sich nicht mit Wasser verdünnen und werden pur eingesetzt, z.B. Testbenzin, Aceton, Nagellackentferner, Fleckenwasser, Nitroverdünnung, Salmiakgeist, Terpentin, Tetrachlorkohlenstoff.
Alle lösungsmittellöslichen Verschmutzungen wie Öle, Fette, Harze, Lacke, Teer, Kleber werden entfernt. Lösungsmittelreiniger entwickeln gesundheitsschädigende Dämpfe – für ausreichende Lüftung während und nach der Anwendung sorgen!

16.3.2 Pflegemittel

Lösungsmittelfreie Pflegemittel
Selbstglanzemulsionen, Möbelpolituren, Lederpolituren: Pflegemittel, die wasserabweisende Wirkung und Glanz, mitunter auch antistatische Eigenschaften erzielen. Sie sparen das Nachpolieren.
Lederpflegemittel können die Lebensdauer des Leders erhöhen und wirken schmutz- und fleckenabweisend.
Silberputzwatte, Silberputztücher werden ausschließlich für die Silberpflege verwendet.
Stahlwollputzkissen: Damit werden Materialien in einem Arbeitsgang gereinigt und gepflegt.

Lösungsmittelhaltige Pflegemittel
bestehen z.B. aus Wachsen und Lösungsmittel, wie Bohnerwachs; bei Anwendung Lüftung gewährleisten, da das Lösungsmittel entweicht.

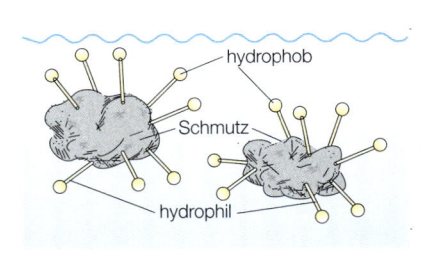

Was sind Tenside?
Tenside vermindern die Oberflächenspannung und lösen deshalb den Schmutz leichter. Sie werden aus natürlichen pflanzlichen und tierischen Ölen oder synthetisch aus Erdöl hergestellt.

Tenside haben
- wasserfreundliche (hydrophile) und
- wasserfeindliche (hydrophobe) Teile, die sich an Schmutz und Grenzflächen (z.B. Wasser, Luft) anlagern

ätzend   leicht entzündlich

1. Ein Fußbodenreinigungskonzentrat wird im 10-l-Kanister geliefert. Der Nettopreis beträgt 50 €. 25 ml des Konzentrats werden mit einem Eimer Wasser (8 l) verdünnt. Der Wasserpreis beträgt je m³ 2,50 €.
Berechnen Sie den Preis für einen Eimer Reinigungslösung (1 Eimer Reinigungslösung kostet 0,15 €).

2. Ein Hotel bestellt 200 l Allzweckreiniger-Hochkonzentrat für 1250,00 €. Die Lieferung beinhaltet außerdem 4 Dosierkannen für insgesamt 15 €.

2.1 Errechnen Sie die Menge Reinigungslösung in Litern, wenn 40 ml des Konzentrats mit 10 l Wasser verdünnt werden sollen.

2.2 Ermitteln Sie die Dauer in Tagen, für die die Lieferung reicht, wenn täglich 50 Eimer (zu je 8 l) verbraucht werden.

2.3 Errechnen Sie den Preis je Einsatz, wenn der Kubikmeter Wasser mit 2,50 € zu berechnen ist.

2.4 Ermitteln Sie die Kosten für die tägliche Reinigung, wenn die Dosierkannen als Verbrauchsmaterial jeweils neu bestellt werden müssen.

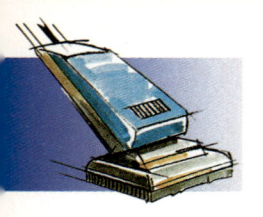

Reinigungsmittel, Pflegemittel, Desinfektionsmittel

🇫🇷 *desinfectants*
🇬🇧 *disinfetants*

Unterscheiden Sie:
baktizid:
Bakterien abtötend
fungizid:
Schimmelpilze abtötend
virusinaktivierend:
Virusausbrütung eindämmend

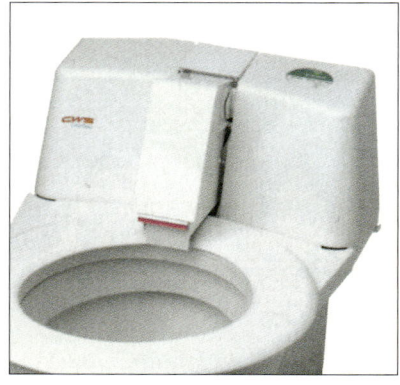

16.4 Desinfektionsmittel

Desinfektionsmittel sind Spezialmittel, die durch chemische Stoffe Mikroben inaktivieren. Die Wirksubstanzen können unterschiedlich sein. Es handelt sich dabei um chlorhaltige, säurehaltige, phenolhaltige oder alkoholische Bestandteile.

Desinfektionsmittel können **hautätzend** sein, **Allergien** auslösen und letztlich die Umwelt belasten. Auf Desinfektionsmittel kann man jedoch in einigen Bereichen des Gastgewerbes nicht völlig verzichten. Das betrifft Bereiche, wo eine **bakterizide, fungizide, virusinaktivierende Wirkung** erwünscht ist.
Vom Verbraucher wird auf hautfreundliche *pH*-Werte, auf Verzicht von Formaldehyd und Chlorverbindungen Wert gelegt.
Vom Hersteller angegebene Konzentrationen und Einwirkungszeiten sind strikt einzuhalten. Das Personal ist ständig und möglichst aktenkundig hinsichtlich der Einhaltung der Dosieranweisungen und Sicherheitsbestimmungen zu unterweisen.

Anwendungsbereiche

Beherbergungsbereich	Sanitärbereich	Küche
Nach Erkrankung von Gästen	WC, Bidet	Fußböden
Bei mitgereisten Haustieren	Waschbecken	Arbeitsflächen
	Fußboden	Arbeitsmittel
	Hygieneeimer	Kühllagerflächen

Automatische desinfizierende Reinigung des WC-Sitzes

🇫🇷 *enjeu écologique et économique*
🇬🇧 *ecological and economical usage*

Umweltfreundliche Verpackung

Was ist biologischer Abbau?
Darunter ist der Zerfall von chemischen Substanzen zu einfacheren Verbindungen (Wasser, Kohlendioxid, Methan), die in natürlichen Kreisläufen ebenfalls vorkommen, zu verstehen. Zunehmend werden biologische Prozesse genutzt, wie beispielsweise der Abbau durch Mikroorganismen.

16.5 Ökologischer und ökonomischer Einsatz

Ökologische Gesichtspunkte

Reinigungs- und Pflegemittel belasten je nach Art die Umwelt mehr oder weniger stark. Sie können den **Wasserkreislauf** (schwer abbaubare Stoffe: Tenside, Phosphate) oder die **Ozonschicht** (FCKW als Treibgas) schädigen. Deshalb ist es wichtig, Mittel anzubieten, die eine **hohe Wirkung** haben, aber **die Umwelt möglichst wenig belasten**. Das sind Stoffe, die leicht, insbesondere **biologisch abbaubar** sind. Bedeutsam sind in dieser Hinsicht die alt bekannten **Hausmittel**, die meist ohne Chemie auskommen.
Schäden können durch **falsche Dosierungen** oder **Anwendung** entstehen. Bei allen Reinigungs- und Pflegemitteln ist die Gebrauchsanleitung genau zu lesen. Gebrauchsgegenstände und auch die Hände sind nach Anwendung der Reinigungs- und Pflegemittel gründlich davon zu reinigen und nachzuspülen.
Der **Handel** bietet zunehmend umweltfreundliche Reinigungs- und Pflegemittel an, die als **grüne Serie** oder durch den **blauen Umweltengel** gekennzeichnet sind. **Verpackungsmüll** wird verringert durch das Angebot von Konzentraten in Dosierverpackungen mit Nachfüllmöglichkeit in verschiedenen Handelsgrößen.

Ökologischer und ökonomischer Einsatz

Alternative Reinigungs- und Pflegemittel

Alternative Reinigungsmittel beseitigen Schmutz ohne chemische Substanzen, zum Beispiel bewährte Hausmittel zur Fleckenentfernung.

Einsatzgebiete	Alternative Behandlung
Fensterreinigung	Wasser und ein Schuss Spiritus oder Essigessenz
	Dampfdruckreiniger
Badewanne, Dusche, Fliesen, Waschbecken	Vliesschwamm, Kalkbeseitigung durch Essig oder Zitronensäure
	Heißdampfgerät
Abflussreinigung	Saugglocke, Turbosauger von Staubsaugerkombinationen (Drucksystem), Reinigungsspirale

Alternative und schonende Fleckenmittel

Einsatzgebiete	Alternative Behandlung
Blutflecken	Kalt einweichen, Salzbehandlung, dann mit Waschlauge waschen
Wachsflecken	Mit Löschpapier ausbügeln, dann in Waschlauge waschen
Kaugummiflecken	Textilien mit Kälte behandeln (evtl. Mundeis), Kaugummi in kaltem Zustand abkratzen
Fettflecken	Warme Kartoffelstärke einarbeiten, ausbürsten, absaugen
Teerflecken	Mit Butter einschmieren, in Waschlauge waschen
Obstflecken	Salmiaklösung; Buttermilch und Zitronensaft, dann in Waschlauge waschen
Rotweinflecken	Mit Kochsalz bestreuen, abbürsten, in Waschlauge waschen
Brand- und Bügelflecken	Mit Essigwasser behandeln, dann auswaschen

Umweltengel — Für Europa findet die Euroblume Anwendung

Regeln für den ökologischen Einsatz

- *Reinigungs- und Pflegemittel mit wenig umweltbelastenden Stoffen verwenden. Auf Sprays verzichten. Dosierungen nur nach Herstellerangaben, viel hilft nicht viel.*
- *Reinigungsmittel einwirken lassen, dadurch oder durch Einweichen verringern sich Einsatzmengen und körperliche Einwirkung.*
- *Milde Reinigungsmittel möglichst mit heißem Wasser anwenden. Dadurch erhöht sich der Wirkungsgrad. Auf stärkere chemische Mittel kann dann oftmals verzichtet werden.*
- *Alternativreiniger wie Essig, Zitrone, Spiritus einsetzen.*
- *Heißdampfreiniger machen Reinigungsmittel mitunter überflüssig.*

Verschiedene Farbflecken lassen sich auch durch **Sonnenbleiche** entfernen oder verringern. Betroffene Textilien feucht in die Sonne legen und feucht halten. Das UV-Licht der Sonne bleicht.

Ökonomische Gesichtspunkte

Für die Auswahl sind gute Produkt- und Preiskenntnisse erforderlich. Man sollte Angebote von **regionalen Anbietern** zuerst einholen, da hier die Transportkosten geringer sind, eine Vorführung erbitten und danach die Angebote vergleichen. Außerdem sind angemessene Verpackungsgrößen und der Verpackungsaufwand zu beachten.

---

1 Erläutern Sie den Unterschied zwischen Reinigen und Pflegen.
2 Beschreiben Sie Ihre Vorüberlegungen, ehe Sie ein Reinigungs- und Pflegemittel anwenden.
3 Erklären Sie den Begriff der alternativen Reinigungs- und Pflegemittel.
4 Erkundigen Sie sich nach dem Einsatz von bewährten Hausmitteln.
5 Nennen Sie Reinigungsmittelarten und ihre typische Bestandteile, auf die man besser verzichten sollte. Begründen Sie Ihre Meinung.
6 Erläutern Sie die Vorteile beim Einsatz von kombinierten Reinigungs- und Pflegemitteln.
7 Planen Sie ein Putzsortiment für Ihre Reinigungsarbeit im Ausbildungsbetrieb.

🇫🇷 équipment pour le service
🇬🇧 equipment for service

17 Serviceausrüstungen

Servierausrüstungen bestimmen den ersten Eindruck im Restaurant maßgeblich mit. Saubere und unbeschädigte Serviceausrüstungen wirken einladend und sogar appetitanregend. Peinliche Sauberkeit und pflegliche Behandlung sind deshalb Grundforderungen im Service.

🇫🇷 vaisselle 🇬🇧 tableware

🇫🇷 assiettes 🇬🇧 plates

17.1 Geschirr

Serviceausrüstungen

Geschirr
Gläser
Besteck
Servicegeräte

Wichtige Tellerarten

Bezeichnung	Merkmale, Verwendung
Teller, sehr groß 🇫🇷 assiette, très grande 🇬🇧 plate, extra large	Englischer Teller, Ø 27–31 cm; für Tellergerichte im A-la-carte-Geschäft, Portionsfleisch, Stangenspargel, T-Bone-Steak
Teller, groß 🇫🇷 assiette, grande 🇬🇧 plate, large	Menüteller, französischer Teller, Ø 24–26 cm; für Vorspeisen, Hauptspeisen, die vorgelegt und nachserviert werden, Nachspeisen, Zwischengerichte
Teller, mittelgroß 🇫🇷 assiette, moyenne 🇬🇧 plate, medium	Mittelteller, Ø 18–21 cm; für Frühstück, Obst, Brot, Gebäck, Salat, kleine Süßspeisen; als Ablageteller und *kleinster Trageteller*
Teller, klein 🇫🇷 assiette, petite 🇬🇧 plate, small	Ø 13–17 cm; Brotteller bei erweitertem Couvert; kleine Teller aus Glas für Kuchen, Salate, Desserts
Teller, tief 🇫🇷 assiette, creuse 🇬🇧 soup plate, dessert/salad plate	Ø 24–25 cm; für gebundene Suppen, Eintöpfe, Nationalsuppen, Kaltschalen Ø 13–18 cm; für Kompotte, Salate
Untertasse 🇫🇷 soucoupe 🇬🇧 saucer	Suppen: Ø 17 cm (mit Suppentasse); Kaffee: Ø 13–15 cm (mit passender Tasse); auch für Kakao, mit Teeglas für Tee; Mokka: Ø 10–12 cm (mit passender Tasse) für Mokka Espresso
Platzteller 🇫🇷 assiette de présentation 🇬🇧 show plate	Ø 28–31 cm; dekorativer Teller aus Porzellan oder Metall, mit Deckchen in der Mitte; bezeichnet den Platz des Gastes und kann während des gesamten Menüs stehen bleiben. Mitunter wird der Platzteller vor dem Dessert (bei kleinen Serviergefäßen) ausgehoben.
Austernteller 🇫🇷 assiette à huîtres 🇬🇧 oyster plate	Ø 26–27 cm; Teller mit austernförmigen Vertiefungen, gut gekühlt verwenden, Zwischenräume für Zitronenspalten
Fondueteller 🇫🇷 assiette à fondue 🇬🇧 fondue plate	Ø 28–30 cm; gefächerter Teller zur Ablage des Gargutes, von Saucen und Beilagen

1 Nennen Sie Werkstoffe, die für Serviceausrüstungen, Lebensmittelbehälter und -verpackungen eingesetzt werden.
2 Wo werden im Gastronomiebetrieb Kunststoffe verwendet? Erläutern Sie die Vorteile gegenüber anderen Werkstoffen.
3 Beschreiben Sie Eigenschaften von Porzellan, die in der Gastronomie gefordert werden.
4 Beurteilen Sie das folgende Symbol auf Kunststoffen:
5 Nehmen Sie Stellung zum Einsatz von Kupfer und Nickel im Gastronomiebereich.
6 Beurteilen Sie den Einsatz von Holz in der Küche und im Bewirtungsbereich.

Geschirr

Tassen, Kannen, Kännchen

🇫🇷 tasses, pots, burettes
🇬🇧 cups, jugs/pots

Bezeichnung		Merkmale, Verwendung
	Suppentasse 🇫🇷 tasse à consommé 🇬🇧 consommé cup, soup cup	0,05 l–0,2 l Inhalt; 1 oder 2 Henkel; für klare Suppen, Brühen; als Consommé-Schale etwas kleiner; in Stahltassen angerichtete Suppen werden am Tisch des Gastes ausgegossen
	Getränketasse 🇫🇷 tasse 🇬🇧 cup	0,05–0,15 l Inhalt; verschiedene Formen für Kaffee, Kaffeespezialitäten, Schokolade, Tee und Mokka, hohe Formen für Schokolade
	Saucengießer 🇫🇷 saucière 🇬🇧 sauce boat, gravy boat	0,1–0,2 l Inhalt; unterschiedliche Größen und Formen, teils als Gießer; für warme und kalte Saucen sowie für flüssige Buttermischungen
	Kanne 🇫🇷 pot 🇬🇧 pot	0,1–1,5 l Inhalt; für 2, 4 und mehr Tassen Tee (bauchig), Kaffee, Kakao
	Kännchen 🇫🇷 burette 🇬🇧 small pot	0,02–0,1 l Inhalt; für Kaffee, Tee, Sahne; Porzellan, Metall, Glas; eingesetzt auf Gästetisch für Frühstück und Kaffeegeschäft

Unterscheiden Sie:
das Service: Geschirr, z.B. Teeservice, Kaffeeservice
der Service: Bedienung, Kundendienst

Formen, Platten

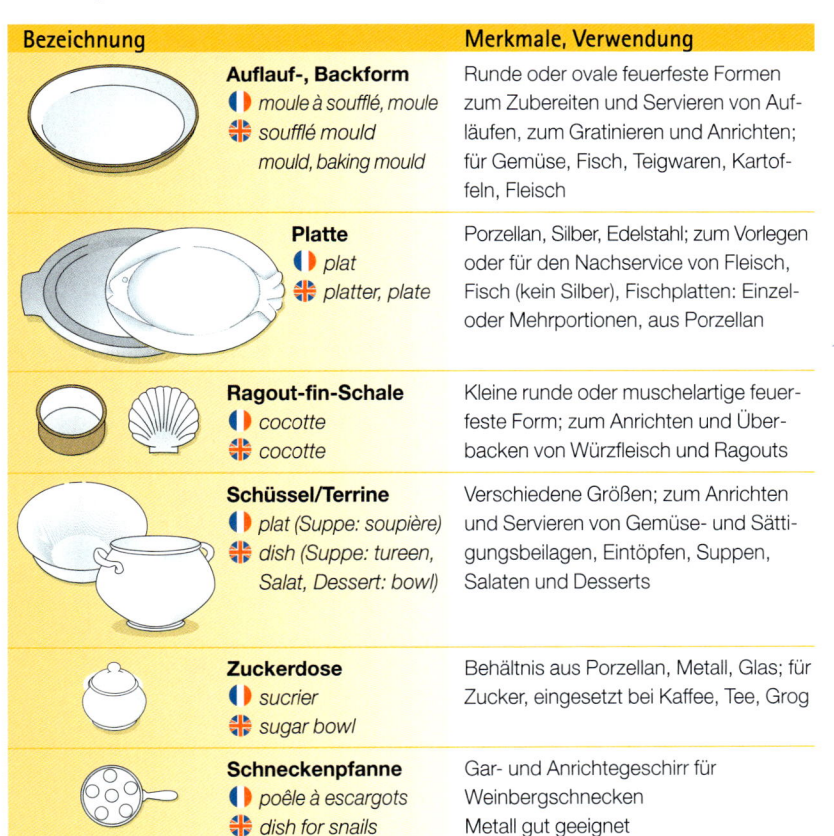

🇫🇷 moules, plats
🇬🇧 moulds, platters

Bezeichnung		Merkmale, Verwendung
	Auflauf-, Backform 🇫🇷 moule à soufflé, moule 🇬🇧 soufflé mould, mould, baking mould	Runde oder ovale feuerfeste Formen zum Zubereiten und Servieren von Aufläufen, zum Gratinieren und Anrichten; für Gemüse, Fisch, Teigwaren, Kartoffeln, Fleisch
	Platte 🇫🇷 plat 🇬🇧 platter, plate	Porzellan, Silber, Edelstahl; zum Vorlegen oder für den Nachservice von Fleisch, Fisch (kein Silber), Fischplatten: Einzel- oder Mehrportionen, aus Porzellan
	Ragout-fin-Schale 🇫🇷 cocotte 🇬🇧 cocotte	Kleine runde oder muschelartige feuerfeste Form; zum Anrichten und Überbacken von Würzfleisch und Ragouts
	Schüssel/Terrine 🇫🇷 plat (Suppe: soupière) 🇬🇧 dish (Suppe: tureen, Salat, Dessert: bowl)	Verschiedene Größen; zum Anrichten und Servieren von Gemüse- und Sättigungsbeilagen, Eintöpfen, Suppen, Salaten und Desserts
	Zuckerdose 🇫🇷 sucrier 🇬🇧 sugar bowl	Behältnis aus Porzellan, Metall, Glas; für Zucker, eingesetzt bei Kaffee, Tee, Grog
	Schneckenpfanne 🇫🇷 poêle à escargots 🇬🇧 dish for snails	Gar- und Anrichtegeschirr für Weinbergschnecken Metall gut geeignet

1 Ein Restaurant mit 100 Plätzen gibt einen Empfang zu seiner Neueröffnung. Die Geschäftsleitung hat 70 Gäste eingeladen.
Wie viele Flaschen Sekt werden benötigt, wenn je Gast 2 Gläser mit einer Füllmenge von 125 ml gerechnet wird?

2 Amanda wird beauftragt, folgendes Geschirr zu kaufen:
50 Kaffeetassen   3,75 €/Stck.
15 Sahnegießer 0,1 l   3,50 €/Stck.
50 Mittelteller   4,10 €/Stck.
60 Menüteller   6,30 €/Stck.
Der Lieferant gewährt 7% Rabatt. Bei Zahlung innerhalb von 10 Tagen werden 3% Skonto gewährt.
Amanda errechnet den Einkaufspreis bei Barzahlung innerhalb von 10 Tagen. Welchen Betrag ermittelt Sie?

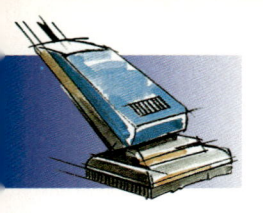

Serviceausrüstung

🇫🇷 verres
🇬🇧 glasses

17.2 Gläser

Der Werkstoff Glas wird in Kapitel 16.2.2 beschrieben (→ 210).

Wichtige Gläserformen	
	Gläser für alkoholfreie Getränke 🇫🇷 verres pour boissons sans alcool 🇬🇧 glasses for non-alcoholic beverages Großer Tumbler, Kleiner Tumbler, Wasserkelch 0,1–0,3 l
	**Weingläser** 🇫🇷 verres à vin 🇬🇧 wine glasses Sherry-Glas, Rheinweinglas, Moselweinglas, Römer, Bordeaux-Glas, Burgunderglas Weißwein bauchig, oben verjüngt, Rotwein dickbauchig, Dessertwein klein; 0,05 – 0,2 l
	**Schaumweingläser** 🇫🇷 verres à vin mousseux 🇬🇧 sparkling-wine glasses Sektspitz, Flöte, Sektkelch, Sektschale Vorzugsweise hohe Gläser, damit das CO_2 nur langsam entweicht; 0,1 l, 0,15 l Gäste, die CO_2 schlecht vertragen, trinken gern Schaumwein aus einer Schale. CO_2 kann schneller entweichen.
	**Biergläser** 🇫🇷 verres à bière 🇬🇧 beer glasses Becher, Tulpe, Kelch, Stange, Henkelglas, Berliner-Weiße-Glas Gläser nach Bierart und Brauerei unterschiedlich; 0,25 –1,0 l
	**Gläser für Bargetränke und Spirituosen** 🇫🇷 verres pour boissons de bar 🇬🇧 bar-drink glasses Cognacschwenker, Stamper, Calvadosglas (ohne Deckel für Obstler und Grappa), Likörglas, Likörschale, Cocktailglas, Ballonglas, Cobblerschale, Cobblerkelch, Tropicanaglas (Kullerpfirsichglas) Bargetränke: 8–45 cl; Spirituosen: 2–6 cl
	**Krüge, Karaffen** 🇫🇷 cruches, carafes 🇬🇧 jar, decanter Wein, Saft, Wasser, Milch Karaffe speziell für Rotweine, die dekantiert wurden Krüge 0,2l, 0,25l, 0,5l, 1,0l, 1,5l Karaffen 1l, 1,5l

Polieren eines Becherglases

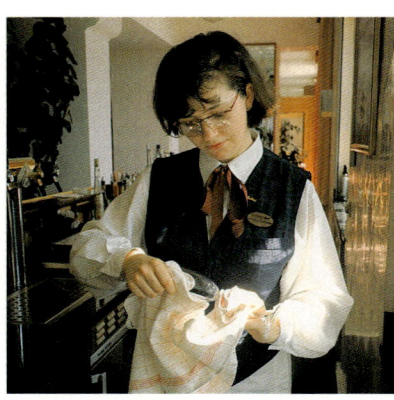

Polieren eines Stielglases

Besteck

Gläserreinigung

Manuell	Maschinell	Manuell/maschinell
In heißem Wasser mit Spülmittel waschen	In Geschirrspüler ohne andere Geschirrteile einsortieren	Reinigen unter Verwendung des Gläserspülgerätes
Nachspülen im Wasserbecken mit nachfließendem heißem Wasser	Reinigen und Nachspülen	Abtropfen, polieren

17.3 Besteck

🇫🇷 couvert
🇬🇧 cutlery

Den Gastronomen bietet der Handel Bestecke in unterschiedlichen Formen und Materialien an. Die Auswahl wird in Abhängigkeit von der Versorgungsaufgabe, dem Gästekreis und ökonomischen Gesichtspunkten getroffen. Grundwerkstoffe für die Besteckherstellung → 206f.

Besondere Besteckwerkstoffe

Besteckwerkstoff	Merkmale	Verwendung
Edelstahl	Chromstahl aus Eisen und Chrom (12%, 18%)	Wirtebesteck
Chromnickel	Eisen, Chrom (8–10%), Nickel (17–18%)	Weniger verwendet
Chromnickelstahl Cromargan®	Eisen, Chrom, Mangan Silbriges Aussehen, widerstandsfähig, relativ teuer	Gehobene Gastronomie
Silberauflage	Kern aus Messing, Chromstahl, Chromnickelstahl oder Alpaka Üblich ist 90er-Silberauflage, Versilberung mit 80/90/100 g Silber/24 dm²	Gehobene Gastronomie
Silber	Allgemein 800 Teile Reinsilber mit 200 Teilen Kupfer	Repräsentationszwecke

Bestecktypen nach der Herstellung (→ 222)

Bestecktyp	Herstellungsmerkmale	Hinweise zu Reinigung und Pflege
Monoblockbesteck	Klinge und Heft aus einem Stück, festes Material, vorwiegend Edelstahl	Spülmaschinenfest
Heftbesteck	Klinge aus Edelstahl, auch versilbert, Heft aus Holz, Kunststoff oder Perlmutt, Hefthälften auf verlängerter Klinge aufgenietet	Handwäsche mit Geschirrspülmittel, trocknen, polieren
Hohlheftbesteck	Klinge und Heft aus Edelstahl oder Silber, verlängerter Dorn der Klinge in Aushöhlung des Heftes geführt, dort verleimt.	Spülmaschinenfest; siehe Silberpflege

Sandra erklärt dem neuen Auszubildenden wichtige Begriffe.
Sterlingsilber: hochwertiges Silberbesteck mit 925 Teilen Silber und 75 Teilen Kupfer.
Alpaka: Auch als Neusilber bezeichnete Legierung aus 557 Teilen Kupfer, 285 Teilen Zink und 159 Teilen Nickel.
90er-Silberauflage: versilbertes Besteck mit Metallkern. Für 24 dm² Besteckoberfläche werden 90 g Silber verarbeitet.

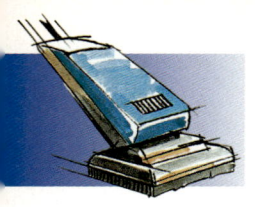

Serviceausrüstungen

Grund- und Spezialbestecke

Bezeichnung	Merkmale, Verwendung
 **Großes Besteck** 🇫🇷 grand couvert 🇬🇧 large cover	Besteck für Hauptspeisen Löffel: Suppen; Gabel und Messer: alle Hauptgänge außer Fisch; Gabel und Löffel: Vorlegebesteck oder Spaghettibesteck
 **Mittelbesteck** 🇫🇷 couvert moyen 🇬🇧 medium cover	In verschiedenen Kombinationen einsetzbar; Löffel: klare Suppen in der Suppentasse; Löffel und Gabel (Entremets-Besteck): warme Desserts, andere Desserts auf flachen großen Tellern; Gabel und Messer: Frühstück, Vorspeisen, Käsespeisen, Zwischengerichte
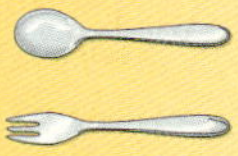 **Kleines Besteck (Dessertbesteck)** 🇫🇷 couvert à dessert 🇬🇧 dessert cover	Desserts und Eisspeisen mit Früchten, auf mittelgroßem Teller, im Glas oder in der Schale angerichtet; Windbeutel, Eclaires; Löffel: für Kaffee, Tee, Cremen, außerdem für exotische Suppen; Für Mokka wird Mokkalöffel verwendet; Gabel (Kuchengabel): für Torten, Kuchen
 **Buttermesser** 🇫🇷 couteau à beurre 🇬🇧 butter knife	Messer zum Bestreichen von Brot und Toast bei separat gereichter Butter
 **Eierlöffel** 🇫🇷 cuillère à œuf 🇬🇧 egg spoon	Verzehr von Frühstückseiern; aus Horn oder Kunststoff
 **Eislöffel** 🇫🇷 cuillère à glace 🇬🇧 ice-cream spoon	Am Auslauf etwas eckig, zum Abstreichen geeignet, verschiedene Längen
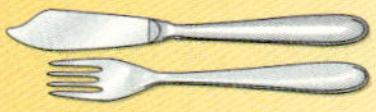 **Fischbesteck** 🇫🇷 couvert à poisson 🇬🇧 fish knife and fork	Messer nicht zum Schneiden, sondern zum Entgräten
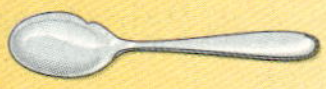 **Gourmetlöffel** 🇫🇷 cuillère à sauce 🇬🇧 gravy ladle, sauce ladle, sauce spoon	Sehr flacher, großer Löffel zum Aufnehmen von Sauce
 **Obstbesteck** 🇫🇷 couvert à fruits 🇬🇧 fruit knife and fork	Schälen und Zerkleinern von Obst
 **Steakmesser** 🇫🇷 couteau à grillade 🇬🇧 steak knife	Schneiden von Steaks, an Stelle des großen Messers

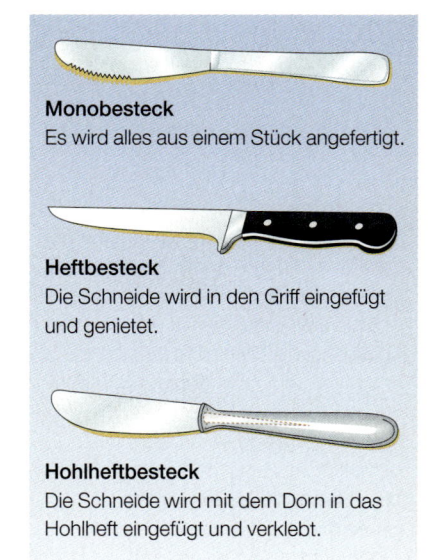

Monobesteck
Es wird alles aus einem Stück angefertigt.

Heftbesteck
Die Schneide wird in den Griff eingefügt und genietet.

Hohlheftbesteck
Die Schneide wird mit dem Dorn in das Hohlheft eingefügt und verklebt.

Besteckaufbau

Besteck

Bezeichnung		Merkmale, Verwendung
	Fischfiletierbesteck 🇫🇷 couteau et fourchette à poisson 🇬🇧 fish knife and fork	Gabel mit kurzen Zinken wie Fischgabel, Schaufel in der Form wie Fischmesser, aber beide Teile wesentlich größer, zum Zerlegen und zum Portionieren von größeren Fischen
	Käsemesser 🇫🇷 couteau à fromage 🇬🇧 cheese knife	Mit Säge und gebogener Messerspitze, die mit zwei Spitzen endet; zum Abschneiden und Anspießen von Käse
	Kelle 🇫🇷 louche 🇬🇧 ladle	Bowlen-/Flambier-/Suppenkelle, unterschiedliche Größen; zum Ausgeben von Getränk/Suppe bzw. zum Übergießen des Flambiergutes mit der angezündeten Spirituose
	Salatbesteck 🇫🇷 service à salade 🇬🇧 salad servers	Gabel meist in gewölbter Form wie Löffel, mit drei oder vier Zinken; Löffel etwas größer als großes Besteck; zum Fertigstellen und zum Portionieren von Salat
	Tranchierbesteck 🇫🇷 service à découper 🇬🇧 carving set	Zweizinkige Gabel und großes langes Messer zum Zerlegen von Geflügel, Fleisch, Wild
	Kaviarlöffel, Kaviarmesser 🇫🇷 cuillère à caviar, couteau à caviar 🇬🇧 caviar spoon and knife	Zum Entnehmen von Kaviar bzw. zum Bestreichen von Toast; Messerklinge und Löffel aus Horn oder Perlmutt. Metall könnte zur Geschmacksbeeinträchtigung führen.
	Krebsbesteck 🇫🇷 couteau et fourchette à écrevisses 🇬🇧 crab cutlery	Messer mit Loch dient zum Aufbrechen der Scheren; Gabel klein, zweizinkig, zum Herauslösen von Krebsfleisch aus den Scheren.
	Schneckenzange, Schneckengabel 🇫🇷 pince à escargots, fourchette à escargots 🇬🇧 snail fork	Schneckenzange dient zum Halten des Schneckenhauses; kleine und schmale Schneckengabel zum Entnehmen des Schneckenfleisches und zum Verzehr.
	Hummergabel, -nadel 🇫🇷 fourchette à homard 🇬🇧 lobster fork	Nadel mit leicht gebogenen Spitzen, hinten rund; zum Herauslösen des Hummerfleisches aus den Scheren.
	Spaghettizange 🇫🇷 pince à spaghetti 🇬🇧 spaghetti server	Zum Vorlegen und Herrichten von Spaghettis.
	Spargelheber 🇫🇷 pelle à asperges 🇬🇧 asparagus server	Zum Vorlegen von frisch gegarten Spargelstangen.
	Vorlegezange 🇫🇷 pince à servir 🇬🇧 serving tongs	Zum Vorlegen von Würstchen, Grillgut und anderen protionierten Fleischstücken.
	Gebäckzange 🇫🇷 pince à pâtisserie 🇬🇧 pastry server	Zum Vorlegen von Gebäck, insbesondere von Petit fours, kleinen Pasteten u. a.

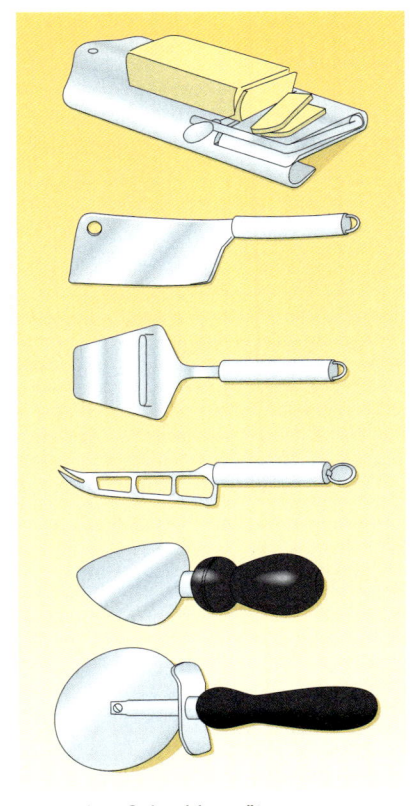

Besondere Schneidegeräte:
Käseschneider, Käsebeil, Käsehobel, Käsemesser, Parmesanmesser, Pizzaschneider.

Serviceausrüstungen

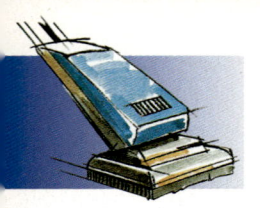

Reinigung und Pflege

Besteck sollte **spülmaschinenfest** und leicht **nachpolierbar** sein. Verwendet wird Geschirrspülmittel. Für Metallteile eignet sich Edelstahlpflegemittel.
Reinigung von Silberbesteck: Silberputzmittel, Silbertauchbad, Silberpoliermaschine, galvanisches Bad.

17.4 Servicegeräte
ustensiles pour le service
service utensiles

Servicegeräte dienen einem ansprechenden gehobenen Service und ermöglichen besondere Mahlzeitenformen.

Flambier- und Servicewagen: Edelstahl- oder Holzgestell mit polierten Glasplatten.
Flambierrechaud: Edelstahl, Metall mit Hammerschlag, oder Kupfer. Dazugehörige Brenner mit Gas, Brennspiritus oder Brennpaste.
Flambierpfannen: Meist aus Kupfer, Innenbelag lebensmittelecht (z.B. Zinn).
Roastbeefwagen: Edelstahl mit eingebauter Wärmeplatte
Servierwagen: Edelstahl mit Glas- oder Spiegelglasplatten
Getränkewagen: Edelstahl mit Plexiglas, Böden aus Glas, Spiegelglas u.a.
Suppenküche: Meist aus Guß. Ggf. Brenner zum Warmhalten.
Fonduegeräte: Edelstahl oder Kupfer. Das dazugehörige Geschirr kann Keramik sein.
Irish Coffee: Metall (für Paste und Spiritus geeignet), feuerfestes Stielglas.
Baguetteschneider: Aus Holz oder Metall, Schneidebügel meistens Guß, Messer Edelstahl.
Toasthalter: Meist Edelstahl.

---

1. Nennen Sie Regeln für die sachgerechte Reinigung des Porzellangeschirrs und begründen Sie diese.
2. Nennen Sie Regeln für die sachgerechte Gläserreinigung und begründen Sie diese.
3. Vergleichen Sie Vor- und Nachteile der manuellen und der maschinellen Gläserreinigung.
4. Erläutern Sie die besonderen Eigenschaften eines Teeglases.
5. Nennen Sie Metalle, die für Bestecke verwendet werden. Begründungen.
6. Erläutern Sie die Arbeitsschritte der Besteckreinigung mit Begründung.
7. Erklären Sie die Besteckgravierungen 90, 100 und 18/10.
8. Erläutern Sie die Besonderheiten der Reinigung von Silberbesteck.
9. Das Restaurant Waldidyll plant die Eröffnung eines Biergartens, in dem vorrangig die Auszubildenden eingesetzt werden sollen. Für den geplanten Biergarten muss die Serviceausrüstung neu angeschafft werden. Die Auszubildenden erhalten von der Chefin den Auftrag, sich über die Servierausrüstung und ein kleines Speisenangebot Gedanken zu machen.
9.1 Skizzieren Sie den Bestuhlungsplan des Biergartens mit 30 Sitzplätzen.
9.2 Planen Sie das benötigte Geschirr und Besteck für das angenommene Speisenangebot.
9.3 Welche Servierhilfsmittel werden benötigt?
9.4 Zählen Sie Arbeitsmittel auf, die für die Ausstattung notwendig sind.

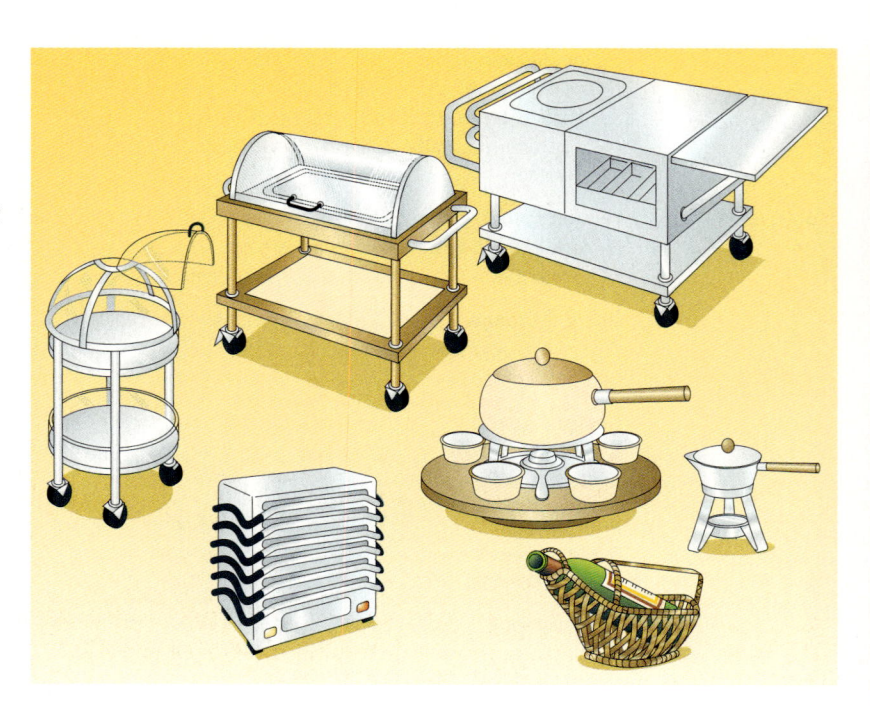

18 Textilien im Gastgewerbe

🇫🇷 linge
🇬🇧 linen

Materialien aus Naturfasern, chemischen Fasern oder Mischfasern werden für Raumtextilien, Hotel- und Hauswäsche sowie Berufskleidung verwendet. Dadurch ist das Repräsentieren jeglicher Stilrichtung möglich:
Textilien sollten eine harmonische Ergänzung zu den Einrichtungsgegenständen bilden und können dem Haus eine individuelle Note geben. Die Materialauswahl richtet sich nach dem Gebrauch der Textilien.

18.1 Textilfaserstoffe, textile Flächen

🇫🇷 tissus en fibre textile, surfaces textiles
🇬🇧 fabrics, textile surfaces

Nach den Rohstoffen werden Textilien aus pflanzlichen und tierischen **Naturfaserstoffen**, Textilien aus **Chemiefaserstoffen** oder aus **Mischfasern** unterschieden. Die Fasern werden zu Geweben, Maschenwaren, Verbundstoffen und Nähgewirken verarbeitet.

🇫🇷 tissus en fibre naturelle
🇬🇧 natural fibre

Naturfaserstoffe

Naturfaserstoffe	Gewinnung	Eigenschaften Waschtemperatur	Verwendung in der Gastronomie
Pflanzenfaserstoffe			
Baumwolle	Fasern, die am Baumwollsamen wachsen	Kochfest, reißfest, fusselnd, saugfähig, atmungsaktiv, knittert Waschtemperatur bis 95 °C	Bett- und Tischwäsche, Frottierware, Moltons, Passier- und Handtücher, Arbeitsbekleidung
Leinen	Fasern aus dem Flachsstängel	Glatt, glänzend, kochfest, nicht fusselnd, knittert stark, Waschtemperatur bis 95 °C	Bett- und Tischwäsche, Gläsertücher
Tierfaserstoffe			
Wolle	Tierhaare von *Schaf* Merino Lambswool *Kaninchen* Angora *Ziege* Kaschmir, Mohair *Lama* Alpaka	Knitterarm, elastisch, hitze- und laugenempfindlich, nicht formbeständig, saugfähig, wärmend, filzend, mottenanfällig Waschtemperatur bis 30 °C	Decken, Teppiche, Bezugsstoffe
Seide	Aus Kokon der Seidenraupe gewonnen, z.B. Maulbeerseide (weich), Wildseide (hart)	Leicht, knitterarm, hitze- und laugenempfindlich, wärmeregulierend (kühlend), hautverträglich Waschtemperatur bis 30 °C	Tücher, Tapeten, Vorhänge, Teppiche, Füllmaterial für Schlafdecken

Textilien im Gastgewerbe

Chemiefaserstoffe

🇫🇷 *tissus en fibres synthétiques*
🇬🇧 *synthetic fibre*

Chemiefaserstoffe	Gewinnung	Eigenschaften / Waschtemperatur	Verwendung in der Gastronomie
Viskose *Reyon, Zellwolle*	Aus Holz, Stroh o.ä. gewonnene Cellulose, chemisch verflüssigt, durch Spinndüsen zu Fäden gepresst	Weich, fließend, knittert, gut hautverträglich, preiswert. Waschtemperatur bis 60 °C	Übergardinen, Vorhänge Blusen für Berufskleidung
Polyester *Diolen, Trevira*	Gewinnung aus den Rohstoffen Erdöl, Kohle, Kalk, Steinsalz, Stickstoff, Wasser. Verschieden chemisch aufbereitet. Durch Spinndüsen zu Fäden gepresst	Formbeständig, knitterarm, hohe Festigkeit. Waschtemperatur bis 60 °C	Gardinen, Stores, Füllmaterial für Steppdecken, Teppiche, Service-Berufskleidung
Polyamid *Nylon, Perlon*		Sehr leicht, scheuerfest, schnell trocknend. Waschtemperatur bis 40 °C	Bezugsstoffe, Gardinen (nicht lichtecht) Bodenbeläge, Teppiche
Polyacryl *Dralon, Orlon*		Bauschelastisch, knitterarm, wärmespeichernd. Waschtemperatur bis 30 °C	Dekorationsstoffe, Markisen, Gardinen, Teppiche
Polyurethan *Elasthan, Lycra*		Sehr hohe Elastizität, bügelfrei. Waschtemperatur bis 60 °C	Elastische Strick- und Webwaren, Badebekleidung, Schwämme

Zweck der Veredelung

Verbessern der Oberflächenstruktur, der Atmungsaktivität, der Pflegeeigenschaften (Waschen, Trocknen, Glätten), **Verringern** der Schmutzempfindlichkeit, des Knitterns oder des Einlaufens usw.
Durch die **Veredelung** sollen des Weiteren **elektrostatische Aufladungen, Mikroben- und Mottenbefall, Verfilzen** oder **Verfärben** verhindert sowie die Entflammbarkeit reduziert werden.

Fasermischungen

Fasermischungen werden hergestellt, um die positiven Eigenschaften von verschiedenen Faserstoffen zu vereinen.

Kombination	Erzielte Eigenschaften
Leinen/Viskose	Erhöhung der Geschmeidigkeit, verringerte Festigkeit
Viskose/Polyester	Verringerte Knitterneigung, erhöhte Formbeständigkeit, weicher Griff
Wolle/Polyester	Knitterarmut, gute Formbeständigkeit, Wollgriff, leichtes Säubern, schnelles Trocknen

Bei der Pflege von Fasermischungen richtet man sich nach der empfindlichsten Faser.

Ausrüstung von Textilien

Ausrüstung ist die **Veredelung** von Textilien. Dabei werden die Fasern zur Verbesserung ihrer Eigenschaften **mechanisch oder chemisch** behandelt.

Beispiele

Appretieren: Verbessern des Aussehens und der Griffigkeit sowie Erzielen einer schmutzabweisenden Wirkung bei neuen Textilien, die nach ein- oder mehrmaligem Waschen wieder verloren geht
Fixieren: Bleibendes Einarbeiten von Falten (Hosen) und Formen
Imprägnieren: Möglichst waschfestes Durchtränken mit wasserdichten und schmutzabweisenden Substanzen
Mercerisieren: Veredeln von Baumwolle, insbesondere Erzielen von Glanz, geringerer Dehnbarkeit und höherer Reißfestigkeit (Tischwäsche)
Rauen: Ergibt Flausch und Volumen und dadurch weicheren Griff sowie bessere Wärmewirkung oder Rutschfestigkeit (*einseitig*: Flanell, *beidseitig*: Molton)
Sanforisieren: Vermeiden von Einlaufen und Formveränderungen durch vorherige Hitze- und Wasserbehandlung
Texturieren: Kräuseln von Chemiefasern, wodurch weicher Griff, Elastizität, Volumen, Flausch erreicht werden und sich Wärmeregulation und Feuchtigkeitsaufnahme verbessern

Wie wäscht die Restaurantfachfrau Regina eine Bluse, die aus 60% Baumwolle und 40% Polyester besteht? Begründen Sie ihre Entscheidung.

Wäschepflege

Textile Flächen

Textile Flächen können durch **Weben, Stricken/Wirken, Nähwirken** oder **Verwirren** von Fasern hergestellt werden.

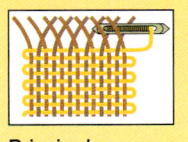

Gewebe (Weben)
Rechtwinklige Verkreuzung der Fäden (Längsrichtung: Kettfäden, Querrichtung: Schussfäden), geschlossene Oberfläche, geringe Dehnbarkeit

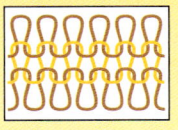

Prinzip der Fadenverkreuzung

Maschenware (Stricken, Wirken)
Maschenbildung erfordert mindestens ein Fadensystem, Fadenverlauf meist in Querrichtung, Dehnbarkeit in alle Richtungen, hohe Elastizität, weicher Griff

Einfadenware (Strickware, Kulierwirkware)

Textilverbundware (Verwirren, Verfilzen)
Stoffe werden aus Fasern hergestellt (keine Fadenbildung), z.B. Filz, Nadelfilz, Vliesstoffe.

Vliesstoff mit Bindemittel

Nähgewirke
Faden- oder Faserlagen werden mit Maschenstäbchen übernäht

Fadenlagen-Nähgewirk

Grundbindungen der Gewebe

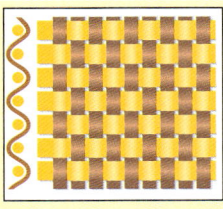

Leinwandbindung
Jeder Kettfaden (Längsrichtung) liegt abwechselnd über und unter einem Schussfaden (Querrichtung). Gewebe sieht von beiden Seiten gleich aus.

Köperbindung
Bindungspunkte (Kreuzung zwischen Kett- und Schussfaden) sind seitlich versetzt. Erkennbar an den über das Gewebe laufenden Diagonallinien, z.B. Jeans.

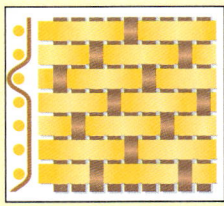

Atlas- oder Satinbindung
Bindungspunkte berühren sich nicht, glänzende Oberfläche

18.2 Wäschepflege

🇫🇷 *entretien du linge*
🇬🇧 *detergents and cleaning products*

Wasser

Wasser dient als **Lösungsmittel** für die Wasch- und die Pflegemittel sowie für den Schmutz. Je mehr natürliche Mineralstoffe (Kalzium- und Magnesiumsalze) bereits im Wasser gelöst sind, desto schlechter kann es als Lösungsmittel dienen, und man spricht von **hartem Wasser**. Die Folge ist ein erhöhter Verbrauch an Wasch- und Pflegemitteln oder das Entstehen von Kalkablagerungen auf der Wäsche oder in den Fasern, was zum Vergrauen und zum Verlust der Saugfähigkeit führen kann. Um das Lösungsvermögen des Wassers zu verbessern, wird solches Wasser enthärtet. (Wasserhärte → *Grundstufe Gastronomie*).

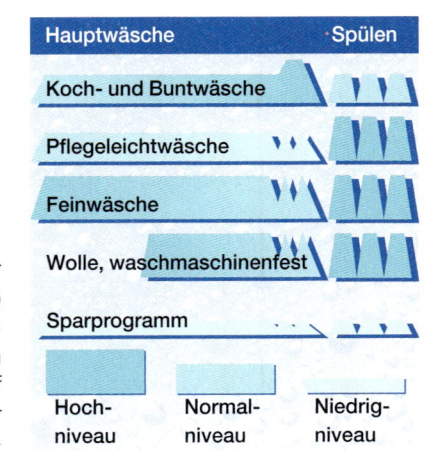

Hauptwäsche · Spülen

- Koch- und Buntwäsche
- Pflegeleichtwäsche
- Feinwäsche
- Wolle, waschmaschinenfest
- Sparprogramm

Hochniveau — Normalniveau — Niedrigniveau

Waschprogramme unter Berücksichtigung des Wasserstandes

Textilien im Gastgewerbe

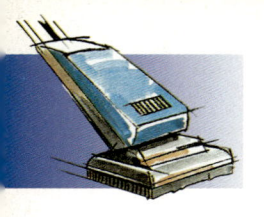

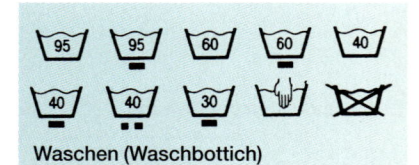

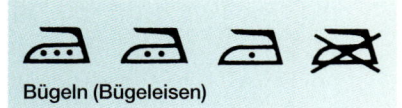

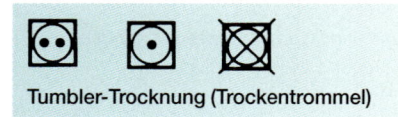

Waschen (Waschbottich)

Chloren (Dreieck)

Bügeln (Bügeleisen)

Chemisch-Reinigung (Reinigungstrommel)

Tumbler-Trocknung (Trockentrommel)

Pflegesymbole

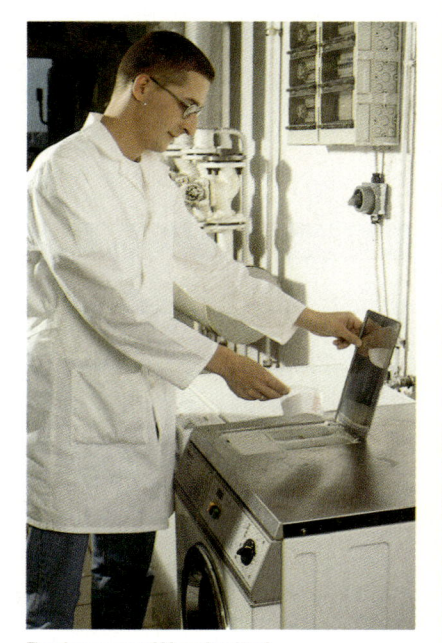

Dosieren von Waschmittel

Waschmittel, Waschhilfsmittel und Waschpflegemittel

Waschmittel	Eigenschaften / Einsatzhinweise
Vollwaschmittel	Enthalten Weißmacher und Bleichmittel, schaumgebremst; für weiße und farbige Maschinenwäsche und Textilien ab 60 °C
Universalwaschmittel	Für alle waschbaren Textilien und Temperaturbereiche außer Seide und Wolle
Color-Waschmittel	Enthalten farbschonende Substanzen, keine Bleichmittel und Weißmacher; für alle waschbaren farbigen Textilien außer Wolle, Waschtemperatur 30–95°C
Wollwaschmittel	Enthalten Wollpfleger sind pH-neutral; für manuelles und maschinelles Waschen von Wolle und anderen feinen Textilien (Seide); Waschtemperatur 30 °C
Kaltwaschmittel	Für handwarmes und kaltes Waschen empfindlicher Textilien (Angora)
Handwaschmittel	Auf Seifengrundlage hergestellt; enthalten teils Weichspüler; für sämtliche Textilien, schonen das Waschgut und die Haut; geringere Waschleistung (Verwendung auf Reisen)
Waschhilfsmittel	**Eigenschaften / Einsatzhinweise**
Einweichmittel	Enthalten Flecken- und Fettlöser sowie Eiweißlösungsmittel; für stark verschmutzte Textilien
Fleckenmittel	Unterschiedliche Bestandteile; werden z. B. gegen Rost-, Rotwein-, Obst- und Gemüseflecken angeboten (→ 217)
Gallseife	Naturmittel (Enzym der Rindergalle), umweltfreundlich, dient dem Entfernen von fetthaltigen Flecken; muss relativ lange einwirken und wirkt leicht bleichend
Enthärtungsmittel	Für hartes Wasser (→ 227) empfohlen, um den Waschmitteleinsatz zu verringern; umweltfreundlich ist der damit verbundene geringere Einsatz von Tensiden
Waschpflegemittel	**Eigenschaften / Einsatzhinweise**
Stärke	Hergestellt aus Kartoffeln, Mais oder Reis; bewirkt Steife, Fülle und Oberflächenschutz; wird verwendet für Tischwäsche und Berufsbekleidung
Formspüler	Erhalten ursprüngliche Form und Sitzfähigkeit durch Einlagen von Kunstharzteilchen beim Spülen
Weichspüler	Verhindern die Starre der Wäsche und die statische Aufladung, Wäsche wird weicher, griffiger und flauschiger. Saugfähigkeit der Textilien wird um etwa 20% herabgesetzt. Für synthetische Textilien empfehlenswert, jedoch umweltbelastend
Appretur	Bietet Oberflächenschutz, einen fülligeren Griff, für Tisch- und Bettwäsche (→ 226)
Wollpflege	Verhindert das Verfilzen und erhält den flauschigen Griff

Wäschepflege

Arbeitsmittel

🇫🇷 outils de travail
🇬🇧 equipment for laundry

Wichtige Arbeitsmittel für die Reinigung und die Pflege der Wäsche sind Waschmaschinen, Wäschetrockner, Wäscheschleudern, Waschtrockner sowie Bügelgeräte und -maschinen.

Arbeitsverfahren	Arbeitsmittel
Waschen	Waschmaschinen (Front- und Toplader) mit Schleudereinrichtung
Trocknen	Trockengeräte
Bügeln	Bügelgeräte, Bügelmaschinen, Mangeln

Waschmaschinen
Arbeitsverfahren: Die Arbeitsverfahren können sich beim Waschautomaten auf *Waschen und Spülen* beschränken. Waschvollautomaten können außerdem *Wäsche schleudern*.
Waschtrockner sind Maschinen, die zusätzlich noch *Wäsche trocknen* können.
Bauart: Nach der Beschickung werden Frontlader und Toplader unterschieden. Beide Maschinen arbeiten nach gleichen Arbeitsverfahren, wobei sich je nach Ausstattungsgrad die Waschprogramme unterscheiden können.
Frontlader werden von vorn beschickt, daher ist während des gesamten Waschvorganges kein Öffnen, also keine Nachbestückung möglich.
Toplader werden von oben beschickt, so dass auch während des Waschvorgangs eine Nachbestückung möglich ist.
In Europa werden vor allem Trommelwaschmaschinen gebaut, die nach dem *Fall- oder Eintauchverfahren* arbeiten.

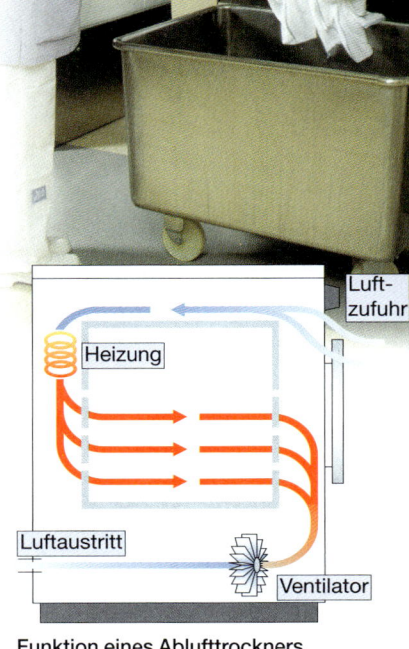

Funktion eines Ablufttrockners

Trockengeräte
Ablufttrockner saugen Luft an und erwärmen sie. Durch Trommelrotation entzieht die erwärmte Luft der Wäsche die Feuchtigkeit. Die Abluft wird anschließend über Schläuche ins Freie geleitet.
Kondensationstrockner haben einen geschlossenen Luftkreislauf: Die Luft wird mittels Rotation umgewälzt. Nachdem die erwärmte Luft die Feuchtigkeit der Wäsche aufgenommen hat, durchläuft sie einen Kondensator, in dem der Wasserdampf verflüssigt wird und in eine von Zeit zu Zeit zu entleerende Auffangschale gelangt.

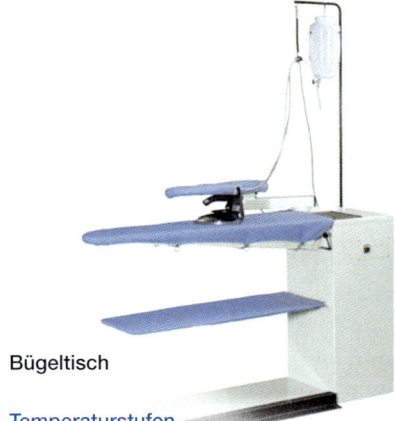

Bügeltisch

Bügelgeräte und Bügelmaschinen
Bügeleisen haben als Funktionsteile eine beheizte Sohle, deren Temperatur durch Temperaturregler *(Reglerbügeleisen)* eingestellt werden kann. Die Temperaturregelung erfolgt über Bimetall, meist in 3 Temperaturstufen:
Dampfbügeleisen enthalten zusätzlich einen beheizbaren Wasserbehälter, in dem Wasserdampf erzeugt wird. Der Dampf tritt durch Ventile auf der Sohle des Bügeleisens aus. Durch separate Sprühvorrichtungen ist auch direktes Anfeuchten des Bügelgutes möglich.
Bügelmaschinen bestehen aus rotierenden Mangelwalzen, die gegen eine beheizte Mulde gepresst werden. Die Funktion wird über ein Fußpedal reguliert. Die Temperaturregelung erfolgt, wie beim Bügeleisen beschrieben.

Temperaturstufen
Niedrige Temperatur, 80–105 °C
für synthetische Faserstoffe

Mittlere Temperatur, 130–165 °C
für Seide, Wolle

Hohe Temperatur, 165–220 °C
für Baumwolle, Leinen

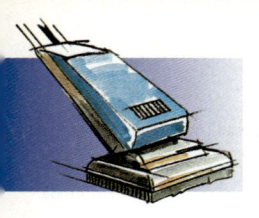

Textilien im Gastgewerbe

Heißmangel

Mangeln
Heißmangeln arbeiten nach dem Prinzip von Bügelmaschinen. Sie sind jedoch größer und nicht transportabel, da sie Drehstrom benötigen. Es kann ein größerer Arbeitsdruck erreicht werden und große Wäschestücke, wie Bettlaken und Bettbezüge, lassen sich ohne zusammenzulegen mangeln. Anstatt mit einem Fußpedal wird der Druck maschinell mit Knopfdruck erreicht.

Bügelpressen: Das Bügelgut wird auf einem Bügelbrett ausgebreitet und von oben durch eine beheizbare Bügelsohle gepresst. Das Bügelgut muss stetig entsprechend weiter geschoben werden.

Arbeitsverfahren

🇫🇷 *procédés de travail*
🇬🇧 *process of washing*

Wäschevorbereitung: Schmutzwäsche ist kühl, trocken und luftig zu lagern, zuvor jedoch möglichst zu sortieren. Sie sollten möglichst schnell nach dem Wechsel gewaschen werden. Gealterter Schmutz lässt sich schwerer beseitigen. Schmutzige Wäsche, insbesondere Küchenwäsche, bildet einen Nährboden für Mikroorganismen. Flecken und defekte Stellen sind zu kennzeichnen (umstechen) bzw. grob zu reparieren.

Küchenwäsche 60 °C / 95 °C		Bettwäsche 60 °C / 95 °C		Tischwäsche 60 °C / 95 °C		Buntwäsche 30 °C / 60 °C		Frotteewäsche 60–95 °C
farbig: Kochhosen Farbige Küchenwäsche	weiß: Anfasser Vorbinder Geschirrtücher Kochjacken	Spannlaken aus Jersey Farbige Wäsche	weiß: Kopfkissen Bezüge Laken	farbig: Decken Tafeltücher Servietten	weiß: Decken Tafeltücher Servietten	Gardinen Vorhänge Tischläufer	Berufsbekleidung	Bade-, Handtücher Badevorlagen

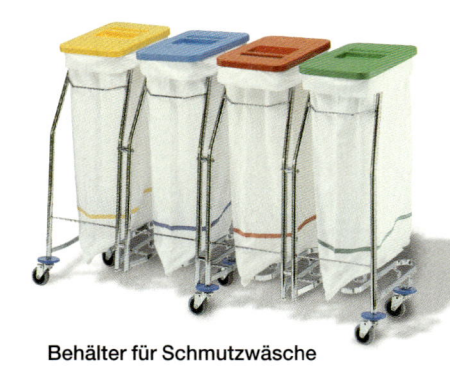

Behälter für Schmutzwäsche

Waschvorgang: Handwäsche sollte mit speziellen Waschmitteln unter Einhaltung der Dosierungshinweise gewaschen werden. Um Fleckenbildungen durch Waschmittelreste vorzubeugen, wird die Wäsche in reichlich 30 °C warmer Waschlösung gegeben, in der das Waschmittel vorher aufgelöst worden ist. Dann wird zügig, aber ohne zu reiben oder zu wringen, gewaschen. Das Waschgut wird mit den Händen ausgedrückt und gründlich gespült.
Empfindliche Wäscheteile werden durch Ein- und Ausrollen in saugfähige Tücher vorgetrocknet und vor dem endgültigen Trocknen in die Form gezogen. Pflegeleichte Textilien aus Synthesefasern werden tropfnass aufgehängt.

Maschinenwäsche ist in entsprechenden Füllmengen (4,5–10 kg) mit dem gewünschten Waschprogramm zu waschen. Möglich sind vier Verfahrensabschnitte: *Vorwäsche, Hauptwäsche, Spülen, Schleudern.* Vorwäsche benötigt zusätzliches Waschmittel und Wasser. Sie wird deshalb nur bei stark verschmutzter Wäsche eingesetzt (→ 229).

Wäschenachbehandlung: Nachbehandlungsverfahren wie Bügeln, Dämpfen und Mangeln verbessern nach der Wäsche die Gewebestruktur und verhindern die Starre der Wäsche (→ 229).

100 % Bomuli - Cotton - Baumwolle - Coton - Katoen - Algodón - Cotone
CA 05404
WLT353
Machine wash. No bleach. Iron. Tumble dry, normal temperature

Pflegeetikett

Projektorientierte Aufgabe

Projektorientierte Aufgabe
Einsatz in der Wäscherei

Amanda soll in der Hotelwäscherei selbstständig arbeiten. Erstmals kann sie das theoretische Wissen praktisch anwenden.

Textilarten
1. Erklären Sie die Begriffe Naturfasern und Chemiefasern. Ordnen Sie diesen beiden Begriffen typische Wirtswäsche zu.
2. Erläutern Sie den Einsatz von Halbleinengewebe und farbigem Damast in der Gastronomie.
3. Vliesstoffe werden neuerdings in der Gastronomie gern eingesetzt. Beschreiben Sie ihren Aufbau.
4. Welche Textilfasern erwarten Sie bei Tischdecken. Begründen Sie Ihre Vorschläge.
5. Nennen Sie Beispiele für die Ausrüstung von Textilien.

Wäsche
6. Erläutern Sie die nebenstehenden internationalen Kennzeichen:

Reinigungsverfahren
7. Beschreiben Sie Schäden, die durch falsches Sortieren der Wäsche auftreten können.
8. Sammeln Sie Etiketten und Beschreibungen von Waschmittelverpackungen mit Dosiervorschriften und Ergiebigkeitsangaben. Berechnen Sie aus der Anzahl der möglichen Wäschen und dem Packungspreis die Waschmittelkosten für einen Waschgang.
9. Informieren Sie sich über den Umgang mit Fleckenentfernungsmitteln.
10. Erläutern Sie den Begriff Spezialwaschmittel und beschreiben Sie seine Verwendung.

Arbeitssicherheit und Umweltschutz
11. Erläutern Sie besondere Unfallschwerpunkte in der Wäscherei am Beispiel Ihres Ausbildungsbetriebes oder Ihrer privaten Erfahrungen. Nennen Sie Möglichkeiten, Unfälle zu vermeiden.
12. Untersuchen Sie Möglichkeiten, beim Waschen Energie einzusparen.

Waschaufträge
13. Folgende Aufträge liegen vor:
    - Waschen von Hotelwäsche (Bettbezüge, Kopfkissen)
    - Waschen von Badehandtüchern und Badvorlagen
    - Waschen von Gastwäsche (2 Smokinghemden)
13.1 Welche Waschvorbereitung muss Amanda treffen?
13.2 Nennen Sie die Waschtemperatur bei der die genannte Wäsche gewaschen wird. Welche Waschmittel und Pflegemittel sind einzusetzen?

Sortierung und Lagerung
14. Informieren Sie sich über die Lagerung der Wäsche in Ihrem Ausbildungsbetrieb.
15. Tafeltücher haben einen leicht gelblichen Schimmer angenommen. Informieren Sie sich über die Ursachen.
16. Amanda hat den Auftrag bekommen, frisch gepflegte, schrankfertige Tafeltücher, Mundservietten, Bettwäsche sowie Köche-Wäsche in Regale einzuordnen. Was muss sie dabei beachten?

Berechnungen
17. Auf einem Waschvollautomaten sind folgende Daten für eine Beschickung mit 7 kg Wäsche angegeben: Waschmittelbedarf 190 g, Elektroenergieverbrauch 1,2 kWh, Wasserbedarf 70 l.
    Preise: Elektroenergie 0,14 €/kWh, Waschmittel 2,45 €/kg, Wasser einschließlich Abwasser 2,86 €/m³.
    Die Waschmaschine wird 850mal jährlich beschickt. Die Anschaffungskosten liegen bei 1520 €. Als Reparaturrücklage werden 4% der Anschaffungskosten festgelegt.
17.1 Ermitteln Sie die Betriebskosten je Beschickung.
17.2 Errechnen Sie die jährlichen Betriebskosten.

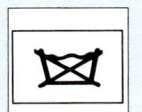

domaine de la restauration
areas of service

19 Bewirtungsbereich

Unter dem Gesichtspunkt von Reinigung und Pflege sind drei Bereiche zu unterscheiden:

Bewirtungsbereich		
Gasträume Restaurant Banketträume Tagungsräume	**Office**	**Büfett für Getränke**

salles à manger
restaurant

19.1 Gasträume

Gasträume werden nach der Versorgungsaufgabe und dem Gästekreis gestaltet. Zweckmäßigkeit und Ausgestaltung sollen harmonieren. Stets sollen die Gasträume sauber, hygienisch, angemessen temperiert und gut gelüftet sein. Auf diese Anforderungen hat gerade der Wirtschaftsdienst wesentlichen Einfluss. Dem **Restaurant** ist hinsichtlich Sauberkeit und gastlicher Atmosphäre ein besonderes Augenmerk zu schenken, da es tagtäglich durch die Gäste beurteilt wird.

revêtements de sol
floor coverings

19.1.1 Fußbodenbeläge

Chic und praktisch
Ein für das Restaurant ausgewählter Teppichboden sollte nicht nur chic aussehen, sondern muss farbecht, leicht zu reinigen und robust, das heißt wenig empfindlich auf starke Belastung durch den Gästeverkehr sein.

Fußbodenbeläge sollen ästhetisch aussehen und durch Farbe und Muster die Harmonie der Gasträume unterstreichen.
Das Fußbodenmaterial muss abriebfest, also von langer Lebensdauer, schalldämmend, fußwarm und unempfindlich gegenüber saurem, basischem und fettem Schmutz sein.

Zu unterscheiden sind **nichttextile** und **textile Fußbodenbeläge** (als Auslegeware bezeichnet).

Nichttextile Fußbodenbeläge

Belagart	Merkmale	Eigenschaften	Verwendung
Kunststoffe			
Kunststoff PVC (→ 211)	Glatte Kunststofffläche	Strapazierfähig, hitzeempfindlich, wischfest, bedruckbar	Haltbarer Fußbodenbelag
PVC-Verbund Laminat	Aus Pressspan, mit unterschiedlichen Nutzschichten, geleimt, mit Parkettmusterung. Oberschicht PVC, Unterschicht aus Filz, Kork, PVC-Schaum.	Pflegeleicht, hart, wisch- und kratzfest	Für Gasträume und Hotelgänge
Linoleum	Jutegewebe, mit Korkmehl und Leinölfirnis beschichtet	Strapazierfähig, wischfest, wird porös	Preiswerter Fußbodenbelag

Gasträume

Nichttextile Fußbodenbeläge

Belagart	Merkmale	Eigenschaften	Verwendung
Steinböden			
Marmor	Naturstein in unterschiedlichen Farben von Weiß über Rot bis Schwarz, meist poliert → 208f Nichtmetallische Werkstoffe	Hart, strapazierfähig	Fußböden, Fensterbänke, dekorative Elemente in Restaurants, Büfetts, Treppen, Fluren
Granit	Naturstein, grau bis rötlich → 208f Nichtmetallische Werkstoffe	Hart, strapazierfähig	Ornamentplatten in Empfangshallen, Gasträumen, seltener als Fußböden
Beton	Baustoff aus Zement, Sand, Kies u. a.	Rau oder glatt abgezogen, streichbar mit Fußbodenfarbe	Fußböden für Lager, die nicht gefliest wurden, Wegplatten für Außenbereiche
Terrazzo	Zementboden mit Einlage kleiner Steinchen z. B. Marmor, meist geschliffen	Rau oder poliert	Fußbodenplatten für Außenbereiche
Keramische Beläge			
Fliesen	Marmor-, Zement- oder gebrannte Tonplatten; Rutschgefahr, deshalb werden Nocken und Stege eingearbeitet	Matt oder poliert	Wand- und Bodenbelag für Restaurants, Treppen, Feuchträume, insbesondere Küchen- und Sanitärräume
Klinker	Hart gebrannte Ziegel, auch bunt und glasiert	Sehr hart, säurefest	Fassaden-, Wandverkleidung, Bodenplatten
Holz	→ Seite 208		
Dielen	Rohholz, gehobelt	Eigenschaften von Holzart und Verarbeitung abhängig, wärmedämmend, empfindlich gegenüber Wasser	Fußbodenbeläge in Gasträumen und Hotelzimmern
Parkett	Holzgetäfelter Fußboden, gewachst, geölt oder versiegelt		

Reinigung und Pflege

Für **Fußbodenbeläge in Gastronomieräumen** ist eine leichte Reinigung eine hygienische und ökonomische Anforderung. Kehren der Fußböden dient bestenfalls der Beseitigung von grobem Schmutz und sollte aus hygienischen Gründen (Aufwirbeln von Schmutz) vermieden werden. Statt dessen kann feucht gewischt oder gesaugt werden oder es wird Kehrmehl zur Staubbindung eingesetzt.

Steinböden und **keramische Beläge** sind mit Reinigungslösung zu wischen. Falls nötig können auch Kalklöser und Desinfektionsmittel eingesetzt werden.

Holz- und Parkettböden werden allgemein feucht gewischt, gewachst oder mit Spezialpflegemittel behandelt und poliert. **Naturholzböden** können zum Erhalt der hellen Holzfarbe gescheuert werden. Parkett dagegen darf nur mit geringer Feuchtigkeit in Berührung kommen und muss sofort trocken nachpoliert werden. Weniger empfindlich sind versiegelte oder gestrichene Holzböden.

Bewirtungsbereich

Textile Fußbodenbeläge

Bezeichnung	Herstellung	Merkmale/Eigenschaften	Verwendung
Flachgewebe	Auf Webmaschinen, Kett- und Schussfaden rechtwinklig verkreuzt	Geschlossene glatte Oberfläche, absaugbar, strapazierfähig, schamponierbar	Gästezimmer, Flure
Polgewebe	Auf Webmaschinen aus Grundgewebe und Polfäden, die Schlingen bilden oder aufgeschnitten werden	Schnittpol: hat samtartige Oberfläche (Velours), weich, in einer Richtung absaugbar	Gasträume, Eingangsbereiche, Gästezimmer
		Schlingenpol: auf der Oberfläche liegen schlingenförmig die Polfäden; strapazierfähig, absaugbar	Gästezimmer
Tufting	In vorhandene textile Fläche werden Fäden schlingenförmig eingestochen (nicht vernäht)	Schlingen auf der Oberseite sind aufziehbar, wenn Rückseite nicht beschichtet ist; absaugbar	Restaurant, Flure
Nadelvlies	Nadelvliesverfahren: übereinandergelegte Fasern werden mit unregelmäßig geformten Nadeln durchstochen und dadurch verwirrt, zusätzlich können noch Kleber eingesetzt werden	Stabil, fest, belastbar, absaugbar	Für alle Bereiche

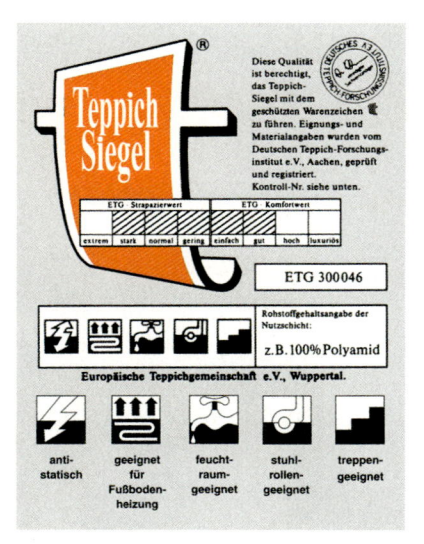

Teppiche und **Läufer** sind rundherum versäubert (gesäumt). Handgeknüpfte Teppiche unterscheiden sich durch die Feinheit des Knotens, der Ornamente, der Herkunft usw.

Diese Fußbodenbeläge werden in der Gastronomie vielfältig eingesetzt. Sie geben den Räumen eine angenehm wohnliche Atmosphäre. Durch Farbe und Design können unterschiedlichste Ansprüche erfüllt werden. Textile Fußbodenbeläge zeichnen sich durch gute Wärme- und Schalldämpfung aus. Einerseits sind sie zunächst pflegeleicht, andererseits empfindlich gegenüber Brand- und anderen Flecken. Sie können deshalb bei nachlässiger Behandlung relativ schnell unansehnlich werden.

Reinigung und Pflege

Textile Fußbodenbeläge, lose verlegt, verspannt oder verklebt, werden mit weichen Bürsten maschinell entstaubt oder gesaugt. In Abständen ist eine Sprühextrakt- oder Schamponierreinigung erforderlich. Da Fußbodenbeläge für die unterschiedlichsten Ansprüche hergestellt werden, müssen vor der Reinigung und der Pflege die besonderen Hinweise der Produzenten beachtet werden.

◐ aménagement des salles à manger
⊕ furnishing of a restaurants guest area

19.1.2 Ausstattung der Gasträume

Fußböden sind mit den geeigneten Stein- oder Textilbelägen zu versehen, entsprechend der oben angegebenen Beschreibung. Je nach Ambiente werden auch Parkett oder Holzdielen verwendet.
Tapeten werden auf die übrige Raumgestaltung abgestimmt. Sie sollen möglichst pflegeleicht, also feucht abwischbar sein. Diese Forderung gilt auch für Farbanstriche.

Galoräume

Die **Beleuchtung** ist ebenfalls von der Gesamtgestaltung abhängig. Direktbestrahlung ist für besondere Blickfänge wie Ausstellungsstücke, Bilder, Skulpturen u. a. üblich. Solche Gestaltungselemente müssen dem Charakter der gastronomischen Einrichtung entsprechen.

Mobiliar

Tische bestehen meist aus Holz, können jedoch für besondere Verwendungszwecke auch aus Kunststoff oder Metall hergestellt sein. Sie können ausziehbar oder mit anderen Tischen kombinierbar sein.

Tische	Stühle	Beistelltische	Servicetische
Servanten	Zigarrenschrank	Raumteiler	

Stühle werden vielfach aus Material hergestellt, das zu den Tischen passt. Mit überwiegend textilem Material werden Aussehen und Sitzqualität zu erhöht.

Stühle

Beistelltische *(guéridons)* dienen als Arbeitsplatz für das Servicepersonal, wenn es vor dem Gast arbeitet, beispielsweise bei speziellen Serviceformen, wie Zubereiten von Salaten, englischem Service, Tranchieren, Flambieren sowie Nachservice *(supplément)*.

Servicetische sind für den Service notwendige Arbeitsmittel. Sie bestehen vielfach aus Holz mit beschichteter Arbeitsplatte und sind oft durch Rollen fahrbar. Sie können in drei Bereiche eingeteilt werden:

- **Arbeitsbereich** für Teller, Ascher, Trinkhalme, Rechaud-Batterien
- **Mittelbereich** mit Schubfächern für Besteckteile
- **Unterbereich** mit Türen für Tischwäsche, Handservietten, Mundservietten

Eine weitere Möglichkeit ist, auf einem Restauranttisch den jeweiligen Tagesservice vorzubereiten.

Tische

Servanten ähneln den Servicetischen, sind jedoch mit einem Schrankaufsatz versehen. Dieser enthält einen oberen Teil, oft mit Glastüren, für Gläser, Trinkhalme und Menagen, einen mittleren, offenen Teil für Mittelteller, Brotteller, Ascher sowie Angebotskarten und darunter Schubfächer für Bestecke, ganz unten mit Türen verschlossene Fächer für Tischwäsche und Servietten.

Raumteiler *(paravents)* bestehen aus Holz. Sie können mit Stoffen, Bambus oder Kork bespannt und farblich gestaltet sein.

Zigarrenschrank

Möbel für Blumen (Säulen, Wagen, Bänke) bestehen meist aus Holz, Metall, anspruchsvollem Kunststoff oder Terrakotta.

Service- und Beistelltische

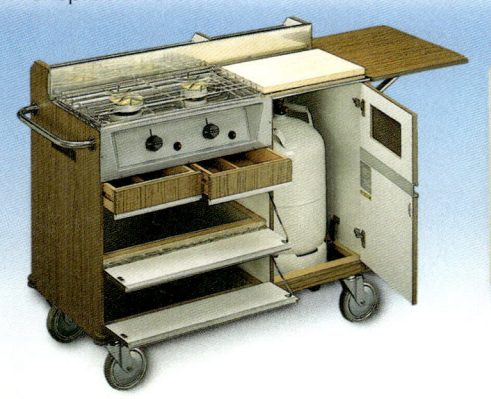

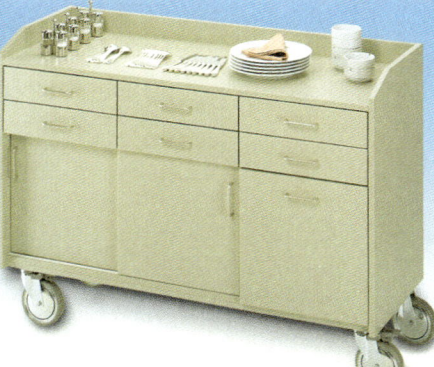

235

Bewirtungsbereich

19.1.3 Reinigen, Herrichten und Kontrollieren der Gasträume

Arbeitsmittel

Maschinen	Geräte
Staubsauger	Leitern
Nasssauger	Feuchtwischgeräte
Hochdruckreiniger	Feuchtwischmopps
Bohnermaschinen	

Behälter	Weitere Arbeitsmittel
Eimer	Putztücher
Körbe	Fensterleder
	Schwämme
	Bürsten
	Besen

Raumreinigungs- und Raumpflegearbeiten

Reinigung und Pflege im Servicebereich müssen vor dem Eintreffen der Gäste abgeschlossen sein.
Arbeitsmittel: Für die Reinigungs- und die Pflegearbeiten in den Räumen und des Mobiliars gibt es spezielle Arbeitsmittel (→ Übersicht).

Arbeitsabläufe:

Grundtätigkeiten der Reinigung und der Pflege werden täglich ausgeführt. Dazu gehören Lüften, Staubwischen, das Reinigen und das Pflegen von Fußböden, Fenstern, Tischen, Servicetischen, Stühlen, Holz- und Glasteilen sowie die Pflege der Blumen und der Grünpflanzen.
Reinigungs- und Pflegearbeiten bedürfen einer logischen Reihenfolge. Deshalb sind bestimmt Richtlinien zu beachten:

- Alles, was möglich ist, hoch- oder beiseite stellen, damit zügig und gleichmäßig gearbeitet werden kann.
- Bei der Gesamtreinigung wird von oben nach unten gearbeitet.
- Größere Flächen werden schlangenartig von oben nach unten poliert, insbesondere bei Edelstahlmobiliar, Fensterscheiben, Glastüren oder Fliesen.
- Gereinigt wird der Fußboden von der äußersten Ecke eines Raumes systematisch zur Tür, in gefliesten Räumen stets zum Bodeneinlauf hin, um den Schmutz bzw. das Schmutzwasser einfach entfernen zu können.
- Nach der Feuchtreinigung trocken reiben bzw. nachpolieren.

Grundtätigkeiten bei der Reinigung und der Pflege

Grundtätigkeit	Zweck	Anwendungsbereich	Zusätze
Kehren/Moppen	Entfernen von trockenem, lockerem Schmutz	Alle Fußböden außer Teppich	Keine
Staubsaugen/Staubwischen	Entfernen sichtbarer und nicht sichtbarer Staubteilchen	Textiles Material (Teppiche, Tapeten, Vorhänge), trockene Flächen, Möbel	Keine
Wischen	Entfernen von anhaftendem Schmutz, der gelöst werden muss	Fußböden, Fensterbretter, Fensterrahmen, wasserunempfindliche Flächen	Temperiertes Wasser mit leichter Seifenlösung (grüne Seife); Milder Allzweckreiniger
Desinfizieren (wenn erforderlich)	Abtöten von Mikroorganismen	Alles im Sanitärbereich, Türklinken	Heißes Wasser und Essig oder Desinfektionsmittel
Polieren	Erzeugen von Oberflächenschutz und/oder Glanz	Möbel, versiegeltes Parkett, PVC Fußböden, Spiegel, Fensterscheiben, Metalle	Spezial-Parkettpflegemittel, Pflegeemulsionen
Bohnern/Wachsen	Erzeugen von Oberflächenschutz und/oder Glanz	Unversiegeltes Holz, Steinholz, Korklinoleum, Linoleum	Bohnerwachs, Hartflüssigwachs

Galería

Gasträume

Spezielle Raumpflegearbeiten	
Tapeten	Abkehren, absaugen, bei abwaschbarer Tapete mit milder Seifenlösung feucht abwischen
Anstrich	Abkehren, mit Seifenlösung feucht abwischen
Fliesen	Abseifen, klar nachwischen, polieren
Teppiche	Saugen oder klopfen
Teppichböden	Teppichpflege durch Schamponieren und Saugen
Fußböden	Saugen oder wischen
Türen	Abseifen, klar abspülen, polieren
Fenster	Rahmen wie Türen behandeln, putzen, polieren

Spezielle Mobiliarpflegearbeiten	
Porzellangegenstände	Entstauben, feucht abwischen oder abwaschen, trocknen, polieren
Glasgegenstände	Entstauben, mit Glasreiniger reinigen, abwaschen, trocknen, polieren
Keramikgegenstände	Entstauben, feucht abwischen oder abwaschen, trocknen, polieren
Kupfergegenstände	Entstauben, mit Metallreiniger putzen, polieren
Lampen	Entstauben, feucht abwischen, trocken polieren
Gardinen	Absaugen, waschen, falls nötig bügeln
Holzmöbel	Abwischen, mit Möbelpolitur polieren
Polstermöbel	Absaugen, abbürsten, bei Bedarf schamponieren
Ledermöbel	Feucht abwischen, trocken reiben, mit Lederpflegemittel behandeln
Kunststoffbeschichtetes Mobiliar	Feucht abwischen, polieren
Blumen, Pflanzen	Entstauben, gießen, besprühen, bei Bedarf umtopfen, Übertöpfe reinigen

Herrichten

Die akkurat ausgeführten Vorbereitungsarbeiten bestimmen die gute Atmosphäre in den Gasträumen maßgeblich mit. Das Herrichten der Gasträume beginnt mit den täglichen Reinigungs- und Pflegearbeiten: Lüften, Reinigen, Blumenpflege. Für das Tagesgeschäft werden Tafeln gestellt, Tische und Stühle müssen ausgerichtet werden, Tischdecken werden aufgelegt, danach eingedeckt. Presseerzeugnisse und Angebotskarten werden auf Sauberkeit, Vollständigkeit und Aktualität überprüft.

Kontrollieren

Das Personal kann mit Hilfe von **Checklisten** die ordnungsgemäße Durchführung zunächst **selbst kontrollieren**. Die Gesamtverantwortung trägt die Restaurantleiterin bzw. der Restaurantleiter. Sie veranlassen die eventuell nötigen Nacharbeiten.

Checkliste Restaurant-Vorbereitung

- Gut gelüftet, Angenehme Raumtemperatur
- Fußböden, Fenster, Fensterbretter sauber
- Gardinen und Vorhänge dekorativ
- Grünpflanzen und Blumen frisch und gepflegt
- Bestuhlungsplan beachtet, Tische und Stühle gestellt und ausgerichtet
- Tischwäsche: Brüche, Länge, Sauberkeit
- Richtig eingedeckt
- Menagen sauber, gefüllt
- Tischaufsteller, Angebotskarten überprüft
- Guéridons überprüft, sauber, Vorleger
- Wärmerechauds arbeiten
- Musik mit geregelter Lautstärke

Bewirtungsbereich

19.2 Büfett und Office
office et bar
preparatory area and bar

Büfett

Das Büfett – gemeint ist das **Getränkebüfett** – ist als hygienischer Schwerpunkt anzusehen, da vom Büfett aus die Getränke dem Servicepersonal, bei Selbstbedienung dem Gast direkt übergeben werden.

Das Büfett für Getränke besteht aus Tischen mit Unterschränken, Schränken, Glasvitrinen, Kühlschränken, einer Bierschank- und einer Softdrinkanlage. Zur Einrichtung gehören Froster für Spirituosen und Eiswürfelbereiter. Des Weiteren gehört eine Gläserreinigungsanlage mit Spülbecken und Spülmaschine dazu. Verschiedentlich einbezogen sind Kaffeemaschinen, ebenso Schauvitrinen für Konditoreierzeugnisse.
Eine Abwaschmaschine, meist in einem Nebenraum, dient dem Säubern von Gläsern, Geschirrteilen und Besteck. Servicegeräte werden ebenfalls hier gesäubert und gelagert.

Arbeitsmittel am Büfett: Zapf- und Getränkekühlanlagen, Kaffeemaschine, Espressomaschine, Gläserdruckspüler, Entkorkmaschine, Spindelkorkenzieher.

elektronische Ausschankautomaten

Büfettwagen

Checkliste

Tagesarbeiten am Büfett

- Gläserspüle gereinigt
- Kaffeemaschine entleert und gesäubert
- Tagesreinigung der Zapfanlage
- Reinigungs- und Pflegemittel aufgefüllt
- Flächen und Fußböden gesäubert

Turnusmäßige Arbeiten am Büfett

- Zapfanlage gesäubert
- Betriebsbuch: Eintragungen über die Säuberung
- Eisbereiter gesäubert
  Kühlanlagen abgetaut und gereinigt

Büfett und Office

Office

Das **Office** ist der **Verbindungsraum** zwischen **Küche** und **Gastraum** und der **Arbeitsraum** für das Servicepersonal. Hier hängen beispielsweise Angebotskarten, Reservierungspläne, Checklisten sowie Reinigungs- und Pflegepläne. Ordnung und Sauberkeit sind auch hier Voraussetzung für einen rationellen Arbeitsablauf.

Reinigung und Pflege

Die Reinigungs- und die Pflegearbeiten in **Büfett und Office** werden allgemein von in diesem Bereich tätigen Mitarbeitern selbst vorgenommen. In großen Hotels kann die Reinigung von der Hausdamenabteilung oder von einer Fremdfirma durchgeführt werden.

Im **Office** werden Tabletts, Aschenbecher mit Geschirrspülmittel gewaschen, danach getrocknet und poliert. Tranchierbretter und Flambierpfannen werden zum Reinigen allgemein in die Abwaschküche gegeben. Bestecke und Geschirrteile werden kontrolliert, gegebenenfalls poliert.
Flambierwagen und -geräte müssen mit Fettlösemittel (Geschirrspüler) abgeseift und anschließend trocken poliert werden.
Wärmerechauds werden feucht abgewischt und poliert. Plattenrechauds müssen abgewaschen, Metallteile mit Spezialreiniger geputzt werden. Menagen, Blumenvasen und Kerzenständer werden gereinigt und zum Gebrauch hergerichtet.

Besondere Schwerpunkte der Reinigungs- und der Pflegearbeiten sind die Getränkeschankanlagen die Getränkekühlanlagen, die Kaffeemaschinen und die Dispenser.

Reinigung von Getränkekühlanlagen: Die Anlagen müssen monatlich abgetaut, mit Reinigungslösung ausgewaschen und abschließend poliert werden.

Reinigung der Kaffeemaschinen: Nach Geschäftsschluss werden Reinigungsdurchläufe mit den vom Hersteller vorgeschriebenen Reinigungsmitteln durchgeführt. Ausgießer und der äußere Teil der Maschine werden gereinigt und dann poliert. Der Behälter wird mit Geschirrspülmittel feucht abgewischt und poliert. Kaffeekrug und Filter können in der Spülmaschine gereinigt werden.

Reinigung von Gläserdruckspülern: Bürsten und Gefäße werden mit Geschirrspülmittel gereinigt und klar nachgespült.

Reinigung der Entkorkmaschine: Das Edelstahlgestell wird mit Geschirrspülmittel abgewaschen. Geputzt wird mit Metallreiniger.

Die **Lagerräume** im Büfettbereich sind ebenfalls zu säubern. Das Trockenlager wird mit Reinigungslösung gewischt, während im Bierkeller Desinfektionslösung verwendet wird.

Reinigung der Getränkeschankanlagen (→ 113)

Checkliste

Tagesarbeiten im Office

- Aschenbecher, Tabletts sauber
- Geschirrteile, Besteck poliert
- Menagen sauber, gefüllt
- Flambiergeräte, Flambierwagen gereinigt Brenner aufgefüllt
- Propangas für Flambierwagen überprüft
- Wasser in Blumenvasen
- Wäschetausch: Tischwäsche, Servietten, Handservietten

Turnusmäßige Arbeiten im Office

- Kupfer geputzt (Pfannen, Clochen) Silber geputzt (Bestecke, Kännchen u.a.)
- Rechauds, Kühler gereinigt
- Menagen entleert, gewaschen, gefüllt

Eine neue Kaffeemaschine wird angeschafft. Sie hat einen Listenpreis von 3150 €. Es werden 12% Rabatt und 3% Skonto gewährt. Ermitteln Sie den Überweisungsbetrag.

◉ domaine de l'hébergement
◉ area of housing

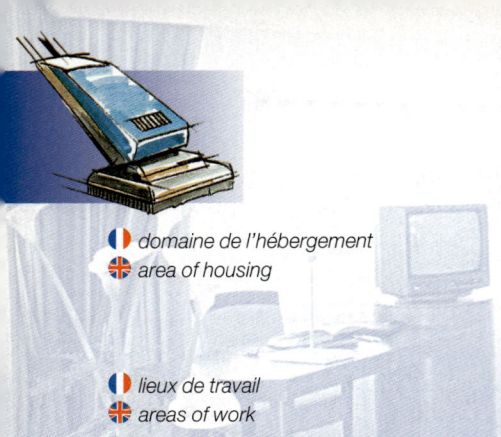

◉ lieux de travail
◉ areas of work

20 Beherbergungsbereich

20.1 Arbeitsbereiche

Für die Reinigung und die Pflege der Hoteleinrichtungen ist die **Hausdamenabteilung** (engl. *housekeeping*) zuständig, die in größeren Betrieben in weitere Aufgabenbereiche unterteilt sein kann. Sie ist für eine gepflegte Atmosphäre und für das Wohlbefinden der Übernachtungsgäste verantwortlich. Sie übt in diesem Bereich die Kontrolltätigkeit gegenüber den Mitarbeitern aus (→ 204f).

Arbeitsbereiche

Gästezimmer	Hotelräume	Sanitärbereich	Sonstiger Gästebereich	Betriebs-, Sozialräume
Flure	Hotelhalle, Lift	Toiletten	Fitnesscenter	Gärtnerei
Balkone	Treppenhäuser	Waschräume	Schwimmbad	Personalräume
Wohnräume	Eingang	Babywickelraum	Bibliothek	
	Restaurationsräume		Konferenzräume	

Mängelliste/ Reparaturauftrag

Arbeitsbereich
Hotel Haus Immergrün

Verantwortlichkeit:	Zimmer:
Zimmermädchen	
Elke	*103*

Mangel:
Toilettenspülung tropft

Feststellungsdatum/-zeit:
14.8., 8.00 Uhr

Maßnahme:
Hausmeister angerufen

Erledigung mit Name/Zeit:

Zimmermädchen erhalten ihre Arbeitsaufgaben täglich von der Hausdame. In großen Häusern gibt es dafür Zimmerlisten. Den Zimmermädchen obliegt der Aufdeckdienst für Betten. Bei Spätabreise sind sie auch mit der Zimmerreinigung und mit Nacharbeiten betraut.

Putzkräfte erhalten die Arbeitsaufgaben ebenfalls von der Hausdame. Sie sind insbesondere für Flure, Treppen, Funktionsräume, Hallenbad, Sauna und Arbeitsbereiche zuständig.

20.2 Räume, Mobiliar

◉ chambres et mobilier
◉ rooms, furniture

Gästezimmer werden in unterschiedlichen Raumgrößen angeboten. Auch die **Lage** der Gästezimmer wird mitunter hervorgehoben: Seeseite, Seeblick, Parkblick, Südseite usw.

Zimmergröße bzw. Zimmerart wird dem Gast in folgender Form genannt:

Einbettzimmer (EZ): Eine Schlafgelegenheit. Ist eine Couch vorhanden kann diese zum Zusatzbett umfunktioniert werden (EZ mit Aufbettung).

Zweibettzimme (2 BettZ): 2 Schlafgelegenheiten. Betten stehen **nicht** zusammen. Ist eine Couch vorhanden, dann ist eine Aufbettung möglich (Zweibettzimmer mit Aufbettung).

Gästebetten

Doppelzimmer (DZ): 2 Schlafgelegenheiten. 2 Betten aus einem Rahmen, oder Betten stehen direkt nebeneinander und sind miteinander verbunden, so dass sie nicht auseinander rutschen können. (Klettverschluss oder Raster: Betten werden am Kopf- und Fußende zusammen gehakt.) Betten mit Klettverschluss oder Raster bieten die Möglichkeit unkompliziert aus Doppelzimmern Zweibettzimmer zu arrangieren.

Grand-Lit-Zimmer: 2 Schlafgelegenheiten als französisches Bett, auch King-Size-Bett genannt.

3-Bettzimmer (3 BettZ): 3 Schlafgelegenheiten. Betten stehen getrennt.

Appartement: Mindestens 2 Räume: 1 Wohn- und 1 Schlafraum, meist mit kleiner Küche.

Studio: Kombinierter Wohn- und Schlafraum meist mit kleiner Küche.

Suite: Mindestens 3 Räume ohne Küche mit separater Toilette.

Zur **Standardeinrichtung** eines Hotelzimmers gehören neben dem Bett: Kofferablage, Nachttische, Tisch und Sitzgelegenheiten, Schreibtisch, Wäscheschrank, Garderobe, Bilder oder Kunstgegenstände sowie technische Ausstattungen wie Radio, Telefon, Beleuchtungseinrichtungen.
Sessel werden passend zur Gesamteinrichtung mit Textilien oder Leder bezogen.
Badeinrichtung und Grundausstattung: Badewanne oder Dusche mit Vorhang, WC mit WC-Papierhalter, WC-Bürste mit Halter, Waschbecken, Spiegel, Handtuchhalter, Hygieneeimer.
Zahnputzglas je Gast, 1 Badetuch, 2 Handtücher, Seife oder Seifenspender, Hygienetüten, Toilettenpapier.

Tapeten und **Fußbodenbeläge** (→ 232f, 234) sollten mit der Gesamteinrichtung, abgestimmt sein.

Doppelzimmer-Appartement

Blick in ein komfortables Hotelzimmer

20.3 Gästebetten

🇫🇷 *lits d'hôtes*
🇬🇧 *guest beds*

„Wie man sich bettet, so liegt man", lautet eine Volksweisheit. Nicht wenige Gäste beziehen ihr Hotelzimmer und probieren gleich das Bett aus. Bekanntermaßen hängt der Erholungserfolg von einer ungestörten Nachtruhe ab.
Im Schlaf sollen die Wirbelsäule mit den Bandscheiben sowie die Muskulatur entspannt werden. Das Bett muss insgesamt so gestaltet sein, dass es diesen Ansprüchen gerecht wird.

Bettbestandteile

- Deckbetten
- Kissen
- Gestell
- Matratzenunterbau
- Matratzenauflage und -schoner
- Matratze

Beherbergungsbereich

🇫🇷 *châlits*
🇬🇧 *bedsteads*

Schaumstoffmatratze

Federkernmatratze

Taschenfederkernmatratze

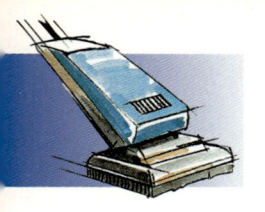

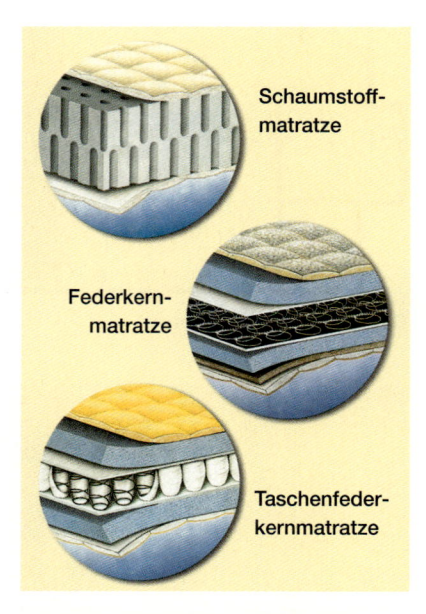

Schaumstoffmatratzen

Mit oder ohne Federkern, Synthetisch aus Polyester (→ 226) oder Polyurethan (→ 211) Luftkammern und Luftkanäle bewirken Atmungsaktivität und Elastizität.
Wegen der geringen Feuchtigkeitsaufnahme werden waschbare Baumwollauflagen verwendet.

Federkernmatratzen

Mit einzelnen elastischen Stahlfedern, zu einem Netz und oft mit Stahlrahmen verbunden. Auf dem Federkern liegt eine atmungsaktive Schicht aus Palm-, Sisal- oder Kokosfasern, beidseitig mit weiteren Polsterschichten belegt. Dazu kommen feuchtigkeits- und wärmeregulierende Rosshaar-, Woll- oder Baumwollschichten.

Taschen-Federkernmatratzen

Aus einzelnen Spiralfedern, die in Textiltaschen aus Baumwolle oder Leinen liegen. Dadurch werden Geräusche gedämpft und eine Punktelastizität erzielt.

20.3.1 Bettaufbau

Bettgestelle

Bettgestelle bilden die **Halterung** für den Matratzenunterbau und damit für die Matratzen. Sie sind von unterschiedlicher Beschaffenheit und Größe, jedoch hinsichtlich der Matratzengrößen standardisiert. Sie werden aus Holz, Metall oder Kunststoff hergestellt. Die Außenseiten können gepolstert und mit passendem Stoff bezogen sein. Um das Herrichten der Betten und die Zimmerreinigung zu erleichtern, sind sie teilweise mit Rollen oder Gleitfüßen ausgestattet.

Matratzenunterbau

Der Matratzenunterbau, der im Bettgestell liegt, kann aus einem einfachen oder einem verstellbaren **Lattenrost**, aus einem **Metallrost** oder aus einem **Spiralnetzrahmen** bestehen. Der Matratzenunterbau hält das Gestell und soll leicht federn, damit sich der Matratzenunterbau den unterschiedlichen Lagen des Schlafenden anpassen kann. Diesem Zweck dienen auch verstellbare Kopf- und Fußteile.
Lattenroste bestehen meist aus gewölbten Holzleisten, die elastisch im Rahmen gelagert sind. Sie können sich dem Schlafenden nach unten und seitlich etwas anpassen.

Matratzenauflage und Matratzenschoner

Matratzenauflage und Matratzenschoner schützen die Matratzen. Sie bestehen aus saugfähigem **Molton**. Matratzenschoner liegen unter der Matratze und vermindern den mechanischen Verschleiß durch den Matratzenunterbau. Die Matratzenauflagen verringern den Materialverschleiß durch Reibung und schützen die Matratze gleichzeitig vor durch die Laken dringenden Verschmutzungen. Für **Schaumstoffmatratzen** sind waschbare Baumwollauflagen besonders zu empfehlen.

20.3.2 Matratzen

🇫🇷 *matelas*
🇬🇧 *mattresses*

Die **Schlafeigenschaften** eines Bettes werden maßgeblich von der Matratze und vom Matratzenunterbau bestimmt.

Um die Entspannung von **Wirbelsäule** und **Muskulatur** im Schlaf zu fördern, sollen Matratzen elastisch, weder zu weich noch zu hart, druckfrei und atmungsaktiv sein. Nächtlich werden vom Schlafenden etwa 200 ml Körperflüssigkeit als **Hautausdünstungen** (Transpiration) abgegeben. Bevorzugt werden deshalb den Gasaustausch ermöglichende natürliche Werkstoffe, wie Baumwolle, Wolle, Rosshaar, Kamelhaar, weitere Pflanzenfasern.
Matratzen sollen Temperatur und Luftfeuchte im Bett durch Luftzufuhr von unten regulieren. Im **Beherbergungsbereich** eingesetzte Matratzen sollen insbesondere pflegeleicht (z. B. waschbare Schaumstoffmatratzen-Überzüge), strapazierfähig, geräuscharm und schwer entflammbar sein.

Zu unterscheiden sind **Schaumstoffmatratzen** mit oder ohne Federkern, **Federkernmatratzen** und **Taschen-Federkernmatratzen** (→ Übersicht).

Latexmatratzen: Unter Verwendung von **Kautschuk-Schaumstoff** hergestellte Schaumstoff oder Federkernmatratzen. Latex hat eine keimhemmende Wirkung und ist weitgehend staubfrei. Diese Matratzen eignen sich besonders für Milben- und Hausstauballergiker.

20.3.3 Deckbetten und Kissen
duvets et oreillers
duvets and pillows

Schlafende möchten eine wohlige, dem Organismus angemessene Temperatur verspüren, wobei kein Wärmestau auftreten darf. Noch mehr als bei der Matratze werden deshalb von Kissen und Deckbetten wärmeregulierende, atmungsaktive und feuchtigkeitsregulierende Eigenschaften gefordert. Außerdem wird anschmiegsames Material geschätzt. **Federbetten** erfüllen diese Eigenschaften am besten.

Werkstoffe
Übliche Werkstoffe sind **Daunen, Gänse-** und **Entenfedern**.
Daunen sind Flaumfedern von Gänsen oder Enten, im Aussehen vergleichbar mit bauschigen Schneeflöckchen.
Erstmalig verarbeitetes Material wird mit dem Zusatz **Original** gekennzeichnet. Ansonsten ist auch üblich, aufgearbeitete Daunen und Federn zu verwenden.

Als **Umhüllungen** für die Füllungen (Inletts) eignen sich luftdurchlässige, aber gleichzeitig dichte Stoffe. Beim Aufschütteln muss Luft in die Füllung gelangen, andererseits dürfen die Federkiele den Stoff nicht durchstoßen (z. B. Baumwolle, Satin).
Bettdecken und Kissen können auch mit **Tierfasern** (Wolle, Seide → 225) gefüllt werden.
Chemiefasern (→ 226) sind preisgünstiger, maschinell waschbar und können die oben genannten Materialien ersetzen. Sie können auch bei Allergien gegenüber Federn und Haare verwendet werden.

Deckbetten
Zu unterscheiden sind ungesteppte und gesteppte Deckbetten (Flachbett). Die gesteppten Deckbetten sind durch eingenähte Stege oder Karos unterteilt, was das Verrutschen, das Zusammenballen oder das Zusammendrücken der Füllung verhindert. Deshalb ist auch nur geringes Aufschütteln erforderlich.
Als **Plumeau** wird ein kleines (halblang: 130 x 130 cm), dicker gefülltes Federbett bezeichnet.

Kissen
Kissen sollen sich individuell formen lassen und werden deshalb nicht gesteppt. Gutes Aufschütteln beim Bettenmachen ist erforderlich.
Dinkelkissen finden als Naturwerkstoffe der Vergangenheit heute neue Interessenten. Sie sollen einen besonders erholsamen Schlaf fördern und auch für Allergiker geeignet sein.
Nackenkissen: 40x80 cm werden zusätzlich angeboten. Sie dienen der besseren Unterstützung von Wirbelsäule und Nackenbereich.

Richtige Matratze, sie passt sich dem Körper an

Falsche Matratze, der Körper sinkt zu tief ein

Gewichtsanteile an Daunen (%) bei Füllungen

Original reine Daunen	100%
Original Daunen	90%
Original fedrige Daunen	50–89%
Original Dreivierteldaunen	30–49%
Original Halbdaunen	15–29%
Original daunenhaltige Daunen	9–14%
Original Federn	0%

Unübertreffliche Eigenschaften von Daunen und Federn
Die gekrümmten Luftkanäle in den feinsten Federn schließen die Luft ein und schaffen Weichheit, Elastizität und wärmedämmende Hohlräume. Die Federhohlräume nehmen Feuchtigkeit auf und geben sie allmählich an die Umgebung ab.

Beherbergungsbereich

Übliche Bettwäsche-Größen

Betttücher	160 x 260	cm
Spannbetttücher	100 x 200	cm
Deckbettbezüge	135 x 200/220	cm
	155 x 200/220	cm
Französische Bezüge	200 x 200	cm
Kissenbezüge	80 x 80/60	cm
	40 x 60/40	cm

Reinigung und Pflege

Deckbetten und **Kissen** täglich aufschütteln und auslüften.
Durch tägliches **Aufschütteln** sollen die Füllungen gelockert und aufgenommene Körperflüssigkeit entfernt werden. Bei feucht-nassem Wetter sollte deshalb längeres Lüften unterbleiben.
Federbetten sollten niemals geklopft oder gesaugt werden. Inletts werden weich gebürstet. Längere direkte Sonneneinstrahlung sollte vermieden werden, da dadurch die Elastizität durch Austrocknen vermindert werden kann.
Die Federfüllungen der **Kissen** sollten in der Regel alle **drei Jahre**, die etwas weniger beanspruchten **Federbettfüllungen** alle **fünf Jahre** vom Fachgeschäft gereinigt werden. Staub und defektes Federmaterial werden dabei entfernt.

20.3.4 Bettwäsche

🇫🇷 linge de lit
🇬🇧 bed linen

Die Bettwäsche soll körperfreundlich sein und auch bei starker Beanspruchung lange ansprechend aussehen. Sie muss sich schnell wechseln lassen, wofür der Hotelverschluss sorgt.
Den Anforderungen werden Baumwolle, Leinen und Mischgewebe daraus am besten gerecht (➔ 225f).

Arten

Zur Bettwäsche gehören Bettlaken, Deckbettbezüge, Kissenbezüge und Bettvorleger. Die Bettwäsche besteht vorwiegend aus Baumwolle, Leinen, Halbleinen oder Mischgeweben. Mischgewebe kann aus Baumwolle und Viskose oder aus Baumwolle und Polyester (Baumwolle-Diolen) bestehen.
Bettlaken oder Spannbetttücher werden besonders beansprucht. Sie werden deshalb aus Leinen- oder Baumwoll-Mischgewebe mit Polyester oder Diolen, Spannbetttücher aus Frottee, Jersey und Biber hergestellt.

Bettwäsche-Arten	Merkmale/Eigenschaften
Baumwolle	Saugfähig, reißfest, knittert, fusselt, leicht anschmutzbar, kochfest, läuft ein
Damast (Baumwolle, Leinen, Seide)	Eingewebtes Muster
Kretonne (Baumwolle)	Durch starke Verflechtung beim Weben nur in eine Richtung dehnbar, geringe Wärmeregulation, strapazierfähig, schmutzabweisend
Mako-Satin (Baumwolle)	Mercerisiert (➔ 226)
Linon (Baumwolle)	Leinwandbindiges Baumwollgewebe
Biber (Baumwolle)	Beidseitig aufgeraut
Jersey (Wolle)	Gewirkt, knitterarm, elastisch
Baumwoll-Mischgewebe	
Baumwolle – Polyester	Leicht, saugfähig, körperfreundlich, vergilbt, gut waschbar, farbecht, läuft nicht ein
Baumwolle-Leinen	kühlt, hart, nicht fusselnd, gut haltbar, kochfest, teuer
Leinen-Mischgewebe	
Leinen – Polyester	Knitterarm, körperfreundlich, farbecht, läuft nicht ein
Leinen – Baumwolle	Saugfähig, knittert

Arbeitsschritte beim Herrichten der Betten

Laken straffen, Matratze dabei anheben	Matratzenschoner richten, dann Laken vom Kopfende zum Fußende spannen
Kopfkissen aufschütteln, aufstellen oder legen	Betrachter darf nicht in die offene Seite oder Knopflochleiste blicken können
Bettdecke auflegen	Betrachter darf nicht in die offene Seite hineinschauen können
Schlafkleidung auf das Bett legen, Tagesdecke auflegen	Nur noch vereinzelt üblich

20.4 Zimmerreinigung und –pflege

🇫🇷 nettoyage et entretien des chambres
🇬🇧 cleaning and maintenance of guestrooms

Bei den Reinigungs- und den Pflegearbeiten im Beherbergungsbereich sind ständig wiederkehrende Arbeiten durchzuführen. Zu unterscheiden sind die Tätigkeiten bei einem Bleibezimmer, einem Abreisezimmer oder der Nachtvorbereitung der Zimmer.

Herrichten der Gästezimmer

Für anwesende Gäste	Bleibezimmer
Für die Nacht	Nachtvorbereitung
Nach der Abreise	Abreisezimmer

Arbeitsmittel
Der **Etagenwagen** ist das wichtigste Arbeitsmittel bei der Reinigung und der Pflege im Beherbergungsbereich.
Der Etagenwagen enthält Reinigungsmittel, Reinigungsgeräte und Gebrauchsgegenstände für Gäste. Kleine Beherbergungsbetriebe haben den Etagenwagen außerdem mit Wäsche bestückt, während Großbetriebe getrennte Wäsche- und Putzmittelwagen einsetzen.

Reinigungs- und Pflegemittel
Universalreiniger, Bad- und Toilettenreiniger, Scheuermittel, Desinfektionsmittel, Möbelpolitur, Lederpflege, Glasreiniger, Spiritus

Weitere Arbeitsmittel
Staubtücher, Schwammtücher, Vlies-Pads, Bürsten, Staubsauger, Eimer, Wischmopp, Mülltüten für Hygieneeimer und Papierkorb, Müllsack für Gesamtabfall

Gebrauchsgegenstände für Gäste
Toilettenpapier, Seife, Schreibwaren, sonstige Bestückung, wie Prospekte, Programme, Mineralwasser usw., Wäschetüte, Schuhputztuch, Duschhaube, Waschgel, Körperpflegemittel, Wäsche (falls kein gesonderter Wäschewagen eingesetzt wird), Gläser (wenn eine Zentralreinigung vorhanden ist)

Etagenwagen

Arbeitsabläufe
Im Hotelbetrieb beginnt die Zimmerreinigung mit der Übergabe eines Zimmerplans durch die Hausdame an das Zimmermädchen. Der Zimmerplan enthält eine Aufstellung der Bleibe-, der Abreise- und der Generalreinigungszimmer. Außerdem wird der Etagenpass, das heisst der Generalschlüssel für die Gästezimmer, übergeben.
Dann ist der Etagenwagen auf Vollständigkeit zu kontrollieren.

Zur täglichen Zimmerreinigung gehört es auch, Zimmer für **VIP-Gäste** herzurichten. Dafür gibt es verschiedene Leistungen, die allerdings mitunter schon zum Standard gehören: Obstschale, Blumen, Wein, Champagner, verschiedene Getränke, exklusive Pflegeserie, Geschenk, persönlicher Brief.
Außer diesen VIP-Leistungen können Zimmer-Grundausstattungen ein **gehobenes Niveau** haben:
- Teure Tapeten, teure Teppiche, edle Möbel
- Ausgewählte Bett- und Frotteewäsche
- Zusätzliche Kommunikationstechnik
- Service für Schuhe- und Wäschereinigung

Beziehen von Betten

Beherbergungsbereich

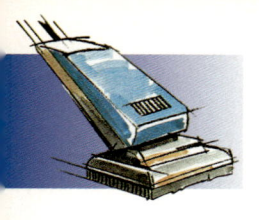

Zusätzliche Arbeitsschritte bei der Reinigung eines Abreisezimmers:
- Bettwäsche abziehen
- Bettzeug zum Lüften auslegen
- Matratzen absaugen
- Betten beziehen und herrichten
- Fundsachen sicherstellen

Checkliste Tagesarbeiten im Wohnbereich

- Lampen und Elektrogeräte sauber und funktionsbereit
- Zimmer gut gelüftet, Fenster und Gardinen ordnungsgemäß
- Papierkorb geleert
- Blumen gepflegt
- Schreibmappe vollständig, Bibel, Telefonbuch vorhanden
- Zimmerausstattung ordnungsgemäß, Ascher, Zündhölzer
- Kleiderbügel ausreichend
- Türanhänger "Bitte nicht stören"
- Türen und Fußboden sauber
- Fundsachen abgegeben:
- Defekte gemeldet:

Arbeitsschritte bei der Reinigung eines Bleibezimmers

Arbeitsschritt	Hinweis
Anklopfen. Falls keine Reaktion erfolgt, nochmals klopfen. Tür öffnen	Vorher auf Hinweisschild „Bitte nicht stören" achten und gegebenenfalls akzeptieren. Gäste könnten noch schlafen oder das Klopfen überhört haben
Vorhänge, Fenster öffnen. Heizung drosseln. Papierkorb, Aschenbecher	Tageslicht als Grundlage für die Reinigung. Zum Wagen tragen, dort entleeren
Papierkorb blockiert die geöffnete Tür	Papierkorb bleibt bis Reinigungsende in der Tür, um die Reinigungsarbeiten zu signalisieren
Frühstückstablett oder -trolley auf den Flur stellen	Frühstücksutensilien werden durch den Frühstücksservice weggeräumt
Trinkgläser waschen, mit Gläsertuch polieren oder gegen gereinigte Gläser tauschen	Bei Reinigung im Zimmer müssen die hygienischen Grundsätze eingehalten werden
Betten lüften. Umherliegende Kleidungsstücke aufräumen	Schlafkleidung zusammenlegen oder an die Badezimmertür hängen. Private Schriftstücke am Ort belassen
Betten herrichten, gegebenenfalls beziehen	Umfang dieser Dienstleistung ist vom Dienstleistungsumfang des Hauses sowie vom Verschmutzungsgrad abhängig
Wäsche zum Wagen bringen und neue bereit legen	Der Wäschewechsel erfolgt je nach Hotelniveau täglich, zweitäglich (jeden zweiten Tag) oder dreitäglich (jeden dritten Tag)
Staub wischen	Von einer Seite zur anderen, von oben nach unten, gründlich, nichts auslassen
Funktionsprüfungen	Telefon, Fernseher, Lampen
Bestückung auffüllen oder austauschen	Schreibpapier, Prospekte, Türanhänger
Minibar prüfen	In großen Hotels gibt es Minibar-Checker, die weiter führende Arbeiten wie die Abrechnung mit übernehmen
Tür abseifen, Staub saugen	
Gereinigten Papierkorb zurückstellen, Gardinen richten	
Eigenkontrolle	Checklisten nutzen, Gesamteindruck überprüfen

Zimmerreinigung und -pflege

Arbeitsschritte beim Reinigen der Sanitärräume	
Wäsche zum Wagen bringen	Umherliegende Wäsche wirkt liederlich
Hygieneeimer entleeren, reinigen	Mikroorganismen können sich dort leicht ansiedeln
Toilettenreiniger in Toilette geben, gleichzeitig Toilettenbürste einweichen	Ablagerungen müssen verhindert werden. Geruchsverbesserung
Fliesen über Dusche/Wanne reinigen	Abseifen, abwaschen, polieren
Dusche und Wanne reinigen	Innen und aussen abseifen, abwaschen, polieren
Stöpsel und Siebe von Haaren befreien, mit klarem Wasser nachspülen	Hygienische und ästhetische Anforderung
Metallteile, Rohre, Handtuchhalter reinigen und polieren	Abseifen, polieren, Metallteile mit Putzmittel reinigen
Fliesen reinigen	Abseifen, abwaschen, polieren
Zahnputzgläser säubern	Bei zentraler Reinigung austauschen
Waschbecken innen und außen reinigen, polieren	Überlauf und Armaturen einbeziehen
Konsole, Waschtisch und Spiegel reinigen, polieren	Reinigen mit feuchten Tüchern, Glasreiniger für Spiegel
Gastutensilien aufräumen	Hausbestimmungen dazu beachten
Toilette mit Extratuch reinigen, abwischen, polieren	Toilettenrand und -sitz, Toilettenbecken außen
Deckel schließen	
Toilettenartikel auffüllen	Sortiment je nach Einrichtung unterschiedlich, siehe Etagenwagen
Mit Handtüchern neu bestücken	Wünsche der Gäste berücksichtigen
Badezimmertür reinigen	Abseifen, polieren
Fußboden wischen	

Checkliste Tagesarbeiten im Sanitärbereich

- Lampen und Elektrogeräte sauber und funktionsbereit
- Dusche, Wanne, Fliesen gereinigt, gepflegt Waschbecken sauber, Armaturen gepflegt
- Zellstofftücher ausreichend vorhanden
- Zahnputzbecher/-gläser, Hygieneeimer in Ordnung
- Toilette, Bidet sauber Toilettenpapier aufgefüllt
- Badezimmerbestückung vollständig: Seife, Körperpflege, Haarwäsche
- Wäschewechsel durchgeführt
- Türen und Fußboden sauber

Kontrollieren der Gästezimmer

Zimmermädchen und Reinigungspersonal überprüfen mittels **Checklisten** die ordnungsgemäße Durchführung zunächst selbst. Bei Abreisezimmern werden Zimmerschlüssel und Fundsachen (→ 249) an der Rezeption oder bei der Hausdame abgegeben. Die Gesamtverantwortung obliegt der Hausdame. Sie oder ihre Assistentin kontrollieren ebenfalls mittels Checkliste die ordnungsgemäße Reinigung und Pflege und veranlassen nötige Nacharbeiten.

Aufdecken

Das Zimmer wird am Abend durch das Zimmermädchen vorbereitet:
- Entfernen der Tagesdecke und Zurückschlagen des Deckbettes oder der Decke.
- Mitunter ist es üblich, die Nachtwäsche darauf zu platzieren und ein „Betthupferl" dazu zu legen.

Sauberes Badezimmer

Beherbergungsbereich

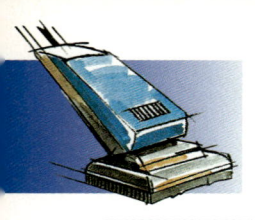

Projektorientierte Aufgabe
Generalreinigung eines Hotelzimmers

Im **Hotel Deutsche Eiche** werden die 5 Zweibettzimmer der Dependance in der Verantwortung der Hausdamenabteilung generalgereinigt und zugleich eine vorsorgliche Desinfizierung vorgenommen.

Aufgabe der Hausdamenabteilung
1. Beurteilen Sie die Vorteile, die der Einsatz hauseigenen Personals in der Hausdamenabteilung bietet.
2. Beschreiben Sie die Aufgaben im Gästezimmer für die Hausdame bei einer Abreise.

Räume und Mobilar
3. Prüfen Sie den Einrichtungsplan des Zweibettzimmers auf Vollständigkeit und Zweckmäßigkeit.

Reinigungsarbeiten
4. Beschreiben Sie die unterschiedlichen Arbeiten in einem Bleibezimmer und einem Abreisezimmer.
5. Ermitteln Sie durch eine Befragung Reinigungsarbeiten, die in einer Generalreinigung im Vergleich zu einer Reinigung bei Abreise zusätzlich erforderlich sind.
6. Zählen Sie die Bestückung des Etagenwagens auf und erläutern Sie deren Verwendung.
7. Zählen Sie Desinfektionsmittel auf, die in Ihrem Ausbildungsbetrieb verwendet werden. Beschreiben Sie deren Einsatz.
8. Erkundigen Sie sich in Ihrem Ausbildungsbetrieb nach den Reinigungsarbeiten in einem Abreisezimmer, in dem 3 Tage ein Hund mit untergebracht war?

Betten
9. Erläutern Sie wichtige Gebrauchseigenschaften eines Bettbezuges.
10. Beschreiben Sie den Aufbau einer modernen Matratze und deren Eigenschaften.
11. Nennen Sie Bettfüllungen und deren besondere Eigenschaften.
12. Welche Bedeutung hat der Hotelverschluss?
13. Beschreiben Sie die Reinigung und Pflege der Betten.

Berechnungen
14. Das Hotel wird durch eine Fremdfirma gereinigt. Im Monat Mai werden Fenster mit einer Fensterfläche von 2770 m² geputzt. Die Reinigungsfirma berechnet netto 0,70 €/m².
    Berechnen Sie den Überweisungsbetrag.
15. Das Hotel hat 120 Zimmer. Im April berechnet eine Reinigungsfirma 2502 Zimmerreinigungen
15.1 Ermitteln Sie die Anzahl der täglich gereinigten Zimmer, wenn am 30.4. 12 Zimmer mehr als in den vorangegangenen Tagen belegt waren.
15.2 Berechnen Sie die Hotelauslastung für den Monat April.
16. Eine zusätzlich benötigte Hausdame stellt für 4 Stunden Zimmer-Endkontrolle 78,79 € in Rechnung.
    Berechnen Sie den Stundenlohn der Hausdame.

21 Umgang mit Gästen

rapports avec les clients
contact with the guests

21.1 Gespräche, Informationen

conversations, informations
conversations, information

Für Hotelgäste gehört zur üblichen Praxis, sich mit dem Personal der Hausdamenabteilung, beispielsweise mit dem Reinigungspersonal, zu unterhalten, sie um kleine **Gefälligkeiten** zu bitten.
Oft möchten die Gäste **Informationen** zum Hotelbetrieb oder zur Region. Gäste sind dankbar und erfreut, wenn sie sachkundige und freundliche Auskünfte erhalten. Mitunter machen Gäste auch auf Missstände oder defekte Ausstattungsgegenstände aufmerksam.
Das Personal im Wirtschaftsdienst muss auf diesen Umgang mit den Gästen vorbereitet sein.

> Dabei gilt das Prinzip, Aufträge selbst zu lösen und Gäste nicht an andere Mitarbeiter zu verweisen.

Das Personal gibt den Gästen **Auskunft** über den Hotelservice hinsichtlich Reinigung und Wäsche, aber auch über regionale Sehenswürdigkeiten. **Sonderwünsche** werden gern erfüllt. Das betrifft zusätzliche Kopfkissen, Schlafdecken oder Bügelmöglichkeiten.
Reklamationen werden diskret und verständnisvoll behandelt.

Beispiele: Störungen durch Verkehrslärm, Duschbrause defekt, Batteriewechsel an Fernbedienung ist notwendig.

21.2 Rechtsbestimmungen

références juridiques
laws

Beim Wirtschaftsdienst müssen neben den allgemeingültigen besondere Rechtsbestimmungen beachtet werden, die sich besonders auf den Umgang mit Gästen beziehen. Dies betrifft Schadenshaftung und Fundsachen. Das Wirtschaftspersonal muss seine Rechte und Pflichten kennen und einhalten.

Geschenke
Fundsachen, Pfandrecht
Schadenshaftung
Verkehrssicherungspflicht
Garderobenhaftung

Geschenke
Viele Gäste sind großzügig, wenn sie sich gut betreut fühlen. Dann ist es üblich, dem Personal auch durch kleine Aufmerksamkeiten zu danken. Die Mitarbeiter müssen dabei stets die **internen Betriebsanweisungen** beachten, die genau festlegen, wie mit derartigen Zuwendungen umzugehen ist.
Beispiel: Zimmermädchen führt ein „Geschenkbuch", in das alle Zuwendungen eingetragen werden, die nach vereinbartem Modus zu verteilen sind.

Zurückgebliebenes Gästeeigentum
Lassen Hotelgäste bei der Abreise Gegenstände zurück, dann wird nach dem Gesetz wird zwischen **Fundsachen** und **liegen gebliebenen Sachen** unterschieden.
Liegen gebliebene Sachen: Von Übernachtungsgästen vergessene Gegenstände gelten als liegen gebliebene Sachen, bei denen kein Anspruch auf Finderlohn besteht. Sie müssen im Gastgewerbebetrieb kostenlos verwahrt werden. Ist der Eigentümer bekannt, dann ist er umgehend zu informieren.

Die dargestellten Rechtsbestimmungen beziehen sich auf das Bürgerliche Gesetzbuch. Besondere Paragraphen werden genannt.

Umgang mit Gästen

Abgabe einer Fundsache

Aufwendungen, die zur Wiedererlangung des Gästeeigentums nötig sind, hat der Gast zu übernehmen.
Fundsachen: Dinge, die im **öffentlichen Bereich** vergessen werden. Als öffentlicher Bereich ist derjenige Teil einer Gaststätte zu verstehen, der von Straßenpassanten benutzt werden kann, beispielsweise Restauranträume, Biergarten, Konferenzräume usw. (§ 975ff.).

Schadenshaftung

Zu unterscheiden ist zwischen **Beherbergungswirt** und **Schankwirt**.
Die Schadenshaftung bezieht sich auf die Verkehrssicherungspflicht, die Haftung für den Erfüllungsgehilfen und für Verrichtungsgehilfen.
Der **Schankwirt** haftet lediglich für eigenes und für das Verschulden seiner Mitarbeiter. Die Haftung setzt nicht den Bewirtungsvertrag voraus. Haftung besteht beispielsweise bei vom Gastwirt zu verantwortenden Unfällen in seinem Gastgewerbebetrieb.
Der **Beherbergungswirt** haftet in festgelegten Fällen des Weiteren für **eingebrachte Sachen**, das heißt ihre Beschädigung, ihren Verlust oder ihre Zerstörung. Ebenso haftet er für vom Gast zur Verwahrung übernommene Gegenstände, beispielsweise von Wertsachen in Hotelsafes (§§ 701ff.).
Dagegen besteht bei **nicht eingebrachten Sachen** (z.B. abgestellte Fahrzeuge, Sachen darin, mitgeführte Haustiere) keine Haftungspflicht.

Pfandrecht

Nur der **Beherbergungswirt** hat gegebenenfalls ein Pfandrecht. Bei zahlungsunwilligen Übernachtungsgästen kann er bei Forderungen aus Beherbergung, Verpflegung, Nebenleistungen und anderen Auslagen ein Pfandrecht ableiten.
Der **Schankwirt** kann Pfänder nur nach Vereinbarung mit dem Gast erlangen.

Verkehrssicherungspflicht

Der Gastwirt hat die Pflicht, drohende Gefahren vom Gast, der sein Grundstück betritt, abzuwenden. Dies betrifft alle zugänglichen Räume, Zugänge und Grundstücksflächen, wobei die Sorgfaltspflicht beispielsweise die Beleuchtung der Räume, die Bad- oder die Spielplatzbenutzung einschließt. Der Gastwirt muss auch an das möglicherweise unbedachte und unvorsichtige Verhalten der Gäste nach Alkoholgenuss denken.
Erfüllungsgehilfen: Personen, für die der Schuldner wie für eigenes Verschulden haftet. Im Gastronomiebetrieb sind die Mitarbeiter die Erfüllungsgehilfen des Gastwirtes, wenn zwischen Wirt und Gast ein Bewirtungsvertrag besteht.
Verrichtungsgehilfen: vom Wirt beschäftigte Personen, wenn zwischen Wirt und Gast kein Bewirtungsvertrag besteht. Der Verrichtungsgehilfe haftet selbst, wenn der Wirt nachweisen kann, dass er bei der Personalauswahl weder vorsätzlich noch fahrlässig gehandelt hat.

Garderobenhaftung

Der **Bewirtungsgast** ist für die Garderobenaufsicht **selbst zuständig**. Der Gastwirt ist dann haftbar, wenn er darauf besteht, dass die Garderobe an einem Ort aufbewahrt wird, der vom Gast **nicht kontrollierbar** ist, oder wenn dem Gastwirt **schuldhaftes Handeln** oder **Vorsatz** nachgewiesen werden.
Bei **kostenpflichtigen, beaufsichtigten Garderoben** haftet der Gastwirt.

---

1 Nach der Abreise eines Urlauberehepaars liegen im Aschenbecher gut sichtbar 3 €. Darf das Zimmermädchen das Geld behalten?

2 Erläutern Sie drei mögliche oder erlebte Reklamationen von Hotelgästen.

3 Ein Hotelgast stürzt und verletzt sich, weil die Bewegungsmelder nicht funktionieren und die Hoteletage beim Betreten unbeleuchtet war. Beurteilen Sie die Haftungsverpflichtung.

4 Das Zimmermädchen hat es bei der Badezimmerreinigung versäumt, trocken zu wischen. Eine ältere Dame rutscht aus und verletzt sich. Beurteilen Sie die Haftungsverpflichtung.

5 Eine Ausländerfamilie hat das Hotelzimmer bezogen. Es wird viel und laut gesprochen, so dass sich andere Gäste beschweren. Wie verhalten Sie sich?

6 Beurteilen Sie die folgenden Situationen. Wie verhalten Sie sich? Erkundigen Sie sich über Regelungen in Ihrem Ausbildungsbetrieb.

6.1 Handtücher werden ins im Kurort liegende Schwimmbad mitgenommen.

6.2 Tee wird im Hotelzimmer selbst gebrüht.

6.3 Größere Wäschestücke werden gewaschen und anschließend im Zimmer zum Trocknen aufgehängt.

6.4 Bei der Abreise der Familie bleiben ein Reisewecker und eine ausländische Zeitschrift zurück.

WARENWIRTSCHAFT

```
     MÄRKISCHES HOTEL

Ausdruck vom 08.10..... *

.ÖSE GASTRONOMIE vom: 07.10.....
---------------------------------------------------
     Tag         Monat      Budget    % Ist/Soll
---------------------------------------------------
 .863,58      10.223,51
  298,24       1.345,71
    0,00           2,80
---------------------------------------------------
 .565,34       8.875,00        0,00        0,00
---------------------------------------------------
 .257,12       7.138,69
  308,22       1.735,21
    0,00           1,10

  538,24       2.037,19
    0,00         720,98
  123,28         494,14
  513,86       3.683,12
    0,00           0,00
 *637,14      *4.898,24

  390,04       1.939,58
    0,00           0,00
---------------------------------------------------
```

Ziele und Aufgaben der Warenwirtschaft kennen. Warenbedarf ermitteln und Waren beschaffen. Rechtsgeschäfte kennen. Kaufverträge vorbereiten und weisungsgemäß abschließen. Berechnungen durchführen. Zahlungsvorgänge bearbeiten. Inventuren durchführen und beim Erstellen eines Inventars helfen.
Einsatz von EDV-Programmen.

(nach dem Bundesrahmenlehrplan)

domains de travail et personnel
fields of work and personnel

22 Arbeitsbereiche und Personal

Endlich hat Peter seinen Schulabschluss. Aus diesem Anlass laden ihn seine Eltern zu einem Hotel-Kurzurlaub ein. Peter ist sehr gespannt, weil er in Kürze die Lehre als Hotelfachmann beginnt. Am Sonntagmorgen beim gemütlichen Frühstück überlegt er, dass es vermutlich gar nicht so einfach ist, all die Waren, die ein Hotel benötigt, immer rechtzeitig bereitzuhalten. Immerhin müssen nicht nur Lebensmittel für die Gäste eingekauft werden, es müssen auch Bettwäsche und Tischwäsche besorgt werden, Postkarten für die Rezeption und auch Briefmarken.
Von der Bedienung erfährt Peter, dass es im Hotel einen selbstständigen Arbeitsbereich gibt, die Warenwirtschaft.

tâches et objectifs
assignments and objectives

22.1 Aufgaben und Ziele

Die Warenwirtschaft gliedert sich in zwei Teilbereiche:

- den betriebswirtschaftlichen und
- den lagertechnischen Bereich.

Zum **betriebswirtschaftlichen Bereich** zählen alle Tätigkeiten, die sich mit der Beschaffung der Waren, den Vertragsabschlüssen, der Kontrolle der **Wareneingänge**, der Überwachung der **Lagerbestände**, der Durchführung der **Inventuren** und der Erstellung des **Inventars** befassen.

Der **lagertechnische Bereich** umfasst hauptsächlich die sachgerechte Lagerung von Lebensmitteln und Wirtschaftsgütern (z. B. Wäsche, Geschirr, Gläser, Servietten, Möbel). Häufig werden Lagerräume (speziell das Trockenlager) in der Gastronomie als **Magazin** bezeichnet.
Zum lagertechnischen Bereich gehören ebenso die Ermittlung des Raumbedarfes für die zu lagernden Waren, die technische Lagerraumausstattung, die Einhaltung der Unfallbestimmungen, die Überwachung der raumklimatischen Verhältnisse (Temperatur und Luftfeuchte) und die Einhaltung der Hygienevorschriften.

Wäschelager

Magazin (arabisch) bedeutet in der Übersetzung Vorrats- oder Lagerraum.

Zu den **Zielen** einer gut organisierten Warenwirtschaft zählt die termingerechte Bereitstellung aller Waren (Lebensmittel, Wirtschaftsgüter usw.), die notwendig sind, um einen gesicherten Betriebsablauf zu gewährleisten.
Dies ist nur dann zu erreichen, wenn alle Bereiche eines Betriebes eng zusammenarbeiten und ein ungestörter Informationsfluss innerhalb der Abteilungen besteht.

Am Anfang der Planung sollten deshalb folgende Überlegungen stehen:

- Welche Waren werden benötigt bzw. sind noch vorhanden?
- Welche Mengen an Waren werden verbraucht?
- Zu welchen Zeitpunkten müssen die Waren vorrätig sein?
- Welche Lagerflächen stehen zur Verfügung?
- Welche Gästegruppe soll angesprochen werden?
- Welcher voraussichtliche Absatz ist zu erwarten?
- Welcher finanzielle Rahmen ist gegeben?

Personal

Kreislauf der Warenwirtschaft

🇫🇷 *circuit de la gestion de la marchandise*
🇬🇧 *cycle of the management of goods*

Um den komplexen Abläufen gerecht zu werden, ist eine reibungslose Zusammenarbeit der einzelnen Abteilungen eines Gastronomiebetriebes unbedingt notwendig.

Ermittlung des Warenbedarfs (Lieferantenauswahl)
Beschaffung der Waren Angebote – Kaufverträge
Warenannahme Qualitative und quantitative Kontrolle
Lagerung der Ware
Warenausgabe

1 Nennen Sie die Teilbereiche von Warenwirtschaftssystemen.
2 Erklären Sie das Kreislaufmodell der Warenwirtschaft mit eigenen Begriffen.

22.2 Personal

🇫🇷 *le personnel*
🇬🇧 *personnel*

> **Disponent** *(lat.: disponere = einteilen, verteilen).* Angestellter mit begrenzter Vollmacht.
> **Management** *(engl.)* Leitung eines Unternehmens.

In großen Hotels untersteht die Einkaufsabteilung in der Regel dem **Wirtschaftsdirektor** (F + B-Manager).
Der **Einkäufer** stimmt alle Abläufe innerhalb der Einkaufsabteilung ab.
Unterstützt wird der Einkäufer durch die **Disponenten**. Zu den Aufgaben eines Disponenten gehören die Ermittlung des Bedarfs sowie die mengenmäßig einwandfreie und termingerechte Bestellung der Waren.
Das Magazin wird vom **Magazinverwalter** geleitet. Er ist mit seinen Mitarbeitern – den **Fachkräften für Lagerwirtschaft** und dem **Warenannehmer** – für den Wareneingang, die Warenpflege (→ Gastronomie Grundstufe), die Warenausgabe und die Bestandskontrolle verantwortlich.
Die Mitarbeiter in der Warenwirtschaft müssen neben betriebswirtschaftlichen Kenntnissen auch über umfangreiche Erfahrungen mit den zu lagernden Waren in fachpraktischer Hinsicht verfügen. Hierzu gehört beispielsweise Erfahrung im Umgang mit frischen Lebensmitteln, Tiefgefrier- und Kühlkost. Diese Anforderungen werden erweitert durch umfassende theoretische Kenntnisse, unter anderem auf den Gebieten der Hygienevorschriften, der Durchführung und der Organisation von Inventuren, des Führens von Lagerkarteien und nicht zuletzt der Leitung von Mitarbeitern.

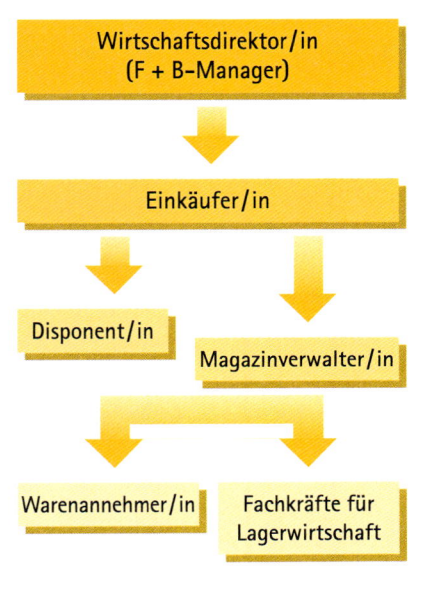

Wirtschaftsdirektor/in (F + B-Manager)
↓
Einkäufer/in
↓   ↓
Disponent/in   Magazinverwalter/in
              ↓   ↓
        Warenannehmer/in   Fachkräfte für Lagerwirtschaft

🇫🇷 *les besoins en marchandise*
🇬🇧 *requirement of supply*

🇫🇷 *achat*
🇬🇧 *purchase*

23 Warenbedarf

23.1 Einkauf

Ziele des Einkaufs

Eine sorgfältig vorbereitete **Einkaufsplanung** hat grundsätzlich folgende Ziele:
- Nur die tatsächlich erforderliche Menge bestellen.
- Die Waren termingerecht bestellen.
- Auf die Qualität der Ware achten.
- Niedrige Preise und günstige Zahlungs- und Liefertermine vereinbaren.

Aufgaben	Tätigkeiten
■ Ermittlung des Bedarfs	Feststellung des erwarteten Umsatzes Lagerbestände kontrollieren Einkauf planen (Bestellmengen, Preise, Lieferzeiten)
■ Ermittlung der Bezugsquellen	Informationen über geeignete Bezugsquellen einholen Eintragung der Informationen in eine Bezugsdatei
■ Auslösen der Bestellung	Angebote einholen und vergleichen Lieferanten auswählen Erteilung des Lieferauftrages
■ Kontrolle der Lieferung	Wareneingang kontrollieren Lieferscheine überprüfen Eingangsrechnungen mit den Angaben auf dem Lieferschein vergleichen

Bestellung

Hotel Sonnenschein

An die
Klosterbräu AG
Kirchplatz 1

94086 Griesbach im Rottal

Hotel Sonnenschein
Münchner Straße 15
94034 Passau
Tel: 0851/43567
Fax: 0851/43566
www.sonnenschein.de
sonnenschein@t-online.de

Bankverbindung
Sparkasse Passau
Kto.: 0987789
BLZ 12312367

Sehr geehrter Herr Nahrhold,

gemäß ihrem Angebot vom 20.03. ... bestellen wir folgende Artikel:

Artikel-Nr.	Bezeichnung	Stück	Menge Itl.	Einzelpreis €	Gesamtpreis €
12	Kloster Pils 30 l	7	2.100	58,00	406,00
13	Bock-Bier, 50 l	4	2.000	62,00	248,00
22	Münch-Quelle Heilwasser	10	0,840	1,80	18,00
23	Münch-Zitrone Zitronenlimonade	10	0,840	2,12	21,20
33	Bierdeckel	50		Gratis	

Wie vereinbart gewähren Sie uns 5% Mengenrabatt sowie 2% Skonto bei Bezahlung der Rechnung innerhalb von 10 Tagen. Die Lieferung erfolgt frei Haus.

Mit freundlichen Grüßen,

Florian Fuchs

F&B Manager
Florian Fuchs

Der Einkauf gehört mit zu den wichtigsten Bereichen in der Gastronomie. Hier werden die Entscheidungen getroffen, die den betrieblichen Erfolg wesentlich beeinflussen. In der Küche beispielsweise kann beim Einkauf eine Auswahl zwischen herkömmlichen Lebensmitteln, ökologischen Lebensmitteln und/oder Convenience-Erzeugnissen getroffen werden.

Der Umfang des Einkaufs richtet sich nach dem zu erwartenden Absatz und den noch im Lager befindlichen Waren. Ein zu geringer Lagerbestand kann Engpässe in der Produktion mit sich bringen, während eine zu große Lagermenge Geldmittel bindet, die in anderen Bereichen dringend benötigt werden.

1 Beschreiben Sie die Ziele der Einkaufsplanung.
2 „Im Einkauf liegt ein großer Teil des Gewinns!" Beurteilen Sie diese Aussage.
3 Übersetzen Sie die vorliegende Bestellung in Französisch und Englisch.

Die ABC-Analyse

Einkaufsformen

Je nach Art des Betriebes (z. B. Gaststätte, Hotel, Restaurantkette, Kantine) und der Betriebsgröße unterscheidet man drei Einkaufsformen:

Zentraler Einkauf	Dezentraler Einkauf	Kombination aus zentralem und dezentralem Einkauf
Die Beschaffung erfolgt von einer zentralen Stelle (Lebensmittel-Lieferanten, Gastronomie-Großhandel) aus.	Jeder Betrieb beschafft die zum Produktionsablauf notwendigen Lebensmittel und Wirtschaftsgüter in der näheren Umgebung seines Betriebes bei den dort ortsansässigen Lieferfirmen.	Häufig wird eine Mischform aus zentralem und dezentralem Einkauf gewählt. Dabei können die Vorteile aus beiden Einkaufsarten genutzt werden.

Vor- und Nachteile der Einkaufsformen

Der vorteilhafteste Einkauf ist die Mischform aus zentralem und dezentralem Einkauf. Ein geschickter Einkäufer kann die Vorteile des zentralen Einkaufs (niedrigeren Preisen, Rabatte, Skonti und Bezugskosten) nutzen, indem er hochwertige Waren (Weine, Spirituosen, Kaffee, Fleisch, Porzellan, Tischdecken, aber auch technische Geräte wie Computer) zentral einkauft und geringerwertige Waren dezentral über den Gastronomiegroßhandel beziehen lässt. Auf diese Art wird meistens in größeren Unternehmen der Systemgastronomie (Kaufhäuser, Restaurantketten) eingekauft.
Von Nachteil sind die häufig anzutreffenden starren Betriebsstrukturen, die auf schnelle Marktveränderungen nicht reagieren können. Unabhängig von den einzelnen Einkaufsformen sollte der Bezug der Frischware grundsätzlich dezentral erfolgen. Obst, Gemüse, Fleisch und Wurstwaren können direkt beim Erzeuger eingekauft werden. Dies fördert zusätzlich den Absatz regionaler Produkte.

Systemgastronomie
Systemgastronomie wird bestimmt durch rationalisierte Arbeitsabläufe. Die Systemgastronomie hat viele Erscheinungsformen. Sie beginnt bei einfachen Imbissbetrieben und geht über die gehobene Restaurantgastronomie bis hin zur Hotellerie.
Zu den Gemeinsamkeiten dieser Betriebsformen gehören unter anderem:
- *ein ähnliches, fast gleiches Warenangebot, mitunter sogar weltweit,*
- *ein gemeinsamer, meist zentral durchgeführter Wareneinkauf*
- *ein einheitliches Vermarktungskonzept*
- *ähnliche Ausstattung im Innen- und im Außenbereich*
- *einheitliche Schulungs- und Weiterbildungsmaßnahmen für die Mitarbeiter*

Einkaufsabteilungen
In Hotelkonzernen und in der Systemgastronomie sind häufig Einkaufsabteilungen anzutreffen, die über eine Reihe von Mitarbeitern verfügen, die sich auf den Einkauf einzelner Erzeugnisse (Fleisch, Fisch und Krustentiere, Obst und Gemüse) spezialisiert haben.

23.2 Die ABC-Analyse

🇫🇷 analyse ABC
🇬🇧 ABC analysis

In der **modernen Warenwirtschaft** wird häufig die ABC-Analyse angewandt. Sie wird beispielsweise im Beschaffungsbereich, bei der Lagerhaltung und der Bearbeitung von Aufträgen eingesetzt. Die ABC-Analyse dient der mengen- und wertmäßigen Erfassung von Wirtschaftsgütern.
Mit Hilfe der ABC-Analyse werden die benötigten Waren in den wichtigen A-Bereich, den weniger wichtigen B-Bereich und den unbedeutenden C-Bereich eingeteilt.
Da Waren unterschiedlichen Wert haben, muss mit besonderer Sorgfalt darauf geachtet werden, dass beim Einkauf von hochwertigen Waren (z. B. hochwertige Weine, Champagner) Fehler vermieden werden, die hohe Wertverluste zur Folge haben.

Warenbedarf

Zu Beginn der ABC-Analyse müssen alle Waren eines Betriebes (dies können je nach Betriebsgröße mehrere tausend Artikel sein) erfasst und sowohl **mengen- als auch wertmäßig** geordnet werden. Dies geschieht am besten mit Hilfe eines Computers.

Hierzu listet man die zu beschaffenden Waren nach der Menge und dem Preis auf und teilt sie in die Klassen A, B und C ein. Die Klasse A ist die wertvollste. Bei den Waren der Klasse A muss besondere Sorgfalt auf die Einkaufspreise, die bestellten Mengen sowie auf das Aushandeln von Rabatten und den Zahlungs- und Lieferungsbedingungen gelegt werden. Die Bestellung der Klasse-A-Waren wird gewöhnlich durch den Einkäufer oder Chef vorgenommen.

Beispiel
Der Jahresbedarf von 10 Waren wird erfasst.

Bezeichnung der Waren	Jahresbedarf Stück, kg, l	Einzelpreis €	Gesamtpreis €
Hagebuttentee	400 Beutel (2,25g)	0,10	40,00
Kaffee	200 kg	3,75	750,00
Zucker	80 kg	0,90	72,00
Mehl Type 405	150 kg	0,40	60,00
Kochsalz	50 kg	0,45	22,50
Spargel	125 kg	4,80	600,00
Kartoffeln	350 kg	0,20	70,00
Rinderfilet	150 kg	14,50	2175,00
Champagner	150 Flaschen (0,75l)	21,00	3150,00
Spätburgunder	250 Flaschen (0,75l)	10,50	2625,00

Berechnung (Formel)

$$\text{Prozentanteil} = \frac{\text{Gesamtpreis der einzelnen Ware} \times 100}{\text{gesamter Jahreswert}}$$

Aus der Addition aller Gesamtpreise ergibt sich der „gesamte Jahreswert".

Beispiel Champagner:

$$\frac{3.150 \times 100}{9.564,50} = 32,9\,\%$$

Nach der Ermittlung des wertmäßigen Jahresbedarfes werden die einzelnen Waren mit Rangfolgen versehen und nach ihrem Wert sortiert. Der Artikel mit dem höchsten Wert erhält den Rang 1, derjenige mit dem niedrigsten Wert den Rang 10.

Im nächsten Schritt werden die prozentualen Warenanteile des Gesamtpreises ermittelt sowie die Wertgruppen A, B und C festgelegt.

Beispiel

Bezeichnung der Waren	Jahresbedarf Stück, kg, l	Einzelpreis €	Gesamtpreis €	Rang	% Anteil vom Gesamtpreis	Wertgruppe
Champagner	150 Flaschen (0,75l)	21,00	3.150,00	1	32,93	A
Spätburgunder	250 Flaschen (0,75l)	10,50	2.625,00	2	27,45	A
Rinderfilet	150 kg	14,50	2.175,00	3	22,74	A
Kaffee	200 kg	3,75	750,00	4	7,84	B
Spargel	125 kg	4,80	600,00	5	6,27	B
Zucker	80 kg	0,90	72,00	6	0,75	C
Kartoffeln	350 kg	0,20	70,00	7	0,73	C
Mehl Type 405	150 kg	0,40	60,00	8	0,63	C
Hagebuttentee	400 Beutel (2,25g)	0,10	40,00	9	0,42	C
Kochsalz	50 kg	0,45	22,50	10	0,24	C
Gesamt:			9.564,50		100,00%	

Lieferanten

Bewertung der ABC-Analyse

Waren mit einem Gesamtwert von
- mehr als 10% sind A-Waren,
- 5–10% sind B-Waren,
- unter 5% sind C-Waren.

23.3 Lieferanten

🇫🇷 fournisseurs
🇬🇧 supplier

Ermittlung der Bezugsquellen

Zu den Aufgaben eines Einkäufers zählt neben der Pflege der bekannten **Bezugsquellen** – dazu gehört unter anderem der persönliche Kontakt von Außendienstmitarbeitern – auch die Kontaktaufnahme zu neuen Lieferanten. Dies ist besonders dann unumgänglich, wenn ein neues Speisen- und Getränkeangebot geplant ist.

Bezugsquellen können in **innere** und **äußere** Informationsbereiche unterteilt sein.

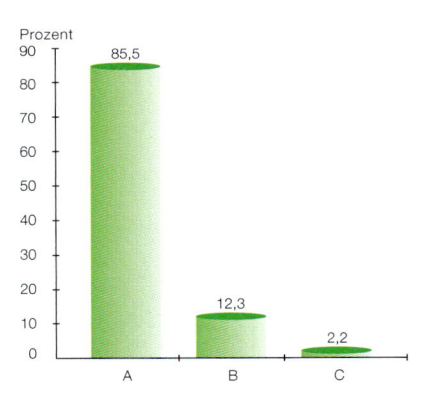

Prozentuale Verteilung der A-, B- und C-Waren

Erstellen Sie anhand der vorliegenden Daten eine ABC-Analyse für die Bar des Hotels Sonnenschein.
Die angegebenen Mengen entsprechen dem jeweiligen Jahresbedarf.

Anzahl Flaschen	Inhalt	Einzelpreis in €
300	Burgunder	4,50
250	Portwein	6,50
350	Tafelwein, weiß	2,50
275	Champagner	20,00
70	Armagnac	21,00
80	Cognac	33,00
80	Schottischer Whisky	33,00
800	Apfelsaft	0,40
1500	Mineralwasser	0,25
1400	Zitronenlimonade	0,20

Innere Informationsbereiche	
Lieferantenkartei	In der Lieferantenkartei sind Informationen über die wichtigsten Lieferanten festgehalten: – Name, Anschrift, Telefon, Telefax, e-mail – Warensortiment – Liefer- und Zahlungsbedingungen – Rabatte, Skonti – Ansprechpartner – Jährliche Umsätze
Prospektkartei	Sie enthält Informationen in Form von Lieferantenprospekten. Die Prospektkartei ist stets zu aktualisieren.
Andere Abteilungen des Hauses	Hier kommt vor allem der eigene Marketingbereich (→ 168) in Betracht.

Äußere Informationsbereiche	
Medien	Zeitungen, Fachzeitschriften, Branchenbücher, Adressbücher, Internet
Informations-veranstaltungen	Werbeveranstaltungen von Produzenten, Fachmessen und Ausstellungen bieten eine Fülle von Informationen, die meist noch im praktischen Einsatz kennen gelernt werden können.
Lieferantenbesuche	Gespräche mit Vertretern von Anbieterfirmen informieren nicht nur über neue Erzeugnisse, sondern oft auch über wichtige Veränderungen in der Branche.

Warenbedarf

Interesse an neuen Bezugsquellen sollte grundsätzlich immer bestehen, denn nur so ist es möglich, eventuelle Neuerungen auf den Beschaffungsmärkten rechtzeitig (z. B. bei der Einführung neuer Erzeugnisse oder veränderter Preise) zu erkennen.

Lieferantenkartei

In der Lieferantenkartei stehen diejenigen Lieferanten, die regelmäßig Waren liefern. In der Kartei sind folgende Informationen enthalten:

Lieferantenkartei

Lieferfirma:	Getränkehandel Lukas Krause	Ansprechpartner:	Kurt Krause
Adresse:	Waldweg 11, München	Zahlungsbedingungen:	2% Skonto/10 Tage
Telefon:	089-67891	Rabatte:	10%
Fax:	089-67999	Lieferbedingungen:	frei Haus

Genaue Bezeichnung der Waren	Menge Stück, kg, Liter, Flasche	Anfrage vom:	Angebot vom:	Preis je Einheit in €
Orangensaft, natur	12 Flaschen	1. Juli	10. Juli	18,00
Apfelsaft, naturtrüb	24 Flaschen	1. Juli	10. Juli	36,00
Zitronenlimonade	24 Flaschen	3. Juli	10. Juli	12,00

Eine gut geführte Lieferantenkartei bildet ein wichtiges **Organisationsmittel** bei der Auswahl geeigneter Bezugsquellen. Sie dient zur Speicherung aller wichtigen Lieferanten.
Die **Lieferantenkartei** sollte zuerst nach Artikeln (z. B. Getränke, Obst und Gemüse, Fleisch, Fisch, Wild, Geflügel) und dann alphabetisch geordnet werden. Um einen schnelleren Zugriff auf die in den Lieferantenkarteien enthaltenen Angaben zu erhalten, werden die Daten mit Hilfe eines Computers verwaltet.

1 Beschreiben Sie die Ermittlung neuer Bezugsquellen.
2 Beschreiben Sie die Ordnung von Lieferantenkarteien.
3 Übersetzen Sie das vorliegende Liefersortiment einer französischen Firma ins Deutsche.

Boisson en gros

34, Rue du Ladhof, F 6800 Colmar, M. Muller Gaston
Téléphone: ………, Fax: ………, E-Mail: Boissons@…, www.com.fr
A rècetionner à l'entrepôt de Colmar

Article	Unité	Prix de l'unité
Eau minerale		
Evian – eau naturelle	6 bouteilles à 1 litre	4,05 €
Perrier – eau pétillante	9 bouteilles à 0,2 litre	5,40 €
Boissons sucrées		
Orangina – à la pulpe d'orange	6 bouteilles à 0,25 litre	3,30 €
Coca Cola – à la caféine	12 bouteilles à 0,75 litre	9,30 €
Bières		
Kronenbourg – bière blonde de l'Alsace	24 bouteilles à 0,33 litre	12,60 €
Hoegarden – bière blanche de la Belgique	16 bouteilles à 0,33 litre	10,00 €

```
LIEFERANTENSORTIMENT NACH LIEFERANTEN
DATUM:      04.07.…                    SEITE 1
PROGRAMM: WARENWIRTSCHAFT              LIEFERANTENDATEI

LIEFERANT BALDUIN FRÖHLICH
BONNER ALLEE 12
70015 STUTTGART                        TELEFON: 546237788
NAME: HERR FRÖHLICH, GETRÄNKE-GROßHANDEL   FAX: 546237789
E-MAIL: GETRÄNKE@GASTRO.DE             INFO:  -
                                       HOMEPAGE: -

ANLIEFERUNGSLAGER: GETRÄNKEKÜHLHAUS
```

ARTIKEL	EINHEIT	PREIS (€)	BESTELLNUMMER
PILSNER FASS 25 L	FASS 25 L	21,00	2000
APFELSAFT	FLASCHE 1,0 L	1,90	2015
COLA KASTEN 24 × 0,33	STÜCK	9,50	2020
TOMATENSAFT	FLASCHE 1,0 L	1,35	2025
ORANGENSAFT	6ER KASTEN FLASCHE 1,0 L	5,40	2012

Projektorientierte Aufgabe

Ziele setzen, planen, entscheiden, ausführen, auswerten.

Projektorientierte Aufgabe
Planen Sie eine Aktionswoche zum Thema:
Weine aus dem Elsass

Wirtschaftsgeografie
1 Informieren Sie sich in Gruppenarbeit mit Hilfe von verschiedenen Medien über die Elsässer Weine:
1.1 wichtige Anbaugebiete
1.2 geografische Lage der Anbaugebiete
1.3 klimatische Bedingungen der Anbaugebiete
1.4 Rebsorten
1.5 typische Flaschenform

Weinkartengestaltung
2 Entwerfen Sie eine Getränkekarte (→ Grundstufe Gastronomie) für Elsässer Weine.
3 Planen Sie den Einkauf aller dazu notwendigen Waren (Tischdekorationen, Tischreiter, Plakate, Gläser, Karaffen usw.), die zur Durchführung einer Aktionswoche benötigt werden.

Angebote
4 Informieren Sie sich in Ihrem Ausbildungsbetrieb über geeignete Bezugsquellen mit einem Verkaufssortiment an Elsässer Weinen.
4.1 Formulieren Sie eine schriftliche Anfrage mit der Bitte um ein aussagekräftiges Weinangebot.
4.2 Vergleichen Sie die vorhandenen Angebote miteinander.
5 Verfassen Sie eine schriftliche Bestellung nach den geltenden Anforderungen an einen Geschäftsbrief (→ Grundstufe Gastronomie).

Lagerung
6 Erstellen Sie von drei ausgewählten Lieferanten jeweils eine Lieferantenkartei.
7 Erläutern Sie für die verschiedenen Weinsorten geeignete Lagerverfahren.
7.1 Nennen Sie besondere räumliche Erfordernisse für die Lagerung von Weinen.
7.2 Entwerfen Sie eine Temperaturentabelle, die die Lager- und die Serviertemperaturen für Elsässer Weine enthält.

Arbeiten an der Warenannahme
8 Sie erhalten die Weinlieferung von einem Ihnen unbekannten Spediteur, der den Wein in verschiedenen Kisten und Kartons anliefert.
8.1 Beschreiben Sie, worauf bei der Anlieferung von Weinen zu achten ist.
8.2 Die von Ihnen bestellte Lieferung ist mangelhaft. Entwerfen Sie ein Reklamationsschreiben mit der Bitte um sofortige Nachlieferung der zerbrochenen Flaschen (→ Grundstufe Gastronomie).

Berechnungen
9 Bei der Annahme des Weines stellen Sie fest, dass 6 Flaschen der insgesamt 78 gelieferten Flaschen (Einzelpreis 5,75 €) zerbrochen sind.
9.1 Ermitteln Sie den Wert der gesamten Lieferung.
9.2 Berechnen Sie in Prozent den Anteil der Lieferung, der zu Bruch gegangen ist.
10 Im Weinkeller muss ein Kühlaggregat erneuert werden. Der Listenpreis beträgt 4.575,00 €. Wie hoch ist der Überweisungsbetrag, wenn Ihnen der Fachhändler einen Treuerabatt von 12% und bei einem Zahlungsziel von 10 Tagen noch zusätzlich 3% Skonto einräumt?

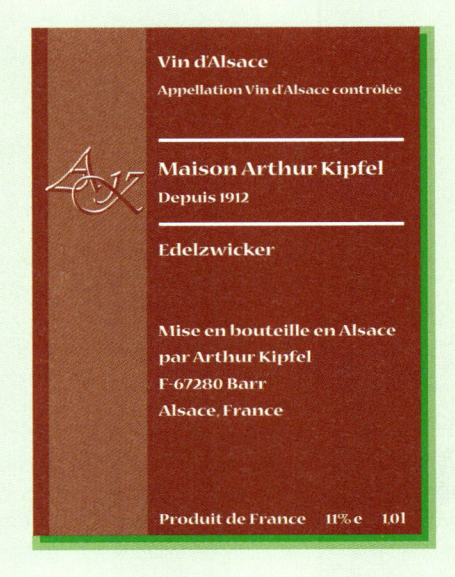

achat des marchandises
acquisition of supply

24 Warenbeschaffung

Zu den Zielen der Warenbeschaffung zählt die **termingerechte** Bedarfsdeckung in geforderter Qualität zu möglichst geringen Kosten. Dazu müssen Einkauf und Lagerhaltung optimal aufeinander abgestimmt sein.

demandes et offres
inquiries and offers

24.1 Anfragen und Angebote

Anfragen

Anfragen dienen dem Zweck, Lieferanten (Ermittlung der Bezugsquellen → 257) zu ermitteln, die zu den günstigsten Bedingungen (Preis, Lieferzeit, Zahlungsbedingungen) benötigte Waren fristgerecht bereitstellen können. Unterschieden werden zwei Arten:

- die **allgemeine** Anfrage und
- die **bestimmte** Anfrage

> *Juristischen Personen sind unter anderem Aktiengesellschaften (AG), Gesellschaften mit beschränkter Haftung (GmbH), Vereine, aber auch berufsständische Einrichtungen wie die Industrie- und Handelskammern (IHK).*
>
> *Natürliche Personen sind nach § 1 des BGB alle rechtsfähigen Personen.*

Beispiel für eine bestimmte Anfrage
Der Einkäufer des Hotels Sonnenschein fragt beim Textilgeschäft Müller an:
„Können Sie uns 30 weiße Damasttischdecken in der Größe 120 x 90 cm liefern?"

Eine Anfrage ist **rechtlich unverbindlich.** Sie dient ausschließlich der Anbahnung eines Geschäftes. Der interessierte Lieferant wird die Anfrage umfassend beantworten, da sie bereits der Beginn einer erfolgversprechenden Geschäftsbeziehung sein kann.

Nachdem der Einkäufer des Hotels Sonnenschein mehrere bestimmte Anfragen an Textilgroßhandlungen gerichtet hat, bittet er die Firmen, ihm entsprechende Angebote vorzulegen.

Angebote

> *Obwohl für Angebote keine bestimmte Form vorgeschrieben ist, sollten bei größeren und nicht alltäglichen Bestellungen (z. B. beim Kauf von Geschirr, Hotelwäsche, Einrichtungsgegenständen) Angebote in schriftlicher Form angefordert werden, damit eventuell auftretende Streitigkeiten im Vorfeld vermieden werden können.*

Angebote sind **rechtlich bindende Willenserklärungen** der Lieferanten, denen meistens eine Anfrage durch den Kunden vorausgegangen ist. Das Angebot gilt als erster Schritt zu einem Vertragsabschluss. Der Wille des Anbietenden, sich rechtlich zu binden, muss klar zum Ausdruck kommen.
Ein Angebot richtet sich immer an eine bestimmte Person (natürliche oder juristische Person). Prospekte von Supermärkten, Kataloge von Versandhäusern, Auslagen in Schaufenstern und Speisekarten sind deshalb keine Angebote. Diese Formen der Warenpräsentation zählen zu den **Anpreisungen**.

Anfragen und Angebote

Inhalte von Angeboten

Ein Angebot muss gut verständlich und ausführlich sein. Es sollte diejenigen Informationen enthalten, die notwendig sind, damit ein Vergleich mit anderen Anbietern möglich ist.

Ein aussagefähiges Angebot enthält folgende Informationen:
- Vollständige Adresse, Telefon- und Faxnummern, eventuell e-mail-Adresse
- Beschaffenheit, Art und Güte der Ware
- Menge und Preis der Ware
- Mögliche Preisnachlässe (Rabatte, Skonto)
- Verpackung
- Lieferbedingungen und Lieferzeit
- Zahlungsbedingungen
- Angaben über Erfüllungsort und Gerichtsstand

Merkmale von Angeboten	Beispiele
Beschaffenheit, Art und Güte der Ware	Handelsklassen bei Butter (deutsche Markenbutter)
	Mehltypen (Type 405 für helles Weizenmehl)
	Genaue Bezeichnung bei Weinen (Binger St. Rochuskapelle, Rheinhessen, Qualitätswein, 1997)
	Abbildungen und Beschreibungen bei Einrichtungsgegenständen, z. B. Energieverbrauch von Heißluftdämpfern
Menge	Flaschenanzahl bei Getränken
	kg bei Trockenerzeugnissen
	Kartons bei Konservenpackungen
	Bund bei Kräutern
Preis	Warenpreis, Zieleinkaufspreis, Bareinkaufspreis, Einstandspreis, Netto- oder Bruttopreis

Hotel- und Restaurantausstattung Fritz Herbst
Frankfurter Straße 11 · 01197 Dresden

Hotel Sonnenschein
z. Hd. Herrn Rudolf Sommer
Münchner Straße 15

94034 Passau

Ihr Zeichen	Ihre Nachricht vom	Unser Zeichen	Telefon/Fax	Datum
So	...	F.H.	T.: 03 55-112 25	...
			F.: 03 55-112 26	

Angebot für Rotweingläser

Sehr geehrter Herr Sommer,

Auf Grund Ihrer heutigen telefonischen Anfrage bieten wir Ihnen wie folgt an:
60 Rotweingläser Typ Ingrid (Burgunderglas)

Preis:	3,50 je Stück
Lieferbedingungen:	frei Haus
Liefertermin:	sofort
Zahlungsbedingungen:	innerhalb von 10 Tagen 3% Skonto
	innerhalb von 15 Tagen 2% Skonto
	innerhalb von 30 Tagen netto

Erfüllungsort und Gerichtsstand sind für beide Parteien Dresden.

Unser Angebot ist freibleibend, da unser Vorrat begrenzt ist.
Wir würden uns über einen Auftrag von Ihnen freuen. Unsere Zuverlässigkeit ist Ihnen sicher noch in guter Erinnerung.

Mit freundlichen Grüßen

Fritz Herbst

Anlage: Prospekt Burgundergläser Typ Ingrid

Preis ist nicht gleich Preis!
- Warenpreis (ohne Rabatte und Skonto)
- Zieleinkaufspreis (mit Rabattabzug, ohne Skonto)
- Bareinkaufspreis (nach Rabatt- und Skontoabzug)
- Bareinkaufspreis (zuzüglich Bestell- und Bezugskosten)
- Nettopreis (ohne Mehrwertsteuer)
- Bruttopreis (mit Mehrwertsteuer)

Preisnachlässe

🇫🇷 rabais sur les prix
🇬🇧 price reduction

Rabatte (→ Gastronomie Grundstufe) sind Preisnachlässe, die aus verschiedenen Anlässen gewährt werden können.
Die häufigsten Rabatte sind:
- **Mengenrabatt:** Preisvergünstigung für bestimmte Mengen
- **Treuerabatt:** Rabatt für langjährige Geschäftsverbindung
- **Naturalrabatt:** Preisnachlass in Form von Waren
- **Skonto:** Sofortzahlungsrabatt. Es handelt sich dabei um einen Preisnachlass, der für die schnelle und fristgerechte Zahlung des Rechnungsbetrages eingeräumt wird.
- **Bonus:** Ein nachträglich (z. B. zum Ende eines Geschäftsjahres) gewährter Rabatt, dessen Höhe vom jeweiligen Umsatz abhängig ist.

*1 Bei der Bezahlung einer Getränkelieferung im Wert von 2685,00 € innerhalb von 10 Tagen erhält der Hotelier 3% Skonto.
Wie viele Euro kann er dadurch einsparen?*

*2 Der Weinhändler Müller bietet 200 Flaschen Spätlese zu je 4,50 € netto an. Er räumt einen Mengenrabatt von 15% ein, des Weiteren 2% Skonto bei Zahlung innerhalb von 14 Tagen.
Wie hoch ist der Rechnungsbetrag?*

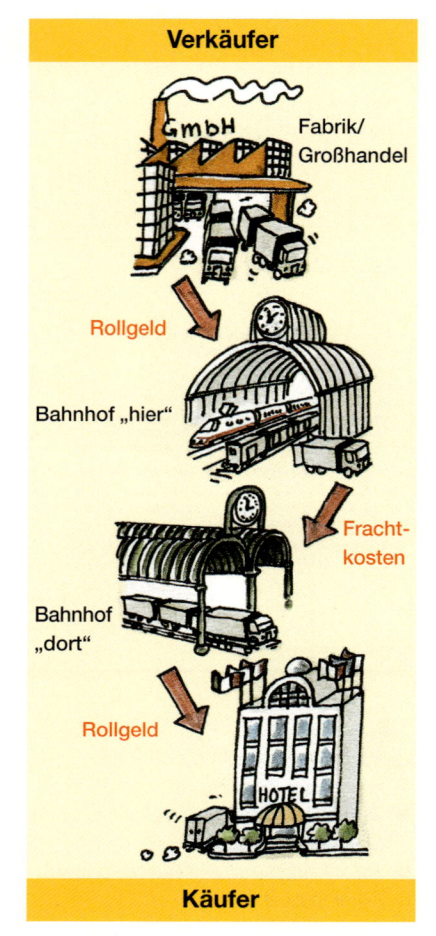

Warenbeschaffung

Verkäufer

Rollgeld
Bahnhof „hier"
Frachtkosten
Bahnhof „dort"
Rollgeld

Käufer

Fabrik/Großhandel

! *Die Bezeichnung „hier" benennt den Versandort, Die Bezeichnung „dort" den Empfangsort.*
Rollgeld beinhaltet die Transportkosten, die entstehen, wenn eine Ware vom Verkäufer zum Versandbahnhof oder vom Zielbahnhof zum Käufer transportiert wird.

Verpackung
🇫🇷 *emballage*
🇬🇧 *packing*

Die Kosten für die Verpackung der eigentlichen Ware (Dose, Folie, Tüte) sind Bestandteil des Warenpreises.
Die Kosten der Transportverpackungen (Kisten, Paletten, Kartons) muss der Käufer tragen, wenn nicht gesonderte Vereinbarungen getroffen werden; z. B.: Preis inklusive Verpackung.
„Brutto für Netto" bezieht sich auf Ware und Verpackung (→ Gastronomie Grundstufe).

Lieferbedingungen
🇫🇷 *conditions de livraison*
🇬🇧 *delivery conditions*

Grundsätzlich gilt: Warenschulden sind Holschulden. Wer letztlich die Kosten für die Beförderung übernimmt, wird in der Regel in den Lieferbedingungen festgelegt.
Folgende Regelungen sind meistens Bestandteil der Angebote:
- Lieferung ab **Fabrik** bzw. **Lager**: Käufer trägt die gesamten Bezugskosten.
- Lieferung ab **Bahnhof hier**: Käufer trägt die Bezugskosten ab dem Versandbahnhof des Lieferanten.
- Lieferung ab **Bahnhof dort**: Käufer trägt die Bezugskosten ab der Empfangsstation (Spediteur, Bahnhof) nahe seines Firmensitzes.
- Lieferung **frei Haus**: Der Verkäufer trägt alle Kosten.

Lieferzeit
🇫🇷 *délais de livraison*
🇬🇧 *delivery time*

Wenn kein gesonderter Liefertermin vereinbart wird, kann der Lieferant sofort liefern. Meistens werden Liefertermine vereinbart:
- Lieferung innerhalb von 3 Monaten
- Lieferung zum 15. eines Monats
- Lieferung auf Abruf

Zahlungsbedingungen
🇫🇷 *conditions de paiement*
🇬🇧 *terms of payment*

Barkauf: Wenn keine Vereinbarungen getroffen werden, gilt der Grundsatz **Zug um Zug**, d. h., die Zahlung erfolgt sofort nach Erhalt der Ware.
In der Regel werden zwischen Käufer und Verkäufer folgende Zahlungsvereinbarungen getroffen:
- **Vorauszahlung** bedeutet, dass der Käufer die Ware vor Lieferung bezahlen muss (meist nur bei Kunden, die häufig in Zahlungsverzug geraten).
- **Anzahlung** (z.B. nach der Bestellung).
- **Zahlung** nach einer vereinbarten **Frist** (z.B. zahlbar in 10 Tagen mit 3% Skonto.
- **Ratenkauf** heißt, zur Bezahlung der Gesamtschuld werden festgelegte Teilbeträge geleistet.

Erfüllungsort und Gerichtsstand
🇫🇷 *lieu de paiement et de juridiction*
🇬🇧 *place where a contract is fulfilled and court of jurisdiction*

Sollten Streitigkeiten zwischen den Vertragspartnern auftreten, ist der Erfüllungsort der **Ort des Schuldners**.
Da aber beide Vertragsparteien Schuldner sind – der Lieferant schuldet die Ware und der Käufer schuldet den Kaufpreis –, gibt es auch zwei Erfüllungsorte (Ausnahme: Käufer und Verkäufer wohnen am selben Ort).

Anfragen und Angebote

Gültigkeitsdauer von Angeboten

Nur in bestimmten Fällen verlieren Angebote ihre Rechtsverbindlichkeit, z. B. Angebot freibleibend: Entscheidend ist die Dauer der Rechtsverbindlichkeit. Hier gelten folgende gesetzliche Einschränkungen:
- Mündliche und telefonische Angebote sind so lange gültig, wie die Besprechung dauert.
- Angebote, die per Fax den Empfänger erreichen, haben eine Gültigkeit von einem halben bis zu einem ganzen Tag,
- Angebote in Form von Briefen sind 6 oder 7 Tage gültig.
- Angebote im Internet sind so lange gültig, wie die Internet-Seite unverändert besteht.

Von diesen Bestimmungen unberührt bleiben vertraglich vereinbarte Bindungsfristen, wie beispielsweise „Unser Angebot ist gültig bis zum 30. Juni… ".

🇫🇷 durée de validité des offres
🇬🇧 period of validity

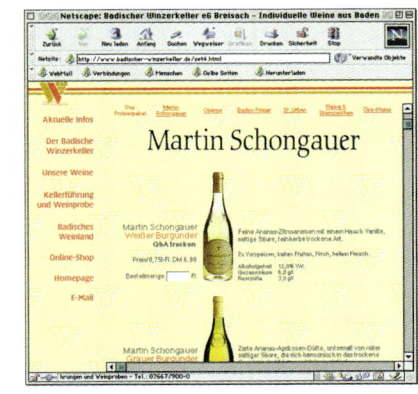

Angebot aus dem Internet

Lieferbarkeit der Angebote

Gegen das Gesetz gegen den unlauteren Wettbewerb (UWG) verstößt unter anderem derjenige Händler, der eine Ware zu besonders günstigen Preisen unter dem Motto anbietet „So lange der Vorrat reicht" ohne sicherzustellen, dass auch Kunden in den Genuss der preiswerten Ware kommen, die nicht sofort zu Beginn der Werbeaktion die Möglichkeit haben, das Sonderangebot zu kaufen. Gerichte gehen davon aus, dass eine so beworbene Ware mindestens 3 bis 4 Tage vorrätig sein muss.

🇫🇷 restriction des clauses
🇬🇧 clauses of restriction

Freizeichnungsklauseln

Durch Freizeichnungsklauseln können Angebote eingeschränkt werden. Dies ist immer dann notwendig, wenn z. B. nur eine bestimmte Menge an Ware vorhanden ist oder wenn Preise sehr stark von Faktoren beeinflusst werden, auf die der Lieferant keinen Einfluss hat (Ernteerträge).

Beispiel
Durch Unwetter treten häufig Ernteschäden auf, die in der Regel den Preis für die Erzeugnisse erhöhen oder die gewünschten Liefermengen beeinträchtigen.

Die häufigsten Freizeichnungsklauseln	Erläuterung
So lange der Vorrat reicht	Die Angebotsmenge ist eingeschränkt, aber der Preis bleibt – Liefermöglichkeit vorbehalten – verbindlich.
Preis freibleibend	Hier ist die Situation genau umgekehrt: Der Preis ist eingeschränkt, die Liefermenge bleibt davon unberührt.
Unverbindlich, freibleibend	Diese Klauseln besagen, dass sowohl der Preis als auch die Liefermenge unverbindlich sind.

1 Erklären Sie die Unterschiede zwischen Rabatt, Skonto und Bonus.
2 Erläutern Sie die Bedeutung von Rollgeld und Frachtkosten.
3 Erklären Sie folgende Inhalte:
3.1 3% Skonto innerhalb von 10 Tagen.
3.2 So lange der Vorrat reicht.
3.3 Lieferung ab Fabrik.
3.4 Treuerabatt 10%.
4 Beurteilen Sie: Der Küchenchef findet in der Tageszeitung folgende Anzeige eines Delikatessenhändlers: „Original Italienischer Parmaschinken 100 g für nur 1,95 €. So lange der Vorrat reicht.". Normalerweise kostet ein Kilogramm Parmaschinken ca. 35,00 €. Da er eine Spezialitätenwoche mit dem Motto „Zu Gast in Italien" plant, schickt er den Auszubildenden Lukas noch am selben Tag zu dem Händler, mit dem Auftrag, 1500 g Parmaschinken zu kaufen. Als Lukas dort nachmittags eintrifft ist der Parmaschinken bereits ausverkauft.

() *frais d'achat et comparaison des offres*
🇬🇧 *comparison off offers*

24.2 Beschaffungskosten und Angebotsvergleiche

*Vom **Zieleinkaufspreis** wird der Skontobetrag abgezogen. Wird vom Lieferanten kein Skonto gewährt, muss mit dem **Bareinkaufspreis** weiter gerechnet werden.*
Preis *ist der in erzielbare Geldwert einer Ware.*
Kosten *sind Aufwendungen, die bei der Beschaffung einer Ware entstehen.*

Weshalb ist es beim Vergleichen von Angeboten nicht unbedingt notwendig, die Mehrwertsteuer in die Rechnung mit einzubeziehen?

Zu den Beschaffungskosten zählen alle Kosten, die durch den Bezug von Waren entstehen:

Beispiel

Warenpreis (Listenpreis) (ohne MwSt.)		144 $^1/_1$-Dosen Champignons (Preis je Dose 1,50)	216,00 €
− Rabatte		− Rabatt 20%	43,20 €
= Zieleinkaufspreis		= Zieleinkaufspreis	172,80 €
− Skonto		− Skonto 3%	5,18 €
= Bareinkaufspreis (ohne MwSt.)		= Bareinkaufspreis	167,62 €
+ Bezugskosten (z.B. Verpackung, Frachtkosten, Transportversicherung, Rollgeld)		+ Bezugskosten: Verpackung Frachtkosten Transportversicherung	5,00 € 10,00 € 12,00 €
= Einstandspreis		= Einstandspreis	194,62 €

Alle Angebote müssen auf eine einheitliche Preisbasis umgerechnet werden, z. B. „Frei Haus" oder „ab Werk". Auch Rabatte und Skonti sind zu berücksichtigen.

Angebotsvergleiche

Um einen Überblick über geeignete Anbieter zu bekommen, sollte ein guter Einkäufer die eingehenden Angebote sorgfältig miteinander vergleichen. Sehr oft werden bei den Liefer- oder Zahlungsbedingungen Vereinbarungen übersehen, die den Gesamtpreis einer Warenlieferung erheblich beeinflussen können. Beim Angebotsvergleich sind nachfolgende Abweichungen herauszufinden:

Währungen

Im Falle eines Warenimportes aus Nicht-EU-Staaten ist es notwendig, Auslandswährungen in Euro umzurechnen. Schwankungen im Wechselkurs können zu höheren oder aber auch zu niedrigeren Preisen führen. Zusätzlich ist noch mit Bankgebühren zu rechnen.

$$\text{Fremdwährung} = \frac{\text{€} \times 100}{\text{Wechselkurs}} \quad \text{oder}$$

$$\text{€–Betrag} = \frac{\text{Fremdwährung} \times \text{Wechselkurs}}{100}$$

Beschaffungskosten und Angebotsvergleiche

Beispiel
Eine Schweizer Firma für Hotel- und Restaurantbedarf bietet dem Hotel Sonnenschein 10 Käsefondue-Sets frei Haus an, zu einem Gesamtpreis von 1.500 CHF (Schweizer Franken). Wie hoch ist der Preis in €, wenn die Bank in Deutschland mit einem Kurs von 59 rechnet?

$$€ = \frac{1.500\ CHF \times 59}{100} = 885\ €$$

Warenimport
Waren werden aus dem Ausland eingeführt.
Warenexport
Waren werden ins Ausland verkauft.
Der **Wechselkurs** ist der Preis für eine ausländische Währungseinheit.

Qualität
Nicht immer ist das Angebot mit dem niedrigsten Preis das vorteilhafteste. Das heißt aber nicht, dass preiswerte Angebote von vornherein auszuschließen sind. Ein exakter Vergleich von Preis und Qualität sind bei der Prüfung des Angebotes notwendig.

Preis
Wenn beide Angebote bezüglich Qualität vergleichbar sind, ist normalerweise das Angebot mit dem niedrigsten Preis auszuwählen. Doch bevor eine Entscheidung getroffen werden kann, müssen alle Preise auf einer vergleichbaren Basis überprüft werden. Hierbei gilt, dass alle Preisnachlässe (Rabatt, Skonto, Bonus) abgezogen und alle Bezugskosten (Porto, Fracht-, Verpackungskosten) hinzugerechnet werden müssen.

Beispiel: Angebotsvergleich – Rheinwein (0,75 l)
Das nachstehende Beispiel zeigt drei Angebote mit unterschiedlichen Bedingungen:

Zur Durchführung eines Weinfestes benötigt das Hotel Sonnenschein folgende Weine (0,75 l)		
140 Flaschen	1995	Kröver Nacktarsch, Müller Thurgau, Qualitätswein
80 Flaschen	1996	Deidesheimer Herrgottsacker, Riesling, Kabinett
40 Flaschen	1997	Niersteiner, Riesling, Kabinett
24 Flaschen	1988	Heppenheimer Eiswein, Riesling

Der F + B-Manager des Hotels Sonnenschein vergleicht die Angebote folgender Firmen:
– Weinhandlung Müller in Wiesbaden
– Weingut Klosterhof in Eltville
– Weinkontor Meller in Flörsheim

1 Für den Transport einer Gefriertruhe fallen folgende Kosten an:
10 € Rollgeld zum Bahnhof des Lieferanten
35 € Frachtkosten
12 € Rollgeld ab dem Bahnhof des Käufers
Wie hoch sind die Transportkosten bei folgenden Bedingungen:
1.1 Lieferung erfolgt „frei Haus"
1.2 Lieferung „ab Fabrik"
1.3 Lieferung ab „Bahnhof hier"
2 Der Getränkeimporteur Müller erhält eine Rechnung für eine Lieferung Pilsner Urquell im Gesamtwert von 18 500 CSK (Tschechische Kronen). Die Bank rechnet mit einen Kurs von 9,05. Wie hoch ist der Rechnungsbetrag in €?
3 Eine Firma für Kühlmaschinen aus New Orleans liefert 3 Kühlaggregate zum Einzelpreis von 950,00 $ (USD). Der Umrechnungskurs beträgt 0,98. Für Bankgebühren werden 1,5% berechnet.
3.1 Wie hoch ist der Rechnungsbetrag in €?
3.2 Ermitteln Sie die Höhe der Bankgebühren in €.
4 Ursula hat als beste Restaurantfachfrau zur Belohnung eine Reise nach Ungarn an den Plattensee gewonnen. Zusätzlich zu der Reise erhält sie ein Taschengeld von 26 000,00 HUF (Forint). Wie viele € erhält sie, wenn sie für 1 € 260 Forint erhält?

Warenbeschaffung

Angebotsvergleich, Preise in € (von S. 265)

Anzahl benötigter Flaschen	Weinhandlung Müller Wiesbaden	Weingut Klosterhof Eltville	Weinkontor Meller Flörsheim
140 Flaschen Kröver Nacktarsch	6,50	6,20	6,00
80 Flaschen Deidesheimer Herrgottsacker	7,00	6,60	5,80
40 Flaschen Niersteiner	8,00	7,50	8,10
24 Flaschen Heppenheimer Eiswein	12,00	11,50	11,20
Angebotspreis	2078,00	1972,00	1896,80
– Rabatt	–7%	–5%	–
Zieleinkaufspreis	1932,54	1873,40	1896,80
– Skonto	–2%	–2%	–
	1893,80	1835,93	1896,80
+ Verpackungskosten	–	–	25,00
+ Frachtkosten	frei Haus	75,00	35,00
= Einstandspreis	1893,80	1910,93	1956,80
Lieferfrist	sofort	eine Woche	vier Wochen
Zahlbar	in 10 Tagen	in 14 Tagen	sofort nach Rechnungserhalt

1 Der Eiswürfelbereiter des Hotels „Wilder Mann" in Königstein muss ersetzt werden. Der F + B-Manager holt sich daraufhin 2 Angebote ein.
Die Firma Kältetechnik Eispol in Leipzig macht folgendes Angebot:
Eiswürfelbereiter zum Preis von 1350,00 €, 10% Rabatt, Lieferung ab Werk. Die Transportkosten und -versicherung betragen 55,00 €.
Wahlweise besteht die Möglichkeit, den Eiswürfelbereiter vom Lieferanten mit dem Kleintransporter des Hotels abzuholen. Die einfache Entfernung beträgt 75 km zu einem Kilometerpreis von 0,30 €.
Der Gastronomiehandel Meier & Söhne in Berlin unterbreitet folgendes Angebot:
Eiswürfelbereiter zum Preis von 1300,00 €, Lieferung „frei Haus", 2% Skonto bei Zahlung innerhalb von 10 Tagen.
Vergleichen Sie die Angebote, und begründen Sie, welches Angebot am günstigsten ist.

2 Das Foyer des Hotels Sonnenschein soll einen neuen Teppichboden erhalten. Die Länge des Foyers beträgt 12,5 m und die Breite 8,6 m.
Von 3 Fachfirmen erhalten Sie Angebote:

	Angebots-Preis/m²	Rabatt	Skonto	Verlegekosten
Teppich Müller	34,50 €	7%	–	5,50 €/m²
Raumausstatter Feil	32,80 €	5%	3%	7,00 €/m²
Innenausstattung Ogorek	46,00 €	15%	2%	–

Vergleichen Sie die drei Angebote, und ermitteln Sie den preiswertesten Anbieter.

3 Diskutieren Sie folgende Aussage: Das niedrigste Angebot muss nicht immer das Beste sein!

24.3 Bestellung

🇫🇷 commandes
🇬🇧 order

Wenn beide Vertragspartner - Verkäufer und Käufer - sich einig sind, folgt einem Angebot die Bestellung. Sie ist notwendig, damit ein Kaufvertrag Rechtsgültigkeit erlangt. Erfolgt eine Bestellung ohne ein konkret vorliegendes Angebot, ist die Bestellungsannahme durch den Verkäufer notwendig, damit es zu einem Vertragsabschluss kommen kann. Dies ist auch dann unerlässlich, wenn es zu Abweichungen bei einzelnen Punkten vom bestehenden Angebot (z. B. Lieferfrist, Preis, Menge, Zahlungsbedingungen) kommt.
Um Fehler zu vermeiden, empfiehlt es sich, mündliche und telefonische Bestellungen schriftlich zu bestätigen.

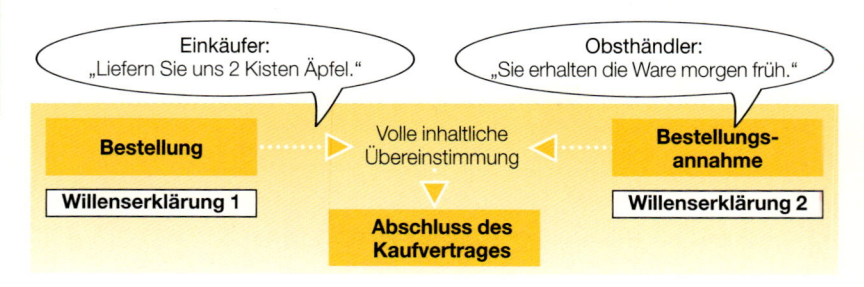

Einkäufer: „Liefern Sie uns 2 Kisten Äpfel."
Obsthändler: „Sie erhalten die Ware morgen früh."

Bestellung — Volle inhaltliche Übereinstimmung — Bestellungsannahme
Willenserklärung 1 — Willenserklärung 2
Abschluss des Kaufvertrages

25 Kaufvertrag

🇫🇷 *contrat d'achat*
🇬🇧 *bill of sale*

Die Inhalte der Angebote sind meistens auch die Bestandteile von Kaufverträgen. Im (→ 260f) wird bereits festgelegt zu welchen Bedingungen eine Ware geliefert werden soll.

Der Kaufvertrag verpflichtet den Verkäufer, das Eigentum an der Sache abzutreten. Erst nach der Einigung und der Übergabe an den Käufer geht das Eigentum an den Käufer über. Der Verkäufer ist durch den Kaufvertrag zur Beschaffung des Gegenstandes ohne Rechts- und Sachmängel zur Übertragung des Eigentums verpflichtet. Der Käufer seinerseits ist zur Annahme der Ware und zur Zahlung des Kaufpreises verpflichtet.

Erfüllungsgeschäft – Pflichten der Vertragspartner

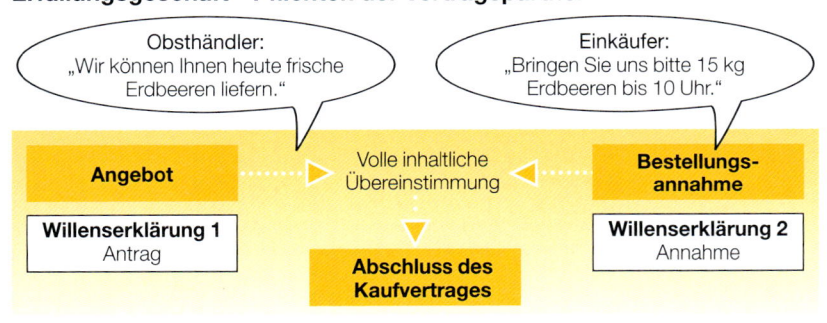

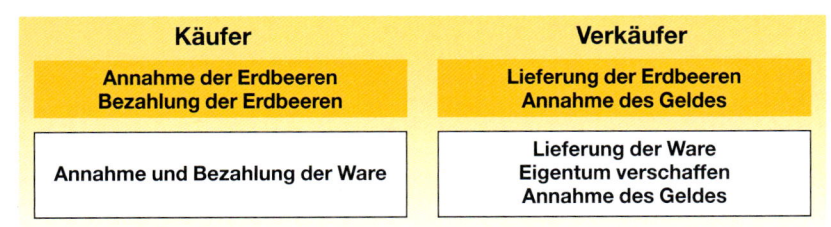

Obsthändler: „Wir können Ihnen heute frische Erdbeeren liefern."

Einkäufer: „Bringen Sie uns bitte 15 kg Erdbeeren bis 10 Uhr."

Angebot — Volle inhaltliche Übereinstimmung — **Bestellungsannahme**

Willenserklärung 1 – Antrag

Willenserklärung 2 – Annahme

Abschluss des Kaufvertrages

Käufer	Verkäufer
Annahme der Erdbeeren Bezahlung der Erdbeeren	Lieferung der Erdbeeren Annahme des Geldes
Annahme und Bezahlung der Ware	Lieferung der Ware Eigentum verschaffen Annahme des Geldes

Was sind Rechts- und Sachmängel?

Rechtsmängel liegen immer dann vor, wenn Rechte, die sich aus den vertraglichen Vereinbarungen ergeben, verletzt wurden.

Typische Rechtsmängel
Die Ware wurde verspätet oder überhaupt nicht geliefert.
Die gelieferte Ware wird nicht zum vereinbarten Zeitpunkt bezahlt.
Der vereinbarte Preis wurde verändert.

Sachmängel liegen immer dann vor, wenn eine Sache mit Fehlern behaftet ist.

Typische Sachmängel
Lieferung von Himbeeren an Stelle von Brombeeren: Mangel in der Art
Lieferung von angefaulten Himbeeren: Mangel in der Beschaffenheit
Lieferung von 13 kg statt 30 kg Himbeeren: Mangel in der Menge

25.1 Vertragspartner

Nach den Vertragspartnern wird zwischen bürgerlichem Kauf, einseitigem und zweiseitigem Handelskauf unterschieden.

Vertragsart	Beispiel
Bürgerlicher Kauf Beide Vertragspartner sind Privatpersonen.	Koch Florian verkauft ein Filetiermesser (→ Gastronomie Grundstufe) an die Restaurantfachfrau Ariane.
Einseitiger Handelskauf Im Sinne des Gesetzes ist einer der Partner Kaufmann, der zweite eine Privatperson.	Die Restaurantfachfrau Bianca kauft sich ein Fachbuch in einer Buchhandlung.
Zweiseitiger Handelskauf Beide Vertragspartner sind Kaufleute.	Der Hotelier Rudolf Sommer kauft 60 Rotweingläser bei der Firma Fritz Herbst.

Kaufvertrag

🇫🇷 *les différents contrats d'achat*
🇬🇧 *sorts of bills of sale*

25.2 Kaufvertragsarten

Kaufvertragsarten	Inhalte	Beispiele
Kauf auf Probe (§§ 495, 496 BGB)	Rückgaberecht innerhalb einer vertraglich festgelegten Frist. Schweigen wird bei Überschreiten dieser Frist als Billigung gewertet.	Sie bestellen einen klimatisierten Zigarrenschrank zur stilgerechten Präsentation ihrer Havanna-Zigarren.
Kauf zur Probe	Kauf einer kleinen Menge mit der Zusicherung, bei Gefallen eine größere Menge abzunehmen.	Sie kaufen 3 kleine Packungen Wurstaufschnitt, um diese in Ihr Frühstückssortiment aufzunehmen.
Kauf nach Probe (§ 494 BGB)	Verkostung findet beim Einkauf statt. Die ermittelten Eigenschaften werden für die gesamte Bestellung als verbindlich angenommen.	Beim Besuch einer gastronomischen Messe verkosten Sie ein neues Kartoffelerzeugnis. Im Anschluss vereinbaren Sie die Lieferung von 3 Kartons zu je 3 kg.
Fixkauf (§ 361 BGB) (§ 376 HGB)	Es wird ein fester Liefertermin vereinbart. Die Bezeichnung „Fix" muss im Kaufvertrag stehen.	20 kanadische Hummer müssen fristgerecht für ein Bankett am 1. Juli … um 10 Uhr angeliefert werden.
Kauf auf Abruf (§ 361 BGB) (§ 376 HGB)	Sie kaufen eine größere Menge an Ware. Der Zeitpunkt der Anlieferung liegt im Ermessen des Käufers.	Ein Hotelier kauft 800 Flaschen Weißherbst. Da er in seinem Weinlager keine Lagerfläche mehr frei hat, bittet er den Weinhändler, dass er die Ware nach Bedarf abrufen kann.

🇫🇷 *incidents dans la livraison*
🇬🇧 *clauses of restriction*

25.3 Leistungsstörungen

Kommt ein Vertragspartner den Bedingungen im Kaufvertrag nicht nach, entstehen Leistungsstörungen. Der **Geschädigte** kann seine Rechte nach dem BGB, dem HGB und den AGB geltend machen.

Leistungsstörungen durch den Verkäufer		Leistungsstörungen durch den Käufer	
Mangelhafte Lieferung	**Lieferungsverzug**	**Zahlungsverzug**	**Annahmeverzug**
Rechte des Vertragspartners			
Nachbesserung Umtausch	Forderung der Lieferung mit/ohne Schadensersatz	Forderung der Zahlung mit Mahnkosten und Verzugszinsen	Forderung der Annahme Lagerung auf Kosten des Käufers
Minderung	Rücktritt vom Vertrag		Rücktritt
Wandlung			Notverkauf
Schadensersatz			Selbsthilfeverkauf nach Androhung

Die **AGB** (Allgemeine Geschäftsbedingungen) sind die Grundlage vieler Rechtsgeschäfte im täglichen Leben. Sie werden im allgemeinen Sprachgebrauch als das „Kleingedruckte" bezeichnet.

BGB (Bürgerliches Gesetzbuch): Darin sind u.a. der allgemeine Teil des deutschen Privatrechts und damit auch die gesetzlichen Bestimmungen von Verträgen geregelt.

HGB (Handelsgesetzbuch): Es wird bei Rechtsgeschäften angewandt, bei denen wenigstens ein Vertragspartner Kaufmann ist.

Leistungsstörungen

Mangelhafte Lieferung

Vertragsgemäß hat der Lieferant einwandfreie Ware zu liefern.
Mängel (§§ 459ff. BGB) können sich auf die **Art, die Güte** oder die **Menge** beziehen. Dabei muss kein Verschulden des Verkäufers vorliegen. Der Käufer hat zu prüfen, ob die gelieferte Ware einwandfrei ist. Kaufleute müssen das sofort tun, Nichtkaufleute können im Rahmen der gesetzlichen Gewährleistungspflicht (6 Monate) Mängel dem Verkäufer mitteilen (Vertragspartner). Diese Form der Beanstandung wird als **Mängelrüge** bezeichnet. Bei mangelhafter Lieferung hat der Käufer wahlweise unterschiedliche Rechte.

Rechte des Käufers	
Wandlung	Rücktritt vom Vertrag
Ersatzlieferung	Umtausch der Ware
Minderung	Herabsetzung des Kaufpreises
Schadensersatz wegen Nichterfüllung	Schadenersatz, wenn eine nicht zugesicherte Eigenschaft fehlt oder ein Mangel arglistig verschwiegen worden ist.

Verzugszinsen
Zahlt der Kunde nicht, so hat der Schuldner das Recht, nach 30 Tagen Schuldzinsen zu erheben. Der Versäumniszuschlag richtet sich nach dem Basiszinssatz, der von der Deutschen Bundesbank regelmäßig zum 1. Mai und 1. November neu festgesetzt wird. Hierauf dürfen noch zusätzlich 5% gerechnet werden.

Offene und verdeckte Mängel

Gelegentlich werden Mängel erst nach einiger Zeit sichtbar. **Offene Mängel** müssen sofort, **verdeckte Mängel** nach ihrer Entdeckung, spätestens aber 6 Monate nach Lieferung angezeigt werden. Um spätere Streitigkeiten zu vermeiden, sollten Mängelanzeigen schriftlich erfolgen. Werden diese Fristen nicht eingehalten, verliert der Käufer die ihm zustehenden Rechte, es sei denn, er ist vom Verkäufer arglistig getäuscht worden.

Unter den Begriff Nichtkaufleute fallen alle Privatpersonen, die kein Gewerbe betreiben. Sie können im Falle einer mangelhaften Lieferung Gewährleistungsansprüche an den Kaufmann in einem Zeitraum von bis zu 6 Monaten erheben.

Lieferungsverzug

Lieferungsverzug (§§ 484ff. BGB) liegt vor, wenn der Verkäufer schuldhaft, gar **nicht** oder **nicht rechtzeitig liefert**. Die Fälligkeit der Lieferung (Liefertag, Lieferfrist) und die Schuldhaftigkeit müssen nachgewiesen werden. Demnach müssen höhere Gewalt (Naturkatastrophen, z. B. Erdbeben, Überschwemmungen) oder Streik nicht vom Verkäufer verantwortet werden.
Der Käufer kann auf sofortiger Lieferung (ohne Nachfrist) bestehen. Nach einer angemessenen Nachfrist kann er die Lieferung verweigern. Bei verspäteter Lieferung oder Lieferausfall ist der Anspruch auf nachgewiesenen **Schadensersatz** gegeben.

Zahlungsverzug

Zahlungsverzug (§§ 279 und 288 BGB) liegt vor, wenn der vereinbarte Kaufpreis nicht rechtzeitig entrichtet wird. Der Verkäufer kann als **Gläubiger** ein gerichtliches Mahn- oder Klageverfahren anstrengen.

Annahmeverzug

Annahmeverzug (§§ 193ff. BGB, §§ 373 und 379 HGB) liegt vor, wenn der Käufer die Lieferung nicht oder nicht rechtzeitig abnimmt. Bei Annahmeverzug geht das Verlustrisiko auf den Käufer über.

1 Nennen Sie Mängel, die bei einer Lieferung auftreten können.
2 Beschreiben Sie, wie ein Käufer reagieren soll, wenn er einen Mangel festgestellt hat.
3 Erläutern Sie, ab wann ein Lieferungsverzug vorliegt.
4 Beschreiben Sie die Möglichkeiten, die ein Käufer hat, wenn eine Ware nicht pünktlich geliefert wird.
5 Unterscheiden Sie „Kauf nach Probe" und „Kauf zur Probe".
6 Beschreiben Sie die Rechte eines Käufers bei Nichterfüllung eines Fixkaufs.
7 Erklären Sie die Unterschiede zwischen bürgerlichem Kauf und einseitigem Handelskauf.

Kaufvertrag

Projektorientierte Aufgabe
Kaufvertrag

Als Ariane und Harald die Verpackung der 25 neu gelieferten Restaurantstühle entfernen, stellen sie fest, dass die Polsterstoffe unterschiedliche Farbschattierungen aufweisen. Sie informieren den Restaurantchef, der den Mangel sofort an die Einkaufsabteilung weiterleitet.

Kaufvertragsstörungen
1. Um welchen Mangel handelt es sich in dem beschriebenen Fall?
2. Erläutern Sie die Folgen für den Lieferanten, wenn an Stelle der Farbschattierungen die Ware (im Falle eines Fixkaufs) nicht zum vereinbarten Termin geliefert worden wäre.
3. Erklären Sie die Konsequenzen für den Lieferanten, wenn ein Fixkauf vorgelegen hätte.

Schriftverkehr
4. Formulieren Sie eine schriftliche Mängelrüge. Beachten Sie dabei die Anforderungen an die Gestaltung eines Geschäftsbriefes.

Recht
5. Ariane und Harald sind an den rechtlichen Folgen interessiert, die sich aufgrund der mangelhaften Lieferung ergeben.
5.1 Sie benötigen die Restaurantstühle für ein großes Bankett noch am selben Abend. Beurteilen Sie die rechtlichen Möglichkeiten, die Ihnen in diesem Fall offen stehen.
5.2 Unterbreiten Sie Vorschläge, wie Sie schnellstens zu fehlerfreien Stühlen kommen können.
6. Bitten Sie den Verantwortlichen der Warenwirtschaft in Ihrem Ausbildungsbetrieb um die allgemeinen Geschäftsbedingungen (AGB) eines Vertragsunternehmens. Diskutieren Sie die Inhalte in Ihrer Klasse.

HOTELAUSSTATTER
Obermaier und Söhne
Münchener Straße 9 · 85433 Weiden

Kaufvertrag

zwischen
Hotelausstatter Obermaier & Söhne
Münchener Straße 9
85433 Weiden

und
Hotel Sonnenschein
Dresdener Straße 15
94034 Passau

wird nachfolgender Kaufvertrag geschlossen:

Punkt 1 Kaufgegenstand
25 Restaurantstühle Marke „Josephine"

Punkt 2 Kaufpreis
1. Kaufpreis je Stuhl   € 175,00,-
   Gesamtpreis   € 4.375,00,-
   (in Worten: Viertausenddreihundertfünfundsiebzig) zzgl. MwSt.
2. Der Kaufpreis ist innerhalb von 30 Tagen (netto) nach Übernahme der Restaurantstühle zu entrichten. Der Verkäufer gewährt bei einer Zahlung innerhalb von 10 Tagen 3% Skonto.
3. Das Eigentum geht erst nach Bezahlung des kompletten Kaufpreises auf den Käufer über.

Punkt 3 Gewährleistung
Der Verkäufer übernimmt für die Ware eine Gewährleistung von 6 Monaten.

Punkt 6 Gerichtsstand
Für beide Vertragsparteien gilt als Gerichtsstand das Amts- bzw. Landgericht Weiden.

Ort, Datum

_____ _____
Unterschrift des Verkäufers   Unterschrift des Käufers

Berechnungen
7. Der Einzelpreis eines Stuhles beträgt 175,00 €. Der Lieferant gewährt bei einer Zahlung innerhalb von 10 Tagen 3% Skonto.
7.1 Ermitteln Sie den Bareinkaufspreis für die gesamte Lieferung.
7.2 Da gerade ein kurzfristiger finanzieller Engpass besteht, vereinbaren Sie mit dem Lieferanten, die 3.000,00 € mit 2% Skonto innerhalb von 10 Tagen und den Rest nach 30 Tagen zu bezahlen. Wieviel Euro muss man mehr bezahlen, als im Vergleich zum ursprünglichen Angebot?
8. Aufgrund des Ärgers, den Sie mit der Reklamation hatten, bietet Ihnen der Lieferant einen Sonderrabatt von 8% an. Gleichzeitig teilt er Ihnen mit, dass sich die bisherigen Frachtkosten von 3,00 € pro Stuhl um 7,5%, bedingt durch die Energiepreisverteuerung, erhöht haben.
Ermitteln Sie den Einstandspreis der Ware, wenn Sie nach wie vor von dem Skontoabzug in Höhe von 3% Gebrauch machen.

26 Warenumschlag

🇫🇷 rotation des stocks
🇬🇧 turnover of goods

26.1 Warenannahme

🇫🇷 réception des marchandises
🇬🇧 receiving of goods

Alle eingehenden Waren sollten ohne Verzögerung und nach **ausführlicher Kontrolle** hinsichtlich Qualität, Menge, Mindesthaltbarkeit, Verpackung und sichtbaren Schäden durch die Mitarbeiter der Warenannahme zu den einzelnen Lagerbereichen (Kühllager, Trockenlager) bzw. zu den entsprechenden Fachabteilungen (Hausprospekte zur Rezeption) gelangen.

Wareneingangskontrollen

Die eingehenden Waren sind grundsätzlich sowohl auf ihre **quantitativen** (Menge, Gewicht) als auch auf ihre **qualitativen** Eigenschaften (Frische, Aussehen, Temperatur) zu prüfen.

Qualitätsprüfungen:
- Temperaturkontrollen bei Kühl- und Tiefgefriererzeugnissen
- Beschädigungen oder Farbveränderungen bei frischem Gemüse und Obst
- Überprüfung des Verbrauchsdatums (→ Grundstufe Gastronomie) bei Kühl- und Tiefgefriererzeugnissen
- Vorhandensein von Eiskristallen und Gefrierbrand (→ Gastronomie Grundstufe, Stichwortverzeichnis, Gefrierbrand)
- Aneinander klebende Erzeugnisse

Quantitative Kontrollen:
- Übereinstimmung der gelieferten Menge mit der auf dem Lieferschein (→ Grundstufe Gastronomie) angegebenen Menge
- Aufdruck von Brutto- und Nettogewicht (→ Grundstufe Gastronomie) auf den Verpackungen
- Übereinstimmung des Gewichtes der Verpackung mit dem aufgedruckten Wert
- Angabe der gelieferten Mengen in Stück, Liter, Kilogramm, Dutzend usw.

Die Prüfergebnisse werden anschließend in eine Kontrollliste eingetragen.

Kontrolle der Kerntemperatur

Kontrollliste Wareneingang				Hotel Sonnenschein	
Lieferant	Lieferdatum	Artikelbezeichnung	Gründe für Annahmeverweigerung		Unterschrift Kontrolleur/in
Meier Fleischhandel	5.7....	Wurstsalat	Haltbarkeit überschritten		
Müller Fischhandel	5.7....	Seelachsfilet tiefgefroren	ohne Beanstandung		

§ *Bei Tiefgefriererzeugnissen muss der Hinweis „nach dem Auftauen nicht mehr einfrieren" aufgedruckt sein. Waren, die Hinweise auf Verderb (z. B. Fraßschäden, Verfärbungen, Geruch) aufweisen, dürfen nicht angenommen werden.*

? *Lebensmittel, deren Temperatur bei der Anlieferung zu hoch ist, dürfen auch nach Abkühlung auf die vorgeschriebene Lagertemperatur nicht mehr eingelagert werden!*
Begründen Sie diese Aussage.

Warenumschlag

◐ stockage de la marchandise
⊕ storage of goods

26.2 Warenlagerung

Unter den Begriff Warenlagerung fallen alle Tätigkeiten, die mit der Annahme, der Verwaltung, der Lagerung und der Ausgabe der Waren in Zusammenhang stehen. Dazu gehören unter anderen Auf- und Einteilung der Lagerräume, die Lagereinrichtungen (Kühl- und Tiefgefrierlager), die Lagersicherheit und die Lagerhygiene.

Klassische Aufteilung der Lagerräume

Magazin	Kühl- und Tiefgefrierlager	Keller	Materiallager
Trockenerzeugnisse wie:	Fleisch- und Wurstwaren	Bier	Porzellan, Gläser
Mehl, Zucker, Salz	Fisch, Meeresfrüchte u.a.	Wein	Besteck
Teigwaren, Reis	Eier	Kartoffeln	Möbel
Konserven	Milch, Käse		Wäsche usw.
	Gemüse		

Moderne Aufteilung der Lagerräume

Feste Lebensmittel ⊕ Food	Getränke ⊕ Beverages	Wirtschaftsgüter (Betriebsmittel) ⊕ Nonfood
Gemüse, Obst	Bier, Wein	Möbel
Fleisch- und Wurstwaren	Mineralwasser	Tisch-, Bettwäsche
Fisch	Limonade	Druckerzeugnisse (Hausprospekte)
Milcherzeugnisse		Reinigungsmittel

Lagerbedingungen

Neben der Einhaltung der Lagertemperaturen ist die Luftfeuchte (➔ 273 Tabelle) für den Qualitätserhalt der zu lagernden Waren von Bedeutung.

Formel: Relative Luftfeuchte

$$\varphi = \frac{\text{absolute Luftfeuchte} \times 100}{\text{maximale Luftfeuchte}}$$

Lagerregal

Warenlagerung

Lagerräume für Lebensmittel
Sie lassen sich in folgende Bereiche unterteilen:

Lagerarten	Temperatur	Relative Luftfeuchte	Lagergut
Konserven- und Trockenlagerräume	+18–20 °C	–	Reis, Mehl, Teigwaren, Kaffee, Salz
Gemüsekühllagerräume	+6–8 °C	80–90%	Gemüse, insbesondere Salate
Fleischkühllagerräume	+2 °C	85–90%	Fleisch- und Wurstwaren
Fischkühllagerräume	+2 °C	85–95%	Frischfisch (in Eis)
Lagerräume für Milch und Molkereierzeugnisse	+2–4 °C	75–80%	Milch, Butter, Käse
Tiefgefrierlagerräume	–18 °C	–	Tiefgefrierware Fisch, Fleisch, Geflügel

Luftfeuchte
Unterschieden werden drei Arten von Luftfeuchte:
1. Die **maximale Luftfeuchte**: die bei einer bestimmten Temperatur höchst mögliche aufgenommene Menge an Wasserdampf. Sie nimmt bei steigender Lufttemperatur zu.
2. Die **absolute Luftfeuchte**: in der Luft bei einer bestimmten Temperatur tatsächlich vorhandene Menge an Wasserdampf.
3. **Relative Luftfeuchte**: Verhältnis der absoluten Luftfeuchte zur maximalen Luftfeuchte bei einer bestimmten Temperatur. Der Wert wird in % angegeben. Die Luftfeuchte beeinflusst die Haltbarkeit der Lebensmittel. Zu hohe Luftfeuchte kann zu negativen enzymatischen und mikrobiologischen Veränderungen führen, während zu niedrige Luftfeuchte zum Austrocknen der Lebensmittel führt. Deshalb muss im Kühllager die jeweils notwendige Luftfeuchte eingehalten werden.

In den gesetzlichen Bestimmungen sind Grundsätze und fachliche Regeln für die Gestaltung und die Ausrüstung der Lagerräume, für die persönliche Hygiene und für die Lagerung der einzelnen Warengruppen festgeschrieben.
Lagerhinweise für Gemüse, Kartoffeln, Obst, Eier, Milch, Käse, Fleisch und Fisch wurden bei der Behandlung der Zutaten und der Herstellung ausgewählter Speisen (→ Gastronomie Grundstufe) gegeben.
Die in der Tabelle angegebenen Temperaturen entsprechen der DIN 10 501. Diese DIN gibt die Höchsttemperaturen zur Lagerung von Lebensmitteln an (→ Gastronomie Grundstufe). Da die Lagertemperaturen in der Praxis durch häufiges Öffnen und Schließen der Kühlhaustüren leicht steigen können, ist es empfehlenswert, die Lagertemperaturen um 1–2 °C unter den DIN-Wert zu halten.

Lagerräume für Getränke

Lagerarten	Temperatur	Relative Luftfeuchte	Lagergut
Bierkeller	4–5 °C	–	Fassbier
Klimaschränke			
für Weißwein	10–12 °C	65–75%	Weißwein, Rosé-Wein
für Rotwein	12–14 °C	65–75%	Rotwein
Getränkelager für alkoholfreie Getränke	8–10 °C	–	Limonaden, Fruchtsäfte, Mineralwasser

Weinkeller

Im Bierkeller sollte kein Leergut aufbewahrt werden.
Bierfässer müssen vor dem Anstich einige Zeit ruhen.

Warenumschlag

> Unter **Klimaschränken** versteht man Kühlmöbel, die in Bezug auf Temperatur und Luftfeuchte genau eingestellt werden können. Sie eignen sich besonders gut zur Lagerung von Weinen. Darüber hinaus sind sie sehr dekorativ gestaltet, so dass sie häufig in den Galsträumen aufgestellt werden.

Die Restaurantfachkraft kann mit Hilfe der **Klimaschränke** Weine optimal ausstellen und spart außerdem den Platz für einen eigenen Weinkeller.
Die meisten Klimaschränke sind mit Regalen zur Liegend-Lagerung ausgestattet. Dadurch wird das Austrocknen des Korkens verhindert.

Lagerräume für Wirtschaftsgüter (Betriebsmittel)

Möbellager	Tisch- und Bettwäsche	Reinigungsmittellager
Lager für Ersatzstühle, Ersatztische und Bankettische. Diese Möbel werden meistens für große Veranstaltungen verwendet.	Die Wäsche wird in Regalen, oft auch in großen Schränken gelagert.	Lager überwiegend für Reinigungs-, Pflege- und Desinfektionsmittel. Das Lager sollte mit Regalen ausgestattet sein. In kleineren Betrieben werden diese Waren oft in Schränken untergebracht.

1 Erläutern Sie, warum die strikte Einhaltung der Lagertemperaturen und der Luftfeuchte ständig kontrolliert werden sollte.
2 Erstellen Sie eine Übersicht mit den Lagerräumen in Ihrem Ausbildungsbetrieb. Kontrollieren und notieren Sie die Temperaturen der Lagerräume an 3 Wochentagen jeweils bei Arbeitsbeginn, am Mittag, am Abend.

Trockenlager
🇫🇷 *stockage à sec*
🇬🇧 *dry storage of goods*

Die Lagerfläche sollte nach Möglichkeit mit **mobilen Regalsystemen** ausgestattet werden. Dies ermöglicht nicht nur eine optimale Nutzung der vorhandenen Fläche, sondern bringt auch Vorteile bei der regelmäßigen Reinigung. Neben Gastro-Norm-gerechten Regalen, die so bemessen sind, dass das vorhandene Gastro-Norm-Geschirr (→ Grundstufe Gastronomie) Platz findet, sollten auch **herkömmliche Regalsysteme** die Lagereinrichtung vervollständigen. Außer auf ausreichende Stabilität sollte vor allem darauf geachtet werden, dass vorrangig Werkstoffe wie Edelstahl und Kunststoff verwendet werden.

Kühl- und Tiefgefrierlager
🇫🇷 *stockage à froid*
🇬🇧 *cold-storage depot*

Die Festlegung der Kühllager richtet sich nach der Art des gastronomischen Betriebes: Hotel, Restaurant, Kantine, Krankenhaus und sonstige Einrichtungen.
Ein leistungsfähiger Gastronomiebetrieb kann heute auf eine **elektronisch geregelte Kühlanlage** nicht mehr verzichten.

Bei der Ausstattung der Kühleinrichtungen gibt es folgende Anforderungen:
- Lagerkühlräume und Tiefgefrierräume (z.B. Kühl- und Tiefgefrierzellen) sollten große Türen haben (1 x 2 m), damit mit Gastro-Norm-Wagen und Paletten bequem hineingefahren werden kann.
- Für Kühl- und Tiefgefrierräume ist die Anordnung in Blockform vorteilhaft. Diese Bauart bringt kälte- und isolationstechnisch die größten Vorteile.
Tageskühlräume sind zweckmäßig in der Nähe der Vor- und der Zubereitungszonen angeordnet.

Großlager für Tiefgefriererzeugnisse

Warenlagerung

Moderne Kühlräume für Obst und Gemüse sind mit einer automatischen Befeuchtungseinrichtung versehen, Fleischräume mit einer automatischen Entfeuchtungseinrichtung.

Lagerhaltung
🇫🇷 *gestion des stocks*
🇬🇧 *storing*

Für eine wirtschaftliche Lagerhaltung müssen Fragen beantwortet werden:
- Welche Waren werden benötigt?
- Welche Mengen an Waren werden täglich verbraucht?
- Zu welchen Zeitpunkten müssen die Waren vorrätig sein?
- Welche Lagerflächen stehen zur Verfügung?
- Welche Lagerräume (Magazin, Kühlraum usw.) stehen zur Verfügung?

Immer mehr Betriebe stellen ihr **Warensortiment** aus Kostengründen (Personalkosten) auf gekühlte oder tiefgefrorene **Convenience-Erzeugnisse** um. Die Lagerflächen für Normallager (Trockenlager) werden deshalb zu Gunsten von Kühl- und Gefrierlagern verkleinert. **Frischwaren** werden häufig täglich angeliefert und dann sofort verarbeitet. Diese Just-in-Time-Lagerhaltung (→ 288) setzt sich in gastronomischen Betrieben immer mehr durch.

Die verantwortlichen Mitarbeiter können durch ordnungsgemäßen Einkauf, vorschriftsmäßige Lagerhaltung, genaue Bedarfsberechnungen, Überprüfung der Lagerräume und Ermittlung der Lagerflächen dazu beitragen, dass größtmögliche Wirtschaftlichkeit erreicht wird.

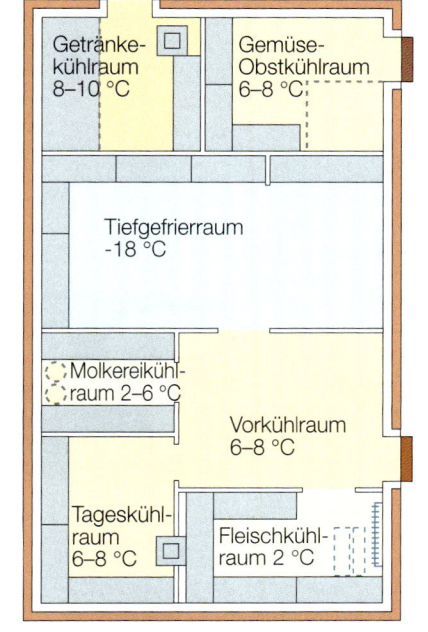

Kühl- und Gefrierräume

Lagerkosten
🇫🇷 *frais de stockage*
🇬🇧 *costs of storing*

Jeder Betrieb ist bestrebt, die Kosten für die Lagerhaltung so gering wie möglich zu halten. Dieses Ziel ist nur zu erreichen, wenn es den verantwortlichen Mitarbeitern gelingt, mit dem geringsten Aufwand ständig so viele Waren bereitzuhalten, dass der Betrieb ungestört ablaufen kann.

Ideal wäre, wenn die für das Tagesgeschäft notwendigen Waren vor Produktionsbeginn angeliefert würden und exakt den Mengen entsprächen, die für diesen Tag nötig sind. Leider erschweren eine Reihe von Faktoren (Zahl der Gäste, Speisenangebot, Veranstaltungen) diese Form der Just-in-Time-Warenwirtschaft.

Große Lagerflächen verursachen erhebliche Kosten. Dies ist gerade für Betriebe in Städten und in Ballungszentren von Nachteil, da hier höhere Pachten und Mieten bezahlt werden müssen

*Zu den **Lagerkosten** zählen unter anderen: Pacht und Miete, Energiekosten (Strom, Heizung), Personalkosten (Gehälter, Löhne, Sozialleistungen), Reinigungskosten (Reinigungsmittel und -geräte), Abschreibungen für Geräte, Maschinen, Anlagen usw.*

1 Ein gastronomischer Betrieb hat eine Gesamtfläche von 850 m². Davon entfallen 9% auf Lagerflächen. Die monatliche Pacht beträgt 7.800 €.
1.1 Ermitteln Sie die Lagerfläche (m²).
1.2 Berechnen Sie die Pachtsumme in Euro, die auf die Lagerräume entfällt.
1.3 Das Lager wird täglich gereinigt. Die Reinigungskosten betragen 2 Cent/Tag. Berechnen Sie die monatlichen und die jährlichen Gesamtkosten.

2 Ein Wäschelager wird mit 5 neuen Regalen eingerichtet. Die Regale sollen parallel nebeneinander aufgestellt werden. Ein Regal ist 1,5 m lang und 0,6 m breit. Die Gangbreite zwischen den Regalen soll 0,7 m betragen. Welche Gesamtfläche wird für das neue Regalsystem benötigt?

Sicherheitsrichtlinien für Lagerräume

Unfälle im Lagerbereich und an der Warenannahme sind meist auf schwere körperliche Belastungen und Unachtsamkeiten von Mitarbeitern zurückzuführen.

Unfallgefahren sollten bereits im Vorfeld erkannt werden, damit geeignete Maßnahmen getroffen werden können, um sie zu vermeiden.

Richtungsweisend sind **Gesetze, Richtlinien** und **Verordnungen zum Unfallschutz**, deren Einhaltung durch die Berufsgenossenschaften (→ Grundstufe Gastronomie) und die zuständigen Gewerbeaufsichtsämter überwacht werden.

Sicherheitsrichtlinien für Lagerräume und Transportwege sind in den folgenden Tabellen (→ 276) zusammengestellt.

Warenumschlag

Sicherheitsbestimmungen für Trockenlagerräume und Verkehrswege

Vorschriften	Notwendige Maßnahmen
Verkehrswege müssen so beschaffen sein, dass sie sicher befahren und begangen werden können, ohne dass Mitarbeiter gefährdet sind.	Die Breite von Verkehrswegen richtet sich nach der Anzahl der im Betrieb tätigen Personen. Bis zu 100 Personen muss die Mindestbreite 1,1 m betragen. Werden die Wege auch zum Transport von Waren genutzt, ist ein Mindestabstand von 0,5 m zum Wegrand vorgeschrieben.
Auf Verkehrswegen und in Lagerräumen ist eine ausreichende Beleuchtung Vorschrift.	Bei Lagerräumen mit künstlicher Beleuchtung muss die Beleuchtungsstärke mindestens 100 Lux, auf Fluren und in Abstellräumen mindestens 50 Lux betragen. Überprüfung der Leuchtstärke erfolgt mit einem Beleuchtungsstärkemesser.
Notbeleuchtung ist auf Rettungswegen vorgeschrieben, wenn beim Ausfall der normalen Beleuchtung kein gefahrloses Verlassen der Arbeitsplätze für die Mitarbeiter möglich ist.	Davon betroffen sind Verkehrswege, die nicht über natürlichen Lichteinfall verfügen. Regelmäßige Kontrolle der Stromversorgung und der Notbeleuchtung.
In allen Lagerbereichen sind Feuerlöscher entsprechend der Brandgefahr und der Größe der Lagerräume in ausreichender Menge bereitzustellen.	Bei Warenlagern mit geringer Brandgefahr, z. B. Trockenlagern, müssen 2 Feuerlöscher mit je 12 kg Inhalt auf 100 m² vorhanden sein. Warenlager, von denen eine größere Brandgefahr ausgeht, z. B. mit leicht entzündlichen Stoffen, müssen 2 Feuerlöscher mit je 12 kg Inhalt auf 50 m² aufweisen.

Lux ist eine physikalische Einheit, die zur Messung der Beleuchtungsstärke dient. 1 Lux entspricht in etwa der Leuchtstärke einer handelsüblichen Haushaltskerze. Die Lichtstärke von 0,1 Lux kommt der Helligkeit einer Mondnacht gleich.

Sicherheitsbestimmungen für Kühl- und Tiefgefrierlagerräume

Vorschriften	Notwendige Maßnahmen
Fußböden müssen sicher und begehbar sein.	Kühl- und Tiefgefrierlager sind mit rutschfesten keramischen Fliesen auszustatten: für unverpackte Ware R 12, für verpackte Ware R 11
Kühlräume müssen auch bei verschlossenen Türen jederzeit verlassen werden können.	Auf der Innenseite der Kühlraumtür ist eine leicht verständliche Beschreibung anzubringen, wie der Entriegelungsmechanismus zu bedienen ist.
Tiefgefrierräume mit einer Mindestgrundfläche von 20 m² sind mit einer vom Stromversorgungsnetz unabhängige Notrufeinrichtung auszurüsten.	Der Notruf muss während der Geschäftszeiten von einer im Betrieb befindlichen Stelle zu hören sein.

Die Rutschfestigkeit von Bodenbelägen wird in R-Klassen eingeteilt, wobei R für Rutschhemmung steht. Die niedrigste Klasse R 9 entspricht einem glatten verklinkerten Steinfußboden und die höchste Klasse R 13 einem Bodenbelag aus Stein mit einer aufgerauten Oberfläche.

Standortzeichen Feuerlöscher

26.3 Warenausgabe und Warenkontrolle

◐ sorties et contrôles des maichandises
⊕ distribution of goods and stock control

Die Warenausgabe erfolgt nur gegen einen **Beleg**, der von einem berechtigten Mitarbeiter (z. B. vom Küchenchef, von der Hausdame, vom Restaurantchef oder deren Stellvertretern) unterschrieben ist. Die Warenbestellungen sind auf einem **Warenanforderungsschein** spätestens am Vorabend im Magazin abzugeben. Der Magazinverwalter veranlasst, dass die bestellten Waren in das **Tageslager** gelangen.

Die Waren nach Möglichkeit täglich bestellen, so dass nur kleine Mengen an Vorräten im Tageslager einlagert werden müssen.

In Ausnahmefällen (z. B. unerwartet hohe Gästezahlen durch unangemeldete Reisegruppen) sollte ein Schlüssel zu den Vorratsräumen im Büro des Küchenchefs erreichbar sein.

Alle ausgegebenen Waren täglich sowohl mengen- als auch wertmäßig in entsprechende **Lagerkarteikarten** eintragen. Diese Tätigkeiten werden optimal unter Zuhilfenahme von speziellen PC-Warenwirtschaftsprogrammen vorgenommen.

> *Tages- oder auch Handlager sind Lagerräume oder Vorratsschränke in direkter Abteilungsnähe (z. B. Küche). Die Mengen der dort gelagerten Waren sollten ausreichen, um einen ungestörten Produktionsablauf zu ermöglichen.*

Warenanforderungschein Abteilung:		Bestelldatum:		
Waren	Einheit	Bestellte Menge	Einzelpreis €	Gesamtpreis €
Mineralwasser	Fl. 0,7	36	0,45	16,20
Burgunder	Fl. 0,75	10	4,55	45,50
Tomatensaft	Fl. 0,2	24	0,60	14,40
Zitronenlimonade	Fl. 0,25	48	0,35	16,80
Genehmigt:		Ausgegeben an:		Ausgabedatum:

Lagerfachkarten und Lagerkarteikarten

Lagerfach- und Lagerkarteikarten geben **Auskunft über den Zu- und den Abgang der Artikel** sowie über den vorhandenen Warenbestand. Die **Lagerfachkarten** enthalten in der Regel keine Informationen über die Warenpreise und die Lagerkennzahlen.

Während diese bei den Waren im Lagerbereich belassen und dort auch fortgeschrieben wird, verbleibt die **Lagerkarteikarte** normalerweise im Büro des Magazinleiters.

Die Gestaltung der Lagerfach- und Lagerkarteikarten richtet sich nach den besonderen betrieblichen Anforderungen.

1 Beschreiben Sie die unterschiedlichen Inhalte von Lagerfach- und Lagerkarteikarten.
2 In der Warenwirtschaft dienen Lagerfach- und Lagerkarteikarten als Ordnungsmittel.
2.1 Erläutern Sie den Begriff Ordnungsmittel.
2.2 Nennen Sie weitere Ordnungsmittel aus dem Bereich Warenwirtschaft.
2.3 Inwieweit sind Ordnungsmittel für die alltäglich anfallenden Arbeiten von Bedeutung?

Warenumschlag

Lagerfachkarte

Lieferant: Müller Brennerei		Artikel: Himbeergeist	
Anschrift: Weinstr., Frankfurt/M.		Lieferfrist: 10 Tage	
Telefon: 069-23456		Fax: 069-23477	
	Warenannahm	Warenausgabe	
Datum	Zugang	Ausgabe	Bestand
	Menge	Menge	Abteilung	
1.3.	15 Fl. 0,7l	4 Fl. 0,7l	Bar	16 Fl. 0,7l
6.4.		6 Fl. 0,7l	Bar	10 Fl. 0,7l
7.5.		1 Fl. 0,7l	Pat.	9 Fl. 0,7l
8.6.	15 Fl. 0,7l	5 Fl. 0,7l	Büfett	14 Fl. 0,7l

Bemerkungen: Bestellungen nur bei Herrn Müller

Lagerkarteikarte

Lieferant: Müller Brennerei   Artikel: Himbeergeist   Reservebestand: 3
Anschrift: Weinstr., Frankfurt/Main   Artikelnummer: 247   Höchstbestand: 20
Lieferfrist: 10 Tage   Bestellmenge: 10   Meldebestand: 6

	Zugang		Ausgabe			Bestand
Datum	Menge	Einzelpreis	Menge	Abteilung	Menge	Gesamtpreis
1.3.	15 Fl. 0,7l	12,00 €	4 Fl. 0,7l	Bar	16 Fl. 0,7l	192,00 €
6.4.			6 Fl. 0,7l	Bar	10 Fl. 0,7l	120,00 €
7.5.			1 Fl. 0,7l	Pat.	9 Fl. 0,7l	108,00 €
8.6.	10 Fl. 0,7l	12,00 €	5 Fl. 0,7l	Bufett	14 Fl. 0,7l	168,00 €
...	...	...	...	...	...	...

🇫🇷 contrôle du stock
🇬🇧 stock controls

1 Der monatliche Warenverbrauch eines Restaurants (in €) setzt sich folgendermaßen zusammen:
Warenverbrauch Speisen: 4 500,00
Warenverbrauch Mitarbeiterverpflegung 800,00
Warenverbrauch privat (Familie) 200,00
Dem steht ein monatlicher Speiseerlös in Höhe von 15 200 gegenüber.
1.1 Berechnen Sie den Wareneinsatz in %.
1.2 Berechnen Sie den Wareneinsatz in % abzüglich Mitarbeiterverpflegung und Privatverbrauch.
2 Der Gesamtwarenwert aller Tiefgefrierartikel eines Hotel beträgt 3 500,00 €. Davon werden durch einen Stromausfall 60% vernichtet.
Der tatsächliche Warenverbrauch in diesem Monat wird mit 4 600,00 €, der Monatserlös mit 16 500,00 € angegeben.
2.1 Berechnen Sie den Wareneinsatz in %.
2.2 Wie verändert sich der prozentuale Wareneinsatz, wenn der Schaden zu 85% von der Betriebshaftpflichtversicherung übernommen wird?

1 Nennen Sie drei Gründe, die zu einer starken Erhöhung des prozentualen Wareneinsatzes führen können.
2 Führen Sie Maßnahmen zum Vermeiden von Unfällen im Lagerbereich auf.
3 Beschreiben Sie die Kennzeichnung der Standorte von Feuerlöschern.

Warenkontrollen

Mitunter wird bei kleinen und mittleren gastronomischen Betrieben Ende eines Monats nach Abschluss der Monatsinventur (➔ 280f) festgestellt, dass der Lebensmittelverbrauch im Vergleich zum Umsatz ungewöhnlich hoch war. Ursachen für diese **Differenzen** können sein:

- Warenverderb, der nicht erfasst worden ist.
- Einladungen von Freunden, Bekannten und Gästen.
- Privatentnahmen von Familienmitgliedern.
- Mitarbeiterverpflegungen.
- Diebstahl von Lebensmitteln.

Wenn damit der Wareneinsatz im Verhältnis zum Umsatz zu hoch ist, kann vom Küchenchef, der für den Warenbestand die Verantwortung trägt, gefordert werden, die entstandenen Abweichungen zu begründen.
Neben einer detaillierten **Erfassung aller Warenentnahmen** und der Verwendung der Waren ist die **rechnerische Kontrolle** des Wareneinsatzes unerlässlich. Der Warenanteil am Umsatzerlös sollte nicht höher als 30–35 % sein.

Der Wareneinsatz kann nach folgender Formel berechnet werden:

$$\text{Wareneinsatz in \%} = \frac{\text{Warenverbrauch (€)} \times 100}{\text{Erlös (€) (Umsatz)}}$$

Beispiel
Der Speisenumsatz im Hotel Sonnenschein betrug im Monat Juli 25.000,00 €. Der Warenverbrauch wird im gleichen Zeitraum mit 8.000,00 € angegeben.

Berechnung

$$\text{Wareneinsatz in \%} = \frac{8.000,00 \, € \times 100}{25.000,00 \, €}$$

Ergebnis
Der Wareneinsatz beträgt **32 %**.

Warenausgabe und Warenkontrolle

Hygienische Trennung der Lagerbereiche

Gastronomiebetriebe bekommen täglich Waren in unterschiedlichen Verarbeitungsstufen geliefert. Um Beeinträchtigungen der Lebensmittel durch Übertragung von Schmutz und Mikroorganismen zu vermeiden, müssen die fertigen, die halbfertigen und unverarbeiteten Lebensmittel voneinander getrennt angenommen, gelagert und vorbereitet werden. Des Weiteren ist dafür zu sorgen, dass auch Abfälle und Leergut ungehindert aus dem Lagerbereich entfernt werden können. Organische Abfälle müssen in gekühlten Räumen bzw. Behältern bei 10 °C bis zu ihrer Entsorgung gelagert werden.
Deshalb ist die Trennung in einen „reinen" und einen „unreinen" Bereich unbedingt notwendig.

„Reiner Bereich"

Produktionsbereich
Lagerung von fertigen und halbfertigen Lebensmitteln
Zurechtstellen von Transportgeräten

„Unreiner Bereich"

Unverarbeitete Lebensmittel (Kartoffeln, Obst, Gemüse)
Abfallbeseitigung
Geschirrreinigung
Personalräume

Bereiche einer Küche

Gesetzliche Anforderungen bei der hygienischen Behandlung von Lebensmitteln

- **Grundgesetz:** *Jeder hat das Recht auf körperliche Unversehrtheit*
- **EU-Richtlinie 93/43:** *Jeder Betreiber hat die Eigenkontrolle nach dem HACCP-Konzept durchzuführen.*
- **Zivilrecht (Produkthaftungsgesetz):** *Beweislastumkehr: Bei Schadensfällen muss der Betreiber seine Unschuld beweisen.*
- **Strafrecht:** *Verbote zum Gesundheitsschutz*
  LMBG OwiG Handlungen über Ordnungswidrigkeiten im Sinne des LMBG
- **Lebensmittelhygiene-VO:** *Anforderungen an Betrieb, Produktion, Personal, hygienische Lebensmittel-Behandlung*

Untersuchen Sie die hygienischen Bedingungen in Ihrem Ausbildungsbereich oder in Ihrer Schule.

🇫🇷 *inventaires*
🇬🇧 *stocktaking*

27 Inventuren

Zum Abschluss eines **Geschäftsjahres** zählen Inventuren zu den wichtigsten kaufmännischen Arbeiten.

Zur Feststellung der vorhandenen Vermögenswerte und der bestehenden Schulden ist eine **Inventur** notwendig.

> Die **Inventur** ist die mengen- und wertmäßige Bestandsaufnahme aller Vermögenswerte und Schulden eines Betriebes zu einem bestimmten Zeitpunkt.

Man unterscheidet die **körperliche** und die **buchmäßige** Inventur.

Körperliche Inventur
Hierbei wird der aktuelle Warenbestand sämtlicher Artikel durch

- Zählen, z. B. Anzahl der Konservendosen,
- Messen, z. B. Flüssigkeiten in geöffneten Behältern,
- Wiegen, z. B. angebrochene Verpackungen,

festgestellt. Dieser Bestand wird anschließend mit dem auf der Lagerkarteikarte festgeschriebenen Bestand verglichen und gegebenenfalls korrigiert.

Buchmäßige Inventur
Dabei handelt es sich um eine **wertmäßige Bestandsaufnahme** durch Aufzeichnungen (Konten, Dateien, Karteien) und Belege. Hierzu zählen Forderungen an Kunden, Guthaben, Schulden, Wertpapiere u.a.

HGB = **H**andels**g**esetz**b**uch
Nach § 240 HGB sowie §§ 140,141 AO müssen Unternehmen ihr Vermögen und ihre Schulden offenlegen.
Dies ist erforderlich am Schluss eines Geschäftsjahres (in der Regel zum 31.12.), beim Verkauf eines Betriebes, bei Auflösung eines Betriebes, bei Gründung oder Erwerb eines Betriebes.

AO = **A**bgaben**o**rdnung
Die AO beinhaltet eine zeitgemäße Regelung des allgemeinen Steuerrechts.
§ 141 AO
(1) … Gewerbliche Unternehmer … sind … verpflichtet, … Bücher zu führen und auf Grund jährlicher Bestandsaufnahmen Abschlüsse zu machen, …

🇫🇷 *des inventaires*
🇬🇧 *of the stocktaking*

27.1 Inventurausführung

Damit ein präziser und reibungsloser Ablauf der Inventurtätigkeiten gewährleistet ist, sollten gründliche Vorbereitungen getroffen werden. Hierbei kann eine Checkliste wertvolle Dienste leisten (→ 282).

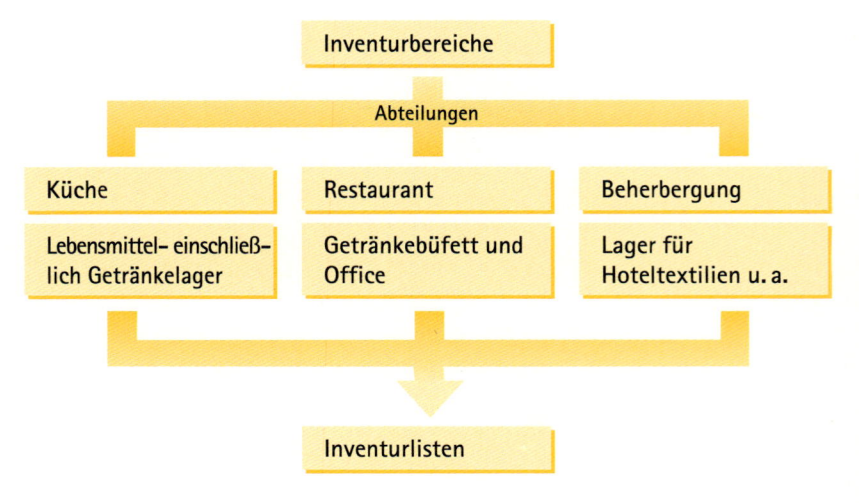

```
                    Inventurbereiche
                          │
                     Abteilungen
         ┌────────────────┼────────────────┐
       Küche          Restaurant        Beherbergung
  Lebensmittel-    Getränkebüfett      Lager für
  einschließlich   und Office          Hoteltextilien u. a.
  Getränkelager
         └────────────────┼────────────────┘
                          ▼
                    Inventurlisten
```

Kleine Fallen bei der Inventuraufnahme: Beim Zählen von Spirituosen, die vor einem Spiegel standen, unterlief dem Büfettier ein Missgeschick: Er zählte nicht nur die tatsächlich vorhandenen Spirituosen, sondern auch ihre Spiegelbilder.

Vorsicht: **Fremdes Eigentum** *muss gesondert gekennzeichnet sein, z. B. geleaste Geräte mit einem farbigen Aufkleber „Fremdes Eigentum".*

27.2 Inventurarten

🇫🇷 sortes d'inventaires
🇬🇧 sorts of stocktaking

Der Gesetzgeber verpflichtet jeden Betrieb, jeweils zum **Jahresende** eine Inventur durchzuführen.

In den meisten Gastronomiebetrieben werden neben der gesetzlich vorgeschriebenen **Stichtagsinventur** noch zusätzlich **Monatsinventuren** vorgenommen. Die daraus gewonnenen Daten werden in die Inventarliste übernommen. Die Monatsinventur hat sich in der Gastronomie bewährt, weil vorhandene Fehlerquellen wie z. B. Schwund, Verderbnis und Diebstahl schneller erkannt werden können.

> Die Stichtagsinventur muss nicht am 31.12., sondern nur zeitnah vorgenommen werden; in der Regel sind dies 10 Tage vor bzw. 10 Tage nach dem 31.12.

Nebenbei dient die Monatsinventur meist noch zur **Ermittlung des Warenverbrauchs**. Dies ist dann der Fall, wenn der Warenverbrauch nicht belegmäßig erfasst wird. Somit ergibt sich die folgende Übersicht:

Anfangsbestand	(Inventurbestand des Vormonats)
+ Zugänge	(nach Eingangsrechnungen)
– Endbestand	(Inventurbestand des laufenden Monats)
= Verbrauch	

Neben der gesetzlich vorgeschriebenen Stichtagsinventur erlaubt der Gesetzgeber zur Vereinfachung die **fortlaufende Inventur**.
Im Gegensatz zur Monatsinventur werden mittels Lagerkarteikarten

- die Warenzugänge
- die Bestandsveränderungen
- die Warenausgaben

kontinuierlich erfasst. Zur Erfassung eignen sich spezielle EDV-Systeme.

Stichtagsinventur	Monatsinventur	Fortlaufende Inventur
Normalfall; in der Regel erfolgt die Bestandsaufnahme in der letzten Woche des ablaufenden Jahres. **Gesetzlich vorgeschriebene** Form.	Eine in den meisten gastronomischen Betrieben praktizierte Form der Inventur. Sie dient der Kontrolle des monatlichen Warenverbrauchs. Erfolgt **freiwillig**, ersetzt nicht die Stichtagsinventur.	Moderne Form der Inventur. EDV-unterstützte Systeme sind die Regel, wodurch eine sehr genaue Ermittlung des Warenverbrauchs jederzeit möglich ist. Sie erfolgt **freiwillig** und ersetzt nicht die Stichtagsinventur.

---

1 Ermitteln Sie auf Basis der Jahresinventur den durchschnittlichen Lagerbestand des italienischen Weines Lambrusco.
Jahresanfangsbestand 125 Flaschen
Jahresendbestand 205 Flaschen
(→ Grundstufe Gastronomie)

2 Der Endbestand an Pfifferlingen im Monat Februar betrug 120 Dosen. Im März werden drei Lieferungen zu 45, 50 und 60 Dosen verbucht. Der Endbestand laut Monatsinventur März beträgt 95 Dosen Pfifferlinge zu je 450 g. Berechnen Sie den Verbrauch.

3 Der Inventurbestand von Pilsner Bier beträgt zum 31. Januar 300 l. Es werden folgende Mengen zugekauft:
4.2. 250 l Pilsner Bier
10.2. 400 l Pilsner Bier
15.2. 350 l Pilsner Bier
19.2. 300 l Pilsner Bier
Der Endbestand am 28. Februar beträgt 500 l Pilsner Bier.
Ermitteln Sie den Bierverbrauch im Februar.

4 Durch zu warme Lagerung von 25 kg Tafeläpfeln kommt es zu einem Feuchtigkeitsverlust von 7%. Ermitteln Sie den Schwund.

§ 241 HGB

(2) ... Bei der Aufstellung des Inventars für den Schluss eines Geschäftsjahres bedarf es einer körperlichen Bestandsaufnahme ... nicht, soweit durch Anwendung eines ... entsprechenden anderen Verfahrens gesichert ist, dass der Bestand der Vermögensgegenstände ... auch ohne die körperliche Bestandsaufnahme für diesen Zeitpunkt festgestellt werden kann.

1 Erklären Sie den Unterschied zwischen fortlaufender Inventur und Jahresinventur.
2 Nennen Sie wesentliche Bestandteile einer Inventurliste.
3 Erläutern Sie die Forderung, dass Inventuraufnahmen nur von „abteilungsfremden Mitarbeitern" durchgeführt werden sollten.

Inventuren

Checkliste zur Inventurerstellung

- Inventurtage im Voraus festlegen.
- Für den Ansagebereich Personen bestimmen (Inventurleiter, Ansager, Zähler, Schreiber).
- Bestände nur von abteilungsfremden Mitarbeitern aufnehmen lassen.
- Erfasste Bereiche durch farbige Klebeetiketten kenntlich machen.
- Inventurbereiche festhalten.

INVENTURLISTE NR. 6	AUFNAHME AM: 29.12....	BLATT NR. 4
AUFGENOMMEN: ABTEILUNG, LAGER Obst-/Gemüsekühlraum		KONTROLLIERT UND GEPRÜFT (SIGNATUR)
GENAUE ORTSBEZEICHNUNG Kühlregal Zitrusfrüchte	REGAL NR. 2 DURCH PLATZ NR. -	

MENGE	GEWICHT (KG, g) INHALT (LITER, ml) STÜCK (ANZAHL)	WARE GENAUE BEZEICHNUNG	BEWERTUNG EINZELWERT EURO	GESAMTWERT EURO
20	kg	Zitronen	2,50	50,00 €
12	kg	Orangen	1,80	21,60 €
10	kg	Blutorangen	2,70	27,00 €

27.3 Inventar

🇫🇷 *inventaire, mobilier*
🇬🇧 *inventary, stock*

Das Inventar ist ein detailliertes Verzeichnis, in dem alle Vermögenswerte und Schulden eines Betriebes in Staffelform aufgeführt sind. Hier sind die Inventurwerte der körperlichen und der buchmäßigen Inventur erfasst.

> Bei der Gliederung der Inventarliste ist der Grundsatz der Liquidität (Zahlungsfähigkeit) zu beachten. Demnach sind Geldmittel mit dem einfachsten Zugriff an letzter Stelle im Inventarverzeichnis im Umlaufvermögen aufzuführen, z. B. die Kasse.

Das Inventar gliedert sich in mehrere Teile:

I. Vermögen
1. Anlagevermögen (z. B. Grundstücke, Gebäude)
2. Umlaufvermögen (z. B. Bankguthaben, Warenvorräte)

II. Verbindlichkeiten (Schulden)
1. Langfristige Verbindlichkeiten (Hypotheken, Darlehen)
2. Kurzfristige Verbindlichkeiten (Verbindlichkeiten aus Lieferungen, fällige Steuern)

III. Reinvermögen (Eigenkapital)

```
INVENTAR
I.      VERMÖGEN                                    EURO          EURO

1       ANLAGEVERMÖGEN
1.1     ANWESEN HOTEL SONNENSCHEIN
1.1.1   GRUNDSTÜCK                          25.510
1.1.2   GEBÄUDE                          1.275.510      1.301.020
1.2     TECHNISCHE ANLAGEN                  15.306
1.2.1   MASCHINEN                           10.204
1.2.2   EINRICHTUNG                         15.306         40.816
1.3     FUHRPARK
1.3.1   PKW DD-DK 12                        17.857
1.3.2   LKW DD-DK 13                        15.306         33.163
2       UMLAUFVERMÖGEN
2.1     WAREN
2.1.1   LEBENSMITTEL AUS BES. VERZEICHNIS   17.857
2.1.2   GETRÄNKE AUS BES. VERZEICHNIS       18.877
2.1.3   HANDELSWAREN                         1.530         38.264
2.2     FORDERUNGEN
2.2.1   KALTE PLATTEN, ÄRZTEVERBAND          3.061
2.2.2   JAHRESTAGUNG, DGE, FRANKFURT         2.295          5.356
2.3     BANKGUTHABEN (SPARKASSE DD)         13.265         13.265
2.4     KASSE                                1.785          1.785
SUMME DES VERMÖGENS                      1.433.669      1.433.669

II.     SCHULDEN
1       LANGFRISTIGE VERBINDLICHKEITEN
1.1     HYPOTHEKENDARLEHEN BEI
        SPARKASSE DD                       765.306
1.2     DARLEHEN BEI SPARKASSE DD          255.102      1.020.408
2       KURZFRISTIGE VERBINDLICHKEITEN
2.1     VERBINDLICHKEITEN AUS LIEFERUNGEN
2.1.1   FISCH MÜLLER, HAMBURG               12.755
2.1.2   METZGEREI SCHREINER                  7.653         20.408
SUMME DER SCHULDEN                                     1.040.816

III.    ERMITTLUNG DES REINVERMÖGENS
SUMME DES VERMÖGENS                                    1.433.669
-       SUMME DER VERBINDLICHKEITEN                    1.040.816
=       REINVERMÖGEN (EIGENKAPITAL)                      392.853

..........................................
ORT, DATUM, UNTERSCHRIFT
```

Bilanz

27.4 Bilanz

🇫🇷 *bilan*
🇬🇧 *balance*

Die im Inventar **festgeschriebenen Werte** werden in die Bilanz übertragen. Die Gliederung des Inventars in Staffelform ist sehr unübersichtlich (Staffelform bedeutet, dass alle Werte untereinander geschrieben werden).
Inventarlisten von großen Betrieben können unter Umständen mehrere Seiten lang sein. Die durch die §§ 242ff. des Handelsgesetzbuches zur Bilanzaufstellung verpflichteten Betriebe müssen u. a. unter anderem folgende Vorschriften beachten:
- Zu Beginn eines Handelsgewerbes und zum Schluss eines Geschäftsjahres ist eine Bilanz zu erstellen.
- Der Jahresabschluss ist nach den Grundsätzen ordnungsgemäßer Buchführung aufzustellen; das heißt, er muss klar und übersichtlich sein.
- Die Gegenüberstellung des Vermögens und der Schulden muss in Kontenform erfolgen.

Der Begriff **Bilanz** stammt aus dem Lateinischen und bedeutet Waage. Geht man davon aus, dass beide Seiten einer Waage ausgeglichen sind, dann entstehen folgende Gleichungen:

> **Aktiva = Passiva**
> **Vermögen = Kapital** oder
> **Vermögen = Eigenkapital + Fremdkapital**

Überträgt man nun die Inventarwerte des Hotels Sonnenschein in ein Bilanzschema, ergibt sich die unten stehende Zusammenstellung:

```
BILANZ ZUM 31.12. …
─────────────────────────────────────────────────────────────────────
AKTIVA (€)                                 PASSIVA (€)
─────────────────────────────────────────────────────────────────────
I. ANLAGEVERMÖGEN                          I. EIGENKAPITAL          392.853

1. GRUNDSTÜCKE UND GEBÄUDE    1.301.020    II. FREMDKAPITAL
2. TECHN. ANLAGEN, MASCHINEN
   UND GESCHÄFTSAUSSTATTUNG      40.816    1. LANGFRISTIGE VERBIND-
3. FUHRPARK                      33.163        LICHKEITEN GEGENÜBER
                                               KREDITINSTITUTEN  1.020.408
                                           2. KURZFRISTIGE
II. UMLAUFVERMÖGEN                             VERBINDLICHKEITEN AUS 20.408
                                               WARENLIEFERUNGEN
1. WAREN                         38.264
2. FORDERUNGEN                    5.356
3. BANKGUTHABEN                  13.265
4. KASSE                          1.785
─────────────────────────────────────────────────────────────────────
                              1.433.669                          1.433.669
─────────────────────────────────────────────────────────────────────

PASSAU........................   UNTERSCHRIFT:........................
```

Inventur

Bierkeller

In der Inventur wird das im Bierkeller gelagerte Bier am Jahresende erfasst: z. B. 30 Fässer Köstritzer Edel-Pils zu 50 l, Einzelpreis 1,10 €/l.

Weinkeller

Im Weinkeller lagern 40 Flaschen Wein, z. B. Saale-Unstrut trocken, 1996er Müller-Thurgau Qualitätswein b. A. zu einem Preis von 3,75 €/Flasche.

Inventar

Bestandsverzeichnis
Aufstellung der Vermögenswerte und der Schulden.
Im Inventar werden beide Positionen dann als Getränke aus. bes. Verzeichnis zum Gesamtpreis von 1800,00 € geführt.

Bilanz

Kostenmäßige Gegenüberstellung von Vermögen (Aktiva) und Kapital (Passiva). In der Bilanz wird das Bier und der Wein dann nur noch als Waren im Umlaufvermögen gekennzeichnet.

Projektorientierte Aufgabe
Inventur

Florian und Lukas erhalten vom F + B-Manager den Auftrag, die anstehende Jahresinventur vorzubereiten. Der verantwortliche Magazinverwalter hilft ihnen bei der Planung.

Inventur
1. Erklären Sie die Begriffe Inventur, Inventar und Bilanz.
2. Entwickeln Sie einen Ablaufplan für eine Inventuraufnahme.
2.1 Fertigen Sie eine Lagerskizze ihres Ausbildungsbetriebes an.
2.2 Notieren Sie 5 Artikel aus jedem Lagerbereich, und übertragen Sie diese in eine selbst gestaltete Inventurliste.
2.3 Beschreiben Sie den Unterschied zwischen körperlicher Bestandsaufnahme und Buchinventur.

Inventar
3. Übernehmen Sie die Werte aus der Inventurliste und übertragen Sie diese in eine selbst erstellte Inventarliste.
4. Erklären Sie die Unterschiede zwischen Anlage- und Umlaufvermögen.
5. Erklären Sie die Untergliederung des Inventars.

Bilanz
6. Erklären Sie die Informationen, die in einer Bilanz enthalten sein müssen.
7. Erstellen Sie aus den folgenden Daten eine Bilanz:
Eigenkapital 20.500,00 €, Hotelausstattung 40.300,00 €, Bankguthaben 4.700,00 €, kurzfristige Bankverbindlichkeiten 5.500,00 €, Kassenbestand 1.000,00 €, langfristiges Darlehen 26.000,00 €.

Berechnungen
8. Ihre Lagerbuchhaltung übermittelt Ihnen vom Weinlager folgende Werte: Jahresanfangsbestand zum 1. Januar: Pimonteser Rosewein Pinot Nero 125 Flaschen; Jahresendbestand zum 31. Dezember: 245 Flaschen. Ermitteln Sie den durchschnittlichen Lagerbestand auf Grundlage der Jahresinventur
(→ Grundstufe Gastronomie)
9. Erstellen und ordnen Sie die Inventur für das Hotel Sonnenschein zum 31.12. ...

800 l Pilsner Bier, 0,59 €/l;
4 Schreibtische, Aktenschränke, Regale, Bürostühle im Gesamtwert von 4.200,00 €;
46 kg Schweinekeule, 4,23 €/kg;
25 Kartons Weißwein Gutedel, Karton zu 6 Flaschen, 3,45 €/Flasche;
12 Beutel Fertigsuppen zu 0,45 €/Beutel;
12 kg Kabeljau, 8,50 €/kg;
8 kg Butter in 250-g-Packungen, 0,99 €/Packung;
1 Fotokopiergerät, 2.300,00 €;
2 PKW zu 13.500,00 €;
Stühle und Tische, Gesamtwert: 12.009,00 €;
22 kg Rehkeule, 9,25 €/kg.

12,5 l Weinbrand, 18,90 €/l;
12 Stück Blumenkohl 1,30 €/Stück;
4 Packungen Vanilleeis zu 1,2 kg, 3,60 €/kg;
200 kg Mehl, 0,50 €/kg;
400 Biergläser, 0,75 €/Stück;
120 Rotweingläser, 2,25 €/Stück;
12 Flaschen Heppenheimer Eiswein, 11,50 €/Flasche;
2 Doppelzentner Kartoffeln, 18,00 €/je Zentner;
4 l Allzweckreiniger, 1,95 €/l;
6 kg Bananen, 1,40 €/kg;
4 kg Putenschnitzel, 6,45 €/kg;
25 Päckchen Vanillezucker, 0,04 €/Stück.

28 EDV in der Warenwirtschaft

🇫🇷 *traitement informatique en gestion de la marchandise*
🇬🇧 *electronic data processing of the management of goods*

28.1 Computereinsatz

🇫🇷 *utilisation de l'ordinateur*
🇬🇧 *usage of computers*

Unerlässlich in der modernen Warenwirtschaft sind

- ein modernes Computersystem und
- eine benutzerfreundliche Materialwirtschafts-Software.

Warenwirtschafts-Programme (Software) für den Bereich der Gastronomie sind vielfältig. Sie unterscheiden sich hinsichtlich Umfang, Aufbau und Bedienung. Die Entscheidung über den Einsatz bestimmter Programme muss jeder gastronomische Betrieb in Abhängigkeit von seinen Unternehmensstrukturen und Unternehmenszielen treffen.

> **Hardware (deutsch: harte Ware)**
> Die Hardware umfasst die Gesamtheit aller technischen Geräte einer Computeranlage. Dazu gehören z. B. die Rechenanlage mit dem Prozessor, der Monitor, der Drucker, der Scanner, die Eingabetastatur, die Maus, das CD-ROM Laufwerk usw.
>
> **Software (deutsch: weiche Ware)**
> Unter Software versteht man die Programme, die notwendig sind, um die verschiedensten Rechenoperationen durchzuführen. Die Software wird in zwei Hauptkomponenten unterteilt:
> Systemsoftware (z. B. DOS, Windows, Unix)
> Anwendungssoftware (z. B. Schreib- und Grafikprogramme, Tabellenkalkulationen und Warenwirtschaftsprogramme).

Zielsetzungen 🇫🇷 *objectifs* 🇬🇧 *objectives*

Folgende Ziele stehen im Mittelpunkt beim Einsatz der EDV in der Warenwirtschaft:
- Bessere Übersicht über die im Lager vorhandenen Artikel
- Gezielte Auswertung von Lagerbeständen hinsichtlich ihrer Lagerumschlagshäufigkeit
- Genauere Bedarfsermittlung
- Senkung der Lagerhaltungskosten bei gleichzeitig verbesserter Liefermöglichkeit

Zeit, die für Routinearbeiten benötigt wird, kann durch einen gezielten EDV-Einsatz sinnvoller genutzt werden, z. B. beim Einkauf oder bei der Warenpflege.
Mit Hilfe moderner **Warenwirtschaftsprogramme** ist es möglich, den Warenfluss übersichtlicher zu gestalten, die genaue Kontrolle des Wareneinsatzes und der Lagerhaltung werden erleichtert.

Vernetzung von Computer 🇫🇷 *interconnexion des ordinateurs* 🇬🇧 *computer network*

Durch die ständig verbesserte Leistungsfähigkeit der Computer werden diese immer häufiger miteinander vernetzt.
In den meisten mittleren und größeren gastronomischen Betrieben sind alle Bereiche (Einkauf, Lagerhaltung, Küche, Etage, Empfang, Service usw.) vernetzt.

Beispiel:
Bestellt ein Gast an der Bar ein Glas zu 0,25 l Portugieser Weißherbst, wird im entsprechenden Lager die bestellte Menge ausgebucht.

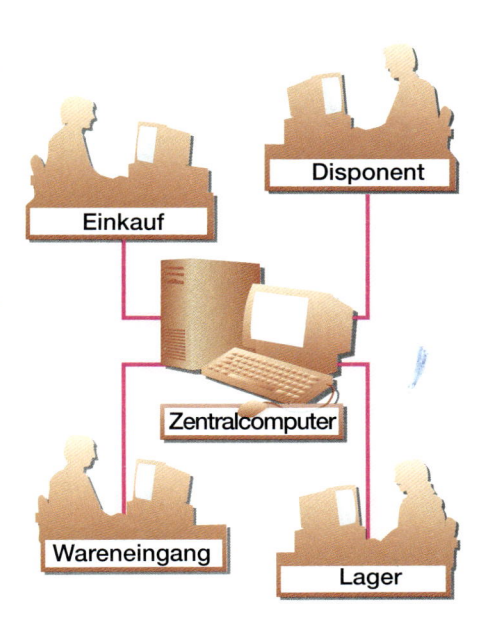

EDV in der Warenwirtschaft

🇫🇷 programmes des gestion de la marchandise
🇬🇧 computer programmes for management of goods

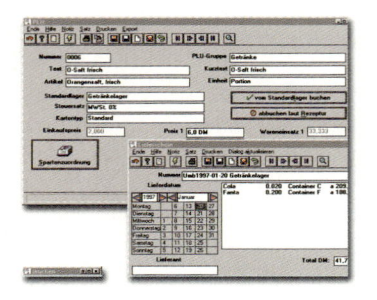

28.2 Warenwirtschaftsprogramme

Die **elektronische Datenverarbeitung** in den gastronomischen Betrieben ist nicht mehr allein auf Schreib-, Buchungs-, Reservierungs- und Tabellenkalkulationsprogramme beschränkt, sondern immer häufiger werden Programme aus dem Bereich der Warenwirtschaft eingesetzt.
Zu den wichtigsten Teilprogrammen eines Warenwirtschaftsprogramms für die Hotellerie, die Gemeinschaftsverpflegung oder die Systemgastronomie zählen:
- die Lieferantenstammdaten
- die Artikelstammdaten
- die Rezepturdaten
- die Inventur- und die Inventardaten

🇫🇷 données de base des fournisseurs et des articles
🇬🇧 master data of supplier and goods

Lieferanten- und Artikelstammdaten
Aus dem Inhalt der Lieferanten- und der Artikelstammkarteien können jederzeit alle wesentlichen Informationen abgelesen werden, die zur Warenbestellung sowie zur **Abfrage des Bestandes des Verbrauches** notwendig sind. Darüber hinaus ist es möglich, den aktuellen Lieferantenumsatz zu ermitteln. Dies kann beispielsweise bei der Verhandlung von Rabatten und Boni (→ 261) von Vorteil sein.
Zudem können die mit dem Computer angelegten Lieferantenstamm- und Artikelstammdateien die manuell geführten Lieferanten- (→ Lieferantenkartei, 258) und Artikelkarteien ersetzen, die häufig noch in vielen kleinen und mittleren gastronomischen Betrieben verwendet werden.

❓ *Nennen Sie drei Vorteile des Einsatzes von Warenwirtschaftsprogrammen in der Gastronomie.*

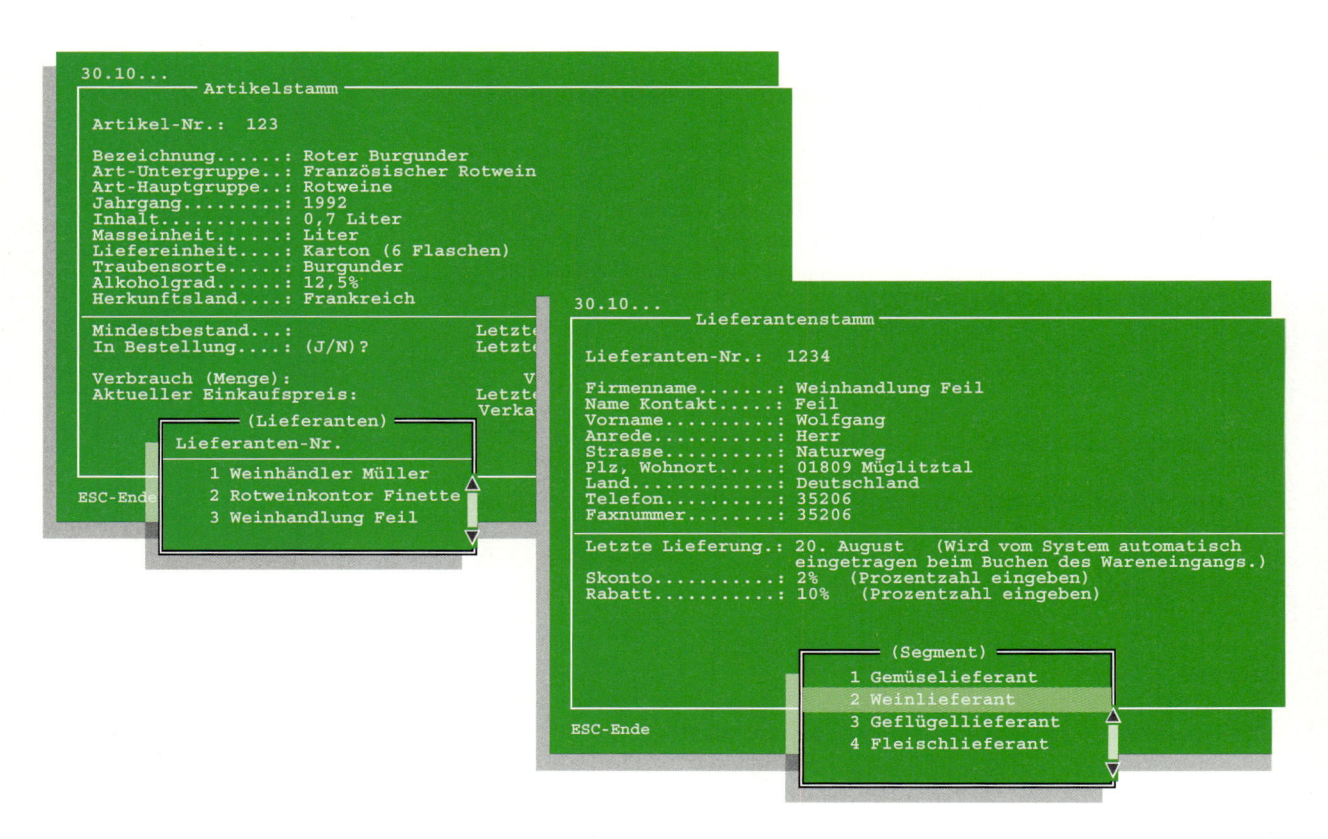

```
30.10...      Artikelstamm

Artikel-Nr.: 123

Bezeichnung......: Roter Burgunder
Art-Untergruppe..: Französischer Rotwein
Art-Hauptgruppe..: Rotweine
Jahrgang.........: 1992
Inhalt...........: 0,7 Liter
Masseinheit......: Liter
Liefereinheit....: Karton (6 Flaschen)
Traubensorte.....: Burgunder
Alkoholgrad......: 12,5%
Herkunftsland....: Frankreich

Mindestbestand...:                Letzte
In Bestellung....: (J/N)?         Letzte

Verbrauch (Menge):                V
Aktueller Einkaufspreis:          Letzte
                                  Verka
         (Lieferanten)
  Lieferanten-Nr.

    1 Weinhändler Müller
    2 Rotweinkontor Finette
ESC-Ende  3 Weinhandlung Feil
```

```
30.10...      Lieferantenstamm

Lieferanten-Nr.: 1234

Firmenname.......: Weinhandlung Feil
Name Kontakt.....: Feil
Vorname..........: Wolfgang
Anrede...........: Herr
Strasse..........: Naturweg
Plz, Wohnort.....: 01809 Müglitztal
Land.............: Deutschland
Telefon..........: 35206
Faxnummer........: 35206

Letzte Lieferung.: 20. August   (Wird vom System automatisch
                                 eingetragen beim Buchen des Wareneingangs.)
Skonto...........: 2%    (Prozentzahl eingeben)
Rabatt...........: 10%   (Prozentzahl eingeben)

                        (Segment)
                    1 Gemüselieferant
                    2 Weinlieferant
ESC-Ende            3 Geflügellieferant
                    4 Fleischlieferant
```

Warenwirtschaftsprogramme

Ist in einer Abteilung der Mindestbestand einer Ware erreicht, wird eine Bestellung ausgelöst, entweder über das Hauptlager oder den Lieferanten.
Das **Bestellwesen** ist so angelegt, dass mit der Eingabe der Artikelnummer bzw. der Artikelbezeichnung eine Liste mit allen Lieferanten ausgedruckt werden kann, die diesen Artikel anbieten. Um die Bestellung zu erleichtern, sind jedem Artikel
- der **Name des Lieferanten**,
- die **Adresse** sowie
- die **Telefon-** und die **Faxnummer**

zugeordnet.

Die Rezepturdaten
Mit dem Programmteil Rezeptur können Rezepturen neu angelegt, gesucht, gelöscht, ausgedruckt oder korrigiert werden (→ Küchenprofi).

Inventuren mit dem Computer
Einmal im Jahr sind alle Bestände eines Unternehmens nach handelsrechtlichen Vorschriften im Rahmen einer Inventur aufzunehmen (→ Inventur, 280f). Alle aktuellen Warenbestände, die für die Inventur körperlich aufgenommen werden, werden bei der Eingabe vom Programm mit den Buchbeständen verglichen. Besteht eine größere Differenz zwischen der Inventuraufnahme und dem Lagerbestand, ist ein zweites Zählen ratsam. Andernfalls erfolgt eine Korrektur des Buchbestandes. Die Differenz zwischen dem Buchbestand und dem tatsächlich gezählten Bestand wird als Schwund bezeichnet.

Wenn der Menüpunkt Inventur ausgewählt wird, erhält man folgende Maske:

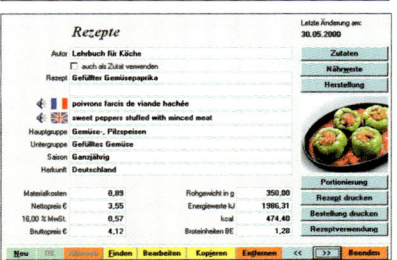

Unter einer Maske versteht man eine vorgegebene Bildschirmoberfläche, die durch die Eingabe oder durch das Löschen von Texten, Zahlen und Markierungen bearbeitet werden kann.

```
31.12...
         ─ Inventur ─

 Inventur für Lager..: 1213/Weinkeller

 Datum der Inventur..: TT MM JJ

 Artikelnummer
 oder Bezeichnung....: Portugieser Weißherbst
 Anzahl..............: 120 Flaschen
 Einkaufspreis.......: 8,80 Euro
 Warenwert...........: 1056,00 Euro

 Bestand Einzellager.: 120 Flaschen
 Bestand alle Lager..: 120 Flaschen  (Wird in mehreren Lagern
                                      der Artikel gelagert, wird unter der Be-
                                      zeichnung „Alle Lager" der Gesamtbestand
                                      angezeigt).

 Buchbestand.........: 123 Flaschen
 Inventurbestand.....: 120 Flaschen
 Differenz...........: – 3 Flschen


ESC-Ende
```

1 Erklären Sie den Unterschied zwischen einer Artikel- und einer Lieferantenstammdatei.

2 Beschreiben Sie die Einsatzmöglichkeiten von Warenwirtschaftsprogrammen im Rahmen der Inventurbearbeitung.

29 Logistik in der Gastronomie

🇫🇷 la logistique en gastronomie
🇬🇧 logistics in gastronomy

In den Wintermonaten liest man mitunter auf den Speisenkarten von Restaurants und Hotels folgende Speisenangebote:
Frische Erdbeeren aus Südafrika oder als Vorspeise Frischer Hummer aus Kanada.
Welche umfangreichen Leistungen in Bezug auf Transport und Beschaffung hierbei erbracht werden, ist uns in den meisten Fällen nicht bewusst.
In den nachfolgenden Kapiteln sollen einige Logistikschwerpunkte dargestellt werden, die speziell für die Gastronomie von Bedeutung sind.

Logistik ist die Bezeichnung für alle Tätigkeiten, die sich auf die bedarfsgerechte Bereitstellung von Waren zum erforderlichen Zeitpunkt, in der richtigen Menge und am gewünschten Ort beziehen.

! Der Begriff Logistik ist erst seit wenigen Jahrzehnten Bestandteil unseres Wortschatzes. Er wurde aus dem militärischen Sprachgebrauch übernommen. Trotzdem wurden schon immer logistische Meisterleistungen erbracht. Ein gutes Beispiel hierfür ist der Bau der Pyramiden in Ägypten.
Um diese errichten zu können, mussten über hunderte von Kilometern meist tonnenschwere Steine über den Nil bis zu ihrem Bestimmungsort transportiert werden. Diese Arbeiten wurden ohne Motorkraft nur mit Hilfe von Sklaven bewältigt.

29.1 Just-in-Time-Logistik

🇫🇷 la logistique just-in-time
🇬🇧 just-in-time logistics

Die Just-in-Time-Logistik (Just in Time: *engl.* = gerade zur rechten Zeit) wurde Ende der Fünfzigerjahre in Japan entwickelt: Die japanische Wirtschaft entwickelte wegen hoher Zuwachsraten in Verbindung mit knappen Produktions- und Lagerräumen ein System, damit genug Rohstoffe und Halbfertigerzeugnissen zur Weiterverarbeitung immer erst kurz vor ihrer Verwendung in die Produktionsbereiche gelangten. Dadurch wurden sowohl große Lagerflächen als auch die damit verbundenen Kosten erheblich reduziert.
Nach dieser Methode versorgen heute große Restaurantketten ihre Niederlassungen in Deutschland, Europa und sogar weltweit.

Versorgung mit Erzeugnissen

Täglich werden allein in Deutschland von den gastronomischen Betrieben Millionen von Mahlzeiten hergestellt. Alle Speisen und Getränke müssen stets pünktlich und in bester Qualität in den Restaurants, den Hotels und den Gemeinschaftsverpflegungsbetrieben zu niedrigsten Kosten angeliefert werden.
Diese Aufgaben werden in kleinen und mittleren Betrieben mehr oder weniger problemlos mit großem Organisationstalent bewältigt. Die verantwortlichen Mitarbeiter kümmern sich dabei um die fristgerechte Bestellung der Waren. Lieferanten, die meist schon viele Jahre mit den einzelnen Betrieben zusammenarbeiten, liefern die Ware pünktlich und ohne Qualitätsmängel an. Die anschließende fachgerechte Lagerung und Verarbeitung der Lebensmittel garantiert einen hohen hygienischen Standard der angebotenen Speisen und Getränke.

? *Erläutern Sie die Funktion der Logistik in einem gastronomischen Unternehmen.*

29.2 Warenwege zum Verbraucher

moyens d'acheminement de la marchandise au consommateur
distribution of goods

Kühl- und Tiefgefrierkette

Die Einhaltung der Kühl- oder Tiefgefrierkette ermöglicht die optimale Versorgung der Verbraucher mit frischen und tiefgefrorenen Erzeugnissen. Sie darf weder auf dem Transport noch während der Lagerung unterbrochen werden, da Temperaturerhöhungen zu Qualitätsverlusten und zum Verderb der Lebensmittel führen können (→ Grundstufe Gastronomie).

Beispiel

Bei der Verarbeitung und dem Transport von erntefrischen Salatgemüsen ist eine gut funktionierend Kühlkette unerlässlich. Gerade bei diesen Erzeugnissen ist der Abbau von Vitaminen, Geruchs- und Geschmacksstoffen in der Zeit direkt nach der Ernte sehr groß.

Um empfindliche Lebensmittel wie Salate ohne nennenswerte Verluste von Inhaltsstoffen zu verarbeiten und zu transportieren, bedarf es eines rationellen Verarbeitungs- und Transportsystems, bei dem eine Temperatur von +4 °C nicht überschritten werden soll.

Grün = frische Ware unmittelbar nach der Ernte
Gelb = 2 Tage bei 4 °C
Rot = 2 Tage bei 20 °C

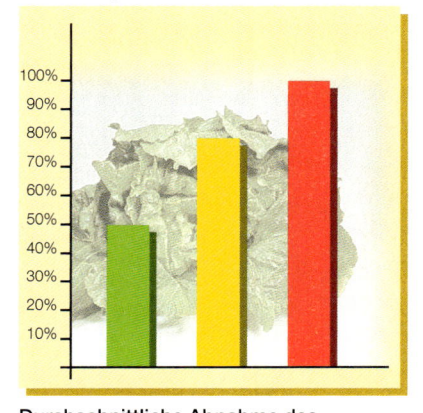

Durchschnittliche Abnahme des Vitamin-C-Gehaltes bei Kopfsalat

Ernte, Verarbeitung und Transport von Kopfsalat	
■ **Ernte**	
■ **Transport zum Vakuumkühler und gekühlte Lagerung (max. 4°C)**	Eine Vakuumpumpe entzieht den Salatköpfen Luft. Dabei verdunstet Wasser.
■ **Gekühlter Transport des Salates zur Verarbeitung (max. 4°C)**	Die Luft kühlt auf 3°C ab. Innerhalb von 20 Minuten wird die erwünschte Temperatur von +1 bis +2°C erreicht.
■ **Putzen, Schneiden**	Temperatur während der Verarbeitung 1-3°C
■ **Waschen**	Wassertemperatur 1-3°C
■ **Trocknen**	In Zentrifugen wird der Salat schonend trocken geschleudert, ohne dass die Zellwände verletzt werden.
■ **Verpacken**	Folienbeutel mit leichtem Vakuum. Durch den Sauerstoffentzug wird Braunfärbung verhindert.
■ **Zwischenlagern**	Lagertemperatur 2-4°C; Wenn keine sofortige Auslieferung möglich ist, wird der Salat spätestens am nächsten Morgen ausgeliefert
■ **Gekühlter Transport**	
■ **Lagerung im Kühlhaus des Gastronomiebetriebes o. ä.**	Lagertemperatur 2-4°C

Grundlagen für die Entwicklung eines Qualitätssicherungssystems bilden die DIN/ISO-Normen 9000 bis 9004. Es handelt sich hierbei um ein eigenes Kontrollsystem, das nicht allgemein für alle Betriebe gleich sein kann, da es auf eine Reihe externer und interner Einflüsse Rücksicht nehmen muss.
DIN/ISO 9002 beinhaltet ein Qualitätssicherungssystem für den Bereich der Produktion.

1 Beschreiben Sie die Auswirkungen auf frische, gekühlte Lebensmittel wenn es zu einer Unterbrechung der Kühlkette kommen sollte.

2 Erklären Sie den Zusammenhang zwischen der Lagertemperatur und der Lagerzeit bei frischen Lebensmitteln.

Logistik in der Gastronomie

Die Belieferung der gastronomischen Betriebe, insbesondere der Restaurantketten, erfolgt zunehmend durch **Logistikfirmen,** die über moderne Techniken in den Bereichen Transport und Lagerhaltung verfügen.

Bei der Abholung der Waren werden die Erzeugnisse noch beim Lieferanten überprüft. Bei gekühlten und tiefgefrorenen Waren wird besonders Wert auf die Temperaturprüfung gelegt.

Die eingekauften Waren werden dann weiteren strengen Qualitätsprüfungen unterzogen. Hierbei wird auf folgende **Qualitätsprüfungen** geachtet:
- Ist das Verbrauchsdatum aufgedruckt?
- Sind die Verpackungen unbeschädigt?
- Sind die Verpackungen gekennzeichnet (Name des Herstellers, Inhalt, Gewicht)?
- Ist bei Gefriererzeugnissen der Satz „nach dem Auftauen nicht mehr einfrieren" aufgedruckt?
- Sind Mängel der Umverpackung oder des Inhalts erkennbar?

Die **Logistikfirmen** übernehmen folgende Aufgaben:
- der Transport der Waren von den Herstellern in die einzelnen Verteilungszentren
- die Zusammenstellung der Waren an Hand der Warenbestellungen der Restaurants
- die andauernde Qualitätskontrolle der Waren vor, während und nach dem Transport
- die pünktliche Anlieferung in den gastronomischen Betrieben

Transportsysteme

Um einen erzeugnisgerechten Warentransport zu ermöglichen, werden Lastkraftwagen eingesetzt, die durch variable Trennwände in drei Temperaturzonen aufgeteilt werden können. Dies ermöglicht den gleichzeitigen Transport unterschiedlich temperaturempfindlicher Erzeugnisgruppen.

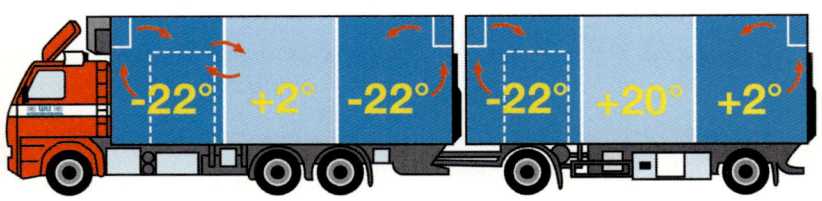

Großraumlager einer Restaurantkette aus dem Systemgastronomiebereich

LKW mit unterschiedlichen Temperaturzonen

LKW mit variablen Ladebereichen

Projektorientierte Aufgabe

Projektorientierte Aufgabe
Logistik

Logistik
1. Erklären Sie den Begriff Logistik.
2. Informieren Sie sich in Gruppenarbeit über den Weg der Waren vom Hersteller/Lieferanten bis zu Ihrem Ausbildungsbetrieb.
3. Wählen Sie je zwei verschiedene Erzeugnisse aus den Bereichen aus:
   – Tiefgefrierlebensmittel
   – Alkoholische Getränke
   – Mineralwasser und Obstsäfte
   – Gekühlte Frischwaren
   – Betriebsmittel

Transport
4. Da Sie in Zukunft hauptsächlich Erzeugnisse aus ökologischem Anbau anbieten möchten, sind Sie darauf bedacht, dass nur die Transportmittel mit dem geringsten Schadstoffausstoß verwendet werden.
4.1 Erkundigen Sie sich bei drei Lieferanten über die Transportmittel für die Warenlieferungen.
4.2 Forschen Sie bei entsprechenden Institutionen (z. B. Verbraucherorganisationen) nach, welche Transportmittel am umweltverträglichsten sind.
4.3 Zeichnen Sie die Warenwege auf einer geografischen Karte ein, und bestimmen Sie den Artikel mit dem weitesten Transportweg.

Transporthygiene
5. Bei der Anlieferung der Waren stellen Sie fest, dass die Kühleinrichtung des Transportfahrzeuges ausgefallen ist.
5.1 Bei welchen Temperaturen müssen Tiefgefrierkost und gekühlte Frischwaren transportiert werden?
5.2 Nennen Sie hygienische Anforderungen an Transportfahrzeuge und Transportbehälter.
5.3 Beschreiben Sie die Gefahren für tiefgefrorene und gekühlte Lebensmittel, die bei zu hohen Temperaturen auftreten können.
6. Sie stellen fest, dass die Hälfte der tiefgefrorenen Lebensmittel aufgetaut ist. Dürfen Sie die Waren wieder einfrieren? Begründen Sie Ihre Aussage.
7. Wenn durch unvorhergesehene Ereignisse (z. B. Nebel) Personenflüge ausfallen, müssen alle an Bord befindlichen Speisen vernichtet werden. Beurteilen Sie diese Maßnahme.

Berechnungen
8. Beim Transport von gekühlten Meeresfrüchten von Hamburg nach Frankfurt am Main legt ein LKW eine Strecke von 525 km zurück. Der LKW verbraucht durchschnittlich 28 Liter Diesel auf 100 km.
8.1 Berechnen Sie den Kraftstoffverbrauch für die gesamte Strecke.
8.2 Ermitteln Sie die Kraftstoffkosten für die Strecke zwischen Hamburg und Frankfurt am Main bei einem Dieselpreis von 0,76 € pro Liter.
8.3 Bei der Rückfahrt nach Hamburg legt der LKW einen Tankstopp in Frankfurt am Main ein. Er tankt 150 Liter Diesel zu einem Preis von 0,80 €/l. In seinem Tank befanden sich noch 50 Liter Diesel. Um wieviel € ist die Rückfahrt teurer?
8.4 Wie lange ist die reine Fahrtzeit für den LKW, wenn er eine durchschnittliche Geschwindigkeit von 60 km/h erreicht?

Nährstoffe ausgewählter Lebensmittel[1)]

🇫🇷 *tableau des valeurs nutritives*
🇬🇧 table of nutritional values

Lebensmittel je 100 g verzehrbarer Anteil	Eiweiß g	Fett g	Kohlen- hydrate g	Ballast- stoffe g	Cholesterin mg	Natrium mg	Kalium mg	Calcium mg	Eisen mg	Vitamin A µg	Vitamin B_1 µg	Vitamin C mg
Aal	15,00	24,50	0	0	142	65	217	17	0,60	980	180	1,80
Ananas	0,46	0,15	13,12	1,40	0	2	173	16	0,40	10	80	19,00
Apfel	0,34	0,40	11,43	2,00	0	3	144	7	0,48	8	30	12,00
Banane	1,15	0,18	21,39	2,00	0	1	393	9	0,55	38	44	12,00
Bier Pils Hell	0,50	0	3,12	0	0	4	55	4	0,01	0	3	0
Blumenkohl	2,46	0,28	2,34	2,90	0	16	328	20	0,63	2	110	73,00
Brathähnchen	19,90	9,60	0	0	81	70	260	12	0,70	39	108	0
Butter	0,67	83,20	0,60	0	240	5	16	13	0,09	653	5	0,20
Camembert 30 % F. i. Tr.	23,00	1,30	0	0	35	700	150	600	0,30	153	50	0
Champignon	2,74	0,24	0,56	2,03	0	8	422	11	1,19	2	100	4,90
Emmentaler 45 % F. i.Tr.	28,70	3,00	0	0	90	300	100	1100	0,30	343	50	0
Forelle (Bachforelle)	20,55	3,36	0	0	56	63	413	12	0,69	19	84	3,60
Gurken	0,60	0,20	1,81	0,54	0	8	141	15	0,50	66	20	8,00
Gemüsepaprika	1,17	0,30	2,91	3,59	0	3	177	11	0,75	180	52	139,00
Hering	18,20	15,00	0	0	91	117	360	57	1,10	28	40	0,70
Hühnerei Eigelb	16,10	31,90	0,30	0	1260	51	138	140	7,20	886	290	0
Hühnerei, ganz (Größe M)	12,90	11,20	0,70	0	396	144	147	56	2,10	278	100	0
Kabeljau (Dorsch)	17,40	0,67	0	0	50	77	320	16	0,44	12	55	2,00
Karpfen	18,00	4,80	0	0	67	30	387	63	0,70	44	68	1,00
Kondensmilch 7,5 % Fett	6,50	7,50	9,70	0	28	100	320	240	0,10	82	0	1,00
Margarine	0,20	80,00	0,40	0	7	101	7	10	0,06	608	7	0,10
Möhren (Karotten)	0,98	0,20	4,80	3,63	0	60	290	41	2,10	1574	69	7,00
Orange	1,00	0,20	9,19	2,20	0	1	177	42	0,40	15	79	50,00
Pfifferlinge, frisch	1,57	0,50	0,20	5,60	0	3	507	8	6,50	217	20	6,00
Pfl. Öle Linolsäure 30-60 %	0,00	99,80	0	0	1	1	1	1	0,03	4	0	0
Rehfleisch, Rehrücken	21,40	1,25	0	0	60	60	309	5	3,00	0	100	0
Reis	6,83	0,62	77,73	1,39	0	6	103	6	0,60	0	60	0
Rindfleisch, mager	20,60	4,25	0	0	70	66	360	6	2,16	20	230	0
Roggenbrot, -brötchen	6,04	0,95	43,82	5,48	0	441	218	19	2,06	0	158	0
Roggenmischbrot	5,86	0,83	44,61	4,64	0	445	168	24	1,70	0	141	0
Rotwein (10-12 %vol)	0,22	0	2,40	0	0	3	105	9	0,60	0	1	1,80
Sahne 10 % Fett	3,10	10,00	4,00	0	39	40	140	110	0,11	120	40	1,00
Salzkartoffeln	1,99	0,10	14,46	2,31	0	323	338	8	0,40	1	85	12,23
Sauerkraut, abgetropft	1,50	0,30	0,77	3,50	0	355	288	48	0,60	3	27	20,00
Schweinefleisch, mager	21,20	5,60	0	0	70	75	300	2	1,09	6	900	0
Schweineschmalz	0,10	99,70	0	0	86	1	1	1	0,06	9	0	0
Sekt (11-12 %vol)	0,16	0	3,50	0	0	3	50	10	0,50	0	1	0
Teigwaren, Spätzle	12,34	2,78	68,29	5,00	94	17	164	27	1,60	63	170	0
Tomate	0,95	0,21	2,60	0,95	0	6	242	14	0,50	84	57	24,54
Trinkmilch 3,5 % Fett	3,30	3,50	4,76	0	13	50	150	120	0,05	33	40	1,70
Weißbrot, Brötchen, Toast	7,43	1,34	48,50	2,84	0	517	124	18	1,57	4	99	0
Weißwein (10-12 %vol)	0,20	0	0,10	0	0	2	95	10	0,60	0	1	0
Weizenmehl Type 405	9,80	1,00	70,90	4,00	0	2	108	15	1,54	0	60	0
Zwiebeln	1,25	0,25	4,91	1,81	0	9	135	31	0,50	1	33	8,13

[1)] Umfassende Nährwerttabelle (➔ Grundstufe Gastronomie und CD-ROM Küchenprofi)

Sachwortverzeichnis

A la carte-Service 74
À part-Service 74
ABC-Analyse 255
Abhängen 82
Absatzanbahnung 186
Absatzhelfer 185
Absatzmittler (Reisemittler) 185
Absinth 142
Action 195
Adhäsion 212
AGB 268
Ahr 118
AIDA 195
Aktionen 194, 195, 196
Aktionsplanung 196
Aktiva 283
Alkoholarmes Bier 111
Alkoholfreie Erfrischungsgetränke 106
Alkoholfreie Getränke 101
Alkoholfreies Bier 111
Alkoholische Getränke 101
Alkoholreduziertes Bier 111
Älteres Wild 82
Altmärkische Hochzeitssuppe 46, 54
Aluminium 207
Amaretto 142
Amerikanische Salatsauce 38
Amerikanischer Service 75
Analyse 173
Analysegesichtspunkte 170
Anbaugebiet 117, 119
Anbieter 166
Andalusische Sauce 37
–, Suppe 58
Anforderungen an Eier 22
Anfragen 260
Angaben über Erfüllungsort und Gerichtsstand 261
Angebot 166, 183, 260, 261, 263, 265, 266
Angebotsbreite 177
Angebotspreis 266
Angebotsprofil 177
Angebotstiefe 177
Angebotsvergleich 264, 266
Angostura 142
Annahmeverzug 269
Anpreisungen 260
Anreicherung 120
Apfel-Meerrettich-Sauce 39
Appretur 228
Apricot 142
Aquavit 142
Arbeitsbereiche 240
Arbeitsdurchführung 205
Arbeitsmittel 229, 236
Arbeitsverfahren 230
Armagnac 142
AROMA 169
Aromatisierte Spirituosen 141
Arrak 142
Arten der Reklamationen 150
Atlas- oder Satinbindung 227
Attention 195
Aufgeschlagene Senfsauce 35
Auflauf-, Backform 219
Ausbau 121
Äußere Werbung 186, 187
Ausländische Bierspezialitäten 112
Auslesen 123
Ausrüstung von Textilien 226
Ausschank 114
Ausstattung 234
Austern 87
Austerngedeck 90
Austernteller 218
Auswertung 197

Bacchus 115
Backhendl 80
Baden 54, 118
Baguetteschneider 224
Bankettservice (geschlossener Service) 74
Bareinkaufspreis 264
Barrique 124
Basler Mehlsuppe 56
Bauch 62, 64, 83

Bauernfrühstück 26
Bauernsuppe 52
Bayerische Fleckerlsuppe 46
Bayern 54
Bearner Sauce 35
Béchamel-Sauce 35
Bedarfsweckung 188
Bedürfnisbereiche 165
Bedürfnispyramide 164
Bedürfnisse 164, 165, 173
Beerenauslesen 123
Befeuchtungseinrichtung 275
Befragungen 172
Behandlung 121
Beherbergung 204
Beherbergungsbereich 240
Beherbergungsleistungen 176
Beilage 9
Beistelltisch 75
Beleuchtung 276
Beluga 89
Beobachtung 172
Beratung und Verkauf 146
Beratungsgespräch 146, 147
Bereich 119
Berlin/Brandenburg 54
Bertram-Sauce 34
Beschaffung der Waren 252
Beschaffungskosten 264
Besondere Limonaden 106
Besondere Schneidegeräte 223
Besteck 221
Bestellung 254, 266
Beton 233
Betriebe 167
Betriebs-, Sozialräume 240
Betriebsarten 167
Bettaufbau 242
Bettbestandteile 241
Bettenauslastung 161
Bettgestelle 242
Bettwäsche 230, 244
Beverages 272
Bewirtung 204
Bewirtungsbereich 232
Bezugskosten 264, 265
Bezugsquellen 254, 257, 258
BGB 268
Bibbelschesbohnesupp und Quetschekuche 54
Bier 108
Bierarten 110
Biere mit vermindertem Alkoholgehalt 111
Biergattungen 110
Biergläser 220
Bierhefe 108
Bierherstellung 109
Bierkaltschale 58
Bierservice 114
Biersorten 110
Bierspezialitäten 111
Biertypen 110
Bihun-Suppe 57
Bilanz 283
Bitoks 73
Bitter 142
Blauer Portugieser 116
Blauer Spätburgunder 116
Blaukochen 29
Blume (Huft) 63
Blumenkohl 9
Blumenkohlsuppe 49
Bonus 261
Bohnern 236
Booneskamp 142
Böhmen 56
Böhmische Knödel 18
Böhmische Kuttelflecksuppe 56
Brahms-Suppe 49
Brände 141
Brandy 142
Bratensaft 33
Bratensaucen 33, 36
Braugerste 108
Braune Butter 42
–, Kraftsauce 35, 36
–, Rahmsauce 36
–, Suppen 47, 49, 50

Brausen 107
Brauwasser 108
Bremen 55
Bremer Hühnersuppe 55
Brennwertverminderte Erfrischungsgetränke 106
Brief, Fax, Internet 147
Bries 73
Broiler 77
Brokkolicremesuppe 48
Brühen 43
Brühen, klare Suppen 44
Brühnudeleintopf 59
Brühreiseintopf 59
Brust 62, 63, 83
Brutto für Netto 262
Bruttoverkaufspreis 157
Buchmäßige Inventur 280
Büfett 238
–, für Getränke 232
–, und Office 238
Büfettservice 74
Bug 63
Bug mit Bein 64
Bug mit Vorderhaxe 62
Bügelgeräte 229
Bunter Gemüseeintopf 59
Buntwäsche 230
Buttermesser 222
Buttermischungen 41
Butterreis 21

Cabernet franc 115
Cabernet Sauvignon 115
Cachaca 142
Calvados 143
Campari 143
Carmen 45
Carmen-Suppe 49
Cassis 143
Célestine 45
Champignonsuppe 49
Chardonnay 115
Chateaubriand 67
Check-In 149
Check-Out 149
Checkliste 196
–, Restaurant-Vorbereitung 237
–, Tagesarbeiten am Büfett 238
–, Tagesarbeiten im Sanitärbereich 247
–, Tagesarbeiten im Wohnbereich 246
Chemiefaserstoffe 226
Chilisaucen 40
Chininhaltige Getränke 107
–, Limonaden 106
Choron-Sauce 35
Chrom 207
Club-Steak 67
Cocktails 94, 95
Cocktailsauce 37
Cognac 143
Cointreau 143
Cola-Limonaden 106
Colbert 45
Colbert-Butter 41
Color-Waschmittel 228
Commandria 132
Convenience-Erzeugnisse 8
Corporate Identity 201
Cremesuppe Agnes Sorel 48
–, Argenteuil 48
–, Hortensia 48
Cremesuppen 47, 58
Cremige Buttermischungen 42
Crêpes 98
Cumberland-Sauce 40
Curaçao 143

Damhirsch 81
Daunen 243
Deckbetten 241, 243
Deckungsbeitragskalkulation 162
Depot 134
Desinfektionsmittel 212, 216
Desinfizieren 212, 236
Desire 195

Deutsche Sauce 34
Deutsche Weine 117
Deutschland 56
Dezentraler Einkauf 255
Diabetikerwein 122
Diätetische Erfrischungsgetränke 107
Dickes Bugstück 63
Dielen 233
Dillsauce 35
Dips 40
Direkter Verkaufsweg 184
Disponenten 253
Divisionskalkulation 159
Doppelte Kraftbrühen 44
Doppeltes Entrecôte 67
Dornfelder 115
Dortmunder Typ 110
Dressings 38
Dubarry 45
Dumping-Preise 181
Duroplaste 211

Edamer 96
Edelpilzkäse 96
Edelstahl 206
Eier im Glas 22
–, im Näpfchen 24
Eierlöffel 22
Eierpfannkuchen 26
Eiersalat 21
Eierspeisen 21, 22
Eigenwerbung 187
Eigenkapital 283
Einkauf 254
Einkäufer 253, 255, 266
Einkaufsformen 255
Einlagen für Brühen 45
Einstandspreis 264, 266
Eintöpfe 43, 59
Einweichmittel 228
Eisbecher 100
Eisbein 64, 65
Eisbock 110
Eislöffel 222
Eisspeisen 97
Eiswein 123
Elastomere 211
Elbling 115
Elsässische Gemüsesuppe 52
Emulsionen 38
Energy Drinks 107
England 56
Englischer Service 75
Entalkoholisierter Wein 121
Enten 78
Entfeuchtungseinrichtung 275
Enthärtungsmittel 228
Entrecôte, Zwischenrippenstück 67
Enzian 143
Erfolgskontrolle 197
Erfüllungsgeschäft 267
Erfüllungsort 262
Erkundung 172
Erlebnisgastronomie 195
Ersatzlieferung 269
Erzeugniseinführung 188
Erzeugnisse 176, 177
Essig-Öl-Salatsauce 38
Essig-Öl-Sauce 38
Estragonsauce 34
Etage 178
Etagenservice (Room-Service) 74
Etagenwagen 245
EU-Spirituosen-Verordnung 141
EU-Verkehrsbezeichnungen 78
Euroblume 217
Europäische Weinbauzonen 126
Europäische Weine 126
Exotische Suppen 57
Exportbier 110
Externe Verkaufswege 185
Extrahartkäse 94

Fachkräfte für Lagerwirtschaft 253
Falsche Schildkrötensuppe 50
Falsches Filet 63
Farce, Hackmasse 73

293

Sachwortverzeichnis

Fasan 80
Fasermischungen 226
Federkernmatratzen 242
Fehlrippe 63
Feinkost 84
Feste Buttermischungen 41
Feste Lebensmittel 272
Fett- und Magerfische 27
Feuerlöscher 276
Filetgulasch Stroganow 69
Filetmedaillon 67
Filetsteak 67
Finnische Sauce 34
Fischaufbau 27
Fischbesteck 222
Fischfiletierbesteck 223
Fischgrundsauce 35
Fischpanierungen 30
Fischspeisen 27, 28, 29, 30
Fischsuppe 56
Fitnessbereich 178
Fixkosten 159
Flachgewebe 234
Flachschalige Austern 87
Flambierwagen 224
Flambierpfannen 224
Flambierrechaud 224
Flaschengärung 137, 138
Flaschenweinservice 133
Flecken 212
Fleckenmittel 217, 228
Fleckerlsuppe 54
Fleischcremesuppe 47
Fleischdünnung 63
Fleischfüllungen 73
Fleischklöße 73
Fleischklopse 73
Fleischteilbezeichnung 62, 63, 64
Fliederbeersuppe 55
Fliesen 233
Flüssige Buttermischungen 42
Flusskrebse 86
Fond 33, 34
Fondue bourguignonne 71
–, chinoise 71
Fonduegeräte 218
Fondueteller 218
Food 272
Forelle 89
Formen, Platten 219
Formspüler 228
Forschung 172
Fortlaufende Inventur 281
Frachtkosten 263
Franken 118
Frankfurter grüne Sauce 37
–, Linsensuppe 54
Frankreich 56, 127
Französische Gütebezeichnungen 127
Französische Salatsauce 38
Französischer Service 75
Freizeichnungsklauseln 263
Fremdfirmen 205
Fremdkapital 283
Fremdwerbung 187
Frikadellen 73
Frikandeau 62
Frischkäse 94
Frittierte Eier 27
–, Eier englische Art 27
–, Eier mexikanische Art 27
Frittierte Fischgerichte 30
–, Fleischspeisen 70
–, Geflügelspeisen 79
Frotteewäsche 230
Fruchtsäfte 104
Früchtecocktails 94
Fruchtkaltschale 58
Fruchtnektare 104
Fruchtsäfte 104, 105
Fruchtsaftgetränke 106
Frühstücksbüfetts 25
Fundsachen 250
Fußbodenbeläge 232

Gallseife 228
Gamay 115
Gämse 81
Gänse 78
Garderobenhaftung 250
Garnelen 86
Garstufe 66
Garverfahren 82
Gast 201, 249
Gästebedürfnisse 164, 172
Gästebetreuung 205
Gästebetten 241
Gästewünsche 164
Gästezimmer 240
Gastgewerbebetrieb 167
Gastgewerbeunternehmen 167
Galräume 232, 234
Gazpacho 56, 58
Gebäck 97
Gebäckzange 223
Gebratene Fischspeisen 29
–, Fleischspeisen 66
–, Geflügelspeisen 79
–, Wildspeisen 83
Gebundene Suppen 43, 47
Gedünstete Fischspeisen 29
–, Fleischspeisen 65
–, Geflügelspeisen 79
Geeiste Kraftbrühe 58
Geflügelcremesuppe 48
Geflügelrahmsauce 34
Geflügelspeisen 77, 78
Gefrierbrand 271
Gefrierlagern 275
Gefühlsgeprägte Kaufmotive 165
Gefüllte Eier 21
Gegrillte Fischgerichte 30
–, Geflügelspeisen 80
Geiste (Obst) 141
Gekochte Eier 23
–, Fleischspeisen 65
–, Geflügelspeisen 79
–, Rinderbrust 65
Gemeinde 119
Gemeinkosten 156
Gemeinschaftswerbung 187
Gemischtes Hackfleisch 72
Gemüse 9
Gemüsecremesuppe 48
Gemüsekaltschale 58
Gemüsesäfte 104, 105
Gemüsespeisen 9, 11
Gemüsesuppe 43, 51, 56
Gemüsesuppe Pächterinart 52
Genever 143
Geräucherte Teile 83
Gerichte 8, 22
Gerichtsstand 262
Geröstete Grießsuppe 51
Gerstensuppe 51
Gesamtkosten 159
Gesamtzuschlag 157
Geschenke 249
Geschirr 218
Geschmacklose Werbung 192
Geschmorte Fleischspeise 69
–, Geflügelspeisen 79
–, Wildspeisen 84
–, Portionsfleischstücke 70
Gesetz gegen den unlauteren Wettbewerb 263
Gespritete Likörweine 131
Gesundheitsbezogene Werbung 192
Getränke 101, 272
Getränkeleitungen 113
Getränketasse 219
Getränkewagen 224
Getreidecremesuppe 48
Getreidesuppen 47, 50, 51
Gewebe (Weben) 227
Gewinn 156
Gewürztraminer 116
Gin 143

Glas 210
Gläser für Bargetränke und Spirituosen 220
Gläserformen 220
Gläserreinigung 221
Glukose 82
Gold 207
Gouda 96
Gourmetlöffel 222
Grand Marnier 143
Granit 233
Grappa 143
Gratinierte Muscheln 88
–, Zwiebelsuppe 46
Grauburgunder 116
Grießflammeri 99
Grießnocken 19
Grifftechniken 76
Grillsteak 67
Grimaldi 45
Großes Besteck 222
Großkunden 182
Grund- und Spezialbestecke 222
Grundbedürfnisse 164
Grundbrühen 43
Grundgriff 76
Grundreiniger 214
Grundsauce 34
Grüne Bohnen 9
–, Sauce 37
Grüne-Bohnen-Eintopf 59
Grüner Veltliner 116
Grünkernsuppe 54
Gueridonservice 75
Gulasch 70
Gulaschsuppe 49, 56
Gültigkeitsdauer von Angeboten 263
Gusseisen 206
Gutedel 116

Hackfleisch 73
Hackfleischspeisen 72
Haifischflossensuppe 57
Halbfeste Schnittkäse 94, 96
Hals 62, 83
Hamburg 55
Hamburger Aalsuppe 55
Handelsgesetzbuch 283
Handelsware 176
Handlager 277
Handwerkleitungen 228
Handzettel 190
Hardware 285
Harmonisierung 199
Hartkäse 94
Hase 81, 83
Hausdamenabteilung 204
Haut goût 82
Hefeklöße 18
Heftbesteck 222
Heilwasser 103
Hendl 77
Herrichten der Betten 244
Herz 73
Hessen 54
Hessische Bergstraße 118
HGB 268
Himbeergeist 143
Hinterhachse 62
Hinterhesse 63
Hirn 73
Hirsch 81
Hochrippe 63
Hohlheftbesteck 222
Holländische Sauce 35
Holz 208, 233
Hopfen 108
Hotel- und Restaurantführer 179
Hotelklassifizierung 179
Hotelprospekte 190
Hotelräume 240
Hühner 78
Hühnerblankett 79
Hühnertopf 59
Huft (Blume) 62
Hülsenfrüchtebeilagen 21

Hummer 85
Hummerbutter 41
Hummergabel, -nadel 223
Hummergedeck 90
Huxelrebe 116
Hygienevorschriften 252, 253

Im Ganzen 83
Image 199
Indirekter Verkaufsweg 183, 185
Information 199
Inklusivpreis 157
Innere Werbung 186
Innereien 73, 78
Interest 195
Interner Verkaufsweg 184
Inventar 252, 282, 283
Inventur 252, 281, 283, 287
Inventurarten 281
Inventurbereiche 280
Inventuren 253, 280
Irish Coffee 224
Irish Stew 59
Irland 56
Italien 56, 128
Italienische Gemüsesuppe 52
–, Gütebezeichnungen 128
–, Salatsauce 38

Jacqueline 45
Jagdzeiten 77
Jägersuppe 50
Jakobsmuscheln (Große Kamm-/Pilgermuschel) 88
Joghurtsauce 39
Jüngeres Wild 82
Juristische Personen 260
Just-in-Time-Lagerhaltung 275
Just-in-Time-Logistik 288

Kaisergranat (Langustine) 85
Kaiserschmarren 98
Kalb 61, 65, 66, 69, 71
Kalbfleischcremesuppe 47
Kalbfleischteile 62
Kalbsfrikassee 66
Kalkulation 156
Kalkulationsfaktor 158
Kalkulierter Preis 156
Kalte Saucen 33, 37
–, Speisen 92
–, Suppen 57
Kaltes Büfett 92
Kaltschalen 43, 57, 58
Kaltwaschmittel 228
Kamm 63, 64
Kamtschatka-Krabbe 86
Känguruschwanzsuppe 57
Kännchen 219
Kannen 219
Kapernsauce 34, 35
Kapital 283
Kardinalsauce 35
Kartenpreis 157
Kartoffelsuppe 50, 54, 56
Käsebällchen 95
Käsecreme 95
Käsegebäck 95
Käseformen 96
Käsehappen 95
Käsemesser 223
Käseplatten 95
Käsesalate 95
Käsesauce 35
Käsespeisen 94, 95
Käufer 267
Käufermarkt 166, 167
Kaufmotive 164, 165
Kaufvertrag 266, 267
Kaufvertragsarten 268
Kaviar 89

Kaviargedeck 91
Kaviarlöffel, Kaviarmesser 223
Kaviarspeisen 89
Kehren 236
Kelle 223
Keramische Beläge 233
Keramische Werkstoffe 208
Kerner 116
Keta 89
Ketchup 40
Kettfäden 227
Keule 62, 63, 83
Kirschwasser 143
KISS 187
Kissen 241, 243
Klare Suppen 43
Klärfleisch 44
Klassifizierung 179
Kleine Pfannkuchen 98
Kleines Besteck 222
Kleinfleisch 70
Kliebensuppe 55
Klimaschränke 274
Klinker 233
Klöße aus gekochten Kartoffeln 18
Klöße, Knödel 18
Knoblauchbutter 41
Knoblauchmayonnaise 37
Knochendünnung 63
Kochen 82
Kochreis 20
Königskrabbe 86
Köperbindung 227
Körperliche Inventur 280
Kohäsion 212
Kohlsuppe, Schtschi 52
Kombinationsreiniger 214
Kommunikationsmodell 189
Konkurrenz, 168
Kontakt 199
Kontenform 283
Kontrolle 197
–, der Wareneingänge 252
Kontrolltätigkeit 205
Konzentrierte Likörweine 131
Kopf 64
Kork 208
Korn 144
Kotelett (halbierter Rücken) 63
Kotelett, Rückenspeck 64
Krabben (Nordseegarnele) 86
Kraftbrühen 44, 45
Krapfen 99
Kräuterbutter 41
Kräuterlimonaden 106
Kräutersauce 37
Krebsbesteck 223
Krebsbutter 42
Krebssuppen 47
Krüge, Karaffen 220
Krustentiere 84
Krustentierspeisen 85
Kuchen, Torten 100
Küchenwäsche 230
Kugel (Nuss) 63
Kugel-Edamer 96
Kühl- und Gefrierlagern 275
Kühl- und Tiefgefrierlager 274
Kühlkette 289
Kultursponsoring 200
Kümmel 144
Kunststoff PVC 232
Kunststoffe 210, 211, 232
Kupfer 207
Kurzbraten 82
Kurzgebratene Kalbfleischspeisen 66
–, Lammfleischspeisen 68
–, Rindfleischspeisen 68
–, Schweinefleischspeisen 68
–, Fleischspeisen 66

Sachwortverzeichnis

Lacryma Christi 132
Lagerbedingungen 272
Lagerbereiche 271
Lagerbestände 254
Lagerfachkarten 277, 278
Lagerhaltung 255
Lagerkarteien 253
Lagerkarteikarte 277, 278
Lagerkosten 275
Lagerkühlräume 274
Lagerräume für Lebensmittel 273
–, für Wirtschaftsgüter (Betriebsmittel) 274
Lagertemperatur 273, 289
Lagerumschlagshäufigkeit 285
Lamm 65, 66, 69, 71
Lammfleischteile 64
Landwein 122
Langbraten 82
Langkornreis 20
Languste 85
Lapin sauvage 81
Leber 73
Leder 208
Legierte Suppen 47, 48
–, Fleischsuppen 48
–, Geflügelsuppen 49
–, Gemüse- und Pilzsuppen 49
Leinen 225
Leinwandbindung 227
Leistungen 176, 177, 178, 179
Leistungsanalyse 171
Leistungsangebote 165
Leistungsstörungen 268
Lemberger 116
Lieferanten 260, 287, 288
Lieferanten- und Artikelstammkarteien 286
Lieferantenkartei 257, 258
Lieferbedingungen 261, 262
Lieferfrist 266
Liefertermin 262
Lieferscheine 254
Lieferungsverzug 269
Lieferzeit 254, 262
Liköre 141
Likörweine 131, 132, 135
Limonaden 106
Linoleum 232
Linsenarten 21
Linseneintopf 59
Linsensuppe 50
Logistik 288
Löffelerbsen 59
Löffelerbsensuppe 54
Lösungsmittelfreie Reiniger 215
Lösungsmittelhaltige Reiniger 215
Lösungsmittelreiniger 215
Luftfeuchte 272, 273

Madeira 132
Madeira-Sauce 36
Magazin 272
Magazinverwalter 253, 277
Mailänder Suppe 48
Malaga 132
Malossol 89
Malta-Sauce 35
Mangelhafte Lieferung 269
Mängelliste/Reparaturauftrag 240
Mangeln 230
Maraschino 144
Marc 144
Marketing 168
Marketing-Bestandteile 168
Marketing-Instrumente 173
Marketing-Konzept 168, 186
Marketing-Mittel 175
Marketing-Mix 173, 174
Marketing-Planungen 175
Marketing-Strategie 175
Marketing-Ziel 175, 168, 169
Marketingexperimente 173
Marketingkonzeption 175
Markt 166
Marktanalysen 171
Marktanteile 188
Marktanteilserweiterung 188
Marktarten 166

Marktbeobachtung 172
Märkte 168
Markterkundung 172
Marktformen 167
Marktforschung 173, 177
Marktlage 172, 175
Marktprognose 172
Marktuntersuchungen 170, 172
Marktwirtschaft 166
Marmor 233
Marsala 132
Marseiller Fischsuppe 46
Maschenware 227
Massen 97
Mastgeflügel 77, 78
Materialkosten (Warenkosten) 156
Materialwirtschafts-Software 285
Matratze 241, 242
Matratzenauflage und -schoner 241, 242
Matratzenunterbau 241, 242
Maultaschen 19
Mayonnaise 37
Mecklenburg-Vorpommern 55
Medien 200
Meerrettichsauce 34
Mehlnocken 19
Mehrwertsteuer 156
Meinungsführer 186
Merlot 116
Metallische Werkstoffe 206
Metternich-Suppe 47
Mezcal 144
Miesmuscheln 87
Mikado 45
Milchkaltschale 58
Mindering 269
Mineralische Wässer 102
Mineralwasser 102, 104
Minestrone 52
Mit Mehl gebundene Saucen 33
Mitbewerber 171
Mittelbesteck 222
Mittelkornreis 20
Mittelrhein 118
Mobiliar 240
Mobiliarpflegearbeiten 237
Möhreneintopf 59
Monatsinventur 278, 281
Monobesteck 222
Monopol 167
Monopson 167
Moppen 236
Morio-Muskat 116
Mosel-Saar-Ruwer 118
Mostgärung 120
Mostgewicht 120
Mostgewinnung 120
Mufflon 81
Müller-Thurgau 116
Müllerinbutter 42
Müllerrebe 116
Münchner Typ 110
Mund-zu-Mund-Werbung 186
Mundpropaganda 198
Muschelcremesuppe 47
Muschelgedeck 91
Muscheln 87
–, Matrosenart 88

Nachfrage 166, 183, 166
Nachspeisen 22
Nadelvliesverfahren 234
Nahe 118
Nähgewirke 227
Nationalsuppen 43, 53, 55, 56
Naturfaserstoffe 225
Natürliche Likörweine 131
Natürliche Personen 260
Natürliche Mineralwasser 102
Nichtmetallische Werkstoffe 206, 208
Niedersachsen 55
Niederschlesien/Oberlausitz 54
Niere 73
Nocken 19
Notbeleuchtung 276
Nuss 64
Nuss (Kugel) 62

Obergärige Hefe 108
Oberschale 62, 63, 64
Obstbesteck 222
Obstler 144
Obstsalate 100
Obstschalen 100
Ochsenschwanzsuppe 46, 56
Offene und versteckte Mängel 269
Öffentlichkeitsarbeit 198, 199, 200
Ökologische Gesichtspunkte 216
Ökosponsoring 200
Österreich 56, 130
Office 232, 239
Oldenburger Mockturtle (Falsche Schildkrötensuppe) 55
Oligopol 167
Oligopson 167
Omelett 98
–, Bauernart 26
–, mit Würzfleisch 26
–, Opernart 26
Omeletts 26
Omelettzugaben 26
Organisationsmittel 258
Osietra 89
Outsourcing 205
Ouzo 144

Paddy-Reis 20
Paprikasauce 36
Parboiled-Reis 20
Parkett 233
Parnaja Malossol 89
Passiva 283
PC-Warenwirtschaftsprogramme 277
Perle 116
Perlhühner 78
Perlwein 121
Pernod 144
Persönliche Reservierung 147
Personal 253
Personaleinsatz 205
Personalführung 205
Pesto-Sauce 39
Pfalz 54, 118
Pfandrecht 250
Pfannkuchenvariationen 98
Pflanzenfaserstoffe 225
Pflegemittel 212, 213, 215
Pflegen 212
Pflegesymbole 228
Phenoplaste 211
Pilsner Typ 110
Pilze 9
Pilzspeisen 9
Pinot noir, Klevner 116
Pisco 144
Planung/Organisation 205
Platte 219
Plattenservice 74
Platzteller 218
Plumeau 243
Plumpudding 99
Pochiert 72
Pochierte Eier 24
–, Eierspeisen 23
Polen 56
Polgewebe 234
Polieren 236
Poliermittel 213
Polyacryl 226
Polyaddukte 210
Polyamid 226
Polyäthylen 211
Polyester 226
Polykondensate 210
Polymerisate 210
Polystyrol 211
Polytetrafluoräthylen 211
Polyurethan 211, 226
Polyvinylchlorid 211
Porterhouse-Steak 67
Portwein 132
Porzellan 209
Pot-au-feu 59
Poulet 77
PR-Arbeit 198
Prämierungen 124

Preis 179, 180, 182, 265
Preisauszeichnung 181
Preisbildung 180
Preisdifferenzierung 181
Preisdruck 181
Preiselbeersauce 36
Preisermäßigungen 182
Preisnachlässe 261, 265
Preisniveau 180
Pressemitteilungen 200
Produktwerbung 186
Prospektkartei 257
Puddings, Flammeris 99
Püreesuppe von grünen Erbsen 51
Püreesuppen 47, 50, 58
Puten 78
PVC–Verbund Laminat 232

Qualifizierung 194
Qualitätskontrolle 290
Qualitätsprüfungen 271
Qualitätswein 122
–, bestimmter Anbaugebiete 122
–, mit Prädikat 123
Quantitative Kontrollen 271
Quarkspeisen 95
Quellwasser 103

R-Klassen 276
Rabatt 261, 263, 286
Raffael-Suppe 49
Ragout-fin-Schale 219
Rahmsuppen 47
Räume 240
Raumklimatische Verhältnisse 252
Raumpflegearbeiten 237
Rauschalige Austern 87
Rebfläche 117
Rebhuhn 80
Rebsorte 115
Rechtsmängel 267
Regionalsuppen 43, 53, 54
Reh 81
Reiner Bereich 279
Reinheitsgebot 111
Reinigen 212
–, der Sanitärräume 247
–, Herrichten und Kontrollieren der Gasträume 247
Reinigung eines Abreisezimmers 246
–, eines Bleibezimmers 246
–, und Pflege 233, 234
Reinigungsmittel 212, 213, 214, 215
Reinvermögen (Eigenkapital) 282
Reisbeilagen 20
Reiscremesuppe deutsche Art 48
Reisepreisminderung 154
Reistypen 20
Reklamationen 150, 151, 152, 249
Reklame 186
Remouladensauce 37
Reservierung von Hotelzimmern 149
–, von Restauranttischen 148
Reservierungen 147
Reservierungsarten 147
Reservierungsgespräch 148
Restbug 63
Rezeption 178
Rezepturdaten 287
Rheingau 118
Rheinhessen 119
Rheinland 54
Ribeye-Steak 67
Riesling 116
Rind 61, 65, 66, 69, 71
Rinderhackfleisch 72
Rindfleischteile 62
Rippensteak 67
Risotto 20, 21
Roastbeef 63
Roastbeefwagen 224
Robert-Sauce 36
Rogenart 89
Rollgeld 262, 263
Romanow-Sauce 35
Rosé-Wein 121
Rostbraten 70

295

Sachwortverzeichnis

Rote-Bete-Suppe, Borschtsch 56
Rotling 121
Rotwein 121
Rotweinbutter 41
Rouladen 70
Royale 45
Rücken 83
Rückwärtskalkulation 159
Rühreier 25, 26
–, Admiralsart 25
Ruländer 116
Rum 144
Rumpsteak 67
Rundkornreis 20
Russland 56

Saale-Unstrut 119
Saarland 54
Sachmängel 267
Sachsen 54, 119
Sachsen-Anhalt 54
Sächsische Art 45
Sächsisches Warmbier 54
Sahnemeerrettich 39
Salat-Bowlen 92
Salatbesteck 223
Salate 92, 93
–, als Beilage 95
–, als eigenständiger Gang 95
Salatmayonnaise 37
Sambuca 144
Samos 132
Samtsuppe indische Art 49
Samtsuppen 47
Sanitärbereich 240
Sardellenbutter 41
Saucen 33
–, aus arteigenen Grundstoffen 33
Sauceableitung 34
Saucengießer 219
Sauerbraten 69
Säuerlinge 103
Sautierte Fleischspeisen 69
Schabefleisch 72
Schadensersatz wegen Nichterfüllung 269
Schadenshaftung 250
Schaf 61
Schalenwild 82
Schaufeldeckel 63
Schaufelstück 63
Schaumsauce 35
Schaumstoffmatratzen 242
Schaumwein 136, 138, 139
Schaumweingläser 220
Scheuermittel 213
Scheurebe 116
Schichteintopf, Irish Stew 56
Schinken 64
Schinkenspeck 64
Schinkenstück 64
Schlachtfleisch 61
Schlachtfleischspeisen 61, 65, 66, 67, 68, 69, 70, 71, 72, 73
Schlachtfleischsuppe 50
Schlesische Kartoffelsuppe 54
Schleswig-Holstein 55
Schmiedeeisen 206
Schmoren 82
Schmutzart 212
Schmutzwirkungen 212
Schnecken 87, 88
Schneckengedeck 91
Schneckenpfanne 219
Schneckenzange, Schneckengabel 223
Schnippelsuppe 54
Schnittkäse 94
Schöpferische Bedürfnisse 164
Schriftliche Reservierung 147
Schtschi 56
Schulter 83
Schupfnudeln 19
Schüssel/Terrine 219
Schutzbedürfnisse 141
Schwäbische Riebelesuppe 46, 54
Schwanzstück 63
Schwein 61, 65, 66, 69, 71

Schweinefleischteile 63
Schweinehackfleisch 72
Schweiz 56, 130
Seehasen 89
Seezungen-Curry-Cremesuppe 47
Seide 225
Selbstkosten 156
Selbstständige kalte Saucen 38
–, Saucen 33
–, warme Saucen 36
Semmelbutter 42
Semmelklöße 18
Senfsauce 34
Service 74, 100
–, vom Wagen 74
–, von Austern 90
–, von Bier 114
–, von Brühen, Suppen und Eintöpfen 60
–, von Fischspeisen 31
–, von Gebäck, Süß- und Eisspeisen 100
–, von Gemüse, Pilzspeisen 13
–, von Hummer 90
–, von kalten Speisen 95
–, von Kartoffelspeisen 17
–, von Kaviar 91
–, von Krebsen in der Terrine 90
–, von Mineralwasser 105
–, von Muscheln in der Terrine 91
–, von Schaumwein 139
–, von Schnecken im Haus 91
–, von Schnecken im Pfännchen (ohne Haus) 91
–, von Spirituosen 145
–, von Wein 133, 134, 135
Serviceausrüstungen 218
Servicegeräte 224
Servicehinweise 107
Serviceleistungen 176, 179
Servicemethoden 74, 75, 76
Servicepersonal 178
Servicewagen 224
Serviettenknödel 18
Setzeier 24, 25
–, Jägerart 25
Sevruga 89
Sherry 132
Sicherheitsbestimmungen 276
Sicherheitsrichtlinien für Lagerräume 275
Silber 207
Silikone 211
Silvaner 116
Skonto 261
Slibowitz 144
Sodawasser 103
Software 285
Sojasauce 40
Soleier 21
Solera-Verfahren 131
Soljanka 56
Sonderpreise 182
Sonstiger Gästebereich 240
Soziale Bedürfnisse 164
Sozialsponsoring 200
Spaghettizange 223
Spanien 56, 129
Spannrippe 63
Spargelherren 223
Spargelsuppe 49
Spätlesen 123
Spätzle 19
Speisen 8
Speisen aus Krustentieren, Weichtieren und anderer Feinkost 84
Speisen und Getränke 176
Speisenfolgen/Menüs 8
Speisenteile 8
Spezialbestecke 222
Spezialmittel 214
Spezialsuppen 57, 58
Spezialsuppentasse 60
Spiegeleier 24
Spinatsuppe 51
Spirituosen 141
Spirituosensorten 142
Spitzbein 64
Spitzenleistungen 177

Sponsoring 200
Sport-, Mineralstoff-, isotonische Getränke 107
Sportsponsoring 200
Spreizgriff 76
Stabilisierung 199
Staffelform 283
Stahl 206
Stahlblech 206
Stamm- oder Dauergäste 182
Stammwürze 109
Standardangebot 177
Stärke 228
Staubsaugen 236
Staubwischen 236
Steakmesser 222
Stein 208
Steinböden 233
Steingut 208
Steinhäger 144
Stichtagsinventur 281
Strauß 80
Suppen 43
Suppeneinlagen 45
Suppenküche 224
Suppenschwenktasse 60
Suppensilbertasse 60
Suppentasse 219
Süße Suppen 43, 58
Süßmost 105
Süßspeisen 97, 98
Systematische Preisunterbietung 192
Systemgastronomie 255, 286
Szegediner Gulasch 70

T-Bone-Steak 67
Table d'hôte-Service 74
Tafelobst 99
Tafelspitz 65
Tafelwasser 103
Tafelwein 122
Tageslager 277
Tagesarbeiten im Office 239
Tankgärung 137
Tarragona 132
Taschen-Federkernmatratzen 242
Tassen 219
Technische Lagerraumausstattung 252
Teige 97
Teigwaren 19
Telefonische Reservierung 147
Teller 218
–, groß 218
–, klein 218
–, mittelgroß 218
–, tief 218
Tellerarten 218
Tellerservice 74
Tenside 215
Tequila 144
Terrazzo 233
Terrine 60
Textile Flächen 225, 227
Textilfaserstoffe 225
Textilien 225
Textilverbundware 227
Thermoplaste 211
Thüringen 54
Thüringer Schnippelsuppe 52
Tia Maria 145
Tiefer Teller 60
Tiefgefrierräume 274
Tierfaserstoffe 225
Tintenfische 87, 88
Tiroler Knödelsuppe 56
Tischreservierungen 148
Tischwäsche 230
Toasthalter 224
Tokajer 132
Tomatensauce 36, 49
Tomates concassées 45
Ton 208
Tournedos 67
Traminer 122
Tranchierbesteck 223
Transportkosten 262
Transportsysteme 289, 290

Transvasierverfahren 138
Trepang-Suppe 57
Tresterbrand 145
Triebhafte Kaufmotive 165
Trinkwasser 101, 102
Trockenbeerenauslesen 123
Trockeneis 27
Trockengeräte 229
Trockenlager 274
Trollinger 116
Tufting 234
Turnusmäßige Arbeiten am Büfett 238
–, Arbeiten im Office 239
Typische Fleischteile zum Frittieren 71
–, Fleischteile zum Grillen 71
–, Fleischteile zum Sautieren 69

Überangebot 166
Übernachtungsbereich 178
Überraschungsomelett 98
Überwachung der Lagerbestände 252
Ukraine 56
Ukrainische Soljanka 46
Umsatzbeteiligung 156
Umsatzsicherung 188
Umsatzsteigerung 188
Umsatzsteuer 156
Unfallbestimmungen 252
Ungarn 56, 129
Ungegarte Schlachtfleischspeisen 61
Universalwaschmittel 228
Unlauterer Wettbewerb 192
Unreiner Bereich 279
Untergärige Hefe 108
Unterhaltsreiniger 214
Unternehmen 167
Unternehmenserscheinungsbild 201
Unternehmenskommunikation 201
Unternehmensleitbild 167
Unternehmenswerbung 186
Untertasse 218
USP 189

Variable Kosten 159
Verbindlichkeiten (Schulden) 282
Verbrauchsdatum 290
Verfärbungen 212
Vergleichende Werbung 192
Verkäufer 266, 267
Verkäufermarkt 166
Verkaufsabteilungen (Sales-Departments) 185
Verkaufsanbahnung 146
Verkaufsförderung 194, 197
Verkaufsgespräch 146
Verkaufsweg 183, 184
Verkehrssicherungspflicht 250
Vermögen 282, 283
Verpackung 261, 262
Verpflegungsleistungen 176
Vertragspartner 267
Verzugszinsen 269
Vinaigrette 38
Viskose 226
Vogtländische Klöße 18
Vollkornreis 20
Vollwaschmittel 228
Vorderhesse 63
Vorlegezange 223
Vorspeisen 22

Wachsen 236
Wachtel 80
Währungen 264
Wamme 64
Wandlung 269
Warenannahme 271
Warenannehmer 253
Warenausgabe 277, 281
Wareneinsatz 278
Warenkontrollen 278
Warenlagerung 272
Warenpreis 262, 264
Warenverbrauch 278

Literaturverzeichnis

Warenwirtschaft 252
Warenwirtschaftsprogramme 285, 286
Warme Grundsaucen 33, 34
–, Süßspeisen 100
Wäschenachbehandlung 230
Wäschepflege 227
Wäschevorbereitung 230
Waschhilfsmittel 228
Waschmaschinen 229
Waschmittel 228
Waschpflegemittel 228
Waschvorgang 230
Wasser 227
Wechselkurs 264
Weichkäse 94
Weichspüler 228
Weichtiere 84
Weichtierspeisen 87
Wein 115
Weinähnliche Getränke 135
Weinarten 121
Weinbaugebiet 118
Weinbauzonen in der EU 126
Weinbergschnecken 88
Weinbrand 145
Weindegustation 134
Weinetiketten 125
Weinflaschenformen 125
Weingläser 220
Weinhaltige Getränke 135
Weinhefe 145
Weinherstellung 120
Weinlagerung 125
Weinlese 119
Weinprobe 134
Weinprüfung 123
Weinservice 133
Weinsuppe 54
Weißburgunder 116
Weiße Fischgrundsauce 34
–, Geflügelgrundsauce 34
–, Grundsauce 34
–, Kalbsgrundsauce 34
Weiße-Bohnen-Eintopf 59
Weiße Grundsauce 35
Weißkohleintopf 59
Weißreis 20
Weißwein 121
Weißweinsauce 35
Werbeanzeigen 189, 190
Werbeaussagen 187
Werbebotschaft 186, 189
Werbebriefe 191
Werbeerfolg 189
Werbegrundsätze 187
Werbekonzept 191
Werbemittel 189, 190
Werber 187
Werbeträger 189
Werbetreibender 189
Werbeziel 188, 189
Werbung 186
Werkstoffe 206
Wertfaktor der Zimmer 161
Westfalen 54
Westfälisches Stielmus mit Mettwurststreifen 54
Whisky 145
Wiener Backhuhn 80
Wildarten 81
Wildbret 82
Wildente 80
Wildfleisch 82
Wildgans 80
Wildgeflügel 77
Wildgeflügelspeisen 77, 80
Wildkaninchen 81, 83
Wildreis 20
Wildschwein 81
Wildsuppe 50
Wildtaube 80
Willenserklärungen 260
Williams 145
Wirtschaftsdienst 204
Wirtschaftsdirektor (F + B-Manager) 253
Wirtschaftsgüter 272
Wischen 236
Wodka 145
Wolle 225
Wollpflege 228
Wollwaschmittel 228
Worcestershire-Sauce 39
Wünsche 164
Württemberg 54, 119
Zahlungsbedingungen 261, 262
Zahlungsverzug 269
Zangengriff (Klammergriff) 76
Zentraler Einkauf 255
Zerlassene, klare Butter 42
Zieleinkaufspreis 264, 266
Zielgruppe 171, 180, 198
Zimmerkalkulation 159
Zimmerreinigung und -pflege 245
Zinn 207
Zucchini 11
Zuckerdose 219
Zunge 73
Zuschlagskalkulation 156, 157
Zwiebelsuppe 48, 54
Zwischengerichte 22

Literaturverzeichnis

Autor	Titel	Ort Jahr
Bareiss	**Mein Hotelknigge**	München 2000
Blaasch	**Fachbuch der Gastronomie**	Köln, München 1993
Crone, Kühn	**Wirtschaft heute**	Hamburg 2000
Dettmer, Hausmann, Kloss u.a.	**Tourismus – Marketing – Management**	München, Wien 1999
ecoX, Herrmann	**CD-ROM Küchenprofi – Rezepturverwaltung**	Hamburg 2000
Friedrich u.a.	**Marketing der Gastfreundschaft**	Wien, Bern, Zürich 1992
Fuchs, Müller, Rachfahl, Wolf	**Meister im Gastgewerbe**	Hamburg 1995
Hagenau	**Lexikon Technik und Umwelt**	Hamburg 1994
Hecker, Herrmann	**Grundstufe Gastronomie**	Hamburg 2000
Hering (Hrsg.)	**Hering: Lexikon der Küche**	Gießen und Leipzig 2000
Herrmann, Nothnagel	**Lehrbuch Köche**	Hamburg 2000
Herrmann	**Fachrechnen im Gastgewerbe**	Gießen und Leipzig 2000
Leon	**Vorlesungsmanuskripte**	Leipzig 2000
Müller, Rachfahl	**Das große Lexikon der Gastronomie**	Hamburg 1995
Schmeer/Meiser	**Fachpraxis Gastronomie**	Düsseldorf 1990
Seng	**Aktionen rund um die Happy Hour**	Berlin 1998
Simpfendörfer, Klug	**Haushaltsführung und Haushaltspflege**	Hamburg 2000
Zobel u. a.	**Lexikon Gemeinschaftsverpflegung**	Hamburg 2000

Bildquellenverzeichnis

Achenbach, Rudolf, GmbH & Co. KG, Sulzbach: S. 43, 158/2-4
Animo GmbH, Osnabrück: S. 238/3
Apollinaris & Schweppes GmbH & Co., Hamburg: S. 103
Baden-Baden Marketing GmbH, Baden-Baden: S. 171/3
Cent Direktvertriebs GmbH, Himmelkron: S. 174/1,2, 206, 207, 208/1, 210/1
CMA Centrale Marketing Gesellschaft der deutschen Agrarwirtschaft mbH, Bonn: S. 66, 69/2, 71, 72, 96/1
CWS Deutschland GmbH, Dreieich: S. 216/1
Deutsche Landwirtschaftsgesellschaft, Frankfurt/Main: S. 124/2-7
Deutscher Brauer-Bund e.V., Bonn: S. 108/2-5, 113/2-8, 114
Deutsches Weininstitut GmbH, Mainz: S. 115, 117
Dresden-Werbung und Tourismus GmbH, Foto: Rulff: S. 171/4
DUNLOP TECH GmbH, Hanau: S. 243/1-2
Electrolux Professional GmbH, Tübingen: S. 229/1,3
EuroCave® Win-Klimaschränke GmbH, Lahr: S. 235/4
Gastrofix AG, Saarbrücken: S. 286
Gay, Claude-Bernard, Hamburg: S. 8/1, 11/1, 32/1, 53, 55, 108/1, 111, 124/1, 140/1, 142/3, 146, 147, 150, 151, 152, 153, 155, 164, 165. 166, 168, 175/2, 176, 177, 179, 180, 183, 186, 189, 193, 194, 198, 202, 208/2, 214/1, 221, 231, 241/3, 248/1, 256, 259, 262, 268, 269, 270, 276/1, 284, 288, 291
Götz, Philipp, Berlin: S. 10/2, 11/2, 14, 17/2-3, 18/2, 19/2, 20, 26/3, 30/1, 31/1, 35, 65/1, 67/2-4, 77/11, 78, 79, 84, 92/1, 93/1, 98/1-2
Go in GmbH, Landsberg am Lech: S. 235/2
Hamburger Feinfrost GmbH, Hamburg: S. 90/4
Henkel-Ecolab Deutschland GmbH, Düsseldorf: S. 213, 214/2
Hotel Bareiss GmbH, Baiersbronn-Mitteltal: S. 168, 169, 182, 195, 204
Hotel InterContinental, Frankfurt/Main: S. 149, 235/1, 240, 247
Hotel InterContinental, Hamburg: S. 174/3
Jahreszeiten Verlag GmbH, Hamburg: S. 15/1 (J.P. Westermann), 51/2 (Olaf Tamm), 56/1 (Sabine E. Rieck), 65/2, 67/1 (D. Seiffe), 69/1 (Take), 93/2 (Collenberg), 100 (Kramp + Gölling)

Kleiber, Susanne, Hamburg: S. 13/3-4, 15/2-5, 16/1-2, 22/2, 23/1, 24/3, 26/1-2, 27, 41, 60/2, 62, 63, 64, 73, 75, 76, 82, 83, 90/1-3, 91, 94/2, 95, 96/2-9, 101/2, 102, 109, 113/1,134/1, 137, 142/1, 210/2-5, 212/2, 218/2-10, 219, 220/3-9, 222, 223, 224, 227/1,2,5,6,7, 229/2, 275, 279, 285/2
König & König, Zürich: S. 18/1, 21, 23/2, 30/2, 37, 48, 49, 56/2, 58, 101/1, 141
KREUZER Gesellschaft m.b.H., München: S. 235/3
Kühne, Carl, KG (GmbH & Co.), Hamburg: S. 38/2
Langnese-Iglo GmbH, Hamburg: S. 57
LSG Lufthansa Service Holding AG, Kriftel: S. 260
Mackay & Co. GmbH, Hugh, Hamburg: S. 232, 237
Melitta SystemService GmbH & Co. KG, Minden: S. 238/2
Miele & Cie. GmbH & Co., Gütersloh: S. 230/1
Nestlé Foodservice GmbH, Hamburg: S. 92/2
Regalit GmbH, Leer: S. 272
RUBBERMAID EUROPE: S. 212/1, 233, 245/1
Schladerer, Alfred, Alte Schwarzwälder Hausbrennerei GmbH, Staufen/Breisgau: S. 143/2
Schöller Marken GmbH & Co. KG, Nürnberg: S. 10/1, 19/1, 54
SLB Video Team, Basel: S. 218/1, 250
Staatliche Porzellan-Manufaktur Meissen: S. 209
Stephan + Prausse Designleistungsgesellschaft mbH, Dresden: S 104, 142/2, 144, 220/1-2, 238/1
Studio für Fotodesign, Andreas Meschke, Dresden: S 12, 45/2, 46, 51/1, 52/2, 139, 228, 241/2, 245/2-4, 249, 252, 277
Tack, Jochen, Essen: S. 167, 178, 181
Testo GmbH & Co., Lenzkirch: S. 271/2
Tourist-Information und Kongress-Service Weimar, Fotograf: Maik Schuck: S. 171/2
Transglobe Agency, Hamburg (Foto: T. Spierenburg): S. 134/2
Van den Bergh Food-Service, aus Lukull-Kurier: S. 38/1
VERMOP Salmon GmbH, Wertheim: S. 230/2
Wäschekrone, Laichingen: S. 225
WLS GmbH, Duisburg: S. 271/1, 274, 285/1, 290

WMF Aktiengesellschaft, Geislingen/Steige: S. 97, 145, 235/5-7
zefa visual media GmbH, Hamburg: S. 273
Zieher e.K., Christa: S. 191/2
Zwingmann, Konrad, Berlin: S. 8/2, 17/1, 22/1, 24/1-2, 25, 28, 29, 31/2, 42, 44, 52/1, 59, 80, 89, 94/1, 99, 125/8

Sämtliche nicht im Bildquellenverzeichnis aufgeführte Illustrationen:
alias of artificial and advertising gmbh, Berlin